Uni-Taschenbücher 1865

W0346750

UTB
FÜR WISSEN
SCHAFT

Eine Arbeitsgemeinschaft der Verlage

Wilhelm Fink Verlag München
Gustav Fischer Verlag Jena und Stuttgart
Francke Verlag Tübingen und Basel
Paul Haupt Verlag Bern · Stuttgart · Wien
Hüthig Verlagsgemeinschaft
Decker & Müller GmbH Heidelberg
Leske Verlag + Budrich GmbH Opladen
J. C. B. Mohr (Paul Siebeck) Tübingen
Quelle & Meyer Heidelberg · Wiesbaden
Ernst Reinhardt Verlag München und Basel
Schäffer-Poeschel Verlag · Stuttgart
Ferdinand Schöningh Verlag Paderborn · München · Wien · Zürich
Eugen Ulmer Verlag Stuttgart
Vandenhoeck & Ruprecht in Göttingen und Zürich

Ulrich G. Leinsle

Einführung in die scholastische Theologie

Ferdinand Schöningh

Paderborn · München · Wien · Zürich

Die Deutsche Bibliothek – CIP-Einheitsaufnahme

Leinsle, Ulrich Gottfried:
Einführung in die scholastische Theologie / Ulrich G. Leinsle. –
Paderborn; München; Wien; Zürich: Schöningh, 1995
(UTB für Wissenschaft: Uni-Taschenbücher; 1865)
ISBN 3-8252-1865-1 (UTB)
ISBN 3-506-99461-1 (Schöningh)
NE: UTB für Wissenschaft / Uni-Taschenbücher

Gedruckt auf umweltfreundlichem, chlorfrei gebleichtem
Papier (mit 50 % Altpapieranteil)

(Verlag Ferdinand Schöningh GmbH, Jühenplatz 1, D-33098 Paderborn)
ISBN 3-506-99461-1

Printed in Germany.
Herstellung: Ferdinand Schöningh, Paderborn
Einbandgestaltung: Alfred Krugmann, Freiberg am Neckar

UTB-Bestellnummer: ISBN 3-8252-1865-1

INHALT

0. EINLEITUNG: WAS IST SCHOLASTISCHE THEOLOGIE?

Eine Einführung in die scholastische Theologie ist zunächst ein vieldeutiges Unternehmen, vor allem, wenn sie von einem Philosophen zu leisten ist. Sie kommt gewissermaßen von außen an ihren Gegenstand heran. Ihr Ziel ist es, den Leser so lange zu begleiten, bis er sich selbst ohne diese Einführung bewegen kann. Aber in welchem Gebiet soll er sich bewegen können? In der scholastischen Theologie, wird man antworten. Deshalb ist zunächst zu fragen: Was ist scholastische Theologie?

Diese Frage zu beantworten, ist Sache des ganzen Büchleins, und das nur rudimentär, in Form einer Einführung. Sie wird also nicht als Frage nach dem vielbeschworenen „Wesen" der Scholastik verstanden, sondern - gerade in einer Einführung - als phänomenologische bzw. semantische Frage: Was bezeichnen wir (alles) mit dem Terminus 'scholastische Theologie'? Möglicherweise sind dies recht heterogene Erscheinungen, die keinen univoken Begriff zulassen.[1] Die Kennzeichnung einer Disziplin als „scholastisch" scheint zunächst in unproblematischer Weise auf einen als „bildungssprachlich" zu qualifizierenden Gebrauch von 'scholastisch' zu rekurrieren, dem begründetes Mißtrauen entgegenzubringen ist.[2] Deshalb ist eine begriffsgeschichtliche Sichtung der Wortverbindung 'scholastische Theologie' erforderlich, wobei Theologie als durch das Attribut 'scholastisch' spezifiziert betrachtet wird. Zugleich soll der Horizont abgesteckt werden, in dem sich diese Einführung bewegen wird.[3]

0.1 Zur Begriffsgeschichte von 'Scholastik'

Von 'σχολή' (Muße, Ruhe, Freiheit von Arbeit, aber auch die den Wissenschaften gewidmete Muße, bzw. Vortrag eines Lehrers) abgeleitet, begegnet uns 'σχολαστικός' erstmals in philosophischem Kontext in der Politik des Aristoteles (384-322). Es bezeichnet eine frei gewählte Tätigkeit, die um ihrer selbst willen ausgeübt wird, letztlich die θεωρία als Ausdruck der σχολή, der durch die unmittelbaren Bedürfnisse des Lebens nicht beeinträchtigten Beschäftigung mit dem Wesentlichen. In diesem Sinne verwendet Aristoteles' Schüler Theophrast (372/369-288/285) 'σχολαστικός' als Selbstbezeichnung: Er ist einer, der der θεωρία lebt. 'Βίος θεωρητικός' ist für Chrysipp (281/277-208/204) gleichbedeutend mit 'βίος σχολαστικός' als Bezeichnung der dem Philosophen einzig an-

1 Ähnlich die Fragestellung bei Schönberger, Scholastik 15-19.

2 Vgl. W. Kamlah/P. Lorenzen, Logische Propädeutik. Mannheim ^{2}1973, 24.

3 Einen brauchbaren Überblick bietet H. Schmidinger, „Scholastik" und „Neuscholastik" - Geschichte zweier Begriffe. In: ChP II,23-53. Dort weitere Literatur.

gemessenen Lebensweise.[4] Durch die Organisation der „Philosophenschulen“ wird ‘σχολή’ bzw. ‘*schola*’ in der Zeit Ciceros (106-43) zur Bezeichnung für alles, was mit dem Schulbetrieb zu tun hat: Ort, Unterricht, aber auch Ausrichtung der Schule.[5] *Scholasticus* ist somit jeder, der mit der Schule zu tun hat, im weiteren Sinne der Gebildete (*eruditus, literatus, sapiens*), speziell aber der Rhetor (1. Jh. v. Chr.) und der gelehrte Rechtsbeistand (3. Jh. n. Chr.).[6]

Dieser Sprachgebrauch bleibt auch in der christlichen Antike im wesentlichen erhalten. Insbesondere zur Auszeichnung der Bildung und Gelehrsamkeit und als Bezeichnung von Rhetoren, Anwälten und Verwaltungsbeamten begegnet uns ‘*scholasticus*’(z. T. im Superlativ).[7] Noch in der Merowingerzeit ist es für Beamte gebräuchlich, während es seit der Karolingerzeit auch den Leiter einer Kathedral-, Stadt- oder Klosterschule bezeichnet.[8] Jedenfalls findet sich ‘*scholasticus*’ im Früh- und Hochmittelalter nicht als (Selbst-)Bezeichnung einer bestimmten Art von Theologie, sondern als Bezeichnung von Personen, Büchern und Rede- bzw. Lehrweisen (*scholastice loquentes, scholasticae disputationes*), wobei ‘scholastisch’ einfach ‘gelehrt’, aber auch ‘schulmäßig’ bedeuten kann. Auf die Bildung seiner Zeit bezogen, erläutert Haimo von Auxerre (+ ca. 855) ‘*scholastice*’ durch ‘*philosophice sive dialectice*’.[9] Im 12. Jh. fungiert ‘*scholasticus*’ in monastischen Kreisen (allerdings in ganz wenigen Zeugnissen) zur Charakterisierung von Methoden und Personen der Stadt- bzw. Kathedralschulen.[10] Auch der Titel *Historia scholastica* bei Petrus Comestor (ca. 1100 - ca. 1179) besagt keine nähere Charakteristik, sondern nur, daß das Werk ein verbreitetes, vielbenütztes Schulbuch des Mittelalters war.

---

4 Aristoteles, pol. 1313 b 2-3; 1322 b 38-39; 1341 a 28-19; vgl. EN 1177 b 22. Diogenes Laertios, Vitae philosophorum V,37 (ed. H.S. Long. Bd.1, Oxford 1965, 215); Plutarch, Moralia 1033C (ed. M. Pohlenz/R. Westmann. Leipzig 1959, Bd.VI,2, 3).

5 Cicero, Tusculanae disputationes 1,7-8 (ed. K. Büchner, Zürich-Stuttgart 1966, 8f); 1,113 (114f); 2,6 (146f); 3,81 (270f); 5,25 (278f).

6 Vgl. DuCange VI, 350 (Papias); Sueton, De grammaticis et rhetoribus 30 (ed. G. Burgudi. Leipzig 1963,4). Theodosiani Libri XVI, 8,10,2 (ed. Th. Mommsen/P.M. Meyer. Berlin 1905, 405).- A. Claus, Ho Scholastikós. Diss. Köln 1962, 20ff. 150ff.

7 Vgl. G. Manser, Die mittelalterliche Scholastik nach ihrem Umfange und Charakter. In: HPBl 139 (1907) 321-327; Claus, Scholastikós 95-125.

8 Vgl. G. Bourbon, La licence et le rôle de l'écolâtre au moyen âge. In: Revue des questions historiques 19 (1876) 513-553.

9 Vgl. A.M. Landgraf, Zum Begriff der Scholastik. In: CFr 11 (1941) 488.

10 Vgl. Chenu 325; Leclercq, Wissenschaft 11.

'Scholastik' zur Bezeichnung der Philosophie und Theologie des Mittelalters ist ein neuzeitlicher Begriff. Erasmus von Rotterdam (1466-1536) und Martin Luther (1483-1546) setzen sich explizit von der „scholastischen" Theologie und Philosophie ab, die sie in den drei spätmittelalterlichen Schulen (*sectae*) der Thomisten, Skotisten und Nominalisten verkörpert sehen. 'Scholastik' wird ein negativ besetztes Wort, das Aristotelesverehrung, barbarisches Latein, Spitzfindigkeit, Sophisterei, nutzlose logische Disputationen und pastorale Unfruchtbarkeit konnotiert.[11] Luthers *Disputatio contra scholasticam theologiam* (1517) distanziert sich von einer bestimmten Art von Theologie, die neben den genannten Übeln durch ihren Aristotelismus (insbesondere die Metaphysik) und die Überbetonung des Vermögens des Menschen gegenüber der allein wirksamen Gnade Gottes (sola gratia) gekennzeichnet ist.[12] Angesichts dieser klaren Distanzierung Luthers und der humanistischen Verachtung der scholastischen „Barbarei" kann die frühe protestantische Schule nicht als Scholastik bezeichnet werden. Auch die ersten protestantischen Auseinandersetzungen mit der aristotelischen Metaphysik geschehen in humanistischem, nicht in scholastischem Geist. So veröffentlicht Rudolf Goclenius (1547-1628) 1598 eine *Isagoge in Peripateticorum et Scholasticorum Primam Philosophiam, quae dici consuevit Metaphysica*.[13] Noch Christoph Scheibler (1589-1655) beschreibt die „Theologia scholastica"[14] als eine „sonderbahre Art der Theologiae, wie sie von den hohen Professoribus bey hohen und anderen Schulen betrieben worden. In welcher nicht anderes gefunden worden, als was man Pro und Contra aufs Spitzigste zu disputieren gehabt." Die rechte Theologie dagegen ist ganz „ad praxin oder zur Übung gerichtet".

Die hier vorgetragene Ablehnung scholastischer Theologie konnte aber nicht verhindern, daß sich unter dem Einfluß der neu einbezogenen Metaphysik der katholischen (vor allem spanischen) Scholastik auch in den protestantischen Schulen eine Art Scholastik etablierte, gegen die sich bald Widerstand aus den eigenen Reihen formierte.[15] Wie undifferenziert der Gebrauch von '*scholasticus*' auch im 17. Jh. noch ist, zeigt der Altaristo-

11 Vgl. Ch. Dalfen, Die Stellung des Erasmus von Rotterdam zur scholastischen Methode. Osnabrück 1936; Schmidinger, Scholastik 36-38.

12 WA 1,224-228; vgl. Römerbrief-Vorlesungen von 1515/16: WA 56,273.296.312. 337.354.

13 Frankfurt 1598; vgl. Leinsle, Ding 175-188.

14 Ch. Scheibler, Aurifodina theologica. Leipzig ^{2}1727 A3ff; vgl. Leinsle, Ding 324.

15 Vor allem Jakob Thomasius, Historia variae fortunae, quam Metaphysica experta est. In: Ders., Erotemata Metaphysica. Leipzig 1670. - vgl. U.G. Leinsle, Reformversuche protestantischer Metaphysik im Zeitalter des Rationalismus. Augsburg 1988, 141-146.

teliker Christian Dreier (1610-1688), der seine gegen die Aristotelesauslegung der „Scholastici et Jesuitae“ gerichtete Philosophie selbst als „scholastica speculatio“ in Gegensatz zur „praxis civica“ stellt.[16] Noch negativer besetzt ist die Bezeichnung 'Scholastik' in der Philosophie der Aufklärung, die seit Christian Thomasius (1655-1728) in der „schulfüchsischen Philosophie“ der „Papistischen Ordens-Männer“ nur eine unter dem Vorurteil der Autorität stehende Lehre der „finsteren“, unaufgeklärten Jahrhunderte sieht.[17] Demgegenüber sieht sich die sog. *Zweite Scholastik* oder *Barockscholastik* der katholischen Universitäten und Ordensstudien des 17./18. Jhs. bewußt als Weiterführung und Erneuerung der mittelalterlichen Philosophie und Theologie.[18] Gerade in der Verbindung '*Theologia scholastica*' aber gewinnt hier 'scholastisch' eine neue Bedeutung.[19] Im Unterschied zur sog. Positiven Theologie (Exegese, Kasuistik, Kirchenrecht) bezeichnet sie die „theologia speculativa“ (systematische Theologie), die sich methodisch zunächst in der Kommentierung der Sentenzen des Petrus Lombardus, später der *Summa Theologiae* des Thomas von Aquin oder in den Traktaten eines *Cursus theologicus* vollzieht.

'Scholastik' bezeichnet somit aus der Außen- und Innensicht des 16.-18. Jhs. die mittelalterliche und frühneuzeitliche Philosophie und Theologie vor allem der katholischen (aber teilweise auch der protestantischen) Universitäten und Hohen Schulen bis zur Aufklärung.[20] Die Aufklärung erhob den Anspruch, sie überwunden zu haben. Die katholische Erneuerung der (vor allem thomistischen) scholastischen Philosophie und Theologie in Frontstellung zur Aufklärung im 19. Jh. wird deshalb als *Neuscholastik* charakterisiert. Ursprünglich politisch akzentuiert im Umfeld des Begriffes 'ultramontan', tritt 'neuscholastisch' dank der Legitimation durch die Enzyklika *Aeterni Patris* vom 4.8.1879 schließlich als Selbstbezeichnung von Philosophen, Theologen und Zeitschriften zur Verdeutlichung ihrer kirchlichen Richtung auf.[21] Dabei ist die Neuscholastik wie die Barockscholastik nicht eine Wiederholung des Mittelalters, sondern z. T. wenig-

16 Ch. Dreier, Sapientia seu Philosophia prima. Königsberg 1644, a2v. - vgl. Leinsle, Reformversuche 128-134.

17 Ch. Thomasius, Einleitung zur Hof-Philosophie. Frankfurt/Leipzig 1710,39f; vgl. Leinsle, Reformversuche 162-167. - Zum Weiterwirken des Topos bis Hegel: Schmidinger, Scholastik 42f.

18 Vgl. Giacon, Scolastica; U.G. Leinsle, Die Scholastik der Neuzeit bis zur Aufklärung. In: ChP II, 54-69.

19 Vgl. Schmidinger, Scholastik 44; A. Lang, Die Loci theologici des Melchior Cano und die Methode des dogmatischen Beweises. München 1925, 28; Tshibangu, Théologie.

20 Vgl. Leinsle, Scholastik 54-56.

21 Vgl. Schmidinger, Scholastik 48-52.

stens eine Anwendung scholastischer Mittel und Lehren auf neue Fragestellungen, die allerdings im Sinne der alten Autoritäten und Methoden behandelt werden. „Scholastik“ (meist restringiert auf den Thomismus) wird dadurch zu einem normativen Standard der Philosophie und Theologie.

0.2 Definitionsversuche

Was-ist-Fragen werden nicht selten als definitorische Fragen verstanden. So kommt es gerade in der Neuscholastik zu Versuchen, das „Wesen“ des normativen Standards „Scholastik“ zu definieren und damit ein wissenschaftstheoretisches Paradigma zu umreißen.[22] Diese Definitionsversuche sind von ihren Voraussetzungen und ihrer historischen Adäquatheit her zu kritisieren.

Für einen an der *scholastischen Methode* orientierten Scholastikbegriff trat bereits 1909 deren Geschichtsschreiber Martin Grabmann ein: „Die scholastische Methode will durch Anwendung der Vernunft, der Philosophie auf die Offenbarungswahrheiten möglichste Einsicht in den Glaubensinhalt gewinnen, um so die übernatürliche Wahrheit dem denkenden Menschengeiste inhaltlich näher zu bringen, eine systematische, organisch zusammenfassende Gesamtdarstellung der Heilswahrheit zu ermöglichen und die gegen den Offenbarungsinhalt vom Vernunftstandpunkte aus erhobenen Einwände lösen zu können.“[23] Diese einflußreiche Begriffsbestimmung ist jedoch zu weit und zu eng. Sie restringiert 'Scholastik' auf die Theologie. Seit aber gezeigt werden konnte, daß die für die mittelalterliche Theologie entscheidenden Methoden in der Jurisprudenz und Medizin, bzw. im Islam entwickelt wurden, kann 'Scholastik' nicht mehr nur auf die Theologie beschränkt werden.[24] Die Rationalität des Offenbarungsinhaltes darzutun und zu verteidigen, ist zudem keine eigenständige Methode, sondern ein Anliegen, das mit verschiedenen Methoden verfolgt werden kann. Die Verengung der scholastischen Methode auf dieses Anliegen führt Grabmann zur Folgerung, daß Theologen, die zwar die Technik der scholastischen Theologie befolgen, nicht aber dieses Anliegen teilen (z. B. Häretiker), nicht als Scholastiker angesprochen werden können. Die handliche Begriffsbestimmung Grabmanns steht zudem in kritischer Auseinan-

---

22 Einen guten Überblick und zugleich eine Kritik bietet Schönberger, Scholastik 20-40; vgl. auch Schmidinger, Scholastik 46f.

23 Grabmann SM I,36f.

24 Vgl. J. Koch, Von der Bildung der Antike zur Wissenschaft des Mittelalters. In: Ders., Kleine Schriften. Rom 1973, 115-132; G. Madiski, The Scholastic Method in Medieval Education: An Inquiry into its Origins in Law and Theology. In: Speculum 49 (1974) 640-661.

dersetzung mit einer Tradition neuscholastischer Bestimmungen, die gegenüber einer rein historischen Abgrenzung der Scholastik als der Wissenschaft an mittelalterlichen Schulen[25] ein *inhaltlich-formales Konstitutivum* der Scholastik finden wollten. Maurice de Wulf sieht als Scholastiker jene Denker an, die vom 12. Jh. bis ins Spätmittelalter hinein eine „riesige Majorität" erlangten, in einer großen Menge fundamentaler Anschauungen Einigkeit zeigten und eine große inhaltlich verstandene *Synthese* abendländischer Grundüberzeugungen gewonnen haben.[26] Die inhaltliche Einheit von Lehrüberzeugungen restringiert 'Scholastik' wieder auf die ma. Theologie, harmonisiert die vorhandenen Lehrkonflikte und kann nicht harmonisierbare Lehrtendenzen vor allem im Spätmittelalter nur als „Antischolastik" bzw. als Auflösung der (hoch-)scholastischen Synthese werten.[27] Dem Phänomen einer „Zweiten Scholastik" steht die zeitliche Eingrenzung „bis zum Spätmittelalter" ratlos gegenüber. De Wulfs Anliegen einer inhaltlichen Bestimmung von 'Scholastik' wird von Clemens Baeumker geteilt, der allerdings nur ein „Gemeingut" formaler und inhaltlicher Art annimmt: Rezeptivität, Hingabe an die Autorität, Vorrang der Tradition vor dem Werk des einzelnen, Schulmäßigkeit.[28] Fernand Van Steenberghen siedelt sich zwischen de Wulf und Baeumker an, indem er über die mehr formalen Gemeinsamkeiten hinaus auf die „grundlegenden Lehren" als eine „Art gemeinsamer Basis" insistiert, auf der „die großen Meister des 13. Jahrhunderts ihre philosophischen Gebäude in verschiedenen Stilen aus mehr oder weniger verschiedenartigen Materialien errichtet haben."[29] Hier wird ausdrücklich nur für das 13. Jh. gesprochen, so daß andere Epochen scholastischen Lehrbetriebs außer Betracht bleiben.

Eine mehr *historisch-phänomenologische* Abgrenzung, die aber zugleich als Kritik der inhaltlichen Bestimmungsversuche zu lesen ist, begegnet uns bei Gallus Manser (1866-1950), der unter 'Scholastik' eben alles verstehen will, was an den mittelalterlichen Schulen gelehrt wurde.[30] Ähnlich vorsichtig zeigt sich Bernhard Geyer gegenüber dem Terminus 'Scholastik', der mit dem Mangel aller historischen Abstraktionen behaftet und inhalt-

---

25 So Manser, Scholastik 321-328.

26 M. de Wulf, Geschichte der mittelalterlichen Philosophie. Tübingen 1913, 81-84; zur Kritik: Schönberger 20f.

27 Schon P. Mandonnet, Siger de Brabant et l'averroisme latin au XIIIe siècle. Fribourg 1899. - De Wulf ist angesichts der Kritik von dieser Konzeption später abgegangen.

28 C. Baeumker, Die christliche Philosophie des Mittelalters. In: Die Kultur der Gegenwart. Ihre Entwicklung und ihre Ziele. Hg. P. Hinneberg. Leipzig-Berlin 1913, 339-343.

29 F. Van Steenberghen, Die Philosophie im 13. Jahrhundert. München 1977, 500.

30 Manser, Scholastik 321-323.

lich „praktisch wertlos" sei. Als Kennzeichen der „scholastischen" Philosophie sind bestenfalls zu nennen: enges Verhältnis von Philosophie und Theologie, Abhängigkeit von der antiken Philosophie, besonders von Aristoteles, und die eigene, eben „scholastische" Methode.[31] Wesentlich zu eng ist dagegen der Versuch Josef Piepers, nach Hegel die Scholastik als den Lernprozeß der „barbarischen" Völker im Bildungsgut der heidnischen und christlichen Antike zu begreifen, als „eine durch mehrere Jahrhunderte durchgehaltene schulische Veranstaltung von ungeheurem Ausmaß".[32] Diese Bestimmung trifft wohl einige Aspekte der Früh- und Hochscholastik, kaum aber die Spät- und Barockscholastik. Als die „mittelalterliche Gestalt von 'Wissenschaft' schlechthin" bestimmt schließlich Wolfgang Kluxen 'Scholastik' im primären Sinne; denn „alles theoretische Wissen nimmt die Form rationaler Wissenschaft an, wird zur *scientia*".[33] Damit ist aber der Terminus 'Scholastik' im Grunde entbehrlich geworden, weil er nur die Wissenschaftlichkeit der schulmäßig gelehrten Philosophie und Theologie des Mittelalters unterstreicht.

So verzichtet denn auch die Mediävistik heute weitgehend auf diesen mit vielen Mißverständnissen besetzten Begriff. „Der Begriff der Scholastik hat aufgehört, ein Thema der Mediävistik zu sein."[34] Statt einer als theoretische Einheit stilisierten 'Scholastik' ist nach Kurt Flasch nur eine methodische und terminologische Kontinuität anzunehmen.[35] Diese methodische, schulmäßige Gestalt prägt aber die Schultheologie und -philosophie des Mittelalters und der Frühen Neuzeit in der Außensicht (vor allem ihrer Gegner) zu einem Konstrukt, von dem man sich um so leichter absetzen kann, als man es mit einem Namen zu etikettieren versteht.

Dieser Name scheint nun allerdings, wie wir sehen, keine univoke Verwendung zuzulassen.[36] Andererseits ist das Etikett 'scholastisch' als eine erste Abgrenzung nicht nur gegenüber den späteren Gegnern, sondern auch gegenüber gleichzeitigen theologischen Erscheinungen brauchbar (monastische Spiritualität, Briefliteratur, Mystik). So grenzt schon Bonaventura die „disciplina scholastica" als theoretische Lehre, die „audiendo solum" angeeignet wird, von einer „disciplina monastica" ab, in die man sich „ob-

31 Überweg II, 141-143.

32 J. Pieper, Scholastik. Gestalten und Probleme der mittelalterlichen Philosophie. München 1960, 28f.48-52.

33 W. Kluxen, Thomas von Aquin. In: Grundprobleme der großen Philosophen. Hg. J. Speck. Göttingen 1972, I,181.

34 Schönberger, Scholastik 36; vgl. vor allem K. Flasch, Einführung in die Philosophie des Mittelalters. Darmstadt 1987, 38.

35 K. Flasch, Geschichte der Philosophie in Text und Darstellung, Bd.2: Mittel- Stuttgart 1982, 29; vgl. Schönberger, Scholastik 36f.

36 Vgl. Schönberger, Scholastik 41-51.

servando" einüben muß.[37] „Scholastische" Theologie grenzt sich ab von anderen Formen, bis hin zur universitären Trennung in Lehrstühle für Scholastische (= spekulative, systematische) Theologie und Positive Theologie im 16. Jh.[38] Nicht erst dadurch, sondern bereits im Mittelalter aber ist, wie Wolfgang Kluxen richtig sieht, die Scholastik „eine partikulare Größe, ihr Schrifttum [...] spezialistisch, ihr Herrschaftsanspruch nie ganz unwidersprochen".[39] In dieser Abgrenzungsfunktion (von innen und außen) gegenüber anderen Formen von Theologie (auch im Mittelalter) sehe ich deshalb mit Rolf Schönberger auch die Möglichkeit einer Beschreibbarkeit der scholastischen Formen von Theologie, ohne einen univoken Scholastikbegriff voraussetzen zu müssen.[40] Dabei tut es wenig zur Sache, daß die „scholastische" Methode (bzw. Methoden) nicht genuin in der Theologie entwickelt, sondern auch in Rechtswissenschaft, Philosophie und Medizin angewendet wird. Zeigt dies doch nur, daß es sich um die in der Sicht der Zeit wissenschaftliche Methode handelt, nach der sich auch die Theologie richtet. So sieht auch Lambert Marie de Rijk 'Scholastik' als eine kollektive, nicht generische Bezeichnung an für jede wissenschaftliche Aktivität (vor allem für Philosophie und Theologie), die eine bestimmte Methode befolgt, die ihrerseits durch ein bestimmtes Schul- und Begriffssystem, Distinktionen, Satzanalysen, logische Techniken und Disputationsweisen gekennzeichnet ist.[41] Man könnte also sagen: Die Ausbildung und Anwendung dieser Methoden *schafft und unterscheidet* scholastische Theologie als wissenschaftliche bzw. universitäre Theologie und somit als partikuläres Unternehmen von anderen Arten der Theologie.

Dies hilft allerdings nur dann weiter, wenn diese Methode im einzelnen bestimmt bzw. rekonstruiert werden kann. Aussagen der mittelalterlichen Theologen zu ihrer Methode sind aber selten; systematische Traktate *De methodo* finden wir vermehrt erst in der Logik des 16. Jh.[42], und hier bezeichnenderweise wieder allgemein für die wissenschaftliche Methode, die in allen Disziplinen angewendet werden muß, wollen sie als Wissenschaf-

37 Bonaventura, Collationes in Hexaemeron II,3 (Opera omnia. Quaracchi 1882-1902, V, 337a).

38 Z. B. Die Matrikel der Universität Innsbruck. Bd. 2 Matricula theologica. 1. Teil, bearb. v. J. Kollmann. Innsbruck 1965, LVI.

39 Kluxen, Thomas 181.

40 Vgl. Schönberger, Scholastik 45: „Scholastik [...] läßt sich wohl nur durch eine Kombination von einzelnen Beschreibungen, aber nicht durch eine definitorische Formel fassen."

41 L. M. de Rijk, La philosophie au moyen âge. Leiden 1985, 20f. - Zur Kritik vgl. Schönberger, Scholastik 49f.

42 Vgl. E.J. Ashworth, Language and Logic in the Post-Medieval Period. (Synthese 12). Boston 1971; Leinsle, Ding 452-459.

ten angesprochen werden. So kann nur für Teile der mittelalterlichen Scholastik, nicht aber für die neuzeitliche gelten, daß sie eine „Methode ohne 'Discours'" sei.[43] Nur wird dieser „Discours de la méthode" eben nicht in der betreffenden Spezialdisziplin, sondern generell in der Logik für alle Disziplinen abgehandelt. Dabei wird zwischen der wissenschaftlichen Methode, wie sie etwa die II. Analytik des Aristoteles festlegt, der Form der Darstellung und der Technik der Lehre wohl zu unterscheiden sein, so daß auch in diesem methodischen Konzept von Scholastik nochmals Differenzierungen Platz greifen, die zeigen, daß auch die scholastische Methode kein einheitliches Gebilde ist, sondern ein komplexes methodisches Paradigma mit sich wandelnden Rationalitätsstandards, Techniken, Darstellungsweisen und Präsuppositionen. Gemeinsam ist ihnen jedoch die Orientierung an einem (jeweils zeitbedingten) Standard von Wissenschaftlichkeit. Wenn man verstehen will, was 'scholastische Theologie' in einer bestimmten Zeit besagt, wird man deshalb vornehmlich den zugrundegelegten Wissenschaftsbegriff studieren müssen.[44] Denn dieser entscheidet über die anzuwendenden Methoden und diese wieder über die Gestalt, in der die entsprechende Disziplin mündlich und schriftlich vermittelt wird. Eine Charakterisierung der Disziplin als scholastisch wird deshalb nur aus den Kriterien und Techniken der Wissenschaft des Mittelalters und der frühen Neuzeit verständlich zu machen sein.

0.3 Charakteristika

Wenn eine Definition des „Wesens" von Scholastik nicht möglich ist, dann sollen wenigstens einige Charakteristika angegeben werden, die uns den fraglichen Gegenstand „scholastische Theologie" für das Mittelalter und die Frühe Neuzeit zugänglicher machen. Ein erstes ist ihre *Schulgebundenheit* und *Schulmäßigkeit* im Unterschied zu Formen des freien, spirituellen oder monastischen Theologisierens. So hat Jean Leclercq vorgeschlagen, statt von scholastischer Theologie von einer „Theologie der Schulen" zu sprechen.[45] Doch bereits hier tun sich neue Probleme auf. Wir haben im Schulsystem des Mittelalters verschiedene Typen von Schulen, an denen Theologie gelehrt wird: Klosterschulen, Kathedral- und Stadtschulen, später Ordensstudien, Generalstudien und Universitäten. Bei

---

43 Schönberger, Scholastik 50. Die allgemeinen Ausführungen sind aber nach der Rezeption der II. Analytik in der Logik zu erwarten.

44 Exemplarisch durchgeführt von G. Schrimpf, Bausteine für einen historischen Begriff der scholastischen Philosophie. In: Philosophie im Mittelalter. Hg. P. Beckmann u.a. Hamburg 1987, 1-25.

45 J. Leclercq, The Renewal of Theology. In: Renaissance and Renewal in the Twelfth Century. Hg. R.L. Benson/G. Constable. Oxford 1982, 72.

den Klosterschulen ist weiter zu unterscheiden zwischen der inneren Schule für die Mönche bzw. Chorherren und der äußeren Schule für die Weltleute.[46] Es ist zu vermuten, daß diese verschiedenen Schulen mit verschiedenem Hörerkreis eine je verschiedene Theologie vertreten. So ist Anselm von Canterbury, seit Grabmann „der Vater der Scholastik", in der Zeit seiner wichtigsten Werke Mönch in Bec. Restringiert man 'scholastische Theologie' auf die nicht-klösterlichen Schulen, so ist Anselm kein Scholastiker. Andererseits ist ein typischer Scholastiker wie Abaelard zeitweise Mönch und Abt und bewegt sich in den Formen klösterlicher Theologie.[47] Zudem haben wir es im 12. Jh. mit einer stark personenzentrierten Schulenbildung zu tun, die nicht nur eine Schule *in* Laon, sondern auch eine Schule *von* Laon, eine Schule Abaelards oder eine Porretanerschule (an verschiedenen Orten) kennt. Spätestens hier löst sich die scholastische Theologie als „Theologie der Schulen" in mehr als eine auf.[48]

Auch die Bestimmung der scholastischen Theologie mittels eines Wissenschafts- und Rationalitätsstandards, wie es Wolfgang Kluxen und Gangolf Schrimpf vorgeschlagen haben, scheint als einheitliches Abgrenzungskriterium unterbestimmt zu sein.[49] Denn rationalen Ausweis des Glaubens und wissenschaftliche Theologie kennen wir schon aus der Patristik, wie denn Grabmann auch vom „Scholastizismus der ausgehenden griechischen Patristik" sprechen kann.[50] Wissenschaftsbegriff und Rationalitätsstandard aber wechseln nicht nur, wie Schrimpf exemplarisch zeigt, zwischen dem 9. und 12. Jh. (Scottus Eriugena und Abaelard), sondern wohl noch stärker mit der Rezeption der II. Analytik des Aristoteles und in der frühneuzeitlichen Methodendiskussion. Doch vermutlich liegt gerade in der Rezeption des entsprechenden Wissenschaftsbegriffes in den theologischen Schulen jenes Moment, das die scholastische Form von Theologie als schulmäßige, wissenschaftlich-rationale Durchdringung des Glaubensgutes mit einer speziellen Technik und Darstellungsform in Abhebung von anderen Formen charakterisiert. Was dann die mittelalterliche und frühneuzeitliche Scholastik auszeichnet, ist der je zeitbedingte Rationali-

---

46 Vgl. Leclercq, Wissenschaft ; J. Koch, Artes liberales. Von der antiken Bildung zur Wissenschaft des Mittelalters. (Studien und Texte zur Geistesgeschichte des Mittelalters 5). Leiden-Köln 1959.

47 Vgl. B. Stock, The Implications of Literacy. Written Language and Models of Interpretation in the Eleventh and Twelfth Centuries. Princeton, New Jersey 1983, 525.

48 Vgl. Leclercq, Renewal 72-74, wo dennoch daran festgehalten wird, daß es im 12. Jh. im ganzen zwei Theologien (monastische und scholastische) gegeben hat.

49 Vgl. Schrimpf, Bausteine 2f.24f.

50 Grabmann SM I,92.

täts- und Wissenschaftsstandard, der von anderen Zeiten nicht geteilt wird, während das grundsätzliche Bemühen um eine schulmäßige, wissenschaftlich-rationale Durchdringung des Glaubensgutes wohl unverzichtbares Anliegen jeder Theologie bleiben wird.[51]

Dabei tut es zunächst wenig zur Sache, daß diese Standards nicht Eigengut der Theologie sind, sondern rezipiert werden. „Scholastisches" Verfahren ist nicht auf die westliche Theologie des Mittelalters beschränkt, wie wir gesehen haben. So ist die z. T. als typisch für die frühscholastische Theologie angesehene *Sic-et-Non*-Methode Abaelards ebenso bei Patriarch Photius von Konstantinopel (+ 891) anzutreffen wie bei den Kanonisten Bernold von Konstanz (+ 1100) und Ivo von Chartres (+ 1116).[52] George Madiski konnte weiters zeigen, daß die aristotelisch-hochscholastische Methode mit den Elementen von *Sic-et-Non, lectio* und *disputatio* etwa ein Jh. früher bereits im islamischen Recht ihr „natural habitat" besaß.[53] Ebensowenig ist der Aufbau der *Summa Theologiae* des Thomas von Aquin sein Sondergut, vielmehr ein auch in der arabischen Welt verbreitetes Lehrschema.[54] Auch die Bekanntheit Photius' mit dem *Sic-et-Non* könnte auf arabischen Einfluß zurückgehen.[55] Bemerkenswerter ist allerdings unter diesen Umständen die Rezeption dieser im Grunde nichttheologischen Methoden und Standards für die Theologie. Sie verändern jeweils das Selbstverständnis der Schul- bzw. Universitätstheologie. Sie führen zu Kämpfen und Auseinandersetzungen mit den Gegnern dieser Methoden, die darin nur „frivole Neuerungen" heidnischen Ursprungs sehen, mit denen der Wein des Wortes Gottes verwässert und der einfache Glaube zerstört werde.[56]

So scheinen es also am ehesten die zeitbedingten Methoden und wissenschaftlichen Standards zu sein, die scholastische Theologie erzeugen. Bereits Bernhard Geyer hat diesen Weg empfohlen: „Am leichtesten eröffnet sich uns der Einblick in das Wesen der scholastischen Theologie von der Betrachtung ihrer Darstellungsform und Methode aus."[57] Methodisch aber ist diese Theologie „Denken am Text", seien das nun einzelne Bücher der

51 Vgl. z. B. I.U. Dalferth, Kombinatorische Theologie. Probleme theologischer Rationalität. (QD 130). Freiburg-Basel-Wien 1991, 60-71.

52 Grabmann SM I,113.234-239.242-246.

53 Madiski, Method 648ff.

54 Ebd. 651-657.

55 Ebd. 568f.

56 Vgl. z. B. Petrus Damiani, De sancta simplicitate scientiae inflanti opponenda (PL 145, 695-704).

57 B. Geyer, Der Begriff der scholastischen Theologie. In: Synthesen in der Philosophie der Gegenwart. Festgabe A. Dyroff. Hg. E. Feldmann/M. Honecker. Bonn 1926, 113.

Bibel, die *Opuscula sacra* des Boethius, Pseudo-Dionysius oder später die *Quatuor libri sententiarum* des Petrus Lombardus und schließlich die *Summa Theologiae* des Aquinaten.[58] Die Theologie, wie auch die Philosophie, ist durch die Gestalt des Schulunterrichtes vornehmlich Interpretation, Kommentierung von normativen Texten, sei es als Glosse, als Literalkommentar, Paraphrase oder Quästionenkommentar. Am Text entzünden sich die Fragen (*quaestio*), die dann in gesonderten Traktaten bzw. seit dem 13. Jh. in der *disputatio* weiter erörtert werden.[59] Theologie vollzieht sich im (z. T. ritualisierten) Fragen und Antworten. Man erwartet eine grundsätzliche Klärung der Wahrheit, vor allem dort, wo sich die Autoritäten zu widersprechen scheinen. Wichtigstes Instrument ist deshalb zunächst die Logik. Gefragt aber wird nach vielem, was weder den an seinem Heil interessierten Mönch, noch den einfachen Gläubigen bewegt.[60] Gerade dieses scheinbar vor nichts haltmachende Fragen aber kennzeichnet scholastische Theologie als rationale, wissenschaftliche Theologie, setzt sie aber auch den Angriffen aus, es handle sich dabei nur um eine „Neigung zum Argumentieren ohne ein ernsthaftes Problem“.[61]

0.4 Scholastische Theologie

Weder die Bestimmung von 'Scholastik', noch die von 'Theologie' kann für das Mittelalter vom heutigen Begriff ausgehen. In der griechischen Patristik bezeichnet das bereits vorchristlich gebräuchliche 'θεολογία' die Lehre von Gott und der Trinität bzw. das Gesamt der christlichen Lehre. Über Augustinus, Ps.-Dionysius und Aristoteles wird es dem Mittelalter bekannt und erhält seine Fixierung auf das heutige Verständnis zusammen mit der Ausbildung einer professionellen, schulmäßigen, eben scholastischen Theologie im 12. Jh.[62] Doch treten daneben noch weit gebräuchlichere Ausdrücke auf, wie 'divinitas', 'sacra lectio', 'sacra pagina', 'divina pagina', 'doctrina sacrae scripturae'. Allgemein gebräuchlich für theologische Wissenschaft und das entsprechende Schulwesen scheinen 'theologia' und 'theologi' erst in der Universitätsterminologie nach 1200

58 Schönberger, Scholastik 83; vgl. vor allem: N.M. Häring, Commentary and Hermeneutics. In: Renaissance and Renewal in the Twelfth Century. Hg. R.L. Benson/G. Constable, Oxford 1982, 173-200.

59 Vgl. Schönberger, Scholastik 52-80; Th. Rentsch, Die Kultur der quaestio. In: Literarische Formen der Philosophie. Hg. G. Gabriel/Chr. Schildknecht. Stuttgart 1990, 73-91.

60 Vgl. Schönberger, Scholastik 55-58.

61 K.R. Popper, Objektive Erkenntnis. Hamburg 41984, 32.

62 Vgl. B. Geyer. Facultas theologica. Eine bedeutungsgeschichtliche Untersuchung. In: ZKG 75 (1964) 138-145.

zu werden.[63] Doch auch jetzt findet es sich als Fremdwort bei den Theologen selbst noch selten und die älteren Ausdrücke 'sacra pagina' und 'sacra doctrina' bleiben noch bis zu Thomas von Aquin erhalten.[64] Auffallend ist, daß die Ausbildung einer einheitlichen, griffigen Bezeichnung offenbar mit der Ausbildung eines entsprechenden Selbstbewußtseins der Vertreter der wissenschaftlichen Schul- bzw. Universitätstheologie Hand in Hand geht. Die Auseinandersetzung mit den anderen „facultates" hat dies wohl veranlaßt. Ihnen gegenüber mußte der eigene Wissenschaftsanspruch dargetan werden, nicht zuletzt wegen der universitären und sozialen Stellung der „docentes in theologica facultate".[65]

Dies konnte aber am besten dadurch geschehen, daß man die allgemein anerkannten wissenschaftlichen Standards erfüllte. Damit wies sich Theologie zugleich als ein rationales Unternehmen aus, ohne Rationalität auf wissenschaftliche Rationalität im neuzeitlichen Sinne reduzieren zu wollen.[66] Es ist zunächst eine Vermutung, daß hinter der Ausbildung der Selbstbezeichnung 'theologia' auch ein gewandeltes Rationalitätsverständnis in Glaubenssachen sichtbar wird, etwa gegenüber dem „intellectus fidei", den Anselm von Canterbury gesucht hatte. Greifbar wird dies in der Anwendung des aristotelischen Wissenschaftsbegriffes auf die Theologie und in den dadurch neu entstandenen Fragen, ob man eine wissenschaftliche Theologie überhaupt braucht, in welchem Sinne die Theologie Wissenschaft im streng aristotelischen Sinne ist, ob sie theoretischen oder praktischen Charakter hat, usw.[67] Als wissenschaftliches, rationales Unternehmen ist scholastische Theologie von der Überzeugung getragen, daß es durch die entsprechenden Methoden möglich ist, Wahrheit auch in theologicis zu finden, vor allem die Wahrheit theologischer Aussagen (Sätze) festzustellen.[68] Dies führt vor allem im 14. Jh. zur Diskussion einzelner theologischer Sätze (z. T. scheinbar losgelöst vom systematischen Zusammenhang) hinsichtlich ihres Wahrheitsgehaltes.[69] Was nach außen

---

63 Belegstellen: Ebd. 141f-143.

64 S.th. I q.1 (Ed. Marietti, Turin-Rom 1952,2): De sacra doctrina, qualis sit et ad quae se extendat. - Dagegen II/II q.1 a.5 ad 2 (Ed. Marietti, Turin-Rom 1948, 14a): Unde etiam theologia scientia est.

65 Vgl. H. Denifle (Hg.), Chartularium Universitatis Parisienisis, I n.32, ed.. Paris 1899, ND Brüssel 1964, I, 91.

66 Vgl. die „Aspekte der Rationalität" bei Dalferth, Komb. Theologie 61-65.

67 Vgl. Geyer, Facultas 144.

68 Vgl. F. Hoffmann, Der Satz als Zeichen der theologischen Aussage bei Holcot, Crathorn und Gregor von Rimini. In: Der Begriff der Repraesentatio im Mittelalter. Hg. A. Zimmermann. (MM 8). Berlin-New York 1971, 298-313.

69 Vgl. O. Schwemmer, Philosophie der Praxis. Frankfurt 1980, 93: „Die mittelalterliche Scholastik kann man geradezu als eine fast totale Herrschaft des Sprachsy-

als fruchtlose Wort- und Satzklauberei erscheinen mag, ist von diesem rationalen Impuls getragen, die Wahrheit in der Theologie mit wissenschaftlichen Mitteln sicherzustellen.

Die für die Theologie konstitutive Differenz zum Glauben wird dadurch um so stärker akzentuiert, je weniger die hier erörterten Fragen mit den praktischen Lebensproblemen der Gläubigen zu tun haben; denn „der Fragehabitus hat in einem strikten Sinne theoretischen Charakter"[70], auch dort, wo Theologie (wie bei Bonaventura und Duns Scotus) als praktische Wissenschaft verstanden wird. Sicher werden auch unmittelbar praktisch-politische Fragen an den Schulen z. T. leidenschaftlich erörtert (Armut, Bettel, Wucher, Zinsnehmen, Zehnt usw.), doch heben sie allein noch nicht die Differenz zwischen Schule und Leben auf, die für die „scholastische" Theologie konstitutiv erscheint.[71] Diese richtet sich zunächst an den im Schulbetrieb stehenden Lehrer oder Schüler, sei es in Form der *lectio*, der *disputatio* oder der scholastischen Predigt.

Aber auch die Differenz von Theologie und kirchlichem Lehramt artikuliert sich durch die Rationalisierung, Verwissenschaftlichung und Übernahme nichttheologischer, philosophischer Argumentationsweisen. Es entsteht das Phänomen der gelehrten Häresie (im Unterschied zur Volkshäresie) und des Lehrzuchtverfahrens, des Theologenprozesses. So kann es zu einem Gegensatz von 'scholastisch' und 'kirchlich' kommen, wie ihn etwa Gerhoch von Reichersberg (+ 1169) markiert: Die Schulen in Frankreich sind infolge ihrer undisziplinierten Fragestellungen unvereinbar mit der Römischen Kirche. Argwöhnisch betrachtet wurde nicht selten der mangelnde kirchliche Lebenswandel vagierender Scholaren und Magistri, die nicht in der Ordnung eines Klosters, sondern mehr oder weniger unbeaufsichtigt in einer fremden Stadt lebten.[72]

Daß wir angesichts der erörterten Problematik am Ausdruck 'scholastische Theologie' festhalten, hat seinen Grund gerade in der Entwicklung mittelalterlicher Theologie. Wir verstehen deshalb 'scholastische Theologie' nicht als einen definitorischen, univoken Begriff, sondern als Sammelnamen für jene Theologie, die in den Schulen und Universitäten des Mittelalters in verschiedenen Ansätzen entwickelt und z. T. in der Frühen Neuzeit noch gepflegt bzw. erneuert wurde. Unterscheidende Kennzeichen gegenüber gleichzeitigen Formen von Theologie sind die in diesen Schulen

stems über alle anderen Orientierungs-, Reaktions- und Interaktionssysteme ansehen. Das dialektisch nach allen Seiten hin abgesicherte Argument, das jeweils beweist, was nur sein kann und was jedenfalls nicht sein darf, reicht aus, um Wahrheit und Wissen zu garantieren."

70 Schönberger, Scholastik 63.

71 Zur Diskussion vgl. Flasch, Einführung 38; Schönberger, Scholastik 64-68.

72 Vgl. vor allem Fichtenau, Ketzer 245-257.

für die Theologie rezipierten Methoden der Kommentierung eines autoritativen Textes, der *lectio, disputatio* und *praedicatio* in der Berücksichtigung des wechselnden Rationalitätsstandards und Wissenschaftsbegriffs der einzelnen Epoche. Da diese aber wie die Methoden selbst in einer Entwicklung begriffen sind, ist auch „die scholastische Theologie" nicht als einheitliches Gebilde zu begreifen, dessen „Wesen" definitorisch erfaßt werden könnte. Vielmehr kann ihre Geschichte nur genetisch rekonstruiert werden. Dies soll im Rahmen einer Einführung nur zum selbständigen Verstehen der Problemstellung, Methoden und Ergebnisse scholastischer Theologie des Mittelalters und der Frühen Neuzeit führen. Dies soll erreicht werden im Wechsel von Überblickskapiteln und der Darstellung zentraler Probleme der jeweiligen Epoche. In deren Kontext werden die einzelnen Theologen mit ihren Lösungen vorgestellt. Ein adäquates Verständnis scholastischer Theologie könnte wohl auch so manches Vorurteil gegenüber der „lebensfremden Scholastik" abbauen, z B. daß ein Scholastiker nichts anderes als ein Theologe sei, der, „ohne die Probleme der Gegenwart lebensvoll zu erfassen, unter dem Druck einer autoritativ wirkenden Vergangenheit mit abgestandener Methode einen abgestandenen Inhalt vergeblich zu beleuchten versucht." [73]

73 So G. Krüger, Das Dogma von der Dreieinigkeit und Gottmenschheit. Tübingen 1905, 259; Zit. Grabmann SM I,1.

1. WIE ENTSTEHT SCHOLASTISCHE THEOLOGIE?

Da eine eindeutige Definition von 'Scholastik' nicht möglich erscheint, bleibt uns eine Darstellung der geistesgeschichtlichen Entwicklung, die zu den Charakteristika der abendländischen Schultheologie des Mittelalters und der Frühen Neuzeit geführt hat, aufgegeben. Wie weit dazu die herkömmliche Unterscheidung in Vor-, Früh-, Hoch- und Spätscholastik brauchbar ist, müßte sich in diesem Kontext durch methodische und inhaltliche Problemverschiebungen bzw. „Paradigmenwechsel" zeigen lassen.

1.1 Problem- und Methodenvorgaben der Väterzeit

Mittelalterliche Theologie ist auf weite Strecken den inhaltlichen und methodischen Vorgaben der Väterzeit verpflichtet und kein absoluter Neubeginn. Die wichtigsten Komponenten dieses patristischen Erbes müssen deshalb wenigstens kurz dargestellt werden, um die Leistung der mittelalterlichen Theologen besser zu verstehen.

1.1.1 Philosophie und Theologie

Nicht erst die „scholastische" Theologie des Mittelalters entsteht in engstem Kontakt und in Auseinandersetzung mit der Philosophie. Dies trifft bereits für die „wissenschaftliche Theologie" der Väterzeit zu.[1] Akzeptanz der heidnischen παιδεία durch die Christen kennen wir ebenso seit Paulus wie deren Ablehnung im Namen der Torheit des Kreuzes (vgl. 1 Kor 1,18-21; Apg 17,19-34). Vor allem die Alexandrinische Schule (Clemens [+ um 215], Origenes [+ 253]) versucht, die Denkformen der griechischen Philosophie in Theologie umzuschmelzen, ist sich jedoch der Differenz zwischen der „barbarischen Philosophie" des Christentums und der reich differenzierten hellenistischen Kultur ihrer Zeit klar bewußt. Zum Heil ist die griechische Philosophie nicht nötig, wohl aber zum tieferen Verständnis des Geglaubten: „Wie wir es aber für möglich erklären, daß man ohne Kenntnis der Schreibkunst gläubig sein kann, so sind wir darüber einig, daß man die im Glauben enthaltenen Lehren unmöglich verstehen kann, ohne zu lernen. Denn die richtigen Lehren anzunehmen und die anderen zu verwerfen, dazu befähigt nicht einfach der Glaube, sondern nur der auf Wissen beruhende Glaube."[2] Glaube bedarf also der rationalen Rechtfertigung sei-

1 Vgl. u.a. P. Stockmeier, Glaube und Kultur. Studien zur Begegnung von Christentum und Antike. Düsseldorf 1983, 120-137.

2 Clemens v. Alexandrien, Stromateis I 35,2 (GCS 15,23,6-10).

nes Inhaltes (*fides quae*) und der vom Menschen geleisteten Zustimmung (*fides qua*). Diese rationale Rechtfertigung, die zum Verständnis des Glaubensinhaltes führen soll, geschieht nun aber mit Hilfe der Denkmittel und philosophischen Vorgaben der jeweiligen Zeit. Für das Christentum der Spätantike impliziert dies Philosophie. Die Philosophie der Griechen aber erscheint Clemens durch Christus überboten: „Weil der Logos selbst vom Himmel herab zu uns gekommen ist, scheint es mir, daß wir nicht mehr in die Schule von Menschen zu gehen brauchen, nicht mehr nach Athen oder dem übrigen Hellas. [...] Denn seitdem der Logos uns als Lehrer gegeben wurde, ist die ganze Welt für den Logos zu Athen und Griechenland geworden."[3] Diese Vorrangstellung christlicher Botschaft gegenüber der heidnischen Philosophie ist für jede christliche Theologie konstitutiv, will sie sich nicht als beliebige Religionsphilosophie oder „Weltanschauung" relativieren. Relativiert wird dadurch vielmehr die Philosophie: Sie wird zur Propädeutik der Glaubenseinsicht, mithin der Theologie, und damit gerade in ihrem spätantiken Anspruch, eigenständiger Heilsweg für die Gebildeten zu sein, verneint.

Doch dieser optimistische Ausgleich von heidnischer Philosophie und christlicher Offenbarung in einer wissenschaftlichen Theologie wird nicht von allen geteilt. Tertullian (+ nach 213) spricht eine andere Sprache:

> „Was hat Athen mit Jerusalem zu tun? Was die Akademie mit der Kirche? Unsere Lehre stammt aus der Stoa Salomons, der auch selbst die Weisung hinterlassen hat, den Herrn in Einfalt des Herzens zu suchen (Weish 1,1). Wir brauchen keine sophistische Weisheit, nachdem Jesus Christus erschienen ist, und keine philosophische Untersuchung nach dem Evangelium. Wenn wir glauben, begehren wir nichts weiter, als zu glauben. Denn zuallererst glauben wir dies: daß es nichts gibt, was wir darüberhinaus glauben müssen."[4]

Durch diesen Rückzug auf den Glauben allein setzt sich aber der Christ nicht nur in der kultivierten und philosophisch gebildeten Welt der Spätantike dem Vorwurf des Irrationalismus und der Ungebildetheit aus, wie es Kelsos (um 178)[5] als Maxime den Christen unterstellt: „Prüfe nicht, glaube! Der Glaube wird dich retten. Die Weisheit der Welt ist ein Übel, die Dummheit dagegen ein Gut." Die Ablehnungsgründe gegen die Philosophie werden bald zu Versatzstücken der Argumentation ausgestaltet: Philosophie bringt nur spitzfindige, formale Gelehrsamkeit ohne Nutzen für das Leben; die Philosophenschulen sind untereinander uneins; das Leben der Philosophen entspricht nicht dem, was sie lehren; die Philosophie ist die Quelle aller Häresien; sie ist zudem auf eine Elite beschränkt, während sich das Christentum auch an die Ungebildeten und Analphabeten wendet. Hin-

3 Ders., Protreptikos XI 112,1 (GCS 12,79,6-12).
4 Tertullian, Praescriptio haereticorum 7 (PL 2,23f).
5 Origenes, Contra Celsum I,9,11-13 (SC 132,98).

zu kommen einzelne dem Christentum widerstreitende Lehren der Philosophenschulen.[6] Dies alles scheint auf eine Unvereinbarkeit von Christentum und heidnischer Philosophie, die grundsätzlich im Irrtum befangen ist, schließen zu lassen: „Was also haben gemeinsam der Philosoph und der Christ, der Schüler Griechenlands und der des Himmels, der Beförderer seines Ruhms und der seines Heiles, der mit Worten und der mit Taten Wirkende, [...] der Freund und der Feind des Irrtums, der Verfälscher der Wahrheit und ihr Erneuerer und Dolmetsch, ihr Dieb und ihr Wächter?"[7] Doch auch in solchen Antithesen wird unterschwellig zugegeben, daß der christliche Theologe auf ein Instrumentarium angewiesen ist, will er seinen Dienst als Erneuerer und Dolmetsch der Wahrheit und Feind des Irrtums ausüben. Woher aber soll dieses Instrumentarium genommen werden, wenn nicht aus der Bildung, mithin aus der Philosophie der Zeit? Ihrer bedient sich zumindest der gelehrte Angriff auf die mit philosophischen Mitteln arbeitende Theologie.

Lebenspraktische Ablehnung gegenüber der Philosophie bezeugt auf weite Strecken das frühchristliche Mönchtum, das sich selbst als eine auf eine bestimmte Lebensweise (Askese) festgelegte „Philosophie" versteht. So berichtet Eusebius (+ 339) von Origenes: „Er unterzog sich einem im höchsten Grad philosophischen Leben, teils in Übungen im Fasten, teils durch Begrenzung der Zeit des Schlafes, den er auch nicht ganz auf dem Bett genoß, sondern in seinem Eifer auf dem Fußboden. [...] Solche Schaustücke eines philosophischen Lebens bot er den Betrachtern dar."[8] Der auf Askese reduzierten „Philosophie" der Mönche erscheint vor allem die Beschäftigung mit Bildungsinhalten (παιδεία) über den schlichten Glauben hinaus verwerflich. Athanasius (+ 373) läßt den Mönchsvater Antonius (251-356) sprechen: „Diejenigen, welche den wirksamen Glauben haben, brauchen den Wortbeweis nicht, er ist sogar überflüssig. Was wir aus dem Glauben wissen, das versucht ihr durch Worte aufzubauen. [...] Die Tat durch den Glauben ist daher besser und kräftiger als eure sophistischen Syllogismen."[9] Durch das Auftreten der Häresien wird den Mönchen auch die wissenschaftliche Theologie suspekt, was sich vor allem in den origenistischen Streitigkeiten äußert. Pauschalurteile, die Philosophie und Theologie zugleich verdammen, sind hier nicht selten.[10]

Wo der Schritt vom schlichten Glauben zur Theologie getan wird, geschieht dies bereits in der Väterzeit, wie es Bonaventura (1217/8-1274)

6 Vgl. H. Görgemanns, Art. „Philosophie. Griechische Patristik". In: HWP VII,617.
7 Tertullian, Apologeticum 47,1-8 (CCL 1,163,1-164,32).
8 Eusebius, Kirchengeschichte VI,3,9 (GCS 91,526-528).
9 Athanasius, Vita Antonii 77 (PG 26,951A).
10 Vgl. Stockmeier, Glaube 132f.

dann formulieren wird, durch das Hinzutreten von vernünftiger Überlegung, „per additionem rationis"[11]. Allerdings nimmt die „ratio" in der Theologie zu jeder Zeit ihre eigene Form an. Für die Kirche der Väterzeit ist es die heidnische, z. T. gnostische Philosophie, aus der Standardargumentationen übernommen werden. Der Wert oder Unwert solcher Theologie aber bemißt sich im Urteil der Kirchenväter nach dem Wert oder Unwert der herangezogenen und theologisch fruchtbar gemachten Philosophie. Auf der einen Seite steht Origenes: „Es ist nach dem Sinn der christlichen Lehre sogar besser, wenn man den Lehrsätzen mit Vernunft und Weisheit zustimmt, als wenn man sie nur mit einfachem Glauben festhält."[12] Die Gegenposition verkörpert wieder Tertullian, wenn er davor warnt, Glauben und Philosophie zu einer verwässerten Theologie zu vermischen, „je nachdem etwa Platons Ehre, Zenons Kraft, des Aristoteles Konsequenz, Epikurs Eingebungen, Heraklits Tiefsinn oder des Empedokles Wahnsinn den Ausschlag gibt". Vielmehr haben die Christen die Pflicht, die reine Wahrheit wiederherzustellen, das reine Himmelsblau vom Nebel der Philosophie und damit aller Häresie zu reinigen.[13] Denn die Philosophie ist der Nährboden aller Irrlehren, vor denen der schlichte Glaube bereits deshalb gefeit erscheint, weil er davon nichts weiß: „Schließlich ist es besser, unwissend zu sein, um nicht kennenzulernen, was man nicht soll."[14] Wie aber soll sich der Christ dann zwischen verschiedenen Lehren entscheiden? Wie soll er den aufbrechenden Häresien wirksam begegnen und gegen sie argumentieren? Wie soll er sich dort, wo selbst in den autoritativ angenommenen heiligen Schriften Unterschiede zu Tage treten, zurechtfinden können? Ohne die von den Alexandrinern exemplarisch gepflegten Methoden des Fragens und Forschens, ohne die Verbindung von Schrift- und Vernunftargument, ohne das auch in den philosophischen Schulen der Spätantike übliche philologische, philosophische und ggf. allegorische Kommentieren eines autoritativen Textes, ist hier nicht weiterzukommen. Dadurch aber wird der Schritt vom Glauben zu einer in ihrem eigenen Selbstverständnis nun wissenschaftlichen Theologie gemacht, die sich an zeitgenössischen Rationalitätsmaßstäben orientiert.

1.1.2 Auctoritas und ratio

Hinter dem vielschichtigen Verhältnis von Philosophie und Theologie steht ein Begriffspaar, das für die scholastische Theologie bestimmend wird,

11 Bonaventura, Sent. prooem. q.1 concl. (Op. Omn. Quaracchi 1882-1902, I,7b).
12 Origenes, Contra Celsum I, 13 (GCS 2,65f).
13 Tertullian, De anima 3,2f (CCL 2,785,11-24).
14 Ders., Praescriptio haereticorum 14,2 (CCL 1,198,6f).

aber seine erste Entfaltung bereits in der Patristik erfährt: *auctoritas* und *ratio*. 'Auctoritas' konnotiert dabei im christlichen Kontext sowohl die zitierbare, literarische Autorität der Bibel und der frühen Kirchenväter als auch die Amtsautorität Gottes und der Kirchenleitung.[15] In beiden Fällen wird die *auctoritas* nicht selten durch ihr Alter gerechtfertigt, wie denn die Normativität der Ursprungszeit des Christentums in Verbindung mit dem *priscus mos* des Römischen Rechtes zu den beherrschenden Denkformen der Spätantike und des Mittelalters gehört.[16] Der Rechtfertigung kirchlicher Gebräuche durch ihr Alter allein tritt schon bei Cyprian von Karthago (+ 258) die Forderung der Vernunft entgegen: „Nicht aus dem Herkommen (de consuetudine) ist eine Vorschrift zu begründen, es muß vielmehr die Vernunft siegen." Noch deutlicher: „Eine Gewohnheit ohne Wahrheit ist nur ein alter Irrtum."[17] Vernunft als Prüfung des Wahrheitsanspruchs tritt hier als Instanz zunächst gegen eine traditionale Rechtfertigung kirchlicher Gebräuche auf, ist jedoch nicht darauf zu beschränken; denn der von ihr eingeforderte Wahrheitsanspruch wird zu einem bestimmenden Motiv der gesamten Theologie als eines rationalen Unternehmens.

Das Verhältnis von *auctoritas* und *ratio* erstmals umfassend und für die Gestalt der scholastischen Theologie maßgebend durchdacht zu haben, ist das Verdienst Augustinus' (354-430). Gerade bei ihm ist dieses Verhältnis nicht auf eine einfache Formel zu bringen. Bestimmend für seine Sicht ist nicht zuletzt die Alexandrinische Theologie mit ihrer bewußten Einbindung der Philosophie, vermittelt über Ambrosius (339-397).[18] Schon in der Zeit von Cassiciacum gibt Augustinus dem Ungenügen der bloßen *auctoritas* für den Gebildeten klar Ausdruck: Die „auctoritas maiorum" wird auf die der Weisen eingeschränkt; aber auch bei diesen dürfen nur die „rationes" zählen.[19] Andererseits verdankt er der *auctoritas* der Hl. Schrift die Überwindung der Skepsis.[20] Weniger ein Konflikt zwischen Vernunft und Autorität, als vielmehr wie bei Cyprian die Forderung vernünftiger Rechtfertigung von Autorität steht bei Augustinus im Zentrum jener Stellen, an denen er über das gegenseitige Verhältnis beider nachdenkt. *Ein* Konflikt allerdings kann bestehen: der zwischen göttlicher *auctoritas* und menschli-

15 Vgl. Art. „Autorität". In: HWP I, 723-730.

16 Vgl. Stockmeier, Glaube 227-235.

17 Cyprian, ep. 71,3 (CSEL 3,2,773); ep. 74,9 (ebd. 806f).

18 Vgl. grundlegend: K.-H. Lütcke, „Auctoritas" bei Augustin. (Tübinger Beiträge zur Altertumswissenschaft 44). Stuttgart 1968, bes. 34-46.182-195.

19 Augustinus, c. acad. I,3,7f (CChr SL 29,6-8); zu möglichen Quellen vgl. Lütcke, Auctoritas 36f-38; - vgl. U.G. Leinsle, Augustinus Magister? Augustinus und seine „Schüler" in Cassiciacum. In: Der Hl. Augustinus als Seelsorger. Augustinus-Colloquium 20.-24. Mai 1991. Hg. Th. Handgrätinger. St. Ottilien 1992, 17-34.

20 Vgl. Lütcke, Auctoritas 84-88.

cher, überheblicher Vernunft (praesumptio, astutia).[21] Die „vera ratio" dagegen, jene Vernunft, die sich ihres Wahrheitsanspruchs auch im Licht göttlicher Wahrheit vergewissert hat, ist mit dieser im Einklang. Dies gilt auch für die Autorität der Hl. Schrift, nicht aber für die Bibelauslegung, die immer menschliches, fehlbares Unterfangen bleibt.[22] Die *auctoritas* geht dabei der *ratio* zeitlich und logisch voran. Theologisch gerechtfertigt wird das im Hinblick auf die göttliche *auctoritas* als Akt der Gnade, als Forderung des Glaubens und Vorbereitung auf die *ratio*: „auctoritas fidem flagitat et rationi praeparat hominem."[23] Dies ist der Grund dafür, daß die menschliche Erkenntnis von der *auctoritas* zur *ratio*, vom Glauben zur Einsicht in das Geglaubte fortschreiten kann. Dieser Schritt ist nun nicht mehr ein Akt des intellektuellen Hochmuts, sondern eine Forderung eines wahrhaft vernünftigen Lebens. Wer immer nur der Autorität verpflichtet bleibt, kommt nicht zum Ziel des menschlichen Lebens, der „beata vita". Das Stehenbleiben beim Glauben aber ist für Augustinus - zumindest in Cassiciacum - etwas für Leute, die zu den Wissenschaften zu faul, zu dumm oder zu sehr mit anderen Dingen beschäftigt sind.[24]

Doch nicht von jedem Glauben führt der Weg zur *ratio*; denn das historisch Gegebene ist für Augustinus nur Gegenstand des Glaubens, nicht aber der *ratio*. Historische Tatsachen sind über die Prüfung der Glaubwürdigkeit des Berichtes hinaus nur Objekt des Glaubens.[25] Intelligible Sachverhalte (z. B. der Mathematik und anderer Disziplinen) dagegen können nur rational eingesehen werden. Gegenstände „de divinis rebus" schließlich werden zuerst geglaubt, dann aber können sie u. U. auch einer rationalen Einsicht zugeführt werden.[26] Dies ist aber nur teilweise der Fall und setzt eine sittliche Läuterung voraus. Auch die heilsgeschichtlichen Fakten sind nicht unmittelbar Gegenstand der Vernunfteinsicht; vielmehr kommen wir durch den Glauben an sie zur Einsicht in die zeitlosen intelligiblen Wahrheiten (aeterna) über Gott, die in den heilsgeschichtlichen Aussagen der Schrift enthalten sind.[27] Der Schritt vom *credere* zum *intelligere* hat deshalb eine zeitliche, aber auch eine inhaltliche Komponente. Auch hier geht es der Vernunft wieder um die einsichtig gemachte Wahrheit der theologischen Aussage bzw. des autoritativ zu glauben Vorgelegten: „Tunc agnoscemus

---

21 Vgl. z. B. Augustinus, ep. 102,14 (CSEL 34,555-557).

22 Vgl. ders., ep. 143,7 (CSEL 44,257).

23 Ders., ver. rel. 24,45 (CCL 32,215,4f).

24 Ders., ord. I,5,15 (CCL 29, 115,37-41); II,9,26f (ebd. 121-123); c. acad. II,20,43 (ebd. 60,16-61,24).

25 Ders., divers. qaest. 48 (CCL 44A, 75); C. epist. fund. 12,15 (CSEL 51,1,208f).

26 Ders., divers. qaest. 48 (CCL 44A, 75,7-10).

27 Ders., ag. christ. 15 (CSEL 41,118,17-21).

quam vera nobis credenda imparata sint."[28] Vernunfteinsicht bestätigt hier die Autorität, aber nicht in der bloßen Annahme, sondern aufgrund erkannter Wahrheit.

Bereits der Glaube, der dem *intelligere* zeitlich vorangeht, ist für Augustinus kein irrationaler Glaube; deshalb ist auch die Autorität als solche auf die *ratio* verwiesen. Denn auch der Glaubende muß sich bereits Rechenschaft darüber ablegen, wem er glaubt (cui sit credendum), also die Autorität hinsichtlich ihrer Glaubwürdigkeit prüfen. Dies geschieht aber nicht anders als durch Vernunftgründe.[29] Andererseits stößt die endliche Vernunft (quantulacunque ratio) unweigerlich an ihre Grenzen und erkennt darin die Notwendigkeit und Nützlichkeit des Glaubens.[30] Schließlich setzt der Glaube an die Autorität hermeneutisch das Verständnis ihrer Worte und damit bereits ein Vorverständnis des Glaubensgegenstandes voraus[31], das nicht aus dem Glauben selbst stammt. Rationale Rechtfertigung der Glaubensautorität und rationale Durchdringung des Glaubensinhaltes aber bilden die Hauptmomente der Theologie.

Diese *auctoritas* ist nun für Augustin nächst der göttlichen Autorität Christi vor allem deren Fortsetzung in der „auctoritas scripturae", wie er seit 392 immer wieder betont.[32] Doch auch hier steht der persönlichen Betroffenheit durch das Wort Gottes der hermeneutisch-theologische Zugang zur Schrift gegenüber, der anstößige Stellen durch die Mittel zeitgenössischer Allegorese entschärft und dadurch der „verbi auctoritas" die eigene Interpretation entgegenhält: Es handle sich nur um „figurata locutio".[33] Andererseits gehört die richtige Auslegung gerade zum autoritativen Charakter der Schrift; sie ist für Augustinus ein auch im (natur-)wissenschaftlichen Sinne wahres Buch. Nur wenn ein Satz der Bibel im Literalsinn eindeutig falsch wäre, muß er anders ausgelegt werden. Alle Fehlerquellen im Codex bzw. bei der Übersetzung sind vorher zu veranschlagen.[34] Das die Patristik stark beschäftigende Problem möglicher Widersprüche in der Bibel selbst - ein beliebter Angriffspunkt von Seiten der „Ungläubigen" - veranlaßt Augustinus zu einer exemplarischen Auflösung solcher vermeintlicher Widersprüche in *De consensu evangelistarum*. Konsens, Harmonisierung ist hier das Programm; denn Widersprüche darf es in einem Buch von

28 Ders., quant. anim. 76 (CSEL 89,224,11f).

29 Ders., ver. rel. 45 (CCL 32,215,4-8).

30 Ders., ep. 120,3 (CSEL 34,707,2-5).

31 Ders., En. in Ps. 118,18,3 (CCL 40,1720f); vgl. U. Duchrow, Sprachverständnis und biblisches Hören bei Augustin. (Hermeneutische Untersuchungen zur Theologie 5). Tübingen 1965, 106f.

32 Ders., duab. anim. 9 (CSEL 25,1,61,20); vgl. Lütcke, Auctoritas 128-136.

33 Augustinus, doctr. christ. III,15 (CCL 32,87,19-22).

34 Ders. ep. 82,3 (CSEL 34,354,2-22); vgl. ep. 143,7 (CSEL 44,258,2-9).

göttlicher Autorität nicht geben, weder in ihm selbst noch im Vergleich zu außerbiblischen Wahrheiten.

Steht die *ratio* grundsätzlich im Dienst biblischer *auctoritas*, so erscheint auch die Lehrautorität der Kirche im Dienst der Wahrheit als Maßgabe und Wächterin der Auslegung. Für die Menschen der Jetztzeit ist die Autorität der Kirche die Veranlassung, der Autorität der Schrift zu glauben, wie es Augustinus in dem bekannten Satz audrückt: „Ego vero evangelio non crederem, nisi me catholicae ecclesiae commoveret auctoritas."[35] Die Rechtfertigung dieser Autorität der Kirche ist wieder Aufgabe der *ratio*, vor allem in Auseinandersetzung mit den Heiden und Häretikern, exemplarisch in Angriff genommen schon in *De moribus Ecclesiae Catholicae et de moribus Manichaeorum*. Die „ratio auctoritatis" will die Annahme der Autorität, den Gehorsam ihr gegenüber, als einen Akt der Vernunft oder wenigstens als vernunftgemäßes Handeln ausweisen. Augustinus faßt dieses Programm theologischer Untersuchung zusammen in der Alternative: Beweis der Wahrheit des Glaubensinhaltes oder Beweis der autoritativen Stellung dessen, der diesen Inhalt zu glauben verlangt.[36] Bei all dieser im Grunde harmonisierenden Tendenz darf aber nicht übersehen werden, daß in der *ratio* auch ein kritisches Potential steckt, das u. U. der Stellung der *auctoritas* gefährlich werden kann. Theologie bleibt deshalb immer ein Abenteuer kritischer Vernunft vor dem Anspruch göttlicher (biblischer und kirchlicher) Autorität.

1.1.3 Augustinus' christliches Bildungs- und Theologieprogramm

Für die scholastische Theologie von unübersehbarer Bedeutung wird nicht nur Augustins differenzierte Synthese von *ratio* und *auctoritas*, sondern auch sein Ausgleich zwischen heidnischer Bildung, konzentriert in den *artes liberales* (Grammatik, Rhetorik, Dialektik, Arithmetik, Geometrie, Astronomie, Musik)[37] und christlichem Glauben.[38] Die Sieben Freien Künste werden zunächst als Propädeutik zur Philosophie betrachtet. In ih-

35 Augustinus, c. ep. fund. 5 (CSEL 25,1,197,22f); vgl. util. cred. 31 (ebd. 38-40).

36 Ders., c. ep. fund. 14 (ebd. 211f). Als mögliche Beweisgründe werden angeführt: Fachliche und sittliche Qualifikation des Autoritätsträgers, Wunder, Eintreffen des Prophetenwortes, allgemeiner: der Erfolg der Autorität; Alter und kontinuierliche Tradition; Anerkennung von Autorität auch bei den Gegnern. Vgl. Lütcke, Auctoritas 166-176.

37 Zu den variierenden Einteilungen der *artes* bei Augustinus: P. Ferrarino, Quadruvium (Quadrivio dei sei arti? - La caverna platonica), in: Atti del Congresso Internazionale di Studi Varroniani, Rieti Settembre 1974, Rieti 1976, II,359-364.

38 Vgl. vor allem H.-I. Marrou, Augustinus und das Ende der antiken Bildung. Paderborn u.a. 1981, 163-392.

nen ist das Wissen des Gebildeten der Spätantike im wesentlichen kodifiziert. Die Künste liefern dem Philosophen Argumente und Exempel. Sie bieten zugleich eine Vorübung des Geistes als Vorbereitung für die abstrakten Wahrheiten der Philosophie.[39] In seiner philosophischen Frühzeit ist damit der Wert der *artes* für Augustinus voll bestimmt.

Aus theologischer Perspektive kann diese Stellung als Propädeutik zur Philosophie allein nicht mehr genügen. Wenn Augustinus in seinem Werk *De doctrina christiana* (388/97) darangeht, die christliche Bildung darzustellen, ist er sich des langen Kampfes um die Legitimität heidnischer παιδεία im Rahmen des Christentums wohl bewußt. Die Legitimation erhält sie für Augustinus durch die Indienstnahme für religiöse Zwecke: „tibi serviat quidquid utile puer didici, tibi serviat quod loquor et scribo et numero."[40] Eine weltliche Bildung, die sich nicht in diese religiöse Zielsetzung einordnen lassen will, wird als nutzlose und sündhafte „curiositas" gebrandmarkt.[41] Im Hinblick auf das ewige Ziel des Menschen bringt die Bildung in den Freien Künsten nichts, wenn sie nicht als Weg zu Gott verwendet wird. Vorsicht ist deshalb auch geboten, wenn Inhalte der heidnischen Bildung für die christliche Theologie dienstbar gemacht werden, damit nicht „der Dämon der Kunst" auf diesem Weg wieder in die christliche Bildung eindringt.[42]

Für die mittelalterliche Theologie bestimmend wird weniger der philosophische Entwurf eines „studium sapientiae", wie er in Cassiciacum in *De ordine* dargelegt wird, sondern die theologische Abzweckung der profanen Bildung in *De doctrina christiana*. Der Bischof von Hippo hält einerseits an der Philosophie als Weg zu Gott fest, stellt sie aber in den christlichen Kontext des Glaubens, so daß sie zur „sapientia christiana" wird.[43] Unabdingbare Voraussetzung dazu aber ist das Studium der *artes*; auf anderem Weg als durch diese Bildung kommt man nicht zur *sapientia*.[44] Wäre der Weg über die *sapientia* aber der einzige Weg, so kämen nur wenige zur Theologie. Augustinus selbst ist ihn gegangen. Zu diesem sapientialen Typ von Theologie tritt nun aber eine zweite Art von Theologie, die eine direkte Indienstnahme der *artes* und Wissenschaften ermöglicht. Diesen Typ bedenkt Augustinus nun mit dem Terminus 'scientia':

---

39 Augustinus, ord. I,2,3 (CCL 29,90,1-17); vgl. U.G. Leinsle, Von der Weltordnung zur Lebensordnung. Aufgabe und Grenzen der Philosophie nach Augustinus' Dialog „De Ordine". In: ThPQ 137 (1989) 369-377.

40 Augustinus, conf. I,15,24 (CCL 27,23,7f).

41 Ebd. X,35,54-57 (ebd. 184-186); vgl. Marrou, Augustinus 296f.

42 Vgl. Augustinus, conf. V,3,4 (CCL 27,59,26-38); doctr. christ. IV,14,30-31 (CCL 32, 137-139); Marrou, Augustinus 296f.

43 Vgl. Augustinus, ep. 218 (CSEL 57,426); ep. 155 (CSEL 44,430-434).

44 Augustinus, ord. 2,18,47 (CCL 29,132f).

„Ich habe also der *scientia* nicht unterschiedslos alle Erkenntnisse des Menschen zugeschrieben, in die so viel Eitles, Überflüssiges und gefährliche Neugierde eingehen, sondern nur die Erkenntnis, die den heilbringenden Glauben entstehen läßt, nährt, verteidigt und stärkt, durch den man zu der wahren Glückseligkeit gelangt. Die meisten Gläubigen besitzen diese *scientia* nicht, wie stark ihr Glaube auch ist. Denn es ist *eine* Sache, einfach zu wissen, was der Mensch glauben soll, um die ewige Glückseligkeit zu erreichen, und eine andere, wie man diesen gleichen Inhalt des Glaubens den frommen Seelen darbringen und gegen die Unfrommen verteidigen soll; für diesen zweiten Aspekt soll man mit Paulus (1 Kor 12,8) den Ausdruck *scientia* eigentlich reservieren."[45]

Aufgabe dieses theologischen Wissens ist es also nach Augustinus, den Glauben entstehen zu lassen, zu nähren, zu verteidigen und zu stärken, ihn den Gläubigen darzulegen und gegen die Ungläubigen zu verteidigen. Damit sind die *kirchlichen Ziele* einer Theologie umrissen, die einerseits auf den Glauben vorbereiten, ihn andererseits rechtfertigen und katechetisch vermitteln soll. Grundlage dieses Theologieprogramms ist deshalb das Studium der Hl. Schrift: Der „divinarum scripturarum studiosus" müht sich in dieser *scientia* ab.[46] Doch ist schon bei Augustinus selbst Theologie nicht auf Exegese zu reduzieren: Neben eindeutig exegetischen Werken, allerdings immer wieder durchbrochen durch spekulative Fragen, stehen dogmatische und polemische Abhandlungen und elementare Zusammenfassungen des Glaubensinhaltes.[47] Das entspricht genau den angegebenen kirchlichen Zielen der theologischen *scientia*.

Die alte heidnische Bildung kann in diesem Rahmen in einer offiziell christlichen Gesellschaft nur aus der Bibel und in deren Dienst gerechtfertigt werden. Was sich in ihr an Nützlichem findet, ist entweder auch in der Bibel zu finden oder zu deren Auslegung zu verwenden. Der Wert der profanen Bildung wird dadurch stark relativiert: Nur als Hilfsmittel zur Theologie hat sie eine Berechtigung im christlichen Bildungskosmos.[48] Damit schließt sich Augustinus der konzilianten Tendenz der Patristik im Streit um die παιδεία an. Seine Leistung besteht in *De doctrina christiana* aber vor allem darin, einen Studienplan und eine Untersuchung der Arbeitsmethoden der Theologie für den „divinarum scripturarum tractator et doctor" zu entwerfen. Besonders wichtig für den Theologen erscheinen natürlich die sprachlichen Fächer des *Triviums*, vor allem Grammatik und Rhetorik. Zur Grammatik des Lateinischen kommt die Kenntnis der Fremdsprachen, in erster Linie des Griechischen und Hebräischen. An die Grammatik

45 Augustinus, trin. 14,3 (CCL 50A,424,56-67); übers. Marrou, Augustinus 317; vgl. doctr. christ. 2,7,9-11 (CCL 32,36-38).

46 Augustinus, doctr.christ. 2,7,10 (CCL 32,37,15).

47 Z. B. enchir. (CCL 46,21-114), fid. et symb. (CSEL 41,1-32).

48 Augustinus, doctr. christ. 2,42,43 (CCL 32,76f).

schließt Augustinus aber die Realien an: Geschichte, Geographie, Naturgeschichte, mechanische Künste.[49] Es folgen Rhetorik und die Dialektik (Logik) als Lehre von den formalen Gesetzen des richtigen Denkens und der Wissenschaft. Das sog. *Quadrivium* der mathematischen Künste (Arithmetik, Geometrie, Musik und Astronomie, von Augustinus z. T. [Himmels-]Mechanik genannt) leitet über zur Philosophie, die hier im wesentlichen als Doxographie betrieben wird: Sichtung der Lehren der heidnischen Philosophen, soweit sie mit dem christlichen Glauben übereinstimmen.[50] Augustinus übernimmt im wesentlichen den Bildungsplan der Schulen seiner Zeit und stellt diesen nun insgesamt in den Dienst der Auslegung der göttlichen Offenbarung. Er verändert jedoch einige Fächer und erzeugt dadurch eben jene Problemfelder, die in der entstehenden Scholastik dann zu Diskussionen führen werden. Sinnvoll ist die Ergänzung der Sprachen durch das Hebräische, auffallend dagegen der Ausschluß der antiken Klassiker aus diesem Bildungsgang. Der ehemalige Rhetor will um keinen Preis diese propädeutische Bildung als Selbstzweck darstellen. Es geht hier nicht mehr um die langsame, gründliche Schulung des Geistes für den philosophischen Aufstieg zu Gott wie noch in *De ordine*, sondern um eine Menge in der theologischen Arbeit verwertbarer Kenntnisse, die in möglichst kurzer Zeit erworben werden sollen: „ut non sit necesse christiano in multis propter pauca laborare".[51] Abkürzung, Rudimentierung und Elementarunterricht sind deshalb das Gebot der Stunde. Handbücher kleinen Umfangs, Kompendien und Lexika werden empfohlen. Solche wurden in der Spätantike innerhalb und außerhalb der christlichen Bildung geschätzt und geschrieben.[52]

Das Ziel des Bildungsplanes von *De doctrina christiana* ist eindeutig die Auslegung der Bibel, in der sich für Augustinus primär die Theologie als *scientia* vollzieht. Auch hier wendet er im Grunde die Verfahren der antiken Schulen auf einen neuen Text an: *lectio, emendatio, enarratio*. Nicht einbezogen wird allerdings das ästhetische *iudicium* der Klassikerlektüre; denn die Bibel ist kein Kunstwerk, dessen ästhetischer Wert hier zur Diskussion stünde.[53] Von dieser grammatischen Betrachtung geht Augustinus dann aber über zur theologisch-systematischen, vor allem in Auseinandersetzung mit den topisch-hermeneutischen Regeln des Tyconius (vor 383), die als Schlüssel für das Schriftverständnis und als Mittel theologischer Systembildung zu lesen sind, von Augustinus aber als nicht ausreichend er-

49 Ebd. 4,4,6 (119,1); vgl. ebd. prooem. 4-9 (2-6).

50 Ebd. 2,40,60 (73f).

51 Ebd. 2,39,59 (73,30f).

52 Vgl. Marrou, Augustinus 347f.

53 Vgl. ebd. 356.

kannt werden.[54] Augustinus legt demgegenüber ein am Begriffsgeviert von *res, signum, uti* und *frui* orientiertes hermeneutisches Schema zugrunde: Das Gesamt der christlichen Lehre scheidet sich wie das jeder Wissenschaft in *res* und *signa*. Zeichen ist vor allem das Schriftwort selbst. Die durch dieses bezeichneten Dinge aber sind entweder zum Gebrauch (*uti*) oder zum seligen Genuß (*frui*) bestimmt.[55] Das Einteilungsschema ist also keineswegs genuin theologisch, sondern von Augustinus ausdrücklich für jede „doctrina“ angenommen. Auch die „doctrina christiana“ hat also diesen allgemeinen Maßstäben zu folgen. Erst die Auffüllung dieses allgemeinen Schemas ist spezifisch theologisch und ergibt einen Grundriß systematischer Theologie, den Augustinus seinem Werk vorausschickt.[56] Ziel ist Gott, der Gegenstand des *frui* allein ist, und von dem aus alles weitere entfaltet wird: Christus als menschgewordene Weisheit Gottes und Erlöser und sein Leib, die Kirche. Dies sind zugleich die ewigen und unwandelbaren Wahrheiten, die aus der Schrift mittels der profanen Bildung erkannt werden sollen.

1.1.4 Theologische Systematik und Axiomatik: Boethius

Während Augustinus die gesamte Theologie im Grunde als wissenschaftliche Auslegung der Hl. Schrift konzipiert, geht der „letzte Römer“ bzw. „erste Scholastiker“ A.M.S. Boethius (+ 524) in seinen für das Mittelalter äußerst einflußreichen und oft kommentierten „Opuscula sacra“ (ca. 512-521) einen anderen Weg.[57] Dem Stil nach handelt es sich bei den fünf kleinen Werken um Gelegenheitsschriften, z. T. um Briefe, die eine ganz konkrete Fragestellung zu beantworten haben, z. B. „Wie die Trinität ein Gott und nicht drei Götter ist“ (Tr.1 *De trinitate*), „Ob Vater, Sohn und Heiliger Geist von der Gottheit substantial ausgesagt werden“ (Tr.2) und „Wie die Substanzen in dem, was sie sind, gut sein können, obwohl sie kein substantial Gutes sein können“ (Tr.3 *De hebdomadibus*). Die Philosophie, der sich Boethius verpflichtet weiß, ist die des Neuplatonismus, al-

54 Augustinus, doctr. christ. 3,42-37,56 (CCL 32,102-116); Tyconius, Liber de septem regulis (PL 18,15-66; krit. Edition: F.C. Burkitt, The Book of Rules of Tyconius. Cambridge 1894. ND 1967: Texts and Studies 3,1): de domino et eius corpore; de domini corpore bipertito; de promissis et lege; de specie et genere; de temporibus; de recapitulatione; de diabolo et eius corpore.

55 Augustinus, doctr. christ. 1,2,2 (CCL 32,7,1-8,20); vgl. Grillmeier, Symbolum 156-164.

56 Augustinus, doctr. christ. I,5,5-21,19 (CCL 32,9-16).

57 Vgl. Schrimpf, Axiomenschrift; A.M.S. Boethius, Die Theologischen Traktate, übersetzt, eingeleitet und mit Anmerkungen versehen von Michael Elsässer. (Philosophische Bibliothek 397). Hamburg 1988, VI.

lerdings verbunden mit Gedanken des Aristoteles, dessen logische Werke Boethius z. T. übersetzt hat (sog. *Logica vetus*: Kategorien, De interpretatione). Ziel ist eine ausdrücklich als rational-argumentativ gekennzeichnete Durchdringung theologischer Fragen in neuer Terminologie mit philosophischen Mitteln.[58]

Basis der Argumentation in den trinitarischen Streitigkeiten ist nicht mehr die Schrift allein, sondern die bereits artikulierte „sententia" der „Catholica", die nun mit philosophischen Mitteln zu stützen und zu verteidigen ist.[59] Dazu bringt Boethius eine ausdrückliche Rechtfertigung seines theologischen Vorgehens in einer an Aristoteles geschulten Durchsicht der Methoden und Gebiete der theoretischen Wissenschaften, Naturwissenschaft, Mathematik und Theologie: „in naturalibus igitur rationabiliter, in mathematicis disciplinaliter, in divinis intellectualiter versari oportebit."[60] „Intellectualiter" aber gehen wir vor, wenn wir uns strikt an Logik und Metaphysik halten und alle verfälschenden bildlichen Vorstellungen von der Gotteslehre entfernen. Boethius entwirft hier kein theologisches Gesamtsystem, sondern entfaltet seine Methode vor allem an der Gottes- und Trinitätslehre. In der Kommentierung von *De Trinitate* im Mittelalter wird deshalb der theologischen Erkenntnis- und Methodenlehre immer besonderes Augenmerk geschenkt.

Für die Früh- und Hochscholastik von großer Bedeutung wird die dritte der theologischen Schriften *De hebdomadibus*. Die Methode, die Boethius hier anwendet, ist die in der Mathematik seit Euklid (um 295 v. Chr.) übliche Axiomatik, jetzt allerdings in den Bereich der metaphysischen Theologie übertragen. Wieder ist es ein allgemein wissenschaftliches, kein spezifisch theologisches Verfahren: „Ut igitur in mathematica fieri solet ceterisque etiam disciplinis, praeposui terminos regulasque, quibus cuncta quae sequuntur efficiam."[61] Ausdrücklich wird hier die mit Definitionen und Axiomen beginnende Abhandlung als gemeinwissenschaftliches Verfahren ausgewiesen. Aus den Axiomen, evidenten Sätzen, die von jedem Menschen ohne weitere Beweisgründe angenommen werden, sind dann alle Folgesätze nach den Regeln der Logik abzuleiten. Sie sind nun die Basis der gesamten Erörterung, die der Fragestellung des Werkes nach eine metaphysisch-theologische ist. Es geht um das Gutsein der Geschöpfe, das diese nicht aus sich selbst haben können. Es ist kein Wunder, daß dieses

58 Boethius, trin. prol. (3,1-4): Investigatam diutissime quaestionem [...] formatam rationibus litterisque mandatam offerendam vobis communicandamque curavi. - ebd. (3,16-18): Idcirco stilum brevitate contraho et ex intimis sumpta philosophiae disciplinis novorum verborum significationibus velo [...].

59 Ebd. c.1 (4,6f).

60 Ebd. c.2 (8,16-18).

61 Ders., De hebd. (ebd. 34,14-16).

Verfahren in seiner Stringenz immer wieder Theologen angeregt hat, es in ihrem Bereich genauso zu machen (z. B. Alanus ab Insulis [ca. 1120-1202]).[62] Vor allem die Schulen von St. Viktor, von Chartres und der Umkreis Gilberts von Poitiers (+ 1154) nehmen sich der *opuscula sacra* an. Aus neun Axiomen, von denen das erste generell definiert, was eine „communis animi conceptio" (die κοιναὶ ἔννοιαι der stoisch-neuplatonischen Tradition) ist, wird das ganze Werk aufgebaut. In der axiomatischen Methode aber hängt alles von den Axiomen und der richtigen logischen Ableitung der Folgesätze ab. Ziel ist der Beweis. Der kurze Traktat des Boethius wird deshalb neben *De trinitate* zu einem wichtigen Schultext des Mittelalters, zugleich aber zu einem Muster theologisch-beweisender Methode.

Auf die Theologie unmittelbar übertragen wird diese Methode im Traktat *De fide catholica*, der eine kurze Zusammenfassung der Fundamente des Glaubens bietet, wobei wieder die Trinitätslehre die „arx religionis nostrae" bildet.[63] Die entfaltete Trinitätslehre wird dann ausdrücklich auf die Bibel bezogen, die all das zum Glauben vorlegt: „Haec autem ut credantur vetus ac nova informat instructio".[64] Ihre Autorität ist das Band, das die ganze Kirche zusammenhält.[65] Von großem Einfluß auf die Weiterentwickung der theologischen Terminologie, z. B. im Personbegriff, ist schließlich Tr.5 *Contra Eutychen et Nestorium*. Boethius will hier die katholische Lehre von den zwei Naturen in Christus darlegen und beweisen. Auch hier führt er, getreu der axiomatischen Methode, die Häresie auf eine Unkenntnis der Voraussetzungen zurück, gepaart mit der Anmaßung falschen Wissens.[66] Prüfung der Voraussetzungen und vor allem Bestimmung der verwendeten Termini (natura, persona etc.) ist deshalb das unabdingbare Geschäft der Theologie, will sie Irrtümer vermeiden.

In der Eigenart seiner Schriften liegt auch die Vielschichtigkeit der Wirkung des Boethius als „Lehrmeister des Mittelalters".[67] Am deutlichsten ist der Weg der direkten Kommentierung seiner philosophischen und theologischen Schriften nachzuweisen. Einen zweiten Weg bildet die Übernahme der Axiome aus *De hebdomadibus*, die wesentlich häufiger anzutreffen ist als die direkte Kommentierung. Ähnliches gilt für die Terminologie von

62 Vgl. unten Abschn. 2.8.

63 Boethius, fid. cath. (ed. Elsässer 46,8-10; 48,31).

64 Ebd. (46,29-48,30).

65 Ebd. (62,258-263).

66 Ders., c. Eut. (ebd. 66, 30.41f).

67 Vgl. N.M. Häring, The Commentary of Gilbert of Poitiers on Boethius' de hebdomadibus. In: Tr 9 (1953) 177-211; Ders., The Commentaries on Boethius by Thierry of Chartres and his School. Toronto 1971; N.J. Green-Pedersen, The Tradition of the Topics in the Middle Ages. München-Wien 1984.

De Trinitate und *Contra Eutychen* in der Trinitätslehre und Christologie.[68] Am seltensten tritt schließlich die Ausarbeitung eigener theologischer Werke in der von Boethius rezipierten axiomatischen Methode auf, die dennoch eben als wissenschaftliche Methode der Theologie einen eindeutigen Rationalitätsstandard vorschreibt.

1.1.5 Sentenzensammlung: Isidor von Sevilla

Wenn Augustinus Handbücher, Kompendien und Lexika als Hilfsmittel für die theologische Wissenschaft empfiehlt, so lag es auch im Zug der Zeit, daß solche auch für die Theologie selbst entstanden. Ein Muster dieser Gattung sind die drei Bücher der *Sententiae* des Isidor von Sevilla (um 560-633), dessen grammatische, exegetische und enzyklopädische Werke, vor allem die *Differentiae* und *Etymologiae* (= *Origines*), ebenso vielbenutzte Standardwerke des Mittelalters wurden.[69] Isidor steht mit dem Versuch einer theologischen Synthese, die sich im wesentlichen auf die Lehren der Väterzeit bezieht, nicht allein. Schon Prosper von Aquitanien (um 390-nach 455) sammelt in seinem *Sententiarum ex operibus S. Augustini delibatarum Liber* 392 Sätze aus den Schriften Augustins und bringt sie in einen freilich noch wenig systematischen Kontext. Systematischer geht Fulgentius von Ruspe (467-532) in seinem für die theologische Systematik des Mittelalters einflußreichen Büchlein *De fide ad Petrum* vor.[70]

Beide werden aber an Verbreitung und Einfluß von Isidors Sentenzenwerk übertroffen, das im 1. Buch einen Abriß der Dogmatik, im 2. die Tugend- und im 3. die Lasterlehre bringt. Die Systematik der Dogmatik ist noch relativ topisch, weist aber schon voraus auf die theologische Systembildung im Mittelalter: Wie Augustinus in *De doctrina christiana* geht Isidor aus von Gott als dem „summum bonum“. Nach den Eigenschaften Gottes (c. 1-3) wird seine Erkennbarkeit aus der Schönheit der Geschöpfe behandelt (c. 4-5); es folgt als Überleitung zur Schöpfungslehre die Behandlung von Ewigkeit und Zeit (c. 6-7). Die Lehre von den Geschöpfen wird dargestellt in der Behandlung von Welt (c. 8), Übel (c. 9), Engel (c. 10), Mensch (c. 11), dessen Seele (c. 12) und Sinne (c. 13). Dann folgt die Lehre von Christus (c. 14), dem Hl. Geist (c. 15), der Kirche, den Häresien und Heiden (c. 16-17), dem alttestamentlichen Gesetz (c. 18), für deren

68 Vgl. Schrimpf, Axiomenschrift 148f.

69 Vgl. vor allem J. Fontaine, Isidore de Seville et la culture classique dans l'Espagne wisigothique. Paris 21983.

70 Vgl. A. Grillmeier, Fulgentius von Ruspe, De Fide ad Petrum und die Summa Sententiarum. Eine Studie zum Werden der frühscholastischen Systematik. In: Schol 34 (1959) 526-565.

Auslegung wieder die 7 Regeln des Tyconius herangezogen werden (c. 19)[71], vom Unterschied der Testamente (c. 20), Glaubensbekenntnis und Gebet (c. 21), Taufe und Kommunion (c. 22), Martyrium und Wunder (c. 23-24), vom Antichrist und seinen Wundern (c. 25). Dies leitet über zur Behandlung der Eschatologie (c. 26-30): Auferstehung, Gericht, Hölle und Höllenstrafen, ewige Seligkeit.

Nicht nur die theologische Systematik, sondern auch die Arbeitsweise Isidors trägt schon deutliche Züge der mittelalterlichen Scholastik. Die Schriften der Klassiker der Antike, aber auch der kirchlichen Schriftsteller bildeten bereits eine sehr reichhaltige Bibliothek. Wie heute noch im akademischen Betrieb, ist deshalb die erste Arbeit die des Auswählens und Exzerpierens. Es zeugt aber vom Niveau Isidors, daß er diese Methode als solche angibt und meist im Prolog seiner Werke im Rahmen einer *captatio benevolentiae* zu rechtfertigen versucht. Er bezeichnet sein Verfahren ausdrücklich als Blütenlese auf verschiedenen Wiesen; das Ergebnis wären somit zuerst einmal Florilegien (Anthologien): „ueterum ecclesiasticorum sententias congregantes, ueluti ex diuersis pratis flores lectos ad manum fecimus". Prinzip der Auslese ist die Abkürzung: „et pauca de multis breviter perstringentes", damit auch die „fastidiosi lectores" nicht durch den zu großen Umfang abgeschreckt werden. Doch mit bloßen Exzerpten und Abbreviationen ist erst der Anfang zu einer wissenschaftlichen Arbeit gemacht. Hinzu kommt die eigene Leistung, die Isidor vor allem in zwei Momenten gegeben sieht: Hinzufügung und Änderung: „pleraque etiam adiicientes, uel aliqua ex parte mutantes."[72] Will man hier also die eigene Leistung bzw. Meinung des Autors erheben, so wird man nicht nur beachten müssen, welche Sentenzen er zitiert, sondern vor allem, was er selbst hinzufügt, wegläßt oder ändert. Auch hier ist die Arbeitsmethode also keine genuin theologische, sondern aus der spätantiken profanen Wissenschaft übernommen. Für diese Arbeit bedarf es einerseits einer umfangreichen Bibliothek, andererseits aber auch eines guten Gedächtnisses: „ueteris lectionis recordatio". Die Erinnerung ist jedoch nicht unfehlbar, und so mischen sich mit exakt zitierten Stellen auch manche Fehler. Solche sind nicht selten charakteristisch, da sie die beabsichtigte Interpretation oder Intention des Autors verraten können.[73]

Das so entstandene Lehrbuch ist nicht gerade originell und stilistisch elegant, aber es ist klar und kurz: „conpendiosa brevitas" ist angebracht; nicht dagegen die Weitschweifigkeit spätantiker Rhetorik: „prolixa enim et

71 Vgl. P. Cazier, Le *Livre des règles* de Tyconius. Sa transmission du *De doctrina christiana* aux *Sentences* d'Isidore de Séville. In: REAug 19 (1973) 241-261.

72 Isidor, quaest. in Gen., praef. 2 (PL 83,207); vgl. Fontaine, Isidore 763-784.

73 Belegstellen: Fontaine, Isidore 780.

occulta taedet oratio; breuis et aperta delectat."[74] Die eigene Leistung des Autors zu erkennen, ist nicht immer leicht; sie steckt in der Anordnung der Exzerpte, in den Zufügungen, Auslassungen und Änderungen, die nur aus einem Vergleich mit den Quellen erhoben werden können. Denn der Kompilator macht sie nicht deutlich, sondern verwischt seine Spuren. Das ganze Werk, etwa die *Sententiae*, sind deshalb nicht einfach einem Mosaik vergleichbar, in dem vorgefundene Steinchen nur nach einem bestimmten Plan nebeneinander verlegt werden. Isidor bleibt nicht bei einer reinen Doxographie (Sichtung der Meinungen der Autoren) stehen, sondern macht aus den Sentenzen der Väter ein Ganzes aus verwandten Teilen (Cento), wie es vor ihm exemplarisch Gregor d. Gr. in seinen *Moralia* getan hatte.

Eine Rechtfertigung des Gesamtplanes, etwa der *Sententiae* wie auch der *Etymologiae*, vermissen wir bei Isiodor noch. So weist gerade das 1. Buch der *Sententiae* zwar eine Disposition von der Gotteslehre bis zur Eschatologie auf; die Anordnung der Christologie und Pneumatologie bereitet jedoch einiges Kopfzerbrechen, ähnlich wie die einzelnen Kapitel in der Lehre von der Kirche und ihren Einrichtungen. Hier herrscht eine eher assoziativ-topische Gliederung vor, zumal den *Sententiae* auch keine *Praefatio* vorangestellt ist, in der der Autor sein Vorhaben und seine Methode rechtfertigen könnte. Gerade in dieser Gestalt und ihrem Aufbau werden die *Sententiae* Isidors neben Augustinus, Fulgentius von Ruspe und Gennadius von Marseille (+ 492/505) zu einem Musterbuch für die frühe Theologie des Mittelalters, die von der Rechtfertigung theologischer Methode und Systematik zunächst ebenfalls absehen wird.[75]

1.2 Methoden und Darstellungsformen der Schultheologie

Das Verständnis scholastischer Theologie eröffnet sich am einfachsten von ihrer schulmäßigen Gestalt her. Methoden und Darstellungsformen sind zwar in der Väterzeit ansatzweise vorgeprägt, werden aber in den Schulen des 10.-12. Jhs. in einer Weise entfaltet, die für die Scholastik typisch wird.

1.2.1 Schulentwicklung, Bildungsgang und Artes Liberales

Nährboden und Heimstatt der scholastischen Theologie ist die Schule. Theologie ist hier Schuldisziplin, auch wo das Wort dafür noch fehlt. Doch nicht überall und nicht in gleicher Weise findet die Theologie Eingang in

74 Isidor, quaest. in Gen., praef. 3 (PL 83,208); orig. 13, praef. 1-4. (ed. W.M. Lindsay. Oxford 1911).

75 Vgl. Grillmeier, Symbolum 164-169.

die Schulen. Deshalb ist vorab ein Blick auf die Entwicklung des Schulwesens und den Bildungsgang bis ca. 1200 zu werfen.

Die sog. „Karolingische Reform" ist u. a. gekennzeichnet durch eine Organisation des Schulwesens im Umkreis des Kaisers unter deutlicher Rückwendung auf das Bildungsgut der Spätantike.[76] Bildung wurde, nicht zuletzt aus Gründen der Konkurrenz mit Ostrom, als Wert erkannt, zumindest für eine kleine Oberschicht.[77] Eigenes Bildungsgut aber hatte die Zeit kaum aufzuweisen. So orientierte man sich am Bildungsplan der Spätantike, wie ihn Augustinus, Boethius und Cassiodor (ca. 485 - nach 580) aufgestellt hatten: Die *artes liberales* wurden wieder zum Gemeingut der „Bildung" und zur Propädeutik für die Theologie, für eine Laufbahn im Dienst des Herrschers oder der Kirche. Träger dieser neuen Bildung sind einerseits der Hof Karls d. Gr. (768-814) an der Pfalzschule, andererseits Kirchen und Klöster. Vor allem Tours, Laon, Corbie, Ferrières, Fulda, die Reichenau und St. Gallen sind hier zu nennen. Damit ist der Grundstein gelegt zu sehr verschiedenen Typen von Schulen:

1. *Öffentliche Schulen* in Zentren der Macht und des Lebens: Als solche versteht sich zunächst die Pfalzschule Karls d. Gr. Später übernehmen diese Rolle die öffentlichen Stadtschulen, die vor allem in Italien eine lange Tradition haben. Ihr Bildungsgang - meist unter kirchlicher Aufsicht - ist keineswegs auf die Ausbildung von Klerikern abgezweckt, sondern will ein breites Spektrum propädeutischer Bildung vermitteln.[78]
2. *Kathedralschulen* unter der Leitung eines „Scholasticus". Auch sie haben nicht eigentlich die Theologie zum Inhalt, sondern sind zunächst propädeutische Schulen für den höheren Dienst im Klerus, in der Wissenschaft oder im Reich. Doch findet gerade an ihnen die Theologie sehr schnell eine bevorzugte Heimstatt.[79]
3. *Personbezogene Schulen* um einen philosophischen oder theologischen Lehrer. Dieser Typ entwickelt sich im 12. Jh. zu seiner höchsten Blüte. Ausgangspunkt dazu kann eine Lehrtätigkeit an einer Stadt- oder Kathedralschule sein, z. B. in Laon. Die Schauplätze können jedoch häufig wechseln wie bei Abaelard (1079-1142): Die Schule ist dort, wo der Lehrer ist.[80]
4. *Äußere Klosterschulen*: Seit die Klöster Bildungsaufgaben übernommen haben, sind deren Schulen für Außenstehende zugänglich. Ihr oft hohes Niveau sichert ihnen einen Einfluß ähnlich dem der Kathedralschulen,

76 Vgl. Marebon, Alcuin.

77 Vgl. Flasch, Einführung 18-24.

78 Für einen ersten Überblick: Evans, Arts 8-15; Ders., Philosophie 23-28.

79 Zu den deutschen Schulen: Sturlese, Philosophie.

80 Vgl. Leclercq, Renewal 72f.

bis sie in der Konkurrenz mit den Stadtschulen und Universitäten an Bedeutung verlieren.

5. *Innere Klosterschulen*: Sie dienen der literarischen, monastischen und theologischen Ausbildung des eigenen Ordensnachwuchses. Die Theologie wird hier oft in klarer Abzweckung (und Beschränkung) auf die Bedürfnisse des Ordenslebens dargeboten.
6. *Schulen besonderer Disziplinen*, z. B. für Recht (Bologna) und Medizin (Salerno), wie sie vor allem in Italien üblich werden. An solchen ist die Theologie ohne Bedeutung. Andererseits werden auch an ihnen jene Methoden entwickelt, die als „scholastische" (und damit eben wissenschaftliche) wieder auf die Theologie zurückwirken.[81]

„Scholastische Theologie" ist also nicht auf einen einheitlichen Schultyp bezogen, wohl aber auf ein Lehr- und Lernverfahren, das sie von anderen Formen des Theologisierens unterscheidet. Theologie ist Lehrgegenstand, der aber bereits eine Vorbildung voraussetzt, wie es Augustinus für diese Zeit maßgebend dargelegt hat. Weder die Theologie noch die Vorbildung sind im Schulbetrieb zunächst Selbstzweck; denn man will die Ausbildung abschließen, die Schule verlassen. Die Tendenz der Spätantike zum Kompendium, Lexikon und Elementarunterricht wird deshalb von den neuen Schulen als für ihre Situation zutreffend erkannt und übernommen. So sind es wieder die *artes liberales*, in denen das profane Wissen der Spätantike dem frühen Mittelalter überliefert wird. Alcuin (730/35-804) bezieht wie Augustinus dieses Wissen als instrumentelles auf die Hl. Schrift als den Inbegriff der Theologie: Sie erst enthält das wahre, göttliche Wissen über den Menschen und die Welt.[82] Was an den karolingischen und nachkarolingischen Schulen gelehrt wurde, war oft mehr als bescheiden. Diente es doch vornehmlich dazu, den künftigen Beamten und Klerikern Lesen und Schreiben, die Grundlagen des Lateinischen und die einfachsten Rechenarten (z. T. an den Fingern) zur Berechnung des Osterfesttermins beizubringen. Einen vollständigen Unterricht in allen *artes* bezeichnet noch Lupus von Ferrières (+ 862) als frommen Wunsch und bloße Fabel: „hoc tempore fabula tantum est".[83] Der „Lehrplan" bestand zwar, doch die Durchführung sah zumeist anders aus. Was im einzelnen geboten wurde, konnte aber je nach dem Format des Lehrers und der Schüler von hohem Niveau sein. Andererseits beschränkten sich viele Schulen nach Alcuins Programm auf den

81 Vgl. Madiski, Method; H. Kantorowicz, The Quaestiones disputatae of the glossators. In: Revue d'histoire du droit 16 (1937/38) 1-67.

82 Alcuin, Disputatio de vera philosophia (= Dialectica) (PL 101,854A); vgl. G. Schrimpf, Das Werk des Johannes Scottus Eriugena im Rahmen des Wissenschaftsverständnisses seiner Zeit. (BGPhMA NF 23). Münster 1982, 28-35.

83 Lupus v. Ferrières an Einhard (MGH Ep VI,8).

Elementarunterricht, ohne dann mit diesem Instrumentarium wirklich an die Hl. Schrift heranzugehen und so Theologie zu treiben.[84] Daß in der Hl. Schrift aber die Wahrheit über Welt und Mensch gegeben ist, ist seit Alcuin ebenso Gemeingut wie die bloß instrumentelle Stellung der *artes*. Ein Konflikt zwischen der in ihnen gegebenen Philosophie und der Theologie, ist dadurch ausgeschlossen; denn Hilfsmittel zieht man heran oder läßt sie beiseite. Man setzt sich mit ihnen nicht als gleichberechtigten Gesprächspartnern auseinander.

Auch das Verhältnis von Philosophie und Theologie stellt sich im Rahmen dieses Bildungsganges dar. Für Alcuin sind die Sieben Freien Künste „septem philosophiae gradus“: Sie sind also die Philosophie insgesamt, die aber zugleich als Propädeutik „ad culmina sanctarum Scripturarum“ verstanden werden.[85] Auch Johannes Scottus Eriugena ändert an diesem Bildungsplan, der das zur Verfügung stehende profane Wissen als *philosophia* bezeichnet und in den *artes liberales* auf die Theologie abzweckt, nichts.[86] Vertiefung der Philosophie heißt auch hier zunächst Vertiefung des Unterrichts der *artes*, exemplarisch durch die Einführung des Lehrbuchs des Martianus Capella, *De nuptiis Mercurii et Philologiae* (um 430), das im Rahmen einer spätantiken Romanhandlung ein Kompendium von 7 Kompendien der *artes liberales* enthält, also die einzelnen Schriften eines Cassiodor und Boethius ersetzen kann.[87] Philosophie im heutigen Verständnis wurde im Rahmen des *Triviums* vor allem in der *Dialectica* geboten, wozu ggf. auch die von Boethius übersetzten Teile der Logik des Aristoteles, Porphyrius' (um 233 - um 305) *Isagoge* in die Kategorienschrift und die logischen Schriften des Boethius selbst herangezogen wurden. Auch die philosophischen Einleitungsfragen, Einteilung der Wissenschaften und Rechtfertigung der *artes liberales*, wurden dort behandelt. In diesen Fragen der Wissenschaftsklassifikation wurde aber auch deutlich, daß sich die 7 *artes* weder mit der platonischen, noch der stoischen, noch der aristotelischen Einteilung der Philosophie so einfach harmonisieren lassen.[88]

Das 12. Jh. ist gekennzeichnet durch die Erweiterung des philosophisch-propädeutischen Studiums, allerdings formell immer noch im Rahmen der *artes*. Das Interesse an der Behandlung naturphilosophischer, metaphysischer und ethischer Fragen sprengte diesen Rahmen noch nicht. Umfassende Quellenwerke dazu standen aber, von den Werken des Boethius (*De hebdomadibus* und *De consolatione*) und Teilen des platonischen *Timaios*

84 Vgl. Alcuin, Disp. de vera phil. (PL 101, 853A. 854A).

85 Ebd. (853f).

86 Vgl. Schrimpf, Eriugena 35.

87 Vgl. ebd. 37-48.

88 Vgl. Van Steenberghen, Philosophie 55-66; Evans, Arts 15-19.

abgesehen, nicht zur Verfügung. Diese Bildung brachte zudem keine Fachausbildung, vielmehr das allgemein wissenschaftliche Instrumentarium, mit dem man an die Fragen des einzelnen „Faches“ (Recht, Medizin, Theologie) heranging. Augustinus hatte bereits Architektur und Medizin unter die Künste aufgenommen.[89] Isidor stellt den alten *artes* zwei neue Wissenschaften zur Seite: Recht und Medizin. Wo, wie im Paris des 12. Jhs., eigene Schulen der Freien Künste entstehen, haben diese immer nur propädeutischen Charakter für die „höheren Studien“, die auch die *Magistri* dieser Schulen nach einer kurzen Lehrtätigkeit aufnehmen. Das gilt auch für die Theologen. Sie kommen - Studenten wie Magistri - aus diesen Schulen; letztere haben meist auch einige Zeit in den *artes* gelehrt, doch nicht zu lange: „non est consenescendum in artibus“.[90] Die „Einführung ins wissenschaftliche Arbeiten“, die man hier gelernt hat, bleibt aber bestimmend für den Betrieb und die Methode der höheren Studien; für die Theologie sind dies vor allem die „trivialen“ Wort-Künste der Grammatik und Dialektik.

Darf man aber mit solch profanen Methoden bzw. Künsten an das Wort Gottes herangehen? Der Konflikt, den das frühe Christentum zwischen heidnischer παιδεία und christlicher Offenbarung ausgetragen hatte, tut sich nun in veränderter Form auf: Gehorcht das Wort der Bibel den Regeln der Grammatik? Darf man mit logischen Mitteln an das Geheimnis des Glaubens herangehen? Soll man nicht das Evangelium leben, anstatt es philologisch (grammatisch) und philosophisch (dialektisch) zu zerpflücken? Was soll dann aber die lange Zeit der Vorbereitung in für das Heil nutzlosen profanen Künsten, die doch nur dem Hochmut und der akademischen Eitelkeit der Magistri und Scholares Vorschub leisten?

Theologie in Anwendung der Grammatik betätigt sich in der Analyse biblischer Stellen oder (an systematisch bevorzugter Stelle) mit den Wörtern und Namen, die wir in den theologischen Aussagen von Gott gebrauchen. Geradezu programmatisch beginnt Präpositinus von Cremona (+ 1210) die Durchführung seiner *Summa „Qui producit ventos“* mit dem Satz: „E vocabulis quae de Deo dicuntur incipiamus.“ Theologie wird zur Grammatik der Rede von Gott, die den Gesetzen vernünftigen Sprechens gehorchen soll.[91] Nächst der Grammatik ist vor allem die Dialektik Instrument der Theologie. Dialektik aber ist seit Augustinus jene Disziplin, die über die Wahrheit und Regelgemäßheit vernünftiger Argumentation

89 Vgl. Ferrarino, Quadruvium.

90 Vgl. Van Steenberghen, Philosophie 81f.

91 Präpositinus v. Cremona, Summa „Qui producit ventos“ I,1,1 (Ed. G. Angelini, L'Ortodossia e la Grammatica. Analisi di struttura e deduzione storica della Teologia Trinitaria di Prepositino. Roma 1972, 187,1).

entscheidet. Entschieden wird hier über formale Richtigkeit und Widerspruchsfreiheit von Sätzen. Deshalb erscheint scholastische Theologie als Wahrheitswertbestimmung von Aussagen, nicht nur bei Präpositinus eingeleitet durch: „quaeritur de hac (propositione)...“, „utrum concedendum sit ...“, „an dici debeat ...“.[92] In den Paulusbriefen werden stimmige oder unstimmige Syllogismen nachgewiesen bzw. deren Gedanken in syllogistische Form gebracht.[93] Damit wird aber einer formalen und noch dazu profanen Disziplin eine Entscheidungskompetenz in Dingen der Theologie und des Glaubens zuerkannt. Dagegen erhebt sich sehr bald jener Protest, der in der Philosophiegeschichtsschreibung unter dem Stichwort „Dialektiker und Antidialektiker“ bekannt ist.[94] Doch auch die sog. Antidialektiker erkennen meist einen rein instrumentellen Dienst der *artes* durchaus an, was um so leichter ist, als sie eine auf Instrumentaldisziplinen beschränkte Philosophie (Grammatik, Logik) vor Augen haben. Auch Petrus Damiani (1007-1072), meist als Vertreter einer „ancilla-Auffassung“ von Philosophie zitiert, spricht in seinem Werk *De divina omnipotentia* generell von jeder „humanae artis peritia“, die sich in der Behandlung der „sacra eloquia“ nicht das „ius magisterii“ anmaßen dürfe, sondern „velut ancilla“ der Herrin Dienste leisten solle. Denn menschliche Kunst selbst ist fehlbar und kann ohne Leitung des göttlichen Wortes nicht zur Wahrheit kommen.[95] Inhaltlicher Wahrheitsanspruch des Gotteswortes steht somit gegen rationale Wahrheitsprüfung menschlicher Vernunft.

1.2.2 Lehrvorgang

Theologie als Schuldisziplin ist an den Lehrvorgang in der Schule gebunden. Dieser vollzieht sich disziplinübergreifend zunächst in der *lectio* eines als autoritativ betrachteten Textes, z. B. eines biblischen Buches, der Kirchenväter oder antiker Autoren (Martianus Capella, Donatus, Cicero, Boethius, Ps.-Dionysius). *Lectio* bezeichnet zunächst eine abschnittweise kommentierende Textlesung, die in den Schulen des 12. Jhs. ihren Höhepunkt erreichte. Manches erinnert an heutige exegetische Vorlesungen oder Textlesungen in Seminarübungen. Doch das Schema, das einzuhalten war, macht gerade den scholastisch-mittelalterlichen Charakter dieses Verfahrens, aber auch seine Rationalität deutlich. Den „authentica“ als Vorlage der Lesung stehen die eigenen Worte und die der Zeitgenossen als „magi-

92 Vgl. Angelini, Ortodossia 31f.

93 Z. B. Lanfranc v. Bec, Comm. in 2 Cor 3,10-15 (PL 150, 225f); vgl. Sigebert von Gembloux, De scriptoribus ecclesiasticis c.155 (PL 160, 582).

94 Vgl. z. B. Evans, Arts 57-90.

95 Petrus Damiani, De divina omnipotentia, c.5 (PL 145, 595-622).

stralia“ gegenüber.[96] Die *lectio* ist deshalb der bevorzugte Ort, an dem *auctoritas* und *ratio* in ihrem wechselseitigen Verhältnis zur Sprache kommen. Die Grundform der *lectio* gliedert sich in fünf Phasen:[97]

1. der *accessus ad auctores*: Einleitungsfragen, wie Autorschaft des Buches, literarisches Genus, Abfassungszeit, Ort im systematischen Kontext, Einteilung des ganzen Buches, Nutzen für den Leser usw., werden hier erörtert.
2. die *littera*: Der authentische Text wird in Abschnitten laut vorgetragen. In den geschriebenen Kommentaren ist darauf dann meist verzichtet. Nur die Anfangsworte (Lemmata) des entsprechenden Abschnittes werden angegeben.
3. die *divisio textus*: Der entsprechende Textabschnitt wird in kleinere Abschnitte thematisch gegliedert, z. T. bis auf die Ebene der einzelnen Sätze.
4. die *expositio*: Thematische Darlegung des Lehrgehaltes des einzelnen Abschnitts bzw. Satzes in Auseinandersetzung mit den Meinungen der Vorzeit und der Zeitgenossen. Voraussetzung dazu ist die Worterklärung und Unterscheidung der Bedeutungen. Sie werden z. T. alphabetisch aufgelistet in der *Distinctiones*-Literatur.[98] Nicht immer kann man dem autoritativen Text im Literalsinn Wahrheit zusprechen; dann greift man zur Technik des *exponere reverenter*: Man zollt der Autorität (z. B. auch dem biblischen Text) die nötige Anerkennung, indem man nach einem guten Sinn des Textes sucht, sachlich aber z. B. durch Unterscheidungen im Wortgebrauch oder in der Bedeutung eine andere Meinung vertritt.
5. die *dubia:* Im Anschluß an die Darlegung des Textes werden Fragen vorgebracht und gelöst, die sich entweder auf den Text selbst beziehen oder sich aus ihm thematisch ergeben. Hier ist der „Sitz im (Schul-)Leben“ der Entwicklung einer zweiten literarischen Gattung im Schulbetrieb zu finden: der *quaestio*.

Als Abschluß der *lectio* ist die *quaestio* aber der bevorzugte Ort der Wahrheitsfrage. In ihrer Lösung in der *conclusio* bzw. *sententia* entscheidet der Magister auch über die Wahrheit theologischer Sätze. Sachfragen sind auf diese Weise als entscheidbar angenommen.[99] Ursprünglich ging es meist darum, divergierende Autoritäten zu harmonisieren. An deren Stelle tritt zunehmend die Frage der Sachwahrheit angesichts der verschiedenen

96 Vgl. Chenu 351-365.

97 Vgl. Rentsch, Kultur 75f.

98 Vgl. vor allem zur Schrifterklärung: R. H. Rouse/M. A. Rouse, Statim invenire. Schools, Preachers and New Attitude to the Pages. In: Renaissance and Renewal 201-225.

99 Zu den folgenden „Merkmalen scholastischen Fragens“ vgl. Schönberger, Scholastik 53-80.

Meinungen. Wo die logisch-rationale Prüfung ausschlaggebendes Mittel ist, herrscht ein Optimismus, auch in der Vielfalt der Meinungen die Wahrheit finden zu können. Scholastische Fragen sind deshalb keine skeptischen, wohl aber teilweise kurios anmutende Fragen; denn gefragt werden kann nach allem, vor allem dort, wo sich die *quaestio* vom Text der *lectio* verselbständigt hat und eine eigene Lehrveranstaltung geworden ist. Nicht immer hat der Magister sofort eine Antwort. Odo von Ourscamp (+ nach 1171) vertagt z. B. die Antwort einmal auf den nächsten Tag.[100] Gefragt wird zunächst nicht nach einer festen Regel oder einem System, sondern wie in einer Fragestunde, wie es gerade kommt. Die einfachsten Antworten sind naturgemäß Verweise auf Autoritäten, denen sich der Magister anschließt.

Literarisch zusammengefaßt werden die Ergebnisse der Quästionen zunächst in ähnlich bunt angeordneten *Quästionensammlungen*, die aber oft genug Material verschiedener, z. T. anonymer Autoren enthalten.[101] Mitunter wurden auch die Schriftkommentare der Magistri auf Quästionen durchgesehen und diese exzerpiert, z. B. bei Robert von Melun (+ 1167) und Richard von St. Viktor (+ 1173). Der systematische Ort mancher Fragen muß erst gefunden werden.

Theologisches Fragen hat es schon in der Väterzeit, gerade zu biblischen Stellen, gegeben. Oft genug sind es ratlose Mitbrüder oder Prediger, die Fragen stellen, wie wir es recht lebendig z. B. in Augustinus' Auslegung einiger Fragen zum Römerbrief vor uns haben.[102] Ihre Quelle hat diese Art des Unterrichts im dialogischen, dialektischen Fragen der Antike. Die Disputation von Quästionen im Anschluß an die *lectio* ist uns seit dem 9. Jh. vertraut. Zunächst scheint es sich noch nicht um eine Disputation mit verteilten Rollen gehandelt zu haben, sondern um einfache Anfragen, gerade bei widersprechenden Autoritäten, denen eine vielleicht ebenso einfache Antwort des Lehrers folgte. So wird es meist in der Schule Anselms von Laon (+ 1117) gewesen sein. Ausgebaute Quästionen mit Pro und Contra begegnen uns dann um die Mitte des 12. Jhs. bei Odo von Ourscamp, der Schüler Anselms von Laon und Abaelards war. Schon bei diesen werden einzelne schwierigere Schriftstellen durch weiterführende Fragen erklärt. Die logischen Mittel dazu werden zunächst im Rahmen der *Dialectica* der *artes liberales* bereitgestellt, wie denn auch Haimo von Halberstadt (+ 853) unterscheidet zwischen einfacher Disputation aufs Geratewohl und dem *li-*

100 Vgl. Grabmann SM II,26.

101 Vgl. Landgraf G 40-42.

102 CSEL 84; Übers.: Augustinus, Auslegung einiger Fragen aus dem Brief an die Römer, übers. v. Th. G. Ring. (Augustinus Lehrer der Gnade, Prolegomena 1). Würzburg 1989.

beraliter disputare, das die Mittel der *artes* voraussetzt.[103] Eine streng logische *disputatio in forma* (in syllogistischer Form) ist erst nach der Rezeption der *Logica nova* (vor allem der *Topica* und *Sophistici elenchi*) möglich: Ohne sie disputiert man nicht kunstgerecht, sondern aufs Geratewohl, hält Johannes von Salisbury (+ 1180) fest.[104] Die großen Disputationen werden die Domäne des 13./14. Jhs. und setzten zugleich die Universitätsorganisation voraus. Hinsichtlich der Lehrveranstaltungen sind zu unterscheiden die ordentlichen Disputationen, die wöchentlich oder zweiwöchentlich stattfanden, und die feierlichen *Disputationes de quolibet*, die erst in der 2. Häfte des 13. Jhs. üblich wurden und zweimal jährlich, vor Weihnachten und vor Ostern, stattfanden. Hier konnte jede beliebige theologische Frage aufgeworfen werden. Deshalb sind die *Quodlibeta* als schriftlicher Niederschlag dieser Disputationen wichtige Zeitdokumente.[105]

Die einfachste Form disputierter Fragen bringt mit Bedacht Thomas von Aquin (1225-1274) in seinem Anfängerlehrbuch, der *Summa Theologiae*, nicht ohne den herkömmlichen Wirrwarr von Argumenten und Quästionen moniert zu haben.[106] Thomas gliedert die einzelnen Quästionen zunächst in *articuli*, deren Aufbau dem allgemeinen Quästionenschema entspricht:

1. Fragestellung: *Quaeritur, utrum* (*an*) ... - Es handelt sich um eine wirkliche Frage, nicht um eine These, die im folgenden zu beweisen wäre. Die genaue Fragestellung trägt schon viel zur Antwort bei. Die Antwort aber ist offen, nicht schon durch die Formulierung entschieden.
2. Argumente:
   a) *videtur quod sic/quod non*: Es werden (bei Thomas nur wenige) Argumente für eine mögliche Antwort angegeben: Schrift, Väter (*auctoritates*) und Vernunftgründe (*rationes*);
   b) *sed contra*: Argumente für die gegenteilige Antwort (bei Thomas meist nur eines). Da die Frage offen ist, handelt es sich hier nicht um Befürworter oder Gegner einer These, sondern zunächst um rational zu diskutierende Alternativen, deren jede im Grunde widerspruchsfrei möglich sein muß.
3. Antwort: *Respondeo dicendum* ...: Die *Conclusio*, oft zunächst sentenzenartig in einem einzigen Satz gegeben, ist der Ort der Lösung der Frage, der Ort der eigenen Lehre des Magisters, der darin seine höchste Autorität erreicht. Denn seine Aufgabe ist die *determinatio magistralis*, während das Vorbringen der Argumente und z. T. auch deren Auflösung im Sinne der gegebenen *Conclusio* zumeist Sache der *Baccalaurei* war.

103 Landgraf G 41.

104 Johannes v. Salisbury, Metalogicon I.3 c.10 (PL 199,910).

105 Vgl. Van Steenberghen, Philosophie 83.

106 Thomas v. Aquin. S.Th. Prol. (ed. Marietti, Turin- Rom 1952, I,1).

Die Begründung der gegebenen Antwort erfolgt mittels der unter (2) vorgebrachten Argumente oder mit neuen des Magisters.

4. Auflösung der Argumentation aus (2) im Sinne der gegebenen *Conclusio*: *Ad primum* (etc.) *dicendum*. Die *Solutio* bringt zumeist noch wichtige Ergänzungen zur *Conclusio* in Auseinandersetzung mit den Argumenten, die keineswegs als solche der Gegner pauschal verworfen, sondern im einzelnen diskutiert werden.

Dieses Grundschema wird im 13. Jh. weitgehend eingehalten, doch gerade in den *quaestiones disputatae de quolibet* weit ausgestaltet. Das Anwachsen der scholastischen Meinungen zu einer Frage *(opiniones)* läßt das Quästionenschema in der Spätscholastik (z. B. bei Wilhelm von Ockham [um1285-1347]) unübersichtlicher erscheinen, weil hier die einzelnen *Opiniones* eingehend diskutiert werden, während die meist wenigen einleitenden Argumente kaum noch ins Gewicht fallen.[107]

1.2.3 Bibel und scholastische Theologie

Die Theologie ist bis ins 13. Jh. auf weite Strecken Auslegung biblischer Texte. 'Theologia' und 'sacra pagina' oder 'divina pagina' sind bis hin zu Thomas von Aquin weitgehend synonym.[108] Die biblischen Schriften sind der vornehmste Gegenstand der schulmäßigen *lectio*, die von der monastisch-spirituellen *lectio divina* wohl zu unterscheiden ist.[109] Während es bei dieser um die persönliche Durchdringung und Einverleibung des Schrifttextes für das geistliche Leben geht, stellt die schulmäßige *lectio* den ganzen Apparat von Auslegungsverfahren eines literarischen Textes zur Verfügung, zunächst vor allem die Kriterien der *artes liberales*, besonders Grammatik und Dialektik. Für die inhaltliche Auslegung sind die Florilegien aus den Schriften der Väter unumgänglich. Diese Erklärungen wurden zunächst mündlich, dann auch schriftlich dem authentischen Text in der Form von *Glossen* hinzugefügt: ein Verfahren, das aus der Rechtswissenschaft bekannt war. Ähnlich wurden im Unterricht der *artes* die Lehrbücher glossiert: z. B. Boethius, Martianus Capella, Donatus und Priscianus. Hinsichtlich der Anordnung der Glossen in der Handschrift unterscheiden wir *Interlinear-* und *Marginalglossen*. Interlinearglossen bringen meist nur Erklärungen zu einzelnen Wörtern, Marginalglossen dagegen ausführlichere Bemerkungen (meist Vätersentenzen) zu einzelnen Versen oder Textabschnitten. In dieser Weise finden wir eine reiche Glossenliteratur seit der Zeit Berengars von Tours (+ 1088), dann im Umkreis Brunos des

107 Schema bei Rentsch, Kultur 88f.

108 Vgl. Geyer, Facultas theologica 141-143.

109 Vgl. Leclercq, Wissenschaft 84-86.

Kartäusers (+ 1101) und in der Schule Anselms von Laon. Seit dem Ende des 9. Jhs. herrscht die Verbindung von Interlinear- und Marginalglosse vor.[110]

Die verbreitetste und dadurch wichtigste Glosse der Frühscholastik gibt uns aber immer noch Rätsel auf: die *Glossa ordinaria*, die in den späteren Schriftkommentaren als Erstglossierung vorausgesetzt wird und z. T. autoritativen Charakter als die *Glossa* schlechthin erhält.[111] Der Magister stützt sich also auf den *Glossator*. Die *Glossa ordinaria* ist ein Sammelwerk, in das Material verschiedener Autoren Eingang gefunden hat. Die frühesten Teile (Weish und Sir) stammen noch von Walafried Strabo (+ 894). Ihre Ausgestaltung findet die *Glossa ordinaria* offenbar in der Schule von Laon (Anselm, Radulfus [+ 1131/33], Gilbertus Universalis [+ 1134]); die Zuschreibung einzelner Teile an einen Autor ist jedoch ungewiß. Die von E. Bertola diskutierte Zuschreibung der *parva glossatura* an Anselm von Laon, der *media glossatura* an Gilbertus Universalis und der *magna glossatura* an Petrus Lombardus (um 1095-1160) ist zwar in der zeitlichen Abfolge plausibel, aber nicht bewiesen. Die autoritative Stellung einer Glosse als „Schulglosse" ist wieder nicht auf die Bibel und damit die Theologie beschränkt. Dieselbe Entwicklung können wir hinsichtlich der topischen und theologischen Schriften des Boethius feststellen.[112] Die *Glossa ordinaria* bringt zu jedem biblischen Buch eine Einleitung, für die meist Hieronymus (340/50-419/20) Pate steht, und dann zu den einzelnen Versen einen mehr oder weniger dichten *apparatus* aus patristischen und mittelalterlichen Quellen (später *expositores* genannt im Unterschied zum *glossator* oder *ordinator glossae* selbst).[113] Die *expositores* reichen von den Kirchenvätern über Beda Venerabilis (672/73-735), Walafried Strabo, Paschasius Radbertus (um 790 - um 859), Johannes Scottus Eriugena (+ um 880) über Haimo von Halberstadt, Lanfranc von Bec (um 1010-1089), Hrabanus Maurus (780-856) und Berengar bis zu den Kommentaren der Schule von Laon und Gilbertus Universalis. Die Glossen folgen noch weitgehend der sog. Katenentechnik, die wir noch bei Thomas von Aquin in seiner *Catena aurea* finden. Diese Methode ist wieder nicht auf die Bibelerklärung beschränkt, sondern bis ins 12. Jh. auch in „systematischen" Werken anzutreffen.[114] Zu einer Schriftstelle werden die wichtigsten Väterstellen angeführt, in systematischen oder polemischen Schriften natürlich auch

110 Vgl. Smalley 46-66. (Grundlegendes Werk zur Exegese im Mittelalter); Ergänzungen und Korrekturen: E. Bertola, La „Glossa ordinaria" biblica ed i suoi problemi. In: RThAM 54 (1978) 34-78.

111 Vgl. Bertola, Glossa ordinaria.

112 Vgl. Schrimpf, Axiomenschrift; Green-Pedersen, Topics.

113 Vgl. Smalley 66.

114 Vgl. z. B. Schrimpf, Eriugena 85f.

entsprechende Schriftstellen. Die Zitate werden untereinander in inhaltliche Übereinstimmung gebracht, Differenzen, verschiedene Auslegungsmöglichkeiten werden angezeigt. Es ist also noch ein der *auctoritas* verpflichtetes Verfahren, die *ratio* beschränkt sich auf die Auswahl, Unterscheidung, Gewichtung und Anordnung der Autoritäten. Gerade dadurch stellte die Glosse ein Nachschlage- und Schulbuch von kaum zu überschätzendem Wert und Einfluß dar. Man fand eben zu jeder Stelle sogleich die wichtigsten weiterführenden Lehren und ersparte sich dadurch die Mühe des eigenen Quellenstudiums. Aus dieser Glosse und im Dienst weiterer Kommentierung, aber auch der Predigt, erwächst eine reiche Literatur von *Distinctiones, Allegoriae* oder *Adnotationes* zu einzelnen Stellen.[115]

Die Glossen gewannen aber - nicht nur im Recht - gerade dort Bedeutung, wo der wörtliche Text schwer verständlich oder (im Recht) nicht befolgbar erschien. Glossierung bedeutet hier oft Milderung, Adaptation, Auslegung und damit auch Umdeutung. Auf diesem Hintergrund wird verständlich, was es heißt, daß z. B. Franziskus von Assisi (1181/82-1226) in seinem Testament verfügt, seine Regel müsse „sine glossa", also wortwörtlich und ohne mildernde Adaptierung befolgt werden.[116] 'Glossa' konnotiert zunehmend 'falsitas' und wird deshalb z. B. durch Thomas Gascoigne (1403-1458) im 15. Jh. durch 'expositio communis' ersetzt.[117] Doch auch für die theologische Lehre selbst konnte die Glosse zum Problem werden: Sie lieferte sogleich die Interpretation, so daß der Zugang zum Text selbst vernachlässigt werden konnte. Robert von Melun (um 1100-1167) macht deutlich auf die Gefahren einer solchen „Glossentheologie" aufmerksam: bloße Rezitation der Glossen ohne weiteres Eindringen, stattdessen aber angeblich tiefschürfende Fragen, die aber nur auf Unkenntnis der biblischen Bücher selbst beruhen, etwa ob Esra vor oder nach Mose gelebt habe. Dies ist für Robert eine Umkehrung der Lehrordnung: Zweitrangigem wird der erste Rang zuerkannt, der Text vernachlässigt und dem „studium glosularum" die ganze Mühe gewidmet. Die „intelligentia textus" , die *sententia*, aber ist vom Studium der Glossen an sich unabhängig. Zweck des Studiums der Hl. Schrift ist gerade das Verständnis des Textes, die Herausarbeitung der *sententia*, nicht die Kenntnis der richtigen Abteilung der Glosse: „Non enim ille bene legit, qui quod scriptura sentit diligenter non exponit."[118] Das bloße Rezitieren der Glossen, die ja selbst

115 Vgl. Häring, Commentary 177f.

116 Vgl. ebd. 182-185; Franziskus v. Assisi, Testamentum. In: Opuscula S. Francisci. Ed. L. Lemmens. Quaracchi 1904, 79.

117 Vgl. Smalley 271.

118 Robert v. Melun, Sententiae, praefatio (Œuvres de Robert de Melun. Ed. R.M. Martin. Bd.III,1, SSL 21). Louvain 1947, 11,28-12,1; vgl. Grabmann SM II, 342-346.

wieder nur sagen, was andere dazu gesagt haben, hilft hier nicht weiter. Die Glosse hat über die Autorität der zitierten Väter hinaus keine eigene Autorität. Es ist also erbärmliche Unwissenheit und verdammenswerte Verstockung, zu meinen, man habe sich „quasi sacramento" auf die Rezitation der Glossen verpflichtet.[119]

An biblischen Texten entzünden sich im Prozeß der Findung der *sententia* Fragen, die dann in Form der *quaestio* weiter ausgestaltet und in den *Schriftkommentaren* literarisch niedergelegt werden.[120] Das Verfahren folgt dem allgemeinen Schema von *lectio* bzw. *disputatio.* Waren es zunächst nur wenige Einzelfragen, z. B. bei Gerhard von Csanád (+ 1046), so nehmen sie in der Schule von Laon deutlich zu, bis wir in der *Glossatura magna* den Typ eines Quästionenkommentars vor uns haben. Von Robert von Melun haben wir aus den Jahren 1145-1155 *Questiones de Epistolis Pauli.*[121] Dies ist kein Zufall; denn die *quaestio*, nicht die Glosse, ist für ihn das richtige Instrument, die *sententia* des Textes herauszufinden. Die Quästionen werden dann z. T. aus dem Kommentar gelöst und selbständig weiterverbreitet: Der Typ des reinen Quästionenkommentars ist entstanden. Sie sind aber immer noch bezogen auf die Bibel, sie sind noch *quaestiones de divina pagina.*[122] In der Universitätsorganisation des 13. Jhs. wird hier eine Arbeitsteilung eintreten: Der *Baccalaureus biblicus* liest eine Art „Fundamentalexegese" anhand der Glossa; der Magister dagegen erörtert die *sententia* in Form von Quästionen. In diesen kann vom Text selbst oft abgesehen werden - auch in der handschriftlichen Anordnung - und eine systematische Anordnung der Quästionen Platz greifen. Der Übergang von der biblischen *lectio* zur systematischen Theologie ist gerade in dieser Ablösung der Quästionen und der darin erzielten *sententia* vom biblischen Text zu betrachten.[123] Biblische Exegese (divina pagina) und systematische Darstellung (fides catholica) bleiben aber noch in einer Hand vereint.[124]

Viele scholastische Schriftkommentare liegen uns nicht in einem vom Magister selbst verfaßten Exemplar (*Ordinatio*), sondern nur in revidierten oder nicht revidierten und deshalb nicht selten abweichenden oder mißver-

119 Robert v. Melun, Sent. praef. (III,1,24,17-29); vgl. Grabmann SM II,348f.

120 Für die Schriftkommentare des Mittelalters unumgängliches Repertorium: Stegmüller RB.

121 Robert von Melun, Questiones de Epistolis Pauli.(Œuvres. Ed. R.M. Martin, II, SSL 38). Louvain 1938; vgl. Smalley 66-82.

122 Robert von Melun, Questiones de divina pagina. (Œuvres. Ed. R.M. Martin, I, SSL 13). Louvain 1932.

123 Vgl. Smalley 75-81.

124 Vgl. F. Bliemetzrieder, Autour de l'œuvre théologique d'Anselme de Laon. In: RThAM 1 (1929) 480.

ständlichen Nachschriften (*Reportationes*) von Schülerhand vor, die wegen Ungenauigkeiten und Mißverständnissen mit Vorsicht zu gebrauchen sind.[125] Nicht alle biblischen Bücher wurden an den Schulen mit gleicher Intensität und Vorliebe kommentiert. Die Psalmen, die Paulinen und das Sechstagewerk (Gen 1) gehören im frühen 12. Jh. zu den meistkommentierten biblischen Texten. Dagegen fehlen im wesentlichen der restliche Pentateuch und die geschichtlichen Bücher des AT, die Propheten, aber auch die Evangelien und die Apostelgeschichte. Als Abaelard 1121/23 in Laon eine *lectio* zu Ezechiel halten will, wird dies als ungebräuchlich untersagt.[126] Bald bemerkte man auch die Fehler und Unsicherheiten im zugrundegelegten Bibeltext. Hebräisch war zumeist unbekannt. Stephan Harding (1059-1134) und die frühen Zisterzienser, bes. Nikolaus Manjacoria (+ um 1145) arbeiteten allerdings mit Hilfe von Juden an einer Korrektur des atl. Textes, um die „hebraica veritas" wiederherzustellen.[127] Nicht immer wird allerdings unmittelbar der biblische Text kommentiert; Zacharias Chrysopolitanus (um 1155) schafft in seinem *Unum ex quatuor* zunächst eine Evangelienharmonie, der er dann im wesentlichen in Katenentechnik Stellen der Väter und zeitgenössischen Magistri zuordnet.[128]

Eine besondere Blüte erreichte die Schriftauslegung in der Schule der Regularkanoniker von St. Viktor in Paris, wo sich die monastisch-spirituelle Tradition der *lectio divina* mit der scholastischen Exegese verbindet. Hugo von St. Viktor (+ 1141) schreibt zahlreiche Werke mit biblischer „Veranlassung", die gerade durch die Verbindung von spiritueller Auslegung und scholastischem Lehrbetrieb Bedeutung gewinnen. Da stehen neben *Notule ad litteram* zu den Geschichtsbüchern des AT Homilien zu Kohelet, eine dreifache Auslegung der Klagelieder, Kommentare zum *Magnificat* und *Vaterunser* usw. Die letzteren Werke, wie besonders die des Richard von St. Viktor, bringen eine spirituell-mystische Schriftauslegung, die die Lehre vom vierfachen Schriftsinn voraussetzt.[129] Dagegen ist Andreas von St. Viktor (+ 1175) wohl als der bedeutendste Literalexeget des 12. Jhs. zu bezeichnen. Er hält auch Kontakt zu jüdischen Exegeten.[130] Die ausschließlich atl. Interpretation von Jes 7,14 veranlaßt Richard zu einer *Inuectio ... contra Andream socium suum super illud Ecce uirgo concipiet.*

125 Vgl. Smalley 200f.

126 Abaelard, Historia calamitatum 202-236 (Ed. J. Monfrin. Paris 1959,69f).

127 Vgl. Smalley 79f.

128 Vgl. D. van den Eynde, Les *Magistri* du Commentaire „Unum ex Quattuor" du Zacharias Chrysopolitanus. In: Anton 23 (1948) 1-32.181-222.

129 PL 175.

130 Vgl. Smalley 145-156; R. Berndt, André de Saint Victor (+ 1175). Exégète et théologien. (Bibliotheca Victorina 2). Paris-Turnhout 1991; Häring, Commentary 193.

An den theologischen Schulen von Paris ist die *sacra pagina* in der 2. Hälfte des 12. Jhs. vor allem vertreten durch drei Gestalten von überragender Bedeutung: Petrus Comestor, Petrus Cantor (+ 1197) und Stephan Langton (in Paris bis 1206; + 1228). „Totam scripturam *primus medullitus et moraliter* cepit exponere", heißt es von Stephan Langton.[131] Von diesen Autoren werden nun nicht mehr nur einzelne biblische Schriften, sondern die ganze Hl. Schrift zumeist in moralischer Absicht umfassend dargelegt. Die Weise der Kommentierung ist nur noch teilweise die Glossierung einzelner Textstellen. Hinzu tritt als fundamentales biblisches Einleitungswerk die *Historia scholastica* des Petrus Comestor, die eine Gesamtschau der biblischen Bücher und der Geschichte von der Erschaffung der Welt bis zum Tod der Apostel bringt. Immer werden die Möglichkeiten spiritueller Exegese genau angegeben, wie es Hugo von St. Viktor in seinem *Didascalicon* gefordert hatte. Wie schon Zacharias Chrysopolitanus, so bringt auch Petrus Cantor zuerst die biblischen Texte in eine Harmonie, die dann glossiert wird, so daß das Ganze auch als *Verbum abbreviatum* bezeichnet wird. Für die spirituelle Exegese bietet er in seiner *Summa Abel* ein alphabetisch angeordnetes Lexikon der Auslegungsmöglichkeiten zu den einzelnen Stichwörtern (beginnend eben mit *Abel*). Die Theorie der Exegese wird eingeholt in Schriften wie *De difficultatibus Sacre Scripture* und *De Tropis loquendi*.

Die scholastische Bibelauslegung setzt in ihrer Vielfalt die Theorie des mehrfachen Schriftsinns voraus. Für diese Theorie des vierfachen Schriftsinns von großer Bedeutung werden Hugo von St. Viktor mit seinem *Didascalicon*, Petrus Cantor und nicht zuletzt im 13. Jh. Bonaventuras Prolog zum *Breviloquium*, die beide in viktorinischer Tradition stehen.[132] Die Schriftsinne sind nicht nur exegetische Mittel, sondern für Hugo Disziplinen, die zusammen die *sacra doctrina* erzeugen. Der Theologe des Mittelalters muß also in allen Gebieten bewandert sein, von der Literalexegese bis zur mystisch-spirituellen Auslegung. Je nach der Gewichtung des einzelnen Autors und seinem lebensmäßigen Umfeld (Schule, Kloster, Pastoral) überwiegt jedoch meist ein Schriftsinn. Geradezu kanonisch wird die Lehre vom vierfachen Schriftsinn tradiert im vielzitierten Merkvers des Augustinus de Dacia (+ 1282) [133] :

---

131 Catalogus virorum illustrium 27. Ed. N. Häring, Two Catalogues of Medieval Authors. In: FrS 26 (1966) 201.

132 Vgl. vor allem H. de Lubac, Exégèse médiévale. Les quatre sens de l'écriture. Paris 1959-1964; M.-D. Chenu, Théologie symbolique et exégèse scolastique aux XIIe et XIIe siècles. In: Melanges Joseph de Ghellinck S.J. Gembloux 1951, II,509-526; Smalley 242-263.

133 Der Buchstabe lehrt das Geschehene; was du glauben sollst, die Allegorie; der moralische Sinn (= Tropologie), was du tun sollst; wohin du streben sollst, die

Littera gesta docet, quid credas allegoria,
moralis quid agas, quo tendas anagogia.

Grundlage der geistlichen Auslegung ist die *littera* bzw. *historia*. Ohne sie geht eine geistliche Auslegung grundsätzlich fehl. Die Geschichtlichkeit der Offenbarung Gottes in den biblischen Büchern steht außer Frage. So empfiehlt Hugo auch als erstes die genaue *lectio* der Geschichtsbücher der Bibel. Die *littera* ist gleichsam das Alphabet, das der Theologe zuerst zu lernen hat. Wer anders vorgeht, dessen Wissenschaft ist wie die eines Esels.[134] Für das historische Verständnis sind neben den sprachlichen Disziplinen vor allem Geschichte und Geographie heranzuziehen.

Auf diesem Fundament wird aber dann der Bau der geistlichen Auslegung errichtet, deren erste Stufe die *Allegorie* ist. Die schon in den antiken Schulen bei der Klassikerlektüre gepflegte Allegorese ist vor allem in der alexandrinischen Exgese heimisch geworden. Sie betrifft zunächst einmal die Gesamtdeutung der Schrift in der Beziehung des AT auf das NT als dessen „prophetische Vorausbildung" (Typus).[135] In den atl. Worten, Gestalten und Geschehnissen werden Konstitutiva des ntl. Geschehens in Christus und der Kirche abgelesen. Die Allegorese vollzieht sich als Wortallegorese (anderer Sinn als der Literalsinn), aber auch als „allegoria facti": Die Geschehnisse und Gestalten „bedeuten" über den historischen Zusammenhang hinaus noch weiteres. Die Mittel sind vielfach und werden z. T. in festen Schemata überliefert, wobei die verwendeten Bilder und Metaphern meist etwas Verborgenes aufdecken wollen, eine neue Verständnisdimension erschließen.[136] Dies gilt nicht zuletzt für die biblischen Zahlen, für deren Deutung seit den Tagen Augustinus' genaue Regeln überliefert werden. Die Unkenntnis der Zahlen verhindere das allegorische und mystische Verständnis vieler Schriftstellen, hält er ausdrücklich in *De doctrina christiana* fest.[137] Die Technik der Zahlenallegorese wird im 12. Jh. in festen

Anagogie. - Vgl. F. Châtillon, Vocabulaire et prosodie du distique attribué à Augustine de Dacie sur les quatre sens de l'écriture. In: L'Homme devant Dieu (Festschrift H. de Lubac). Lyon 1964, II,17 ff.

134 Vgl. Hugo von St. Viktor, Didascalicon VI,3 (ed. Ch.H. Buttimer, Washington 1939, 114,9f): quorum scientia formae asini similis est. noli huiusmodi imitari.

135 Ch. Dohmen, Vom vielfachen Schriftsinn - Möglichkeiten und Grenzen neuerer Zugänge zu biblischen Texten. In: Neue Formen der Schriftauslegung? Hg. v. Th. Sternberg (QD 140). Freiburg 1992, 18; in diesem Sammelband mehr zur aktuellen Diskussion um die Berechtigung allegorischer Auslegung neben der historisch-kritischen Methode.

136 Vgl. vor allem: H.-J. Spitz, Die Metaphorik des geistigen Schriftsinns. Ein Beitrag zur allegorischen Bibelauslegung des ersten christlichen Jahrtausends. (MMAS 12). München 1972: dort Diskussion einzelner Bilder und Metaphern.

137 Augustinus, doctr. christ. II,16,25 (CCL 32,50,52f).

Regeln ausgestaltet: z. B. Analogie von Zahl und Gezähltem, Zusammenfassung von Zahlen durch Summanden und Faktoren, Verwandtschaft und Gattungen der Zahlen aufgrund der Zusammensetzung, aber auch die Bedeutung der gezählten Bedeutungsträger (4, 7, 12 etc.).[138]

Der moralische Sinn oder die *Tropologie* leitet aus der Schrift die Regeln für das christliche Leben und seine Tugenden ab, sei es für die Kirche als ganze oder den einzelnen Menschen. Diese Auslegung im Übergang vom „factum" zum „faciendum" erfährt ihren Höhepunkt in der moralisch-pastoralen Schriftauslegung eines Petrus Cantor und Stephan Langton, z. T. vermischt mit deutlicher Kritik an den Zuständen der Kirche. Grundtypen dieser Auslegung sind die Pastoralregel und die *Moralia in Job* Gregors d. Gr. (+ 604).[139]

Der mystische Sinn oder die *Anagogie* ist keineswegs Sondergut kontemplativer Kreise; er gehört vielmehr zu den Formen der Exegese auch an nicht-klösterlichen Schulen. Die Anagogie verweist einerseits auf die Wiederkunft Christi und die himmlische Herrlichkeit am Ende der Zeiten, andererseits aber auf deren mystische Antizipation in der einzelnen Seele und den Aufstieg dorthin. Die Anagogie als Ziel der spirituellen Schriftauslegung kann mit der Allegorese oder Tropologie mehr oder weniger eng verbunden sein; sie kommt meist nicht ohne die Grundlegung in der allegorischen Schriftdeutung aus.[140]

In den *Distinctiones* und *Allegoriae* werden dann die Deutungsmöglichkeiten einzelner Wörter oder Gegenstände lexikalisch festgehalten, wobei sich geradezu Typen herausbilden: 'Jerusalem' bezeichnet in wörtlicher Bedeutung die Stadt in Israel, in allegorischer die Kirche, in tropologischer die menschliche Seele, und in anagogischer das himmlische Jerusalem in Herrlichkeit.[141] Es können aber auch zu einem Stichwort die einzelnen Schriftstellen für die entsprechende Deutung angegeben werden: z. B. zu

138 Grundlegend: H. Meyer/R. Suntrup, Lexikon der mittelalterlichen Zahlenbedeutungen. (MMAS 56). München 1987; vgl. auch E. Hellgardt, Zum Problem symbolbestimmter und formalästhetischer Zahlenkomposition in mittelalterlicher Literatur. Mit Studien zum Quadrivium und zur Vorgeschichte des mittelalterlichen Zahlendenkens. (Münchener Texte und Untersuchungen zur deutschen Literatur des Mittelalters 45). München 1973; Ders., Victorianisch-zisterziensische Zahlenallegorese. In: BDGS(T) 98 (1976) 331-350.

139 Vgl. Smalley 242-263; J. W. Baldwin, Masters, Princes and Merchants. The Social Views of Peter the Chanter and his Circle. 2 Bde. Princeton, N.J. 1970. Zu Langton: R. Quinto, „Doctor Nominatissimus" Stefano Langton (+ 1228) e la tradizione delle sue opere. (BGPhMA NF 39). Münster 1994.

140 Vgl. Adamus Scotus, Ad viros religiosos: quatorze sermons d'Adam Scot. Ed. F. Petit. Tongerlo 1934, 28.94.

141 Vgl. Dohmen, Schriftsinn 20.

'Bett' die Deutungsmöglichkeiten in der Allegorie für die Hl. Schrift (Hld 1,15), in der Tropologie für Kontemplation (Lk 17,34), Gewissen (Ps 6,7), und fleischliche Lust (Am 6,4), in der Anagogie für ewige Strafe (Ijob 17,13) und ewige Seligkeit (Lk 11,7).[142] Die Gefahr solcher allegorisch-symbolischer Auslegung lag in der Vernachlässigung des Textes selbst in seinem Literalsinn, auch für die „doctrina fidei". Dagegen insistiert Thomas von Aquin mit klarem Blick auf dem Primat der *littera*: Nur aus ihr kann ein gültiges theologisches Argument gewonnen werden, nicht aber aus einer allegorischen Deutung.[143]

Es würde jedoch den Charakter mittelalterlicher Beschäftigung mit der Bibel verkürzen, wollte man nur die symbolisch-spirituelle Auslegung sehen. Gerade in St. Viktor und in den Schulen von Paris entstehen Zentren blühender Literalexgese unter Andreas von St. Viktor (+ 1175), Herbert von Bosham (+ 1186), Petrus Comestor u.a.[144] Andreas von St. Viktor beschränkt sich ausschließlich auf die *historia*. Die übrigen Schriftsinne interessieren ihn ebensowenig wie scholastisch-theologische Quästionen, soweit sie nicht unmittelbaren Bezug zum Verständnis der *littera* haben.[145] Er zieht jüdische Exegeten heran und vergleicht den Text der Vulgata mit dem hebräischen Wortlaut. Die Auslegung der Kirchenväter wird daran gemessen und oft genug kritisiert. Von Andreas stark beeinflußt ist Herbert von Bosham, der beansprucht, als erster die *Hebraica* nach dem Vorbild des Hieronymus auszulegen.[146] Sich auf die Schwingen der schwierigen spirituellen Auslegung zu wagen, ist nicht sein Ziel, sondern wie die Landtiere will er am Boden haften und nur den Sinn der *littera* herausarbeiten.

Diese Arbeit an der *littera* weitet sich theologisch aus durch den Einfluß der *Historia scholastica* des Petrus Comestor, die Stephan Langton in ihrem Einfluß dem *Liber Sententiarum* des Petrus Lombardus gleichsetzt. Nach ihrem Muster schreibt Petrus von Poitiers (ca. 1130-1205) sein *Compendium Historiae in Genealogia Christi*[147], in dem er einen Abriß biblischer Geschichte von Adam bis Christus in der Form eines Stammbaums

142 Vgl. Smalley 247; L.-J. Battailon, Les instruments de travail des prédicateurs au XIIIe siècle. In: Ders., La prédication au XIIIe siècle en France et Italie. Etudes et documents. Aldershot-Brookfield 1993, n. IV, 197-209; Ders., Intermédiaires entre les traités de morale pratique et les sermons: les *distinctiones* bibliques alphabétiques. In: Ebd. n. VI, 213-226.

143 Thomas v. Aquin, S.Th. I q.1 a.10 ad 1 (I,9).

144 Vgl. Smalley 112-242. Werke Andreas' v. St. Viktor: CCM 53.

145 Vgl. Berndt, André de Saint Victor.

146 Vgl. Smalley 186-195; dies., A Commentary on the *Hebraica* by Herbert of Bosham. In: RThAM 18 (1951) 29-63.

147 Vgl. P.S. Moore, The Works of Peter of Poitiers. Catholic University of America 1936, 118-122.

Christi gibt. Diese Werke waren grundlegende Literatur des biblischen Einleitungsunterrichts, den in der Universität des 13. Jhs. die *baccalaurei biblici* zu geben hatten. Das Schema dieses Unterrichts haben wir um die Wende zum 13. Jh. mehrfach vor uns: Im Prolog wird das Ziel der *lectio* vorgestellt, dann der Prolog des Hieronymus zum betreffenden Buch gelesen. Der Text wird im einzelnen durchgegangen, in späterer Zeit auch an Handexemplaren, die die Schüler mitbringen und mit Anmerkungen versehen. Dazu werden immer die Glossen gelesen. Diese werden nach ihren Anfangsworten benannt und nach dem Gewicht der Autorität gereiht: Augustinus, Beda etc; anschließend werden Schwierigkeiten aus den Glossen dargelegt.[148] War so die *littera cum glossis* eines Textabschnitts durchgelesen, kehrte man zum Anfang zurück und begann die allegorische Auslegung. Dazu mußte aber zunächst der Text selbst als solcher etabliert und evtl. korrigiert werden, zumal Satzzeichen in den Handschriften ungebräuchlich sind, so daß einzelne Wörter zum vorhergehenden oder folgenden Satz gehören können. Zudem gab es keine Standardeinteilung in Kapitel, von der Verszählung ganz zu schweigen. Vielmehr teilte man das Buch meist nach *tituli* (Sinneinheiten) ab, die am Anfang nach Art eines Inhaltsverzeichnisses festgehalten wurden. Erst im 13. Jh. bildet sich eine Standardeinteilung wenigstens für Paris heraus. Die Abteilungen, Punktierungen und Korrekturen wurden vor allem im 13. Jh. in sog. *Correctoria* zusammengefaßt. Einflußreich wurden die Korrekturen und Einteilungen Stephan Langtons zum biblischen Text. Aber auch ein offensichtlich fehlerhafter Text kann für eine bestimmte spirituelle Auslegung wieder eine Stütze bieten. Ebenso tauchen um diese Zeit erste *Konkordanzen* auf, nicht im heutigen Sinn, sondern mit Parallelstellen, die aufgrund der Glossen zusammengestellt werden, u. a. von Stephan Langton.[149]

Von großer Bedeutung für die im 13. Jh. nicht zuletzt durch den Einzug der Mendikanten in die Universitätsstädte aufblühende Predigttätigkeit werden die *Postillen* (aus: *post illa*, sc. *verba*, d.h. die auf das Schriftwort folgende Erklärung). An den in Sinnabschnitte (*loci*) gegliederten Bibeltext schließen sich hier die Erklärungen an, während 'glossa' jetzt nur noch die Interlinear- und Marginalglossen bezeichnet. Auffallend ist der enge Anschluß der frühen Mendikanten an die spirituelle Schriftauslegung der Viktoriner, aber auch an deren Bemühungen um die *littera*. Man nahm offenbar die Tradition der *lectio divina* im Dominikaner- und Franziskanerorden auf und griff dazu auf die bewährten Handreichungen eines Hugo von St. Viktor zurück. Zugleich grenzte man sich vom spekulativen theologischen Betrieb der weltgeistlichen Magistri ab. Musterbeispiel ist die ein-

148 Z. B. bei Stephan Langton: Smalley 216-219.

149 Ebd. 220-223.241.

flußreiche *Postilla super totam bibliam* des Dominikaners Hugo von St. Cher (+ 1263) und seiner Mitarbeiter (um 1235). Er sieht in den Jüngern, die am Sabbat Ähren lesen (Mk 2,23f), die „fratres studentes", in ihrem „studium scripturarum"; die Pharisäer, die ihnen das verbieten, sind wohl die Theologen, die wieder in zwei Gruppen zu unterscheiden sind: die „morales" (wohl in der Tradition der Pariser moraltheologischen Schule eines Cantor, Langton, Philippus Cancellarius [+ 1236]) und die „questioniste" (die reinen Scholastiker). Die „moraliste" sagen: „Es ist nicht gut, in die Theologie so viele Quästionen einzubauen". Die „questioniste" sagen: Es ist nicht gut, so viele moralische Auslegungen zu erfinden. Fazit Hugos: „et quilibet reprehendit quod nescit".[150] Hugos Postille wurde zur wichtigsten Ergänzung der *Glossa ordinaria*, z. B. bei Bonaventura, Albertus Magnus (+ 1280) und in Oxford. Übertroffen für die Bedeutung in der Frühen Neuzeit (vor allem für die Prediger wegen der vielfältigen moralischen „Nutzanwendungen") wurde er vom Franziskaner Nikolaus von Lyra (+ 1349).

Diese Absetzung der biblischen von der scholastischen Theologie macht auch der differenziertere Sprachgebrauch im 13. Jh. deutlich. 'Sacra pagina' bezeichnete bislang sowohl die biblischen Bücher als auch die Theologie insgesamt. Für die Bibel selbst wird es jetzt zunehmend ersetzt durch 'Scriptura' oder 'Biblia', so daß der „magister in sacra pagina" nicht unbedingt (nur) Exeget ist, sondern auch Systematiker. Die Tätigkeit des Lehrers ist jetzt nicht mehr das *glossare* der *sacra pagina*, sondern das *postillare* der *Scriptura* oder eines biblischen Buches. Die Postille bringt in Paris (im Unterschied zu Oxford) im allgemeinen nur wenige systematisch-theologische, sondern meist nur textbezogene Quästionen.[151]

1.2.4 Sentenzensammlungen und Summen

Neben der schriftbezogenen biblischen Theologie entwickelt sich in den Schulen des 12. Jhs. eine systematische Theologie, die ihre Darstellungsformen in den systematisch geordneten Sentenzensammlungen und Summen findet.[152] Als patristische Vorbilder haben wir Prosper von Aquitanien und vor allem Isidor von Sevilla kennengelernt. „Sententia" bedeutet im biblisch-theologischen Sprachgebrauch den (tieferen) Sinn bzw. Lehrgehalt einer Schriftstelle. Dieser wurde in der *lectio* oder *quaestio* erhoben und dann festgehalten. Hinzu kommen die Sentenzen der Väter und Zeitgenos-

150 Und ein jeder tadelt, was er nicht kennt. - Hugo v. St. Cher, Postilla in Bibliam. Paris 1530-1545, VI f.86; vgl. Smalley 269. Ergänzungen ebd. XIII.

151 Smalley 271-277.

152 Vgl. Grabmann SM II, 21-24.

sen, die in den Glossen gesammelt wurden. Selbständige Sentenzensammlungen zeigen z. T. schon im Titel, daß es sich um Sammlungen von Aussprüchen, Quästionen, Lösungen und Thesen anderer handelt: „Sententie a magistro untolfo collecte", „Sententie Augustini a magistro anshelme coniuncte".[153] Auch der Verfasser des wichtigsten Sentenzenwerks, Petrus Lombardus, wird von Zeitgenossen nicht als Autor, sondern als „Collector Sententiarum" bezeichnet. Die „flores patrum" werden dann auch als „sententiae" bezeichnet. Diese Sammlungen sind jedoch immer noch als systematische Einleitungen zum Studium der Hl. Schrift gedacht, nach dem Vorbild von Augustinus' *De doctrina christiana.* Bis in die Titel wird dies deutlich: *Sententie divine pagine, Sententie divinitatis.* Im Verlauf einer Disputation bezeichnet 'sententia' dann die autoritative Lösung des Magisters in einer Frage bzw. die eine Position, der eine andere gegenübergestellt wird.[154]

Systematische Sentenzensammlungen, vor allem Einführungswerke, werden dann nicht selten als *Summa* bezeichnet, kleinere Einführungslehrbücher als *Summulae.* Als „singulorum brevis comprehensio" definiert Robert von Melun die *Summa.* Honorius Augustodunensis (+ um 1137) nennt seine Weltchronik *Summa totius.* Abaelard bezeichnet seine *Introductio* zur Theologie als „aliquam sacrae eruditionis summam quasi divinae scripturae introductionem" und gibt damit genau den Zweck eines solchen „Grundkurses" an: Einführung in das Studium der Hl. Schrift, das immer noch Hauptgegenstand der Theologie ist.[155] Gleichwohl werden die Einführungskurse immer umfangreicher. Auch Hugo von St. Viktor nennt sein nicht gerade kleines Werk *De sacramentis christianae fidei* „brevem quandam summam omnium".[156] 'Summa' wird dann im späten 12. Jh. zur Bezeichnung des theologischen Einführungs- und Nachschlagewerkes schlechthin, das manchmal auch alphabetisch angelegt ist, wie die *Summa que dicitur Abel* des Petrus Cantor, aber auch für grundlegende moralisch-aszetische Handbücher, wie die Summen *de vitiis et virtutibus*, für katechetische Grundrisse, Predigtsammlungen, Lehrbücher der Homiletik, Zusammenstellungen von Beichtfällen, liturgische Handbücher und nicht zuletzt in Form der *Summulae logicales* für die Einleitungsbücher zur Logik. Um 1200 bezeichnet *Summa* die methodische Zusammenfassung eines Lehrstoffes, die das kleine Einführungslehrbuch und die Technik der Zu-

---

153 Die wichtigsten Sentenzensammlungen der Frühscholastik sind zusammengestellt bei Landgraf G 35-39.

154 Grabmann SM II,23, sieht diese Bedeutung erst im 13. Jh. gegeben; sie ist jedoch schon bei Vivianus von Prémontré (um 1140) nachweisbar: vgl. Leinsle, Vivianus 7*,7f: alterius quorum sententie uos consensum tribuisse fortasse recolitis.

155 PL 178,979.

156 PL 176,183.

sammenstellung von Sentenzen längst verlassen hat.[157] Thomas von Aquin allerdings will seine Summa der Theologie wieder als Anfängerlehrbuch verstanden wissen.

Die Sammlung und systematische Ordnung von Sentenzen birgt jedoch einige grundsätzliche methodologische Probleme, die beim bloßen Lesen oder Benutzen solcher meist recht trockener Sammlungen kaum auffallen. Sollen Sentenzen mehrerer Autoren unter einem Stichwort kompiliert werden, so ist die Grundvoraussetzung, daß sie nicht widersprüchlich sind, obwohl sie im Wortlaut Verschiedenes aussagen. „Diversa, non adversa", war das Schlagwort, unter dem man diese Schwierigkeit zu lösen versuchte: Die Autoren sagen zwar Verschiedenes, widersprechen einander aber nicht, sondern ergänzen sich sinnvoll und entsprechen insgesamt der Wahrheit.[158] Dies war schon das klassische Prinzip der Patristik, um den „consensus evangelistarum" herzustellen an Stellen, wo sie offensichtlich voneinander abweichen.[159] Was für die Patristik der „consensus evangelistarum" war, das ist für das 12. Jh. der Konsens patristischer Autoritäten und zeitgenössischer Lehren. Hier greift die Frühscholastik zumeist auf dasselbe Prinzip zurück: Die Väter sagen zwar Verschiedenes, aber nicht Gegensätzliches.[160] Über die Väterstellen hinaus wird das Prinzip dann angewendet auf die scheinbar widersprüchlichen Sentenzen der Zeitgenossen oder eines einzelnen Autors.[161] Denn, wie Robert von Melun deutlich macht, findet sich beim einen verständniserschwerende Knappheit, beim anderen Weitschweifigkeit und zudem je verschiedene Anordnung des Materials; doch durch das Harmonisierungsprinzip „diversa, non adversa" läßt sich aus alledem „unum sententiarum excellentissimum corpus" herstellen.[162] Dazu trägt nicht zuletzt die Technik des „exponere reverenter" oder „pie interpretari" bei. Bei widerstreitenden Autoritäten muß zumindest eine so ausgelegt werden, daß der Widerspruch vermeidbar erscheint.[163] So nimmt Hugo von St. Viktor grundsätzlich an, daß die assertorische Form nur ein anderes Mittel zur Untersuchung der entsprechenden These und nicht sogleich als These aufzufassen sei.[164]

Einer, der diesen Optimismus hinsichtlich der Harmonsierbarkeit der Autoritäten nicht teilt, ist Abaelard. Rechnet doch schon Augustinus in sei-

157 Einzelne Belegstellen: Grabmann SM II, 23f.

158 Vgl. Leinsle, Vivianus 50-52.

159 Vgl. H. de Lubac, A propos de la formule „Diversi, non adversi". In: RSR 40 (1951/52) 27-40.

160 Vgl. Ghellinck M 481f.517-523.

161 Z. B. bei Bernhard von Clairvaux, Cant. 81,11 (ed. Leclercq III,291).

162 Robert von Melun, Sent., praef. (ed. Martin III,1,46f).

163 Vgl. Chenu 364f.

164 Hugo v. St. Viktor, De sacramentis I,1,2 (PL 176,187).

nen *Retractationes* damit, daß in seinem eigenen Werk „diversa et inter se adversa" auftreten können.[165] Die Möglichkeit widersprechender Vorschriften muß dann vor allem die frühe Kanonistik veranschlagen. Diese entwickelt die Methode des „Sic et non" zur Herstellung der „concordantia canonum".[166] Abaelard räumt bereits im ersten Satz seines *Sic et Non* ein, daß es in der Fülle patristischen Materials „non solum ab invicem diversa, verum etiam invicem adversa" geben könne.[167] Man kann in diesem Fall nicht einfach die Falschheit der einen Seite unterstellen, sondern muß in methodischen Schritten Herkunft und Sinn der Sentenzen genau prüfen: Handelt es sich um ein authentisches Werk? Ist mit der Möglichkeit eines Widerrufs des Verfassers zu rechnen? Sind Sprachgebrauch und Bedeutung der Wörter beibehalten oder haben sie sich geändert? Zur historisch-kritischen Prüfung tritt also hier die Sprachkritik. Läßt sich auch mit all diesen Mitteln die Schwierigkeit nicht beheben, so entscheidet das Gewicht der Autorität.

Der methodische Charakter der Sentenzensammlungen und frühen Summen bringt es mit sich, daß die jeweilige Eigenart und Lehre nur erhoben werden kann in einer genauen Untersuchung der Arbeitsweise und Kompilationstechnik. Gerade Verbindung, Auswahl und Anordnung des exzerpierten Materials, aber auch die sprachliche Behandlung vorgeformter Sentenzen lassen die eigene Leistung des „collector sententiarum" erkennen. Wichtiger als die verbale Abhängigkeit ist oft die funktionale Veränderung und redaktionelle Bearbeitung der Texte; denn sie entscheidet meist mehr als der übernommene Wortlaut über Kohärenz und Konsistenz der vorgetragenen Theorie, über Annahme, Ablehnung oder Kritik einer Sentenz und über das eigene Gedankengut des Kompilators.[168] Im Dienst dieser redaktionellen Tätigkeit stehen auch die Eigentexte des Kompilators, dessen Leistung über das bloß mosaikartige Zusammenstellen von Sentenzen jedenfalls hinausgeht.[169]

Schon in der doktrinalen Funktion direkter Zitate sind Unterschiede klar bemerkbar. In der Schule von Laon wird die wörtliche Zitation schon zugunsten einer selbständigen Erfassung des inhaltlichen Gehaltes, der „Väteridee" zurückgedrängt.[170] Damit verschwindet oft auch das mit der

165 Augustinus, Retr., prol.2 (CSEL 36,9).

166 Vgl. Ghellinck M 472-481; Grabmann SM II,199-221.

167 Abaelard, Sic et non, prol (PL 178,1339); vgl. Leinsle, Vivianus 53-55.

168 Vgl. vor allem H. Weisweiler, Die Arbeitsweise der sogenannten Sententiae Anselmi. In: Schol 34 (1959) 190-232; Ders., Wie entstanden die frühen Sententiae Berolinenses der Schule Anselms von Laon? In: Ebd. 321-369; Ders., Die Arbeitsmethode Hugos von St. Viktor. In: Ebd. 20-24 (1945/49) 59-87.232-267.

169 Vgl. Leinsle, Vivianus 55-90.

170 Weisweiler, Sententiae Anselmi 232.

Väterstelle verbundene Schriftzitat. Spätere Sentenzensammlungen benutzen dann bereits selbstverständlich und z. T. souverän (Hugo von St. Viktor) die früheren. Einteilungen, Beispiele, aber auch umgearbeitete Väterstellen werden von ihnen entnommen und wieder umgestaltet. Manche Sentenzensammlungen werden fast schulbildend, z. B. die *Sententie Anselmi* für die Schule von Laon. In den *Senteniae Berolinenses* wird aus einem Väterzitat eine Frage gemacht, die der Autor selbst dann mit „dicimus" im Sinne Augustins beantwortet.[171] Viel einfacher dagegen arbeitet etwa noch Vivianus von Prémontré um 1140. Das wichtigste Mittel zur Harmonisierung ist bei ihm noch die Auslassung, zumal dort, wo er nur eine Quelle fortlaufend ausschreibt und zusammenfaßt. Die redaktionelle Eigentätigkeit ist hier recht gering; sie äußert sich schon einmal in einer Änderung von 'ergo' zu 'igitur' oder in Ergänzungen zu einzelnen Wörtern. Nicht selten werden die langen Ausführungen der Quelle in einer Technik der Zusammenfassung nur thesenartig, eben als Sentenzen übernommen, während die biblische Begründung und alles rhetorische Beiwerk wegbleiben.[172] Dort, wo nur sinngemäß zitiert wird, kommt es natürlich am häufigsten zu Funktionsänderungen. Texte werden in einem neuen systematischen Rahmen umgruppiert und bekommen neue Funktionen: Was bei der Quelle Antwort war, wird zur Frage; was dort Prämisse war, wird zur These; vorsichtige Formulierungen werden apodiktisch übernommen; die logische Struktur des Quellentextes wird nicht selten vollständig aufgelöst; z.T. werden Texte mehrerer Quellen so ineinandergeschoben, daß ein Mischtext entsteht. Sentenzen der Zeitgenossen werden zumeist durch ein erst zu identifizierendes „quidam" eingeführt. Eigentexte des Kompilators verbinden die Zitate, halten durch Querverweise den Text zusammen (diese können selbst wieder zitiert sein) und leisten nicht zuletzt die Auseinandersetzung mit den Quellen, indem sie die Sentenz thematisch einordnen, explizieren, abändern, annehmen oder verwerfen.

Da sich die Sentenzensammlungen der Frühscholastik immer noch im Dienst der Schriftauslegung, aber zugleich als systematische Werke verstehen, ist der Funktion der Schriftzitate in der beginnenden „systematischen Theologie" besonderes Augenmerk zu widmen. Exemplarisch seien folgende Funktionen genannt:

1. Grundlage thematischer Exegese,
2. Aus spiritueller Exegese resultierendes Stilmittel,[173]
3. Biblische Einführung eines theologischen Terminus, z. B. 'libertas a peccato' durch Verweis auf 2 Kor 3,7 und Röm 6,20-22,

171 Vgl. Weisweiler, Sententiae Berolinenses 356.

172 Musterbeispiele: Leinsle, Vivianus 61f.

173 Vgl. Leclercq, Wissenschaft 83-102.

4. Biblische Kennzeichnung von Personen, Sachen und Zeiten, z. B. „sancti homines" durch Röm 6,14 und Lk 10,42,
5. Argumentationsfigur (auctoritas).[174]

Schon in der Schule Anselms von Laon treten „authentica" und „magistralia", Väterautorität und Magistersentenz („definitiones magistrales" und „dicta magistralia"), gleichberechtigt nebeneinander auf. Zunehmend beschäftigt man sich mit der Väterlehre nur noch im Kontext der Auseinandersetzung mit den Magistri. Sie werden nun auch nicht selten gleich am Anfang der Sammlung vorgestellt. So beginnt die Sammlung *Liber Pancrisis* mit der Reihe der Autoren, aus denen Sentenzen und Quästionen entnommen wurden: Augustinus, Hieronymus, Ambrosius, Gregor d. Gr., Isidor, Beda, und dann folgen die „moderni magistri", die Zeitgenossen: Wilhelm von Champeaux (+ 1122), Ivo von Chartres (+ 1116) , Anselm und Radulfus von Laon.[175] Die „Deflorationes" des Werner von St. Blasien (+ 1174) unterscheiden zunächst noch genau die „authentica doctrina Patrum" (Gregor, Hilarius von Poitiers, Augustinus, Isidor, Hieronymus, Beda, Remigius) und die anderen, „qui modernis temporibus catholici atque orthodoxi magistri fuere" (z. B. Zacharias Chrysopolitanus, Hugo von St. Viktor, Honorius Augustodunensis). Seine eigene Arbeit bezeichnet Werner zutreffend als „syntagmatizare", systematisch anordnen, so daß „un florilège sagement classé" entsteht.[176] Väter- und Magistersentenz zugleich brauchte man dann vor allem in den Quästionen und Disputationen, die sich im späten 12. und frühen 13. Jh. auch in Summenform niederschlagen. Nicht zuletzt werden die Sentenzensammlungen, vor allem die des Petrus Lombardus, bald selbst wieder Gegenstand von *Abbreviationes* und Glossen, in denen die Magistri auch zur neuen Vorlage Stellung beziehen.[177]

1.2.5 Theologische Systembildung

In den Sentenzensammlungen und Summen der Frühscholastik vollzieht sich nicht nur die Aneignung der *auctoritas* mittels der *ratio*, sondern auch die Einordnung des überkommenen Materials in einen theologischen Rahmenentwurf. Dieser ist selbst wieder abhängig von patristischen Quellen, vor allem von Augustinus, wird jedoch in den einzelnen Schulen des 12. Jhs. verschieden ausgestaltet. Dadurch geschieht theologische Systembil-

174 Vgl. Leinsle, Vivianus 95-101.

175 Vgl. Chenu, Théologie 358.

176 PL 157,726; vgl. P. Glorieux, Les *Deflorationes* de Werner de Saint-Blaise. In: Mélanges Joseph de Ghellinck, S.J. Gembloux 1951, II, 699-721.

177 Vgl. Landgraf G 43-47.

dung. Nach der Einteilung von H. Cloes lassen sich drei Grundtypen theologischer Systematik unterscheiden, die aber oft nicht in Reinkultur auftreten: eine biblisch-heilsgeschichtliche, eine logisch-begriffliche und eine aus beiden Formen gemischte Systematik.[178] Eine *biblisch-heilsgeschichtliche* Systematik finden wir schon in der Schule Anselms von Laon. Nach einer kurzen Darlegung der Gotteslehre wird zur Schöpfung der Welt, der Engel und Menschen übergegangen. Für die Lehre von der Erlösung („regeneratio et reparatio") steht das heilsgeschichtliche Schema der Zeit des natürlichen und des geschriebenen (atl.) Gesetzes und der Zeit der Gnade zur Verfügung.[179] Die Sakramente werden dann mehr oder weniger ausdrücklich in die Zeit der Gnade eingeordnet. Doch stellen etwa die *Sententiae Atrebatenses* die Christologie dem Schema der drei heilgeschichtlichen Zeiten voran, die dadurch als umfassendes Heilsgeschehen in Christus interpretiert werden.[180]

Auch Hugo von St. Viktor bringt in seinem systematischen Hauptwerk *De sacramentis* einen heilsgeschichtlichen Aufbau, allerdings zentriert auf den Menschen. Die Theologie hat darzustellen, weshalb und als welcher der Mensch geschaffen wurde, wie er gefallen ist und wiederhergestellt wurde.[181] Zur ersten Frage wird die gesamte Gotteslehre gezogen, während z. B. die Angelologie in diesem Aufbau einige Schwierigkeiten bereitet. Die Anthropozentrik wird jedoch bald abgelöst durch das grundsätzliche Schema von „opus conditionis" (Buch 1) und „opus restaurationis" (Buch 2: Christus und die Sakramente bis zum Ende der Zeiten). Da das „opus restaurationis" definiert wird als „Incarnatio Verbi cum omnibus sacramentis suis", läßt sich die Sakramentenlehre hier leicht dem „opus restaurationis" eingliedern.[182] Doch wird in die Sakramentenlehre noch die Behandlung der Simonie, der Gelübde, Tugenden und Laster eingeschoben.

Von größtem Einfluß für die theologische Systematik des Mittelalters werden die 4 Bücher der Sentenzen des Petrus Lombardus. Der „Magister Sententiarum" bringt jedoch kein rein heilsgeschichtliches Schema, sondern orientiert sich im Prolog zunächst am augustinischen Schema von „*res - signa, uti - frui*" aus *De doctrina christiana*. Dies scheint zunächst ein rein begriffslogisches Schema zu sein. Tatsächlich aber ist dieses Schema nur ein „Aufhänger" und der Aufbau des Lombarden im wesentlichen durch Hugo von St. Viktor bestimmt. Buch 1 handelt „De mysterio Trinita-

178 Cloes, Systématisation 287; vgl. auch Grillmeier, Symbolum.

179 Sententie Anselmi. Ed. F. Bliemetzrieder, Anselms von Laon systematische Sentenzen. In: BGPhMA 37,2-3, Münster 1919, 78f.

180 Ed. O. Lottin, Les Sententie Artebatenses. In: RThAM 10 (1938) 218.

181 Hugo v. St. Viktor, De sacramentis l.1 p.1 c.30 (PL 176,205f).

182 Ebd. l.1 prol. c.2 (183 B).

tis", assoziiert den „res quibus fruendum est"; doch wird die Einteilung des Prologs wie in den weiteren Büchern nicht mehr herangezogen. Im 2. Buch, das von den Geschöpfen handelt („nunc ad considerationem creaturarum accedamus"), wird das anthropozentrische Schema Hugos explizit aufgenommen.[183] Buch 3 behandelt dann die Inkarnation, jedoch, wie der Prolog zu diesem Buch deutlich macht, unter dem Zeichen der „reparatio": „sic enim ratio ordinis postulat".[184] Zur „reparatio" gehören aber wie bei Hugo auch die Sakramente, die in Buch 4 dargelegt werden. Erst im Prolog zum 4. Buch wird die augustinische Unterscheidung von „res - signa; uti - frui" wieder aufgenommen, da die Sakramente als „signa" geradezu dazu einladen. So folgt denn nun zugleich nach der Behandlung der „res" die der „signa".[185] In dieses Schema läßt sich dann aber die Eschatologie als 2. Teil des 4. Buches nicht einordnen; dagegen hat es im heilsgeschichtlichen Aufbau sehr wohl seinen Platz in der „reparatio", wenn dieser bei Petrus Lombardus auch nicht näher ausgewiesen wird.

Ein wirklich durchgeführtes begrifflich-logisches Schema finden wir dagegen bei Abaelard und seiner Schule. Es ist dem *Enchiridion* Augustinus' angenähert, aber doch nicht einfach übernommen. Während Augustinus dort die drei Göttlichen Tugenden (fides - spes - caritas) als systembildende Momente benutzt, legt Abaelard das Schema „fides - caritas - sacramentum" zugrunde.[186] Die *Theologia „Scholarium"* sieht die „humanae salutis summa" in diesen drei Materien gegeben.[187] Der Glaube richtet sich einerseits auf die Natur der Gottheit selbst, zum anderen auf die „divina beneficia und alle „dispensationes" und „ordinationes" Gottes, wie sie in den Glaubensbekenntnissen der Apostel und Väter ausgedrückt sind.[188] Die Darstellung der „fides" selbst beginnt also mit der Gottes- und Trinitätslehre. Dagegen kann sich die Betrachtung der Gnadentaten Gottes durchaus nach dem heilsgeschichtlichen Gang richten, wie er auch in den Glaubensbekenntnissen zum Ausdruck kommt. Auch die Inkarnation gehört zu den „beneficia" und „ordinationes" Gottes. In seinem *Sic et non* ändert Abaelard dieses Schema zur Reihenfolge „fides - sacramentum - caritas" ab, was einen unmittelbaren Anschluß der Sakramentenlehre an die Glaubenslehre und die Behandlung der Moraltheologie unter dem Stichwort „caritas" erst

183 Petrus Lombardus, Sententiae in IV libris distinctae. 2 Bde. (Spicilegium Bonaventurianum 4/5). Grottaferrata 31971/81. l.2 prol. (I,329,6), l.2 d.16 c.1 (I,406,3-5).

184 Ebd. l.3 prol. (II,1,3-15).

185 Ebd. l.4 prol. (II,231,3-5).

186 Die frühen „Theologien" Abaelards (*Theologia „Summi boni"* und *Theologia christiana*) kommen hier allerdings nicht in Betracht, da sie nur die Gottes- und Trinitätslehre bieten.

187 Abaelard, Theologia Scholarium I,1 (CCM 13,318,1f).

188 Ebd. I,17 (326,206-210).

im 3. Teil zur Folge hat. Dieses Schema wird nun bestimmend für die meisten Sentenzenwerke der Abaelardschule. Die *Epitome Hermanni* und die *Sententiae Florianenses* folgen noch dem ersten Schema, die *Sententiae Parisienses,* Magister Roland (+ 1181) und Omnebene (+ 1185) dagegen dem zweiten. Den Übergang von der Inkarnation zu den Sakramenten stellt die *Epitome* deutlich unter das Stichwort der „beneficia": Die Inkarnation ist das „summum beneficium", wie allgemein gelehrt wird; aber auch die Sakramente sind „beneficia" Gottes, gehörten demnach also eigentlich in das 1. Buch über den Glauben, oder doch in engen Zusammenhang mit ihm.[189] Die „caritas" erscheint so als „Moraltheologie" noch deutlicher von der „Dogmatik" abgetrennt.

Zeigten sich schon in den heilsgeschichtlichen Schemata logische Klassifikationsprobleme und innerhalb der begrifflichen heilsgeschichtliche Stoffanordnungen, so kommt es um die Mitte des 12. Jhs. zu mehreren einflußreichen Mischformen. Eine solche bietet die unter dem Einfluß Hugos von St. Viktor ca. 1135-40 entstandene *Summa Sententiarum.*[190] Der erste Teil dient wie bei Abaelard der Darlegung des Glaubens, sogar unter der Verwendung von Abaelards „Summenformel": „Tria sunt in quibus humanae salutis summa consistit", aber nun nach dem Schema „mysterium divinitatis - sacramentum incarnationis", worin man wieder den Einfluß Hugos sehen kann. Ähnlich wie Petrus Lombardus mit dem augustinischen Schema, geht der Verfasser der *Summa Sententiarum* mit dem Abaelards um. Er wendet den Plan ins Heilsgeschichtliche: Nach der Behandlung der Gotteslehre sieht er den Teil der „fides" schon abgeschlossen und geht jetzt über zu Schöpfung, Mensch, Fall und Wiederherstellung (Erlösung) bis zu den „remedia sacramentorum" nach dem Muster Hugos von St. Viktor.[191] Die Sakramente selbst werden nach dem Schema der drei heilsgeschichtlichen Zeiten bzw. Gesetze behandelt.

Eine anders geartete Mischform bieten die *Sententiae divinitatis* aus der Porretanerschule.[192] Sie beginnen unmittelbar mit der Schöpfungslehre und gehen dann „praetermisso angelorum tractatu" zur Erschaffung des Menschen über. Dieser wird betrachtet 1. in seiner Erschaffung nach Gottes Bild und Gleichnis, 2. im Zustand der Freiheit vor der Sünde, 3. in seinem Fall, 4. in seiner Wiederherstellung. Hier wird wieder der Einfluß von Laon

---

189 Vgl. Epitome theologiae christianae c. 38 (PL 178, 1738 C); dagegen Sententiae Florianenses, ed. Ostlender 14.

190 PL 176, 41-154; zur Datierung vgl. Leinsle, Vivianus 37-39; vgl. auch Grillmeier, Fulgentius von Ruspe.

191 Summa Sententiarum tr. 2 c.1 (PL 176, 79 C); tr.3 c.2 (91 A); tr.4 c.1 (117 A).

192 Ed. B. Geyer, Die „Sententiae divinitatis". Ein Sentenzenbuch der Gilbertischen Schule. (BGPhMA 7,2-3). Münster 1909.

und St. Viktor greifbar.[193] Im 4. Teil werden Inkarnation und Sakramentenlehre (Mittel der „reparatio") geboten. Dann erst folgt der „Tractatus de divinitate et Trinitate". Die Überleitung gibt wohl den Gesamtzusammenhang an: „Diximus, qualiter ipse homo factus est, vidimus etiam quomodo per peccatum cecidit a *cognitione divinitatis*, et qualiter reparatus. Modo videamus *de ipsa divinitate et Trinitate*."[194] Es wäre dann ein Schema, das heilsgeschichtlich (Schöpfung, Fall, Erlösung) zur Erkenntnis Gottes (cognitio divinitatis) als Ziel des Menschen und der Theologie aufsteigt. Die richtige Gotteserkenntnis aber ist erst nach der Wiederherstellung des gefallenen Menschen möglich. Daraus ergibt sich die Stellung der Gottes- und Trinitätslehre am Schluß der *Sententiae divinitatis*.

Ein anderes Aufstiegsschema legt der Verfasser der *Ysagoge in theologiam* aus der weiteren Schule Abaelards zugrunde.[195] Er gliedert seine Sammlung in die Behandlung der „natura humana", „natura angelica" und „natura divina". Die Menschennatur wird in Buch 1 und 2 dargestellt nach Schöpfung, Leib und Seele (einschließlich der Potenzen und Tugenden). Der Tugendlehre folgt die Lehre vom Verdienst, der Gnade und der Freiheit, Paradies und Urstand. Die Lehre vom Fall wird ebenfalls streng begrifflich entfaltet in den Fragen „quid sit malum, quid peccatum, quid vicium". Die Erlösungslehre hält sich an das Schema „bona - mala - remedia malorum", wobei die Heilmittel wieder nach den heilsgeschichtlichen Zeiten eingeteilt werden.[196] Die Heilmittel der Zeit der Gnade bestehen teils in Inkarnation und Leiden Christi, teils in den Sakramenten. Der Autor unternimmt dann den Versuch der genauen Parallelisierung der Angelologie (Buch 3) mit den ersten beiden Büchern. Er folgt deshalb auch hinsichtlich der Engel dem Schema von Schöpfung, Fall und Wiederherstellung (hier: confirmatio bonorum). Die Ausführungen sind jedoch wesentlich kürzer. Stark erkenntnistheoretisch akzentuiert ist die Gotteslehre: Die Weisen der Gotteserkenntnis werden vorgestellt, dann die drei göttlichen Appropriationen (Macht, Weisheit, Wille) und schließlich die Zeugnisse der Propheten und Philosophen für die Trinität erörtert.[197]

Stärker an Abaelard schließen sich die Sentenzen des Magister Roland (Bandinelli) an (um 1150). Er übernimmt das Schema „fides - sacramentum - caritas", um darin aber viel heilsgeschichtliches Material unterzu-

193 Sent. div., tr.1 (ed. Geyer 8*); tr.2 (ebd. 18).

194 Sent. div. tr.4 (ebd. 155*); Cloes führt das Schema der Sent. div. lediglich auf eine einfache Topik zurück.

195 Ed. A. Langraf, Ecrits théologiques de l'école d'Abélard. Textes inédits. (SSL 14). Louvain 1934, 63-285.

196 Ebd. 130.

197 Vgl. ebd. 220: Brevem igitur de homine disputacionem brevior de arcana spirituum natura et summo Deo sequatur distinctio.

bringen.[198] Die Unterteilung von der Behandlung der *fides* in die Lehre von Gott und seinen „beneficia" ist aber ersetzt durch die Gliederung in Gotteslehre und Darlegung seiner Werke. Zu diesen gehören aber die Engel, die Erschaffung der Welt und des Menschen, dessen Fall und die Wiederherstellung, die sich in den drei heilsgeschichtlichen Zeiten vollzieht. Roland zeigt sich somit wie die *Summa Sententiarum* deutlich von Hugo von St. Viktor beeinflußt. Die dritte heilsgeschichtliche Zeit (tempus gratiae) überlappt sich für Roland allerdings mit dem zweiten Topos Abaelards: „sacramentum". So will er denn nun von jenem Teil des Glaubens (1. Topos, *fides*) handeln, der zur Befreiung und Erlösung des Menschen gehört, „cuius quidem in sacramentis consistit redemptio".[199] Die Schwierigkeiten, den Ausgleich zwischen heilsgeschichtlichem Schema und begrifflicher Topik zu schaffen, wird hier wie oft gerade in der Behandlung der Sakramente deutlich, die einerseits Mittel der Erlösung sind, andererseits Gegenstände des Glaubens.

1.2.6 Traktat und Brief

Neben den unmittelbar aus dem Schulbetrieb entstandenen literarischen Formen der Schriftkommentare, Sentenzensammlungen und Summen finden wir zwei freiere, aber dennoch für die Entwicklung der Theologie gerade in der Frühscholastik wichtige Gattungen: den freien Traktat (z. T. in Dialogform) und den Brief. Beide sind schon in der Antike nicht selten aus schriftlichen oder mündlichen Anfragen erwachsen. Im Unterschied zu den meist durch eine Lehrtätigkeit nachweisbaren Schulschriften ist jedoch die Authentizität solcher Schriften schwieriger zu belegen. Nicht selten werden Werke „kleinerer" Meister bedeutenderen zugeschrieben, um ihnen eine größere Wirkung zu verleihen.[200] Vor allem in monastischen und kanonikalen Kreisen war der monographische Traktat, oft in Dialogform gehalten, sehr beliebt, z. B. viele Werke Bernhards von Clairvaux (um 1090-1153) oder Aelreds von Rievaulx (1110-1167).[201] Bedeutendste Zeugen dieser Gattung sind etwa die Schriften Anselms von Canterbury (1033-1109), darunter Dialoge wie *De grammatico, De veritate, De libero arbitrio*, Monographien wie das *Monologion* und *Proslogion, Cur Deus homo* u.a. Von Abaelard haben wir einen *Dialogus inter philosophum, iudaeum et christi-*

---

198 Ed. A. Gietl, Die Sentenzen Rolands nachmals Papstes Alexander III. Freiburg 1891.

199 Ebd. 154f.

200 Vgl. U.G. Leinsle, Die Hugo von St. Viktor zugeschriebenen Texte „De libero arbitrio" und Vivianus von Prémontré. In: APraem 57 (1981) 183-195.

201 Vgl. Leclercq, Wissenschaft 171-212.

anum. In diesen Werken ist zumeist wenig vom unmittelbaren Lehrbetrieb zu spüren. Dafür glänzen sie oft durch ausgefeilten Stil, der in der trockenen Atmosphäre der Sentenzensammlungen, Kommentare und Summen meist nur in der Vorrede Platz greifen kann.

Traktate entstehen oft aus Anfragen oder auf Drängen von Mitbrüdern, Freunden, hochgestellten Persönlichkeiten. In diesen Fällen kann der Traktat durch die vorangestellte Widmungsepistel zum Brief werden, so schon in manchen Schriften Augustins, die auf sehr konkrete Anfragen antworten.[202] Vorlagen für den gehobenen Briefstil, der bei „Brieftraktaten" oft nur in der Widmung durchgehalten ist, fand man bei Cicero und Seneca, aber auch bei Augustinus und Hieronymus. Die Vorbilder und Regeln guten Briefstils werden zusammengefaßt in der *ars dictaminis.*[203] Gerade zu Beginn des 12. Jhs. stellen wir eine neue Blüte der *ars dictaminis* und der Briefsammlungen fest.[204] Rhetorische Figuren bestimmen deshalb auch den Stil und das Genus theologischer Briefe, was bei der Interpretation zu beachten ist: „Wer einen mittelalterlichen Text ernst nimmt, braucht nicht alle seine Formulierungen wörtlich zu nehmen."[205] Brief und Traktat nehmen nicht selten Bezug auf aktuelle Kontroversen, auch scholastischer Art, und leisten deshalb einen wichtigen Beitrag zur Klärung theologischer Fragen und zur Entwicklung und Verbreitung theologischer Lehre.[206] Sie gehören teilweise auch in das Genus der Streitliteratur oder der persönlichen Bemühung um den Briefpartner, der auf der Gegenseite angesiedelt ist; so beschwört Adelmann von Lüttich (+ ca. 1061) Berengar von Tours, von seiner als häretisch betrachteten Eucharistielehre abzugehen.[207] Solche Briefe sind vor allem in monastischen Kreisen *offene* Briefe, mit deren weiterer Verbreitung der Autor von vornherein rechnet. Briefe nehmen deshalb nicht selten gerade wegen ihres Öffentlichkeitscharakters die Form einer thematischen Abhandlung an, z. B. die *Epistola de buccella Judae data et de veritate Dominici corporis*, in der sich Guibert von Nogent (1053-1124) mit der Lehre Berengars und der Frage auseinandersetzt, ob Judas beim Abendmahl die Eucharistie empfangen habe.[208] Solche Einzelfragen kennzeichnen die theologische Briefliteratur des 12. Jhs. Ein Blick in L. Otts grundlegendes Werk zeigt etwa bei Walter von Mortaigne (+ 1174) folgende Problemstellungen: Wirksamkeit und Wirkung der Häreti-

202 Z. B. Augustinus, quaest. Simpl. (CCL 44,1).

203 vgl. J. Leclercq, Le genere épistolaire au moyen âge. In: RMAL 1946, 63-70.

204 Grundlegend: Ott.

205 Leclercq, Wissenschaft 204.

206 Vgl. Leinsle, Vivianus 42-44; Anlaß war hier die Auseinandersetzung zwischen Bernhard von Clairvaux und Abaelard rund um die Synode von Sens 1140.

207 PL 143,1289-1296.

208 PL 156,527-538.

kertaufe, Art der göttlichen Allgegenwart, Traurigkeit und Todesfurcht Christi, rechtliche Wirkungen des Eheversprechens, eherechtliche Wirkungen von Gelübden, einzelne Punkte der Gnadenlehre, Stufen der *caritas*, Wissen der Seele Christi. Hugo von St. Viktor äußert sich in ähnlicher Weise über den Willen Christi, die Jungfräulichkeit Mariens, aber auch über exegetische Fragen und die Auslegung einzelner Stellen, z. B. des Grabbesuchs von Petrus und Johannes (Joh 20,3-10). In Briefen werden wie im Schulbetrieb auch einzelne theologische Formulierungen auf ihre Berechtigung geprüft, z. B. von Walter von Mortaigne die christologischen Formel 'Assumptus homo est Deus', von Richard von St. Viktor der Satz 'Pater Spiritu Sancto diligit Filium'.

Das Verfahren in solchen theologischen Brieftraktaten ist durchaus als scholastisch zu kennzeichnen, eingebettet in das Bemühen um theologische Belehrung oder Erbauung des Briefpartners. Auch dafür boten die Exzerpte und Florilegien, die man aus Väterschriften und späteren Autoren angelegt hatte, reiches Material. Gern werden kompilierte handliche Traktate dem Adressaten übermittelt.[209] Bei kleineren Geistern finden wir auch ein einfaches Kompilationsverfahren, das eine „große Quelle" einfach verkürzend ausschreibt und mit einer anderen, verträglichen kompiliert. So kompiliert Vivianus von Prémontré (um 1140) in einer relativ einfachen Technik seinen unter dem Stichwort „Harmonia" für den Dekan und Magister Gerhard von St. Quentin (bezeugt 1108-1138) verfaßten *Tractatus de libero arbitrio* aus Bernhard von Clairvaux und der *Summa Sententiarum*.[210] Dieser und ähnliche Traktate haben meist einen konkreten Anlaß und Zweck, an dem sie historisch und hinsichtlich ihrer Authentizität zu prüfen sind. Natürlich wird hier wie anderswo beteuert, daß dadurch der Briefpartner nicht gescheiter werden soll (vgl. Spr 1,5), da er in diesen Dingen sich bereits genug auskennt. Solche Bescheidenheitsformeln sind Stilmittel des Briefes, die nur als solche zu werten sind. Bald finden wir auch ganze Briefsammlungen einzelner oder verschiedener Autoren in oft fragwürdiger und deshalb im Einzelfall zu prüfender Zuschreibung. Nicht zuletzt können solche Briefsammlungen stilistisch und inhaltlich wieder als befruchtende Quelle weiterer Briefstellerei dienen.

1.2.7 Die scholastische Predigt

Lectio, disputatio und *praedicatio* nennt Petrus Cantor als Bestandteile des Studiums der hl. Schrift.[211] Die *lectio* bildet das Fundament, die *disputatio*

209 Vgl. z. B. zu Richard v. St. Viktors „Excerptiones": Ott 651-657.
210 Vgl. Leinsle, Vivianus 55-103.
211 Petrus Cantor, Verbum abbreviatum c.1 (PL 205, 25); vgl. Smalley 208.

die Mauern und die *praedicatio* das Dach des geistlichen Gebäudes. Die scholastische Predigt, eine der Aufgaben der Magistri, ist deshalb formal und inhaltlich ein wichtiges Element der Entwicklung und Verbreitung scholastischer Theologie. Nicht zuletzt vollzieht sich in ihr, besonders in den Universitätssermones, die Auseinandersetzung mit aktuellen Problemen.[212]

Die Predigtlehre des Mittelalters, niedergelegt in den *Artes Praedicandi*[213], ist wie die Theologie tief beeinflußt von Augustinus. In *De doctrina christiana* gibt er nach der Darlegung des christlichen Bildungsganges und der Methoden der Schriftauslegung einen Abriß der christlichen Rhetorik, die vieles aus der Redekunst Ciceros und der Antike aufnimmt. Die pastorale Ausrichtung der Predigt ist stärker akzentuiert in der vielbenutzten *Regula pastoralis* Gregors d. Gr.[214] Die frühscholastischen Predigtlehren und -beispiele (meist monastischer Kreise) bringen noch wenig typisch scholastische Elemente.[215] Die Auslegungsmöglichkeiten nach dem vierfachen Schriftsinn werden selbstverständlich herangezogen; so sieht Guibert von Nogent in den vier *sensus* die vier Räder, auf denen die gesamte *sacra pagina* bewegt wird.[216] Alanus ab Insulis sieht die Predigt schon als ein Gebiet der Auseinandersetzung von *ratio* und *auctoritas*. Die Predigt bedeutet für ihn die höchste (7.) Stufe der Vollkommenheit; sie setzt *confessio, oratio, gratiarum actio, perscrutatio scripturarum, inquisitio a maiore* und *expositio scripturae* voraus.[217] Sie soll folgenden Aufbau haben:

1. *Auctoritas* (Schriftwort),
2. *Captatio benevolentiae*,
3. Auslegung des Textes unter Heranziehung weiterer Schriftstellen und Autoritäten zur Bekräftigung und dadurch „Erzeugung einer beträchtlichen Erregung beim Publikum und anschließende Besänftigung“,
4. Exemplifizierung.[218]

Während dieses Schema noch im wesentlichen der antiken Rhetorik, wie sie im Rahmen der *artes* tradiert wurde, verbunden ist, ändert sich der Aufbau der gelehrten Predigt im 13. Jh. bedeutend. Hinzu kommt eine neue

---

212 Vgl. M.M. Davy, Les sermons univeritaires Parisiens de 1230-1231. (Études de philosophie médiévale 15). Paris 1931; J.-L. Bataillon, Les crises de l'Université de Paris d'après les sermons universitaires. In: Ders., Prédication n. VIII, 155-169.

213 Grundlegend: Charland.

214 Vgl. D. Roth, Die mittelalterliche Predigttheorie und das Manuale Curatorum des Johann Ulrich Surgant. (Basler Beiträge zur Geschichtswissenschaft 58). Basel-Stuttgart 1956.

215 Vgl. Leclercq, Wissenschaft 189-201.

216 Guibert von Nogent, Quo ordine sermo fieri debeat (PL 156, 26 C).

217 Alanus ab Insulis, Summa de Arte Praedicatoria (PL 210, 111 B).

218 Roth, Predigtlehre 40.

Hörerschaft der lateinischen Predigt, die in Universitätsstädten vor allem von den neu eingezogenen Mendikantenorden eifrig gepflegt wird. Die *Artes Praedicandi* geben im einzelnen die Regeln für den gelehrten Sermo an.[219]

Der universitäre Sermo hat im Unterschied zur freieren Volkspredigt folgende Struktur:

1. Das *Thema* der Predigt wird angegeben. Dies ist ein Satz (dictum aliquod authenticum) aus der Hl. Schrift (z. B. den Tagesperikopen entnommen), der als thematische Grundlage der Predigt dient. [220]
2. Auf die Angabe des Themas folgt das *Prothema*, eine andere Schriftstelle, die in einem kürzeren oder längeren Einleitungsdiskurs die Hörer zum richtigen Hören einstimmen soll und mit einem *Gebet* abgeschlossen wird. Da das Prothema eine Hinführung des Hörers zur Predigt ist, ist in ihm gewissermaßen eine gepredigte „Volkshomiletik" zu sehen, die J.B. Schneyer exemplarisch aus solchen Prothemata erhoben hat.[221]
3. Ist der Hörer somit richtig disponiert, folgt der *Introitus*, die Einführung des Themas, das (auch wegen der zu spät Gekommenen) nochmals genannt wird. Die *inventio* des Themas bemüht meist die Hl. Schrift und die Väter, andererseits aber die Regeln der aristotelischen „ars inveniendi", der Topik, Zitate von Philosophen oder allgemeine Sprichwörter, durch die der Hörer nun zum Thema selbst herangeführt werden soll. Aber auch durch eine logische Argumentation kann an das Thema herangeführt, seine Wahrheit und die Notwendigkeit seiner Behandlung eigens aufgewiesen werden.
4. Das Thema muß sodann gegliedert werden in der *divisio*. Meist werden die für die weitere Gliederung der Predigt relevanten Wörter des Themas hervorgehoben. Dabei ist zu unterscheiden zwischen der Texteinteilung (divisio), wie sie auch in der *lectio* üblich ist, und der *distinctio*, der Einteilung eines Themas nach verschiedenen Gesichtspunkten (z. B. Liebe: Gottes- u. Nächstenliebe). Ausschlaggebend für die Gliederung kann auch eine Bedeutungsvielfalt in einem oder mehreren Schriftsinnen sein. Dafür steht dem Prediger ein reiches Material an z. T. schon alphabetisch angeordneten *Distinctiones* und *Allegoriae* zur Verfügung.[222] Gerade in der richtigen Gliederung des Themas zeigt sich die Kunst des Aufbaus eines scholastischen Sermo.

219 Vgl. ebd. 32-86; Charland 109-226; dort zum Aufbau der Predigt im einzelnen.

220 Z. B. Thomas Waleys, De modo componendi sermones c.2 (ed. Charland 341); vgl. Charland 112f.

221 J.B. Schneyer, Die Unterweisung der Gemeinde über die Predigt bei scholastischen Predigten. Eine Homiletik aus scholastischen Prothemen. (Veröffentlichungen des Grabmann-Institutes NF 4). München-Paderborn-Wien 1968.

222 Vgl. Rouse/Rouse, Statim invenire.

5. Aus der Einteilung des Themas ergibt sich die Einteilung des Sermo in der *partium declaratio*, kurz *clavis* genannt. Der Schlüssel zum Verständnis des Sermo wird hier geboten und die Suffizienz der Einteilung hinsichtlich der Gesichtspunkte bewiesen. Für diesen Beweis braucht man natürlich wieder übereinstimmende Autoritäten, die ggf. zu weiteren *subdivisiones* Gesichtspunkte liefern. Meist bildet sich ein wiederholtes Dreierschema heraus, das in *divisiones* und *subdivisiones* ausgestaltet wird und die Predigt als einen weit verzweigten Baum erscheinen läßt.
6. Erst jetzt kann sich der Prediger an die Ausführung seines Themas, die *dilatatio*, machen. Nicht immer werden alle Teile der Gliederung in gleicher Intensität ausgeführt. In den typischen Universitätssermones finden wir auch hier in jedem Glied *auctoritas*, *ratio* und *exempla* verbunden. Die Benützung der Autoritäten folgt festen Regeln der Verbindung. Sie dienen z. B. der Verdeutlichung einer Ähnlichkeit, der Vermittlung, Definition, Auslegung, Beschreibung, Spezifizierung, Modifikation, Bestätigung, Einteilung oder Ergänzung.[223] Die *ratio* ist gefordert bei der Worterklärung, aber auch bei der selbständigen Bearbeitung und Auswertung der Autoritäten, beim Einsatz der Etymologie und der verschiedenen Deutungsmöglichkeiten im vierfachen Schriftsinn, beim Beweis der Wahrheit und der Darlegung der Bedingungen und Eigenschaften symbolisch im Schriftwort enthaltener Glaubensgegenstände. Das *exemplum* soll schließlich vor allem die affektiv-praktische Ausrichtung der Predigt unterstreichen.[224] Hinzu kommen viele weitere Stilmittel zur Ausschmückung (*ornatus*) der Rede, die im einzelnen kodifiziert werden. So zählt Robert von Basevorn (um 1322) für die Universitätspredigt in Oxford allein 22 Stilmittel des *ornatus* auf, darunter z. B. den richtigen Übergang (digressio, transitus) zum nächsten Glied der *divisio*, die kunstvolle Entsprechung der Glieder untereinander usw.[225]
7. Nach der langen, kunstvollen Ausführung faßt der Prediger den Hauptgedanken in der *unitio* in einem Satz oder einer Phrase zusammen, die auch Zitat aus einem autoritativen Text sein kann.
8. Die *Clausio*, der Abschluß der Predigt, richtet sich als kurzes Gebet an Gott, entweder als Bitte oder als Doxologie.

Inhaltlich sind die Sermones in doppelter Hinsicht wichtig: Sie bringen zunächst viel zeitgeschichtliches Material und werfen einen meist kritischen Blick auf die Zustände an der Universität und in der Gesellschaft. In

223 Ebd. 196-198.

224 Vgl. J.-L. Bataillon, *Similitudines* et *exempla* dans les sermons du XIIIe siècle. In: Ders., Prédication, n. X. 191-205; ders., Les images dans les sermons du XIIIe siècle. In: Ebd. n. XI, 327-395.

225 Vgl. ebd. 212-218.

den von M.M. Davy edierten Pariser Universitätspredigten der kritischen Jahre 1230/31 werden Universitäts- und Theologiebetrieb ebenso beleuchtet wie die Zustände in Kirche und Gesellschaft. Pfründenhäufung, Nepotismus, Simonie, Häresien und Konzilien, Lebensweise und Aufgaben der Prälaten, der Kleriker und Ordensleute, das Leben und Verhältnis der sozialen Stände zueinander sind immer wiederkehrende Materialen der Predigt.[226] Auf der anderen Seite stehen aber innertheologische Entwicklungen, die hier nicht Gegenstand der Auseinandersetzung im Hörsaal, sondern auf der Kanzel sind, vor allem das Eindringen der heidnischen, griechischen Philosophie in Gestalt des Aristoteles in die Theologie, das die Universitätssermones bis hin zu Bonaventuras *Collationes in Hexaemeron* (1273) stark beschäftigt. Wiederholt wird darauf hingewiesen, daß die Rolle zwischen „domina“ (Theologie) und „pedissequa“ (Philosophie) nicht vertauscht werden darf, daß das Gold der Theologie nicht durch das Messing des Aristoteles ersetzt werden kann.[227] Die Vermischung der beiden Disziplinen ist ein oft erörtertes Thema. Die Konservativität der Theologen kommt dabei in den moralisierenden Predigten dank der rhetorischen Stilmittel meist stärker zum Ausdruck als im Geschäft der *lectio* und *disputatio* selbst.[228] Möglicherweise hat auch manch ein Magister in der Unangreifbarkeit der Kanzel deutlicher gesagt, was er denkt, als in einer *disputatio*, wo man jederzeit der Einwände gewärtig sein muß.

Daß die Bedeutung der Sermones schon zu ihrer Zeit klar erkannt wurde, zeigen die mittelalterlichen Sermones-Sammlungen.[229] Aus der Frühscholastik haben wir zudem Sammlungen von Autoren, deren übriges Werk weitgehend im Dunkeln ist. Nicht selten macht sich auch die Schulzugehörigkeit des Predigers deutlich bemerkbar, so bei Radulphus Ardens (+ 1200) der Porretanismus, bei anderen Abaelards Gnadenlehre, und Martin von Léon (+ 1221) bringt zusammenhängende Texte aus den Sentenzen des Petrus Lombardus.[230] Auch die Predigten werden zunächst einzeln gesammelt (oft als *Reportationes*), abgeschrieben und bearbeitet und tauchen so in den Sammlungen an den verschiedensten Orten auf.[231]

Die ausgefeilte Predigttechnik der Universitätssermones rief aber auch Kritik hervor, nicht zuletzt in monastischen und kanonikalen Kreisen. Auch

226 Vgl. Davy, Sermons universitaires 82-119.

227 Vgl. Van Steenberghen, Philosophie 212-231.

228 Beispiele: Davy, Sermons universitaires 84-88.

229 Unentbehrlich: Schneyer, Repertorium.

230 Vgl. Landgraf G 47f. Zum Eindringen philosophischer Terminologie in den gelehrten Sermo: J.-L. Bataillon, L'emploi du langage philosophique dans les sermons du treizième siècle. In: Ders., Prédication, n. IX, 983-991.

231 Vgl. ders., Sermons rédigés, sermons réportés (XIIIe siècle). In: Ders., Prédication, Art. III, 69-86.

die ersten Franziskaner grenzen sich zunächst davon ab und pflegen die Volkspredigt „sine distinctionum clavibus“.[232] Eine deutliche Reaktion finden wir auch in der zwischen 1260 und 1275 verfaßten Vita des Prämonstratenserabtes Siard von Mariengaarde in Friesland (reg. 1164-1175).[233] Der Biograph stellt die Predigtweise Siards der der „moderni“ gegenüber. An die Stelle der himmlischen Predigtgabe ist ein langer und aufgeblasener Sermo getreten mit vielen wohlunterschiedenen Gliedern, der nicht nützt, sondern nur schönen Schein erzeugt.[234] Eine Übertragung scholastischer Predigtweisen auf die Volkspredigt vor den friesischen Bauern mutet auch in der Tat seltsam an. Der scholastische Aufwand konnte dem Ziel der Predigt, der Verkündigung, durchaus hinderlich sein: „So konnte das Eindringen der scholastischen Unterrichts- und Disputationsmethode in die Predigt, also das Definieren und Dividieren, Argumentieren, Exemplifizieren, Kontrahieren, höchstens die Magister und Studenten ansprechen.“[235] Konsequent wendet sich unser Autor auch gegen den Besitz der „libri et sermones modernorum“ für die Predigt auf den Pfarreien. Denn diese Zeitgenossen wollen nur einen langen Sermo durch Häufung biblischer Autoritäten mit Kapitel- und Versangabe zusammenbringen, um sich selbst als Magistri zu bestätigen.[236] Schuld daran aber ist wieder einmal die Logik („doctrina sophistica“) des Aristoteles, die nur zu Tumult und Auseinandersetzung, nicht aber zum Seelenfrieden führe. Die Sermones der Scholastiker nützen den Hörern gar nichts, da diese ihre ganze Aufmerksamkeit auf den „modus procedendi“, auf die einzelnen *divisones* und *distinctiones* richten, nicht aber auf ihre Sünden und Nachlässigkeiten. Man empfiehlt dann den Sermo weiter wegen seines Aufbaus, seiner „distinctio membrorum“, nicht aber wegen seines Inhaltes, der dem Hörer zur Erbauung dienen sollte.[237]

---

232 Vgl. C. Cantini, La tecnica e l'indole del sermone medioevale ed i Sermoni di S. Antonio da Padova. In: StFr 31 (1934) 65; J.-L. Bataillon, La predicazione dei religiosi mendicanti del secolo XIII nell' Italia centrale. In: Ders., Prédication, n. XII, 691-694.

233 Vgl. U.G. Leinsle, Aristoteles und die „Moderni“ in der Vita Siardi. In: APraem 58 (1982) 210-224.

234 Vita Siardi c.17. Ed. A.W. Wybrands, Gesta Abbatum Orti Sancte Marie. Gedenkschriften van de Abdij Mariengaarde in Friesland. Leeuwarden 1879, 118.

235 J.B. Schneyer, Geschichte der katholischen Predigt. Freiburg/Br. 1969, 180.

236 Vita Siardi c.12 (109), c.3 (85).

237 Ebd. c.17 (118). Vgl. Absalon von Springiersbach, Sermo IV (PL 211,27): Non regnat spiritus Christi, ubi dominatur spiritus Aristotelis.

2. DAS SELBSTVERSTÄNDNIS FRÜHSCHOLASTISCHER THEOLOGIEN

Gleichzeitig mit der Entwicklung und Rezeption scholastisch-wissenschaftlicher Methoden in die Theologie erfolgt die inhaltliche Ausgestaltung und wissenschaftstheoretische Begründung der Theologie in den Schulen des 11./12. Jhs. Da im Rahmen dieser Einführung keine umfassende Theologie- oder Dogmengeschichte geboten werden kann, soll wenigstens das Selbstverständnis der recht divergierenden theologischen Entwürfe erhoben werden.[1] So kann deutlich werden, daß „die frühscholastische Theologie“ nur in einer Vielzahl von Schulen und Theologien vorliegt. Daß sich zudem das Theologieverständnis in Abhängigkeit von Wissenschafts- und Rationalitätskriterien oft genug in Konflikten äußert, ist nicht eine nur durch die Streitlust der Magistri bedingte Äußerlichkeit, sondern gehört zur Theologie als scholastisch-fragendem Diskurs.

2.1 Widerspruchsfreiheit und theologische Wahrheit: Johannes Scottus Eriugena

Ein Brennpunkt, an dem sich frühmittelalterliches Theologieverständnis artikuliert, ist der Streit um die Prädestinationslehre des Gottschalk, Mönchs von Fulda und später von Orbais (+ 869), in den alle führenden Theologen der Zeit verwickelt sind. Gottschalks Lehre von der „gemina praedestinatio“ besagt kurz, daß Gott immer schon in einem einzigen Akt der Gerechtigkeit und Barmherzigkeit die Menschheit in Verworfene und Erwählte gegliedert hat, so daß das Schicksal des individuellen Menschen bereits vor seiner Geburt feststeht. Die Erlösung in Christus ist daher nicht für alle Menschen geschehen. Voraussetzung der Erwählung sind Taufe und Zugehörigkeit zur Kirche, aber nicht alle Getauften sind erwählt. Der Wille des Menschen ist zudem nicht frei, sondern böse; nur die Gnade bewirkt in den Erwählten, daß sie dem Bösen und der Begehrlichkeit nicht nachgeben oder zustimmen. Das Gute aber, das der Mensch tut, ist nicht sein Werk, sondern das der Gnade Gottes.[2] Gottschalks Lehre, inspiriert von Augustinus' Prädestinationslehre und basierend auf der Unveränderlichkeit Gottes, ist logisch widerspruchsfrei und wohl durchdacht. Sie hat allerdings gefährliche Konsequenzen: Der Mensch kann durch sein Han-

---

1 Für die Dogmen- und Theologiegeschichte vgl. vor allem HDG und HDThG; ausführlich: Landgraf D; für die Moraltheologie: Lottin.

2 Œuvres théologiques et grammaticales de Godescalc d'Orbais. Ed. D.C. Lambot. Leuven 1945; vgl. Schrimpf, Scottus Eriugena 74-79.

deln sein ewiges Schicksal nicht verändern. Dadurch wird nach Meinung der Zeitgenossen einem Fatalismus bzw. Immoralismus Vorschub geleistet.

Gottschalks wissenschaftliche Methode entspricht noch dem, was sein Abt Hrabanus Maurus in den karolingischen Schulen gelehrt hatte. Es ist im wesentlichen eine Katenentechnik widerspruchsfreier Vätersentenzen, durch die eine definierte Lehre untermauert wird.[3] Mit dem Autoritätsbeweis und der konsistenten Definition war aber das Instrumentarium der Theologie auch bereits erschöpft. Als Rationalitätsmaßstab gilt also im wesentlichen die *Dialectica* der *artes liberales* und die saubere Anwendung des Autoritätsbeweises. Diesem genügt seines Erachtens Gottschalks Prädestinationslehre, nicht aber die der Kirche.

Weniger die kirchenamtliche Reaktion auf die Lehren Gottschalks in den Verurteilungen durch Synoden in Mainz (848) und in Quierzy (849) sind hier von Bedeutung, als vielmehr die theologische Auseinandersetzung mit dem „Fall" Gottschalk.[4] In den von Bischof Hinkmar von Reims (+ 882) und König Karl d. Kahlen (823-877) angeforderten Gutachten weisen Prudentius von Troyes (+ 861), Lupus von Ferrières (+ 862) und Ratramnus von Corbie (+ nach 868) einmütig darauf hin, daß die Prädestinationslehre Gottschalks mit der Augustins übereinstimmt, folglich also gut katholisch wäre. Die Gutachter folgen dabei genau der üblichen wissenschaftlichen Methode, die Gottschalk selbst anwendet: Logische Widerspruchsfreiheit und Autoritätsbeweis sichern die Wahrheit einer theologischen Lehre. Methodisch erwiesene Wahrheit steht in diesem Fall also gegen kirchenamtliche Verurteilung derselben Lehre aus vornehmlich praktisch-religiösen Rücksichten.

Ein weiteres Gutachten, das Hinkmar von Reims bei Johannes Scottus Eriugena (+ um 880), bestellte, sollte für die Theologie neue Maßstäbe setzen.[5] Eriugena bringt zunächst eine kurze Methodenlehre der Theologie, die von grundsätzlicher Bedeutung ist. Der Autoritätsbeweis allein scheint ihm nicht mehr ausreichend. Deshalb ist die formale Grundlage theologischer Wahrheitsfindung die Logik als „ars disputatoria", deren Regeln man hier zu folgen hat. Logik aber ist hier gleichbedeutend mit Wahrheit. 'Ratiocinatio' heißt das Stichwort, das dieses Bemühen zusammenfaßt, gerade im Gegensatz zur bloßen Rhetorik.[6] Theologie als wissenschaftliches Bemühen wird dadurch von der Rhetorik kirchlicher Verkündigung in Methoden und Ziel klar abgegrenzt. Der richtige Schlüssel zur Theologie,

---

3 Vgl. J. Jolivet, Godescalc d'Orbais et la Trinité. La méthode de théologie à l'époque carolingienne. Paris 1958, 161-184.

4 Vgl. Schrimpf, Johannes Scottus 77f.

5 Johannes Scottus Eriugena, De praedestinatione (CCM 50).

6 Ebd. 1,2f (6,31-8,75); vgl. ebd. praef. (3,30-4,36).

wenn auch nach Augustinus nur ein hölzerner, ist die Logik.[7] Die Methode der Theologie, wie jeder „piae perfectaeque doctrinae“, findet Eriugena in der *philosophia*, was bei ihm allgemein mit ‘Wissenschaft’ zu übersetzen ist.[8] Es wird also konsequent sogleich auf „profane“ Methoden verwiesen, nämlich allgemein wissenschaftliche bzw. philosophische, wobei Philosophie vor allem den ganzen Kreis der *artes* beschreibt. Mit Augustinus wird aber dann die „wahre Religion“ der wahren Wissenschaft/Philosophie als Weisheitsstreben gleichgesetzt:

> „Wenn nämlich - nach dem hl. Augustinus - ‘geglaubt und gelehrt wird - was die Spitze des menschlichen Heils ist -, daß Wissenschaft, d. h. wissenschaftliches Weisheitsstreben, nichts anderes ist als Religion, indem diejenigen, deren Lehren wir nicht billigen, auch nicht mit uns gemeinsam an den Sakramenten teilnehmen’, was ist dann Wissenschaft betreiben anderes als *die Regeln der wahren Religion*, durch die die höchste und vornehmste Ursache von allem, Gott, demütig verehrt und auf vernünftige Weise aufgespürt wird, *zu erläutern*? Infolgedessen ergibt sich, daß die wahre Wissenschaft die wahre Religion und umgekehrt die wahre Religion die wahre Wissenschaft ist“.[9]

Die Theologie hat also die Regeln der wahren Religion wissenschaftlich auszulegen. Zwischen wahrer Religion und wahrer Philosophie/Wissenschaft kann es deshalb keinen Widerspruch geben. Auch die Religion wird als Stück vernünftiger Praxis bestimmt: Gott wird dort in vernünftiger Weise aufgespürt; in der Theologie aber erst werden die Regeln dieser Praxis auf ihre Wahrheit befragt. ‘Regula’ bezeichnet hier zunächst die Gesetze der Logik und der anderen freien Künste, die „Regeln der wahren Vernunft“, und diesen entsprechend dann eben auch der wahren Religion.[10] Solche Regeln sind nicht nur theoretische Wahrheiten, sondern auch praktisch bedeutsame Gesetze. Die Erläuterung der Regeln geschieht nach wissenschaftlicher Methode in vier Schritten; denn jede Wissenschaft besteht aus vier Hauptteilen bzw. Methoden: Einteilung, Definition, Beweis, Rückführung. Ein gegebenes Ganzes wird logisch in seine Teile zerlegt, die Einheiten definiert. Dann wird das im Gesagten noch unausdrücklich Verborgene mittels syllogistischen Beweises deutlich gemacht und schließlich wird alles auf eine einzige wissenschaftliche Grundlage zurückgeführt. Auf diese vier Verfahren ist bei der Lösung einer jeden *quaestio* zurückzugreifen, nicht dagegen auf den bloßen Autoritätsbeweis.[11] Logische Rich-

---

7 Ebd. praef. (4,50-52).

8 Ebd. 1,1 (5,4-18); vgl. Schrimpf, Scottus Eriugena 89.

9 Scottus Eriugena, praed. 1,1 (5,9-18); Übers.: Schrimpf, Scottus Eriugena 89 (Herv. UGL.).

10 Vgl. Scottus Eriugena, praed. 1,1-4 (5-9).

11 Die vier Methoden werden übernommen in: Ders., Periphyseon V,4 (PL 122, 868-870).

tigkeit, d. h. Beweisbarkeit, und Wahrheit werden bei Scottus Eriugena weitgehend identifiziert, wobei sich für ihn allerdings in logisch richtigen Sätzen auch ontische Gegebenheiten adäquat ausdrücken.[12]

In theologischer Anwendung dieser Methode kann eine Irrlehre „mit wahren Argumenten" und mit der Autorität der Väter widerlegt werden, bzw. „zuerst mit der göttlichen Autorität widerlegt und dann nach den Regeln der Wahrheit besitzenden Vernunft zunichte gemacht werden".[13] Der erste Methodenschritt ist deshalb der Schriftbeweis, der zweite besteht dann in der Anwendung der genannten wissenschaftlichen Methoden. Im Prädestinationsgutachten wird deshalb zuerst negativ nachgewiesen, daß Gottschalks Lehre widersprüchlich ist; sodann wird die kirchliche Lehre als in sich widerspruchsfrei und mit der Lehre von der Willensfreiheit des Menschen kompatibel ausgewiesen. Dann erst kann der Autoritätsbeweis ansetzen, so daß sich die Reihenfolge ergibt: Schrift - *ratio* - *auctoritas*. Der Sinn autoritativer Stellen aber ist nach allen Regeln der Grammatik und Semantik zu erheben; denn die Autorität ist nichts anderes als die von der Vernunft entdeckte Wahrheit, und mehr kann eine Autorität niemals beanspruchen. Die Fixierung durch einen Kirchenvater geschieht nur zum Nutzen der Nachwelt.[14]

Wie unzeitgemäß Eriugenas Konzeption der Theologie als wissenschaftlich-rationale Auslegung der Regeln der christlichen Religion im karolingischen Bildungsgefüge war, zeigen nicht zuletzt die negativen Gegenreaktionen seines Schülers Prudentius, des Bischofs von Troyes (+ 861), und Florus' von Lyon (+ um 860). Die Verwendung der Logik gehört für Prudentius zu den „prophanae novitates", die schon 1 Tim 6,20 abgelehnt werden. Florus dagegen stellt dem wissenschaftlichen Vorgehen Eriugenas den „ordo pietatis" gegenüber, der der Autorität Gottes, der Hl. Schrift, auch die Rolle zuerkennt, über den Wahrheitswert weltlicher Bücher zu urteilen.[15]

2.2 Das gesuchte Verstehen des Glaubens: Anselm von Canterbury

Ein theologischer Konflikt des 11. Jhs. von ähnlicher Tragweite kann als Hintergrund des oft als normativ für die ganze „Scholastik" angenommenen Theologieverständnisses des „Vaters der Scholastik", Anselms von

12 Vgl. Schrimpf, Scottus Eriugena 94.

13 Scottus Eriugena, praed. 1,2 (7,42-44); 1,4 (9,105-107).

14 Ders., Periph. I,69 (ed. I.P. Sheldon-Williams, SLH 7, 198,7-9): Nil enim aliud uidetur mihi esse uera auctoritas nisi *uerae rationis uirtute reperta ueritas* et a sanctis patribus ob posteritatis utilitatem litteris commendata.

15 Prudentius, De praedestinatione contra Joannem Scotum (PL 115,1009-1336); Florus, Adversus Joannis Scoti erroneas definitiones liber (PL 119, 101-250).

Canterbury (1033-1109), dienen.[16] Der Abendmahlsstreit in der Auseinandersetzung mit Berengar von Tours (+ 1088) vereinigt und trennt wieder führende Theologen in einem Diskurs, in dem nicht zuletzt das Selbstverständnis der Theologie zur Debatte steht.[17] Berengars Ringen um das Verständnis der Wandlungsworte mit logischen Mitteln kommt in Abhebung von vulgären Anschauungen zur Lösung, daß „fidei et intellectui" durch die Konsekration aus Brot und Wein Leib und Blut Christi werden, die von den Gläubigen in geistiger Weise genossen werden, während für die Sinne Brot und Wein erhalten bleiben.[18] Die Rechtfertigung seiner Lehre vollzieht Berengar im wesentlichen nach der Methode des Scottus Eriugena mit deutlichem Vorrang der mit der Wahrheit identifizierten *ratio* vor der *auctoritas*.[19] Doch verzichtet Berengar keineswegs auf den Autoritätsbeweis; er stellt vielmehr seine Lehre als im Einklang mit Ambrosius und Augustinus dar. Wegen mangelnder logischer „perspicuitas" erklärt er aber seinen Eid auf die offizielle Formulierung der Eucharistielehre von 1059 für nichtig.[20] Zudem ist es nach Berengar nicht Sache von Synoden, sondern des Theologen, des „eruditus fidelis", soweit in diesem Zustand unseres Wissens möglich, klar (d. h. mit Hilfe der Logik) darzulegen, was eine „regula fidei" impliziert und was sie ausschließt. Das logische Begreifen ist keinesfalls eine Profanierung des Sakramentes.[21]

Unter den vielen Schriften in der Auseinandersetzung um Berengar verdient die Gegendarstellung Lanfrancs von Bec im Hinblick auf Konzeption und Methode der Theologie besondere Beachtung.[22] Lanfranc, der bedeutendste Logiker seiner Zeit, vertritt in der Theologie den eindeutigen Primat der *auctoritas* vor der *ratio*; denn auch der Glaube geht der rationalen Erfassung voran. Verdienstlich ist der Glaube, nicht die *ratio*. Logische

---

16 Normativ vor allem Grabmann SM 258-340.

17 Vgl. M. Gibson, The Case of Berengar of Tours. In: Studies in Church History 7 (1971) 61-68; A. Cantin, La „raison" dans le „De sacra coena" de Bérenger de Tours. In: RechAug 12 (1977) 174-211; G. Schrimpf, Bausteine 9-16.

18 Berengar, Purgatoria epistola contra Almannum. In: J. de Montclos, Lanfranc et Bérenger. La controverse eucharistique du XIe siècle. Leuven 1971, 531-538; Berengar, De sacra coena adversus Lanfrancum. Ed. W.H. Beekenkamp. Den Haag 1941.

19 Berengar, Sacr. coen. 35.47f.52.

20 Ebd. 13; vgl. L. Hödl, Die confessio Berengarii von 1059. Eine Arbeit zum frühscholastischen Eucharistietraktat. In: Schol 37 (1962) 370-394.

21 Berengar, sacr. coen. 3.47f.89f.

22 Lanfranc, De corpore et sanguine domini contra Berengarium Turonensem (PL 150.407-442); vgl. A. Cantin, „Ratio" et „auctoritas" dans la première phase de la controverse eucharistique entre Bérenger et Lanfranc. In: REAug 20 (1974) 155-186.

Bemühung um den Glauben lehnt ja schon Paulus ab (1 Tim 6,20). Lanfranc selbst versucht, die Einbeziehung der Logik in die Theologie möglichst zu verbergen, indem er die Autoritäten in ihrem Konsens und ihrer Wertigkeit bereits entsprechend gruppiert. Konsens und Einheitlichkeit der Lehre aber werden vorausgesetzt und sind zu wahren. Der Streit um die Eucharistie wird damit zugleich ein Streit um die rechte Methode der Theologie. So wird auch 1059 in Rom nicht nur über die Eucharistie, sondern auch „de eminentia rationis" und „de immunitate auctoritatis" verhandelt.[23]

Auf dem Hintergrund des Berengarstreites ist Anselms von Canterbury grundsätzliche Antwort über Aufgabe und Methode der Theologie zu sehen. Seine Formel „fides quaerens intellectum" hat ihn zum „Vater der Scholastik" werden lassen.[24] Was er in seinen einflußreichen Werken *Monologion, Proslogion* und *Cur Deus homo* ausgeführt hat, stellt er methodisch vor in der *Epistola de incarnatione verbi.* Wie für Lanfranc ist für Anselm der Glaube das erste, womit er ausdrücklich Augustins „Credo, ut intelligam" wieder aufnimmt.[25] Den Glauben mit logisch-wissenschaftlichen Gründen stützen zu wollen, hieße den Olymp mit Pfählen und Strikken gegen die Erschütterung durch menschliche Schritte zu sichern. Denn der Glaube ist letztlich von Gott geschenkte Gnade. Dagegen ist es durchaus im Interesse des Gläubigen, den Glauben mit den Mitteln wissenschaftlicher Vernunft auszulegen und verstehbar zu machen. Dieses Bemühen hat eine doppelte Richtung: Der Gläubige kann Einsicht gewinnen in die Vernüftigkeit des Glaubens und er kann dadurch zugleich Einwände und Fragen lösen, die sich ihm bei der Durchdringung des Glaubensgutes stellen. Die Theologie als der Weg zum Verstehen des Glaubens ist aber für den Mönch und Bischof Anselm immer hineingestellt in und abgezweckt auf die Praxis des Glaubenslebens. In dieser Sichtung und Sicherung des Glaubens ist aber nicht auszugehen von den als autoritativ angenommenen Formulierungen der Hl. Schrift, sondern bereits von der unter systematischen Gesichtspunkten ausformulierten Fassung, wie sie die Kirchenväter der Glaubenslehre gegeben haben. Doch auch die Väter selbst sind nicht immer einhellig und bedürfen der Auslegung. Die Aufgabe, die Einheit des Glaubens in der Auslegung der Schrift und Väter zu schützen, kommt dem Papst zu. *Auctoritas* im strengen Sinne ist deshalb nicht mehr ein Schrift- oder Väterwort, sondern ein formulierter Glaubensartikel der „fides christi-

23 Berengar, sacr. coen. 18.

24 Vgl. Grabmann SM I,258-340.

25 Anselmi Cantuariensis Opera Omnia. Ed. F.S. Schmitt. II, Rom 1940 (ND Stuttgart-Bad Cannstatt 1968), 3-35; vgl. Schrimpf, Begriff 16-19; K. Kienzler, Glauben und Denken bei Anselm von Canterbury. Freiburg 1981, 25-157.

ana".[26] Die Glaubensartikel bilden die „regula veritatis", also auch die Norm einer Wahrheit beanspruchenden Weltauslegung. Aufgabe der *ratio* ist es in diesem Kontext, durch immer tieferes Eindringen in das Geglaubte Einsicht in seine Vernünftigkeit und die Zusammenhänge des Geglaubten zu erzielen. Dadurch können zwar widersprüchliche Auslegungen ausgeschlossen werden; der Glaube bleibt jedoch grundsätzlich der *ratio* überlegen.

Hat so zwar die *auctoritas* des Glaubens und der Kirche den Vorrang vor der *ratio*, so ist sie doch zur Erschließung ihres Verständnisses unabdingbar auf diese verwiesen. Das eigene Vorgehen Anselms läßt sich in einem nicht weniger einflußreichen und mißverständlichen Wort als „sola ratione"[27] beschreiben. Der Rang der *ratio* ist durchaus gewahrt: „ratio [...] et princeps et iudex debet omnium esse quae sunt in homine".[28] Diese *ratio* ist aber nicht mehr nur die rein instrumentell zu gebrauchende Logik; sie ist bei Anselm erweitert durch eine vor allem aus Augustinus und Boethius gespeiste Analyse philosophischer und speziell metaphysischer Begriffe: Substanz, Person, *libertas, veritas, rectitudo*. Nicht die logische Stimmigkeit allein entscheidet jetzt über die Richtigkeit des Glaubensverständnisses, sondern es wird ein solches mit metaphysischen Mitteln erstrebt. Dieses erst bietet die „rationes necessariae", die es ermöglichen sollen, das Geheimnis der Trinität auch dem menschlichen Verstehen verbindlich einsichtig zu machen. Diese Einsicht ist nie vollkommen, so daß der Glaube aufgehoben wäre; vielmehr charakterisiert sie Anselm als „aliquatenus". Doch kann die Vernunft gerade auf diesem Weg zu Einsichten kommen, die ohne die Grundlage des Glaubens als wahr erkannt werden und deshalb auch vom Ungläubigen anzunehmen sind, z. B. zur Erkenntnis der Existenz Gottes, wie sie im berühmten Proslogion-Argument aufgewiesen werden soll. Die Unfähigkeit dagegen, etwas verstandesmäßig zu begreifen bzw. sich einsichtig zu machen, ist kein Grund, dies auch für den Glauben zu verwerfen. Hier ist die *ratio* keineswegs Richterin über die *fides*. Vielmehr wird gerade das als „praesumptio" (Anmaßung) moralisch abgetan.[29]

Gegen solche ungerechtfertigten Vernunftansprüche der Theologie, die darüber disputieren will, ob etwas an der Glaubenslehre der Kirche nicht wahr sei (quomodo non sit), hilft am besten der Verweis auf die Demut, mit der zunächst das anzunehmen ist, was die Kirche glaubt und bekennt.

---

26 Anselm, Ep. de inc. verb. (ed. Schmitt II,5-8).

27 Vgl. Anselm, Monol. prooem (ed. Schmitt I,8,18-20); Ders., Prosl. prooem (ebd. I,93,2-4); hier allerdings „sola cogitatione"; dagegen Kienzler, Glauben 28-33, „sola ratione".

28 Anselm, ep. de inc. verb. 1 (II,10,1-2).

29 Ebd.1 (II,4,5;6,6).

Dann erst kann ein Christenmensch danach fragen (*quaerere*, nicht *disputare*), „quomodo sit". Theologie kann also nur das Wie des Geglaubten einsichtig machen, nicht aber den Glauben insgesamt in Frage stellen oder begründen. Im Rahmen seines monastisch-augustinischen Theologieverständnisses weist denn Anselm auch darauf hin, daß Vorbedingung des rechten Glaubensverständnisses die „soliditas fidei", erworben durch „sapientiae et morum gravitas", ist.[30] Theologie ohne Praxis des Glaubens ist also nicht möglich. Theologie aber ist nötig, weil der Verweis auf die Autorität der Väter allein nicht genügen kann. Damit grenzt sich Anselm klar von allen ab, die meinen, die Rezitation der Vätersentenzen sei bereits Theologie. Im einzelnen führt Anselm fünf Gründe für die Notwendigkeit *eigener* rationaler Durchdringung des Glaubens an, markiert damit aber zugleich deren unüberwindliche Grenzen:

1. Die Väter konnten wegen der Kürze des Lebens nicht alles über die Glaubenswahrheiten sagen.
2. Die „veritatis ratio" kann niemals vom menschlichen Geist ganz ausgeschöpft werden.
3. Christus schenkt seine Gnadengaben seiner Kirche bis zum Ende der Zeiten, also auch Erkenntnisfortschritt in diesen Dingen.
4. Die Schrift selbst lädt uns zur Erforschung des Glaubens ein, allerdings unter deutlichem Vorrang des Glaubens: „Nisi credideritis, non intelligetis" (Jes 7,9 Vg.).
5. Glaubensverständnis ist ein Weg vom Glauben zur seligen Gottschau als dem Ziel unseres Lebens.[31]

2.3 Systematik der Vätersentenzen: Die Schule von Laon

Während sich das Schaffen Anselms von Canterbury in den für die monastische Kultur typischen Literaturformen von Traktat, Dialog und Brief vollzieht, tritt uns in der Schule von Laon unverkennbar die schulmäßige Gestalt von Theologie entgegen. Es sind Glossen und Sentenzensammlungen, die diese Schule kennzeichnen. Nicht alles, was unter dem Namen des Schulhauptes Anselm (um 1050-1117) und seines Bruders Radulf (+ 1131/33) läuft, ist echt, wie die entscheidenden Arbeiten von F. Bliemetzrieder, H. Weisweiler und O. Lottin gezeigt haben.[32] Es handelt sich auch literarisch um Schulprodukte, oftmals um verschiedene Bearbeitungen derselben

30 Ebd. 1 (II,6,5-7,4).

31 Anselm, Cur Deus homo (ebd. II,40,2-12).

32 Zusammenstellung der Sentenzenwerke: Landgraf G 55-62; vgl. F. Bliemetzrieder, Anselms von Laon systematische Sentenzen. (BGPhMA 18,2/3). Münster 1919; Weisweiler; Lottin Bd. V.

Quelle. Grundlage war zunächst der mündliche Unterricht Anselms, der die Gelehrten (bes. Adam Parvipontanus [+ vor 1159], Gilbertus Universalis [+ 1134], Alberich von Reims [+ 1141]) und Kirchenmänner seiner Zeit anzog, unter ihnen auch Norbert von Gennep (+ 1134), der allerdings vom monastischen Eiferer Drogo (+ 1137), damals Prior von St. Nikasius in Reims, daran gehindert wird, Anselms Psalmenauslegung zu besuchen.[33]

Eine Theorie der Theologie suchen wir in den Sentenzensammlungen der Schule von Laon vergeblich. Wir können sie nur zwischen den Zeilen entdecken bzw. aus ihrem methodischen Vorgehen erschließen. Zunächst fällt in den teils recht losen, teils thematisch geordneten Sentenzensammlungen die streng patristische Orientierung vor allem an Augustinus auf. Benutzt werden die Sentenzen zur Lösung von Fragen, die entweder Einzelfragen bleiben oder in einen größeren systematischen Kontext gestellt werden. Stereotyp beginnen sie mit *Quaeritur, Quaeritur etiam, Potest quaeri* etc.[34] Theologie ist hier fragende Disziplin. Zentrale Themen sind Trinität, Erbsündenlehre, Christologie und Sakramente. Z. T. stellen wir auch fest, wie Sentenzen aus biblischen Glossen entnommen und in selbständigen Sammlungen zusammengefaßt (z. B. die Sammlung „Deus hominem fecit perfectum“) oder thematisch verarbeitet werden (z. B. die Sammlung „Dubitatur a quibusdam“).[35] Die Fragen gehen manchmal sehr ins Detail und zeigen den durchaus rationalen Zug dieser Schule, so z. B. zur Christologie und Erlösungslehre: Warum geschah die Erlösung nicht früher? Warum nicht duch ein einziges Wort, sondern durch die Selbstentäußerung Gottes? Geschah die Annahme des Fleisches, um den Teufel zu täuschen? Warum hat der Teufel, da er nach dem Verrat Judas' die Gottheit Christi erkannt hat, ihn nicht vom Tod errettet? Weshalb ist nur der Mensch, nicht aber der Engel erlöst worden? In die Sakramentenlehre mischen sich oft rechtliche Fragen, etwa hinsichtlich der Gültigkeit der Konsekration durch einen unwürdigen, exkommunizierten oder degradierten Priester. In der Bußlehre wird meist ausführlich über das Maß der Genugtuung und das Maß der Sünde gehandelt.[36]

Die Antwort auf diese Fragen wird in erster Linie von den Kirchenvätern erwartet, besonders von Augustinus. Diese Rückorientierung prägt die Schule Anselms von Laon ebenso wie ihre noch relativ einfache Sentenzentechnik und die ersten Bemühungen um eine theologische Systematik.

33 Vita S. Norberti A (MGH SS 12, 678); vgl. W. M. Grauwen, Norbert, Erzbischof von Magdeburg (1126-1134). Duisburg-Hamborn ²1986, 36.63. Zu Drogo: J. Leclercq, Drogon et Saint Bernard. In: RBen 63 (1963) 116-131.

34 Vgl. Weisweiler 260-379.

35 Ed. ebd. 292-311.314-357.

36 Vgl. ebd. 276-281.

Dialektisches Können ist hier offensichtlich wenig gefragt, ebensowenig Anselms von Canterbury metaphysische Analyse theologischer Begriffe. Er hat in dieser Schule kein Heimatrecht erhalten, sondern wird nur beiläufig erwähnt. Vielmehr halten sich Anselm und Radulf offenbar noch an die Methode Lanfrancs im Streit mit Berengar: die Autoritäten so zu gewichten, daß der Einsatz der Dialektik nicht nötig oder nicht spürbar wird. Gegenüber der monographischen Tradition, in der Anselm von Canterbury steht, versucht aber die Schule von Laon - natürlich im Rückgriff auf die Väter - einen theologischen Gesamtzusammenhang deutlich zu machen. Zur Gesamtsystematik tritt dann auch die Durchgestaltung eines Einzeltraktates, z. B. über die Ehe oder die Simonie. Neben den Vätersentenzen stehen aber schon deutlich die Sentenzen der Zeitgenossen, wenigstens als „quidam", während sich die Eigenart des Magisters in der Art der Fragestellung und in der Gewichtung und Auswahl der Sentenzen und deren Vereinigung in immer neuen Summen zeigt. Diese benutzen die älteren Werke der Schule oft schon als Vorlagen.[37] In diese fügt der Lehrer meist seine eigenen Erweiterungen ein, selbstverständlich nicht, ohne patristisches Material (z. T. ganze Florilegien) dazu anzuführen, das oft wieder aus einer anderen Sammlung der Schule entnommen ist. Weisweiler spricht deshalb von der „Zusatzmethode der Schule".[38] Die Tendenz eines Autors, vor allem seine Systematik läßt sich gerade in der Art des Verwebens der „vorgefertigten" Teile und der eigenen Zusätze erkennen. Die Begründung der einzelnen Lehren soll durch neue Sentenzen verbessert werden, ggf. soll eine unübersichtliche Systematik durch eine bessere ersetzt werden: „Also nirgendwo Schema, überall lebendes und lebendigstes Leben, wenn auch oft in Kleinarbeit, die aber desto mehr und deutlicher die Liebe zur neuen Methode und zum behandelten Stoff offenbart."[39]

Vor allem haben wir in der Schule von Laon den Übergang von der Exegese zur systematischen Theologie vor uns. Anselms Beitrag zur *Glossa ordinaria* wurde bereits erwähnt. Aus seiner exegetischen Tätigkeit der *lectio* stammt das Material der ersten systematischen Sentenzensammlungen zu einzelnen Fragen, exemplarisch z. B. im Brief über die Eucharistie „'Calix' id est potus sanguinis Christi"[40], der selbst wiederum in größere Sentenzensammlungen eingefügt wird. Biblisch-patristischer Charakter und theologische Systematik sind also die Hauptkennzeichen der ersten theologischen Schule des Mittelalters, die diesen Namen verdient. Damit hängt aber unmittelbar der schon in der Wahl der Methoden auffallende Konser-

37 Vgl. ders., Arbeitsweise.

38 Weisweiler 243; vgl. ebd. 239-243.

39 Ebd. 251.

40 Vgl. ebd.190-204.

vativismus dieser Schule zusammen. Hierfür haben wir ein Dokument, das uns Aufschluß über die Haltung Anselms von Laon gibt: seinen Brief an Abt Heribrand von St. Laurentius in Lüttich.[41] Schon im ersten Satz warnt Anselm davor, die anstehenden Fragen über Gottes guten Willen und das Übel in der Welt nicht „in sententia", sondern „in pugnis uerborum" lösen zu wollen. Es sind hier offensichtlich zwei Methoden von Theologie gezeichnet: seine eigene Sentenzenmethode, die auf patristisches Material zurückgreift, und die „Wortgefechte" der Dialektiker, die sogleich (mit biblischer Begründung natürlich) als kindisch abgetan werden. Dagegen ist es Sache von Männern, über den rechten Sinn einzelner Stellen zu diskutieren. Das nimmt Anselm für sich und seine Schule in Anspruch. Anders dagegen Leute, die meinen, mit logisch-grammatischen Mitteln Theologie treiben zu können: „Hec non attendentes, quidam maxime inflati nomine scientie, sensus Patrum ignorantes, langueunt, ut ait Apostolus, circa questiones et pugnas uerborum." Anselm wirft seinen Gegnern im einzelnen vor: kindisches Getue, Überheblichkeit unter dem Namen der Wissenschaft, Unkenntnis des Sinnes der Kirchenväter, ungeordnetes und letztlich selbstzerstörerisches Verlangen nach der Diskussion von Fragen und nach Wortgefechten. Dieser Disqualifizierung anderer Methoden folgt die methodische Devise der Kompilationsmethode: „diversa, non adversa". Die Väter sagen zwar Verschiedenes, aber nicht Gegensätzliches. Deshalb müssen Väterstellen gesichtet, ausgelegt und harmonisch geordnet werden: „Sententie quidem omnium catholicorum diuerse, sed non aduerse, in unum concurrunt conuenientiam." Das Ziel der Kompilation ist hier mit „conuenientia", bei Vivianus von Prémontré mit „armonia" umschrieben. Methodische Einstellung und Richtung sind gleich.[42] Die Hoffnung wird in die einfache Harmonisierbarkeit gesetzt, nicht in logisch-grammatische Untersuchungen. Denn es kommt auf die *sententia* an, nicht auf den Wortlaut. In den Worten kann es freilich Differenzen geben, die wie „contrarietates et pugne" klingen. Angesichts dieser Wortgefechte gibt es nun typische Reaktionen: Die Kleingläubigen sind entsetzt, den kämpferischen Theologen aber ist das ein Exerzierplatz, die Überheblichen streiten lang darüber. Bei alledem werden die „probati" ausgeschlossen, die dort, wo alle anderen versagen, zeigen können, daß es sich hier nicht um Widersprüche, sondern um eine tatsächliche Harmonie scheinbarer Dissonanzen handelt. Diese „probati" sind deutlich die für die eigene Schule maßgebenden Autoritäten.

So zeigt sich bei Anselm von Laon weder ein dialektisches Bemühen um die Vätersentenz noch - im Gegensatz zu Anselm von Canterbury - ein spezifisch metaphysisches Interesse. Das Hauptinteresse ist vielmehr ein

41 Ed. Lottin V, 175-178.

42 Vgl. Leinsle, Vivianus 50-52.

moralisch-praktisches, auch in der Exegese, selbst wenn die Fragen recht subtil werden, etwa in der Erbsünden- und Sakramentenlehre (z. B. hinsichtlich der Leidensfähigkeit des Leibes Christi, der den Jüngern beim Abendmahl gegeben wurde).[43] Daß gerade eine so konservative Schule zu Beginn des 12. Jhs. von weitreichendem Einfluß wurde und zugleich als Neuerung verpönt war, wirft ein bezeichnendes Licht auf die kirchliche Mentalität der Zeit und zeigt andererseits auch die Ausnahmeerscheinung des philosophisch-theologischen Denkens eines Anselm von Canterbury auf. Methode und Werke der Schule von Laon konnten nicht zuletzt in monastisch-kanonikalen Kreisen für die *lectio divina* fruchtbar gemacht werden. Dadurch war ihnen - auch durch die Verbreitung in Handschriften - eine weite Wirkung gesichert. Denn ihre Werke lieferten der folgenden Generation den Schatz patristischen Denkens bereits in systematischer, und damit harmonisierter Gestalt. Theologie als Auslegung der Hl. Schrift in Heranziehung des patristischen Materials ist Sache der „probati" im Rahmen kirchlicher Schulen geworden: Wer wollte nicht zu diesen gehören?

2.4 Theologie als Weisheit und Lebensform: Hugo von St. Viktor

Stark beeinflußt von den Sentenzenwerken der Schule von Laon ist die Schule von St. Viktor in Paris, wo sich seit Wilhelm von Champeaux (+ 1122), ihrem ersten theologischen Lehrer, schulmäßige Theologie und das klösterliche Leben von Reformkanonikern miteinander verbinden. Diese Synthese schlägt sich exemplarisch nieder im Theologieverständnis Hugos von St. Viktor (+ 1141).[44] Mit der Schule von Laon verbindet Hugo die Hochschätzung der Schrift und der Väter, doch zeigt er bereits eine wesentlich freiere Benützung und selbständigere Verarbeitung des patristischen Materials als die Werke von Laon. Theologie als Auslegung der Hl. Schrift steht auch für ihn in deren Dienst; allerdings kann erst sie die Wahrheit und Tiefe der Hl. Schrift ergründen. Deshalb ist Theologie in keinem Fall überflüssig.[45] Da ihre Lehr- und Darstellungsmethode weitgehend mit der weltlicher Disziplinen identisch ist, wird nun die Abgrenzung

43 Vgl. Lottin V,443f.

44 Vgl. vor allem: St. Ernst, Gewißheit des Glaubens. Der Glaubenstraktat Hugos von St. Viktor als Zugang zu seiner theologischen Systematik. (BGPhMA NF 30). Münster 1987; echte Werke Hugos: ebd. 287-292. Zur Schule und älteren Literatur vgl. Landgraf G 73-79; P. Sicard, Hugues de Saint-Victor et son école. Turnhout 1991.

45 Hugo, de sacr., prol.1 (PL 176, 183 A); vgl. ders., de script. (PL 175,11 A); vgl. H. Weisweiler, Die Arbeitsmethode Hugos von St. Viktor. Ein Beitrag zum Entstehen seines Hauptwerkes De Sacramentis. In: Schol 20-24 (1945-49) 59-87.232-267.

im Inhalt gesucht: *materia* und *modus tractandi* der Theologie müssen bestimmt werden.

Gegenstand der Hl. Schrift und damit der Theologie sind „die Werke der Wiederherstellung des Menschen" (opera restaurationis hominis). Theologie ist folglich im Grunde Lehre von der Erlösung des Menschen. Das „opus restaurationis" zu erfassen, ist aber nur möglich unter Voraussetzung des „opus conditionis". Durch das Schöpfungswerk wurde bewirkt, daß das, was nicht war, wurde; durch das Erlösungswerk, daß das, was verloren war, besser wurde. „Also besteht das Schöpfungswerk in der Erschaffung der Welt mit allen ihren Elementen; das Werk der Wiederherstellung in der Menschwerdung des Wortes mit allen seinen Sakramenten, die von Beginn der Welt an vorausgingen oder bis zum Ende der Welt nachfolgen."[46] Die Schöpfungswirklichkeit ist aber primär Gegenstand der „weltlichen Schriften", die in der Philosophie zusammengefaßt werden. Die „opera restaurationis" sind den heiligen Schriften vorbehalten und kennzeichnen eine „dignior et sublimior materia".[47] Die Behandlung der Schöpfungswirklichkeit in der Hl. Schrift hat dagegen nur propädeutischen und dispositiven Charakter; denn die Hl. Schrift

> „könnte nicht angemessen zeigen, wie der Mensch wiederhergestellt worden ist, wenn sie nicht vorher zeigte, wie er gefallen ist; sie könnte jedoch seinen Fall nicht angemessen zeigen, wenn sie nicht vorher entfaltete, wie er von Gott eingesetzt war; um aber die erste Einsetzung des Menschen zu zeigen, mußte die Gründung und Schöpfung der ganzen Welt dargelegt werden, weil die Welt wegen des Menschen geschaffen worden ist. Der Geist nämlich ist wegen Gott geschaffen worden, der Leib wegen des Geistes und die Welt wegen des menschlichen Leibes, damit der Geist Gott untertan sei, der Leib dem Geist und die Welt dem Leib."[48]

Theozentrik und Anthropozentrik verbinden sich in dieser Konzeption einer Theologie, die in erster Linie Erlösungslehre des Menschen sein will. Ein Konflikt zwischen Philosophie und Theologie ist so lange ausgeschaltet, wie zwischen der biblischen und der philosophischen Deutung der Schöpfungswirklichkeit keine Widersprüche auftreten. Immerhin ist dadurch der Philosophie nicht nur eine rein instrumentelle Funktion zugewiesen, sondern ein eigenes Forschungsgebiet überlassen, das sie mit ihren Methoden - letztlich aber noch im Rahmen einer umfassenden theologischen Weltdeutung - zu bearbeiten hat. Auf den Menschen in seiner gesamten Heilsgeschichte abgestimmt ist auch die Materie (das Gesamtgebiet) der Theologie: „Zuerst also beschreibt sie die Materie darin, daß der Mensch geschaffen und disponiert wurde, dann das Elend in Schuld und

46 De sacr., prol.1 (PL 176,183 AB).

47 Ebd. prol.2 (183 C).

48 Ebd. prol.3 (184 B); Übers. nach Ernst, Gewißheit 91f.

Strafe; dann die Wiederherstellung und Barmherzigkeit in der Erkenntnis der Wahrheit und Liebe zur Tugend; schließlich die Heimat und Freude in der Seligkeit."[49]

Hugo grenzt nicht nur das Gegenstandsgebiet der Theologie von der weltlichen Wissenschaft ab, er liefert auch eine theologische Methodenlehre in Abhebung von den philosophischen Disziplinen, die er in seinem *Didascalicon* nach Methode und Wert untersucht hat. Wie die Theologie, so sind auch die weltlichen Wissenschaften (*artes*) teleologisch auf den Menschen hin bestimmt und als Propädeutik des Heils aufgefaßt: Ziel ist die Wiederherstellung der Ähnlichkeit mit Gott in uns; denn der Grad der Gleichförmigkeit mit Gott entspricht dem Grad der Weisheit.[50] Der Weg zu diesem Ziel des Erkenntnisstrebens des Menschen aber führt über das „studium sapientiae", die Philosophie. Die philosophische Weisheit aber ist für Hugo zugleich die göttliche Weisheit des Schöpfers.[51] Die weltlichen *artes* stehen deshalb insgesamt im Dienst der *lectio* der Hl. Schrift. Im Rahmen dieser Philosophie gibt es nun aber bereits eine Theologie - als philosophische und damit weltliche Wissenschaft, die „theologia mundana" im Unterschied zur „theologia divina".[52] Die „theologia mundana" versucht auf dem Weg der Geschöpfe, durch das „simulacrum naturae", Gott zu erkennen, während der „theologia divina" das „simulacrum gratiae" vorbehalten bleibt, d. h. das „opus restaurationis" in Inkarnation und Sakramenten. Damit ist dem Auftreten einer rein philosophischen Theologie Rechnung getragen. Sie ist als grundsätzlich fehlbare Betrachtung des „opus conditionis" in das Gesamt der theologischen Weisheit eingebunden, die erst in der Betrachtung der Hl. Schrift entfaltet wird und ihre Gewißheit erhält. Dort, wo sich die weltliche Theologie absolut setzt, wird sie zur irrigen „Weisheit dieser Welt" im Gegensatz zur Weisheit (bzw. Torheit) Gottes.[53]

Dem sapientialen Charakter viktorinischer Theologie im Rahmen eines Konventes von Reformkanonikern entspricht auch der von Hugo vorgesehene „modus tractandi". Naturanlagen, Studium und Lebensführung müssen zusammenkommen, um den dieser Schule entsprechenden Typ des Theologen zustande zu bringen. Wir haben es also keineswegs mit reinem

49 Ebd. (184 C).

50 Ders., Didasc. II,1 (ed. Buttimer 23,17-19): hoc ergo omnes artes agunt, hoc intendunt, ut divina similitudo in nobis reparetur, quae nobis forma est, Deo natura, cui quanto magis conformamur tanto magis sapimus.

51 Ebd. II,1 (ed. Buttimer 23,20-21); vgl. Epitome Dindimi in philosophiam. Ed. R. Baron. In: Trad 11 (1955) 91-148, hier 146: Finis enim omnis philosophiae agnitio est summi boni, quod in solo rerum omnium factore situm est.

52 Hugo, In hierarchiam caelestem I,1 (PL 175, 925 D).

53 Ebd. (923B-928B).

Schul- oder Universitätsbetrieb zu tun. Vielmehr sind Theologie und Lebensführung engstens verbunden.[54] Mit Bernhard von Chartres (+ 1124/30) sieht Hugo vor allem Demut, Eifer im Fragen und Forschen, ein ruhiges Leben, Schweigen und Selbsterforschung, Armut und Aufenthalt in der Fremde als Bestandteile der *disciplina* des Studiums an:

Mens humilis, studium quaerendi, vita quieta
Scrutinium tacitum, paupertas, terra aliena
Haec reserare solent multis obscura legendi.[55]

Wer in dieser Haltung an die Hl. Schrift herangeht, sieht in ihr die Vollendung und Überbietung alles weltlichen Wissens. Erworben wird die Auslegung der Hl. Schrift auf dem Weg der *lectio* und der *meditatio*, der selbständigen, auch spirituellen Aneignung des Schrifttextes nach ihrem bei Hugo dreifachen Sinn: dem historischen, allegorischen und tropologischen. Historie und Allegorese fördern das Wissen des Menschen, die Tropologie die „mores“; beide Seiten müssen in der „sapientia“ wieder übereinkommen.[56] Von der rechten Weise und Ordnung des Lesens der Hl. Schrift - darin besteht auch für Hugo wesentlich Theologie - hängt deshalb alles für die Theologie und den Theologen ab: Der Weg geht über die *lectio* und *meditatio* zur *oratio*, dem Gebet, und von dort zur *contemplatio*. Das Wissen, das auf diesem Weg erworben wird, ist nicht Selbstzweck, sondern steht grundsätzlich im Dienst des Glaubens: Selbstvergewisserung des Glaubenden, Rechenschaft über den Glauben und Weitergabe an die weniger Unterrichteten sind die Ziele, nicht dagegen die schon von Augustinus ausgeschlossene *curiositas*, das Wissen um des Wissens oder der eigenen Eitelkeit willen.[57]

Mitte der Theologie und der Hl. Schrift ist das Erlösungswerk in Jesus Christus. Da seine Erkenntnis zentral ist, kommt der allegorischen Auslegung das Hauptgewicht zu. Da ich aber Zeichen nur als solche deuten kann, wenn ich bereits um das Bezeichnete weiß, ist in der Allegorese das NT vor dem AT zu lesen; denn „die ganze göttliche Schrift ist ein einziges Buch und jenes eine Buch ist Christus, weil die ganze göttliche Schrift von Christus spricht und die ganze göttliche Schrift in Christus erfüllt wird, und wenn wir die Schrift lesen, streben wir danach, indem wir seine Taten, Worte und Gebote erkennen, die Gnade zu erlangen, zu tun, was er geboten hat, und zu empfangen, was er verheißen hat.“[58] Der historische Sinn der

54 Ders., Didasc. III,6 (ed. Buttimer 57,6).

55 Ebd. III,12 (ed. Buttimer 61,11-14); von Bernhard von Chartres übernommen; vgl. B. Lacroix, Hugues de Saint-Victor et les conditions du savoir au moyen âge. In: An Etienne Gilson Tribute. Hg. C.J. O'Neill. Milwaukee 1959, 118-134.

56 Hugo, Didasc. V,2.6 (ed. Buttimer 95,15-17;104,21f).

57 Ebd. V,10 (ed. Buttimer 111,5-112,5).

58 Ders., De arca Noe morali II,8 (PL 176,642 CD).

Hl. Schrift aber ist die Grundlage dieser spirituell-theologischen Durchdringung, in deren Dienst auch alle weltlichen Wissenschaften genommen werden. Hugo hat damit bereits programmatisch formuliert, was dann in exegetischer Kleinarbeit durch Andreas von St. Viktor ausgeführt wird. Theologie ist auch hier ans Fragen (*studium quaerendi*) gebunden. Dieses Fragen nach dem Menschen und seiner Erlösung ist aber über den rein schulmäßigen Gebrauch hineingebunden in eine Lebensform und hingeordnet auf ein Ziel, die über die Schule hinausweisen auf die Praxis des Glaubenslebens.

2.5 Theologie als Sprachkritik: Peter Abaelard

Deutlich verschieden von der sapientialen, harmonischen Sicht Hugos sind Programm und Gestalt der Theologie bei Abaelard (1079-1142).[59] Objekt der Theologie sind für ihn wie in der Schule von Laon formulierte Glaubenssätze auf der Grundlage der „sacra pagina“; Ziel ist deren rationale Rechtfertigung, z. T. als „intelligentia“ bezeichnet. Die Methode ist die in Schulen übliche der Glossen, Kommentare, dann aber auch der systematischen *Theologia* unter dem Einsatz aller verfügbaren logischen und philosophischen Mittel. Abaelard bewegt sich - obwohl zeitweise Mönch und Abt - in Paris in einem intellektuellen Milieu, in dem die Studenten nur „humanas et philosophicas rationes“ für theologische Wahrheiten fordern und allein auf die „intelligentia“ setzen, nicht aber auf den unverständlichen Wortlaut der Bibel. Sie wollen nichts glauben, was sie nicht schon begriffen haben, und halten es für lächerlich, unbegreifliche Dinge zu predigen.[60] Abaelard stellt sich deswegen die Aufgabe, die „intelligentia“ mit menschlichen, philosophischen Argumenten gerade auf der Basis des autoritativen Schrifttextes zu entfalten, d. h. dessen verborgenen Sinn nun nicht nur durch Aneinanderreihung von Väterzitaten oder durch spirituelle Exegese, sondern durch den Einsatz rationaler Prüfung zu erheben und auf seine Wahrheit zu prüfen. Diese Prüfung bezieht sich deshalb auf das „scriptum“ (den Wortlaut) und die „sententia“ (die Lehre).[61] Diese Methode ist im Unterschied zu Hugo nicht typisch theologisch, sondern gilt allgemein „in omni disciplina“. Die Entscheidungsinstanz ist hier die *ratio*, die, wenn schon nicht immer zur Gewißheit, so doch zu einer Entscheidung

59 Vgl. vor allem J. Cottiaux, La conception de la théologie chez Abélard. In: RHE 28 (1932) 247-295.533-551.788-828; J. Jolivet, Arts du langage et théologie chez Abélard. (Études de philosophie médiévale 57). Paris 1969.

60 Abaelard, Hist. cal. (Ed. J. Monfrin. Paris ^{3}1967, 82,690-83,701).

61 Ders., Dialogus inter Philosophum, Judaeum et Christianum. Ed. R. Thomas. Stuttgart-Bad Cannstatt 1970, 97,1478-1485.

führt. Die hier angesprochene *ratio* ist aber für Abaelard verkörpert in den *artes* des Trivium, vor allem in der Dialektik.

Theologie ist deshalb primär argumentierende, sprachlich-logische Prüfung autoritativer Texte; sie handelt „de scripto" im Sinne der Exegese der *sacra pagina*. Die systematisch-theologischen Werke versteht Abaelard - soweit sie nicht aktuellen Auseinandersetzungen dienen - als Einführungen in das Studium der Hl. Schrift (divinae scripturae introductio).[62] Die Argumentation muß wenigstens Wahrscheinlichkeit für sich haben und darf dem Glauben selbst nicht widersprechen.[63] Die Argumente werden deshalb vornehmlich aus der Philosophie und dem Bereich der „similitudines" (Analogien, besonders in der Trinitätslehre) genommen. Der Magister muß also zuerst einmal selbst verstehen, was er „liest", d. h. in der *lectio* den Scholares auslegt. Die theologischen Wahrheiten sollen nicht nur nachgebetet, sondern verstanden und wissenschaftlich ausgelegt werden (intelligi ac disseri).[64] Dem dienen sowohl die Schriftkommentare wie die systematischen Werke (*Theologia Summi Boni, Theologia Christiana, Theologia Scholarium = Introductio in Theologiam*). Die Kommentarwerke, allen voran der Römerbriefkommentar, arbeiten sich durch das *scriptum* zur *sententia* vor, während die systematischen Werke bei der logisch-rationalen Explikation der *sententia* selbst ansetzen.[65]

Dies wird am deutlichsten in der ersten systematischen Darstellung der Theologie Abaelards, die allerdings nur die Trinitätslehre umfaßt, in der *Theologia Summi Boni* (nach den Anfangsworten; auch *Tractatus de unitate et trinitate divina* genannt) von 1120.[66] Abaelard macht hier noch weitesten Gebrauch von der hauptsächlich aus Boethius und der *Logica vetus* bestehenden Philosophie. Den philosophischen Begriff des höchsten Gutes (summum bonum) setzt er in Beziehung zum christlich-trinitarischen Gott. Legitimiert wird dies für Abaelard durch Christus, den „Herrn des Glaubens" selbst, der eben diesem philosophischen Gott drei verschiedene Namen gegeben habe. Es ist demnach auch klar, daß die Argumentation weitgehend philosophisch verläuft und vom Leser ausdrücklich philosophische Studien, vor allem der Dialektik, verlangt werden.[67] Die Anführung von Schriftstellen hat in diesem Zusammenhang (anders als in exegetischen und

---

62 Ders., Theologia Scholarium, praef. 1 (CCM 13,313,1-3).

63 Ebd. II,18 (414,243f): saltem aliquid uerisimile atque humanae rationi uicinum, nec sacrae fidei contrarium proponere.

64 Ebd. II,56 (435,885-436,894).

65 Ausgaben: CCM 11-13.

66 CCM 13,1-201; Übers.: Abaelard, Theologia Summi Boni. Übers. u. hg. v. U. Niggli. (Philosophische Bibliothek 395). Hamburg 1989; dort ausführliche Einleitung.

67 Ders., Theol. Summi Boni III,5,100 (CCM 13,201,1360-1363).

späteren systematischen Werken) keine letzte Beweiskraft; sie bedarf weiterer Rechtfertigung durch die *ratio*. Auch hier bleibt Abaelard aber der sprachlichen Komponente der Theologie treu: Die *Theologia Summi Boni* versteht sich als rationale Durchdringung der von Christus vollzogenen Namensgebung des philosophischen Gottes als Vater, Sohn und Geist. Daß dieser Theologie dennoch ein lebenspraktisches Fundament nicht fehlt (Abaelard schreibt den Traktat als Mönch), macht der wiederholte, monastischer Tradition entsprechende Hinweis auf das Lob Gottes deutlich. In der Lehre vom Hl. Geist wird ausführlich auf die aus Macrobius und Boethius bekannte Lehre Platons von der Weltseele eingegangen. Entscheidend ist aber jeweils die Rückführung auf die philosophischen Kategorien: Substanz, Akzidentien, Person etc.

Deutlich setzt sich Abaelard aber auch ab von den Pseudodialektikern, die ihre Kenntnis nicht in den Dienst rechter Schriftauslegung, sondern der Angriffe gegen den Glauben und damit des Antichrist stellen.[68] Deshalb ist aber keineswegs die Dialektik und deren Anwendung in der Theologie zu verurteilen, sondern nur deren Mißbrauch, durch den sie zur Sophistik wird. Nicht die Wissenschaft ist schlecht, sondern ihr Mißbrauch. Entschieden wendet sich Abaelard gegen „jene zügellosen und wilden Streiter", die „durch das eine Horn ihres Hochmuts sogar gegen den Schöpfer" ankämpfen und „ihren Mund gegen den Himmel erhoben" haben.[69] Doch er selbst macht weitesten Gebrauch von Dialektik und Philosophie, allerdings auf der Grundlage des Glaubens, dessen Inhalt er als „totius disputationis thema et summa fidei" zu Beginn kurz vorstellt, um dann die einzelnen Fragen streng rational zu erörtern und die Einwände aufzulösen.[70] Das Verfahren ist auch hier weitgehend Sprachkritik und metaphysische Analyse, wie etwa aus den Fragen und Unterscheidungen des 2. Buches deutlich wird: Warum die göttliche Substanz einfach und ohne Form ist; Unterscheidung der Personen; sechs Bedeutungen von 'idem' und 'diversum'; Bedeutungen von 'Person' usw. Abaelard entwickelt so die Grundfrage der Theologie, ob und wie es möglich ist, menschliche Ausdrücke auf Gott anzuwenden. Da nützt es auch nichts, wenn der Gegner in der Disputation sagt, er wolle sich nicht auf Wörter und Bedeutungen einlassen, sondern sich an die Wahrheit des Sinnes halten. Er muß sich trotzdem zunächst über die Bedeutung von 'genitus' verständigen, um dann zu sehen, daß 'genitus' und 'ingenitus' in der Trinität Bezeichnungen von Personen sind. Zur „sana intelligentia" müssen für Abaelard eben auch „verba catholica" kommen. Grundlage dafür ist das 1. Kapitel von *Perihermeneias* über die

68 Ebd. II,1-4 (114,1-115,35).

69 Ebd. II,13 (118,125-119,128).

70 Ebd. II,1 (123-129).

Entsprechung von Wort, Begriff und Sache.[71] Dieses Instrumentarium der Bedeutungs- und Kategorialanalyse wird gezielt eingesetzt, um die Einwände der Gegner zu lösen; deren sind aber viele, gerade in Sachen der Trinität. Theologische Fragen sind jedoch auch für Abaelard nicht Wortstreitigkeiten, sondern Sachfragen. Über die Sache aber muß richtig gesprochen werden mit Wörtern, die „ad placitum hominum" verwendet werden. Verständigung über Sachfragen kann also nur durch die Verständigung über gemeinsam akzeptierte Bedeutungen der verwendeten Termini erfolgen.[72] In dieser Weise werden etwa Einwände zum Substanzbegriff bei der Trinität, zur Stellung der Personen oder zur Frage einer realen Differenz in Gott beantwortet, oder die Frage, wie eine Dreiheit von Personen ohne reale Vielheit möglich ist.

Auf die Verteidigung des Glaubens folgt bei Abaelard der positive Schritt: die *amplificatio* und zwar „verisimilibus et honestissimis rationibus".[73] Abaelard sieht deutlich, daß viele theologische Argumentationen nicht zwingend sind. Die Natur Gottes ist letztlich nicht zu begreifen; deshalb ist auch ein strikter Beweis hier oft nicht möglich. Schon die Sprache ist metaphorisch (translata); die Ternare, mit denen das Verhältnis der drei Personen verdeutlicht werden, sind nur „similitudines" (Vergleiche, Analogien). Wo es aber darum geht, die Sache, wie sie an sich selbst ist, zu beweisen, ist verbindlicher Sprachgebrauch mit eindeutiger Bedeutung erfordert.[74] Die „rationes honestae" aber sieht Abaelard als höherwertig an als die bloße „necessitas". Ausgedrückt werden solche Vernunftgründe durch ein 'oportet', 'convenit' oder 'melius'. Die Vernunftgemäßheit der göttlichen Verhältnisse und Handlungen wird dadurch unterstrichen, ohne daß ihre strenge Notwendigkeit bewiesen wäre. So wird etwa die Einzigkeit Gottes aus seinen Funktionen als Schöpfer und Ordner der Welt aufgewiesen und gezeigt, daß sie der Ehre Gottes weit mehr dient als die Annahme mehrerer Götter.[75] Wo es aber möglich und notwendig ist, wie in der Auseinandersetzung mit Gegnern oder in der Auflösung scheinbarer Widersprüche zwischen unleugbaren theologischen Wahrheiten, muß das ganze Instrumentarium der Dialektik eingesetzt werden, um die „amplificatio fidei" zu erreichen. Das rationale Argument steht dabei im Dienst des Glaubens, auch wenn Abaelards Lehren teilweise als häretisch verworfen wurden.[76]

---

71 Ebd. III,2,84 (194,1142-1157); III,1,33 (171,412-426).

72 Ders., Sermo in Ann. Virginis (ed. V. Cousin, Petri Abaelardi Opera. ND Hildesheim 1970, I,356f).

73 Ders.,Theologia Christiana V,1 (CCM 12,347,8).

74 Ders., Theol. Summi Boni III,2 (194,1145-1168).

75 Ders., Theologia Christiana V,9-16 (350-354).

76 Zur Schule Abaelards vgl. Luscombe, School.

2.6 Metaphysische Grammatik der Rede von Gott: Gilbert Porreta

Was Abaelard vornehmlich in der Dialektik suchte und fand, das fanden sein jüngerer Zeitgenosse Gilbert Porreta (Gilbert v. Poitiers, de la Porrée [+ 1154]) und die nach ihm benannte Porretanerschule in der Grammatik und in den Werken des Boethius: das wissenschaftliche Instrumentarium der Theologie.[77] Denn Theologie soll nun als Wissenschaft im Sinne des Boethius ausgewiesen werden. Die Objektbestimmung des Boethius, aus Aristoteles gespeist, trifft aber zunächst die philosophische Theologie: Sie handelt von unbewegten, abstrakten und immateriellen Gegenständen und gehört deshalb in das Gebiet der rein intellektualen Erkenntnis. Durch ihr Objekt ist aber die theologische Erkenntnis von größerer Wahrheit als die der Veränderung unterworfene geschaffene Welt.[78] Für die christliche Theologie geht der Weg der Erkenntnis vom Glauben zur erkannten Wahrheit, nicht aber von der Erkenntnis zum Glauben. Der gnadenhafte Glaube ist Voraussetzung der Theologie. Denn das gesamte Leben des Ungläubigen ist Sünde, und es kann - im Platonismus Gilberts verständlich - kein Gut geben ohne das höchste Gut.[79] Glaube als Gnade ist deshalb im Anschluß an Augustinus verstanden als Erleuchtung durch Gott. Doch nicht alle Christen erhalten im Glauben die gleiche Erkenntnis Gottes. Da gibt es die „animales" oder „parvuli" und die „spirituales" oder „perfecti". Die ersteren glauben nur die fundamentalen Wahrheiten des Christentums, ohne auch nur zu einem ersten Einsehen dieser Wahrheiten „in speculo et aenigmate" zu kommen.[80] Die letzteren dagegen gewinnen ein Glaubensverständnis „suppositionibus rationum", durch stützende Hinzufügung von Vernunftgründen. Theologie im Unterschied zum einfachen Glauben entsteht also gerade durch die „expositio rationum", die Darlegung der Vernunftgründe für die Glaubenswahrheiten. Zum Heil freilich ist sie nicht nötig; dieses können auch die einfachen Gläubigen erreichen.[81]

77 Vgl. vor allem: H.C. van Elswijk, Gilbert Porreta. Sa vie, son œuvre, sa pensée. (SSL 33). Leuven 1966; L.O. Nielsen, Theology and Philosophy in the Twelfth Century. A Study of Gilbert Porreta's Thinking and the Theological Expositions of the Doctrine of Incarnation during the Period 1130-1180. (Acta Theologica Danica 15). Leiden 1982; zur Echtheit der Werke ebd. 40-46; für die Theologiekonzeption: Gilbert Porreta, Commentarius in Boethii Opuscula sacra. Ed. N.M. Häring. (ST 13). Toronto 1966.- Zu Schrifttum und Schule: Landgraf G 79-92.

78 Gilbert, Comm. Boeth. 85,1-6, 86,10.

79 Ders., Comm. in Ep. Pauli. British Museum, London Cod. add. 11.853 f.151r (zit. Nielsen, Theology 116): doceo non, ut cognoscentes credant, sed ut credentes cognoscant de praedictis veritatem. - vgl. ebd. f.47v (Nielsen, Theology 119).

80 Ebd. f.57r (Nielsen, Theology 124).

81 Ebd. f.170r.85r (Nielsen, Theology 125).

Doch auch die Theologie selbst ist nicht nur rationale Bemühung, sondern letztlich Gabe des Hl. Geistes, so daß der Theologe nur dann wirklich „spiritualis" ist, wenn er sich dem Hl. Geist unterordnet.[82] Denn letztlich ist es dieser selbst, der in seinen Gaben wirksam ist. Theologie ist deshalb keine Wissenschaft wie alle anderen, sondern geistige Erkenntnis der Glaubenswahrheiten, bewirkt durch den Hl. Geist. Sie geschieht allerdings rational, durch die Anführung der Vernunftgründe für die Glaubenswahrheiten. Da Gott selbst einerseits die höchste Wahrheit ist und andererseits die Gabe theologischer Erkenntnis bewirkt, kann ein Konflikt zwischen Glauben und Dialektik wie bei Berengar und Abaelard hier gar nicht erst entstehen. Theologie hat eine „veritas secundum pietatem" im Unterschied zur Wahrheit der Grammatik und Dialektik. Sie ist niedergelegt in der Hl. Schrift und dient dem ewigen Heil, während die weltlichen Wissenschaften nur dem zeitlichen Vergnügen dienen.[83] Die Aufgabe der Theologie besteht also in der expliziten Erkenntnis des Glaubens im Dienst der Belehrung der einfachen Gläubigen. Diese müssen auch und gerade über die Nichtigkeit der Autorität der Häretiker aufgeklärt werden. Dazu dient vor allem die logische Analyse der Argumente der Häretiker, die oft aus wahren Prämissen falsche Schlüsse ziehen. Was die Häretiker an Richtigem über Gott sagen, ist nur Zufallsprodukt.[84] Einige heidnische Philosophen dagegen haben zwar eine Gotteserkenntnis „per naturalem rationem" erreicht, allerdings nicht ohne Gottes Hilfe. Zur Erkenntnis der Trinität und Inkarnation aber kamen sie nicht.[85] Unnütz aber ist eine Erkenntnis, die „praeter rationem" gebraucht wird, d. h. für die Theologie, nicht zu deren Zweck, dem Lobpreis Gottes.[86]

Philosophische Erkenntnis der Welt kommt zudem nicht zur letzten Notwendigkeit ihrer Gründe und *regulae*, sondern kann sie nur durch Gewohnheit stützen. Philosophische Sätze haben nur eine „consuetudini accommodata necessitas". Erst die Theologie kann den wirklichen Kausalzusammenhang (metaphysisch) deutlich machen, auch dort, wo jene Philosophen, die ihren eigenen Sätzen absolute Wahrheit zusprechen, Widersprüche entdecken, z. B. bei der Jungfrauengeburt.[87] Eine absolute Wahrheit philosophischer, von der Theologie abgelöster Erkenntnis ist damit grundsätzlich verneint. Naturerkenntnis ist auf den Weg von Gewohnheit und Induktion verwiesen und kann bereits methodisch mit der Theologie

82 Ebd. f. 55r.63v (Nielsen, Theology 126).
83 Ebd. f.160r (Nielsen, Theology 128).
84 Ders., Comm. Boeth. 235,57; 61,16; 161,9ff; 234,51.
85 Ders., Comm. Paul. f.6v-7r; f.139v-140r (Nielsen, Theology 130).
86 Ebd. f.69r (Nielsen, Theology 131).
87 Ebd. f.57v.140v (Nielsen, Theology 136).

nicht in Konflikt kommen.[88] Theologisch richtige Naturerkenntnis muß dagegen vom Glauben ausgehen und von da aus zur Theologie kommen, wo nun im Unterschied zur Philosophie „veri nominis atque absoluta necessitas" herrscht: „In his enim non cognoscentes credimus, sed credentes cognoscimus."[89] Damit ist aber, wie die Theologie insgesamt, so auch die richtige Naturerkenntnis Gabe und Werk des Hl. Geistes und eingeschlossen in die „catholica fides", die zum Ausgangspunkt auch der philosophischen Welterklärung wird.[90] Ein Konflikt zwischen richtiger Philosophie, die nun nicht mehr auf instrumentelle Logik beschränkt, sondern zur Naturerklärung geworden ist, und der Theologie ist in höchster Instanz widersprüchlich: Es wäre ein Widerspruch in Gott selbst.

Theologie geschieht methodisch durch die stützende Hinzufügung der „rationes". Wie in jeder Wissenschaft ist hier zu unterscheiden zwischen den jeder Disziplin eigenen Gründen (rationes propriae) und den allen Wissenschaften gemeinsamen (topisch-metaphysischen) Gründen (rationes communes), wie sie von Boethius in *De hebdomadibus* axiomatisch zusammengefaßt werden. Gilbert versteht unter den *rationes communes* apriorische Wahrheiten der Logik und Wahrheiten, die wissenschaftsüberschreitende Geltung haben (z. T. auch in einem übertragenen Sinne, z. B. *rationes naturales* in der Theologie).[91] Auf solche allgemeinen oder aus anderen Wissenschaften übernommenen Regeln muß vor allem dann zurückgegriffen werden, wenn das eigene Geschäft der Theologie zu Ende kommt, weil keine Termini in eigentlicher Bedeutung zur Verfügung stehen.[92] Wieder stellt sich also die Frage der Berechtigung und Eigenart theologischer Rede, jetzt unter dem Aspekt einer metaphysisch begründeten Grammatik der Rede von Gott. So bedeutet z. B. 'esse', im Satz 'Deus est' etwas anderes als im Satz 'corpus est' oder 'homo est'. In der Theologie ist 'Esse' ein Eigenname Gottes; bei den Geschöpfen drückt es nicht ihr eigenes Sein aus, sondern konnotiert ihre Abhängigkeit von Gott. Ähnlich verhält es sich mit 'bonum'.[93] Die Grammatik ist also hier in einer Metaphysik fundiert, die durch Boethius und den Neuplatonismus zutiefst geprägt ist: Gott ist das Sein aller geschaffenen Dinge, die dadurch im Sein und Gutsein von ihm abhängen.[94]

88 Ders., Comm. Boeth. 164,38; 323,61.

89 Ebd. 164,42.

90 Ebd. 164,48 ff.

91 Ebd. 294,90; 191,6; 115,14ff.

92 Ebd. 136,26: dum scilicet, quod cogitamus, proprie significationis verbis explanare non possumus.

93 Ebd. 188; vgl. Van Elswijk, Gilbert Porreta 252-260.

94 Gilbert, Comm. Boeth. 180.51.273.

Diese Abhängigkeit garantiert Gilbert die universale Entsprechung (proportio) zwischen Gott und Geschöpf, Ewigem und Zeitlichen, was ihn wiederum berechtigt, Argumente aus den natürlichen Wissenschaften (Philosophie) in der Theologie anzuwenden.[95] Gilbert ist sich des metaphorischen und sprachlichen Charakters theologischer Rede und Erkenntnis klar bewußt. Theologische Wahrheiten, insbesondere der Trinitätslehre, sind kaum aussagbar (vix dici potest). Unsere Begriffe entsprechen nicht adäquat ihrem theologischen Objekt. Deshalb ist die erste Frage immer die nach der genauen Bedeutung der Wörter in ihrer eigenen, heimischen Wissenschaft und nach metaphysisch-grammatischen Übertragungsregeln für die Theologie. Daß es sich dabei um übertragenen Sprachgebrauch handelt, aufgrund einer „proportio communis", muß immer deutlich bleiben, gerade auch dort, wo sich die Hl. Schrift selbst solcher Termini bedient.[96] Theologie wird zur Lehre von den „nomina divina", die dann in ihrer genauen theologischen Bedeutung normiert werden müssen. Sie wird zur wissenschaftlichen Sprachregelung, die dann das Gesamt der Glaubenslehre argumentativ umfassen will, zur „argumentis probata fides catholica".[97]

Die Theologie Gilberts und der Porretaner ist weniger euphorisch in der Anwendung der Dialektik als die Abaelards; ihr fehlt andererseits der sapientiale und spirituelle Charakter der Viktoriner. Sie ist vielmehr die Entfaltung der sprachlichen Seite der Rede von Gott und vollzieht sich selbst am Text, vor allem in der Kommentierung der Hl. Schrift und des Boethius. Die Väterautorität bleibt unangetastet. Wie hoch das Väterargument geschätzt wurde, zeigen gerade die Recherchen bei den griechischen Vätern bis Konstantinopel zur Untermauerung der eigenen, umstrittenen Trinitätslehre.[98] Doch über der Autorität steht hier die *ratio*, die in der Theologie als der Philosophie überlegenen Wissenschaft ihr Ziel erreichen soll: „veri nominis atque absoluta necessitas" als Kennzeichen höchster Wissenschaft.

2.7 Das Schulbuch: die Sentenzen des Petrus Lombardus

Ein systematisch-theologisches Werk des 12. Jhs. überdauert an Einfluß alle übrigen: Die *Sententiae in IV libros distinctae* des Petrus Lombardus (+ 1160).[99] Verschiedene Faktoren haben dazu beigetragen. Früh bereits mit Anmerkungen und Glossen versehen, erfreuen sich die Sentenzen seit

95 Ebd. 87.

96 Ebd. 57; Ders., Comm. Paul. f. 164v (Nielsen, Theology 135 Anm.77).

97 Ders., Comm. Boeth. 342.

98 Vgl. Häring, Zwettler Summe 7.

99 Kritische Ausgabe: Petrus Lombardus, Sententiae in IV libris distinctae. (Spicilegium Bonaventurianum 4/5). Grottaferrata ^{3}1971/81.

dem Anfang des 13. Jhs. weiter Verbreitung. Wie bei Schulbüchern üblich, werden Auszüge und Abbreviationen zum Schulgebrauch hergestellt.[100] Durch die Universitätsorganisation wird eine zweijährige Vorlesung über den Lombarden, kurz „Magister" genannt, für jeden *Baccalaureus sententiarius* verpflichtend, will er das Magisterium erreichen. Sentenzenkommentare sind von da ab die wichtigsten Quellen systematischer Theologie und bleiben es bis ins 16. Jh. Alexander von Hales (+ 1245) legt dann auch noch als Magister actu regens (1223-1227) seinen ordentlichen Vorlesungen nicht mehr einen biblischen Text, sondern die Sentenzen des Lombarden zugrunde: ein Vorgang, der Schule machen sollte.[101] Dabei war ursprünglich das Schicksal dieser Theologie keineswegs so glänzend; denn wie Gilbert und Abaelard mußte sich auch Petrus Lombardus den Vorwurf der Häresie gefallen lassen.[102] Der nachmalige Bischof von Paris wird aber durch das IV. Laterankonzil (1215) ausdrücklich als Quelle der rechtgläubigen Lehre genannt.[103] Neben dem Sentenzenwerk haben wir vom Lombarden vor allem eine beachtenswerte Psalmen- und Paulinenglosse.

Betrachtet man das Werk des „Magister Sententiarum", so mag diese Entwicklung zunächst verwundern. Es handelt sich keineswegs um ein sehr originelles oder stilistisch beeindruckendes Opus. Es schließt sich gut den Sentenzensummen im Umkreis der Schule Abaelards und von St. Viktor an. Im Prolog stellt der Lombarde die Absicht seines 1155-1158 entstandenen Werkes deutlich in die Linie frühscholastischer Sentenzensammlungen: Es ist zusammengestellt „ex testimoniis veritatis in aeternum fundatis" und enthält „maiorum exempla doctrinamque", d. h. es ist nicht so sehr die eigene Lehre als die der Väter, die man in diesem angeblich kleinen Werk findet. Dadurch soll es überflüssig werden, die zahlreichen Werke der Väter im einzelnen nachzuschlagen: Abbreviation und Ersetzung als enzyklopädisches Prinzip machen sich hier für die Theologie deutlich bemerkbar.[104] Genau damit ist aber auch der Zweck des künftigen Schulbuches angegeben: alleinige Grundlage für die Theologie zu werden und alle ande-

100 Zu Petrus Lombardus' Theologie insgesamt: Marcia L. Colish, Peter Lombard. 2 Bde. (Brill's Studies in Intellectual History 41). Leiden 1994. Zur Verbreitung vgl. O. Lottin, Le premier commentaire connu des Sentences de Pierre Lombard. In: RThAM 11 (1939) 64-71; A. Landgraf, Drei Zweige der Pseudo-Poitiers Glosse zu den Sentenzen des Lombarden. In: RThAM 9 (1937) 167-204; Ders., Sentenzenglossen des beginnenden 13. Jahrhunderts. In: RThAM 10 (1938) 36-55; Überblick: Landgraf G 93-109.

101 Vgl. Petrus Lombardus, Sent. I,1, 117*f; für die Sentenzenkommentare unerläßliches Nachschlagewerk: Stegmüller RS; Ergänzungen: Doucet.

102 Vgl. Ghellinck M 250-267.

103 DS 804.

104 Petrus Lombardus, Sent., prol. n.4f (I,2, 4,14-26).

ren Bücher (schließlich im Unterricht sogar die Bibel) zu ersetzen. Das Material aber wird aus den Vätern bezogen, die sogleich als Autoritäten eingesetzt werden, und was der Magister selbst dazu sagt, soll niemals „a paternis limitibus“ abgehen. Unmittelbarer Zweck des Werkes ist die Darlegung des katholischen Glaubens gegen alle Irrtümer und Häresien, wie der insgesamt stark apologetische Prolog unterstreicht.[105]

Die Sentenzensammlung des Lombarden ist eine systematische Sammlung, deren Grundschema, wie wir gesehen haben, weder rein heilsgeschichtlich, noch rein begrifflich ist, sondern eine Mischform aus beiden Möglichkeiten. Gerade das sollte die theologische Arbeit der Folgezeit befruchten: den Ausgleich zu schaffen zwischen heilsgeschichtlich-biblischem Erzählungsgang und dem Anspruch theologisch-begrifflicher Systematik. Der Lombarde ist darin vor allem der *Summa Sententiarum* verpflichtet, die ihrerseits zwischen Hugo von St. Viktor und Abaelard steht. Hugos *De sacramentis* und Abaelards *Theologia Scholarium* und die *Summa Sententiarum* sind unmittelbare Quellen des Lombarden, ebenso Ivo von Chartres und das *Decretum Gratiani.* Für die Ausführung zieht der Magister auch seine eigenen Glossen zu den Paulinen und Psalmen und die *Glossa ordinaria* heran.[106] An der Spitze der Väterzitate steht Augustinus mit ca. 950 Stellen. Er wird doppelt so oft zitiert wie alle anderen Väter zusammen. Von den östlichen Kirchenvätern fällt vor allem die frühe Benutzung des Johannes Damascenus (+ um 750) auf, dessen Werk *De fide orthodoxa* Papst Eugen III. (1145-53) durch Burgundio von Pisa ins Lateinische übersetzen ließ.[107]

Zwischen Hugo von St. Viktor und Abaelard steht auch die gesamte Theologie des Lombarden. In beiden Schulen hat er gelernt, bevor er Magister und Kanonikus an Notre Dame wurde. Von Abaelard übernimmt er die logische Schärfe, setzt sich aber ggf. auch kritisch mit ihm auseinander und von ihm ab.[108] Die logische Schulung wird bereits deutlich in der theologischen Systematik, die nun aber nicht Abaelards Schema „fides - caritas - sacramentum“ folgt, sondern Augustins Schema von „res - signa“ bzw. „uti - frui“. Im wiederholten Durchgehen dessen, was im AT und NT erhalten ist, gewinnt der Magister dieses Einteilungsschema. Dieses ist noch bezogen auf die Schrift selbst, die „forma praescripta in doctrina“, die auch der systematischen Spekulation (speculatio studiosa atque modesta)

---

105 Ebd. (I,2, 4,15-20).

106 Proleg. zu: Ebd. (I,1, 118*-122*).

107 Vgl. O. Baltzer, Die Sentenzen des Petrus Lombardus. Ihre Quellen und ihre dogmengeschichtliche Bedeutung. Leipzig 1902. ND Aalen 1972, 2-12; Colish, Peter Lombard 22.

108 Vgl. Luscombe, School 261-280.

vorgegeben ist.[109] Entscheidend ist allerdings, daß Systemfindung und damit Theologie menschliches Tun ist. Systematische Theologie hat sich noch nicht vollständig von der Schriftauslegung getrennt, wie es dann gerade als Folge der Kommentierung des Sentenzenwerkes des Lombarden geschehen wird.

Ausgleich, Vorsicht und eine gewisse Konservativität kennzeichnen auch das Theologieverständnis und die einzelnen Traktate des Lombarden. Schon im Prolog wendet er sich in einem langen Hilarius-Zitat gegen jene „Söhne des Unglaubens“, die ihr Wollen nicht der *ratio* unterwerfen, noch sich um das *studium doctrinae* bemühen, sondern ihre Träume mit Weisheitsworten zu stützen versuchen. Sie folgen nicht der „ratio veri“, sondern der „ratio placiti“: Nicht, was wahr ist, ist für sie Frage und argumentativer Grund, sondern ob es ihnen paßt. Ihr Ziel ist deshalb nicht die Verteidigung der Wahrheit, sondern ihrer Einfälle; diese, nicht die Wahrheit wollen sie lehren und ihre Lehre ihrem Verlangen anpassen. Was Hilarius den Häretikern seiner Zeit vorhält, sieht der Lombarde offensichtlich in seiner eigenen gegeben: den Streit zwischen der soliden Darlegung theologischer Wahrheit und der Verteidigung der eigenen Einfälle.[110] Daß der Magister sich zum Anwalt der Darlegung objektiver Wahrheit macht, braucht nicht unterstrichen zu werden. Bemerkenswert aber ist, daß er mit diesem Zitat seinen Gegnern moralische Mängel unterstellt, zugleich jedoch betont, daß die Orientierung an Vernunft und beständiges Studium geeignet sind, zur „intelligentia veritatis“ zu führen. Den Gegnern wird also keineswegs zu viel Studium und Vertrauen auf die Vernunft vorgehalten, sondern ein Mangel bzw. ein falscher Gebrauch konstatiert.

Die Methode der Theologie ist demnach zuallererst einmal die klare, vernunftgemäße Darstellung der kirchlichen Lehre, wie es der Lombarde in einer Fulgentius von Ruspe entnommenen Methodenreflexion zur Trinitätslehre (unter der Autorität Augustins) zum Ausdruck bringt.[111] Das erste sind die „auctoritates sanctarum Scripturarum“. Aus ihnen ist zu beweisen (demonstrandum), was Glaubensgut der Kirche ist. Nicht der Glaubensinhalt ist durch Vernunftgründe zu beweisen, sondern durch Schriftbeweis ist zu sichern, „utrum ita se fides habeat“. Der zweite Schritt erst bringt die *ratio* ins Spiel, schon mit deutlich polemischer Tendenz: Gegen die „garruli ratiocinatores“, denen zudem noch Ignoranz und Aufgeblasenheit unterstellt wird, ist mit ihren Mitteln anzugehen: Vernunftgründe und „similitudines“ (Analogien), also ganz im Sinne eines Abaelard und Gil-

109 Petrus Lombardus, I Sent. d.1 c.1 n.1f (I,2, 55,5-23).

110 Sent. prol. n.3 (I,2, 3,16-4,10).

111 I Sent d.2 c.3 (I,2, 63,9-17): Quis ordo servandus sit cum de Trinitate agitur; vgl. auch Ghellinck M 229-249.

bert; doch beide Beweismittel sind vom Magister selbst mit Attributen versehen, die vielsagend sind (Eigentext des Lombarden): Die Vernunftgründe müssen katholisch sein; die Analogien müssen passen! Nur auf diese Weise kann man den philosophischen Anforderungen der Gegner Genüge tun. Die „mansueti" dagegen werden auf diese Weise über den Inhalt des Glaubens vollkommener unterrichtet; jene aber, die dann immer noch nicht finden können, was sie suchen, sollen sich lieber über ihren Geisteszustand als über die Wahrheit oder die systematische Darlegung der Theologie beklagen. Der methodische Standard, der hier an die Theologie gestellt wird, ist damit ebenso klar wie ihre strenge Kirchlichkeit: Gegründet auf die letzte Autorität der Hl. Schrift, hat die Theologie in als katholisch ausgewiesenen Vernunftgründen und passenden Analogien den Glaubensinhalt so auszulegen, daß die Glaubenden zu einem tieferen Verständnis geführt werden, den Gegnern aber keine andere Ausflucht mehr bleibt, als ihr Unvermögen, dies zu verstehen, einzugestehen. Dieses Programm fordert Theologie nach dem Verständnis seiner Zeit als wissenschaftliche Rechtfertigung des Glaubens der Kirche (de ea quae est in nobis fide [...] rationem reddere).[112] Wissenschaftlichkeit (hier noch im Spannungsfeld von *auctoritas* und *ratio* gesehen) und Kirchlichkeit zu vereinen, wird nun Programm einer Theologie der *via media*, die sich maßgeblich auf den Lombarden stützt und ihm den Einzug in die Universitäten des 13. Jhs. bereitet.[113]

2.8 Theologische Axiomatik

Die Versuche, Theologie als strenge Wissenschaft zu begründen, führen zur Übernahme allgemein-wissenschaftlicher Verfahren in die Theologie. Am weitesten wird diese Entwicklung vorangetrieben in der axiomatischen Durchgestaltung der Theologie bei Alanus ab Insulis (ca. 1120-1202) und Nikolaus von Amiens. Beide haben aber verschiedene Modelle von Axiomatik vor sich: Alanus folgt Boethius, *De hebdomadibus*, Nikolaus dagegen stützt sich auf Euklid.[114]

Die *Regulae de sacra theologia* des Alanus von Lille stellen von Anfang an den Konnex mit den weltlichen Wissenschaften heraus: Alle Wissenschaften haben zu ihrem eigenen Fundament gewisse *regulae*, durch die auch die Grenzen der jeweiligen Wissenschaft angegeben werden; die *regu-*

112 Zu dieser ma. Lesart von 1 Petr 3,15 als Programm der Theologie: Ghellinck M 279-284.

113 Vgl. ebd. 267-277.

114 Vgl. G.R. Evans, Boethian and Euclidean Axiomatic Method in the Theology of the Later Twelfth Century. In: Archives Internationales d'histoire des Sciences 105 (1980) 36-52.

lae werden nur verschieden genannt: in der Logik *maximae* (sc. sententiae), in der Rhetorik *loci communes*, in der Ethik generelle Sätze, in der Physik Aphorismen, in der Arithmetik *porismata* usw. Wie alle anderen Wissenschaften, so hat auch die Theologie als „supercaelestis scientia" ihre grundlegenden Regeln bzw. Axiome.[115] Diese sind an sich von höherem Rang als die aller anderen Wissenschaften; doch sie sind auch schwerer aufzufinden. Mit Gilbert Porreta schreibt Alanus den theologischen Axiomen absolute und unwiderlegliche Notwendigkeit zu (necessitas absoluta et irrefragabilis) im Unterschied zu den Grundlagen der natürlichen Wissenschaften, die nur auf dem gewohnheitsmäßigen Naturverlauf beruhen.[116] Theologische Axiome zu finden, ist aber schwierig; ebenso, sie richtig zu formulieren. Wer sich nur an die natürlichen Wissenschaften hält, muß sie als Rätsel (aenigmata) oder als Paradoxe empfinden, die logisch nicht zu stimmen scheinen und schwer einzusehen sind. Tatsächlich bringt Alanus auch recht paradoxe Formulierungen unter seinen *regulae*, z. B. „Nur die Monas ist Alpha und Omega ohne Alpha und Omega" (reg. 5), „Gott ist die intelligible Kugel, deren Mittelpunkt überall und deren Umfang nirgends ist" (reg.7). Auch als *emblemata* (z. B. das Bild von der Kugel) oder *entymemata* werden sie bezeichnet, Boethius nennt sie *hebdomades* (nach Alanus gleich *diginitas, axioma*). Wegen ihrer Schwierigkeit sind sie aber nicht Anfängern zuzumuten, sondern erfordern einen bereits in der Theologie erfahrenen Hörer.[117] Die axiomatische Darstellung der Theologie ist also keine didaktische Vermittlung, sondern der wissenschaftliche Nachweis ihrer Stimmigkeit, Notwendigkeit und Wissenschaftlichkeit.

Die Axiome der Theologie sind aber für Alanus eindeutig metaphysische Sätze, deren allgemeinster und fundamentalster lautet: „Monas est, qua quaelibet res est una", womit definitorisch die „supercaelestis unitas" Gottes gemeint ist und zugleich die stark neuplatonische Provenienz dieser (boethianischen) Metaphysik deutlich wird. Für diese ersten Sätze wird Unbeweisbarkeit und Selbstevidenz gefordert, so daß ihnen jeder beim Hören unmittelbar zustimmt. Doch nicht die Zustimmung der Menschen entscheidet, da manche theologischen Axiome (z. B., daß es ein einziges Prinzip für alle Dinge geben müsse) verbreitet, andere dagegen (die streng metaphysischen Sätze, z. B., daß bei allem schlechthin Einfachen Sein und Wesen identisch sind) nur wenigen bekannt sind. Von dieser Art aber sind

115 Alanus ab Insulis, Regulae de sacra theologia, prol. (PL 210, 621 AB); vgl. M-D. Chenu, Un essai de méthode théologique au XIIe siècle. In: MS 35 (1973) 258-267; vgl. auch P. Glorieux, La Somme „Quoniam homines" d'Alain de Lille. In: RThAM 17 (1950) 29-45.

116 Alanus ab Insulis, Regulae, prol. (621 C-622 A).

117 Ebd. (623 B).

die grundlegenden Axiome der *Regulae*. Die Trinität wird eingeholt in der 3. Regel „Die Monas erzeugt eine Monas und wendet die Glut (der Liebe) auf sich selbst zurück" (reg.3).[118] Bereits die angeführten Regeln zeigen, daß bei Alanus nicht alle Regeln gleichgeordnete, unbeweisbare Axiome sind, sondern die späteren aus den früheren abgeleitet werden sollen, was er in den ersten Schritten auch durchführt. Schwierig wird dagegen die durchgängige Ableitung bei heilsgeschichtlichen Fakten wie der Inkarnation. Sie wird in reg. 99 „begründet" aus dem dreifachen Status des Menschen, seiner *thesis* (natur- und vernunftgemäßer Urstand), von der aus er in zwei Richtungen „hinausstehen" kann (exstasis): nach oben zu Gott in der *apotheosis* und nach unten zum Vieh in der *hypothesis*. Da nun letzteres eintritt, verläßt Gott seinen Status der *apotheosis* und entäußert sich bis zur *hypothesis*.[119] Schließlich werden auch relativ einfache dogmatische Aussagen, z. B. über die Todesfurcht Christi (reg. 105), als Axiome angesetzt und erläutert.[120] Alanus' Versuch zeigt gerade in diesem Teil und in der Sakramentenlehre, wo er sich mehr einer landläufigen Summe nähert, wie schwierig es ist, metaphysisches Axiomensystem und biblisch-heilsgeschichtliches „Faktum" oder geschichtliche Institutionen der Kirche so in Einklang zu bringen, daß daraus eine durchgängig beweisende Wissenschaft gebaut werden kann.

Genau das beansprucht nun Nikolaus von Amiens bereits im Titel seines zwischen 1187 und 1197 geschriebenen Werkes *Ars fidei catholicae*: eine kunstgerechte Darlegung des katholischen Glaubens zu geben.[121] Kunstgerecht, das heißt hier: nach den Regeln der Axiomatik des Euklid. Wir haben es also bereits im 12. Jh. mit einer *Theologia more geometrico demonstrata* zu tun, wenigstens dem Plan nach. Axiome, Definitionen (descriptiones) und Postulate (petitiones) sind das Grundgerüst, mit denen Nikolaus seine Darstellung eröffnet (Buch 1: Gottes- und Trinitätslehre; Buch 2: Erschaffung der Welt, der Engel und Menschen, Freiheit; Buch 3: Inkarnation und Erlösung; Buch 4: Sakramente; Buch 5: Eschatologie). Generell für alle Teile (in späteren Büchern werden ggf. Definitionen nachgeliefert) gelten die Definitionen von Ursache, Substanz, Materie, Form, Eigenschaft, Akzidens, Unterschied und Unterschiedenem, Bewegung, Wirklichsein, Intellekt, Nomen und Verbum, Zahl. Die drei Postulate besagen:

---

118 Ebd. reg.1-3 (623 A-625 A).

119 Ebd. reg. 99 (673 C-674 A). Die drei Status dienen zur Ableitung von zwei Arten der Theologie (*supercaelestis* bzw. *apothetica* und *subcaelestis* bzw. *hypothetica*) und der „naturalis philosophia que circa terrena vertitur" in der Summa „Quoniam homines" I n.2: ed. Glorieux, Somme 121.

120 Alanus, Regulae, reg. 105 (677 C).

121 Edition: M. Dreyer, Nikolaus von Amiens: Ars fidei catholicae - Ein Beispielwerk axiomatischer Methode. (BGPhMA NF 37). Münster 1993.

1. Ursache alles Zusammengesetzten ist das Zusammensetzende.
2. Bei den Ursachen ist ein Regreß ins Unendliche ausgeschlossen.
3. Eigenschaften der Ursachen des Geschaffenen, die nicht selbst verursacht sind, kommen auch deren Wirkungen zu, so wird z. B. das Gutsein von Gott aufgrund seiner Ursächlichkeit und Wirkung ausgesagt.[122]

Hinzu kommen sieben allgemein gültige Axiome (communes conceptiones):

1. Alles hat das Sein von jener Ursache, die seine Ursache ins Sein geführt hat.
2. Jede Ursache ist früher und höheren Ranges als das von ihr Verursachte.
3. Etwas ist nicht zugleich früher, vornehmer oder höher als es selbst.
4. Besitzt ein Größerer einen Geringeren, so ist der Geringere gehalten, sich selbst und alles, was er hat, in den Dienst der Ehre und des Willens des Größeren zu stellen.
5. Wer Unrecht verübt, verdient um so größere Strafe, je höher gestellt der ist, dem Unrecht getan wurde.
6. Nach dem Rang dessen, gegen den gesündigt wurde, ist die Wiedergutmachung zu bemessen.
7. Gehörtes bewegt die Seele stark, am stärksten aber, was man gesehen hat.[123]

Wie sich leicht vermuten läßt, dienen die ersten drei Axiome der Gottes- und Schöpfungslehre, während sich aus Axiom 4-6 die Satisfaktionstheorie eines Anselm von Canterbury ableiten und aus Axiom 7 die Sakramentenlehre darstellen läßt. Im Unterschied zur Axiomatik eines Alanus führt aber Nikolaus die Ableitung jeweils voll durch unter Angabe der benutzten Axiome, Definitionen und Postulate. Meist wird der Beweis abgeschlossen mit: „Et sic patet propositum", d. h. der vormals unbewiesene, nur angenommene Sachverhalt ist nun aus den Voraussetzungen bewiesen. Diese Voraussetzungen aber sind recht verschiedener Art. Keine ist genuin theologisch, sondern Ax.1-3 sind metaphysische Sätze der (platonistischen) Ursachenlehre, Ax. 4-6 sind Regeln der Gerechtigkeit der mittelalterlichen Gesellschaft, Ax. 7 schließlich läßt sich am ehesten als generalisierte lebensweltliche Erfahrung ansprechen. Während diese Axiome für alle Bücher gelten, werden in den späteren die nötigen Definitionen explizit gegeben, so von Gut, Böse, Nützlich, Liebe, Gerechtigkeit, Verdienst, Unverdienst, Demut, Barmherzigkeit, Glorie, Gnade und Genugtuung für die Sünde in Buch 2, von Predigt, Sakrament, Taufe, Eucharistie, Ehe, Buße, Weihe von Basiliken, Salbung mit Chrisam und Öl und Kirche in Buch 4. Durch die Anwendung der Axiome auf die somit terminologisch erschlos-

122 Nikolaus v. Amiens, Ars (ed. Dreyer 77,15-79,4).
123 Ebd. (ed. Dreyer 79,5-18).

senen theologischen Fragen entsteht aber genau die „ars catholicae fidei". Denn jede kunstgerechte Darstellung besteht aus Definitionen, Distinktionen und Sätzen, die in kunstgerechter Aufeinanderfolge die hypothetisch angenommenen Sätze beweisen.[124] Notwendig aber wird diese Methode der „probabiles fidei nostrae rationes" für die apologetische Absicht Nikolaus', eine Darstellung des Glaubens zu geben, die auch Muslime, Juden und Häretiker zum Glauben führen, diesen aber nicht letztlich beweisen und dadurch aufheben kann.[125]

Dadurch, daß Nikolaus im Unterschied zu Alanus nicht nur metaphysische, sondern auch sozialrechtliche, ja lebensweltliche Grundsätze heranzieht und von Euklids universaler Methode statt von Boethius' neuplatonischer Metaphysik ausgeht, bleiben ihm auch methodische Brüche erspart, die Alanus bei der Einführung der Heilsgeschichte und Sakramentenlehre in die Axiomatik in Kauf nehmen muß. In den nicht-theologischen Axiomen dieser Theologie aber enthüllt das Unternehmen des Nikolaus von Amiens seine volle Bedeutung: Es geht um den wissenschaftlichen Rationalitätsnachweis des Glaubensinhaltes, und zwar auf metaphysischer, sozialphilosophischer und lebensweltlicher Grundlage.

2.9 Auf dem Weg zu einer theologischen Orthosprache

Gegen Ende des 12. Jhs. zeichnen sich in der Theologie Synthesen der bestehenden Schulen ab, die sprachlich-grammatische, logische, biblische, metaphysische und teilweise axiomatische Ansätze miteinander verbinden. Typisch hierfür sind etwa die einflußreichen systematischen Werke des Petrus von Poitiers (ca. 1130-1205)[126] und Präpositinus von Cremona (ca. 1150-1210).

Petrus von Poitiers war Schüler des Lombarden und lehrte in Paris von 1167 bis 1193. Sein wichtigstes Werk sind die *Sententiarum libri quinque*,

124 Ebd. (ed. Dreyer 77,13-15): Nempe editionem hanc artem fidei catholicae merito appello. In modum enim artis composita diffinitiones, divisiones continet, et propositiones artificioso processu propositum comprobantes.

125 Ebd. (ed. Dreyer 76, 5-22).

126 Sententiae Petri Pictaviensis. Ed. Ph. S. Moore/M. Doulong. Bd.1 (Publications in Medieval Studies 7). ND Notre Dame, Ind. 1961; Bd.2 (Publications in Medieval Studies 11). Notre Dame, Ind. 1950. Vgl. Ph. S. Moore, The Works of Peter of Poitiers, Master in Theology and Chancellor of Paris (1193-1205). (Publications in Medieval Studies 1). Notre Dame, Ind. 1936. Von diesem Petrus Pictaviensis ist zu unterscheiden der in Wien lehrende Porretaner Mag. Petrus, der z. T. mit dem Verfasser der „Zwettler Summe" identifiziert wird, und ein Kanoniker von St. Viktor gleichen Namens: vgl. Häring, Zwettler Summe 3; Landgraf G 105-109. Sturlese, Philosophie 145-156.

geschrieben vor 1170/76. Vergleicht man aber die beiden Sentenzenwerke, so fällt der Unterschied sogleich ins Auge: Petrus von Poitiers diskutiert neben traditionellen Sentenzen auf weite Strecken die Adäquatheit theologischer Termini, die er z. T. explizit neu einführt. So folgt auf die Versicherung der Existenz Gottes sogleich eine sprachkritische Reflexion in der Unterscheidung der Wörter, die von Gott prädiziert werden, und ihrer Aussageweisen (l. 1 c. 2). Diese systematische Darstellung in 5 Büchern (1. Trinität, 2. Sündenfall, 3. Wiederherstellung durch Tugenden, 4. Wiederherstellung durch Inkarnation, 5. Wiederherstellung durch Sakramente) versteht sich immer noch als Einführung zur Hl. Schrift. Sie will für Anfänger die „disputabilia sacre pagine" geordnet (in serie) darstellen. Ordnungswille und Quästionentechnik verbinden sich mit einem klaren Bewußtsein des sprachlichen Vollzugs von Theologie.[127] Daß Petrus sich dabei eine „modesta inquisitio" vornimmt, deutet an, daß er alle unnützen, nicht genuin theologischen oder lächerlichen Fragen vermeiden will.[128]

Methodisches Mittel ist zuvörderst die genaue sprachlich-logische Unterscheidung, wie sie Erbgut der Schulen Abaelards und der Porretaner ist: 'Distingue', 'distinguenda est hec', 'non est danda sine distinctione' usw., lesen wir immer wieder, vor allem, wo widerstreitende Autoritäten zu harmonisieren sind. Das erste, was ein Theologe zu lernen hat, bevor er an die Hl. Schrift herangeht, ist also eine präzise theologische Terminologie, eine theologische Orthosprache; denn ohne sie kann man von theologischen Fragen nach Meinung des Petrus gar nichts verstehen.[129] So werden neun Wortarten in der Anwendung auf Gott unterschieden[130]:

1. Bezeichnungen der Essenz: *essentia, divinitas*;
2. Bezeichnungen der Essenz, aber ggf. auch von Personen: *potentia, sapientia, bonitas*;
3. Relationsausdrücke ohne Referenz: *simile, aequale*;
4. Relationsausdrücke mit Referenz: *pater, filius*;
5. Kollektive Ausdrücke für alle Personen zusammen: *Trinitas*;
6. Relationsausdrücke über alle Personen im Hinblick auf Geschöpfe: *Creator, Dominus*;
7. Zeitliche Relationsausdrücke über einzelne Personen im Hinblick auf Geschöpfe: *missus*;
8. Zeitliche Ausdrücke nicht-relationaler Art: *Incarnatus, humanatus*;
9. Metaphorische Ausdrücke: *agnus, leo, character.*

127 Vgl. Petrus Pictaviensis, Sent. prol. (I,1,15-2,35).

128 Vgl. ebd. Introduction XII*.

129 Ebd. II, 12 (II,77, 395-397): Nam ignorata virtute nominum et verborum necesse est nihil eorum intelligi que hic inquiruntur.

130 Ebd. I,2 (I,11,25-43).

Sprachlich-terminologische Unterscheidung verbindet sich bei Petrus mit einer Lehrmethode, die auf Genauigkeit und Durchsichtigkeit Wert legt. Alle neun Wortarten sind exemplifiziert. Darüber hinaus läßt er seine Schüler schematische Zeichnungen (figura) anfertigen, die auch in sein Werk eingefügt sind.[131]

Eine ähnliche theologische Konzeption liegt auch der Summe „Qui producit ventos" des Präpositinus von Cremona zugrunde, der zeitgleich mit Petrus von Poitiers und Alanus von Lille in Paris lehrte und ersterem als Kanzler von Paris nachfolgte. Er steht der Axiomatik des Alanus und der Sprachlogik der Porretaner noch näher als Petrus und beginnt sogleich das 1. Buch seiner Summe im vollen Bewußtsein der Notwendigkeit einer sauberen Terminologie: „E vocabulis igitur que de Deo dicuntur incipiamus."[132] Im Unterschied zu Petrus bringt nun Präpositinus die grammatisch-sprachlogischen Regeln im einzelnen, die ein sauberes Sprechen über die Verhältnisse in Gott ermöglichen sollen. Wir haben es also mit dem Entwurf einer theologischen Grammatik zu tun. Zunächst werden die benötigten oder vorgefundenen Wörter unterschieden:

1. Wörter, die zeitlos ausgesagt werden (ab aeterno, z. B. *Deus bonus, Deus iustus*),
2. Wörter, die mit Konnotation der Zeit ausgesagt werden (z. B. *creator),*
3. Wörter, die von allen drei Peronen und jeder einzelnen ausgesagt werden (z. B. *Deus*),
4. Wörter, die von den drei Personen zusammen, nicht aber von den einzelnen ausgesagt werden (z. B. *Trinitas*),
5. Wörter, die nur von zwei Personen ausgesagt werden (z. B. *principium spiritus sancti*),
6. Wörter, die nur von einer Person ausgesagt werden (z. B. *pater, filius, spiritus sanctus*).
7. Ihrer grammatikalischen Einteilung nach sind es Nomina (Substantiva, Adjektiva), Verba und Partizipien.
8. Bei den Adjektiven ist weiter zu berücksichtigen, ob sie eine Teilung konnotieren (z. B. *unus*) oder nicht (z. B. *bonus*), ob sie einstellige Prädikate (z. B. *aeternus*) oder Relationsausdrücke (z. B. *coaeternus, coaequalis*) mit Bezug auf eine andere Person oder auf Drittes (z.B. *prescius*) sind.[133]

---

131 Ebd. I,15 (I,153) zu Prädestination und Reprobation; ebd. I,22 (I,193) zur Unterscheidung der trinitarischen Personen; ebd. I,30 (I,240) zum Verhältnis des Hervorgangs des Hl. Geistes aus Vater und Sohn; Alberich von Trois-Fontaines bezeugt diese Lehrmethode offenbar als Ausnahmeerscheinung: vgl. ebd. Introduction XXI.

132 Präpositinus, Summa „Qui producit ventos" I,1 (ed. Angelini 197,1).

133 Ebd. (199,2-16).

Für dieses Vokabular werden nun im einzelnen Regeln angegeben, die die Bedeutung im theologischen Gebrauch festlegen:[134]

1. Alle Wörter, die über alle drei Personen und jede einzelne referentiell ausgesagt werden, bezeichnen das göttliche Wesen, ausgenommen Adjektive, die eine Teilung konnotieren.
2. Verba, Partizipien und Adjektive, die ein Verhältnis der Personen zueinander konnotieren, werden im Plural von den drei Personen zusammen ausgesagt (z. B. *potentes omnia, coaeterni*).
3. Substantive, die die Essenz bezeichnen, werden im Singular von den drei Personen ausgesagt (z. B. *Deus*).
4. Adjektive, die keine Relation einer Person zu einer anderen besagen, haben identische Bedeutung, wenn sie im Plural von den drei Personen ausgesagt werden (z. B. *Pater et Filius et Spiritus Sanctus sunt aeterni*).
5. Adjektive, die eine Teilung konnotieren (z. B. *unus, aliquis, distinctus*), konnotieren (im Maskulin oder Feminin) in Verbindung mit Personen eine Unterscheidung (z. B. *Pater est unus, Filius est alius, Pater et Filius sunt duo*). In Verbindung mit Substantiva, die das Wesen bezeichnen, bezeichnen sie auch das Wesen (z. B. *Pater est unus Deus, pater et filius sunt una essentia*); ebenso bezeichnen sie im Neutrum das Wesen (z. B. *Pater et filius sunt unum*).
6. Das Substantiv '*persona*' bezeichnet die Unterscheidung, antwortet auf die Frage 'quid tres?' und wird im Plural kollektiv für alle drei Personen verwendet.

Die Regeln werden jedoch hier nicht in axiomatischer Methode aufgestellt, sondern in z. T. langwieriger Disputation des Pro und Contra patristischer Autoritäten und zeitgenössischer Meinungen erhoben, wobei die dauernde Möglichkeit von Fehlschlüssen aufgrund unsauberen Wortgebrauchs (fallaciae) klar bewußt ist.[135] Solche terminologische Arbeit setzt aber ein Vorwissen um den Glaubensinhalt voraus, wie er von der Kirche vorgelegt wird. Nicht dieser steht für die Theologie zur Diskussion, sondern die Adäquatheit menschlicher Rede in dessen Auslegung. Eine logische Analyse des Verfahrens des Präpositinus kann zeigen, daß der Glaubensinhalt in kirchlicher Formulierung (möglichst orthosprachlich) axiomatisiert werden kann. Die für die Trinitätslehre grundlegenden Axiome sind etwa[136]:

1. Der Vater (Sohn, Hl. Geist) ist Gott.
2. Vater, Sohn und Hl. Geist sind ein einziger Gott.
3. Vater, Sohn und Hl. Geist sind drei Personen.

---

134 Zusammenfassung mit Belegstellen: Angelini, Ortodossia 21.

135 Zum Einfluß der *Sophistici Elenchi* und zur beginnenden *Logica Modernorum* vgl. ebd. 108.

136 Zusammenstellung: Ebd. 35.

4. Das Wesen ist Person (Vater, Sohn und Hl. Geist).
5. Gott ist (durch sein Wesen), ist mächtig (durch seine Macht) usw.
6. Gott ist einfach, ewig, unveränderlich, vollkommen usw.
7. Gott ist sein Wesen, seine Macht usw.
8. Der Vater zeugt den Sohn; der Sohn wird vom Vater gezeugt; Vater und Sohn hauchen den Hl. Geist; der Hl. Geist geht von Vater und Sohn aus.
9. Der Vater verleiht durch die Zeugung dem Sohn das Sein (entsprechend für den Hl. Geist).
10. Der Vater ist Vaterschaft (paternitas); entsprechend für die anderen Personen.

Präpositinus bleibt also nicht bei einer vagen Axiomatik nicht weiter reduzierbarer Sätze stehen, sondern sucht für die Axiome und alle abgeleiteten Aussagen die nötige terminologische Präzision herauszuarbeiten. Dieses Verfahren unterscheidet ihn von der Axiomatik des Alanus von Lille und Nikolaus von Amiens. Jetzt sind es wirklich theologische Axiome, aus denen geschlossen wird. Theologie ist Einzelwissenschaft geworden, die ihrer selbst gewiß werden will. Präpositinus ist es nicht primär um eine metaphysische oder rational-lebensweltliche Begründung von Theologie zu tun, sondern um deren Geschäft als schulmäßige, wissenschaftliche und kirchliche Disziplin: Wie ist mit allen Mitteln spekulativer Grammatik und nunmehr ausgeweiteter aristotelischer Logik (besonders unter dem Einsatz der Topik und *Sophistici Elenchi*)[137] eine sprachlich saubere, inhaltlich stimmige und zugleich kirchlich akzeptierte Theologie zu gewinnen?

2.10 Scholastische und monastische Theologie

Die Ausbildung der „akademischen" Theologie an den Schulen des 12. Jhs., bei Präpositinus schon im Stadium der Selbstversicherung angelangt, ist begleitet von Strömungen der Theologie, die bislang nur am Rande berührt wurden und vor allem seit J. Leclercq gemeinhin als „monastische Theologie" zusammengefaßt werden.[138] So richtig es ist, eine eigenständige theologische Tradition der monastischen Orden und Reformbewegungen des 12. Jhs. anzunehmen, so simplifizierend ist die Gegenüberstellung von monastischer und scholastischer Theologie. Denn Anselm von Canterbury ist ebenso Mönch wie Abaelard zeitweise; Hugo von St. Viktor ist Reformkanoniker; Alanus ab Insulis, einer der profiliertesten „Scholastiker", wird Zisterzienser. Andererseits stehen Gestalten wie Bernhard von Clairvaux, Petrus Damiani, Rupert von Deutz (1075/80-1129/30) und Gerhoch von Reichersberg oder Othloh von St. Emmeram (um 1010 - nach 1070) sicher

137 Vgl. ebd. 107-111.

138 Vgl. vor allem Leclercq, Wissenschaft; dort reiche Literatur.

außerhalb der genuinen Schultheologie, setzen sich jedoch mit dieser mehr oder weniger sachkundig auseinander.

Die Lebensform des Klosters und der Hohen Schulen sind nicht nur im 12. Jh. verschieden und z. T. inkompatibel. Dabei versteht sich gerade das Benediktinerkloster als „Schule für den Dienst des Herrn" (dominici schola servitii), allerdings eine Schule, in der die Vertiefung des Glaubens hineingebettet ist in persönliche Gottsuche und gemeinsames Tun zum Lob Gottes.[139] Auch die innere Klosterschule ist in diese Lebensform aufgenommen und unterscheidet sich dadurch klar von der von nicht ortsansässigen Lehrern und Scholaren bevölkerten Stadt- oder Kathedralschule. Liturgie, Gebet, Schweigen, Tränen und *lectio divina* nennt z. B. der selbst scholastisch ausgebildete Prämonstratenser Philipp von Harvengt (+ 1183) als Grundelemente klösterlichen Lebens im Unterschied zum „Lärm des weltlichen Schulbetriebs" (als Musterbeispiele Laon und Paris).[140] Petrus Comestor stellt deutlich die „claustrales", die sich mehr dem Gebet als der *lectio* (im technischen Sinn) widmen, den „scholares" gegenüber, die ihre ganze Zeit mit der *lectio* verbringen und nur wenig für das Gebet übrig haben.[141]

Es ist natürlich leicht, aus der Überlegenheit eigener Frömmigkeit über die Nutzlosigkeit scholastischer, akademischer Theologie zu klagen oder zu wettern und die „sancta simplicitas" über die weltliche „curiositas" zu stellen.[142] Ziel, Methoden und Darstellungsformen des Theologisierens sind in beiden Lebensformen verschieden. Das Ziel ist hier die eigene Vertiefung im Glauben, die Erbauung des anderen, der oft die Lebensform teilt, oder die Abwehr falscher Lehren bzw. schädlicher Einflüsse. Bernhard von Clairvaux bezieht deshalb die monastische Theologie in seiner Schriftauslegung auf die eigene *Erfahrung* und grenzt sie dadurch von der technisch-wissenschaftlichen Schriftauslegung ab:

> „Was uns betrifft, so wollen wir bei der Kommentierung der mystischen und heiligen Worte mit Bedacht und Einfalt vorgehen. Verhalten wir uns wie die Heilige Schrift, welche die im Mysterium verborgene Weisheit mit Worten, die uns eigen sind, wiedergibt; wenn sie zu uns von Gott spricht, dann stellt sie ihn dar mit Hilfe unserer eigenen Gefühle und Empfindungen. Die unsichtbare und verborgene Wirklichkeit Gottes, welche von so erhabenem Wert ist, die Schrift macht sie dem menschlichen Geist zugänglich gleichsam in Gefäßen von geringem Wert, in Vergleichen, die der uns durch die Sinne bekannten Wirklichkeit entnommen sind."[143]

---

139 Regula Benedicti, Prol. 45 (CSEL 75,8); vgl. Steidle, Schola 399-406.

140 Philipp von Harvengt, Ep. 7 (PL 203,58).

141 Petrus Comestor, Sermo IX (PL 198,1747).

142 Vgl. z. B. Petrus Damiani, De sancta simplicitate (PL 145,695-703).

143 Bernhard v. Clairvaux, Super Cant. 74,2 (S. Bernardi Opera. II, Roma 1958, 240,16-22).

Die Hinordnung der Theologie auf klösterliches Leben, Liturgie und Gebet[144] macht die klösterlichen Schulen zu einer Heimat der symbolisch-erfahrungsbezogenen Schriftauslegung, wie sie exemplarisch in St. Viktor, aber auch in den der monastischen Tradition entsprechenden Gedichten des Alanus ab Insulis praktiziert wird. Eleganter Stil und Poesie werden ja in den Klöstern, nicht in den Sentenzensammlungen der Schulen gefunden; die Dichtung vagierender Scholaren (und Magistri) ist damit nicht zu vergleichen.[145] Wieder ist es deshalb vor allem die klösterliche Schultradition, in der allegorische, tropologische und anagogische Schriftauslegung (z.T. abseits scholastischer Schemata) gepflegt wird und daraus eine „théologie symbolique" entsteht.[146] Monastische Tradition spiritueller Exegese und scholastisches Wissen durchdringen sich in den besten Zeugnissen dieser Gattung, die oft schon im Titel auf den Symbolismus Bezug nehmen: z.B. Richards von St. Viktor *Benjamin maior* und *Benjamin minor*; Hugos von St. Viktor *De arca Noe morali* und *De arca Noe mystica*. Oft entstammen solche Werke den *Collationes*, spirituell-aszetischen Vorträgen für die Mitbrüder bzw. Gesprächen mit ihnen. An Noachs Arche zeigt ihnen Hugo beispielsweise den gesamten Bau der Kirche, Christi und des geistlichen Lebens auf.[147] Die Arche wird dazu als *figura* bildlich aufgezeichnet (Meditationsbild) bzw. konstruiert. Gerade bei den Viktorinern hat aber die symbolische Auslegung immer ihr Fundament in der genauen Interpretation der *littera*. Weil in der *figura* jeder Teil wichtig ist für die symbolische Deutung, kommt es bereits darüber zu Anfragen und verschiedenen Auslegungen, z. B. im Traktat *De tripartito tabernaculo* des Prämonstratensers Adam von Dryburgh (Adamus Scotus [+ 1212]) als Antwort einer höchst detaillierten Anfrage des Johannes von Kelso (um 1175) zu Ex 25-27, z. B. über Ort und Bedeutung der 6. Zeltdecke (Ex 26,9) oder des Netzgitters aus Kupfer am Altar (Ex 27,4).[148]

Der historische Sinn, der sich hier zeigt, ist auffallend stark mit der monastischen Theologie verbunden. Während die Theologen der Kathedral- und Stadtschulen im allgemeinen wenig Sinn für die Geschichte entwikkeln, ist durch die historische Fundierung der Lebensform eines speziellen Klosters immer ein Anstoß zur Auseinandersetzung mit der eigenen Ver-

144 Ders., De consid. V,32 (III,493,24f): at orando forte quam disputando dignius quaeritur et invenitur facilius.

145 Vgl. Leclercq, Wissenschaft 260-275.

146 Vgl. vor allem Chenu 159-209.

147 Hugo v. St. Viktor, De arca Noe mystica (PL 176,681-684). Vgl. P. Sicard, Diagrammes médiévaux et exégèse visuelle. Le *Libellus de formatione Arche* de Hugues de Saint Victor. (Bibliotheca Victorina 4). Paris-Turnhout 1993. Bemerkenswert die Reaktion von Smalley 96: „Oh yes! we think of the Kindergarten."

148 PL 198, 609-792; vgl. Chenu 192-196.

gangenheit gegeben.[149] Aus der Geschichtsschreibung (z. B. Klosterchroniken) entwickelt sich aber eine Geschichtsdeutung bzw. Geschichtstheologie, wie sie etwa bei Otto von Freising (+ 1158) greifbar wird. Auch Geschichtsschreibung wird zur theologischen Erbauung und Selbstbesinnung; deutlich etwa beim Cluniazenserabt Petrus Venerabilis (+ 1156), der im Prolog zu *De miraculis* zornig wird „über die Gleichgültigkeit vieler Menschen, die sich zwar durch ihr Wissen, ihre Liebe zur Literatur und ihre Beredsamkeit auszeichnen, aber zu faul sind, ihrer Nachwelt schriftliche Aufzeichnungen zu hinterlassen über die wunderbaren Werke, die der Allmächtige immer wieder überall auf der Erde zur Stärkung seiner Kirche vollbringt".[150] Auf Kirche, Gotteslob und gegenseitige Erbauung ist also die Geschichtsschreibung ausgerichtet, sei es in Form der Hagiographie, die z. T. die Form eines aszetischen Traktates anhand einer Heiligengestalt annimmt,[151] sei es in Form einer Kloster-, Kirchen- oder Weltgeschichte. Theologische Absicht, kritischer Sinn und Wundergläubigkeit können hier die verschiedensten Mischungen eingehen, z. T. auch zur Verteidigung handgreiflich-materieller Interessen.[152] Versatzstücke werden ähnlich den Sentenzen der Magistri von einer Heiligenvita zur anderen übertragen, die ggf. zu einem ganz bestimmten Zweck, etwa die Erhebung der Gebeine oder Kanonisierung zu erreichen, verfaßt wird.[153]

Die klösterliche Theologie sieht sich aber zumeist in ihrer eigenen Lebensform der scholastischen Theologie überlegen. Von dieser setzt man sich gern ab mit dem auch von Bernhard von Clairvaux herangezogenen Wort des Hieronymus, der Mönch habe das „officium lugendi", nicht das „officium docendi".[154] Auswüchse scholastischen Betriebs und die Lebensführung von Magistri und Scholares konnten willkommene Anläße frommer Distanzierung sein, so wenn Stephan von Tournai (1135-1203) an den Papst schreibt: „Die Studenten haben für nichts anderes mehr Sinn als für das, was neu ist. Die Magistri, die ihren Ruhm über alles lieben, verfassen jeden Tag neue Summen und neue theologische Werke, die den Hörern gefallen und sie täuschen, als ob die Schriften der Väter nicht genug wären, die die Heilige Schrift ausgelegt haben."[155] Wenn man schon Theologie treiben will, dann nicht mit den Mitteln dialektischer Terminologie (profanae vocum novitates, 1 Tim 6,20) als Wissenschaft (scientia); denn

149 Vgl. Leclercq, Wissenschaft 174-189.

150 Petrus Venerabilis, De miraculis, prol. (PL 189,907).

151 Z. B. die Vita Siardi (ed. Wybrands); vgl. Leinsle, Aristoteles 210-216.

152 Beispiele: Leclercq, Wissenschaft 179-182.

153 Beispiele: Ebd. 186f.

154 Hieronymus, c. Vigil. 15 (PL 23, 351); Bernhard v. Clairvaux, Sup. Cant. 64,3 (II, 168,3f); Ep. 89 (VII,236,3f).

155 Stephan v. Tournai, Ep. 251 (PL 211,517).

diese erbaut nicht, sondern führt nur zu Hochmut (scientia inflat, 1 Kor 8,1). Mit solchen Bibelstellen glaubte man sich in manchen Kreisen gegen den scholastischen Betrieb gewappnet.[156] Doch die Ablehnung aller scholastisch-akademischen Theologie ist weder durchgängiges noch notwendiges Kennzeichen „monastischer" oder klösterlicher Theologie. Das Plus des klösterlichen Lebens aber macht die hier vertretene Theologie zur existentiell erfahrbaren Theologie, zur Weisheit (z. B. in der Schule von St. Viktor), die sich dann der bloßen Wissenschaft gegenüberstellen kann, wie es programmatisch Bernhard von Clairvaux festhält: „Dort (in den Schulen) hören wir, was die Weisheit lehrt, hier empfangen wir sie in uns. Dort werden wir belehrt, hier ergriffen. Aus dem Unterricht gehen Wissende hervor, aus dem Umgang dagegen Weise. [...] Dort gelangt man bis zur Weisheit, hier dringt man in sie ein."[157]

2.11 Die gelehrte Häresie

Von Gottschalk über Berengar bis Gilbert Porreta und Petrus Lombardus begegnet uns in der Geschichte der Theologie immer wieder der Vorwurf der Häresie. Scholastische Theologie und Häresie scheinen - entgegen allen späteren Beteuerungen - engstens miteinander verbunden zu sein. Im Unterschied zu den religiösen Volksbewegungen und -häresien des 12. Jhs. haben wir es hier mit einer gelehrten, schulmäßig ausgebildeten Abweichung von der Norm kirchlicher Lehre zu tun.[158] Das Vorgehen gegen die Lehrer ist deshalb auch ein anderes als das gegen die Volkshäresien. Das Mißtrauen kirchlicher, nicht zuletzt klösterlicher Kreise gegenüber den freien Schulen und der dort betriebenen Theologie bildet einen Nährboden des Häresieverdachtes:

> „Entgegen den geheiligten Vorschriften disputiert man über die unbegreifliche Gottheit; über die Menschwerdung des Wortes streitet mit vielen Worten und ohne Ehrfurcht Fleisch und Blut. Die unteilbare Dreifaltigkeit zerteilt man und zeigt ihre Verschiedenheiten auf. Schon gibt es ebenso viele Irrtümer wie Doktoren, ebenso viele Lehren wie Auditorien, ebenso viele Blasphemien wie öffentliche Plätze."

So klagt Stephan von Tournai, Abt vom Genovevaberg in Paris, bei Papst Innozenz III. (1198-1216).[159] Andererseits wird nicht selten den gelehrten Häresien der Charakter von Geheimlehren vorgehalten (z. B. gegenüber Abaelard und Gilbert Porreta).[160] Das Unverständnis scholastischer Ter-

156 Vgl. z. B. Petrus Damiani, De sancta simplicitate (PL 145,695).

157 Bernhard v. Clairvaux, Sup. Cant. 23,14 (I,147,22-148,13).

158 Vgl. Fichtenau, Ketzer; Grundmann, Bewegungen.

159 Denifle, Chartularium I,48 n.48.

160 Vgl. Abaelard, Confessio fidei. Ed. Ch. S. Burnett. In: MS 48 (1986) 132; Gaufred von Auxerre, Contra Capitula Gilberti c.1 (PL 185,595).

minologie bzw. porretanischer „Orthosprache" und Methode in weiten Kreisen der Kirche tat ein weiteres, um den Häresieverdacht zu nähren.

Gleichzeitig mit der Ausbildung dieser frühscholastischen Theologie konstatieren wir die Entwicklung eines formalen und juristisch genauen Häresiebegriffs.[161] Der Hintergrund dafür sind die gregorianische Reform und die Ausbildung des päpstlichen Jurisdiktionsprimats. Der Häresiebegriff dieser Richtung, greifbar etwa bei Gerhoch von Reichersberg und Petrus Damiani, trifft nur sehr bedingt auf die gelehrte Häresie zu; er ist vor allem disziplinär ausgerichtet auf die Abweichung von der „Romana ecclesia": „hereticum esse constat qui Romane ecclesie non concordat", formuliert Gregor VII.[162] Auf Lehrabweichungen kann man diese Formel dann anwenden, wenn man davon ausgeht, daß die Römische Kirche immer den rechten Glauben bewahrt hat; denn im Unterschied zum Schisma spaltet die Häresie nicht die Kircheneinheit, sondern die Wahrheit.[163] Erst in dieser Fassung wird der Häresiebegriff des Reformpapsttums auf spekulativ-theologische Abweichungen anwendbar, wie Gerhochs Kampf gegen Abaelard und Gilberts Schüler beweist. Scholastik (scholastice) tritt für ihn als Reformkanoniker in Gegensatz zur kirchlichen Disziplin (ecclesiastice), in die die Lehre eingebunden ist. Die „scholae in Francia" sind die Wiege der Häresie und stehen deshalb im Gegensatz zur „ecclesia Romana".[164]

Eine formal wesentlich interessantere Argumentation verwendet Bernhard von Clairvaux in seinem Vorgehen gegen Abaelard und Gilbert.[165] Bernhard wirft Abaelard einerseits Neuerung in Glaubenssachen vor: Es werde ein neuer Glaube vorgelegt. Abaelard stelle seine „novitates" über die Lehre der katholischen Väter und den Glauben; er verkünde in Summa eine „nova haeresis".[166] Diese Neuerung entpuppt sich aber als alter Irrtum, der zurückgeführt wird auf die sattsam bekannten Irrlehren der Väter-

---

161 Vgl. vor allem: O. Hageneder, Der Häresiebegriff bei den Juristen des 12. und 13. Jahrhunderts. In: Lourdeaux/Verhelst (Hg.), Concept 41-103.

162 Register Gregors VIII (MGH Ep/4, VII,25); vgl. P. Classen, Der Häresiebegriff bei Gerhoch von Reichersberg und in seinem Umkreis. In: Lourdeaux/Verhelst (Hg.), Concept 31f.

163 So Gerhoch von Reichersberg, Liber de laude fidei, (Opera inedita. Rom 1955/56, I,254); Ders., De investigatione Antichristi I,53 (MGH LL 3,359f); vgl. W. Beinert, Die Kirche - Gottes Heil in der Welt. Die Lehre von der Kirche nach den Schriften des Rupert von Deutz, Honorius Augustodunensis und Gerhoch von Reichersberg. (BGPhMA NF 13). Münster 1973, 368-380.

164 Gerhoch, Dialogus (MGH LL 3,227.235).

165 Vgl. J. Leclercq, L'hérésie d'après des écrits de S. Bernard de Clairvaux. In: Lourdeaux/Verhelst (Hg.), Concept 12-26.

166 Bernhard von Clairvaux, Ep. 190,26 (VIII, 38,16); 189,2f (VIII,13f); 192 (VIII, 43,17-19); 190,2 (VIII,18,25); 330 (VIII,267,11f).

zeit: in der Trinitätslehre Arianismus, in der Gnadenlehre Pelagianismus, in der Christologie Nestorianismus.[167] Dadurch ist auch das Endurteil, mit dem gegen Abaelard bei Papst Innozenz II. (1130-1143) interveniert wird, klar: Was immer er auch sagt, im Inneren ist er Häretiker.[168] Häresie aber ist nicht einfach ein Irrtum in Glaubenssachen, der fehlbaren Menschen unterlaufen mag, sondern das Festhalten daran und die Verteidigung des Irrtums, nachdem man darauf hingewiesen wurde, daß hier ein Irrtum vorliegt. Häresie ist also nicht nur Verstandes-, sondern vor allem Willenssache.[169] Genau diesen Fall sieht Bernhard bei Abaelard gegeben, der trotz der Verurteilung von Soissons 1121 nicht von seinen Irrtümern abläßt, sondern immer neue hervorbringt und verborgen schlummernde in aller Öffentlichkeit erweckt und dadurch den Glauben der einfachen Menschen gefährdet.[170] Neuerung wird auch Gilbert als Häretiker vorgeworfen in Form einer verkehrten und dunklen Auslegung der Trinität, der die *Catholica* unmöglich zustimmen kann.[171]

Für das 12. Jh. typisch ist auch, daß die Angriffe gegen wirkliche und vermeintliche Irrlehren der Magistri von kirchlichen Einzelpersonen ausgehen. Das Papsttum im Stadium der Ausbildung seines universalen Jurisdiktionsanspruchs reagiert nur auf Anschuldigungen, und das sehr langsam. Theologenprozesse sind zunächst eine lokale Angelegenheit.[172] Die Sache des Gottschalk wurde noch als rein disziplinäre Angelegenheit behandelt. Er wird vor der Synode in Mainz 848 ausgepeitscht und ins Gefängnis gesteckt, wo er allerdings theologisch weiterarbeitet. Der Streit mit Berengar von Tours entspricht den Verfahren synodaler Häresieprozesse, allerdings schon mit deutlicher Beteiligung des Reformpapsttums. Die verurteilenden Synoden aber sind lokale Kirchenversammlungen in Rom und Vercelli 1050, in Paris 1050, in Tours 1054 und wieder in Rom 1059 und 1079. Bei der Fastensynode in Rom 1059 wird ausdrücklich darauf verwiesen, daß man sich an das vom Konzil von Ephesus für die Abschwörung von der Häresie vorgesehene Schema gehalten habe: Berengar muß seiner Irrlehre absagen, das ihm vorgelegte Glaubensbekenntnis beschwören und unter-

167 Ders., Ep. 192 (VIII,44,4-6): Cum de Trinitate loquitur, sapit Arium; cum de gratia, sapit Pelagium; cum de persona Christi, sapit Nestorium. - Vgl. Ep. 330-332 (VIII,266-272); 336 (VIII,276,1-4); 338,2 (VIII,278,12-15).

168 Ders., Ep. 331 (VIII,269,11f): Monachum se exterius, haereticum interius ostendit.

169 Ders., Ep. 193 (VIII, 45,7f): haereticum se probans, non tam in errore quam in pertinacia et defensione erroris.

170 Ders., Ep. 331 (VIII, 269,15-270,4).

171 Ders., Sup. Cant. 80,6-8 (II, 281-283).

172 Vgl. vor allem: J. Miethke, Theologenprozesse in der ersten Phase ihrer institutionellen Ausbildung: Die Verfahren gegen Peter Abaelard und Gilbert von Poitiers. In: Viator 6 (1975) 87-116.

schreiben und seine Schrift vor der Versammlung eigenhändig dem Feuer übergeben.[173]

Auch das Verfahren gegen Abaelard in Soissons 1121 hält sich im wesentlichen noch an dieses Schema: Abaelard liefert seine *Theologia Summi boni* beim Kardinallegaten Kuno von Preneste (bez. 1111-1121) ab, der sie an den Bischof von Reims als zuständigen Bischof weiterleitet. Dieser läßt sie von seinen theologischen Beratern prüfen. Die auf diesem Verfahren, von dem wir allerdings nur Abaelards eigene Schilderung besitzen, zutage getretene Unfähigkeit der Kirchenführung, mit hochgebildeten Magistri zu disputieren, läßt die Kirchenleitung schließlich zu den alten Disziplinarmaßnahmen wie im Verfahren gegen Berengar greifen.[174] Die Synode von Sens 1140 wird dagegen von Bernhard von Clairvaux und Wilhelm von St. Thierry (+ 1148/49) vorbereitet durch Anschuldigungen gegen Abaelard in Briefen und Irrtumslisten.[175] Abaelard wendet sich schon im Vorfeld des synodalen Verfahrens dagegen in einer *Apologia* und einer *Confessio fidei*. Die Versammlung von Sens ist von Abaelard ursprünglich geplant als Disputation mit Bernhard im Beisein anderer Magistri. Daraus soll jedoch auf Betreiben Bernhards eine Verurteilung einer Liste von „Irrtümern" durch die Bischöfe der Francia werden. Abaelard protestiert gegen diese Umfunktionierung einer Disputation, appelliert nach Rom, verläßt die Synode und begibt sich auf den Weg dorthin. Die Interventionen seiner Gegner aber sind schneller, und so verurteilt Innozenz II. pauschal die Lehren Abaelards, legt ihm ewiges Schweigen auf und verurteilt ihn zur Verbrennung seiner Bücher und zu Klosterhaft. In der Überstürzung des Verfahrens und angesichts der vermutlich durch Petrus Venerabilis erreichten Aussöhnung Abaelards mit Rom ist nicht einmal sicher auszumachen, welche Lehren im einzelnen verurteilt sind.[176] Der Einfluß des Papsttums zeigt sich schließlich deutlicher im Verfahren gegen Gilbert Porreta im päpstlichen Konsistorium zu Reims 1148. Allein durch die Tatsache, daß Gilbert eine Menge von Folianten mit Väterschriften in den Saal bringen läßt, wird klar, daß man eine theologische, keine disziplinäre Bereinigung des Streitfalles will. Gegen Bernhards Intervention spricht das Konsistorium keine eindeutige Verurteilung Gilberts aus, sondern verurteilt nur eine anonyme, fehlerhafte Schülerarbeit und läßt sie in Stücke reißen.[177]

173 Vgl. Bernold v. St. Blasien, De veritate. Ed. R.B.C. Huygens, Bérenger de Tours, Lanfranc et Berold de Constance. In: SE 16 (1965) 355-403, hier 380.

174 Abaelard, Historia Calamitatum (ed. Monfrin 82-89).

175 Capitula haeresum Petri Abaelardi (PL 182,1049-1054); zu weiteren Listen vgl. Miethke, Theologenprozesse 98 Anm. 60.

176 Zum Verfahren: Miethke, Theologenprozesse 96-102.

177 Vgl. ebd. 103-110.

3. THEOLOGIE ALS WISSENSCHAFT IM RAHMEN DER UNIVERSITÄT

War die Theologie des 12. Jhs. wesentlich durch die Vielzahl der Schulen geprägt, so stellen die Organisation der Universitäten um 1200 und die Rezeption des strengen aristotelischen Wissenschaftsbegriffs der II. Analytik die Theologie in einen neuen wissenssoziologischen und wissenschaftstheoretischen Kontext: Sie muß ihren Platz als Wissenschaft im Rahmen der Universitätsorganisation behaupten. Traditionell wird dieser Übergang der Theologie von der Schuldisziplin zur universitären Wissenschaft als Wende von der Früh- zur Hochscholastik beschrieben.

3.1 Die Universität als Heimat der Theologie

Universitäres Selbstverständnis und Wissenschaftsanspruch der Theologie bilden sich in gegenseitiger Interdependenz heraus. Deshalb ist zunächst ein Blick auf die Entwicklung der ersten Universitäten, ihren Lehrbetrieb und die daraus erwachsenen Darstellungsformen zu werfen.

3.1.1 Universitätsorganisation, Lehrbetrieb und Darstellungsformen

Das frühe 13. Jh. ist gekennzeichnet durch die Organisation einer neuen Wissenschaftsinstitution, der Universität.[1] Zeitlich am Anfang stehen die Organisationsformen der italienischen Schulen von Salerno und Bologna, die allerdings auf Recht bzw. Medizin spezialisiert sind. Für die Theologie von überragender Bedeutung wird die korporative Organisation zunächst der Magistri, später auch Scholares der verschiedenen Schulen in Paris. Ansätze dazu finden wir in den letzten Jahrzehnten des 12. Jhs. Als entscheidende Momente sind hier zu nennen: die Erteilung der Lehrbefugnis an den Magister (licentia docendi), die Auseinandersetzung mit dem Kanzler als kirchlicher und mit der Leitung der Stadt Paris als kommunaler Aufsichtsbehörde, das königliche Privileg Philipps II. (1180-1233) von 1200 und schließlich die Universitätsstatuten des Kanzlers Robert von Courçon (+ 1219) vom Jahr 1215. Streitigkeiten, Unruhen und Streiks kennzeichnen die universitäre Entwicklung in Paris im Kampf um ihre Selbständigkeit von der kirchlichen Aufsicht. Denn die Pariser Universität ist noch stark der Tradition der Kathedralschule von Notre Dame mit der

1 Zur Universitätsgeschichte: Rashdall, Universities; Leff, Paris; O. Weijers, Terminologie des Universités au XIIIe siècle. (Lessico Intellettuale Europeo 39). Roma 1987.

beherrschenden Funktion des (im Gegensatz zu Oxford) kirchlich eingesetzten Kanzlers geprägt.[2] Dagegen entwickelt sich in Oxford in deutlicher lokaler Distanz zum zuständigen Bischof von Lincoln Ende des 12. Jhs. aus den verschiedenen Abtei-Schulen ein *studium generale*, das 1214 von Innozenz III. das päpstliche Privileg erhält.[3]

Die Universität legt nun auch den Bildungsgang des künftigen Theologen fest.[4] Der in eine der Nationen (in Paris vier, in Oxford zwei) eingegliederte Student hat (ab einem Alter von ca. 15 Jahren) zunächst einmal die in der *facultas artium* institutionalisierte philosophische Ausbildung zu absolvieren, bevor er in die „höheren" Fakultäten (Theologie, Recht, Medizin) aufsteigen kann. Das Verhältnis von Philosophie und Theologie wird somit auch universitär festgelegt: Ohne Philosophie keine Theologie. Nach sechs Jahren kann der Scholare *Baccalaureus artium* werden. Als solcher liest er die klassischen Texte unter der Leitung des Magisters, bis er nach diesem Praktikum die *licentia docendi* erhält, falls er bereits 21 Jahre alt ist. Nach meist ganz kurzer Lehrtätigkeit in der Philosophie beginnt er dann das Theologiestudium (Mindestalter 17 Jahre), das bis zum Bakkalaureat sieben (später sechs) Jahre dauert.[5] Der *Baccalaureus biblicus* (Mindestalter 25 Jahre) liest als *cursor* nach einem feierlichen *principium* oder *introitus* zunächst ein oder mehrere Jahre kursorisch über biblische Bücher. Danach erklärt er als *Baccalaureus sententiarius* zwei Jahre lang unter der Aufsicht eines Magisters die Sentenzen des Lombarden. Somit ist er *Baccalaureus formatus*. Als solcher hat er sich vier Jahre lang an Vorlesungen und Disputationen zu beteiligen und Predigten zu halten, um *Magister* der Theologie werden zu können. Nach einer Prüfung seiner universitären Leistungen durch die Magistri wird ihm dann die *licentia docendi* verliehen und er nach einer abendlichen Disputation (*vesperies)*, einer Rede zur Empfehlung der Hl. Schrift und einer neuerlichen Disputation in der *Aula Episcopi* (daher *aulica* genannt), sowie einer Disputation mit vier Magistri feierlich zum *Magister* erklärt; als solcher entscheidet er erstmals selbst eine Disputation und hat schließlich die in den voraufgehenden Disputationen gestellten Fragen nun explizit aus seiner Position zu lösen (*resumptum)*. Mit dem Titel ist nicht unmittelbar die dauernde Ausübung

2 Vgl. A. L. Gabriel, The Conflict between the Chancellor and the University of Masters and Students at Paris during the Middle Ages. In: Zimmermann (Hg.), Auseinandersetzungen 106-154.

3 Zu den bedeutenden Unterschieden zum Pariser Modell (u. a. im Kollegsystem): Leff, Paris 75-115.

4 Vgl. Van Steenberghen, Philosophie 81-83.

5 Vgl. P. Glorieux, L'enseignement au moyen âge. Techniques et méthodes en usage à la Faculté de Théologie de Paris, au XIIIe siècle. In: AHDL 43 (1968) 65-186. Dort weitere Literatur.

der Lehrtätigkeit verbunden. Ein in einem Studienjahr in Paris wirklich lehrender Magister heißt deshalb *Magister actu regens.*[6]

Als Formen der Lehre sind wie schon an den Schulen des 12. Jhs. *lectio, disputatio* und *praedicatio* zu nennen, die jetzt aber auch institutionell und formal ausgestaltet werden. Die *lectio* ist zwar immer noch zentrale Aufgabe des Magisters, vor allem die Erklärung der *sacra pagina*, d.h. eines biblischen Buches. Anscheinend werden jedoch diese biblischen Vorlesungen der Magistri im Lauf des 13. Jhs. immer seltener. Alexander von Hales liest erstmals in Paris auch als Magister über die Sentenzen, was im Ausbildungsgang eigentlich die tägliche Aufgabe des *Sententiarius* ist. Die daraus entwickelten *Sentenzenkommentare* sind vor allem nach der Beibehaltung der Sentenzenvorlesung durch die Magistri die persönlichsten und wichtigsten scholastischen Werke, in denen die Lehrentwicklung über den Lombarden hinaus deutlich gemacht wird. Gegenüber der Hörernachschrift (*Reportatio*) wird die Sentenzenvorlesung dann nicht selten in einer eigenen *Ordinatio* (bzw. als eigenes *Scriptum*) des Magisters herausgegeben. Dagegen ist die kursorische Lesung des *Baccalaureus biblicus* oder *cursor* am ehesten einer Art Einleitungsvorlesung oder Fundamentalexegese vergleichbar. Hinzu kommen Repetitionen (z. T. *collationes* genannt, was jedoch auch geistliche Vorträge bezeichnen kann).

Im Bereich der *disputatio* ergeben sich durch die Institutionalisierung ähnliche Varianten, vor allem zwischen der ordentlichen Disputation und der *Disputatio de quolibet*. Die ordentliche Disputation ist Sache eines *Magister actu regens* in seiner Schule und seiner Studenten. Sie findet am Nachmittag zwischen Non und Vesper statt. Am nächsten Morgen hält der Magister dann die einzige Vorlesung des Tages. Schüler anderer Magistri können an einer solchen Disputation teilnehmen. *Baccalaurei* sind dazu einigemale verpflichtet. Ein *Sententiarius* muß wenigstens zweimal als Respondent mitgewirkt haben, davon einmal bei einem Magister einer anderen Nation. Der *Baccalaureus formatus* kann bei einer *quaestio tentativa* (im Unterschied zur *ordinaria* des Magisters) selbst präsidieren. Aus der ordentlichen Disputation entwickelt sich die Literaturgattung der *quaestiones disputatae* (z. B. *de veritate* des Thomas v. Aquin).

Die *disputatio de quolibet* (auch *extraordinaria, quodlibetalis, quodlibetica)* entfaltet sich im 13. Jh. zu ihrer größten Blüte.[7] Sie entsteht institutionell um die Zeit der Auseinandersetzungen von 1229-1231 und hat ihren Sitz zunächst vor allem an den Schulen der Mendikanten. Bei diesen feierlichen Disputationen zweimal im Jahr werden meist zwischen 15 und 20 (u. U. aber bis zu 34) Fragen gestellt. Die Disputation wird in zwei Schritten

6 Vgl. Glorieux R.

7 Vgl. Glorieux Q.

entfaltet, der Diskussion der Fragen (die eigentliche *disputatio)* am ersten Tag und der *determinatio* des Magisters am nächstfolgenden *dies legibilis*. Durch die freie Fragenwahl werfen die *quaestiones de quolibet* immer ein deutliches Licht auf die an der Universität und in der Gesellschaft virulenten Themen, diskutieren aber oft auch rein „scholastisch" anmutende Fragen, z. B. in den Quodlibeten Heinrichs von Gent (um 1217-1293): Ob der Hl. Geist sich durch irgendeine Relation vom Sohn unterschiede, wenn er nicht von ihm ausginge (V,9 von 1280), oder ob es in der Ewigkeit ein zeitliches Nacheinander gebe (V,13). Manche Magistri machen das *Quodlibet* fast zum Hauptbestandteil ihrer literarischen Aktivität (z. B. Heinrich von Gent, Gottfried von Fontaines). Im späteren 13. und frühen 14. Jh. geht jedoch die Hauptlast der Arbeit in der *quaestio de quolibet* an die Baccalaurei über, so daß die Disputationen zunehmend Ausbildungsfunktion übernehmen und dadurch auch an theologischem Wert verlieren. Daneben gibt es auch Disputationen mehr privaten Charakters, von denen in Paris die *Sorbonica* am Collège de Sorbonne am meisten Beachtung verdient, da sie einen festen Platz im Ausbildungsgang erhielt.

Neben diese „großen" literarischen Formen der Universitätskultur treten aber die meist verbreiteteren kleinen: Quästionensammlungen für Examenszwecke, Tabellen, Florilegien, Kolleghefte, Konkordanzen und Abbreviationen, die im wesentlichen auf der Technik des 12. Jhs. fußen.[8]

Auf die theologische Bedeutung der Universitätssermones wurde bereits hingewiesen. Die Predigt, die von den Mitgliedern der *universitas* als kirchlicher Lebensgemeinschaft zu besuchen war, wird Aufgabe der Magistri und in der Ordnung der Ausbildung fest verankert, vor allem bei den Eröffnungsveranstaltungen eines neuen Magisters oder Baccalaureus. Darüberhinaus hat auch der Kanzler das Recht, bei solchen Feierlichkeiten das Wort zu einer feierlichen Rede zu ergreifen.

3.1.2 Die Mendikantenorden an den Universitäten

Es mag, von außen betrachtet, widersinnig erscheinen, wenn in diese starre, selbstbewußte und meist nach Autonomie von der kirchlichen Obrigkeit strebende Universitätsorganisation nun ausgerechnet die neuen Ordensgemeinschaften der Dominikaner und Franziskaner eintreten, deren Selbstverständnis doch zunächst auf eine Erneuerung der Kirche im Geist des Evangeliums gerichtet war. Doch gerade in den Universitätsstädten fand

8 Vgl. M. Grabmann, Methoden und Hilfsmittel des Aristotelesstudiums im Mittelalter. In: Ders., Gesammelte Akademieabhandlungen. Paderborn 1975, 1447-1637; Ders., Hilfsmittel des Thomasstudiums aus alter Zeit (Abbreviationes, Concordantiae, Tabulae). In: Grabmann MGL II, 424-489.

die neue evangelische Bewegung unter den Studierenden und - was bemerkenswert ist - unter den Magistri begeisterte Anhänger.[9] Ein Konflikt mit der bisher von meist hochgestellten Weltklerikern repräsentierten Theologischen Fakultät sollte allerdings nicht ausbleiben. Denn die neuen Orden brachten nicht nur eine eigene Lebensweise und eine stark an der Bibel orientierte Lehrtradition, sondern auch eine entschiedene Kirchlichkeit in die Universität ein. Sie unterstanden zudem unmittelbar dem Papst und wurden als dessen Sendboten in der Universität betrachtet.

Der Predigerorden trat, seinem Ziel entsprechend, Mitbrüder zur Predigt und Auseinandersetzung vor allem mit den Häretikern in Südfrankreich auszubilden, sehr bald den Weg nach Paris an. Schon 1217 trafen die ersten Mitbrüder in Paris ein und ab 1218 gewährt ihnen die Universität Wohnrecht in St. Jacques. Die korporationsrechtlichen Fragen blieben freilich zunächst ungelöst. Es handelte sich um ein von der Universität gefördertes „Hausstudium", an dem allerdings auch Professoren der Universität lehrten, so der „Stifter" von St. Jacques, Johannes von Barastre (+ vor 1240). Ähnliche Verhältnisse finden wir in Oxford, wo sich die ersten Dominikaner 1221 niederlassen.

Wohl im selben Jahr wie die Dominikaner kommen auch die ersten Minderbrüder nach Paris, zunächst ohne akademische Ambitionen. Doch durch die intensive Predigttätigkeit und ihre Lebensweise gewinnen sie bald Einfluß auf Universitätskreise. Einen eigenen Lehrer im Konvent kennen die Franziskaner zunächst nicht; vor 1231 ist jedoch bezeugt, daß Haymo von Faversham (+ 1243/44) den Minderbrüdern *cursorie* die Bibel liest.[10] In Oxford, wo die Franziskaner 1224 seßhaft werden, hält ihnen ab ca. 1230 der hochangesehene Kanzler Robert Grosseteste (um 1168-1253) Vorlesungen. Zudem besuchten die Minderbrüder auf ausdrücklichen Wunsch des Provinzials Agnellus von Pisa (1194-1232) die Lehrveranstaltungen an der Universität.[11]

In eine neue Phase tritt das Studium der Bettelorden durch den Ordenseintritt von Magistri der Universität bzw. durch den Erwerb der *licentia docendi* seitens der Mitbrüder. Den Dominikanern gelang es, während der Universitätswirren von 1229-1231 (Streik, Abzug von Magistri und Scholares aus Paris nach dem Tod mehrerer Studenten bei Auseinandersetzungen) für Roland von Cremona (+ um 1259) die *licentia docendi* zu erhalten (1129). Dieser war bereits vor seinem Ordenseintritt Professor der Philosophie in Bologna. Sein Nachfolger in Paris wurde Hugo von St. Cher

---

9 Vgl. vor allem Berg, Armut.

10 Ebd. 106.

11 Vgl. A.G. Little, The Franciscan School at Oxford in the Thirteenth Century. In: AFH 19 (1926) 803-874.

(+ 1263), der 1225 als Baccalaureus der Theologie und Doktor des kanonischen Rechtes in den Orden eingetreten war. Einen zweiten Lehrstuhl erhielten die Dominikaner in Paris durch den Eintritt des *Magister actu regens* Johannes von St. Gilles (um 1180 - nach 1258) im Jahr 1230. Für die Franziskaner ergab sich diese Situation 1236 durch den Eintritt des *Magister actu regens* Alexander von Hales, der daraufhin seine Vorlesung im Konvent der Minderbrüder fortsetzte.

Die Ordenseintritte wurden von der Theologischen Fakultät offenbar ohne größere Schwierigkeiten zur Kenntnis genommen. Doch hatte gerade das Verbleiben der Mendikanten in Paris in den Jahren 1229-1231 als „unkorporatives Verhalten" Mißfallen erregt.[12] Ein ähnliches Ereignis brachte jedoch im Jahr 1253 die Opposition des Weltklerus gegen die Mendikanten voll zur Entfaltung im sog. Mendikantenstreit[13], in dem es nicht nur um die Rechte der Bettelorden an der Universität, sondern zunehmend auch um die theologische Legitimation dieser Lebensform in einer Universitäts- und Stadtkultur ging. Da inzwischen auch andere Orden (z. B. Zisterzienser und Prämonstratenser) Kollegien (u. a. zur Ausschaltung des Einflusses der weltgeistlichen Magistri auf ihren Nachwuchs) in Paris gegründet hatten, wird 1252 die Aufnahme von Ordensleuten in die Magisterkorporation vom Bestehen eines Kollegs und dem Besitz der *licentia docendi* abhängig gemacht. Zugleich werden die Lehrstühle der Religiosen auf einen pro Orden beschränkt, weshalb sowohl Thomas von Aquin als auch Bonaventura zunächst die Aufnahme verweigert wird.[14] Als sich die Mendikanten dem Universitätsstreik von 1253 nicht anschließen und den Eid auf die neuen Statuten verweigern, werden sie aus der Korporation der Magistri ausgeschlossen und exkommuniziert. Erst das mehrmalige Eingreifen Papst Alexanders IV. (1254-1261) beendete 1257 juristisch den Mendikantenstreit zugunsten der neuen Orden, während die literarische Fehde vor allem in der Auseinandersetzung eines Thomas von Aquin und Bonaventura mit Wilhelm von St. Amour (+ 1272) und Gerhard von Abbéville (+ 1272) fortdauerte und mehr und mehr grundsätzlichen Charakter annahm. Dies führte auch zu einem wachsenden Einfluß der päpstlichen Gewalt in das Universitätsgeschehen, bis hin zur Erklärung des Kardinallegaten Benedetto Gaetani vom Jahr 1290:

---

12 Vgl. R. Köhn, Monastisches Bildungsideal und weltgeistliches Wissenschaftsdenken. Zur Vorgeschichte des Mendikantenstreites an der Universität Paris. In: Zimmermann (Hg.), Auseinandersetzungen 1-37, bes. 30.

13 Vgl. P. Glorieux, Le conflit de 1252-1257 à la lumière du Mémoire de Guillaume de Saint-Amour. In: RThAM 24 (1975) 364-372. - Zur Vorgeschichte: Ders., Les années 1242-1247 à la Faculté de Théologie de Paris. In: RThAM 29 (1962) 234-249.

14 Denifle, Chartularium I n. 200 (I,226f).

„Wir befehlen kraft des schuldigen Gehorsams bei Strafe der Amtsenthebung und des Pfründenverlustes, daß kein Magister künftig noch über das Privileg (sc. der Mendikanten) predigt, disputiert oder im Geheimen oder öffentlich darüber seine Meinung erklärt. Das Privileg der Bettelmönche soll in Kraft bleiben, und wer irgendwelche Zweifel hat, der bitte den Papst um Erläuterung. Wahrlich, ich sage euch, bevor die römische Kurie den Bettelbrüdern dieses Privileg entzöge, würde sie eher die Pariser Universität vernichten."

Die Reaktion der Universität ist jetzt eindeutig: „Und die *universitas magistrorum* senkte den Kopf, nahm den apostolischen Segen entgegen und ging nach Hause."[15] Harmonischer verläuft dagegen zunächst die Entwicklung in Oxford. Hier machte allerdings 1253 bei der Bestellung des Thomas von York (+ um 1260) zum Magister die Tatsache Schwierigkeiten, daß die Franziskaner normalerweise auf das Studium der *artes* verzichteten. Zu größeren Auseinandersetzungen kommt es in Oxford dagegen in den Jahren 1311-1317 hinsichtlich der Verpflichtung, vor der Bibel zuerst ein Jahr über die Sentenzen zu lesen, was der Ordenstradition der Mendikanten in Oxford widersprach.[16]

3.1.3 Biblische oder systematische Theologie?

Der in Oxford 1313-1317 öffentlich ausgetragene Streit um die Sentenzenvorlesung hat grundsätzliche Bedeutung hinsichtlich des Vorrangs der Sentenzen oder der Bibel in der Universitätstheologie, wobei die Mendikanten von Anfang an eine klare Bevorzugung der Bibel vertraten. Nochmals geht es also um die Vorrangstellung von biblischer oder systematischer Theologie. In Oxford ist nicht zuletzt durch Robert Grosseteste die Theologie eindeutig biblisch akzentuiert. Grosseteste steht in der Tradition moralisch-pastoraler Auslegung eines Stephan Langton, wenn Thomas Eccleston seine Lehrtätigkeit bei den Franziskanern beschreibt „tam in quaestionibus quam praedicationi congruis subtilibus moralitatibus".[17] Grosseteste steht nicht in der Pariser Tradition der systematischen Theologie, sondern wendet sich, von der Philosophie und Naturwissenschaft kommend, der Bibel und den Kirchenvätern zu. Der einzige „Scholastiker" des 12. Jhs. in seiner „reading list" ist bezeichnenderweise Hugo von St. Viktor. Vor allem aus Augustinus und Gregor d. Gr. schöpft Grosseteste seine Theologie, philosophisch beeinflußt nicht zuletzt von Seneca, was den tro-

---

15 Vgl. J. Miethke, Papst, Ortsbischof und Universität von Paris in den Pariser Theologenprozessen des 13. Jahrhunderts. In: Zimmermann (Hg.), Auseinandersetzungen 52-94.

16 Vgl. Leff, Paris 103-106.

17 Tractatus Fr. Thomae Eccleston De adventu Fratrum Minorum in Anglia. Ed. A.G. Little. Paris 1909, 60; vgl. Little, Franciscan School 807.

pologisch-moralischen Charakter seiner Schriftauslegung nur unterstreicht.[18] Für Grosseteste sind Bibel und Theologie als *sacra pagina* noch eins. Als Bischof von Lincoln und Kanzler der Universität wendet er sich in deutlichen Worten an die Magistri von Oxford und warnt sie vor einem Abgehen von dieser Tradition.[19]

Der entschiedene Vertreter der Oxforder biblischen Tradition aber ist der Franziskaner Roger Bacon (um 1220 - nach 1292). Noch in seinem *Compendium studii theologiae* von 1292 hebt er hervor, daß die eigentliche Beschäftigung der Theologen „circa textum sacrum sciendum" gehe. Doch schon seit 50 Jahren beschäftigt man sich hauptsächlich mit Quästionen, wie aus den Traktaten und gewaltigen Summen ersichtlich ist. Diese Quästionen aber sind für ihn eigentlich philosophischer Natur „tam in substantia quam in modo".[20] Es ist also im Prinzip ein Verrat an der Theologie als Schriftauslegung, was in der Quästionentheologie getrieben wird. Schon in seinem *Opus Minus* (1266/67) hatte er die übliche Praxis von Paris als „peccatum" des Theologiestudiums scharf angegriffen, daß nämlich eine einzige Summa eines Magisters, nämlich der *Liber Sententiarum* des Lombarden, dem eigentlichen Text, der an der theologischen Fakultät auszulegen wäre, der Hl. Schrift, vorgezogen wird. In der Auslegung des Lombarden besteht dann der ganze Ruhm eines Theologen und jeder meint einen Kommentar schreiben zu müssen, der soviel wiegt wie ein Roß. Hat einer die Sentenzen gelesen, fühlt er sich schon als Magister der Theologie, obwohl er noch kaum etwas von seinem eigentlichen *textus* gehört hat. Der *Baccalaureus biblicus* aber ist dem *Sententiarius* nachgeordnet. Der *Sententiarius* hat die besten Stunden für seine Vorlesungen, einen Assistenten und einen Hörsaal bei den Religiosen. Der Bibliker aber hat nichts und muß um seine Stunden beim *Sententiarus* betteln gehen. Der *Sententiarus* disputiert sogar und gilt schon als Magister. Der Bibliker kann nicht disputieren. So geschehen in Bologna und anderswo. - Fazit: „quod est absurdum". Die Unterordnung der Hl. Schrift unter die Sentenzen widerspricht zudem altem Fakultätsstatut. Jede andere Fakultät legt nur den authentischen Text aus. Denn wenn man den Text wirklich genau kennt und verstanden hat, hat man alles gelernt, was in dieser Fakultät zu lernen ist. Dazu ist ja der authentische Text gemacht worden. Um so mehr müßte das in der Theologie der Fall sein; denn hier stammt der authentische Text aus

18 Vgl. R.W. Southern, Robert Grosseteste. The Growth of an English Mind in Medieval Europe. Oxford 1986, 187. 195: 3000 Augustinus-Referenzen, 1257 Gregor d.Gr.; bei den Philosophen führt Seneca mit 333 gegenüber Aristoteles mit nur 68.

19 Roberti Grosseteste Epistolae, ed. H.R. Lund. Rolls Series 1861, 346f; vgl. Smalley 276f.

20 Roger Bacon, Compendium studii theologiae, p.2 prol. (Ed. H. Rashdall. Aberdeen 1911; ND 1966), 34f.

dem Mund Gottes und der Heiligen. Die Kirchenväter haben nur den biblischen Text ausgelegt. Auch die früheren Lehrer der Theologie, namentlich Robert Grosseteste und Adam Marsh (+ um 1259), die ersten Lehrer der Franziskaner in Oxford, haben es so gehalten. Alexander von Hales, der Pariser Mitbruder Bacons, aber hat als erster die Sentenzen statt der Bibel gelesen, und von da an bürgerte sich diese Unsitte auch im Franziskanerorden ein. Viel eher sollte, wie es früher der Brauch war, die *Historia scholastica* des Petrus Comestor gelesen werden; denn diese ist der Theologie (als *sacra pagina*) doch wesentlich näher als der *Liber Sententiarum*. Bacon plädiert deshalb für eine Wiedereinsetzung der *Historia scholastica* in ihre früheren Rechte und einen Verzicht auf die vielen Quästionen, die keinen Textbezug mehr haben. Statt dessen sind textbezogene Fragen zu stellen. Jetzt aber ist es so, daß die Bibliker den Text zwar kursorisch lesen, aber nicht auslegen, da sie keine Quästionen disputieren, die Theologen aber in ihren Quästionen eigentlich nur Philosophie treiben. Die theologischen Quästionen der Summen und Sentenzen aber müssen sich am biblischen Text verifizieren lassen.[21] Hinzu kommt, daß der in Paris gebräuchliche Text verderbt, der Literalsinn oft falsch festgehalten und deshalb der geistliche Schriftsinn ebenso falsch oder zweifelhaft ist. Außerdem gelten die Juristen in der Kirche mehr, auch wenn sie vom kanonischen Recht keine Ahnung haben, als die Bibliker und gelangen schneller zu kirchlichen Ehren.[22] Diese biblische Reaktion auf die Verhältnisse in Paris und Bologna kam allerdings zu spät, um am Abstieg der biblischen Theologie und am Aufstieg der Sentenzenkommentare und Quästionen noch etwas zu ändern.

Das Auseinandertreten von biblischer und systematischer Theologie, von Schriftkommentar und Sentenzenkommentar, zeigt sich allerdings nicht nur in Paris, sondern auch in Oxford. Der Dominikanermagister Richard Fishacre (+ 1248) macht im Prolog zu seinem Sentenzenkommentar einen klaren Unterschied zwischen der moralisch-tropologischen Schriftauslegung eines Grosseteste und der „eigentlichen" Theologie, deren Fragen - der Hl. Schrift zwar entnommen - im Sentenzenbuch gesammelt sind. Die Rückbindung der Fragen an die Hl. Schrift ist noch gegeben, doch der selbständige Wert der Sentenzen als systematisch-theologisches Werk anerkannt. Die Lesung der Sentenzen ist deshalb keinesfalls zu vernachlässigen, handelt sie doch „de questionibus circa fidem difficilibus".[23] Auch Bacons Zeitgenosse und Mitbruder Thomas Docking (+ nach 1269) liest in

21 Korrigierter Text: Little, Franciscan School 808f; vgl. Tshibangu, Théologie 122-136.

22 Roger Bacon, Opus Minus (Ed. J.S. Brewer. London 1859, 330.349); Ders., Opus Tertium (ebd. 84).

23 Smalley 279 Anm.3, zit. nach MS Balliol College, Oxford, 57 f.4b-c.

Oxford neben seiner umfangreichen Tätigkeit als Schriftkommentator über die Sentenzen.[24]

In Paris sind es tatsächlich die Mendikanten, die im Unterschied zu den weltgeistlichen Magistri und in deutlichem Anschluß an die Viktoriner zunächst die Lesung der Hl. Schrift neu beleben, bis hin zu den Schriftkommentaren eines Thomas von Aquin und Bonaventura. Zu nennen ist hier vor allem die Postille zu den Evangelien des Dominikaners Hugo von St. Cher (um 1235). Er setzt sich deutlich ab von der gegenseitigen Kritik der „moralistae" und der „quaestionistae" und vereinigt das Beste beider Traditionen: Theologie ist für ihn sowohl Schriftauslegung als auch Systematik, wie es auch sein Mitbruder Richard Fishacre vertritt.[25] Die symbolische Auslegung der Hl. Schrift erhält vor allem in der franziskanischen Tradition neue Impulse. Andererseits stellt die Rezeption des aristotelisch-heidnischen Weltbildes in der Artistenfakultät auch den am Wortlaut der Schrift orientierten Theologen vor ernsthafte Probleme. Aristotelische Kategorien (bes. die Ursachenlehre) halten Einzug in die Exegese.[26]

Der Versuch eines Ausgleichs zwischen Theologie als Schriftauslegung und als systematische Wissenschaft ist nicht zuletzt bei Thomas von Aquin an einflußreicher Stelle zu bemerken, in der ersten Quästio seiner *Summa Theologiae*. Nachdem er im Sinne des aristotelischen Wissenschaftsbegriffs von der Theologie als „sacra doctrina" gehandelt hat, stellt er im 9. und 10. Artikel scheinbar unvermittelt Fragen über den Charakter der „sacra Scriptura": nach der Berechtigung metaphorischer Redeweise und eines mehrfachen Schriftsinns.[27] Doch das Verhältnis von Schrift und systematischer Theologie hat sich deutlich gewandelt. Während Roger Bacon die Rückführung der systematischen Quästionen auf den Text der Schrift in Anspruch nimmt, versucht Thomas eine systematische Rechtfertigung der Redeweise und Auslegung der Hl. Schrift. Dies gelingt ihm dadurch, daß er als *Auctor* der Schrift durchgängig Gott annimmt, der bestimmt, daß auch die durch die Wörter bezeichneten *res* ihrerseits als Zeichen für weiteres fungieren sollen. Nicht die Wörter bzw. Sätze haben also für Thomas verschiedene Bedeutung, sondern die *res* werden als Zeichen gelesen.[28] Der geistliche Schriftsinn ist also nicht erst Produkt der Auslegung, sondern im Wortlaut (in una littera) dank der umfassenden Erkenntnis Gottes angelegt,

24 Vgl. Little, Franciscan School 846-850.

25 Vgl. Smalley 269f.

26 Zu Hugo v. St. Cher und Guerricus von St. Quentin: Ebd. 295-298.

27 Thomas v. Aquin, S.Th. I q.1 a.9f (Ed. Marietti. Turin-Rom 1952, 8f).

28 Zur ähnlichen Position Bonaventuras vgl. U.G. Leinsle, Res et signum. Das Verständnis zeichenhafter Wirklichkeit in der Theologie Bonaventuras. (Veröffentlichungen des Grabmann-Institutes 26). München-Paderborn-Wien 1976.

wenngleich die *intentio auctoris* (d. h. Gottes) zunächst auf den Literalsinn geht.[29] Damit ist ein dreifaches erreicht:

1. Schrift und Theologie bleiben zwar aufeinander bezogen. Schriftauslegung muß sich aber systematisch rechtfertigen lassen.
2. Die Literalexegese ist in ihrer Bedeutung (z. B. gegenüber den Viktorinern) deutlich eingeschränkt.
3. Die spirituelle Exegese ist (wohl auch aus der Erfahrung der Wirrungen um Joachim von Fiore [um 1130-1202]) der Beliebigkeit entzogen und gewissermaßen ontologisiert. Die *res* als solche haben in der Schrift weitere Bedeutungen, die vom Autor (Gott), nicht vom Exegeten, festgelegt werden.

3.2 Aristoteles als Herausforderung der Theologie

Gleichzeitig mit der Eingliederung der Theologie in die Universität vollzieht sich eine Auseinandersetzung innerhalb der Theologie, die für das 13. Jh. bestimmend wird: Rezeption oder Ablehnung der seit der Mitte des 12. Jhs. übersetzten Philosophie des Aristoteles und seiner arabischen Kommentatoren.[30]

3.2.1 Ein neues Wissenschaftsmodell

Eine erste Herausforderung stellt Aristoteles in wissenschaftstheoretischer Hinsicht für die Theologie dar. Hatte sie sich im 12. Jh. im wesentlichen noch an Augustinus und Boethius orientiert, so wird nun durch die Rezeption der II. Analytik in den Logikunterricht die Theologie mit einem Wissenschaftsideal konfrontiert, das ihr bislang fremd war und in vielen wesentlichen Elementen zunächst als unvereinbar mit einer als Auslegung der Hl. Schrift verstandenen Theologie erscheinen mußte. Andererseits konnte nur der Nachweis strenger Wissenschaftlichkeit der Theologie den Platz an der Unversität sichern. Der aristotelische Wissenschaftsbegriff mußte also nach Möglichkeit übernommen oder überboten werden. Die Selbstreflexion und Selbstversicherung der Theologie, die wir schon bei Präpositinus beobachten konnten, schlägt sich nun nieder in einer eigenen theologischen Einleitungs- bzw. Wissenschaftslehre.[31]

---

29 S.Th. I q1 a10 i.c. (9).

30 Vgl. Van Steenberghen, Philosophie 149-166; M. Grabmann, Forschungen über die lateinischen Aristotelesübersetzungen des XIII. Jahrhunderts. (BGPhMA 17,5-6). Münster 1916; Ders., Aristoteles im Werturteil des Mittelalters. In: Grabmann MGL II, 62-102.

31 Vgl. vor allem Köpf, Anfänge.

Die II. Analytik des Aristoteles kann als eine Grundschrift des abendländischen Wissenschaftsverständnisses gelten.[32] Ihr Wissenschaftsbegriff ist jedoch zunächst nur auf Mathematik und Naturwissenschaften anwendbar. Ἐπιστήμη (*scientia*) ist sicheres, bewiesenes Wissen, das auf Erfahrung gründet und als Mittel nur ein logisch sauberes Beweisverfahren mittels Syllogismen zuläßt. Wissen im strengen Sinne ist nicht das auch in der Erfahrung zu gewinnende Wissen des Daß (eines Sachverhaltes), sondern erst das Wissen des Warum (der Ursachen): *scientia ex causis*. Wissen ist zudem bezogen auf das Sein, nicht auf das Werden oder Machen, hat also für Aristoteles theoretischen, nicht poietischen Charakter wie die τέχνη (*ars*).[33]

Für die Theologie des 13. und 14. Jhs. werden vor allem folgende Momente des aristotelischen Wissenschaftsbegriffes von entscheidender Bedeutung für ihr Selbstverständnis als Wissenschaft im Rahmen der Universität:

1. Der *Gegenstand* der Wissenschaft (*subiectum scientiae*). Jede Wissenschaft beschäftigt sich mit einer Gattung der Dinge als ihrem Gegenstand; sie setzt Existenz und Definition des Gegenstandes voraus und fragt nach dessen Eigenschaften, die möglichst aus der Definition bewiesen werden sollen. Will sich die Theologie als Wissenschaft ausweisen, so hat sie darzulegen, was ihr zentraler Gegenstand ist (z. B. Gott), wie dessen Existenz nachgewiesen werden kann (wissenschaftstheoretisches Problem der „Gottesbeweise“) und wie dessen Eigenschaften bewiesen werden.
2. Der *Beweis* als logisches Mittel. Der Beweis ist ein „Syllogismus, der Wissen macht“.[34] Theologie als beweisende Wissenschaft ist also der logischen Prüfung der Gültigkeit ihrer Beweise unterworfen. Ein solcher Syllogismus beweist aber nur, wenn er aus notwendigen und wahren Prämissen gewonnen wird.
3. Das *Prinzipienproblem* wird deshalb für die Theologie ebenso zentral wie das ihres Gegenstandes. Die Prinzipien des Beweises sollen früher und evidenter sein als die daraus abgeleiteten Konklusionen.[35] In der Theologie des 12. Jhs. wurden metaphysische oder theologische Axiome, zumeist aber die Glaubensartikel als Prinzipien der Theologie angenommen. Diese sind jedoch nur im Glauben erfaßt und entsprechen deshalb

32 Vgl. Aristoteles, Zweite Analytiken, mit Einleitung, Übersetzung und Kommentar hg. v. Horst Seidl. (Elementa. Texte 1). Würzburg 1984.

33 Vgl. Aristoteles, analyt. post. II, 19, 100 a 6; ders., metaph. I, 1, 891 a 28; Anton Antweiler, Der Begriff der Wissenschaft bei Aristoteles. (Grenzfragen zwischen Theologie und Philosophie 1). Bonn 1936.

34 Aristoteles, analyt. post. I, 2, 71 b 17.

35 Ebd. 71 b 19.

nicht den Bedingungen der aristotelischen Beweisprinzipien.[36] Da Aristoteles die Erfassung der Prinzipien einem anderen Erkenntnisvermögen zuordnet, dem νοῦς (*intellectus*), ist das Objekt des Wissens (*scientia*) letztlich die bewiesene Konklusion.

4. Die Forderung der *Notwendigkeit* der Beweisprinzipien. Der Schluß gründet auf notwendigen Vordersätzen.[37] Theologie als Darlegung des geschichtlichen Heilshandelns Gottes, wie es in ihrem zentralen *textus*, der Hl. Schrift, gegeben ist, kennt bisher keine solche strenge Notwendigkeit, die andererseits die Freiheit Gottes gefährden könnte.
5. Die Forderung der *Allgemeinheit* der Prinzipien und der gewußten Sätze. Im Unterschied zum heutigen Verständnis der Geisteswissenschaften, sind im aristotelischen Sinne geschichtliche Einzelfakten kein Gegenstand von Wissen und Wissenschaft: *de singulari non est scientia*.[38] Theologie aber handelt vom geschichtlichen, freien, einmaligen Wirken Gottes. Soll sie Wissenschaft im aristotelischen Sinne werden, muß sie ihren Gegenstand und ihre Sätze als allgemein ausweisen.
6. Die Unterscheidung zwischen *theoretischer und praktischer* Wissenschaft. Wird die Wissenschaftlichkeit der Theologie vertreten, so ist zu klären, ob sie im aristotelischen Sinne theoretische Wissenschaft, also auf Wesenserkenntnis und Beweis der Attribute beschränkt, oder praktische Wissenschaft, mithin auf menschliches Handeln und dessen Ziel bezogen ist. Gerade an dieser Frage werden sich tiefgreifende Unterschiede in der Konzeption und Stellung der Theologie zwischen den Autoren, Orden und Schulen zeigen; denn hier entscheidet sich auch die Bedeutung der Theologie über die Universität hinaus für das religiöse, kirchliche und politische Leben.[39]
7. Die *Gewißheit* theologischer Aussagen. Bewiesenes Wissen im strengsten Sinne ist dann erreicht, wenn jede weitere Frage hinsichtlich des Gewußten ausgeschlossen ist.[40] Theologische Wahrheiten scheinen diese objektive Gewißheit nicht zu besitzen, unabhängig von ihrer subjektiven Gewißheit, d. h. dem Überzeugungsgrad des Glaubenden. Denn sie beruhen wie ihre Prämissen auf dem Glauben. Zudem ist die Freiheit Gottes zu veranschlagen, von dem theologische Sachverhalte letztlich abhängen.

---

36 Vgl. Lang, Prinzipienlehre.

37 Aristoteles, analyt. post. I, 4, 73 a 24.

38 Ebd. II, 21, 67 a 27.

39 Vgl. E. Krebs, Theologie und Wissenschaft nach der Lehre der Hochscholastik. (BGPhMA 11,3-4). Münster 1912.

40 Vgl. K. Heim, Das Gewißheitsproblem in der systematischen Theologie bis zu Schleiermacher. Leipzig 1911.

3.2.2 Ein heidnisches Welt- und Menschenbild

Stellte das Wissenschaftsideal der II. Analytik eine formale Herausforderung an die Theologie dar, so zwingt sie die Rezeption der naturphilosophischen Schriften (einschließlich *de anima)* des Aristoteles (*Libri naturales*) zu einer inhaltlichen Auseinandersetzung. Sie waren z. T. schon von Gerhard von Cremona (+ 1187) aus dem Arabischen übersetzt worden. Hier tritt nun dem schöpfungsgläubigen und weithin in augustinischen Bahnen denkenden Theologen eine Erklärung der Welt und des Menschen entgegen, die von der Offenbarung nicht nur nichts weiß, sondern ihr in zentralen Stücken zu widersprechen scheint. So stellt sich die Frage: Kann dieses heidnische Wissen als Bestandteil der immer noch als Propädeutik zur Theologie verstandenen philosophischen Ausbildung integriert oder gar in die Theologie übernommen werden? Heißt das nicht einfach, den Heiden Aristoteles taufen? Die alte Formel von der Philosophie als *ancilla* der Theologie setzte eine auf instrumentelle logische Disziplinen beschränkte Philosophie voraus. Konnte dieselbe Formel angesichts einer eigenständig-heidnischen umfassenden Weltdeutung, wie sie im Werk des Aristoteles gegeben ist, noch aufrecht erhalten werden, oder mußte man eine neue Verhältnisbestimmung finden?

Die Theologen in Paris und Oxford werden sich der Probleme, die ihnen das naturphilosophische Werk des Aristoteles aufgibt, nur langsam bewußt. Als mit dem Christentum unvereinbar mußten vor allem folgende Lehren des Stagiriten angesehen werden:

1. Die *Ewigkeit der Welt*. Sie war als Meinung Platons (Timaios 28 A-38 C) durch Calcidius und Boethius bekannt; die Frage der Wahrheit dieser These wird aber nicht zuletzt dadurch virulent, daß die naturwissenschaftliche Weltdeutung des Aristoteles sich auch in den Augen der Theologen des 13. Jhs. der bisherigen Auslegung weit überlegen zeigte. Gehört die These der Ewigkeit von Welt, Zeit und Bewegung notwendig zu dieser Naturwissenschaft, dann ist sie als der Offenbarung widersprechend aus theologischer Sicht falsch.[41] Billigte man ihr eine Wahrheit im Bereich der Naturerklärung (Philosophie) zu, nicht aber im Bereich der Theologie, so entstünde der Eindruck einer doppelten Wahrheit: Was in der Philosophie wahr ist, kann in der Theologie falsch sein.[42] Schon Philipp der Kanzler (+ 1236) setzt sich in seiner einflußreichen *Summa de Bono* ausdrücklich damit auseinander. Schöpfung impliziert

41 Vgl. R. C. Dales, Medieval Discussions of the Eternity of the World. (Brill's Studies in Intellectual History 18). Leiden 1990.

42 Vgl. Ders., The Origins of the Doctrine of the Double Truth. In: Viator 15 (1984) 169-179.

für ihn zeitlichen Beginn. Deshalb kann Aristoteles nicht eine strenge Ewigkeit (aeternum), sondern nur eine unbegrenzte zeitliche Dauer (perpetuum) der Welt lehren.[43] Alexander von Hales dagegen sieht keinen Widerspruch zwischen der rein naturphilosophisch zu interpretierenden These des Stagiriten und dem Wortlaut der Bibel, da Aristoteles nur sagen wolle, daß Raum, Zeit und Bewegung zugleich entstanden seien.[44] Für Robert Grosseteste, der sich strikt an den Text des Stagiriten hält, ist diese versöhnende Haltung des Alexander nur Irrsinn und der Versuch, aus dem Häretiker Aristoteles einen Katholiken zu machen. Dabei kann man nur selbst zum Häretiker werden. Den tatsächlichen Ausgleich wird erst Thomas von Aquin erzielen, indem er zeigen kann, daß eine ewige Schöpfung theologisch und philosophisch möglich ist.[45]

2. Die *Leugnung der Ideen*. Dies war weniger ein Widerspruch zur Schrift als zur großen Autorität der theologischen Tradition: Augustinus. Wer aber die Ideen als Gedanken Gottes leugnet, leugnet z.B. für Bonaventura implizit den Plan Gottes mit seiner Welt, die göttliche Vorsehung, und zerstört die Grundlage der symbolischen Interpretation der Welt.[46]
3. Die Unklarheit bezüglich der *Individualität der Geistseele*. Schon bei Aristoteles selbst ist die Stellung des νοῦς (anima intellectiva, intellectus agens) gegenüber der biologischen Konstitution des Menschen nicht voll geklärt. Hinzu kommt ein erkenntnistheoretisches Problem: Singulär-Vergängliches kann nach dem Stagiriten und seinen arabischen Kommentatoren nichts Allgemeingültiges und Notwendiges erkennen. Deshalb muß der Intellekt selbst als allgemein und ewig gedacht werden, ontologisch gedeutet als Geistsubstanz (Intelligenz) außerhalb des menschlichen Individuums. Er ist lediglich in den verschiedenen Subjekten tätig. Theologisch nicht akzeptabel ist diese Deutung, weil dadurch das menschliche Individuum nicht mehr durch eine je eigene unsterbliche Geistseele konstituiert und damit auch aus der ewigen Vergeltung angeblich in moralische Beliebigkeit entlassen ist. Wie einfach man auch hier eine Harmonisierung versucht hat, zeigt etwa Wilhelm von Auvergne (um 1180-1249), der die Aussagen des Aristoteles über den tätigen Intellekt der Menschheit in Verbindung mit der neuplatonischen Interpretation des Avicenna (um 980-1037) einfach auf Gott überträgt.[47]

---

43 Philippi Cancellarii Summa de Bono. Ed. N. Wicki. Bern 1985, I,49.

44 Vgl. Dales, Discussions 66-70.

45 Robert Grosseteste, Hexaemeron 1,8,2-4 (Ed. R.C. Dales u. S. Gieben. London 1983, 58-61); Thomas v. Aquin, De aeternitate mundi contra murmurantes (Ed. Marietti, Opuscula philosophica. Turin 1954, 103-108).

46 Bonaventura, Collationes in Hexaemeron, vis. I coll.3,2-5 (Ed. F. Delorme. Quaracchi 1934,91f); vgl. Leinsle, Res et signum 74.

47 Vgl. Van Steenberghen, Philosophie 339-350.154.

Auch hier wird erst Thomas von Aquin, allerdings in Auseinandersetzung mit einer bereits heterodoxen Spielart des Aristotelismus (Siger von Brabant [+ 1284], Boethius von Dacien [+ vor 1284]), die entscheidende Klärung herbeiführen, indem er zeigen kann, daß ein individueller Intellekt dem aristotelischen Denkansatz mehr entspricht als die bisherige Deutung.[48] Die erkenntnistheoretische Problematik war allerdings auch dann rein aristotelisch nicht lösbar, der offene Konflikt mit der bisherigen theologischen Lehre aber vermieden.

Die drei genannten Problemkreise stellen keine Randgefechte dar. Sie sind zentrale Gebiete der Auseinandersetzung zwischen einer selbständigen, rein natürlichen Weltdeutung, die von einer Offenbarung nichts weiß, und einer auf die Autorität der Offenbarung und ihre Lehrtradition gestützten Theologie: Die aus der Sicht der christlichen Wahrheit richtige (= wahre) Deutung von Welt, Mensch und Erkenntnis steht auf dem Spiel. Andererseits sah man aber auch die großen Vorzüge der aristotelischen Physik und besonders der Metaphysik für die Interpretation theologischer Wahrheiten bis hin zur Lehre von Materie und Form der Sakramente. Das neue Paradigma von Wissenschaft und Welterklärung setzt sich trotz Widerständen und offensichtlicher Schwierigkeiten in der Harmonisierung mit der Offenbarungswahrheit auch in der *sacra doctrina* durch.

3.2.3 Der Einfluß außerchristlicher Synthesen

Mit der gesamten Philosophie des Heiden Aristoteles dringt auch das Denken der arabischen und jüdischen Philosophen in den bislang im wesentlichen christlich bestimmten Bildungskosmos des Mittelalters ein. Die im arabisch-jüdischen Kulturkreis und vor allem in Spanien geschaffenen Synthesen von Philosophie und Offenbarungstheologie haben zwar nicht unmittelbare Vorbildwirkung, zwingen aber angesichts der Kreuzzüge und der Bestrebungen Friedrichs II. (1194-1250) zur Auseinandersetzung.[49] Auch hier ist es nicht die Theologie des Islam, der die Auseinandersetzung zunächst gilt, sondern die Philosophie, vor allem in Gestalt des Avicenna (Ibn Sina, + 1037) und Averroes (Ibn Roschd, + 1198).

Avicenna, zunächst bezeichnenderweise von Juden ins Lateinische übersetzt, brachte dem Mittelalter nicht nur eine Fülle von naturwissenschaftlichen und medizinischen Kenntnissen, sondern auch eine zwar z. T. aristo-

48 Thomas v. Aquin, De unitate intellectus (Ed. Marietti, Opuscula philosophica. Turin 1954, 59-90).

49 Zum Hintergrund der islamisch-christlichen Beziehungen vgl. vor allem R.W. Southern, Western Views of Islam in the Middle Ages. Cambridge, Mass. 1962; N. Daniel, The Arabs and Medieval Europe. London 1975.

telische, aber doch stark neuplatonisch gefärbte Metaphysik mit Gott als „dator formarum“ an der Spitze. Diese Metaphysik ließ sich leichter in das bisherige Denken integrieren als die Erste Philosophie des Aristoteles oder gar Averroes' naturalistisches System. Avicennas Einfluß läßt sich bis in den Stil hinein auch bei einem nicht gerade revolutionären Theologen wie Wilhelm von Auvergne feststellen, aber ebenso bei Albertus Magnus und Thomas von Aquin.[50] Von größerer Bedeutung wird Avicenna auch nach der Verurteilung sog. „averroistischer“ Lehren von 1277; denn jetzt konnte man gewissermaßen Averroes durch Avicenna verdrängen, der dank seiner neuplatonischen Implikationen sich auch mit Augustinus' Ideenlehre harmonisieren ließ, wie es z. B. Heinrich von Gent versucht.[51] Von bestimmendem Einfluß wird Avicenna schließlich auf Duns Scotus (um 1265-1308), so daß E. Gilson für die Zeit nach 1277 von einer zweiten *aetas Avicenniana* sprechen will, nach der ersten, die bis zum massiven Eindringen der Kommentare des Averroes reicht. Für die Theologie stellt Avicenna wertvolle Elemente bereit: Seine Lehre von den Intelligenzen läßt sich mit der Engellehre kombinieren; Gott als „dator formarum“ scheint dem christlichen Gottesverständnis näher zu stehen als der unbewegte Motor des Aristoteles; doch unterwirft Avicenna Gott einer strengen Notwendigkeit, sich zu verströmen, was mit der Freiheit Gottes in seiner Schöpfung schwer zu vereinbaren ist.[52] Zudem sieht schon Wilhelm von Auvergne die Unvereinbarkeit der islamischen Seligkeitsvorstellung mit der christlichen, während er die selbständige Existenz des *Intellectus agens* durchaus mit Avicenna akzeptiert.

Schwieriger, wenn nicht unmöglich, erwies sich die Integration des Averroes in das christliche Gedankengut. Denn er ist strenger Aristoteliker, so daß alle für die Rezeption des Stagiriten veranschlagten Schwierigkeiten sich hier vermehren. Bezeichnenderweise wurde sein Traktat über das Zusammenstimmen von Religion und Philosophie nicht ins Lateinische übersetzt. Die darin gelehrte Vorrangstellung der Philosophie auch in Sachen des Glaubens führte im islamischen Bereich zu einem Konflikt, der in Parallele zu den Auseinandersetzungen des 12. und 13. Jhs. im christlichen Raum gesehen werden kann.[53] Dennoch wird Averroes für Thomas von Aquin zum *Commentator* schlechthin, ohne daß er ihm allerdings in allen

50 Vgl. E. Gilson, Avicenne en Occident au moyen âge. In: AHDL 44 (1969) 89-94.

51 Heinrich v. Gent, Summa quaestionum ordinariarum a.22 q.5 (ND d. Ausg. Paris 1520. St. Bonaventure, N.Y. 1953, f.134v D); a.25 q.3 (f.156r S).

52 Vgl. Roger Bacon, Opus maius II,5 (ed. J.H. Bridges. ND Frankfurt 1964, II,45-48); Gilson, Avicenna 98-103. Liste der Abweichungen Wilhelms von Avicenna: Ebd. 119.

53 Averroes, Traité décisif sur l'accord de la religion et de la philosophie. Ed. L. Gauthier. Paris ^{3}1983.

Punkten gefolgt wäre.[54] Vielmehr wird es vor allem im kritischen Punkt der Individualität oder Art-Einheit des gesamten menschlichen Intellekts für Thomas darum gehen, einen mit dem christlichen Glauben verträglichen Aristotelismus gegen den Einfluß des Averroes-Kommentars zu *de anima* und seine Rezipienten an der Artistenfakultät zu etablieren.

Leichter als die Integration des islamischen Denkens müßte dem Theologen des Mittelalters die Aufnahme jüdischer Quellen fallen.[55] Den Einfluß jüdischer Exegese haben wir etwa bei Andreas von St. Viktor bereits festgestellt. Auf eine mögliche Wechselwirkung jüdischer und christlicher Schulen im Rheinland hat Loris Sturlese aufmerksam gemacht.[56] Für das 13. Jh. ist vor allem die philosophisch-theologische Synthese des wie Averroes aus Cordoba stammenden Moses Maimonides (1138-1204) bedeutsam. Sein Programm, dargelegt im *Führer der Unschlüssigen* (*Dux dubitantium*, ca. 1190), entspricht einem Bedürfnis des 13. Jhs. im Auseinandertreten von Philosophie und Theologie. Moses will darin zeigen, daß zwischen beiden nicht nur kein Widerspruch besteht, sondern daß die Bibel im Gegenteil die wahre (= aristotelisch-arabische) Philosophie selbst enthält. Sie ist durch die auch im lateinischen Bereich gepflegte allegorische Auslegung zu erheben. Maimonides' Lehre führt zunächst in der jüdischen Welt selbst zu einer erbitterten Kontroverse um die Berechtigung dieser Bibelauslegung gegenüber der bisherigen Literalexegese. Denn die Synthese des Maimonides kann in doppelter Weise gelesen werden, und in beiden hat sie Sprengkraft für die jüdische wie für die christliche Theologie: In ihr wird zugleich die Philosophie aus der Bibel begründet, was etwa ein strenger Biblizismus im Calvinismus des 17. Jhs. wieder aufgreifen wird[57], andererseits wird aber das Wort der Offenbarung an der Wahrheit der arabisch-aristotelischen Philosophie gemessen, die vorausgesetzt wird. So werden auch einzelne praktische Vorschriften des atl. Gesetzes nun rational-philosophisch begründet.[58] Die Kontroverse um Maimonides wird deshalb auch eine Angelegenheit der christlichen Theologie und Kirche. Das Studium der Bücher des Maimonides, von jüdischer Seite z. T. mit Bann belegt, konnte auch für das Christentum zur Gefahr werden. So kommt es durch das Eingreifen des Inquisitionstribunals 1232 zur Bücherverbrennung in

54 Vgl. C. Vansteenkiste, S. Tommaso d'Aquino ed Averroè. In: RSO 32 (1957) 585-623.

55 Vgl. J. Guttmann, Die Scholastik des dreizehnten Jahrhunderts in ihren Beziehungen zum Judentum und zur jüdischen Literatur. Breslau 1902.

56 Sturlese, Philosophie 86-95. 265-276.

57 Vgl. z. B. J. H. Alsted, Triumphus Bibliorum sacrorum, Frankfurt 1625.

58 Vgl. H. Greive, Die Maimonideische Kontroverse und die Auseinandersetzungen in der lateinischen Scholastik. In: Zimmermann (Hg.), Auseinandersetzungen 170-180.

Montpellier. Ihr folgt 1242 eine Talmudverbrennung in Paris. Mit der Gleichsetzung der arabisch-aristotelischen Philosophie mit der biblichen Weltsicht oder ihrer Begründung aus der Bibel war in christlichen Augen eine theologische Legitimation der Grundirrtümer des Aristotelismus gegeben; sind doch nach Wilhelm von Auvergne die Juden dadurch Häretiker geworden, daß sie nach ihrer Zerstreuung in die arabische Welt deren Philosophie annahmen, einschließlich der Lehre von der Ewigkeit der Welt.[59]

3.2.4 Die kirchliche Reaktion: Aristotelesverbote

Welche Herausforderung das Einfließen des heidnischen und islamischen Denkens zunächst in die Philosophie und später in die Theologie für das Christentum darstellt, läßt die kirchenamtliche Reaktion erkennen, die sich in den Aristotelesverboten von Paris manifestiert.[60] Wie immer bei kirchlichen Verurteilungen bedarf es eines Anlasses. Dieser war 1210 auf einer Provinzialsynode unter dem Vorsitz des Erzbischof Petrus von Corbeil (um 1150-1222) gegeben durch die Verurteilung des Amalrich von Bène (+ 1206) und David von Dinant (+ nach 1206) sowie der Anhänger Amalrichs.[61] An die Bestimmung, die *quaternuli* Davids dem Bischof zum Verbrennen zu übergeben, wird ein auf Paris beschränktes Leseverbot der „libri de naturali philosophia“ und „commenta“ bei Strafe der Exkommunikation angeschlossen.[62] Den Anlaß bot wohl die von Aristoteles abhängende Naturlehre des David von Dinant. Man wollte also offenbar nicht nur Symptome, sondern die Wurzel des Übels treffen, wenn man das „Lesen“ (also die *lectio*, und zwar *publice* wie *secreto*) der naturphilosophischen Schriften des Aristoteles verbot. Die „commenta“ sind natürlich vor allem die arabischen Kommentare des Avicenna; Averroes war noch nicht übersetzt. Eben weil diese Schriften bereits „gelesen“ wurden, wenn auch nicht im Rahmen des Theologiestudiums, sondern in den *artes*, wußte man um die Gefährlichkeit bzw. Unvereinbarkeit der aristotelischen Lehre mit der kirchlichen Doktrin. Daß hier zunächst nur die Artisten angesprochen waren, zeigt die erweiterte Fassung des Verbots, die der Kanzler Robert von Courçon 1215 in das Universitätsstatut aufnimmt. Hier wird das Verbot ausdrücklich auch auf die Metaphysik bezogen, die man 1210 wohl unter

59 Wilhelm von Auvergne, De legibus (Guilelmi Alverni Opera omnia. Paris 1674, ND Frankfurt 1963, I,24b).

60 Vgl. vor allem M. Grabmann, I divieti ecclesiastici di Aristotele sotto Innocenzo III e Gregorio IX. (Miscellanea Historiae Pontificiae 5). Rom 1941.

61 Zu diesem Vorgehen gegen die offensichtlich katharischen Lehren nahestende „Sekte“: Fichtenau, Ketzer 280-283.

62 Denifle, Chartularium I n.11 (I,70); vgl. auch Van Steenberghen, Philosophie 90-100.

die „libri de naturali philosophia" im Unterschied zur „philosophia moralis" subsumieren konnte. Wiederum werden Lehrbücher dazu (summe de eisdem) verboten, namentlich aber die Lehren Davids von Dinant, Amalrichs von Bène und des Mauritius Hispanus.[63] Naturphilosophie und Metaphysik des Aristoteles sind also aus der Universität verbannt. Private Lektüre (nicht *lectio*) ist nicht ausgeschlossen. Zudem ist das Verbot lokaler Natur, gilt also z. B. nicht für Oxford, wo in der Folgezeit eine intensive Übersetzertätigkeit (unter Robert Grosseteste) und Auseinandersetzung mit der aristotelischen Naturphilosophie stattfinden kann.

Die Theologische Fakultät von Paris, in den Bahnen eines Petrus Comestor und Präpositinus von Cremona denkend, stand diesen Verboten offenbar wohlwollend gegenüber, zumal Petrus von Corbeil und Robert von Courçon selbst einst Magistri in Paris waren.[64] Sicher ist zu diesem Zeitpunkt der Einfluß des Aristoteles an der Theologischen Fakultät noch gering. Die „tranquillitas scholarum", erklärtes Ziel des Statuts Roberts von Courçon, war offenbar auch im Sinne der meist konservativ und pastoral eingestellten Theologen.[65] Deutlicher wird das Bild erst im Brief Gregors IX. (1227-1241) an die Theologische Fakultät vom 7. Juli 1228.[66] Er enthält in einem mit Schriftzitaten übersäten Stil eine deutliche Warnung, sich überhaupt mit der Philosophie einzulassen. Die Philosophie muß vielmehr die Magd, ja mit Hieronymus die gefangene Sklavin der Theologie bleiben. Der „theologicus intellectus" aber hat im Haus der Wissenschaften die beherrschende Rolle des Mannes. Er steht über allen Fakultäten, hat sie zu bändigen und auf den rechten Weg zu leiten. Ungeordnete Hinneigung zur Philosophie ist deshalb Ehebruch und Götzendienst gleichzusetzen. Dann spricht der Papst im Klartext: In Paris haben manche Magistri der Theologie die Pfade der Alten in der Auslegung der „celestis pagina" verlassen und sich „profanen Neuerungen", namentlich der „doctrina philosophica naturalium" ergeben, nicht zu Nutzen ihrer Hörer, sondern zum Erweis ihrer Gelehrsamkeit. Dies ist eine Verkehrung der Lehrordnung: Die Sklavin zwingt die Herrin zum Dienen; den Hörern werden nur Blätter, nicht Früchte geboten, die ihren Hunger sättigen; dieser Trank stillt nicht den Durst. Deshalb ruft der Papst die Magistri der Theologischen Fakultät auf, diesen Irrsinn (vesania) abzustellen und künftig streng Theologie (= *sacra pagina*) ohne Beifügung philosophischer Märchen zu lehren. Zwar wird

63 Denifle, Chartularium I n.20 (I,78f).

64 Vgl. Grabmann, Divieti 64f.

65 Vgl. auch Jean Châtillon, Le mouvement théologique dans la France de Philippe August. In: Ders., D'Isidore de Séville à Saint Thomas d'Aquin. London 1985, n.IX, 881-902.

66 Denifle, Chartularium I n.59 (I,114-116); Grabmann, Divieti 72-75.

hier Aristoteles nicht mit Namen genannt, aber die Philosophie der Zeit war eben die des Stagiriten. Jakob von Vitry (1180-1254) jedenfalls hat den Papst wohl verstanden: „Da für einen Christen die theologischen Bücher genügen, ist es nicht angebracht, sich mit den *libri naturales* allzusehr zu befassen.“[67] Es gab also unter den Theologen von Paris um 1230 bereits eine aristotelesfreundliche Richtung, die ihn wenigstens teilweise in die Theologie rezipierte, wie wir das bei Wilhelm von Auvergne und (spärlicher) bei Wilhelm von Auxerre feststellen können.

Die streng ablehnende Haltung konnte aber der Papst - wohl auch unter dem Einfluß Wilhelms von Auxerre, der 1230 in Rom weilte,- nicht durchhalten. Nur sehr langsam setzt sich allerdings die Überzeugung durch, daß die aristotelische Philosophie wenigstens in manchen Punkten auch für die Theologie nutzbringend angewendet werden kann.[68] Im Schreiben „Parens scientiarum“ vom 13.4.1231 werden für die Artistenfakultät die verbotenen Bücher des Aristoteles zwar nicht erlaubt, wohl aber wird eine Prüfung und Säuberung in Aussicht genommen. Die Kommission unter dem Vorsitz Wilhelms von Auxerre wird zwar nominiert, kommt aber durch dessen Tod nicht zur Arbeit. Den Theologen dagegen wird eingeschärft, sich nicht als Philosophen aufzuführen, weder volkssprachliche noch hebräische Ausdrücke und Erklärungen zuzulassen und nur Fragen zu disputieren, die sich „per libros theologicos et sanctorum tractatus“ entscheiden lassen.[69] Innozenz IV. (1243-1254) wird das Aristotelesverbot von Paris am 22.9.1245 in der Formulierung Gregors IX. auch auf Toulouse ausdehnen.[70] Urban IV. (1261-1264) wird es für Paris noch am 19.1.1263 erneuern, als Aristoteles längst faktisch und rechtlich Eingang in die universitären Lehrveranstaltungen gefunden hatte.[71] Eine neue Übersetzungswelle erfaßt nun vor allem die Kommentare des Averroes, die wohl ab ca. 1230 in Paris bekannt werden.[72]

3.2.5 Theologische und naturwissenschaftliche Wahrheit

Die Schriften des Averroes in Verbindung mit den naturphilosophischen Schriften des Aristoteles, die seit 1252 (*de anima*) bzw. 1255 offizielles Vorlesungsprogramm der Artistenfakultät wurden, stellten nun für die Theologie eine ernste Herausforderung dar, die das Klima und die literari-

67 Vgl. Van Steenberghen, Philosophie 102.

68 Vgl. Schreiben Gregors IX. vom 23.4.1231: Denifle, Chartularium I n.87 (I,143f): quaedam utilia et inutilia.

69 Denifle, Chartularium I n. 79 (I, 138); vgl. Grabmann, Divieti 95-101.

70 Denifle, Chartularium I n. 149 (I,185f).

71 Ebd. I n. 384 (I,427f).

72 Vgl. Van Steenberghen, Philosophie 110-116.

sche Produktivität der führenden Theologen der Zeit bestimmte.[73] Albertus Magnus und Thomas von Aquin, beide niemals berufsmäßig Philosophen, schreiben ihre Aristoteleskommentare. Albert muß sich deshalb von Roger Bacon den Vorwurf der Ungebildetheit und des Dilettantismus gefallen lassen.[74] Bonaventura sucht in seinen Vortragsreihen vor dem Franziskanerkonvent die alte Ordnung von Philosophie und Theologie zu retten. Das Anliegen der intensiven Auseinandersetzung mit der Philosophie des Aristoteles war dabei ein theologisches: Das neue Verständnis von Welt und Mensch mit der christlichen Offenbarung vereinbar zu machen und so das Auseinanderfallen von Philosophie und Theologie und die Gefahr eines heterodoxen Aristotelismus zu verhindern.[75]

An der Artistenfakultät, wo man diese theologischen Bedenken nicht haben mußte, wird ein heterodoxer Aristotelismus greifbar vor allem in den Personen Sigers von Brabant und Boethius' von Dacien. Es sind zunächst die bekannten Schwierigkeiten hinsichtlich der Ewigkeit der Welt und der Art-Einheit des menschlichen Intellektes, die theologisch befremden.[76] Doch ging es um mehr: Die Frage einer von Offenbarung und Theologie unabhängigen philosophischen (= naturwissenschaftlichen) Wahrheit stand zur Lösung an. Den Theologen konnte es erscheinen, als werde hier gegen die Offenbarungswahrheit eine eigenständige Wahrheit der Philosophie erhoben, „quasi sint due contrarie veritates".[77] Die Mittel, deren man sich bei der Explizierung des Verhältnisses von philosophischem und theologischem Wahrheitsanspruch seitens der Artisten bediente, waren allerdings von den Theologen selbst entwickelt. Bereits Alexander von Hales gesteht Aristoteles zu, er habe eben nur nach natürlich-naturwissenschaftlichen Prinzipien entschieden und von einer Schöpfung als übernatürlichem Eingreifen Gottes nichts gewußt. Die philosophische Lehre ist also nicht schlechthin wahr (non simpliciter), sondern aus dem Wissensstand des Autors zu interpretieren.[78] Auf diese Position konnte man sich zurückziehen und die Meinung des Aristoteles aus seinen Quellen und Voraussetzungen erheben. Als Philosoph kann man sich von der Frage nach dem Ver-

73 Denifle, Chartularium I n.201.246 (I, 227-230.277-279).

74 Roger Bacon, Opus Minus 327f.

75 Vgl. Van Steenberghen, Philosophie 335-387.

76 Vgl. E.-H. Wéber, Les discussions de 1270 à l'université de Paris de leur influence sur la pensée philosophique de S. Thomas d'Aquin. In: Zimmermann (Hg.), Auseinandersetzungen 285-316; A. Zimmermann, „Mundus est aeternus". - Zur Auslegung dieser These bei Bonaventura und Thomas von Aquin. In: Ebd. 317-330.

77 So Etienne Tempier in der Verurteilung vom 7.3.1277: Denifle, Chartularium I n. 473 (I,543).

78 Dales, Origin 172, nach Paris B.N. Ms. lat. 16406, fol.7vb. Zu ähnlichen Stellungnahmen bei Albertus Magnus: Sturlese, Philosophie 332-350.

hältnis der Lehre des Aristoteles und Averroes zur Offenbarungswahrheit dispensieren, nicht aber als Theologe.[79] Die Unterscheidung Alexanders geht bezeichnenderweise nicht auf Averroes zurück, der nur eine Wahrheit, die philosophische kennt, sondern auf Moses Maimonides, der sie wie die katholische Theologie zum Ausgleich von biblischem und aristotelischem Weltbild verwendet.[80]

Diese Unterscheidung zwischen der *intentio auctoris* relativ zu seinem Wissensstand und der Wahrheit einer Aussage wird nun von den Artisten herangezogen, um das Verhältnis von Philosophie (Wissenschaft) und Theologie neu zu definieren. Exemplarisch tut dies Boethius von Dacien. Der *naturalis* (d. h. der nach den Prinzipien der Naturwissenschaft vorgehende Philosoph) kennt keine Offenbarungswahrheiten, wie z. B. die *creatio ex nihilo*. In seinen Prinzipien und Arbeitsmethoden kommt sie nicht vor. Alles, was er behauptet oder verneint, kann er nur „ex causis et principiis naturalibus" behaupten oder verneinen. Beachtet man diese Grundlage, ergibt sich, daß eine naturwissenschaftliche These nicht als absolut wahr angenommen werden kann; sie ist vielmehr, wenn sie der schlechthinnigen Wahrheit der Offenbarung widerspricht, „absolute accepta" falsch, wenngleich sie methodisch und logisch richtig aus den beschränkten Prinzipien der Naturwissenschaft hergeleitet ist. Recht interpretierte Offenbarungswahrheit steht deshalb nicht im Widerspruch zur recht verstandenen Naturwissenschaft (Philosophie). Denn der „christianus subtiliter intelligens" erkennt, daß die Offenbarungswahrheit Sache des Glaubens, die naturwissenschaftliche These dagegen methodisch richtig von den entsprechenden Prinzipien abgeleitet ist. Und so kann er beides bewahren: „salvat fidem et philosophiam neutram corripiendo". Theologen und Amtsträger der Kirche aber, die so schwierige Dinge nicht verstehen, sollen dem Weisen gehorchen und sich im Glaubensgehorsam an das Gesetz Christi halten, dabei aber wissen, daß Glauben nicht Wissen (scientia) ist.[81]

Gerade diese Stellungnahme des Boethius zeigt aber auch das gewandelte Selbstverständnis der Philosophie in der Auseinandersetzung mit der Theologie. Der Glaube an die „lex Christi" ist nicht Wissen. Wissen aber ist auf beweisende Ableitung aus den Prämissen beschränkt; es richtet sich

---

79 So Siger von Brabant, De anima intellectiva c.7. (Ed. B. Bazan, Siger de Brabant. Quaestiones in tertium de Anima, De anima intellectiva, De aeternitate mundi. [Philosophes Médiévaux 13]. Louvain-Paris 1973, 101,7-9): quaerendo intentionem philosophorum in hoc magis quam veritatem, *cum philosophice procedamus*.

80 Moses Maimonides, Dux dubitantium 2,15 (Paris 1520, f. 48v); vgl. Dales, Origin 173.

81 Boethius v. Dacien, De aeternitate mundi (Ed. Géza Sajó. Berlin 1964, 45-62); vgl. Dales, Origin 177f.

nach logischer Gültigkeit und dem Wert der Prämissen. Was aber, wenn nun die Theologie selbst den Anspruch erhebt, aus der im Glaubensgehorsam erfaßten „lex Christi" ein Wissen (scientia) im absoluten Sinne zu erlangen, ja selbst Wissenschaft im aristotelischen Sinn zu sein? Das theoretische Problem verstärkt sich im praktischen Leben. Boethius' Opusculum *De summo bono sive de vita philosophi* bringt eine philosophische Ethik, die zwar keineswegs antichristlich ist, wohl aber eine eigenständige, diesseitsbezogene Glückseligkeit im Lebensideal des Philosophen kennt, die von der ewigen, „quam in futura vita per fidem expectamus", klar abgehoben ist.[82] Der „Gott der Philosophen", der hier geliebt und verehrt wird, ist das „primum principium" und „summum bonum". Die Liebe dieses Gottes wird geleistet „secundum rectam rationem nature et secundum rectam rationem intellectualem".[83] All dies wird rein als philosophisches Ideal entfaltet, ebenso die „sola recta delectatio" in der Betrachtung des Höchsten Gutes: „Haec est vita philosophi, quam quicumque non habuerit, non habet rectam vitam."[84] Glaube und Wissen, theologische Jenseitshoffnung und philosophische Diesseitsgestaltung sind deutlich auseinandergetreten.

3.2.6 Die Verurteilungen von 1270 und 1277

Die nachhaltigste theologisch-kirchenamtliche Reaktion auf das Auftreten einer heterodoxen Philosophie sind die Verurteilungen von 1270 und 1277. Beide haben zwar rein lokalen Charakter, sind jedoch von grundsätzlicher Bedeutung. Beiden geht eine intensive Auseinandersetzung an der Theologischen Fakultät voraus. So sind die am 12. Dezember 1270 von Bischof Etienne Tempier (+ 1279) verurteilten 13 Sätze[85] weitgehend identisch mit den Irrtümern, die Bonaventura in seinen Predigtreihen 1267 und 1268 bekämpft hatte: Einheit des Intellekts, Ewigkeit der Welt, Leugnung der leiblichen Auferstehung, Leugnung der Vorsehung, Fatalismus.[86] Wenigstens vier der verurteilten Sätze richten sich eindeutig gegen Siger von Brabant; doch die heterodoxe Strömung an der Artistenfakultät ist nicht auf ihn und seine Anhänger zu beschränken.[87]

---

82 M. Grabmann, Die Opuscula de summo bono sive de vita philosophi und de sompniis des Boethius von Dacien. In: Grabmann MGL II, 200-224, hier 211,7.

83 Ebd. 216, 6-12.

84 Ebd. 216, 15-17.

85 Denifle, Chartularium I n. 432 (I,486f).

86 Bonaventura, Collationes de decem praeceptis (1267) (Op. V, 505-532); Collationes de donis Spiritus sancti (1268) (Op. V,455-503).

87 Vgl. Van Steenberghen, Philosophie 442-462; Aufklärung im Mittelalter? Die Verurteilung von 1277. Das Dokument des Bischofs von Paris, eingeleitet, übersetzt und erklärt von K. Flasch. (Excerpta classica 6). Mainz 1989.

Kann man die Verurteilung von 1270 noch weitgehend als Auflistung der theologisch unvereinbaren philosophischen Lehren des neuen Aristotelismus verstehen, so hat die am 7. März 1277 unter Mitwirkung einer Kommission von z. T. hochrangigen Theologen publizierte Liste von 219 verurteilten Sätzen grundsätzlicheren Charakter. Ihr waren schwere Konflikte in der Artistenfakultät selbst und mit der Theologischen Fakultät vorausgegangen. Zudem erfolgt die Verurteilung auf nachdrückliches Betreiben Papst Johannes XXI. (1276-1277), der am 28. April auch eine Untersuchung der Theologischen Fakultät fordern wird.[88] Auch dort wird also bereits Häresie vermutet. So kann die Verurteilung von 1277 nicht einfach als Reaktion *der* Theologen gegen die Artisten gewertet werden, zumal auch Theologen wie Thomas von Aquin (genau drei Jahre nach seinem Tod) und Ägidius Romanus (1243/47-1316) von der Verurteilung und der darauf lastenden Exkommunikation betroffen waren. Der Prolog wirft allerdings den Artisten grundsätzlich Grenzüberschreitung vor. Eben jener Vorwurf, der 1228 den Theologen vorgehalten wurde, wird jetzt den Artisten gemacht: Sie mischen sich in Dinge, die sie nichts angehen.[89] Bezeichnend für das Klima des Mißtrauens ist bereits das Dekret der Gesamtuniversität vom 2. September 1276, in dem Lehrveranstaltungen „in locis privatis" und geheime Konventikel verboten werden. Ausgenommen werden hier nur die generell unverdächtigen Fächer Logik und Grammatik.[90]

Eine quellenmäßige Prüfung der Irrtumsliste von 1277 zeigt allerdings, daß diese die Lehren der Magistri Siger von Brabant und Boethius von Dacien nur sehr bedingt trifft und z. T. durchaus stimmige Sätze über das Verhältnis von Philosophie und Theologie verurteilt. Da die Exkommunikation der Lehrer und Hörer dieser Sätze natürlich eine wörtliche Interpretation voraussetzt, ist eine große Verunsicherung auch in der theologischen Lehre die Folge. Als folgenschwer für das Selbstverständnis und die Entwicklung der Theologie erweisen sich über die bekannten „Irrlehren" des Aristoteles und die verurteilten Lehren des Thomas von Aquin (Möglichkeit einer ewigen Welt, Individuation, Einheit der Wesensform des Menschen, Lokalisation der geistigen Substanzen etc.) hinaus vor allem die verurteilten Sätze hinsichtlich des Verhältnisses von Vernunft und Glaube, Philosophie und Theologie, göttlicher Allmacht und natürlichen Ursachen, göttlicher und menschlicher Erkenntnis. Der erkenntnismäßige Stellenwert der einzelnen philosophischen Sentenz wird nicht erhoben, sondern angenommen, daß alle gleichermaßen als wahr behauptet

---

88 Vgl. Van Steenberghen, Philosophie 354.

89 Vgl. Denifle, Chartularium I n.59 (I,114-116); n. 473 (I, 543): proprie facultatis limites excedentes.

90 Ebd. I n. 468 (I,538f).

werden. Theologisch sind sie aber falsch. So muß Etienne Tempier den Eindruck der berühmten „doppelten Wahrheit“ gewinnen, den er in seinem Prolog zum Ausdruck bringt. Nicht die sog. „Averroisten“, sondern der Bischof selbst ist deshalb im eigentlichen Sinne der Autor der „Lehre von der doppelten Wahrheit“.[91]

Daneben stehen jedoch fundamentale Angriffe auf die Stellung der Theologie an der Universität überhaupt. Sie kennzeichnen das Klima, in dem die Theologie um ihr wissenschaftliches Selbstverständnis ringen muß: Theologisches Reden gründet in menschlichen Fabeleien (152). Theologisches Wissen erweitert unser Wissen nicht (153). Folglich vermittelt Theologie gar kein Wissen, ist also keine Wissenschaft. Fabeleien und falsche Aussagen gibt es im christlichen Gesetz (= Hl. Schrift, Theologie) wie anderswo (174). Das christliche Gesetz hindert den Wissenserwerb (175). Es gibt keinen höheren Status des Menschseins als die freie Beschäftigung mit der Philosophie (40). Die Philosophen sind die einzigen „sapientes mundi“ (vgl. 1 Kor 1,20) (154). Man darf sich hinsichtlich der Gewißheit in der Entscheidung einer Frage nicht mit Autoritäten begnügen. (150).[92] Von großer Bedeutung für die theologische Entwicklung des 14. Jhs. werden gerade die Verurteilungen der zum Großteil aus Avicenna gespeisten Thesen zur Ursächlichkeit Gottes[93] : Die erste Ursache besitzt keine Kenntnis des Künftig-Kontingenten, weil das Künftig-Kontingente nicht zum Seienden gerechnet werden kann und singulär ist, Gott aber nichts Singuläres erkennt (42). Das erste Seinsprinzip kann ohne Vermittlung anderer Ursachen nicht die Ursache der komplexen Vielfalt der Geschöpfe auf Erden sein (43). Von der ersten Wirkursache kann keine Vielzahl von Wirkungen ausgehen (44). Gott bringt notwendig hervor, was aus ihm unmittelbar hervorgeht (58). Gott kann die Wirkung einer Zweitursache nur mit deren Mitwirkung hervorbringen (63). Die intelligiblen Substanzen sind an der Schöpfung der Dinge beteiligt (73).[94] Die Auseinandersetzung mit diesen verurteilten Thesen wird zu einer breiten Diskussion um die Macht Gottes in der Unterscheidung seiner absoluten und geordneten (d. h. an den bestehenden Weltlauf und die Heilsgeschichte frei gebundenen) Macht führen. Die Freiheit Gottes angesichts der kausalen Welterklärung führt aber auch zur Fragwürdigkeit des Wertes rationaler Welterklärung (und theologischer Selbstvergewisserung) vor dem Hintergrund eines von allen Zweitursachen und innerweltlichen Gegebenheiten (und damit Erklä-

---

91 Vgl. Dales, Origin 179.

92 Vgl. Flasch (Hg.), Aufklärung 137f.215-218.229f.

93 Vgl. K. Bannach, Die Lehre von der doppelten Macht Gottes bei Wilhelm von Ockham. (VIEG 75). Wiesbaden 1975, 96-111.

94 Vgl. Flasch (Hg.), Aufklärung 139-143.155.158.165.

rungen) unabhängigen Wollens Gottes. Philosophischer Wahrheitsanspruch steht somit unter deutlichen theologischen Vorbehalten; der Wahrheitsanspruch der Theologie, die um ihre eigene Wissenschaftlichkeit ringen muß, und die Gewißheit des Glaubenden aber stehen unter dem Vorbehalt des Wollens Gottes, das auch ganz anders sein könnte. Die wissenschaftstheoretische Selbstversicherung der Theologie als Universitätsdisziplin muß deshalb als das Gebot der Stunde erscheinen.

3.3 Die Wissenschaftlichkeit der Theologie

Die Auseinandersetzung der Theologie mit dem neuen Wissenschaftsideal und ihrer universitären Stellung schafft einen neuen theologischen Traktat: die theologische Einleitungs- und Erkenntnislehre.[95] Sie kann gegeben werden in Einzelquästionen, Quästionenreihen, Teilen von Monographien, vor allem aber in den Einleitungen zu Sentenzenkommentaren und Summen. Hier zeigt sich das Selbstverständnis einer Theologie zwischen Verpflichtung auf die *sacra pagina* und Wissenschaftsanspruch.

3.3.1 Glaube und Argument: Wilhelm von Auxerre

Wohl aus den Zwanzigerjahren (nach 1215, vor 1229) des 13. Jhs. stammt die sog. *Summa aurea* des Wilhelm von Auxerre (+ 1231), die uns im Prolog eine erste theologische Einleitungslehre bietet, wenn auch noch nicht im aristotelischen Sinne. Doch kennzeichnet sie gut den Ausgangspunkt der Diskussion.[96] Bereits die erste Quästio des Prologs formuliert einen fundamentalen Angriff auf die Theologie. Ausgehend von der „Glaubensdefinition" Hebr 11,1, wo der Glaube selbst als „argumentum" beschrieben wird, muß es verkehrt (perverse) erscheinen, wenn die Magistri den Glauben durch Vernunftgründe stützen wollen. Denn der Glaube selbst ist „probans non probatum", ist Argument, nicht Konklusion, die eines Beweises bedürfte. Glaubenswissenschaft wäre damit im strengen Sinne ein Widerspruch in sich selbst.[97] Die Lösung, die Wilhelm gibt, folgt noch der

95 Vgl. Köpf, Anfänge 67-69; M. Grabmann, Die theol. Erkenntnis- und Einleitungslehre des hl. Thomas von Aquin auf Grund seiner Schrift „In Boethium de Trinitate". (Thomistische Studien 4). Freiburg/Schw. 1948; M.-D. Chenu, Théologie.

96 Magistri Guillelmi Altissiodorensis Summa Aurea. Ed. J. Ribaillier, Bd.1 (Spicilegium Bonaventurianum 16). Paris-Grottaferrata 1980; vgl. ebd. Introduction générale. (Spicilegium Bonaventurianum 20). Paris-Grottaferrata 1987, 3-16.

97 Wilh. v. Auxerre, Summa aurea, l.1 prol.1 (15,1-10); vgl. J. Beumer, Die Theologie als intellectus fidei. Dargestellt an Hand der Lehre des Wilhelm von Auxerre und Petrus von Tarantasia. In: Schol 17 (1942) 32-41.

Lehre des Präpositinus. Der Glaube ist in dreifacher Weise auf die *ratio* verwiesen: Bei den Glaubenden wird er durch sie gestärkt und vermehrt; gegenüber den Häretikern verteidigt; die Einfältigen schließlich können durch Vernunftgründe zum Glauben bewegt werden. Weit entfernt von der aristotelischen Lösung einer theologischen Wissenschaft hält Wilhelm am Glaubens- und Theologieverständnis Augustins und Anselms von Canterbury fest. Der Glaube ist eine Erleuchtung durch Gott und bedingt deshalb auch das *intelligere*: Je mehr die Seele erleuchtet wird, um so deutlicher sieht sie auch, daß sich die Sache so verhält, wie sie glaubt, aber auch, wie und warum sie sich so verhält: „quod est intelligere“.[98] Deshalb stimmt Wilhelm auch Simon von Tournai (um 1130-1201) zu, der den Sprachgebrauch von ‘argumentum’ bei Aristoteles und in der Bibel für unvereinbar hält: Bei Aristoteles ist das Argument ein Grund (ratio), einer zweifelhaften Sache zu glauben; bei Christus dagegen ist das Argument der Glaube selbst, der sich seine Gründe (ratio) schafft. Theologischer Fortschritt (bei Personen) ist deshalb mit Augustinus nur als Fortschritt im Glauben möglich, nicht als deduktive Erweiterung des Wissens von einem ersten Prinzip her. Vielmehr ist das erste Prinzip und die erste Wahrheit Gott selbst, auf den man sich beim Aufstieg im Glauben zu stützen hat.[99]

In der zweiten Quästio betont Wilhelm wie schon Petrus Lombardus, daß herangezogene Vernunftgründe passen müssen; dies ist nicht der Fall bei Gründen, die sich nur auf die „res naturales“ beziehen. Der Fehler der Häretiker besteht ja gerade darin, daß sie solche Argumente einfach auf Gott übertragen haben und dadurch (exemplarisch Arius und Sabellius) zu ihren Irrtümern gekommen sind.[100] Wilhelm stimmt dem generell zu: Alle Häresien lassen sich letztlich auf eine vorschnelle Übertragung rein natürlicher Verhältnisse auf Gott, d. h. auf eine unberechtigte naturphilosophische oder metaphysische Argumentation in der Theologie zurückführen. Deshalb will er selbst in seiner Theologie auf die „propriae rationes rerum naturalium“ ganz verzichten. Vielmehr will er sich im theologischen Geschäft ausschließlich an theologische oder mit den entsprechenden Sachen konveniente Gründe halten.[101] Wilhelm übt hier im Programm also bereits jene Abstinenz gegenüber fachfremden Lehrinhalten, namentlich der aristotelischen Naturphilosophie, zu der Gregor IX. die Theologen von Paris 1228 so eindringlich angehalten hat. Eine aristotelische Wissenschaft kann die Theologie vom Glaubensverständnis Wilhelms aus jedenfalls nicht werden.

98 Wilh. v. Auxerre, Summa aurea l.1 prol.1 (16,35-37).
99 Ebd. (16, 39-41;18, 80-84).
100 Ebd. prol.2 (18,1-19,37).
101 Ebd. (20, 56-71).

3.3.2 Zwischen Bibel und Wissenschaft: Die frühen Dominikaner

Der biblisch-evangelische Impuls der Lebensform und Theologie der Mendikanten müßte sich auch in der systematischen Reflexion der Theologie selbst niederschlagen. Die früheste theologische Einleitungslehre eines Dominikaners ist uns in der wohl aus den Dreißigerjahren des 13. Jhs. stammenden theologischen Summe des ersten Dominikanermagisters von Paris *Roland von Cremona* erhalten. Er steht deutlich unter dem Einfluß Wilhelms von Auxerre, setzt aber andererseits den aristotelischen Wissenschaftsbegriff voraus.[102] Sein Theologiebegriff ist noch der der *divina scriptura*, wenn er nun erstmals in Einbeziehung aristotelischer Fragestellungen den zentralen Gegenstand und der Wissenschaftlichkeit dieser Tätigkeit problematisiert.[103] Roland legt in einem Zitat aus der II. Analytik den strengen, auf Erfahrung fußenden Wissenschaftsbegriff des Aristoteles zugrunde. Schon von daher muß klar sein, daß die noch in der Hl. Schrift gesehene Theologie nicht Wissenschaft im strengen Sinne ist.[104] Sie ist vielmehr in Überbietung bloßer Wissenschaft - in der Tradition Hugos von St. Viktor gedacht - Weisheit (sapientia) und Ziel aller übrigen Wissenschaften.[105] Ihre Stellung zu den anderen Wissenschaften und *artes* ist daher wieder im Sinne der Viktoriner durch Herrschaft und umfassende Indienstnahme gekennzeichnet.[106] Obwohl die Theologie nicht strenge Wissenschaft ist, kann man sie nach allen Momenten einer aristotelischen Wissenschaft befragen: Gegenstand, Prinzipien und Beweis. Ihr zentraler Gegenstand ist, gut biblisch-heilsgeschichtlich gedacht, der „Christus integer", in dem Gott, Mensch und die ganze Kirche vom Anfang bis zum Ende der Zeiten, ja sogar die Verdammten (in imagine) eingeschlossen sind.[107] Die Glaubensartikel können nicht die Beweisprinzipien der Theologie im aristotelischen Sinne sein; denn ihnen fehlt die erforderte Evidenz. Zudem sind die Glaubensartikel selbst nach Hebr 11,1 Argumente, die nicht ohne den Glauben bestehen können.[108] Allerdings ist es möglich, mit wissenschaftlicher Methode aus den Glaubensartikeln weitere Folgerungen

---

102 Vgl. E. Filthaut, Roland von Cremona O.P. und die Anfänge der Scholastik im Predigerorden. Ein Beitrag zur Geistesgeschichte der älteren Dominikaner. Vechta i.O. 1936; Köpf, Anfänge 54f.

103 Roland v. Cremona, Summa, prol. q.2 (ungedruckt): Vgl. Köpf, Anfänge 276; Grabmann, Erkenntnislehre 189.

104 Vgl. Roland, Summa prol.q2, zit. Köpf, Anfänge 152 Anm 105.

105 Ebd., zit. Köpf, Anfänge 219 Anm. 325.

106 Vgl. Köpf, Anfänge 241.244.

107 Roland v. Cremona, Summa, prol. q.2, zit. Köpf, Anfänge 100f Anm. 93.

108 Ebd; zit. Köpf, Anfänge 141 Anm. 60-62; vgl. Summa l.3, CIV,5 (ed. A. Cortesi, Bergamo 1962, 321); CV,1 (322).

zu ziehen. Voraussetzung bleibt aber immer der persönliche Glaube. Die Glaubensartikel selbst aber sind nicht syllogistische Ableitungen aus einem vorausliegenden Glauben, sondern der geglaubte Glaubensinhalt. In der „fides formata", dem (auch in Werken) verwirklichten Glauben, kommen inhaltliches und affektives Moment des Glaubens überein, wird der Glaube zum inhaltlichen „argumentum". Ohne diesen Glauben, der die aristotelische Rolle der Erfahrung als Grundlage von Wissenschaft vertritt, gibt es keine Theologie.[109]

Den ersten Sentenzenkommentar eines Dominikaners in Oxford verdanken wir *Richard Fishacre* (+ 1248).[110] Seine theologische Einleitungslehre im *Principium* seines Kommentarwerks verwendet das aristotelische Vier-Ursachen-Schema als Mittel der Erörterung.[111] Die *causa finalis* fragt nach der Notwendigkeit und dem Nutzen der Theologie. Bereits hier ist wie bei Roland von Cremona der Wissenschaftsbegriff der II. Analytik zugrundegelegt; doch wird er sogleich überboten durch die grundsätzliche Einteilung alles Wissens in eine *scientia deorsum* (natürlich-weltliches Wissen) und eine *sapientia de sursum* (von Gott gegebene Weisheit in den drei Büchern des Lebens, der Schrift und der Schöpfung). Notwendig aber ist die Theologie (als *sacra scriptura*), weil Gott aus der Schöpfung allein nicht hinreichend erkannt werden kann. Darauf beruht auch der Vorrang der Theologie vor den natürlichen Wissenschaften; denn das, was in diesen nützlich gelernt werden kann, findet sich auch in der Hl. Schrift, aber noch viel mehr, was in den natürlichen Wissenschaften nicht zu finden ist. Die anderen Wissenschaften bleiben also „pedisseque et ancille", mit denen man sich nicht zu lange abgeben soll, um nicht den Eindruck ehebrecherischer Beziehung zu einer käuflichen Magd zu erwecken.[112] Auch hier wirkt offenbar Gregors IX. Warnung vor einer Beschäftigung der Theologen mit (Natur-)Philosophie nach. Die Wirkursache der Hl. Schrift und Theologie ist Gott. Deshalb ist sie „verissima, ordinatissma et certissima". Ihre Wahrheit, Methode und Gewißheit ist also grundsätzlich nicht von der aristotelischen Wissenschaftstheorie und einem Beweisverfahren, sondern von der Wahrheit und Wahrhaftigkeit Gottes abhängig.[113] Die „scientia vel scriptura" (= Theologie) kennt deshalb auch keinen syllogistischen Beweisgang; sie stützt sich grundsätzlich nicht auf menschliche Vernunftgründe, sondern auf die Autorität des Schreibers, d.h. Gottes. Gerade dies zeigt die noch

109 Ebd. prol. q.2, zit. Köpf, Anfänge 198f Anm.220.

110 Vgl. F. Pelster, Das Leben und die Schriften des Oxforder Dominikanerlehrers Richard Fishacre (+ 1248). In: ZKTh 54 (1930) 518-553.

111 Vgl. ausführlich: Grabmann, Erkenntnislehre 205-215.

112 Text: ebd. 210; vgl. Denifle, Chartularium I n.59 (I,114-116).

113 Text: Grabmann, Erkenntnislehre 211.

nicht problematisierte Gleichsetzung von Hl. Schrift und Theologie. In ihr gibt es zudem keinen Übergang von Bekannterem zu weniger Bekanntem, sondern alles, was hier gelehrt ist, ist von gleicher Gewißheit, da die Autorität Gottes den ganzen Inhalt der Schrift verbürgt. Daraus wird unmittelbar an das moralische Empfinden der Theologen appelliert: „Quod si tantus est huius sapientiae auctor, quales debent esse auditores!“[114] Die *materia* der Theologie wird zunächst sehr umfassend und kunstvoll dargestellt in den drei einfachen Elementen der „natura suprema, media et infima“, Gott, vernunftbegabte Kreatur und Körper, und den daraus zusammengesetzten Gebilden Kirche und Mensch, die beide wieder in Christus integriert sind. Der Gegenstand von Theologie ist deshalb nicht so einfach zu bestimmen wie bei Roland. Das unteilbare Grundelement ist Gott selbst; das „maxime compositum“ dagegen Christus, das eigentliche *subiectum* aber ist die Einheit aus den beiden oberen Elementen: Gott und vernunftbegabte Kreatur, d. h. die Kirche bzw. die Heilsgeschichte Gottes mit der Menschheit.[115] Im Menschen aber sind zwei Kräfte gegeben: die *virtus motiva* und die *virtus apprehensiva*, affektive Willenskraft und theoretischer Verstand. In der Ausrichtung auf beide ist die Theologie weder rein theoretische, noch rein praktische Disziplin, sondern hat von der auf Erden möglichen Erkenntnis Gottes als der höchsten Wahrheit und der Vereinigung mit dem höchsten Gut zu handeln. Der theoretische Teil ist nun der Diskussion schwieriger Fragen über die Glaubensartikel vorbehalten, d. h. im historischen Kontext der Sentenzenvorlesung. Der moralisch-praktische Teil dagegen wird in der Auslegung der Hl. Schrift behandelt. Beide beziehen sich jedoch auf die Schrift als Grundlage der gesamten Theologie; denn auch die spekulative Theologie ist „indistincte“ in der Schrift gegeben, wird aber aus methodischen Rücksichten von den „magistri moderni“ in den Disputationen entfaltet. Die Fragen der Sentenzen des Lombarden werden ausdrücklich als Exzerpte der Bibel deklariert; dadurch wird die systematische Theologie biblisch legitimiert.[116] Die moralisierende Auslegung der Hl. Schrift muß in augustinischem Geist der Sentenzenvorlesung vorausgehen. Aristotelische Wissenschaft aber ist weder diese noch jene, sondern beide zusammen vermitteln ein Wissen, das nach dem Selbstverständnis des Theologen jenseits aller aristotelischen Wissenschaftstheorie liegt.

Deutlich von Richard Fishacre abhängig ist *Robert Kilwardby* (+ 1279) in seinem Sentenzenkommentar, der schon in die Fünfzigerjahre des 13.

114 Text: ebd. 213.

115 Vgl. Köpf, Anfänge 101f.

116 Text: F. Pelster, Die Bedeutung der Sentenzenvorlesung für die theologische Spekulation des Mittelalters. Ein Zeugnis aus der ältesten Oxforder Dominikanerschule. In: Schol 2 (1927) 250-255.

Jhs. (ab 1256) fällt.[117] Er entwickelt die theologische Einleitungslehre in einzelnen Quästionen ausgehend von Spr 9,1, womit sogleich das Grundverständnis der Theologie als Weisheit gegeben ist, die wieder nach den vier Ursachen untersucht wird. Klarer als Fishacre unterscheidet aber Kilwardby bereits im ersten Satz zwischen der theologischen Lehre und der *sacra scriptura*.[118] Das Verhältnis zwischen Sentenzen und Bibel wird so gelöst, daß Gott natürlich *auctor* der Schrift bleibt, der Lombarde dagegen nur „compilator vel promulgator" dieses Buches ist. Daß die Sentenzen aus der Schrift gewonnen werden, wird bereits stillschweigend vorausgesetzt.[119] In der für die Frage der Wissenschaftlichkeit entscheidenden q. 12 werden alle Gründe genannt, warum der aristotelische Wissenschaftsbegriff auf die Theologie (hier als *scriptura*) unanwendbar erscheint: Allgemeinheit, Notwendigkeit, Ursachenerkenntnis, Evidenz. Für die Lösung der Frage unterscheidet Kilwardby grundsätzlich zwischen zwei Arten von Wissen: Das eine stammt aus göttlicher Inspiration und wird durch das Studium eines Buches erworben, das andere aus menschlicher Erfindung und wird „viva voce" vermittelt. Theologie setzt den ersten Wissensmodus voraus. Nur in diesem Rahmen kann auch sinnvoll über Theologie als Wissenschaft gehandelt werden.[120] Weiters ist zu unterscheiden zwischen theoretischer und tätiger Wissenschaft (scientia speculativa, activa). Daß Theologie nicht unter den Begriff der theoretischen Wissenschaft fällt, wird hier gar nicht länger diskutiert. Theologie hat insgesamt mit dem Handeln des Menschen zu tun, näherhin mit der vollkommenen Erlösung des Menschen. Daraufhin ist auch der theoretische Teil der Theologie angelegt, der als Kontemplation dem Gebot der Gottesliebe zugeordnet und *sapientia* genannt wird, während der praktische Teil vom Gebot der Nächstenliebe bestimmt ist und *scientia* genannt wird. Alle anderen Gegenstände der Anschauung oder des Glaubens aber werden theologisch zu *scibilia*, indem sie auf dieses Ziel hingeordnet werden.

Sehr entschieden wird also an der lebenspraktischen Ausrichtung der gesamten Theologie festgehalten, wie es der Lebensform der frühen Bettelorden entspricht. Der aristotelische Wissenschaftsbegriff aber paßt nicht auf die theologische Tradition. Vor allem kennt Aristoteles keine Wissenschaft aufgrund göttlicher Inspiration. Der Wissenschaftsbegriff der Philosophie ist deshalb auf die *sacra scriptura* nicht anwendbar, zumal er nicht einmal

117 Robert Kilwardby, Quaestiones in Librum Primum Sententiarum. Hg. J. Schneider, (Bay. Ak. d. Wiss., Veröffentl. d. Komm. für die Herausgabe ungedruckter Texte aus der mittelalterlichen Geisteswelt 13). München 1986; vgl. Grabmann, Erkenntnislehre 215-226.

118 Kilwardby, I Sent. q.1 (3,1-3).

119 Ebd. (3,15f).

120 Ebd. q.12 (30, 31-49); vgl. Kraml, Rede von Gott 93-103.

alle menschlich-erfundenen Wissenschaften abdeckt, sondern im strengen Sinne nur die theoretischen, vornehmlich die Mathematik.[121] Die Theologie erzeugt deshalb (als Hl. Schrift) nicht einen Wissenshabitus im Sinne des Wissens um eine bewiesene Konklusion, sondern zunächst den Glauben in all jenen Dingen, die einfach auf das Zeugnis der Schrift hin „sine ratiocinatione" angenommen werden. Dieser Glaube aber übertrifft das rein natürliche Wissen (scientia) der Philosophen, weil er in der Liebe zur ersten Wahrheit begründet ist. Tritt zum Glauben die *ratio* hinzu, wird nicht Wissenschaft, sondern wieder augustinisch *intellectus* bzw. *intelligentia*, Glaubenseinsicht gewonnen. Von Wissen (scientia) kann hier nur im augustinischen Sinne als dem gemeinsamen Habitus von Glaube und Schau gesprochen werden, ebenso von Weisheit.[122]

3.3.3 Heilsgeschichte oder Metaphysik: Die Summa Halensis

Alexander von Hales (+ 1245) steht in der Pariser Tradition als Begründer der Sentenzenvorlesung und zugleich als erster Franziskanermagister (ab 1236). Seine ca. 1223-1227 datierte *Glossa in quatuor libros Sententiarum* bringt noch keine ausführliche wissenschaftstheoretische Rechtfertigung der Theologie, wohl aber eine Behandlung der *materia* des Sentenzenbuches.[123] Der ganze Inhalt der systematischen Theologie wird aus Ex 3 gewonnen: Die Gotteslehre des 1. Buches aus Ex 3,14f, der Inhalt der restlichen Bücher aus Ex 3,7f. Das Theologieverständnis ist also noch wesentlich heilsgeschichtlich: Gott offenbart sich in der erbarmenden Zuwendung zum geknechteten Volk und führt es in das Land, in dem Milch und Honig fließen. So geht die Theologie aus von der Gotteslehre und führt über die Lehre von Fall, Buße und Erlösung zur Kirche mit ihren Sakramenten und zur Seligkeit mit ihren Gnadengaben.[124]

Dagegen bringt die als Gemeinschaftswerk der frühen Pariser Franziskanerschule zu betrachtende sog. *Summa Halensis* eine ausführliche Wissenschaftstheorie der Theologie.[125] Das 1. Kapitel der 1. Quästio fragt sogleich nach der Wissenschaftlichkeit der systematischen Theologie (*doc-*

121 Kilwardby, I Sent. q.12 (30,50-31,73).

122 Ebd. q.13 (33,1-34,34).

123 Alexander v. Hales, Glossa in quatuor libros Sententiarum Petri Lombardi I, Introitus. (Bibliotheca Franciscana Scholastica Medii Aevi 12). Quaracchi 1951, 1-4.

124 Vgl. Kraml, Rede von Gott 90-92.

125 (Summa Halensis =) Alexander v. Hales, Summa theologica. I, Quaracchi 1924. Zur Frage der Echtheit und der Quellen: Ebd. IV, Prolegomena; B. Pergamo, De Quaestionibus ineditis Fr. Odonis Rigaldi, Fr. Guilelmi de Melitona et Codicis Vat. lat. 782 circa naturam theologiae deque earum relatione ad Summam Theologicam Fr. Alexandri Halensis. In: AFH 29 (1936) 3-54.308-364.

trina theologiae, nicht *sacra scriptura*).[126] Die Antwort geht aus vom Wissenschaftsverständnis der Aristotelischen Metaphysik, nicht so sehr von der II. Analytik. Mit Aristoteles wird unterschieden zwischen einem Wissen um die Ursachen und - davon abhängig - um das Verursachte. Das erste ist ein Wissen um seiner selbst willen, besonders das Wissen um die „causa causarum".[127] Diese *scientia* aber ist die Theologie, die somit im eigentlichen Sinne als Metaphysik und *sapientia* bestimmt ist, was gut zum Einleitungszitat aus Boethius und dessen Theologieauffassung stimmt.[128] Der Wissenschafts- und Weisheitsbegriff im Sinne der Metaphysik wird zwar zunächst auf die Theologie übertragen, ihre Spezifizierung erhält sie jedoch aus der affektiv-praktischen Ausrichtung, die sie von der reinen Metaphysik unterscheidet. Die affektiv-praktische Ausrichtung macht nach Auffassung unserer Franziskaner den eigentlich sapientialen Charakter der Theologie aus, während die Metaphysik (als *Theologia philosophorum*) nur Weisheit als Vollendung des Wissens, somit des Erkenntnishabitus ist. Die übrigen Wissenschaften aber, die sich nur mit untergeordneten Ursachen beschäftigen, sind nur *scientiae*, nicht *sapientia*.[129]

Auffallend ist in der Antwort der Summe das Fehlen jedes Eingehens auf die Grundlage der Theologie in der Hl. Schrift. Erst in der Lösung der Einwände gegen die Anwendung des aristotelischen Wissenschaftsbegriffs (jetzt der II. Analytik) auf die Theologie, wird die Schrift bemüht. Mangelnde Allgemeinheit des Inhalts der Hl. Schrift wird als Grund der Unanwendbarkeit des Wissenschaftsbegriffs sogleich abgewiesen: Während die weltliche Geschichte das Einzelfaktum nur als solches erzählt, hat in der Schrift das historische Einzelfaktum universale Bedeutung: Durch die geschichtlichen Tatsachen werden allgemeine Akte und Bedingungen bezeichnet, ausgerichtet auf die Unterweisung der Menschen und die Betrachtung der göttlichen Geheimnisse. Weil also in der Schrift das Singulare ein Universale bezeichnet, ist der Begriff der Wissenschaft darauf anwendbar. Die Universalisierung des Heilsgeschichtlichen soll also die Wissenschaftlichkeit der Theologie auch in ihrer biblischen Grundlage sichern.[130] Außerdem wird nun (ebenso krampfhaft) nachgewiesen, daß die Schrift nicht nur singuläre, sondern generelle Sätze (moralischer Art) enthält, z. B. Spr

---

126 Summa Hal. I Tr. int. q.1 c.1 (I,1-4); vgl. E. Gössmann, Metaphysik und Heilsgeschichte. Eine theologische Untersuchung der Summa Halensis (Alexander von Hales). München 1964, 15-36.

127 Vgl. Aristoteles, metaph. I,1f.

128 Summa Hal. Tr. int. q.1 c.1 (I,1); vgl. oben 1.1.4.

129 Ebd. q.1 c.1 sol. (I,2a). Zur weiteren Entfaltung der Lehre vom praktischen Charakter der Theologie: L. Amorós, La teologia como ciencia practica en la escuela franciscana en los tiempos que preceden a Escoto. In: AHDL 9 (1934) 261-303.

130 Summa Hal. Tr. int. q.1 c.1 ad 1 (I,2f); vgl. Gössmann, Metaphysik 18f.

1,7 oder 1 Tim 1,5, so daß das „universale in praedicando" hier ebenso gegeben ist wie das „universale in exemplando" aufgrund der prophetischen Bedeutung und das „universale in significando" in der heilsgeschichtlich-allgemeinen Bedeutung. Durch die metaphysische Rückführung der heilsgeschichtlichen Fakten auf Gott als Universalursache der Schöpfung bzw. auf Christus als Universalursache der Erlösung kann zudem das „universale in causando" für die Theologie vindiziert werden, so daß sich die Theologie auch in ihrer biblischen Grundlage nun als aristotelische Wissenschaft par excellence, als *sapientia* im Sinne von Metaph. I,1 behauptet.[131]

Wie schwierig der Ausgleich zwischen dieser Wissenschaftskonzeption der Theologie und dem biblisch-heilsgeschichtlichen Denken ist, zeigt sich in der Erörterung des Gegenstandes und der Methode der Theologie. Als Gegenstand der Theologie wird je nach Betrachtungsweise das Erlösungswerk, Christus oder Gott (divina substantia) angesehen, so daß die Theologie dann in einer griffigen Formel definiert werden kann als „scientia de substantia divina cognoscenda per Christum in opere reparationis".[132] Die Summa erreicht hier einen Ausgleich zwischen der Bestimmung der Theologie als *sapientia* im Sinne der Metaphysik (substantia divina), der Christozentrik eines Roland von Cremona und der heilsgeschichtlichen Bestimmung der Theologie im Anschluß an Hugo von St. Viktor. In der Methodenlehre müssen schließlich die gängigen wissenschaftstheoretischen Schemata gänzlich verlassen werden. Der „modus sacrae Scripturae" folgt nicht den Regeln einer Kunst oder Wissenschaft. Der Grund dafür aber liegt in der göttlichen Weisheit, die durch die Schrift den Menschen über die für sein Heil relevanten Inhalte informiert. Theologie ist damit schließlich als *Heilswissen* aufgrund göttlicher Belehrung bestimmt und den Gesetzen der Methodologie entzogen.[133] Sie ist zudem affektiv-praktische Disziplin, auf die die Methoden der theoretischen Wissenschaften, nämlich Definition, Einteilung und Schluß, nicht anwendbar sind. Vielmehr sind hier Methoden gegeben, die dem „affectus pietatis" entsprechen: Vorschrift, Beispiel, Ermahnung, Offenbarung, Gebet. Die „pietas" aber ist „cultus Dei".[134] Theologie erscheint hier also franziskanisch wieder auf Frömmigkeit und Gottesverehrung bezogen, also in die franziskanische Lebensform eingebettet.

Dieses affektive Moment schlägt sich auch nieder in der Erörterung der spezifisch theologischen Gewißheit im Vergleich zu den anderen Wissenschaften. Gegen eine den Wissenschaften äquivalente Gewißheit erheben

131 Summa Hal. Tr. int. q.1 c.1 ad 2 (I,3).
132 Ebd. q.1 c.3 sol. (I,6); vgl. Gössmann, Metaphysik 25f.
133 Summa Hal. q.1 c.4 a.1 sol. (I,8a); vgl. Gössmann, Metaphysik 27-31.
134 Summa Hal. q.1 c.4 a.1 ad 2 (I,8b).

sich schwerwiegende Einwände: bloße Glaubensgewißheit gegenüber dem *intellectus*, ungenügende Evidenz der Prinzipien, metaphorische und äquivoke Ausdrucksweise der Schrift. Grundsätzlich unterscheidet die Summa zwischen affektiver und intellektueller Gewißheit. Die Theologie führt zu höherer affektiver Gewißheit als die Erfahrung; dagegen bleibt sie an intellektueller Gewißeit hinter der Anschauungsevidenz zurück, da sie nur auf den Glauben gegründet ist.[135] Auch in den Prinzipien selbst besteht deshalb ein Unterschied der Theologie zu den übrigen Wissenschaften, namentlich den theoretischen. Diese gründen sich auf selbstevidente wahre Prinzipien; die theologischen Prinzipien dagegen haben zwei Komponenten: Wahrheit und Gutheit, also ein theoretisches und ein praktisches Moment. Sie sind „principia veritatis ut bonitatis". Hinsichtlich der theoretischen Wahrheit stehen sie der Evidenz der Prinzipien anderer Wissenschaften nach, nicht aber hinsichtlich der praktischen Gutheit. Hier wird ihnen sogar der Rang von „principia per se nota", nämlich für das moralische Handeln, zuerkannt.[136]

Das übernatürliche Moment der hier eindeutig praktisch akzentuierten Theologie kommt in Abhebung von einer Moralphilosophie in ihrem göttlichen Ursprung zum Ausdruck: Sie ist „a Deo et de Deo et ductiva ad Deum".[137] *A Deo* stammen zwar auch die anderen Wissenschaften, aber nicht in der Weise der Vermittlung durch göttliche Inspiration als Gnadengabe, weshalb man in einer Kurzformel sagen kann: Die Theologie (doctrina sacra) stammt vom Hl. Geist. Wahrheit in ihr ist deshalb ein „bonum gratuitum", und gerade darin liegt auch ihre *praktische* Gewißheit begründet, die folglich nicht nach menschlich-wissenschaftlichen Maßstäben zu messen ist. *De Deo* handelt sie nicht (nur) im Sinne der Metaphysik, sondern vom dreifaltigen Gott in seinem Erlösungshandeln. *Ad Deum* führt sie durch die Prinzipien von Furcht und Liebe aufgrund des Glaubens an die Barmherzigkeit und Gerechtigkeit Gottes.

Da die Theologie (nochmals im Sinne der Hl. Schrift) also eine auf Inspiration gegründete praktische Gewißheit und ein ebensolches Wissen vermittelt, erhebt sich die Frage nach der Berechtigung und Notwendigkeit der wissenschaftstheoretischen Bemühungen um die Theologie selbst. Eine gewisse Diskrepanz ist in der *Summa Halensis* nicht zu übersehen: Die Wissenschaftlichkeit der Theologie wird zunächst in boethianischen Gedankengängen mit einem Theologiebegriff im Sinne der Metaphysik ausgewiesen, während die Christlichkeit dieser Theologie und ihre von allen Wissenschaften unabhängige Stellung dann mit einem eindeutig affektiv-

135 Ebd. a.2 sol., ad 1 (I,9).

136 Ebd. ad 2 (I,9b).

137 Ebd. q.1 c.2 ad ob. (I,5b).

praktischen Theologiebegriff auf der Grundlage der Hl. Schrift dargetan werden soll. Diese Theologie aber kann mit dem Wissenschaftsbegriff der Metaphysik kaum bedacht werden und immunisiert sich als *sapientia* großenteils gegenüber wissenschaftstheoretischen oder methodologischen Ansprüchen.

3.3.4 Voraussetzungen und Ziel theologischer Wissenschaft: Albertus Magnus

Der um 1245 zu datierende Sentenzenkommentar des Albertus Magnus (um 1200-1280) weist keine eigene Quästio zur Frage der Wissenschaftlichkeit der Theologie auf.[138] Sie wird vielmehr sogleich im ersten Artikel unterstellt. Dieser fragt nach dem Gegenstand der Theologie, aber nun aus eindeutig aristotelischer Wissenschaftskonzeption. Die Wissenschaft im Sinne der II. Analytik setzt ihren Gegenstand voraus. Die Theologie dagegen scheint diesen erst bestimmen und beweisen zu müssen. Widerspricht das nicht ihrem Wissenschaftscharakter?[139] In der Lösung wird an der Wissenschaftlichkeit der Theologie ausdrücklich festgehalten: Sie ist die höchste Wissenschaft. Der Gegenstand wird vorausgesetzt als „materia de qua", er wird jedoch in der Wissenschaft selbst untersucht aus didaktischen Rücksichten, vor allem wenn die Gegenstandsbestimmung dunkel ist, wie die Angabe des Lombarden, nach Augustinus seien „res et signa" Gegenstand der Theologie. Sie sind zwar Gegenstand, aber nicht absolut genommen, sondern im Hinblick auf das wieder betont praktische Ziel der Theologie, die Teilhabe an der Seligkeit, womit auch die augustinische Unterscheidung von *uti* und *frui* eingeholt ist. Sie wirken entweder selbst die Seligkeit oder sie nützen bzw. disponieren dazu.[140]

Im aristotelischen Sinne ist jedoch das Wissenschaftssubjekt der zentrale Gegenstand, von dem Eigenschaften als *passiones* und Differenzen durch die der Wissenschaft eigenen Prinzipien bewiesen werden. Damit stellt sich neben dem Gegenstandsproblem auch das Prinzipienproblem: Aus welchen Prinzipien beweist die Theologie ihre Aussagen? In diesem Sinn zielt die Frage nach dem Gegenstand auf die Grundvoraussetzungen der Theologie als Wissenschaft. Albert gibt sie im traditionellen Begriff des *credibile*.

138 Zum philosophischen Hintergrund vgl. Sturlese, Philosophie 224-388.

139 Albertus Magnus, I Sent. d.1 a.1 (Opera omnia, ed. A. Borgnet. Bd. 25, Paris 1893, 15); vgl. W. Senner, Zur Wissenschaftstheorie der Theologie im Sentenzenkommentar Alberts des Großen. In: Albertus Magnus. Doctor universalis 1280/1980. Hg. G. Meyer u. A. Zimmermann. (Walberberger Studien. Phil. Reihe 6). Mainz 1980, 323-343.

140 Albertus Magnus, I Sent. d.1 a.2 sol. (16).

Dieser aber umfaßt die den einzelnen Glaubensartikeln vorausliegenden *praeambula* oder Grundaxiome, z. B.:

1. Gott ist wahrhaftig.
2. Gott existiert.
3. Die Hl. Schrift stammt vom Hl. Geist.
4. Die Hl. Schrift ist unfehlbar.

Dann folgen erst die 12 bzw. 14 Glaubensartikel und einige moralische Grundwahrheiten, z. B.: Unzucht ist eine Todsünde. Im Unterschied zu den *praeambula* sind dies die eigentlichen Prämissen der Theologie, aus denen alles weitere in der Theologie bewiesen wird. Albert hat damit die spätere Unterscheidung fundamentaltheologischer, dogmatischer und moraltheologischer Inhalte im Rahmen theologischer Wissenschaft deutlich gemacht. Die Grundaxiome sind nicht bereits die Prämissen theologischer Beweisführung, sondern deren Präsupposition.[141] Ihre Rechtfertigung ist deshalb der eigentlich wissenschaftlichen Darstellung der Theologie entzogen. In III Sent. d.24 a.8 unterscheidet Albert allerdings zwischen „suppositiones et dignitates", also grundlegenden Axiomen, die in den Glaubensartikeln impliziert sind, und den Glaubensartikeln selbst, die als *theoremata* aus den Prinzipien abgeleitet werden. Korollarien sind schließlich die Konsequenzen für das moralische Handeln.[142] Hier sind also die Glaubensartikel selbst zu abgeleiteten Aussagen geworden, während sie in I Sent. d.1 a.2 zusammen mit den moralischen Grundsätzen als Prämissen erscheinen: „de istis enim probatur omne quod probatur in Sacra Scriptura."[143]

Im speziellen Sinne ist Gegenstand der Theologie allerdings Gott als das vornehmste und zentrale Objekt, von dem sie auch ihren Namen hat. Doch betrachtet die Theologie auch Gott nicht an sich (absolute tantum), sondern als „Alpha und Omega, principium et finis", womit Albert zugleich den Ausgleich wissenschaftlicher und heilsgeschichtlicher Theologiekonzeption in der Behandlung von Schöpfung (principium) und Dispositionen zum Ziel (Tugenden, Gaben des Hl. Geistes, Sakramente) erreicht hat.

Ausdrücklich im Sinne der aristotelischen Wissenschaftstheorie stellt sich Albert auch die Frage nach der Einheit der Theologie.[144] Dort ist die Einheit gewährleistet durch die Gattungseinheit des Gegenstandes (unius generis subiecti scientia). Eine solche Einheit sieht Albert in der Theologie nicht gegeben, da einerseits Gott Gegenstand in mehreren Wissenschaften

---

141 Vgl. A. Lang, Die Bedeutung Alberts des Großen für die Aufrollung der fundamentaltheologischen Frage. In: Studia Albertina. (Festschrift B. Geyer, BGPhMA Suppl. IV). Münster 1952, 343-373.

142 Albertus Magnus, III Sent. d.24 a.8 sol. (Ed. Paris. 28,465); vgl. Senner, Wissenschaftstheorie 327f.

143 Albertus Magnus, I Sent. d.1 a.2 sol. (Ed. Paris. 16b).

144 Ebd. d.1 a.3 (17).

ist (z. B. auch in der Metaphysik), andererseits die Theologie viel heterogenes Material enthält: Das Leben der Patriarchen ebenso wie den Status der Engel, die Schöpfung, moralische Anweisungen etc. Albert sieht jedoch wie die frühen Dominikaner und Franziskaner die Theologie als praktische Wissenschaft, ausgerichtet auf den einen „finis beatificans". Die Theologie untersucht, wie das „beatificabile" (der Mensch) dieses Ziel in Teilhabe erreichen kann mittels der „dispositiones beatificantes", die als Mittel dazu verhelfen oder von Hindernissen befreien. Dies aber sind die „res hujus mundi". Theologie kann deshalb von allen Dingen handeln, sie ist Universalwissenschaft, aber mit einem eindeutig praktisch-affektiven Charakter, ausgerichtet auf das Ziel der ewigen Seligkeit. Die Dinge dieser Welt aber sind Mittel zu diesem Zweck. Die Theologie ist somit implizt als praktische Wissenschaft bestimmt. Auch die geschichtlichen Fakten der Hl. Schrift und deren Inhalt sind nicht „secundum se" Gegenstand der Theologie, sondern nur als Mittel im Hinblick auf dieses Ziel. Das Studium der Hl. Schrift ist somit erst aus dieser gesamttheologischen Sicht fruchtbar: Es verbindet wissenschaftstheoretische und traditionelle aszetische Momente der „lectio divina" miteinander. Auch hier ist Albert von der dominikanischen Lebensform geprägt. Andererseits ist dadurch das Problem der mangelnden Universalität biblischer Fakten gelöst. Sie sind allgemeine Beispiele in einer praktischen Wissenschaft, als deren Ziel bestimmt wird: „ut boni fiamus".[145]

Die in a.4 ausdrücklich gestellte Frage, ob die Theologie eine theoretische oder praktische Wissenschaft sei, scheint damit im Prinzip bereits beantwortet. Bemerkenswert ist allerdings die biblische Grundlage, auf der die Frage entschieden wird: Tit 1,1f, wo von der „agnitio veritatis quae secundum pietatem est, in spem vitae aeternae" gesprochen wird. „Secundum pietatem" wird durch die Glossa erläutert als „gemäß der Religion Christi". Grundlage der Theologie bleibt die praktizierte Religion, die Praxis der Gottesverehrung im Rahmen des christlichen Lebensvollzugs. Von ihm ist auch „scholastische" Theologie nach Albert nicht zu trennen. Dadurch unterscheidet sich auch die Wahrheitserkenntnis in den profanen Wissenschaften (in liberalibus artibus) von der theologischen Wahrheitserkenntnis. Theologische Wahrheit aber ist immer „veritas secundum pietatem". Diese hat zwei Aspekte: Zum einen die Gottesverehrung in sich und in den Gliedern des Leibes Christi und alles, was dazu dient. Dies ist die sachlich-praktische Ausrichtung der Theologie. Ihr Proprium aber gewinnt sie für Albert aus dem „finis intentionis", nämlich der substantiellen Vereinigung unter Einschluß von Intellekt und Affekt mit Gott als dem „finis beatificans". Durch die durchgängige Ausrichtung auf

145 Ebd. d.1 a.3 ad 2 (18).

dieses Ziel wird die Theologie zur affektiven Heilswissenschaft. Theologische Wahrheiten sind nicht reine Verstandeswahrheiten, sie haben eine Ausrichtung auf moralisches Handeln und affektives Verhalten. Innerhalb der natürlich-philosophischen Wissenschaften gibt es eine solche nicht. Folglich ist zugleich der Unterschied und die Notwendigkeit der Theologie als eigenständige Wissenschaft herausgestellt.[146]

Auf diese affektive Wissenschaft ist dann auch der traditionelle Begriff '*sapientia*' anwendbar, durchaus mit Anleihen aus Metaph. I,1: Sie ist Wissen von den höchsten Gegenständen und in höchstem Maße, nämlich von Gott nach den Prinzipien des Glaubens. Letztere haben gegenüber den Vernunftprinzipien eine Vorrangstellung, so daß ein Evidenzproblem hinsichtlich der Prinzipien gar nicht auftreten kann.[147] Die Theologie ist zudem im Sinne der Metaphysik die einzig freie Wissenschaft (gratia sui), weil hier der Gegenstand des Wissens zugleich um seiner selbst willen erstrebt wird: Gott, den alle durch diese „scientia beatificans" anstreben. Gegen eine rein moralisch-praktische Theologie ohne affektive Ausrichtung wendet sich Albert deutlich: „Ut boni fiamus", die persönliche ethische Besserung, ist nur ein untergeordnetes Ziel; Endziel der Theologie bleibt die „veritas affectiva beatificans". Die Vermehrung theoretischen Wissens wird erst gar nicht erörtert.[148] Theologie ist also nicht dazu da, unser Wissen über „theologische Sachverhalte" oder Wahrheiten zu erweitern, sondern uns durch die Besserung unseres Lebens hinzuführen zur Seligkeit.

Die Methode der Theologie richtet sich deshalb nach dem Ziel: Als Ermahnung und Ermunterung der Gläubigen bedient sie sich der Methoden der Schriftauslegung nach dem vierfachen Schriftsinn.[149] In der Auseinandersetzung, die im Sentenzenbuch institutionalisiert ist, bedarf es allerdings des Arguments zum Beweis der Wahrheit und zur Aufdeckung des Irrtums. Als Beweisgründe werden genannt: Autorität, natürliche Vernunft, Analogien. Der eher summarische Eindruck des kurzen Artikels zeigt, daß der Streit um Bibel und Sentenzen hier offenbar keine Rolle spielt. Wissenschaftlichkeit im strengen Sinne beweisenden Vorgehens (scientia istius libri) wird jedoch nur der Sentenzenvorlesung, mithin der systematischen Theologie, zugesprochen.

Albert macht deutlich, daß der aristotelische Wissenschaftsbegriff manch nützliche Klärung für die Theologie bringt, vor allem hinsichtlich der Stellung ihrer Grundprinzipien und ihrer Eigenart. Theologie bleibt als af-

146 Ebd. (18); vgl. A. Rohner, De natura Theologiae iuxta S. Albertum Magnum. In: Ang 16 (1939) 3-23.

147 Albertus Magnus, I Sent. d.1 a.4 ad 1 (19a).

148 Ebd. ad 3-4 (19).

149 Ebd. a.5 (19f).

fektive Heilswissenschaft aber rückgebunden an den Glauben und den religiösen Lebensvollzug. Ihre Vorrangstellung ist somit allerdings auch nur theologisch, nicht wissenschaftstheoretisch ausgewiesen.

3.3.5 Theologie als Wissenschaft und Weisheit in Christus: Bonaventura

Bonaventura (1217/18-1274) stellt sich im Sentenzenkommentar die Frage nach der Wissenschaftlichkeit der Theologie nicht explizit.[150] Er fragt hier vielmehr nach dem Gegenstand und Ziel theologischer Beschäftigung, genauer des Sentenzenbuches, das der Theologie gleichgesetzt wird. Sein Wissenschaftsbegriff ist noch relativ vage. Deutlich werden aber Theologie und Glaube nach ihrem Gegenstand unterschieden: Der Glaubensgegenstand (credibile) ist in sich eine erste Wahrheit, der der Glaubende zustimmt; davon ist zu unterscheiden die „doctrina sacrae Scripturae", die mit höchster göttlicher Autorität ausgestattet ist; schließlich kommt als dritter Schritt über Glauben und Autorität hinaus die „ratio probabilitatis" hinzu, und so entsteht der Gegenstand der (systematischen) Theologie bzw. des Sentenzenbuches. Denn hier geht es darum, „rationes probantes fidem nostram" vorzutragen.[151] Glaube, Hl. Schrift und systematische Theologie werden genau unterschieden. Systematische Theologie entsteht durch die Hinzufügung plausibler, wahrscheinlicher Vernunftgründe.

Ist durch die Einbeziehung der Vernunftgründe aber bereits die Wissenschaftlichkeit der Theologie garantiert? Diese Frage läßt sich nur beantworten im Blick auf den praktisch-affektiven Charakter der Theologie. Wissenschaft wird dabei grundsätzlich als ein „habitus directivus" des Intellekts aufgefaßt. Sie ist also eine Leitungsinstanz, entweder als theoretische für den Intellekt in sich, oder als praktisch-moralische hinsichtlich der ethischen Vervollkommnung des Menschen, oder schließlich als Vereinigung theoretischen und praktischen Wissens (*sapientia*) für das affektive Handeln. Diese *sapientia* sieht Bonaventura in der Theologie gegeben, aber mit einem deutlichen Übergewicht des praktischen Charakters: Theologie ist in erster Linie nicht theoretisches Wissen, sondern praktisches, darauf ausgerichtet, „ut boni fiamus". Vereinigt aber ist beides in dem im Glauben geformten Affekt. Theologische Wahrheiten, z. B. daß Christus für uns gestorben ist, unterscheiden sich durch die affektive Ausrichtung beispielsweise von Lehrsätzen der Geometrie.[152] Wie schon in der *Summa Halensis*

150 Bonaventura, I Sent. prooem. q.1-4 (Op. I,6-15); vgl. G. H. Tavard, Transiency and Permanence. The Nature of Theology According to St. Bonaventure. St. Bonaventure, N.Y. 1954; Kraml, Rede von Gott 107-112.

151 Bonaventura, I Sent. prooem. q.1 ad 5-6 (I,8b).

152 Ebd. q.3 sol. (I,13).

wird also auch hier am sapientialen Charakter der Theologie mit eindeutig affektiv-praktischer Ausrichtung festgehalten. Die Methode dagegen ist als „modus ratiocinativus sive inquisitivus" bestimmt: Schlußfolgerung, Argumentation und Quästio bestimmen also die *systematische* Theologie; denn Bonaventura fragt nicht wie die *Summa Halensis* nach der Methode der mit der Theologie identifizierten Hl. Schrift, sondern nach der Methode des Sentenzenbuches als Grundlage systematischer Theologie.[153] Das Verhältnis von Sentenzen und Bibel aber wird nun nach dem aristotelischen Modell der Subalternation von Wissenschaften gelöst.[154] Die Sentenzen sind hinsichtlich ihrer Gewißheit und ihrer Methode der im Glauben erfaßten Autorität der Schrift subalterniert. Die rational-wissenschaftliche Methode der systematischen Theologie bleibt also trotzdem gebunden an die Autorität und Gewißheit der Hl. Schrift, nicht aber an deren Darlegungsmodus.[155]

Diese sapientiale Auffassung der Theologie beherrscht auch den möglicherweise für die *Inceptio* bestimmten Sermo *Unus est magister vester Christus* (um 1257).[156] In einer gegenüber dem Spätwerk noch unpolemischen Weise legt der Franziskanermagister seine Sicht der Theologie dar. Dem zugrundegelegten Schriftwort Mt 23,20 entsprechend, wird die Christozentrik der Theologie klar herausgearbeitet. Das Verfahren Bonaventuras ist weitgehend noch Kompilation verschiedener Väterstellen, unter denen Augustinus am weitaus häufigsten vertreten ist. Das Programm der Theologie bezieht Bonaventura von Hugo von St. Viktor und steht damit in gut franziskanischem Kontext. Theologie wird einerseits hineingestellt in das menschliche Bemühen um gewisse Erkenntnis (cognitio certitudinalis), andererseits aber in den Lebensvollzug im Glauben im Dreischritt von *pietas, ratio* und *veritas*.[157] Der *pietas* entspricht der Glaube, der *ratio* der Beweis, mithin die Wissenschaft, der Wahrheit aber die Kontemplation. Theologie hat also wie Wissenschaft insgesamt eine Vermittlungsfunktion, ist nur ein - wenn auch wichtiges - Stück des Weges vom Glauben zum Ergreifen der Wahrheit. Die wissenschaftliche Erkenntnis wird der Geistesgabe des Verstandes zugeordnet, der Glaube aber der Tugend, die Kontemplation der Seligkeit. Die in der wissenschaftlichen Theologie erstrebte Erkenntnis ist eine „cognitio collativa", besteht also immer noch im Zu-

153 Ebd. q.2 sol. (I,10f).

154 Vgl. Köpf, Anfänge 145f.

155 Bonaventura, I Sent. prooem. q.2 ad 4 (I,11).

156 Ed. R. Russo, La metodologia del sapere nel Sermone di S. Bonaventura „Unus est magister vester Christus" con nuova edizione critica e traduzione italiana. (Spicilegium Bonaventurianum 22). Grottaferrata 1982.

157 Bonaventura, Serm. theol. IV,1 (ed. Russo 100,8-12).

sammenstellen und Vergleichen von Autoriäten und Beweisgründen.[158] Die als Glaubenseinsicht in augustinischer Tradition gesehene Theologie gründet auf Offenbarung und Autorität, vermittelt bzw. bestätigt durch Christus. Ohne die Erleuchtung durch Christus kann niemand die „sacramenta fidei" (im Sinne Hugos v. St. Viktor) durchdringen, also im wahren Sinne Theologe sein.[159] Der nichtglaubende Theologe, wie er dann bei Ockham in den Blick kommt, ist für Bonaventura noch undenkbar. Christus aber ist auch die Mitte der Schrift, „fundamentum totius fidei christianae", der Lehre der Apostel und Propheten, des AT und NT.[160]

In die Entfaltung des zweiten Schrittes, der Vernunfterkenntnis, baut nun Bonaventura bezeichnenderweise aristotelisches Material ein, ohne von seiner grundsätzlichen Sicht abzugehen. Für die wissenschaftliche Erkenntnis werden als Erfordernisse angeführt: unveränderliche Wahrheit von seiten des Gewußten, unfehlbare Gewißheit auf seiten des Wissenden. Notwendigkeit und Gewißheit sind aber nach II Anal. I,2 gegeben in der Ursachenerkenntnis. Dennoch bleibt auch in dieser aristotelischen Wissenschaftsauffassung Christus der „magister cognitionis"; denn unveränderliche Wahrheit ist im Bereich geschaffener Wahrheit nicht zu finden. Deshalb wird auch sogleich die aristotelische Auffassung durch Augustinus' Lehre von der ewigen Wahrheit über uns ergänzt und unschädlich gemacht. Nach Augustinus ist ja nur das Sein der Dinge „in ratione aeterna" unwandelbar, d.h. im Wort, in Christus. Er ist das Erkenntnismedium, das erst die Dinge „perfecte scibiles" macht.[161] Natürlich-aristotelische Erkenntnis ist also niemals vollständige, vollkommene Erkenntnis der Dinge. Ebensowenig kann sie zu der für die Wissenschaft erforderten Gewißheit führen. Diese kann nur in der „sapientia increata", Christus, gefunden werden. Somit kann Bonaventura auch die augustinische Illuminationstheorie in langen Zitaten in seine Wissenschaftslehre einführen. Denn ohne die Erleuchtung durch Christus reicht der geschaffene Intellekt nicht einmal zur sicheren Erkenntnis irgendeines Dinges hin; wie dann erst zur Gewißheit theologischer Wahrheiten?[162] Natürliche Erkenntnis ist also defiziente Erkenntnis. Sie muß grundsätzlich überstiegen werden und bedarf einer theologischen Begründung. Theologie weist sich also als Legitimationsinstanz auch der „natürlichen" Wissenschaften aus.[163]

158 Ebd. (100,12-19).

159 Ebd. n.2f (100,21-102,44).

160 Ebd. n.5 (102,65-72).

161 Ebd. n.6f (106,77-96).

162 Ebd. n. 9f (108,113-112,157).

163 Vgl. D. Hattrup, Ekstatik der Geschichte. Die Entwicklung der christologischen Erkenntnistheorie Bonaventuras. (Paderborner theologische Studien 23). Paderborn u.a. 1993.

Die wissenschaftliche Theologie ihrerseits ist aber nur ein Stück des Weges zur Weisheit, die in der Kontemplation erreicht werden soll. Auch diese ist durchgängig bezogen auf Christus in seiner Gottheit und Menschheit.[164] Der Weg zur Weisheit aber hat nur eine Ordnung und einen Autor, der hier zu „lesen" ist. Die Ordnung führt vom Glauben über die *ratio* zur Kontemplation; ihn kannten die *sancti* (Heilige, aber im fachlichen Sinne die Kirchenväter), die den *philosophi* (den heidnischen Philosophen) gegenübergestellt werden. Diesen wird Unkenntnis der richtigen Methode vorgeworfen, da sie das Glaubensfundament mißachteten, sich nur auf den Verstand stützten und so in keiner Weise zur Kontemplation gelangen konnten. Philosophie ist also grundsätzlich ein defizienter Modus der Erkenntnis. Eine sich von der Theologie emanzipierende Philosophie wird bereits hier verneint, verstärkt dann im Kampf gegen die heterodoxen Strömungen der Artistenfakultät ab 1267 in den Vortragsreihen *Collationes de decem praeceptis* (1267), *Collationes de donis Spiritus sancti* (1268) bis hin zu den *Collationes in Hexaemeron* (1273). Denn die Philosophie kennt den „doctor et auctor" Christus nicht, den „director et adiutor nostrae intelligentiae", dessen spezielle Leitung zur Wahrheitserkenntnis nötig ist.[165] Die Mitwirkung Gottes in der Verstandeserkenntnis betrifft einerseits das Erkenntnisstreben, andererseits die Gewißheit des Objektes. Die natürliche, aposteriorische Erkenntnis behält aber ihr Recht; sie muß allerdings augustinisch mit der „lex aeterna" verbunden werden. Aristoteles hat, was das natürliche Fundament unseres Erkennens in der Erfahrung betrifft, vollkommen recht. Auch seine Kritik an Platons Ideenlehre als einzig gewisser Erkenntnis kann Bonaventura akzeptieren: Nicht die Ideen sind hier abzulehnen, sondern Platons Verachtung der sinnenfälligen Welt. Um die „via sapientiae" in den ewigen Ideen zu begründen, hebt Platon die „via scientiae" in geschöpflichen Kategorien auf. Aristoteles dagegen trifft der umgekehrte Vorwurf: Mißachtung der Ideen, um allein Erfahrungswissenschaft zu ermöglichen. Beiden Philosophen aber ist eine spezielle Rede gegeben: Platon die der Weisheit, Aristoteles die der Wissenschaft. Platon blickt vorwiegend nach oben, Aristoteles nach unten. Augustinus dagegen hat vom Hl. Geist beide Reden zugleich erhalten. Er ist deshalb der vorzüglichste Ausleger der Hl. Schrift, also der Theologe par excellence. In noch hervorragenderem Maße vereinigen Wissenschaft und Weisheit Paulus und Mose, in letztmöglicher Weise dagegen Christus als „principalis magister et doctor".[166] Theologie muß also aristotelisches Wissen und

164 Bonaventura, Serm. theol. IV,11 (ed. Russo 112,158-165).

165 Ebd. 16 (118,235-239).

166 Ebd. 18f (120,258-124,300).

platonische Weisheit im Geist Augustinus' verbinden, um Paulus und Mose zu verstehen und von Christus belehrt zu werden.

Dies geschieht dort, wo Christus die Ehren eines Magisters in praktischer Nachfolge erwiesen werden, wo er gehört wird in demütigem Glauben, wo er entscheidende Instanz der Quästio ist, die nicht der *curiositas* oder dem Unglauben entspringen darf, sondern sich dem Willen zum Lernen verdankt wie bei Nikodemus. Gegenstand dieser Fragen ist aber das gesamte Gebiet des Wissens, der praktischen Lebensführung und ethischen Entscheidung.[167] Der Theologe ist deshalb immer nur der „ministerialis doctor", der seine Lehre an der Christi, d.h. an der „scientia veritatis fidei", auszurichten hat.[168] In franziskanischem Optimismus, der angesichts der tatsächlichen Universitätssituation leicht naiv anmutet, weist Bonaventura schließlich darauf hin, daß alle „doctores christianae legis" ja schließlich nach dem Band der Liebe trachten und folglich auch in ihren Sentenzen zu einer Übereinstimmung finden müssen. Abweichende und von außen in die Theologie eingetragene Sentenzen haben ihren Ursprung nur in der Anmaßung des Magisters, gehören also nicht zur Theologie im franziskanischen Sinne. Vielmehr sind zu großes Vertrauen auf sinnliche Erkenntnis, Dissens der Sentenzen und Verzweiflung an der Wahrheitsfindung die durch Christus grundsätzlich überwundenen Hindernisse auf dem Weg zur Wahrheit.[169] Bonaventura stellt damit, obwohl er Aristoteles partiell rezipiert, allerdings ein Ideal theologischer Wissenschaft und Weisheit auf, das bereits zu seiner Zeit angesichts der universitären Entwicklung veraltet anmuten muß.

3.3.6 Ein Ausweis der Wissenschaftlichkeit?: Thomas von Aquin

Gegenüber der franziskanischen Synthese Bonaventuras hebt sich Thomas von Aquin (1225-1274) schon in seinem Sentenzenkommentar (1245) durch eine strenge Ausrichtung am aristotelischen Wissenschaftsbegriff ab. Nach diesem ist Theologie (sacra doctrina) als Wissenschaft auszuweisen, wobei sich Thomas offensichtlich der Schwierigkeiten bewußt ist, die in seiner Zeit diesem Unternehmen entgegenstehen. Er greift das Thema vor 1259 wieder auf in seiner *Expositio super librum Boethii De Trinitate* und schließlich in abgekürzter Form für Anfänger in der q.1 der *Summa Theologiae*.[170] Zunächst fällt auf, daß sich Thomas ausdrücklich mit der Not-

167 Ebd. 21-23 (124,312-126,340).

168 Ebd. 24 (128,356-360).

169 Ebd. 26-28 (130,381-132,410).

170 Vgl. Kraml, Rede von Gott 112-117; Grabmann, Erkenntnislehre 101-185; S. Neumann, Gegenstand und Methode der theoretischen Wissenschaften nach Tho-

wendigkeit einer eigenständigen Theologie neben den philosophischen bzw. naturwissenschaftlichen Disziplinen auseinandersetzt.[171] Die Notwendigkeit wird aus dem übernatürlichen Ziel des Menschen begründet, der Gottschau. Theologie ist also wie bei Thomas' Lehrer Albertus Magnus hier als „manuductio“ zum ewigen Ziel des Menschen verstanden, keineswegs als bloße Befriedigung intellektueller Bedürfnisse über die „res divinae“. Diese Handreichung erhält der Mensch nicht nur aus den Geschöpfen wie in der Philosophie, sondern unmittelbar aus göttlicher Inspiration. Darauf begründet nun Thomas den Vorrang und Herrschaftsanspruch der Theologie. Was traditionell im Bild der „ancilla“, „pedissequa“ oder „famula“ beschrieben wurde, wird bei Thomas ein Herrschaftsmodell: Die übrigen Wissenschaften sind Vasallen der Theologie, die ihrerseits als Souverän im Reich der Wissenschaften ausgewiesen ist. Das Verhältnis wird im aristotelischen Subalternationsmodell dargestellt, hier allerdings begründet aus dem Zweck der Wissenschaften.[172] Die übrigen Wissenschaften sind zu Hilfswissenschaften der Theologie bestimmt, wie die Apothekerkunst (pigmentaria) eine Hilfswissenschaft der Medizin ist: Der Arzt befiehlt ja dem Apotheker und gebraucht dessen Dienste zu seinen Zwecken. Zu dieser Unterordnung aus praktischen Gesichtspunkten tritt in der S. Th., wo sie am Verhältnis von Militärwesen und Politik beschrieben wird (das *bonum exercitus* ist auf das *bonum civitatis* ausgerichtet), ein theoretischer Grund: Der Gegenstand der Theologie (Gott) und ihr Gewißheitsgrad begründen den Vorrang vor allen theoretischen Wissenschaften.[173]

Damit ist aber ein Anspruch erhoben, der den Ausweis der Wissenschaftlichkeit der Theologie unabdingbar macht. Wenig Sorgen bereitet die Singularität biblischer Fakten. Sie werden traditionell, wie in einer praktischen Wissenschaft üblich, als „exempla operandorum“ verallgemeinert.[174] Schwieriger gestaltet sich dagegen das Prinzipien- und Gewißheitsproblem, zumal Wissenschaft bestimmt wird als „cognitio certitudinalis“. Gerade dies aber wird hier nur mit einem Hinweis auf das „lumen fidei“, das die Ungläubigen nicht haben, begründet.[175] Theologie kann eine

---

mas von Aquin aufgrund der Expositio super librum Boethii De Trinitate. (BGPhMA 41,2). Münster 1965.

171 Thomas v. Aquin, I Sent. prol. q.1 (Ed. P. Mandonnet. Paris 1929, I,6-8); S.Th. I q.1 a.1 (I,2f).

172 Zum Subalternationsmodell: Köpf, Anfänge 145-149; als „famulantes et praeambulae“: In De Trin. q.2 a.3 ad 7 (Ed. B. Decker, Studien und Texte zur Geistesgeschichte des Mittelalters 4. Leiden 1965, 97, 6f).

173 Thomas v. Aquin, S.Th. I q.1 a.5 i.c. (I,5).

174 Ders., I Sent q.1 a.3 qc.2 sol. (I,13f).

175 Zum Problem des späteren Texteinschubs mit der Lehre der „doppelten Subalternation“: Köpf, Anfänge 148f; J. Beumer, Ein nicht-authentischer Text im Prolog

wissenschaftliche Begründung der Glaubensartikel selbst nicht leisten, wie denn keine Wissenschaft im aristotelischen Sinne ihre eigenen Grundaxiome beweisen kann. Damit wäre aber die Theologie grundsätzlich eine Wissenschaft, die sich nur einer speziellen (Glaubens)-Erleuchtung verdankt. Kann sie als solche allgemein anerkannt werden?

Den wissenschaftstheoretischen Ausweg aus dem Problem findet Thomas in einer wiederholten Anwendung des Subalternationsmodells. Die Verifikation unserer Glaubensaussagen ist zwar uns nicht möglich, wohl aber sind sie verifiziert in der Erkenntnis Gottes. Dies entspricht dem Modell subalternierter Wissenschaften: Die höheren Wissenschaften gehen von selbstevidenten Prinzipien aus und leiten daraus Konklusionen ab, die dann von den untergeordneten im Glauben an die Verläßlichkeit der höheren als Prämissen für die eigenen Konklusionen benutzt werden.[176] So setzt z. B. (ein bei Thomas gern verwendetes Beispiel) die Optik die Geometrie im Hinblick auf die Bestimmung der Linie voraus und wendet geometrisches Wissen auf ihren Fall, die sichtbare Linie, an. So nimmt die Theologie die Glaubensartikel als Prämissen an. Sie sind aber keine selbstevidenten Prinzipien, sondern werden als Theoremata der *scientia Dei* unterstellt, geglaubt und als Beweisprämissen theologischer Folgerungen verwendet.[177]

Diese Lösung hat jedoch auch ihre Problematik, die im Boethius-Kommentar deutlich wird.[178] Theologie als „scientia de divinis“ muß dazu unterschieden werden in *menschliche* (nostra) und *göttliche* Theologie (Theologia Dei et beatorum). ‘Theologie’ wird selbst ein äquivoker bzw. analoger Ausdruck, dessen Verwendungsregeln erst festzulegen sind. Menschliche Theologie ist an Erfahrung und den Ausgang von den Geschöpfen gebunden. Gott wird hier nur a posteriori erkannt, nicht wie er in sich selbst ist. Wir besitzen keine Wesenserkenntnis Gottes, wie sie zur aristotelischen *demonstratio potissima* eigentlich vorausgesetzt wird. Eine solche wird nun aber für Gott selbst und die in der ewigen Seligkeit (als Gottschau) Vollendeten angenommen. Die menschliche, aposteriorische Theologie wird hier allerdings nicht als Offenbarungstheologie, sondern als Metaphysik gesehen. Die Offenbarungstheologie dagegen erscheint als unvollkommene Teilhabe und Angleichung an die göttliche Erkenntnis durch den Glauben. Wir haben also zwischen drei Arten von Theologie mit je eigenem Erkenntnismodus zu unterscheiden:

---

des Sentenzenkommentars des hl. Thomas von Aquin (q.1 a.3 sol.2). In: Schol 33 (1958) 247-252.

176 Thomas v. Aquin, III Sent d.24 a.2 sol.3 (III,770).

177 Ders., S.Th. I q.1 a.2 i.c. (I,3).

178 Ders., In De Trin. q.2 a.3 resp. (ed. Decker 86f).

(1) Metaphysik als „scientia divinorum ex parte nostra",
(2) Erkenntnis Gottes und der Seligen (ex natura ipsorum),
(3) Offenbarungstheologie als Teilhabe an (2) durch Glauben.

Der Unterschied von Theologie (2) und (3) liegt aber auch darin, daß (2) eine intuitive, (3) eine diskursive Erkenntnis ist. Das aristotelische Subalternationsmodell aber gilt für zwei Wissenschaften mit diskursivem Erkennen; denn was in der übergeordneten Theorem, also abgeleitete Aussage ist, wird in der subalternierten als Prämisse gebraucht. In (2) aber ist alles selbstevident, so daß zwischen Prinzipien und Konklusionen nicht unterschieden werden muß. Die Anwendbarkeit des Begriffes 'scientia' im strengen Sinne auf (2) erscheint deshalb fragwürdig.[179] Dem Theologen im Sinne von (3) sind die Inhalte des Wissens Gottes nur im Glauben bekannt. Aus diesen Glaubensinhalten kann er durch wissenschaftliche Methoden weitere Schlüsse ziehen. Thomas will an dieser Stelle offensichtlich den Vorrang der Offenbarungstheologie vor der Philosophie (einschließlich der Metaphysik) herausstellen und tut dies mit der Herleitung ihrer Prinzipien aus einer höheren Quelle. Für die Wissenschaftstheorie der Offenbarungstheologie selbst bringt dieser Nachweis ihrer Wissenschaftlichkeit allerdings außer weiteren Problemen wenig: Wenn die Prinzipien nur im Glauben festgehalten werden, tut der Verweis darauf, daß sie in der Erkenntnis Gottes und der Seligen evident sind, für den Theologen und seinen Ausweis an der Universität wenig zur Sache.[180]

Die Deutung der Offenbarungstheologie als Teilhabe an der „Theologie" Gottes und der Seligen bestimmt aber die Entscheidung über den theoretischen oder praktischen Charakter unserer Theologie. Scheint die Theologie in der Ausrichtung auf das Endziel des Menschen im Sentenzenkommentar zunächst ähnlich affektiv bestimmt werden zu können wie bei Albertus Magnus, so ändert sich dies bei Thomas sogleich mit der inhaltlichen Betrachtung dieses Zieles.[181] Unbestritten bleibt allerdings, daß die Theologie auch praktische Teile hat, die auf das richtige Handeln ausgerichtet sind. Ihr Endziel, von dem aus der Charakter der Gesamtwissenschaft bestimmt wird, ist aber die „contemplatio primae veritatis in patria", also jene vollkommene „Theologie", die wir hier gerade nicht haben. Diese aber ist ihrer Natur nach rein theoretisch, spekulativ. Das affektive Moment der Seligkeit bei Albertus Magnus ist hier weggefallen. Deshalb ist auch die ganze Theologie primär spekulative, theoretische Wissenschaft. Nicht mehr

179 Ebd. ad 5 (89,5-14).
180 Ebd. resp. n.3 (87,21-23).
181 Ders., I Sent. prol. q.1 a.3 qc.1 sol. (I,12f); vgl. J. Friederichs, Die Theologie als spekulative und praktische Wissenschaft nach Bonaventura und Thomas von Aquin. Bonn 1940.

um Regeln für das Leben des Christen auf dem Weg zur ewigen Seligkeit geht es jetzt primär in der Theologie, sondern um die theoretische Erörterung der „ersten Wahrheit" Gottes und der daraus abgeleiteten wahren Sätze.[182] Diese ist jedoch immer noch hineingestellt in den Lebensvollzug als Teilverwirklichung des Zieles des Menschen, und zwar aufgrund guter Werke, womit auch die praktischen Implikationen der Theologie eingeholt sind.[183]

Die wissenschaftstheoretische Bestimmung der Theologie hat auch Konsequenzen für ihre Methodologie. Die Trennung von Bibel und Sentenzen mit je anderer Methode, wie sie noch Albertus Magnus vertreten hatte, ist bereits im Sentenzenkommentar überholt.[184] Die Einheit der Theologie ist auch dadurch unterstrichen, daß die Weisen theologischer Rede für einzelne Teile oder Schritte gerechtfertigt werden: Offenbarung bzw. Gebet für die Prinzipien (seitens des Offenbarenden bzw. des Empfängers), Erzählung zur Bestätigung; Gleichnisse und Metaphern zur Hinführung des Hörers; Argumentation zur Widerlegung von Irrtümern (nur auf der Grundlage des Literalsinns), Vorschriften, Beispiele und tropologische Auslegung zur Lebensunterweisung; „quaestiones sacrae scripturae" aber zur „contemplatio veritatis" als dem Endzweck der gesamten Theologie. Dieser aber ist nur mit argumentativer Methode erreichbar, allerdings unter Einbeziehung von Allegorie und Anagogie: Exegese und Sentenzen sind verschmolzen in einer einheitlichen Theologie, die sich als Wissenschaft behaupten will.

3.3.7 Die franziskanische Reaktion: Wilhelm de la Mare

Gewissermaßen als franziskanische Reaktion auf den thomasischen „Ausweis" der Wissenschaftlichkeit der Theologie im aristotelischen Sinne kann die theologische Wissenschaftslehre im Sentenzenkommentar (um 1270) des vor allem als Verfasser des *Correctorium fr. Thomae* bekannten Wilhelm de la Mare gelesen werden. Wilhelm ist 1274/75 Magister regens in Paris.[185] Bereits sein Wissenschaftsbegriff zeigt eine klare logische Konzeption. *Scientia* im Sinne einer wissenschaftlichen Disziplin ist eine Ansammlung wahrer Sätze, näherhin wahrer Aussagen, da nur Aussagen wahrheitsdefinit sind. Dagegen ist ein Gesetz (lex) eine Sammlung von Vorschriften und Verboten, die nicht wahr oder falsch, sondern gut oder

182 Dazu kritisch: Kraml, Rede von Gott 114-116.

183 Thomas v. Aquin, I Sent. prol. q.1 a.3 qc.1 ad 1 (I,12f).

184 Ebd. a.5 sol. (I,17f).

185 Guillelmus de la Mare, Scriptum in primum librum Sententiarum. Hg. H. Kraml. (Bay. Ak. d. Wiss., Veröff. d. Komm. für die Herausgabe ungedruckter Texte aus der mittelalterlichen Geisteswelt 15), bes. 29*-83*; zu den wenigen gesicherten Daten der Vita Wilhelms: ebd. 13*; vgl. Kraml, Rede von Gott 117-126.

schlecht, gerecht oder ungerecht, zu halten oder nicht zu halten sind.[186] Zwischen beiden, *scientia* oder *lex* ist hinsichtlich der Theologie zu entscheiden: Ist sie eine Wissenschaft von theoretischen, wahren, bewiesenen Sätzen oder hat sie normativ-präskriptiven Charakter für das Leben? Der Franziskaner neigt der zweiten Lösung zu, sieht aber auch die Last der Tradition, in der die „sancti doctores" die klare Unterscheidung von deskriptiven und normativen Sätzen nicht kennen und deshalb 'lex' und 'scientia' nicht richtig gebrauchen. Denn aus dem Gesetz wird ja ein praktisches Wissen hergeleitet, was zu tun ist; außerdem enthält auch das Gesetz viele Aussagen, jedoch nicht in der primären Absicht des Gesetzes, sondern als Mittel zur Annahme bzw. Beobachtung des Gesetzes. Das Gesetz wird durch sie nicht zu einer Sammlung deskriptiver Aussagen. Nur im Sinne dieses verworrenen Sprachgebrauchs der Tradition will Wilhelm der Theologie Wissenschaftscharakter zuerkennen. Im eigentlichen Sinne dagegen ist sie normativ-praktische Sammlung von Handlungsanweisungen, mithin *lex*. Über die Gleichsetzung von Theologie und Hl. Schrift hinaus wird damit die Theologie als Inbegriff der „vetus et nova lex" herausgestellt.[187]

Ein Wissenschaftscharakter läßt sich für Wilhelm deshalb auch nur biblisch nachweisen durch das Aufzeigen schlußfolgernden, beweisenden Vorgehens in der Schrift. Generell wird dazu auf Paulus verwiesen, im einzelnen werden dann Jes 53,7, Mt 5,3 und die übrigen Seligpreisungen als syllogistische Verfahren interpretiert. Die Möglichkeit von Beweisen auch in Glaubensaussagen ist gegeben; keineswegs haben alle denselben Glaubenscharakter aufgrund der Autorität, sondern es ist zu unterscheiden zwischen dem Glauben aufgrund der Gewißheit der Sachverhalte selbst oder aufgrund von Autorität. Im ersten Fall ist eine abgestufte Bekanntheit gegeben, die ein syllogistisches Verfahren zuläßt, bei dem ja die Prämissen bekannter sein müssen als die Konklusion. Im zweiten Fall, der eigentlich dem Gesetzescharakter der Schrift entspricht, ist dies nicht der Fall, sofern hier nur der Glaube betrachtet wird. Tritt jedoch zum Glauben aufgrund des Verdienstes die Geistesgabe des Verstandes und der Wissenschaft, erkennen wir auch klar den Bekanntheitsgrad der Glaubensaussagen, so daß auch hier ein syllogistisches Verfahren möglich wird.[188] Dies setzt aber nicht eine menschlich erworbene Wissenschaft, sondern die eingegossenen Gna-

186 Wilhelm de la Mare, I Sent. q.1 sol. (12,27-13,38); zum Fortleben dieses Wissenschaftsverständnisses bei Ockham vgl. U.G. Leinsle, Die Einheit der Wissenschaft nach Wilhelm von Ockham. In: WiWei 43 (1980) 107-129.

187 Zu den Quellen dieser Auffassung: L. Sileo, Teoria della scienza teologica. Quaestio de scientia theologiae di Odone Rigaldi e altri testi inediti (1230-1250). Roma 1984, II, 131-164.

188 Wilhelm de la Mare, I Sent. q.1 sol. (13,39-64).

dengaben der Wissenschaft und des Verstandes voraus, entzieht sich somit menschlichem Bemühen und kann nicht als allgemeiner Ausweis der Wissenschaftlichkeit der Theologie gewertet werden.

Gerade dies macht für Wilhelm den Unterschied der Theologie zu den weltlichen Wissenschaften aus. Die Theologie (als *sacra scriptura* und damit als *lex*) wird im Glauben aufgrund der Autorität des Sprechenden angenommen. Erst aus dem Glauben folgt dann das Verstehen. In den übrigen Wissenschaften aber folgt das Glauben dem Verstehen nach. Die Konklusion Wilhelms, wonach beides zugegeben werden kann, die Theologie also sowohl Gesetz als auch Wissenschaft sei, ist deshalb in diesem Sinne zu interpretieren: Ihr Wissenschaftscharakter ist nur im Rahmen des Gesetzescharakters zu sehen. Sie erzeugt kein neues, kein natürliches und vom Glaubensakt unabhängiges Wissen, auch dort, wo sie syllogistisch beweisend vorgeht.[189] Die Universalität der Wissenschaft wird in deutlicher Abhebung von der *Summa Halensis* nur in der moralischen Verwendung der Einzelereignisse als Beispiele gesehen und zudem die Notwendigkeit der Universalität für den Gesetzescharakter der Theologie verneint. Denn Sache des Gesetzes ist es gerade, durch das Vorstellen einzelner guter Taten von Personen zum Guten anzuregen und durch singuläre Strafverfügungen vom Bösen abzuschrecken. Universalität von Aussagen ist in diesem moralisch-präskriptiven Sinne von Theologie nicht erforderlich.[190]

Aus dem eingeschränkten Wissenschaftscharakter der Theologie im Rahmen des Gesetzescharakters ergibt sich auch die Lösung der Frage, ob sie theoretische oder praktische Wissenschaft sei. Hier wird direkt auf Thomas Bezug genommen und seine Lösung sogleich als nichtig verworfen: „Sed hoc nihil est". Denn Thomas argumentiert hier nicht vom unmittelbaren Ziel der Wissenschaft her, sondern von ihrem entfernteren Endziel, der Betrachtung der Wahrheit Gottes in der Seligkeit. Da darauf aber unser ganzes Leben und Wissensstreben angelegt ist, wären damit auch alle Wissenschaften insgesamt theoretisch, so daß es gar keine praktischen Wissenschaften gäbe. Sinn und Aufgabe der Theologie kann man jedenfalls nicht so bestimmen, wie Thomas das versucht hat.[191] Wissenschaft als menschliche Tätigkeit muß in ihrem Charakter von ihrem unmittelbaren Ziel, nicht vom Endziel des gesamten menschlichen Lebens her bestimmt werden. Hier geht nun Wilhelm eindeutig vom Gesetzescharakter der Theologie aus. Gesetz aber ist eine Sammlung von Vorschriften praktischer Natur, geht auf das Handeln des Menschen. Wenn also von einem Wissenschaftscharakter der Theologie gesprochen werden kann, dann im Rah-

189 Ebd. (14,65-71).

190 Ebd. ad 1 (14,72-87).

191 Ebd. q.2 sol. (15,21-24).

men dieses Verständnisses. Theologie ist somit eindeutig als praktische Wissenschaft anzusprechen. Nur noch in einem Nebensatz wird hier auf den möglichen Unterschied zwischen dem Gesetzescharakter der Hl. Schrift und der angeblich systematisch-theoretischen Wissenschaftlichkeit des Sentenzenbuches eingegangen. Die Sentenzen haben ihre Berechtigung grundsätzlich nur als Auslegung der Hl. Schrift (expositoria) und damit des Gesetzes: Systematische Theologie bleibt Gesetzesauslegung und damit auf den praktischen Charakter des Gesetzes selbst verwiesen.[192]

Natürlich leugnet Wilhelm nicht, daß es in der Theologie als praktische Gesetzesauslegung theoretische Teile in Form von Aussagen gibt. Vor allem die Gotteslehre ist hier angesprochen. Doch ist dies Gemeingut der praktischen Wissenschaften: Nicht alles, was dort behandelt wird, handelt unmittelbar vom menschlichen Handeln. So muß in der Medizin viel vom menschlichen Körper und den Körpersäften gewußt werden, ohne daß doch die Medizin eine bloß theoretische Wissenschaft würde. Aristoteles selbst handelt in der Ethik von den Seelenpotenzen als Voraussetzung des Handelns und der Tugendlehre. Entscheidend ist, daß auch die theoretischen Teile auf das Handeln bezogen bleiben. So ist die Gotteslehre in der Theologie nicht eine theoretische Wissenschaft (oder thomasisch eine Partizipation an der Schau), wie Gott an und für sich ist; sie wird vielmehr gelehrt im Hinblick auf das Handeln des Menschen in der Gottesverehrung, im Glauben und Hoffen.[193] Theologie hat also einerseits unmittelbaren Lebensbezug und ist andererseits durch den Hinweis auf Medizin und Ethik als praktische Wissenschaft mit theoretischen Elementen in guter Gesellschaft, auch an der Universität. Man muß sie also gar nicht erst zu einer theoretischen Wissenschaft stilisieren, um ihr dort einen Platz zu sichern.

Durch diesen praktischen Charakter ist die Schrift-Theologie auch eindeutig von jeder Metaphysik im aristotelischen Sinne abgegrenzt. Eine Verwischung der Grenzen, wie sie gerade in der *Summa Halensis* zu konstatieren ist, ist a limine abgewiesen. Metaphysik als rein menschliche Theologie aufgrund natürlicher Vernunftgründe ist theoretisch-spekulativ; Schrift-Theologie als *lex* dagegen gründet in der göttlichen Offenbarung und ist praktischer Natur. Die Bestimmungen der Metaphysik, die Theologie sei höchste Wissenschaft und „sui gratia", weil sie nur auf das Wissen um seiner selbst willen ausgerichtet sei, sind deshalb auf die Theologie nicht anwendbar. Denn kein Gesetz ist um seiner selbst willen oder bloß um des Wissens willen gegeben, sondern im Hinblick auf das Handeln des Menschen. Der Bezug schließlich zum Endziel des Menschen, von Thomas als Kontemplation Gottes beschrieben, tut dem praktischen Charakter der

192 Ebd. (15,25-28).
193 Ebd. ad 1 (16,29-38).

Theologie keinen Abtrag. Denn es geht ja auch da nicht um eine Theorie der Kontemplation (scire contemplari), sondern um den Akt der Kontemplation selbst. Also ist das Ziel wieder nicht eine Vermehrung theoretischen Wissens, sondern ein Handeln.[194] Recht verstanden, hätte also auch Thomas die Theologie als praktische Wissenschaft bestimmen müssen, hätte er begriffen, daß 'contemplari' ein Tun des Menschen beschreibt. Ihr unmittelbarer Gegenstand ist deshalb das, was sie vorschreibt: die richtige Gottesverehrung (cultus divinus).[195] Der Gegenstand von Bibel und Sentenzen aber ist identisch; denn die Sentenzen sind nur Auslegung des Gesetzes. Eine rein spekulativ-theoretische Theologie ist somit ebenso unmöglich wie Thomas' These vom primär theoretischen Charakter dieser Wissenschaft.[196] Nochmals werden hier Schule und Leben, „scholastische“ Theologie und christlich-franzikanische Lebenspraxis im Selbstverständnis der Theologie aneinander gebunden: Theologie ist Auslegung der normativ verstandenen Offenbarung im Hinblick auf das Handeln des Menschen in der richtigen Gottesverehrung.

3.3.8 Immunisierung durch „Erleuchtung“: Heinrich von Gent

Als Alternative ebenso zur thomasischen Subalternationstheorie wie zur „Lex“-Auffassung des Wilhelm de la Mare kann die an Augustinus anknüpfende Theorie der Theologie gelesen werden, die Heinrich von Gent (um 1217-1293) in den sehr ausführlichen wissenschaftstheoretischen Quästionen seiner *Summa* entfaltet.[197] Auch vor ihm steht der Ausweis der Wissenschaftlichkeit der Theologie noch als Problem; doch versucht er ihn mit anderen Mitteln zu erbringen als seine Vorgänger. Von Augustinus übernimmt er die grundsätzliche Sicht der Erkenntnis als Erleuchtung (*illustratio, illuminatio*); denn nur die sinnliche Erkenntnis geht auf rein natürliche Faktoren zurück; an aller weiteren Erkenntnis ist Gott beteiligt und garantiert durch seine Erleuchtung Wahrheit und Gewißheit der Erkenntnis. Wahrheitserkenntnis im Menschen ist also nur möglich, wenn Gott in seiner Freiheit daran mitwirkt.[198] Im allgemeinen aber dürfen wir darauf vertrauen, daß der Lauf der Welt so eingerichtet ist, daß der Mensch aufgrund seiner Ausstattung mit seinen natürlichen Fähigkeiten die Wahrheit erken-

---

194 Ebd. ad 2-4 (16,39-51).

195 Ebd. q.3 a.1 sol. (24,258-25,280); zur Diskussion des Gegenstandes der Theologie vgl. ebd. Einleitung 51*-66*.

196 Ebd. q.3 a.2 sol. (27,344-28, 364).

197 Vgl. vor allem J. Beumer, Erleuchteter Glaube. Die Theorie Heinrichs von Gent und ihr Fortleben in der Spätscholastik. In: FS 37 (1955) 129-160.

198 Heinrich v. Gent, Summa quaestionum ordinariarum. P.I a.1 q.2 (ND d. Ausg. Paris 1520. St. Bonaventure, N.Y. 1953. I f. 7r/v I).

nen kann. Das göttliche Licht selbst jedoch, in dem er die anderen Wahrheiten erkennt, entzieht sich der Erkenntnis in dieser Welt.[199]

Der Theologie liegt nun eine Glaubenserkenntnis zugrunde, die nicht nur hinsichtlich der Erkenntnisfähigkeit, sondern auch des Objektes über die Natur des Menschen hinausgeht.[200] Theologie besteht im Glaubensverständnis, wie es Augustinus und Anselm bestimmt hatten, aber in einer wissenschaftlichen Weise: Sie soll zur „intelligentia fidei" werden, setzt also durchgängig den Glauben voraus.[201] Sie entfaltet sich in einem Dreischritt:

1. Der glaubende Theologe stimmt den Wahrheiten zu, die er unmittelbar aus der Hl. Schrift entnimmt. Diese gelten als Prämissen der weiteren wissenschaftlichen Entfaltung.
2. Er deduziert aus diesen Prämissen weitere Wahrheiten, die in ihnen „sub primis scibilibus" verborgen sind und vom Wortlaut der Schrift nicht unmittelbar erklärt werden.
3. Als Theologe versucht er all jene Wahrheiten vernünftig einzusehen, die er vorher nur im Glauben festgehalten hat.[202]

Eine Definition der Theologie als Wissenschaft aufgrund ihrer Methode allein greift also zu kurz, da sie den entscheidenden Schritt (3) nicht einbezieht. Dieser aber ist nicht mit Glauben und natürlicher Vernunft allein zu erreichen, sondern setzt eine spezielle Erleuchtung voraus, in der die geoffenbarten Glaubenswahreiten einsichtig werden. Das Glaubenslicht läßt nur das Daß der Glaubenswahrheiten erkennen, entspricht also einem Wissen des Daß; der Schritt zur wirklichen Einsicht in den Zusammenhang des Geglaubten setzt eine gnadenhafte Erleuchtung voraus, die zwischen dem Glauben und der Schau in der Seligkeit steht.[203] Nur aufgrund dieser übernatürlichen, gnadenhaften Erleuchtung ist auch die syllogistische Ableitung weiterer Glaubensinhalte aus den ersten Glaubenswahrheiten möglich.[204] Theologie treiben ist im eigentlichen Sinne eine Tätigkeit, die sich einer zweifachen Gnade verdankt: der Gnade des Glaubens und der besonderen Erleuchtung, die zur Glaubenseinsicht befähigt. Die schlichte Anwendung des aristotelisch-methodologischen Wissenschaftsbegriffes auf die Theologie greift also zu kurz.

199 Ebd I a.1 q.3 (I f. 8v-10v).

200 Ebd. I a.3 q.4 ad 2 (I f. 29v R).

201 Ebd. I a.13 q.3 (I f. 91r); q.6 (I f. 94r-95r).

202 Ebd. a.13 q.8 (I f. 98v); vgl. J. Finkenzeller, Offenbarung und Theologie nach der Lehre des Johannes Duns Skotus. Eine historische und systematische Untersuchung. (BGPhMA 38,5). Münster 1960,175f.

203 Heinrich v. Gent, Summa I a.13 q.4-7 (I f. 92v-97v).

204 Ebd. I a.6 q.1 ad 1. (I f. 42v).

Die Lösung Heinrichs hinsichtlich der Wissenschaftlichkeit der Theologie greift auf das Prinzip Bonaventuras vom Übergang der *credibilia* zu *intelligibilia* zurück. Zugleich unterscheidet Heinrich zwischen einem weiten und einem engen Wissenschaftsbegriff. Im weiteren Sinne ist jede gewisse Erkenntnis einer Wahrheit als *scientia* anzusprechen.[205] In diesem Sinne werden auch im Glauben erfaßte Gegenstände gewußt; die Theologie ist deshalb in der Gestalt der Schritte (1) und (2) als Wissenschaft anzusprechen, wenn auch eine Erfassung der Glaubenswahrheiten durch Schau oder Einsicht nicht gegeben ist. Für den strengen Wissenschaftsbegriff geht Heinrich bezeichnenderweise nicht auf das syllogistische Verfahren des Aristoteles ein, sondern auf Avicennas Forderung der Evidenz aus der Sache selbst. Die Gewißheit darf nicht auf der Autorität eines anderen beruhen wie beim Glauben. Eine solche Evidenz ist bei bloßen Glaubensaussagen nicht gegeben. Sie sind im Unterschied zu den „res naturales" der natürlichen Wissenschaften nur potentiell einsichtig zu machen. Die Einsichtigkeit der Glaubensaussagen beruht nun aber gerade auf dem „lumen medium", in dem sie die nötige Evidenz erhalten. Dadurch wird die Theologie an sich zur gewissesten aller Wissenschaften. Denn sie handelt von den gewissesten Dingen mit der für den Wissenden höchstmöglichen Sicherheit und größten Evidenz, allerdings nur für einen Mann, der von jenem geistlichen „lumen intellectuale" bestrahlt wurde. Die Frau ist von der Theologie ausdrücklich ausgeschlossen.[206] Dadurch ist nun auch der strenge Wissenschaftsbegriff im Sinne Avicennas auf die Theologie anwendbar geworden.[207] Die Wissenschaftlichkeit in diesem Sinne ist allerdings übernatürlich garantiert durch ein gnadenhaft freies Eingreifen Gottes.

Die thomistische Subalternationstheorie gefährdet nach Heinrich geradezu den Wissenschaftscharakter der Theologie. Er wirft ihr Einfältigkeit und Unkenntnis dessen vor, was 'Subalternation' nach Aristoteles wirklich besagt. Das Wissen Gottes ist kein diskursives Wissen, in dem die Prinzipien unserer Theologie hinsichtlich ihres Warum gewußt werden könnten. Subalternation ergibt sich nicht hinsichtlich des Bekanntheitsgrades der gewußten Sätze, sondern allein in der Unterscheidung von *scientia quia* und *scientia propter quid*. Die thomistische Lehre beweist keine Subalternation, sondern daß das göttliche Wissen im höchsten Grad als Weisheit anzusprechen ist und als erste Norm alles menschlichen Wissens.[208] In der Frage des theoretischen Charakters der Theologie aber geht Heinrich in der

205 Ebd. sol. (I f. 42v).

206 Vgl. J. Beumer, Die Stellung Heinrichs von Gent zum theologischen Studium der Frau. In: Schol 32 (1957) 81-85.

207 Heinrich von Gent, Summa I a.7 q.2 sol. (I f.49v).

208 Ebd. I a.7 q.5 sol. (I f. 53v); vgl. Grabmann, Erkenntnislehre 306-313.

Argumentation z. T. durchaus parallel mit Thomas von Aquin, ja verstärkt noch die Argumente. Alle praktisch-moralische Bemühung hat mit Augustinus nur die Aufgabe, den Geist zu reinigen für die theoretische Betrachtung der Wahrheit (speculatio veri).[209] Die theoretische Tätigkeit aber beginnt beim Glauben und will zu dessen in diesem Leben bestmöglichem Verstehen führen, um dann in die ewige Schau zu münden. Was also Wilhelm de la Mare als Endziel der Theologie ansetzte, der *cultus divinus*, ist hier nur Vorbereitung zur eigentlichen Aufgabe theologischer Bemühung und entspricht im Aufstieg zu Gott der Stufe der Reinigung, während der Theologie folgerichtig die Stufe der Erleuchtung zugesprochen wird. Die Theologie hat also auch nicht ein doppeltes Ziel, wie etwa Thomas, Bonaventura und Albertus Magnus annahmen, sondern ein einziges: die theoretische Erkenntnis. Auf sie ist alle praktische hingeordnet. Die Mühe und Anstrengung der Arbeit wird in ihr unternommen nicht um eines praktisch-moralischen Zieles willen, sondern „propter quietem speculationis". Etwaige praktische Teile der Theologie sind auf dieses theoretische Ziel ausgerichtet und somit im Rahmen der Theologie als theoretischer Wissenschaft zu interpretieren. Doch gerade als theoretische Wissenschaft ist die Theologie normativ für alles praktische Wissen; denn sie ist auch bei Heinrich Annäherung an Gott, der in seinem rein theoretischen Wissen auch alles weiß und lenkt, was vom Menschen zu tun ist. Die Auffassung der Hl. Schrift und damit der Theologie als „lex" im Sinne Wilhelms de la Mare weist Heinrich ausdrücklich zurück. Sie ist zwar Gesetz Gottes, aber gerade dadurch nicht praktische Regel wie das menschliche Gesetz, sondern sie besteht, so seltsam das klingen mag, in theoretischen Regeln (ex regulis speculativis) und ist deshalb rein theoretischer Natur.[210] Der theoretische Charakter der Theologie wird also in die Hl. Schrift selbst zurückverlegt, auch auf die Gefahr hin, daß im Ausdruck 'regula speculativa' Spätere einen Widerspruch entdecken.[211]

Eine theologische Reaktion auf die Unterstellung der Lehre von der „doppelten Wahrheit" in der Verurteilung von 1277 kann man in der Frage nach der Übereinstimmung der übrigen Wissenschaften mit der Wahrheit der Theologie sehen.[212] Zunächst ist festzuhalten: Spezifische Glaubenswahrheiten gehen über das natürliche Wissen hinaus, z. B. Jungfrauengeburt und Auferstehung. Ein Widerspruch zwischen theologischer Wahrheit und der Wahrheit natürlichen Wissens wird grundsätzlich ausgeschlossen. Wohl aber kann eine theologische Wahrheit nach dem persönlichen Urteil

209 Heinrich von Gent, Summa I a.8 q.3 sol. (I f. 65v).

210 Ebd. ad 2 (I f. 65v).

211 Vgl. Köpf, Anfänge 207f.

212 Heinrich von Gent, Summa I a.7 q.13 (I f. 62r-63r).

eines Philosophen falsch sein. Hier liegt jedoch nur ein Irrtum des Philosophen zugrunde, der alles für falsch hält, was sein Erkenntnisvermögen übersteigt. An sich aber können sich philosophische und theologische Wahrheit nicht widersprechen; vielmehr wird die Philosophie als Handleitung und Vorstufe zur Theologie in Anspruch genommen. Unüberlegt (temerarius) ist deshalb ein Theologe, der aus Unkenntnis der Philosophie vieles für falsch hält, was doch philosophisch als wahr erwiesen wird. Die philosophisch erwiesene Wahrheit tut indes der Stellung der Theologie keinen Abtrag, da sich diese als Wissenschaft nicht menschlicher Bemühung, sondern göttlicher Erleuchtung verdankt.

3.3.9 Augustinische oder aristotelische Wissenschaft?: Ägidius Romanus

Die Zeit der wissenschaftstheoretischen Diskussion um die Theologie im Anschluß an Thomas von Aquin und schon in Auseinandersetzung mit Heinrich von Gent kennzeichnet der Sentenzenkommentar (Buch I ca. 1276/77) des Augustinereremiten Ägidius Romanus (+ 1316), der von ca. 1285 bis 1292 Magister in Paris war und noch zu seinen Lebzeiten zur entscheidenden theologischen Autorität seines Ordens erklärt wurde.[213] Wie Heinrich wendet er sich von Aristoteles mehr Augustinus zu, ohne allerdings die thomistischen Einflüsse vor allem in der Rezeption der Subalternationstheorie zu verleugnen.[214] Die Wissenschaftlichkeit der Theologie steht für ihn im Rahmen ihrer Konzeption als *sapientia*. Soweit die Theologie ihre Gegenstände vornehmlich als *divina* betrachtet, ist sie Weisheit; nur als Betrachtung der Gegenstände „ut humana" ist sie als Wissenschaft ansprechbar; denn Wissenschaft ist für Ägidius grundsätzlich auf menschliches Bemühen und dementsprechende Gegenstände beschränkt. Die Unterscheidung wird aus Augustinus, nicht aus Aristoteles hergeleitet.[215] Für die Wissenschaftlichkeit der Theologie ist also nicht so sehr Aristoteles als vielmehr Augustinus ausschlaggebend. Dagegen wird zur Klärung des Prinzipienproblems die thomasische Subalternationstheorie bemüht, allerdings wieder in einer für Ägidius typischen Verbindung augustinischer und aristotelischer Argumentation: Die Wissenschaftlichkeit der Theologie

213 Vgl. P. Prassel, Das Theologieverständnis des Ägidius Romanus O.E.S.A. (1243/7 -1316). (Europäische Hochschulschriften XXIII,201). Frankfurt-Bern 1983.

214 Vgl. J. Beumer, Augustinismus und Thomismus in der theologischen Prinzipienlehre des Aegidius Romanus. In: Schol 32 (1957) 542-560; R. Egenter, Vernunft und Glaubenswahrheit im Aufbau der theologischen Wissenschaft nach Aegidius Romanus. In: Philosophia perennis. Abhandlungen zu ihrer Vergangenheit und Gegenwart. (Festschrift J. Geyser). Regensburg 1930, I,195-208.

215 Ägidius Romanus, In Primum Librum Sententiarum, prol. p.2 princ. 1 q.1 (Ed. Venedig 1521, ND Frankfurt 1968, f. 6vb).

wird nach Augustinus, *De trititate* XIII,9 festgehalten. Um sie aber auch aristotelisch als solche auszuweisen, muß die Evidenz ihrer Prinzipien in einer höheren Wissenschaft aufgezeigt werden, da sie in unserer Theologie nur als Glaubensartikel gegeben sind. Eine höhere Wissenschaft aber ist nur gegeben im Wissen Gottes und der Seligen. Deshalb ist die (nicht: unsere) Theologie dem Wissen Gottes und dem Wissen der Seligen subalterniert.[216] Andererseits trifft keiner der zwischen den natürlichen Wissenschaften üblichen Subalternationsmodi auf diese Subalternation zu. Grundsätzlich erkennt Ägidius drei Weisen der Subalternation an:

1. Dienende Unterordnung unter eine höhere Wissenschaft mit einem höherrangigen Gegenstand.
2. Unterordnung des Wissens des Daß unter das Wissen des Warum (bei Heinrich von Gent einziges Subalternationsmodell). Das von Thomas herangezogene Beispiel von Geometrie und Optik fällt unter diesen Modus der Subalternation. Ägidius konzediert sogleich den nicht univoken Gebrauch.
3. Beide Wissenschaften handeln vom selben, aber die übergeordnete in genauerer Weise als die untergeordnete.[217]

Im eigentlichen Sinne bleibt damit aber nur der nicht univoke Modus (2) als wirkliches Subalternationsmodell. Doch weder dieses noch ein anderes ist im strengen Sinne auf die Theologie anwendbar. Vergleichsmomente ergeben sich mit allen drei Subalternationsmodellen, doch kann die Subalternation nicht mehr als Ausweis der Wissenschaftlichkeit dienen.[218] Sie wird jedoch herangezogen zur Klärung des Gewißheitsgrades theologischer Aussagen. Die Gewißheit kann in dreifacher Weise begründet werden:

1. von seiten des Gegenstandes,
2. durch ein entsprechendes Erkenntnislicht,
3. in Relation zum Wissenden.[219]

Höhere Gewißheit hat die Wissenschaft, die von den Prinzipien handelt; die Theologie aber handelt von Gott, dem Urprinzip; deshalb ist sie (an sich) die gewisseste aller Wissenschaften. Sie stützt sich zudem nicht nur auf das natürliche Erkenntnislicht (den natürlichen Verstand), sondern mit Heinrich von Gent auf ein übernatürliches Licht. Dieses ist dem Philosophen (Aristoteles) gänzlich unbekannt. Er nahm an, man könne nur mit dem Licht des natürlichen Verstandes Gewißheit erzielen. Theologische Gewißheit verdankt sich also einer anderen Quelle als die philosophisch-wissenschaftliche und entzieht sich dadurch zugleich der philosophischen

216 Ebd. a.2 (f.4va).

217 Ebd. a.1 (f.4ra); vgl. Prassel, Theologieverständnis 40-47.

218 Ebd. a.2 (f.4va).

219 Ebd. princ. 2 q.2 (7rab).

Diskussion. Die Glaubensgewißheit ist aber höchste Gewißheit, wenigstens als „certitudo adhaesionis" des Wissenden. Dagegen ist es um die „certitudo speculationis", die objektive Gewißheit der aus dem Geglaubten abgeleiteten Sätze, nicht so gut bestellt, da sie auf dem Glauben beruht, der gerade nicht die Evidenz objektiven Wissens beanspruchen kann.

In der Frage des Zieles der Theologie hält Ägidius gegen Heinrich von Gent an der Lösung des Albertus Magnus fest, die wieder stark augustinisch ausgerichtet ist. Es ist nach ihm gar nicht schlecht, wenn man der Theologie (immer noch als *sacra pagina*) mehr als ein Ziel zuerkennt, und sie nicht zur schlechthin theoretischen oder nur praktischen Wissenschaft macht.[220] Ein erstes Ziel der Theologie ist für Ägidius das gute Handeln. Andererseits wird aber auch anerkannt, daß die Schrift „de summe speculabilibus" handelt. Vor allem aber wird in der Theologie die Liebe erstrebt; auf sie werden die verschiedenen untergeordneten Ziele hingeordnet; denn an ihr hängen Gesetz und Propheten. Das Hauptziel der Hl. Schrift ist deshalb die Anleitung des Menschen zur Gottes- und Nächstenliebe. Die Wissenschaft aber wird von ihrem Hauptziel her bestimmt. Die Liebe (caritas) aber ist eine Tugend des Affektes, nicht des Intellektes. Deshalb ist zunächst die rein theoretisch-intellektuelle Deutung der Theologie durch Heinrich von Gent zurückzuweisen. Aber ebensowenig ist die Theologie eine praktisch-moralische Wissenschaft, die dem „intellectus practicus" zugeordnet werden könnte. Sie ist vielmehr wie bei Albertus Magnus eine „scientia affectiva" und deshalb auch mehr Weisheit als bloße Wissenschaft. Nur in diesem Rahmen des affektiven Verständnisses von Theologie kann die Frage nach dem Übergewicht des Theoretischen oder Praktischen in ihr gestellt und beantwortet werden. Hier gibt nun Ägidius Thomas den Vorzug, indem er die Schau Gottes als Hauptinhalt der Seligkeit annimmt und darauf all unsere Erkenntnis, vor allem aber die Theologie hinordnet. Sie ist also immer noch stärker theoretisch als praktisch bestimmt. Der Optimismus des Thomas, aus der Theologie eine aristotelische Wissenschaft machen und ihre Gewißheit wissenschaftstheoretisch sichern zu können, ist allerdings gegen Ende des 13. Jhs. verflogen.

220 Ebd. princ. 4 q.1 (7vb-8ra).

4. THEOLOGIE ZWISCHEN SCHULSTREIT UND KIRCHENREFORM

Die wissenschaftliche Theologie des 14. und 15. Jhs. - oft genug als Verfallsepoche der „Spätscholastik" abgewertet - ist einerseits gekennzeichnet durch logisch genaue Analyse theologischer Wahrheiten und ihrer Voraussetzungen, andererseits durch den Schritt vom Hörsaal zur gesellschaftlich-kirchlichen Wirkung von Theologie im Bemühen um eine Reform der Kirche. Innertheologisch wird in unsicherer Zeit vor allem die Frage nach dem Fundament und der Gewißheit theologischer Aussagen und damit unseres Heilswissens zum theologisch und existentiell vordringlichen Problem.

4.1 Scholastische Theologie im gesellschaftlichen Umbruch

Hatte sich die Theologie im 13. Jh. vor allem um ihre Stellung an der Universität und den Ausweis ihrer Wissenschaftlichkeit bemüht, so treten nun im 14./15. Jh. - nicht zuletzt durch ein verfeinertes logisches Instrumentarium - die Unterschiede der theologischen Schulen mit größter Deutlichkeit hervor. Daß Theologie dabei nicht in „scholastischem" Schulgezänk versandet, hat ihren Grund in ihrer Einbindung in die gesellschaftliche und kirchliche Situation des Spätmittelalters, die charakterisiert ist durch gesellschaftliche Umbrüche, Territorialstaatlichkeit, häretische Bewegungen, Abendländisches Schisma und Reformkonzilien.[1]

4.1.1 Die Entwicklung des akademischen Studiums

Paris und Oxford, die Zentren des theologischen Lebens des 13. Jhs., bleiben auch im 14. bestimmend, wobei vor allem nach den lähmenden Verurteilungen von 1277 Oxford den Vorrang gewinnt.[2] Von England kommen nun zumeist die entscheidenden philosophisch-theologischen Neuerungen, die mit den Namen Duns Scotus (um 1265-1308) und Wilhelm von Ockham (um 1285-1347) verbunden sind. Sie werden in Paris nicht ohne heftige Auseinandersetzungen rezipiert. Von Oxford kommen aber auch die theologischen und kirchenpolitischen Thesen eines John Wyclif, die an der jungen Universität Prag auf fruchtbaren Boden fallen werden.

---

1 Als Bild des späten Mittelalters immer noch brauchbar: J. Huizinga, Der Herbst des Mittelalters. Studien über Lebens- und Geistesformen des 14. und 15. Jahrhunderts in Frankreich und in den Niederlanden. Stuttgart ^{11}1975.; für die Theologie vgl. vor allem Oberman, Herbst.

2 Vgl. Leff, Paris.

Paris steigt aber gerade in den kirchlichen Auseinandersetzungen des späten Mittelalters zur wichtigsten kirchlichen Beratungsinstanz auf, an die von Papst und Kurie kirchenamtlich zu entscheidende Streitfragen zur vorgängigen theologischen Entscheidung (doctrinalis determinatio praevia) verwiesen werden.[3] Solche waren etwa die Unbefleckte Empfängnis Mariens (1387), der theoretische Armutsstreit und die Auseinandersetzung mit joachitisch inspirierten Franziskanergruppen (vor allem den Fraticelli).[4] Noch Luther wird gegen den Papst an die Universität appellieren. Zunächst lähmend, aber insgesamt ihre Stellung stärkend wirkte sich das Abendländische Schisma (1378) auf die Universität Paris aus, die bis auf eine Minorität an der Obödienz von Avignon festhielt, aber zugleich zum Nährboden antipäpstlicher, nationalkirchlicher Tendenzen wurde.[5] Gerade aus Paris aber sollten auch die entscheidenden Modelle zur Überwindung des Schismas kommen, wobei zunächst der „via cessionis" ohne Generalkonzil der Vorzug gegeben wurde. Aber auch Pierre d'Ailly (1352-1420) und Johannes Gerson (1363-1429), die führenden Gestalten der Reformbewegung in Pisa und Konstanz, sind Pariser Theologen.[6]

Die theologische Universitätslandschaft wird jedoch durch die Neugründung von Universitäten im 14./15. Jh. stark verändert. Allein für das Reichsgebiet seien hier genannt: Prag (1347/48), Wien (1363), Erfurt (1379), Heidelberg (1385), Köln (1388), Würzburg (1402), Leipzig (1409), Rostock (1419), Löwen (1425), Trier (1454), Greifswald (1456), Freiburg i. Br. (1455/56), Basel (1459), Ingolstadt (1459), Mainz (1476), Tübingen (1476/77) und schließlich als letzte vorreformatorische Gründungen Wittenberg (1502) und Frankfurt an der Oder (1500/06).[7] Oft genug ergeben sich bei der Verwirklichung des Stifterwillens (Kaiser, Landesherr, Stadt, Bischof) beträchtliche Verzögerungen bis zum tatsächlichen Unterrichtsbeginn. Während des Abendländischen Schismas konnte sich die jeweilige Obödienz durch Universitätsgründungen stärken.[8] Allein durch die Vielzahl der universitären Lehrstätten, denen oft bereits Kloster- oder Stadtschulen, in Köln sogar ein *Studium generale* der Dominikaner[9], vorausgegangen waren, ergibt sich das Bild eines theologischen Aufbruchs, der mit den Vorstellungen einer dekadenten „Spätscholastik" nicht zu vereinen ist. Neue Ideen finden naturgemäß an jungen Universitäten leichter Eingang als

3 Rashdall, Universities I,549f mit Bezug auf Johannes Gerson.

4 Vgl. Leff, Heresy I,51-258.

5 Vgl. vor allem Swanson, Universities.

6 Vgl. Rashdall, Universities I, 549-583.

7 Vgl. ebd. III, 211-288.

8 Vgl. Swanson, Universities 216f: Liste der 1374-1418 von den Päpsten bestätigten Universitäten.

9 Vgl. Sturlese, Philosophie 324-326.

an alten, in denen bereits festgefügte Traditionen herrschen. Die neuen Universitäten sind zwar dem Anspruch nach wie Paris überregionale Institutionen; doch läßt sich zugleich die Tendenz zu einer Nationalisierung und Regionalisierung auch des theologischen Unterrichtes nicht verkennen. Am deutlichsten wird dies bei der Gründung der Universität Leipzig (1409) durch die Auswanderung der deutschen Professoren und Studenten aus der Universität Prag. Die Universität Greifswald verdankt ihre Entstehung der Verhängung des Interdikts über Rostock (1437).

Gegen eine zu starke Provinzialisierung des akademischen Betriebs wirkte aber der Austausch von Professoren und die akademische Wanderschaft der Studenten, wodurch wieder Beziehungen und Rivalitäten zwischen oft weit entfernten Universitäten entstanden.[10] Die Theologie an den neuen Universitäten war teilweise mitgeprägt von Ordensgemeinschaften, z. B. in Erfurt und Wittenberg durch die Augustiner-Eremiten, in Tübingen durch die Brüder vom gemeinsamen Leben. Die landsässigen Prälatenklöster schickten nun ihre begabtesten Leute in die neuen Universitäten und brachten damit die Universitätstheologie in die eigenen Klosterschulen und die Ausbildung ihrer Mitbrüder zurück, während die Ausbildung des niederen Klerus im Spätmittelalter wenig Einfluß der Universitätstheologie aufweist.[11] Auch in dieser Hinsicht ist die scholastische Theologie des Spätmittelalters, hineingestellt in die kirchlichen und sozialen Spannungen einer Stadtkultur, vielschichtiger, komplexer und weniger überschaubar als die im wesentlichen zwischen Dominikanern, Franziskanern und Weltklerus sich abspielenden Kontroversen des 13. Jhs.

Der Schwerpunkt der theologischen Lehre liegt auch im 14./15. Jh. formal noch auf der Sentenzenvorlesung, die sich jedoch in mehrerer Hinsicht verändert. Zunächst ist zu unterscheiden zwischen der kursorischen „lectura textualis" des Baccalaureus und der Arbeit des Magisters, deren Niederschlag zumeist in Form von Quästionen zu den Sentenzen erhalten ist. Beide Formen verzichten weitgehend auf den Text des Lombarden. Statt dessen setzt man z. T. auch in der „lectura" eine Abbreviation als Textgrundlage voraus. In die Einführungsvorlesung sind allerdings bei wichti-

---

10 Vgl. z. B. Peter Uiblein, Zu den Beziehungen der Wiener Universität zu anderen Universitäten im Mittelalter. In: Les Universités à la fin du moyen âge. Actes du Congrès international de Louvain 26-30 mai 1975. Ed. J. Paquet/J. Ijsewijn. Louvain 1978, 169-189; A.L. Gabriel, „Via Antiqua" and „Via Moderna" and the Migration of Paris Students and Masters to the German Universities in the Fifteenth Century. In: A. Zimmermann (Hg.), Antiqui und Moderni. Traditionsbewußtsein und Fortschrittsbewußtsein im späten Mittelalter. (MM 9). Berlin-New York 1974, 439-483.

11 Vgl. F.W. Oediger, Über die Bildung der Geistlichen im späten Mittelalter. Leiden 1953.

geren Stellen bereits Quästionen eingeschaltet.[12] Im Unterschied dazu verzichten die *Quaestiones in Libros Sententiarum* auf den Textbezug ganz und diskutieren nun systematisch die einzelnen im Zusammenhang wichtigen Fragen ohne Rücksicht auf Vollständigkeit. So diskutiert Heinrich Totting von Oyta (um 1330-1397) 10 Fragen zum 1. Sentenzenbuch, aber nur je eine zu den restlichen. Schon das zeigt das Übergewicht, das hier die philosophischen Probleme der Gotteslehre erhalten. Gegenüber der einfachen Gestalt der Quästio bei Thomas hat sich deren Struktur aber schon seit Heinrich von Gent (um 1217-1293) und noch stärker seit Ockham verändert. Die allgemeinen Argumente pro und contra fallen weit weniger ins Gewicht als die ausführliche, z. T. in *quaestiunculae* unterteilte Diskussion der zeitgenössischen *Opiniones* mit Anführung und ggf. Widerlegung der sie stützenden Argumente.[13]

Wie man den Text des Lombarden oft nur noch aus Abbreviationen kannte, so schrieben auch die Universitätslehrer selbst Abbreviationen zu wichtigen Sentenzenkommentaren, zumal an den neuen Universitäten, deren Bibliotheken erst auszustatten waren. So wird etwa Heinrich Totting von Oyta eine Abbreviation des Sentenzenkommentars des Franziskaners Adam Woodham (Goddam [um 1298-1358]) zugeschrieben.[14] Das scholastische Hauptwerk Gabriel Biels (um 1410-1495) ist sein *Collectorium*, das sich eng an den Sentenzenkommentar Ockhams anschließt, allerdings zur Korrektur auch weitere Autoren aufnimmt.[15]

Wie die Sentenzenvorlesung so vollzieht sich auch die Schrifterklärung, an sich immer noch das eigentliche Gebiet des Magisters, in einem doppelten Durchgang, in der „lectura textualis", der kursorischen Lesung des Baccalaureus, und der meist nur auf ein Buch oder einige Kapitel beschränkten Auslegung des Magisters, für den der Text wieder nur Anlaß zur selbständigen Erörterung der Quästionen wird. Heinrich von Langenstein (1325-1397) kommt in den 13 Jahren seiner Wiener Lehrtätigkeit nicht über die ersten drei Kapitel des Buches Genesis hinaus. Franz von Retz (+ 1421) nimmt sich die Sprichwörter, Heinrich Totting die Psalmen (Ps 1-50) vor und diskutiert in deren Rahmen alle aktuellen theologischen Fragen. So werden z. B. zu Ps 21 ebenso christologische Fragen erörtert (Trennung der

12 So verwendet Heinrich Totting von Oyta die Hugo v. St. Cher zugeschriebene Abbreviation „Quoniam velut quattuor flumina paradisi": A. Lang, Heinrich Totting von Oyta. Ein Beitrag zur Entstehungsgeschichte der ersten deutschen Universitäten und zur Problemgeschichte der Spätscholastik. (BGPhMA 33,4/5). Münster 1937, 50-53.

13 Vgl. Rentsch, Kultur 88f.

14 Lang, Heinrich Totting 54-61.

15 Gabriel Biel, Collectorium circa quattuor libros Sententiarum, praef. (Ed. W. Werbeck/U. Hofmann. Tübingen 1973,I,6f).

Gottheit Christi von Leib und Seele bei seinem Tod) wie die Erlaubtheit des Losens und des Erbittens zeitlicher Güter von Gott, aber auch, ob der Priester einem Sünder auch im geheimen die Kommunion verweigern müsse.[16] In der Folgezeit werden diese Fragen nicht selten aus dem Kommentarwerk gelöst und selbständig in Handschriften tradiert.

Der Weg der Abbreviation älterer Werke führt uns auch zu den ersten Kommentaren zur *Summa Theologiae* und zur *Summa contra Gentiles* des Thomas von Aquin.[17] Außerhalb des Dominikanerordens gehören die Werke des Aquinaten jedoch nicht zum offiziellen Literaturkanon der Theologischen Fakultät. Auch im Orden dienten sie eher als Richtschnur der Lehre, denn als Grundlage des Unterrichtes. Eine universitäre Quästionensammlung zur S. Th. haben wir im *Compendium Summae Theologiae* des Heinrich von Gorkum (+ 1431 als Professor in Köln) vor uns.[18] Ähnlich wie es Gabriel Biel mit Ockham macht, legt Heinrich von Gorkum Quästionen vor, die zwar thematisch, aber nicht textlich dem Inhalt der S.Th. entsprechen. Sein Schüler Johannes Tinctoris (+ 1496) schreibt den ersten nichtdominikanischen Kommentar zur S. Th., der wohl auf eine Lehrtätigkeit zurückgeht. Von Köln geht die magistrale Thomasauslegung auf Wien über, wo der Dominikaner Leonhard Huntpichler (+ 1478) erstmals die S. Th. erklärt; 1490 finden wir Vorlesungen darüber in Freiburg und Rostock, während die großen Kommentare eines Kardinal Cajetan erst ab 1497 entstehen. In Paris liest Peter Crockaert OP (+ 1514) 1507 als erster über Thomas. Sein Schüler Francisco de Vitoria (1483/93-1546) bringt diesen Brauch nach Salamanca und initiiert damit die Thomaskommentare der spanischen Scholastik der Frühen Neuzeit.[19] Einen frühen Kommentar zur *Summa contra Gentiles* verdanken wir dem Wiener Dominikaner Johannes Werd (+ 1510).[20]

Die gesellschaftliche und kirchliche Situation des späten Mittelalters, aber auch das neu gesehene pastorale Anliegen der Theologie lassen die Professoren auch zu praktisch-seelsorglichen und kirchenpolitischen Fragen Stellung nehmen in Form von eigenen Disputationen, Predigten, Traktaten und mehr pastoral ausgerichteten Erklärungen zu Teilen der Liturgie (z. B. Kanonerklärung Gabriel Biels, Erklärungen zum Vaterunser, Magnificat etc., Heinrich Tottings *Advisamenta* gegen Mißbräuche in der Pas-

16 Lang, Heinrich Totting 80.93.

17 Vgl. Grabmann, Hilfsmittel 424-489.

18 Vgl. E. Höhn, Köln als Ort der ersten Kommentare zur „Summa Theologiae" des Thomas von Aquin. In: W.P. Eckert (Hg.), Thomas von Aquino. Interpretation und Rezeption. (Walberberger Studien, Phil. Reihe 5). Mainz 1974, 641-655.

19 Ebd. 655. Verzeichnis der Kommentare zur S. Th.: Mitschelich, Kommentatoren.

20 I.W. Frank, Der Wiener Dominikaner Johannes Werd (+ 1510) als Verfasser von Thomaskommentaren. In: Eckert (Hg.), Thomas von Aquino 609-640.

sauer Diözese). Besonderes Gewicht haben natürlich die Traktate im theoretischen Armutsstreit, zur Beendigung des Abendländischen Schismas und die Bemühungen um eine Reform der Kirche, die in die sog. „Reformtheologie" des 15. Jhs. münden.

4.1.2 Schulenbildung und Wegestreit

Die scholastische Philosophie wird von ihren Gegnern in der Zeit der Aufklärung gern als „philosophia sectaria" gekennzeichnet, weil sie sich sklavisch an eine bestimmte Lehrrichtung oder „Schule" binde.[21] Die historische Situation der Ausbildung mehr oder weniger fester Lehrtraditionen, oft unabhängig von den Orten, aber meist gebunden an die Ordensgemeinschaften, führt uns zurück zu den Verurteilungen von 1277. Da von ihnen ebenso Avicenna wie Averroes, ebenso Aristoteles wie Thomas von Aquin betroffen waren, suchten vor allem die Franziskaner nun ihre Position durch eine deutliche Hinwendung zu Augustinus zu festigen.[22] Dies wurde bereits deutlich in der Konzeption der Theologie bei Wilhelm de la Mare, aber auch beim Weltgeistlichen Heinrich von Gent und beim Augustiner Ägidius Romanus. Doch ist über den Ordensgegensatz hinaus auch die verschiedene Lehrtradition von Paris und Oxford, wie sie uns in der Kritik Roger Bacons begegnete, für das Entstehen der spätscholastischen Schulen maßgebend. So ist es der Dominikaner Robert Kilwardby, der 1277 als Erzbischof von Canterbury die erste Oxford betreffende Verurteilung von 16 Sätzen thomistischer Philosophie ausspricht, wieder aufgenommen vom Franziskaner John Peckham (um 1230-1292) 1284 und 1286.[23] Entscheidend für die erste Phase der Schulenbildung wird jedoch der sog. Korrektorienstreit. Das erste und wichtigste *Correctorium fratris Thomae* von Wilhelm de la Mare (1277/79) wird vom Generalkapitel des Franziskanerordens 1282 als Norm der richtigen Thomasinterpretation anerkannt. Ohne dieses Korrektorium darf Thomas nicht gelesen werden. Von dominikanischer Seite wird es als *Corruptorium* bezeichnet und in verschiedenen *Correctoria Corruptorii* zu widerlegen versucht.[24] Daß in diesem und späteren Streiten nicht die Gesamtzusammenhänge, sondern einzelne Sätze (hier vor allem Einheit oder Vielheit der Formen, mögliche Ewigkeit der Schöpfung, das Verhältnis von Intellekt und Wille) diskutiert werden, er-

---

21 Vgl. W. Schneiders, Vernünftiger Zweifel und wahre Eklektik. In: Studia Leibnitiana 17 (1985) 143-161.

22 Van Steenberghen, Philosophie 464-469, faßt diese Rückwendung unter dem gemeinsamen Namen 'Neo-Augustinismus' zusammen.

23 Vgl. ebd. 457f.

24 Zum Korrektorienstreit: F.J. Roensch, Early Thomistic School. Dubuque, Iowa 1964.

weckt den Eindruck typisch „scholastischer“ Schulstreitigkeiten und wird das Bild der Spätscholastik als analytische Klauberei einzelner Sätze und Wörter prägen.

Die Verurteilungen von 1277 hinderten die Dominikaner wohl zunächst an einer weiteren Ausgestaltung der Lehren des Thomas; doch formieren sich in Paris (Bernhard von Trilia [um 1240-1292]), Oxford (Richard von Knapwell [+ nach 1286], Robert von Orford [+ vor 1300]), Deutschland (Johannes von Sterngassen [+ nach 1327]) und Italien (Hannibaldus de Hannibaldis [+ 1272], Remigius von Florenz [1235-1319]) die Schüler und Anhänger des Thomas in der Auseinandersetzung mit den Franziskanern. Die Generalkapitel der Dominikaner von 1278 und 1286 legen den Orden auf die „doctrina venerabilis fratris Thomae“ fest. Überragende Gestalten finden wir in diesen frühen Thomistenschulen allerdings nicht.[25] Der Thomismus ist andererseits nicht so bindend für den Dominikanerorden, daß es nicht Ausnahmen geben könnte. Vor allem die Oxforder Dominikaner zeigen in Crathorn, der 1330-32 in Oxford bezeugt ist, und (noch deutlicher) Robert Holcot (+ 1349) eine ockhamistische Richtung, wenn auch mit unterschiedlichen Akzenten, was natürlich innerhalb derselben Ordensschule der Universität wieder zu Auseinandersetzungen führt.[26]

Die entscheidenden Impulse für die Theologie des beginnenden 14. Jhs., aber auch für neue Schulstreitigkeiten, sollten aus dem franziskanischen England kommen in den Gestalten des Johannes Duns Scotus und Wilhelm von Ockham. In beiden Fällen haben wir mit neuen Schulbildungen zu tun, die sich bereits im überlieferten Werk der Autoren deutlich machen. Die Schüler greifen in das Werk des Meisters ein und legen ihre Weiterentwicklungen der Lehre der Autorität des „Doctor subtilis“ bzw. des „Venerabilis Inceptor“ in den Mund.[27] Die von V. Richter unternommene hypo-

---

25 Vgl. Van Steenberghen, Philosophie 469-471; M. Grabmann, Die italienische Thomistenschule des XIII. und beginnenden XIV. Jahrhunderts. In: Grabmann MGL I,322-391; Ders., Forschungen zur Geschichte der ältesten deutschen Thomistenschule des Dominikanerordens. In: Ebd. I, 392-431; Ders., Einzelgestalten aus der mittelalterlichen Dominikaner- und Thomistenschule. In: Ebd. II, 512-612.

26 Vgl. F. Hoffmann, Die „Conferentiae“ des Robert Holcot OP und die akademischen Auseinandersetzungen an der Universität Oxford 1330-1332. (BGPhMA NF 36). Münster 1993; Ders., Die theologische Methode des Oxforder Dominikanerlehrers Robert Holcot. (BGPhMA NF 5). Münster 1972; Ders., Crathorn. Quästionen zum ersten Sentenzenbuch. (BGPhMA NF 29). Münster 1988.

27 Vgl. vor allem V. Richter, Studien zum literarischen Werk von Johannes Duns Scotus. (Bay. Akad. d. Wiss., Veröff. d. Komm. f. d. Herausgabe ungedruckter Texte aus der mittelalterlichen Geisteswelt 14). München 1988; Ders., Unterwegs zum historischen Ockham. Historisch-literarische Bemerkungen zur Authentizität von Ockhams Schriften. In: Studia Mediewistyczne 25,2 (1988) 27-37.

thetische textkritische Rekonstruktion des Oxforder *Scriptum super libros Sententiarum* des Duns Scotus ist deshalb ein wichtiger Schritt zum Verständnis der weiteren Entwicklung seiner Schule in England und Frankreich. Die bisher veröffentlichten Teile zeigen deutlich einerseits die Einbindung Scotus' in die Franziskanerschule mit ihrem Handlungsbezug von Theologie und seine durchgängige Auseinandersetzung mit Heinrich von Gent, andererseits aber auch die sehr bald auftretenden Differenzen vor allem unter seinen Pariser Schülern.[28] Über den Lehrstreitigkeiten innerhalb seiner Schüler und mit den Thomisten droht (vor allem in der Philosophiegeschichtsschreibung) die Wirkung seines Impulses für Philosophie und Theologie des Mittelalters und der Frühen Neuzeit zu verblassen. Doch bezeugen gerade diese Auseinandersetzungen, wie tief er in seinem kurzen Leben und in seinen wohl wenigen authentischen Werken die Theologie um 1300 verändert hat. Die Skotisten formieren sich einerseits in den franziskanischen Kreisen Frankreichs und Englands (Johannes de Bassolis [+ 1347], Franziskus de Meyronnes [1288-1328]), bald aber auch in Spanien und Italien.[29]

Anders als Duns Scotus steht Wilhelm von Ockham als „Venerabilis Inceptor" der „Nominales" nicht nur in schulmäßigem Gegensatz zu seinen universalienrealistisch gesinnten Zeitgenossen, sondern seit seiner Flucht aus Avignon auch in der politischen Auseinandersetzung zwischen Kaiser Ludwig d. Bayern und dem Papst.[30] Sowohl in der Ausgabe seiner *Ordinatio* zum 1. Sentenzenbuch wie auch in der Liste der philosophischen und polemischen Schriften findet sich viel späteres Material, bis hinein in die zentrale Universalienfrage.[31] In beiden Fällen, bei Scotus und Ockham, haben wir es mit einer relativ kurzen Lehrtätigkeit zu tun, deren Nieder-

---

28 Vgl. Ders., Duns Scotus' Text zur Univozität. In: Historia Philosophiae Medii Aevi. Studien zur Geschichte der Philosophie des Mittelalters. Hg. B. Mojsich/O. Pluta. Amsterdam 1991, II, 889-910.

29 Vgl. I. Vázquez Janeiro, Rutas e hitos del escotismo primitivo en España. In: Homo et Mundus. Acta Quinti Congressus Scotistici Internationalis, Salamanticae, 21-26 septembris 1981. Ed. C. Bérubé. (Studica Scholastico-Scotistica 8). Roma 1984, 419-436; M. de Castro, Bibliographía de franciscanos escotistas españoles. In: Ebd. 437-458; P. Manrangon, Le origini e le fonti dello scotismo padovano. In: Regnum Hominis et Regnum Dei. Acta Quarti Congressus Scotistici Internationalis. Patavii, 24-29 septembris 1976. Ed. C. Bérubé. Vol. II. (Studia Scholastico-Scotistica 7). Roma 1978, 11-52.

30 Zur Problematik der politischen Schriften vgl. Richter, Unterwegs 31-33.

31 Vgl. Ders., Zu Ockhams Entwicklung in der Universalienfrage. In: PhJ 82 (1975) 177-187; Ders., Aus der Nominalismus-Forschung. Zu den kritischen Ausgaben der Sentenzenkommentare Wilhelms von Ockham und Gabriel Biels. In: ZKTh 96 (1974) 431-437.

schlag zu einem guten Teil auf die ersten Schüler zurückgeht. Ockhams sprachkritische Lösung des Universalien- und Wissenschaftsproblems mußte andererseits ebenso für Thomisten wie für die augustinisch orientierten Franziskaner als „Zerstörung“ des metaphysischen Fundaments der Theologie erscheinen.[32] Der Streit der vereinigten *Reales* (Thomisten, Skotisten, Augustinisten) gegen die *Nominales* wird deshalb nicht nur *disputando* geführt, sondern mit universitären und kirchlichen Verboten, z. B. dem Pariser Nominalistenstatut von 1340.[33]

Das Bestreben der Orden, ihre theologische Richtung gewissermaßen amtlich festzulegen, wird weiter greifbar bei den Augustiner-Eremiten, die mit Ägidius Romanus ihren ersten profilierten Theologen in Paris aufweisen können. Vom Generalkapitel 1287 wird die Annahme der „opiniones, positiones et sententiae“ des Ägidius dem gesamten Orden vorgeschrieben; diese Vorschrift wird gemildert in die Statuten von 1290 aufgenommen.[34] Die Befolgung war jedoch hier wie auch bei den anderen Ordensschulen keine sklavische; geistige Eigenständigkeit bleibt bei allem Anschluß an Ägidius und trotz der deutlichen Rückbindung an Augustinus gegeben. Dies zeigt sich in den einflußreichen Gestalten eines Jakob von Viterbo (+ 1307/08), Hermann von Schildesche (um 1290-1357), Alphons Vargas Toletanus (um 1300-1366) und Hugolin von Orvieto (um 1300-1373), vor allem aber bei Gregor von Rimini (+ 1358), der seinerseits Ausgangspunkt einer „via Gregorii“ werden sollte, die über Johannes von Staupitz (+ 1524) bis zum jungen Luther reicht.[35] Die Augustinerschule bleibt die wichtigste Bahn augustinischen Denkens im Spätmittelalter, vor allem in der Gnadenlehre. Sie nimmt jedoch gerade im Anschluß an Ägidius auch thomistisch-aristotelisches Gedankengut auf, während sich Gregor von Rimini und seine Schule ockhamistischen Grundpositionen nähern, aber an der augustinischen Gnaden- und Prädestinationslehre festhalten. Die bedeutendsten Stätten augustinischer Lehrtätigkeit sind neben Paris und Oxford Bologna, Prag, Erfurt und schließlich mit Staupitz und Luther Wittenberg.

---

32 Einen ersten Eindruck gibt die Kritik von Walter Chatton (+ um 1344), Walter Burley (+ um 1345) und John Lutterells (+ 1335) *Libellus contra doctrinam Guilelmi Occam*. Vgl. F. Hoffmann, Die Schriften des Oxforder Kanzlers Johannes Lutterell. Leipzig 1959.

33 Vgl. R. Paqué, Das Pariser Nominalistenstatut. Zur Entwicklung des Realitätsbegriffs der neuzeitlichen Naturwissenschaft: Occam, Burdidan und Petrus Hispanus, Nikolaus von Autrecourt und Gregor von Rimini. (Quellen und Studien zur Geschichte der Philosophie 14). Berlin 1970.

34 Vgl. vor allem A. Zumkeller, Die Augustinerschule des Mittelalters: Vertreter und philosophisch-theologische Lehre. In: AAug 27 (1964) 167-262.

35 Vgl. H.A. Oberman (Hg.), Gregor von Rimini. Werk und Wirkung bis zur Reformation. (Spätmittelalter und Reformation 20). Berlin-New York 1981.

Die Entwicklung der Ordensschulen zeigt deutlich deren Überlagerung durch die beiden „Wege“ der Philosophie und Theologie des späten Mittelalters, die „via antiqua“ der *Reales* und die „via moderna“ der *Nominales*, wie sie vor allem für die deutschen Universitäten des 15. Jhs. gelten können. Wo beide Richtungen in verschiedener Ausprägung an einer Universität installiert sind, kommt es nicht selten zum offenen Konflikt, zum „Wegestreit“.[36] Unter dieser Klassifizierung werden jedoch die tatsächlichen Unterschiede der Gruppen an den einzelnen Universitäten eher verdeckt.[37] In Paris ist in den Auseinandersetzungen von 1340 von einer „via moderna“ noch nicht die Rede; hier kommt es zum entscheidenden Streit ab 1466. Am 1. März 1474 werden auf Betreiben der *Reales* die grundlegenden Bücher der *Nominales* bzw. *Terministae* durch König Ludwig XI. verboten (Ockham, Johannes von Mirecourt [Sent. 1344/45], Gregor von Rimini, Pierre d'Ailly, Adam Woodham u. a.). Dagegen werden als grundlegende Autoren der *Reales* im Bereich der Philosophie und Theologie anerkannt: Averroes, Albertus Magnus, Thomas von Aquin, Ägidius Romanus, Alexander von Hales, Duns Scotus und Bonaventura.[38] Daß nach dem „Commentator“ als erster Albertus Magnus genannt wird, weist hin auf die immer noch starke Richtung der *Albertistae*, die sich in Paris seit 1403 vor allem bei den Dominikanern etablieren konnte, als diese, nachdem sie wegen des Festhaltens an der Lehre von der Unbefleckten Empfängnis seit 1387 aus der Universität verbannt waren, zurückkehren konnten. Das Verbot nominalistischer Bücher und Studien wird erst 1481/82 zurückgenommen. Die faktische Ausschaltung einer Schulrichtung in Paris hatte die Rückwanderung vieler *Nominales* an Universitäten im Reichsgebiet zur Folge.[39]

Die Universitäten im Reichsgebiet sind meist durch die (zeitweilige) Vorherrschaft einer Schulrichtung gekennzeichnet. So ist Köln als Hauptort der albertistischen *via antiqua* zu nennen. Hier kommt es ab 1425 zu größeren Spannungen bis hin zum Antrag beider Parteien an den Kurfürsten, die jeweils andere zu verbieten.[40] Auch hier ist ‘via antiqua’ bzw. ‘moderna’ nur Sammelname, vor allem in der Theologischen Fakultät, die näherhin Thomisten, Ägidianer, Skotisten und Albertisten (alle *Reales*) und Nominalisten mit ihren eigenen Kollegien umfaßte. Von Köln erst kommt die „via antiqua“ auch in das bislang nominalistisch geprägte Heidelberg, wo

36 Vgl. insgesamt: Zimmermann (Hg.), Antiqui und Moderni.

37 N. W. Gilbert, Ockham, Wyclif and the „Via moderna“. In: Ebd. 85-125.

38 F. Ehrle, Der Sentenzenkommentar Peters von Candida, des Pisaner Papstes Alexanders V. (FS Beih. 9). Münster 1925, 311-313.

39 Im einzelnen: Gabriel, „Via antiqua“.

40 Ebd. 467.

1452 diese Richtung auch offiziell denselben Schutz erfährt wie die bisherige und 1453 ihre Burse eröffnen kann. Unterrichtsstörungen bei „realistischen" Magistern gehören auch hier zum Erscheinungsbild des Streites. In Freiburg ist die *via antiqua* vor allem durch den Skotismus geprägt. 1484 werden hier offziell beide Wege installiert, wofür weniger philosophische Gründe ausschlaggebend waren als die Konkurrenz der neuen Universität Tübingen, an der beide Wege gelehrt wurden. Tübingen zeigt neben den beiden Wegen auch eine große Offenheit für den neuen Humanismus (Reuchlin, Melanchthon), gerade auch als Überwindung des alten Dualismus.[41] Die humanistischen Ansätze verbinden sich hier bezeichnenderweise mit der *via antiqu*a. Gemeinsam ist den Tübinger Schulrichtungen die Hochschätzung des Johannes Gerson und die Orientierung an Augustinus, vor allem durch den der *devotio moderna* angehörenden Magister der *Moderni* Gabriel Biel.[42] Härter entwickelt sich der Streit der Richtungen in Ingolstadt, wo 1477/78 sogar die Teilung der Universität erwogen wird und die Streitigkeiten bis zur offiziellen Aufhebung beider Wege 1518/19 andauern. Während Erfurt im 15. Jh. als im wesentlichen nominalistische Universität galt, werden in Wittenberg 1502 die beiden Wege nicht in herkömmlicher Weise, sondern als Thomisten und Skotisten umschrieben, zu denen als dritte Richtung, besonders der Augustiner-Eremiten, die „via Gregorii" (Gregor von Rimini) kommt.[43] Der klassische Gegensatz von *Nominales* und *Reales* sollte sich hier im Programm schon erledigt haben.

Tatsächlich zeigt der „Wegestreit" aber auch eine gewisse institutionelle und terminologische Erstarrung, in der sich die Universitäten in der 2. Hälfte des 15. Jhs. befanden, gerade angesichts der wirklich „modernen" Bewegungen, des Humanismus und der neuen, zunächst meist außeruniversitären Philosophie der italienischen Renaissance. Man konnte eben nur an einer Universität studieren, indem man sich in eine der beiden „Wege" (mit Bursen, Kollegien etc.) eingliederte. Zu den gemeinsam anerkannten Grundlagen in der Theologie kommen dann die Lehrtraditionen der entsprechenden Richtung mit ihren Standard-Handbüchern. Deren Verbot in Paris kommt deshalb dem Verbot dieser Schule gleich. Die sprachlich-logischen Analysen der *via moderna* mit ihrem Formalismus erscheinen den Zeitgenossen allerdings als rückständiger, scholastischer als die Offenheit der „realistischen" Metaphysik für humanistische Anliegen. So kann es dazu kommen, daß sich die Verteter der *via antiqua* als moderner, aufgeschlossener empfinden als die Anhänger der *via moderna*, die das Hauptgewicht auf die seit Ockham und Johannes Buridan (+ nach 1358) gepflegte

41 Ausführlich: Oberman, Werden 4-140.

42 Vgl. Ders., Herbst.

43 Vgl. Gabriel, Via antiqua 476-481.

Logiktradition und Einzelwissenschaft legt. In Köln werden 1425 der *via antiqua* gefährliche Neuerungen nachgesagt. In Heidelberg erscheint sie direkt als Reformbewegung gegen die *via moderna*, und die Studenten demonstrieren dagegen, weil sie bei den alten Lehrgewohnheiten der *Moderni* bleiben wollen.[44] Diese Fakten belegen deutlich, daß der „Wegestreit" über den Gegensatz in der Universalienlehre hinaus nichts über Modernität oder Konservativismus aussagt.

Ein entscheidendes Ferment der Theologie des 15. Jhs. wird aber das Wiederaufleben augustinischer Theologie, jetzt speziell seiner antipelagianischen Gnadenlehre, für die im 14. Jh. Thomas Bradwardine (+ 1349) und Gregor von Rimini die entscheidenden Anstöße gaben. Bradwardines Rückgang auf Augustinus gegen die *Pelagiani moderni* wirkt auf Wyclif weiter, wenngleich man kaum von einer eigenen „via Bradwardini" sprechen kann.[45] Der Anstoß beider Theologen, den antipelagianischen Augustinus gegen die Werkgerechtigkeit und -frömmigkeit des späten Mittelalters, aber auch gegen die Macht- und Gnadenspekulation der nominalistischen Theologie im Sinne einer Heilszuversicht, ja bei Johann von Staupitz eines Heilsanspruchs zu deuten, kennzeichnet die Theologie am Vorabend der Reformation. Die von Johannes Amerbach (um 1443-1513) veranstaltete Augustinus-Ausgabe (Basel 1506) macht dann die Werke des Kirchenvaters fast vollständig zugänglich.[46]

4.1.3 Theologie, Kirche und Gesellschaft: Wyclif und Hus

Sieht man die spätscholastische Theologie nur als akademische Bemühung im Streit der Schulen und Wege, scheint deren gesellschaftliche Relevanz unerheblich zu sein. Andererseits werden die entscheidenden kirchlich-gesellschaftlichen Auseinandersetzungen des 14./15. Jhs. von Universitätstheologen hervorgerufen: John Wyclif (um 1330-1384) in Oxford und Jan Hus (1370/71-1415) in Prag. Der Weg von der Lehrkanzel zur gesellschaftlichen Veränderung und Reform der Kirche ist deutlich kürzer geworden als etwa im 12./13. Jh. Bei beiden Theologen ist aber die akademische, „scholastische" Lehre das Fundament der kirchlich-gesellschaftlichen Konsequenzen und des Konflikts mit der kirchlichen Autorität.

---

44 Vgl. E. Gössmann, Antiqui und Moderni im Mittelalter. Eine geschichtliche Standortbestimmung. (Veröffentl. d. Grabmann-Institutes NF 23). Paderborn 1974, 108-116.

45 Vgl. H.A. Oberman, Tuus sum, salvum me fac. Augustinréveil zwischen Renaissance und Reformation. In: Scientia Augustiniana. Festschrift A. Zumkeller OSA. (Cassiciacum 30). Würzburg 1975, 350; kritisch dazu: M. Schulze, „Via Gregorii" in Forschung und Quellen. In: Oberman (Hg.), Gregor von Rimini 22-24.

46 Vgl. Oberman, Werden 82-140.

John Wyclif ist die meiste Zeit seines Lebens in den Schulen Oxfords zu finden (bis 1381), zunächst als Philosoph (1356 Baccalaureus, 1360 Magister Artium), ab 1372 als Magister actu regens der Theologie.[47] Die prägenden Elemente seiner Theologie sind:

1. Der krasse *Universalienrealismus* seiner Metaphysik und die damit verbundene Ablehnung der nominalistischen Philosophie, deutlich ausgesprochen ebenso in seiner *Summa de Ente* wie im Traktat *De Ydeis*. Gottes vollkommenes Wissen impliziert die reale Existenz von Ideen der Dinge in seinem Geist, aber ebenso die Notwendigkeit des Einzelfaktums.[48]
2. Ein rigoroses *Schriftprinzip*, das den Sätzen der Hl. Schrift unmittelbar den Charakter notwendiger und ewiger Wahrheit (absoluta necessitas) zuerkennt, sogar in höherem Grade als den Sätzen der Mathematik, und sich deshalb abhebt von der nominalistischen Unterscheidung einer Wahrheit „secundum intentionem auctoris" und „secundum virtutem sermonis".[49]
3. Der Rückgriff auf die *antipelagianische Gnadenlehre Augustins* in der Vermittlung durch Thomas Bradwardine mit Einschluß seiner Prädestinationslehre.[50] Bradwardines *Causa Dei* (1344) ist der entschiedene Angriff gegen „pelagianische" Tendenzen Ockhams und seiner Zeitgenossen (Holcot, Woodham) in der Freiheits- und Verdienstlehre (ein *meritum de congruo* sei auch beim Sünder möglich).
4. Augustins *Kirchenbegriff* in *De civitate Dei* mit seiner Unterscheidung der sichtbaren und der himmlischen, wahren Kirche, die nur aus den zum Heil Prädestinierten (*praesciti*) besteht. Die Prädestination ihrerseits kann auch durch eine Todsünde des einzelnen nicht zunichte gemacht werden. Ebensowenig kann die Schar der Verdammten (corpus diaboli) durch das Tun des Menschen verändert werden.[51]

Wyclifs Theologie nimmt sich im akademischen Leben seiner Zeit wie die entschiedene Kampfansage an die „modernen" Strömungen von seiten eines „fundamentalistischen" Reaktionärs aus. Sein Programm verwirft gerade jene kritischen Elemente der „modernen" Theologie, die sich durchgesetzt hatten: Sprachkritische Ablehnung des Universalienrealismus, kritische Untersuchung der Wahrheit theologischer Sätze, Freiheit des Men-

---

47 Vgl. Leff, Heresy II, 494-558; J.A. Robson, Wyclif and the Oxford Schools. The Relation of the 'Summa de Ente' to Scholastic Debates at Oxford in the Later Fourteenth Century. Cambridge 1966.

48 Zum hsl. Traktat *De Ydeis*: Robson, Wyclif 171-195.

49 Vgl. ebd. 164.

50 Vgl. G. Leff, Bradwardine and the Pelagians. A Study of His 'De causa Dei' and Its Opponents. Cambridge 1957.

51 Vgl. Leff, Heresy 516-546.

schen angesichts der Freiheit Gottes in seinen kontingenten Gnadenverfügungen. Insgesamt ergibt sich aber aus diesen theoretisch-scholastischen Elementen der Theologie Wyclifs noch nicht notwendig jener Impuls, der dann zu seiner Verurteilung (1377; 1381/82; 1407 und 1411) und zur Verbindung mit der sozialrevolutionären Bewegung der Lollarden führt. Seine Verurteilung und sein Ausscheiden aus Oxford 1381 haben auch noch einen unmittelbar theologisch-scholastischen Anlaß: Seine Ablehnung der Transsubstantiationslehre als Widerspruch zur Lehre der frühen Kirche.[52]

Aus der Verbindung von Schriftprinzip und augustinischem Kirchenverständnis ergeben sich aber jene Lehren, die Wyclif in Gegensatz zur kirchlichen Lehre und Praxis bringen. Wieder ist es eigentlich ein konservatives Reformprogramm, das franziskanische Impulse und die Vision des Lebens der Urkirche aufnimmt, vor allem in der Verwerfung weltlichen Eigentums und weltlicher Macht (*De civili dominio*). Das spirituelle Kirchenverständnis führt ihn zur Ablehnung der Hierarchie, gerade angesichts des Abendländischen Schismas: Gott allein erwählt den Papst aus der Kirche der Prädestinierten und für sie; wer es ist, kann aber ohne spezielle Offenbarung nicht gewußt werden. Im Schisma erscheinen schließlich beide Päpste als Antichrist.[53] Die Binde- und Lösegewalt wird in diesem Kirchenverständnis natürlich allein Gott, nicht dem Papst oder den Priestern, zugesprochen. Hatten die Nominalisten den Zweitursachen im Heilswerk eine, wenn auch jederzeit aufhebbare, Rolle gesichert, so sind diese hier vollkommen ausgeschaltet: Wie Gottes Wissen absolut notwendig ist, so auch sein Handeln; was darüber und über die Offenbarung der Hl. Schrift hinausgeht, ist zu entfernen, selbst wenn eine Vorschrift oder ein Artikel von einem Engel festgesetzt wäre.[54] Anders dagegen verhält es sich mit dem Amt des Königs, das von Gott eingesetzt ist. Aber auch der König, seinem Amt nach „vicarius dei", ist grundsätzlich „frater noster".[55] Ihm räumt Wyclif - wenig konsequent nach seinem theologischen Ansatz - auch weitreichende Rechte über die sichtbare Kirche ein bis zur Einziehung von Kirchenvermögen und zur Umwandlung von Kirchen in Festungen.

Den Schritt vom Katheder von Oxford zur häretischen Bewegung der Lollarden liegt begründet in der gemeinsamen Ablehnung der zeitgenössischen Kirche mit ihrer weltlichen Macht, ihrem Besitz und der päpstlichen Gewalt. Die Umsetzung der Theologie Wyclifs in Agitation zeigte sich

---

52 Wyclif, De eucharistia. Ed. J. Loshert (1886): John Wyclif, Latin Works, ND New York 1966, Bd.12; vgl. Leff, Heresy 549-557.

53 Wyclif, De potestate pape. Ed. J. Loshert (1907). In: Latin Works 19, 185; vgl. Leff, Heresy 530-533.

54 Wyclif, De potestate (259).

55 Ders., De officio regis. Ed. A.W. Pollard/C. Sayle (1887). In: Latin Works 4, 4.

erstmals im Bauernaufstand von 1381, allerdings auch mit der Folge, daß man nun hinter allen Unruhen Wyclifs Einfluß wittern konnte.[56] Bei den Auseinandersetzungen der Oxforder Lollarden (Blackfriars 1382) handelt es sich noch um eine teilweise universitäre Bewegung, die durch die Verurteilung der Anhänger Wiclyfs und deren Entfernung aus der Universität nochmals nach akademischem Usus beruhigt werden sollte. Die Popularisierung der Lehren Wyclifs im Kreis der Lollarden führt einerseits zu ihrer thesenartigen Verkürzung im Dienst der besseren Faßlichkeit, andererseits zur Produktion von Werken unter dem Namen des theologischen Ahnherrn.[57]

Von weniger genuin philosophischem Gepräge, doch im Realismus mit Wyclif einig, ist der Prager Magister Jan Hus, dessen Verurteilung und Verbrennung auf dem Konzil von Konstanz zu den tiefgreifendsten Unruhen des 15. Jhs. führen sollte.[58] Bereits Hussens einflußreicher Lehrer Stanislaus von Znaim (+ 1413) sucht Wyclif mit der offiziellen Lehre der Kirche zu versöhnen. Hus selbst bietet in seiner akademischen Theologie das Bild eines wenig eigenständigen Theologen der *via antiqua*, vor allem in seinem Sentenzenkommentar (1407-1409).[59] Wyclifitisch ist allerdings bereits hier sein Kirchenbegriff als „universitas praedestinatorum". Prädestiniert aber ist, wer wirklich christlich lebt; deshalb ist die eigentliche Kirche die Gemeinschaft der wirklichen, der guten Christen. Wie bei Wyclif liegt auch hier der Sprengsatz zur hussitischen Bewegung im spiritualistischen Kirchenbegriff. Hinzu kommt auch bei Hus eine von der Transsubstantiationslehre abweichende, doch wenig klare Auffassung von der Eucharistie.[60] Weit stärker von Wyclif beeinflußt sind Hussens Lehrer Stanislaus von Znaim und Stephan Páleč (um 1370-1424), die 1407/08 deshalb in Rom angeklagt werden und abschwören müssen.[61] Während der Universitätstheologe Jan Hus in seiner Lehre weitgehend orthodox ist, sind für die hussitische Reformation vor allem seine Predigttätigkeit, aber auch die Spannungen zwischen der deutschen Majorität und der tschechischen Minorität in der Universität zu veranschlagen. Diese führen nach dem Ver-

56 Zu den Lollarden: Leff, Heresy 559-605.

57 Vgl. ebd. 574-577; vor allem die 25 Artikel von 1388.

58 Kritische Sichtung der ideologischen Interpretationen des Einflusses Wyclifs auf die „frühbürgerliche Revolution" bei und nach Hus: S. Sousedík, Wyclif und Böhmen. In: Contemporary Philosophy 6 (1990) 521-531, mit Bibliographie.

59 Magistri Joannis Hus, Super IV libros Sententiarum (Op. omn. Es. W. Flajšhans/M. Komínková, Prag 1903-1907, II). Vgl. vor allem Paul de Vooght, L'Hérésie de Jean Huss. (Bibliothèque de la RHE 34 bis). Louvain 21975, 60-84.

60 Vgl. S. Sousedík, Huss et la doctrine eucharistique „rémanentiste". In: Divinitas 21 (1977) 383-407.

61 Vgl. Leff, Heresy 625f.

such König Wenzels, die deutsche Mehrheit zu brechen, 1409 zum Auszug der deutschen Professoren und Studenten nach Leipzig. Die Repräsentanten der nun tschechischen Theologischen Fakultät werden damit Jan Hus und Hieronymus von Prag (+ 1416).[62]

In seiner Predigttätigkeit am „Bethlehem“ (im Gegensatz zum Universitätssermo auch in der Volkssprache) stellt sich Hus in die Linie der moralisierenden Reformtheologie eines Konrad von Waldhausen (um 1325-1369, in Prag ab 1360) und Jan Milič von Kremsier (um 1325-1374), die beide weniger Theologen waren als vielmehr um eine praktische Reform der Kirche bemühte Geistliche.[63] Gerade der Verzicht auf die scholastischen Unterscheidungen in der Sünden- und Gnadenlehre und eine recht einfache Schwarz-Weiß-Malerei, z. B. hinsichtlich der Beurteilung der Sünder durch Gott, erzeugen die Wirkung, die eine Reformpredigt haben soll. Luxus, Habgier und Simonie der herrschenden Kirche sind Standardthemen. Hussens spiritualistischer Kirchenbegriff zeigt sich hier vor allem in der Gegenüberstellung der wirklichen Kirche (*universitas* der guten Christen = der Prädestinierten) und der bestehenden, herrschenden, verdorbenen Kirche mit einer deutlichen Abwertung kirchlicher Institutionen und menschlicher Gesetze gegenüber dem unmittelbaren Kontakt mit Christus, dem Leben aus seiner Gnade und dem Gehorsam gegenüber Gottes Wort. Die herrschende Kirche während des Großen Schismas muß so statt als Heilsweg als Heilshindernis erscheinen.

Der Konflikt Hussens mit der Kirche hat denn auch mehr praktischen als genuin theologischen Charakter. Dies zeigt sich deutlich in seinem Traktat *De Ecclesia* von 1413 und den folgenden, nun unmittelbar gegen die Praktiken Johannes' XXIII. (reg. 1410-1415) gerichteten Streitschriften.[64] Auch hier ist seine Theologie, was die Sündenvergebung und den kirchlichen Gehorsam betrifft, noch durchaus katholisch. In der zeitgenössischen Situation aber muß auch eine solche Theologie provokant wirken, wo sie die Mißstände beim Namen nennt. Bei allem Festhalten am Sakrament der Buße und der Schlüsselgewalt als geistlicher Gewalt wird gegen deren Mißbrauch durch den herrschenden Klerus vorgegangen: Die Kleriker nehmen aus dem Evangelium nur das, was ihrer Machtstellung und einem angenehmen Leben nützt, ohne das grundlegende „ministerium caritativum“ übernehmen zu wollen:

> „Jedes Schriftwort, besonders aus dem Evangelium, das ihnen zu bedeuten scheint, sie sollten in Reichtum und Vergnügen leben, der Welt zugeneigt sein und für Christus keine Schmach leiden, das käuen sie beständig wieder, verkünden es lauthals

62 Vgl. Ebd. 608-620.

63 Zu den Predigten: De Vooght, Hérésie 72-84.

64 Magistri Joannis Hus Tractatus de Ecclesia. Ed. S. Harrison Thomson. Cambridge, Mass. 1956.

und legen es weitschweifig aus. Jedes aber, das zur Nachfolge Christi mahnt, zu Armut, Milde, Demut, Ertragen von Mühsal, Keuschheit, Anstrengung und Geduld, das unterdrücken sie, glossieren es nach ihrem Gutdünken oder weisen es ausdrücklich als nicht heilsnotwendig zurück."[65]

Der Text zeigt, daß Hus hier durchaus scholastisch gebildete Kleriker im Visier hat, die eben die Technik des Glossierens unbequemer Schrifttexte beherrschen, ebenso wie die Logik; denn der Teufel, „sophista pessimus", verleitet sie zu einem Fehlschluß: Christus hat diese Vollmacht (Schlüsselgewalt) dem Petrus und den übrigen Aposteln gegeben; also auch uns; folglich können wir tun, was wir wollen. Mit gleicher (falscher) Evidenz erwarten sie sich die Seligkeit und das Herrschen mit Christus, wenn er wiederkommt. Diesen „Mächten der Finsternis" werden die wirklichen Gläubigen entgegengestellt, die die „potestas predestinacionis" besitzen; deshalb müssen die „veraces christicole" ggf. der Macht der herrschenden Kirche Widerstand leisten, wo diese sie von der „imitatio Christi" mit Gewalt oder List abhalten will.[66] Nicht der Anweisung Gottes wird hier Widerstand geleistet, sondern nur dem Mißbrauch, vor allem der simonistischen Priester, denen nun im einzelnen nachgewiesen wird, daß sie die eigentlichen Häretiker sind. Damit rechtfertigt Hus auch ausdrücklich die Sentenz des Stephan Páleč und Stanislaus von Znaim „de clero pestifero".[67] Gerade der von logisch-disputatorischer Argumentation getragene Traktat *De ecclesia* macht deutlich, daß Hussens Eintreten für eine Reform der Kirche nicht von seiner akademischen Tätigkeit zu trennen ist, sondern Kirchenreform hier zum Gegenstand akademisch geformter Theologie geworden ist, die allerdings den engen Kreis des Hörsaals verlassen hat; denn dieser Traktat wird nicht an der Universität, sondern im „Bethlehem" verlesen. Diese Verbindung von akademischer und reformatorischer Tätigkeit weist voraus auf Luther, der 1520 nach der Lektüre von *De ecclesia* bekennt: „Breviter: sumus omnes Hussitae. Denique Paulus et Augustinus ad verbum sunt Hussitae."[68]

4.1.4 Zu einer biblischen und affektiven Theologie: Johannes Gerson

Das Große Schisma, der Niedergang kirchlichen Lebens, politische Auseinandersetzungen, die Streitigkeiten der Schulen und die Fruchtlosigkeit akademischer Theologie bilden den Hintergrund der Reformtheologie des Pariser Professors und Kanzlers Johannes Gerson (1363-1429), der durch seinen Einfluß über alle Schulgrenzen hinweg zum „Kirchenvater des 15.

---

65 Ebd. (91).

66 Ebd. (92).

67 Ebd. (95).

68 WA Br 2,52,24f.

Jahrhunderts" wird.[69] Nach der üblichen Zeit als Baccalaureus (1388-1392) wird Gerson 1392 die Lehrbefugnis der Theologie erteilt. Am 13. 4. 1395 bereits wird er zum Kanzler der Universität Paris ernannt, was er neben zahlreichen anderen Ämtern und Pfründen formell bis zu seinem Tod bleibt.[70] Gerson hält sich an die Aufgabe des Professors, die Hl. Schrift auszulegen; doch sind seine Vorlesungen zum Markusevangelium nicht Exegese, sondern Behandlung aktueller Fragen anhand einzelner (oft nur halber) Bibelverse.[71] Schon die Titel der einzelnen Vorlesungen zeigen die Vorliebe für moralisch-aszetische Zeitprobleme auf: Z. B. *De comparatione vitae contemplativae ad activam; De non esu carnium; Super victu et pompa praelatorum; De vita spirituali animae; Contra curiositatem studentium; De desiderio et fuga episcopatus; De theologia mystica.*

Gerson ist sich der Mängel der akademischen Theologie seiner Zeit klar bewußt. In einem Brief vom 1.4.1400 an Pierre d'Ailly sieht er die Bestimmung der Theologischen Fakultät Paris als Keimzelle der Kirchenreform. Dagegen werden hier nur nutzlose Quästionen erörtert, die wie Schoten den Magen des Gedächtnisses fruchtlos beschweren.[72] Das ganze Augenmerk werde auf die *Prolegomena* zum 1. Sentenzenbuch gelegt, wo die spekulativen, philosophischen Probleme erörtert werden, während die eigentliche Glaubenslehre des 2.-4. Buches kaum entfaltet wird. Was Roger Bacon im 13. Jh. der Sentenzenvorlesung vorgeworfen hatte, kehrt jetzt unter veränderten Umständen wieder: Die Theologen beschäftigen sich - zum Gespött der anderen Fakultäten - nicht mehr mit ihrem eigentlichen Gebiet: „solida veritas, moralia, biblia". Der Streit der Schulen (vor allem mit den überflüssigen Formalitäten der Skotisten) und der Lebenswandel einzelner Mitglieder der Fakultät tragen wenig zu deren Ansehen bei.[73] Statt solchen nutzlosen Treibens weist Gerson der akademischen Theologie eine pastorale Aufgabe zu: Unterweisung der einfachen Gläubigen und Lösung der moralischen Probleme der Zeit sollten vordringliche Ziele der Fakultät sein. Dafür empfiehlt er die literarische Form kleiner Traktate über die wichtigsten Punkte der Religion, vor allem die Gebote: Theologische Volksbildung statt akademischer Streitigkeiten! Andererseits regt Gerson aber auch die Auflistung Ärgernis erregender oder verbotener Sätze durch Inquisitoren an. Der Kanzler hat darüber zu wachen, daß keiner die Lehrbefugnis erhält,

69 Vgl. Oberman, Werden 56-71; Ch. Burger, Aedificatio, Fructus, Utilitas. Johannes Gerson als Professor der Theologie und Kanzler der Universität Paris. (BHTh 70). Tübingen 1986.

70 Zum Leben: Burger, Aedificatio 24-26.

71 Vgl. ebd. 35-40 mit Kritik an der Konzeption der Edition von P. Glorieux, Jean Gerson. Oeuvres complètes III, Paris u.a. 1962.

72 Ed. Glorieux II,26; vgl. ebd. 31 (29.4.1400).

73 Ebd. II,26-27; vgl. Contra curiositatem studentium II (ebd. III,242).

der solche Lehren vertritt.[74] Die akademische Eigenständigkeit der Universitätstheologie mit ihrer für Außenstehende befremdlichen Terminologie, Methode und Gesetzlichkeit soll zugunsten einer einfachen, pastoralen und kirchlichen Theologie beschnitten werden.

Die Grundlage der Theologie bleibt für Gerson die Hl. Schrift in ihrem Literalsinn. In seiner Vorlesung zu Mk 3,29 *De sensu Litterali Sacrae Scripturae*[75] hält er dies in zwölf Konklusionen einer theologischen Sprach- und Methodenkritik fest:

1. Der Literalsinn der Hl. Schrift ist immer wahr.
2. Er ist nach den Regeln der Grammatik, den rhetorischen Figuren und Tropen, nicht (in der Art der Nominalisten) nach den Gesetzen der Schullogik auszulegen.
3. Er ist zu beurteilen nach den Entscheidungen, die die Kirche unter Inspiration und Anleitung des Hl. Geistes getroffen hat, nicht nach eigenem Gutdünken.
4. Die Hl. Schrift bedient sich besonders *in moralibus* unbestimmter statt allgemeiner Ausdrücke. Solche Sätze müssen wenigstens in *einem* bestimmten Fall verifiziert sein.
5. Ein im logischen Sinn richtiger theologischer Satz ist zu widerrufen, wenn er falsch ist im Literalsinn, anstößig oder moralisch bedenklich.
6. Der Literalsinn wurde zuerst durch Christus und die Apostel geoffenbart, durch Wunder erläutert, durch Martyrer bekräftigt, durch die Kirchenväter ausgelegt und verteidigt (einschließlich der daraus gezogenen Konklusionen) und von den Konzilien festgelegt. Für Übertretung dieser Normen sind von der kirchlichen Autorität zurecht entsprechende Strafen festgesetzt.
7. Wird der Literalsinn angegriffen, wo er schon kirchlich festgelegt ist, ist deshalb dagegen nicht mit akademischem Disput (curiosis ratiocinationibus), sondern mit entsprechenden Strafen vorzugehen.
8. Ist der Literalsinn durch Dekrete, Dekretalien oder auf Konzilien festgelegt, gehört er ebenso zur Theologie und Hl. Schrift wie das Apostolische Glaubensbekenntnis.
9. Obwohl der Literalsinn in der Schrift selbst hinreichend klar oder durch die Arbeit der Gelehrten geklärt ist, kann er „compendiose" in einigen Artikeln eigens veröffentlicht werden (z. B. als Glaubensbekenntnis), zumal im Hinblick auf die Ungebildeten und die Verschiedenheit der Meinungen.
10. Der Literalsinn wird vernunftgemäß ausgelegt in den theologischen Generalstudien; in den Diözesen, die über ein solches nicht verfügen,

74 Ed. Glorieux II,28.

75 Ed. Glorieux III,333-340.

aber durch Konferenzen mit einem Consilium der dort befindlichen Theologen.

11. Wer den vom Bischof (auch mit einem *concilium doctorum*) festgelegten Sinn als biblisch leugnet, ist zu bestrafen und zum Widerruf zu verpflichten.
12. Wird behauptet, der Literalsinn sei nicht wahr, und dagegen in Wort und Tat vorgegangen, so entsteht der dringende Verdacht der Häresie, d.h. präzise einer intellektuellen und affektiven Fehlhaltung durch Irrtum bzw. Unverbesserlichkeit und Hartnäckigkeit.

Der Eindruck rein positiver Kirchlichkeit, den diese Auflistung erweckt, ist zu sehen im Rahmen des Zieles, das Gerson mit der dezidiert biblischen und kirchlichen Ausrichtung der gesamten Theologie erreichen will.[76] Theologie soll wieder dem Ziel des menschlichen Lebens, dem ewigen Heil, dienlich sein; denn der Mensch strebt nach Gott als seinem natürlichen Ruheort und Mittelpunkt.[77] Hier ist Gewißheit angesichts der Schulstreitigkeiten und der Unsicherheit theologischen Wissens zu finden. Theologie muß also zugleich zu einer biblischen und einer affektiven, mystischen Theologie werden, in der Theorie und Praxis vereinigt sind. Erste Voraussetzung dazu ist die Buße, wie denn Gerson unter dem Stichwort Mk 1,15 einerseits *Contra curiositatem studentium* und andererseits *De theologia mystica speculative conscripta* liest.[78] Weg vom „scholastischen Unfug", hin zu einer Erfahrungstheologie, geht also der Weg. Solche *Theologia mystica* ist aber für Gerson Lehrgegenstand (speculative conscripta). Mystik wird systematisiert, schematisiert und dadurch lehrbar gemacht: Es entsteht „spirituelle Theologie" (doctrina de mystica theologia) als Theorie mystischer Erfahrung.

Die mystische Theologie will gerade jene Kräfte im Menschen ansprechen, die durch die rein intellektuelle scholastische Theologie nicht befriedigt werden: den Affekt, der durch Buße zur Erfahrungserkenntnis Gottes kommen soll.[79] Voraussetzung der Theologie ist auch eine entsprechende moralische Haltung: Nur die „boni et devoti" können Gott so erkennen; die moralisch verkommenen Theologen, mit denen Gerson auch rechnet, bleiben dagegen in der „theologia ratiocinativa", in der sie zwar sehr viel wissen können; doch auch die Dämonen glauben und zittern (Jak 2,19). Mystische Theologie ist im Unterschied zur scholastischen nicht auf

76 Vgl. M.St. Burrows, Jean Gerson and *De Consolatione Theologiae* (1418). The Consolation of a Biblical and Reforming Theology for a Disordered Age. (BHTh 78). Tübingen 1991, 102-125.

77 Gerson, De consolatione (Ed. Glorieux IX,196).

78 Ed. Glorieux III, 224-292; De mystica theologia: Ed. A. Combes, Lugano 1958.

79 Gerson, De myst. theol. c.6 (Ed. Combes 70,6-8).

eine philosophische Vorbildung angewiesen; sie ist selbst eine Art Philosophie, aber eine solche auch der einfachen Menschen, der Unwissenden.[80] Vorbilder einer mystischen Theologie findet Gerson vor allem in den Schriften des Pseudo-Dionysius, die er kommentiert.[81] Durch die Reinigung und Aktivierung aller durch die Sünde geschwächten Seelenkräfte soll der ganze Mensch in das Streben nach Gott hineingenommen werden, nicht nur der Intellekt, wie Gerson in pointierter Gegenüberstellung von zehn Unterschieden beider Arten von Theologie deutlich macht. Bereits in ihrem Gegenstand unterscheiden sie sich: Die spekulative zielt auf das Wahre, die mystische auf das Gute. Grundsätzlich kann die mystische Theologie ohne die spekulative ihr Ziel erreichen, doch nicht umgekehrt; denn das Ziel der Theologie insgesamt ist ein affektives, kein bloß intellektuelles. Dem reinen Scholastiker fehlt zu diesem Ziel aber sowohl das Handwerkszeug wie jede Erfahrung. Spekulative Theologie erzeugt nicht beruhigende Gewißheit, sondern intellektuelle Unruhe. Sie führt nicht zu gesicherten Ergebnissen. Diese Unruhe wird aber letztlich wieder auf ein affektives Ungenügen zurückgeführt: das Meer der sinnlichen Begierden. Von diesen weg führt nur die mystische Theologie zum festen Ufer der Ewigkeit.[82] Bibel, kirchliches Lehramt und religiöse Erfahrung sind die Eckpfeiler dieses insgesamt konservativen Reformprogramms gegen eine als steril und weltfremd empfundene Scholastik, deren Quästionen nicht mehr die Fragen der Zeit waren.[83]

4.1.5 Universitätstheologie und Seelsorge für Hofdamen: Heinrich von Langenstein

Johannes Gerson steht mit seiner Option für eine biblische und pastorale Theologie nicht allein. Zur selben Zeit hat sich in Wien eine aus Paris stammende Richtung einer konzilianten *via moderna* etabliert, deren moraltheologische, aszetische und katechetische Werke z. T. in deutschen Übersetzungen für monastische, kanonikale, aber auch laikale Kreise verbreitet wurden. Sie wird von Theologen getragen, die teils zur Universität gehören, teils am Kaiserhof beschäftigt sind: Heinrich von Langenstein (1325-1397), Nikolaus von Dinkelsbühl (um 1360-1433) und deren Schüler

80 Ebd. p.1 (Ed. Combes 8.11f); vgl. Burger, Aedificatio 129-143; Burrows, Gerson 143-148.

81 Vgl. A. Combes, Jean Gerson Commentateur Dionysien. Les *Notulae super quaedam verba Dionysii de Caelesti Hierarchia*. Paris 1973.

82 Gerson, De myst. theol. p.6 (Ed. Combes 73-87).

83 Vgl. W. Hübener, Der theologisch-philosophische Konservativismus des Jean Gerson. In: Zimmermann (Hg.), Antiqui 171-200.

Thomas Peuntner (um 1390-1439) und Nikolaus Kempf (1397-1497).[84] Pastorale und moraltheologische Probleme sowie Stellungnahmen zu aktuellen Fragen finden wir auch bei Heinrich Totting von Oyta (ca. 1330-1397), der nach Studien und Lehrtätigkeit in Erfurt, Prag und Paris (1337-1381) mit Heinrich von Langenstein 1383-1397 in Wien lehrte.[85] Beide sind in der Methode und Fragestellung durchaus der Universitätstheologie verpflichtet. Ihre teils prägnanten, teils weitschweifigen Ausführungen reichen aber von der theologischen Prinzipienlehre bis zu den Anfechtungen des Teufels.

Bemerkenswert als Grundlage einer biblisch und kirchlich ausgerichteten theologischen Schule, die sich von den Extremen nominalistischer und realistischer Positionen freihält, ist die Prinzipienlehre, die Heinrich Totting in seinen der Prager oder Wiener Zeit (vor 1388) angehörenden *Quaestiones super libros Sententiarum* in 12 Axiomen zusammenfaßt:[86]

1. Es kann vernunftgemäß angenommen werden, daß es nur einen Gott gibt.
2. Gott ist höchste Weisheit, die nicht getäuscht werden kann, und höchste Wahrheit, die nicht täuschen kann.
3. Alles, was Gott geoffenbart hat, ist wahr; d.h. wenn etwas von Gott geoffenbart wurde, ist es wahr.
4. Gott ist die freie Erstursache, von deren freigebiger Gutheit die Geschöpfe in ihrem ganzen Sein und Gut-Sein abhängen.
5. Gott wird von seiten der Geschöpfe alle Ehrerbietung und Unterwerfung als *cultus latriae* geschuldet.
6. Wie in Gott alle Vollkommenheit und Gutheit in höchster Einheit vereinigt sind, so wird ihm allein der *cultus latriae* geschuldet.
7. Es gibt eine Kirche, d.h. eine Versammlung sterblicher Menschen, die die wahre Gottesverehrung besitzen.
8. Eine Kirche oder Versammlung von Menschen besitzt die heilbringendste Gottesverehrung.
9. Das Gesetz der christlichen Kirche lehrt am meisten der Wahrheit entsprechend die von sterblichen Menschen geschuldete heilbringendste Gottesverehrung.

---

84 Vgl. H. Rupprich, Das Wiener Schrifttum des ausgehenden Mittelalters. (SÖAW PH 228,5). Wien 1954; Th. Hohmann, Heinrichs von Langenstein 'Unterscheidung der Geister'. Lateinisch und deutsch. Texte und Untersuchungen zur Übersetzungsliteratur aus der Wiener Schule. München 1977, 257-276; R. Damerau, Der Galaterbriefkommentar des Nikolaus von Dinkelsbühl. Gießen 1968; Ders., Die Quästionen des Nikolaus von Dinkelsbühl zum Galaterbriefkommentar. Gießen 1970; Ders., Der Herrengebetskommentar des Nikolaus von Dinkelsbühl. Gießen 1971 (Studien zu den Grundlagen der Reformation 7.9.10).

85 Vgl. Lang, Heinrich Totting 37-43.99-115.

86 Clm 18364; zit. Lang, Glaubensbegründung 231-235; zum Einfluß ebd. 225-237.

10. Jeder Mensch von normaler Urteilsfähigkeit muß in Anbetracht des Gesetzes der christlichen Kirche und dessen lauterster Weisheit, der Vernunftgemäßheit und Würde ihrer Gottesverehrung, ihres wunderbaren Anfangs, ihrer beständigen Dauer und der Verdienste der Christen zu dem Urteil kommen, daß alle Bücher, die die Kirche nach ihrem Gesetz als göttlich oder aus göttlicher Offenbarung verfaßt vorlegt, unerschütterlich für solche zu halten sind.
11. Alle kanonischen Bücher des AT und NT sind für göttlich oder aus göttlicher Offenbarung verfaßt zu halten.
12. Alle Wahrheiten der Hl. Schrift, aus denen andere theologische Wahrheiten kausal, aufgrund von Eigenschaften oder inneren Verhältnissen erschlossen werden können, sind die inneren Prinzipien unserer Theologie.

Bestimmend für die organisatorische Ausbildung und theologische Ausrichtung der frühen Wiener Universität ist aber Heinrich von Langenstein (1325-1397), der ab 1376 Magister der Theologie in Paris war und ab 1383/84 in Wien lehrte.[87] Neben die universitäre und kirchenpolitische Tätigkeit in der Zeit des Abendländischen Schismas tritt bei ihm eine eindeutig pastorale Akzentsetzung. Die biblische Grundlegung seiner Theologie zeigen der Wiener Genesiskommentar (nur zu Kap. 1-3) und sein Werk *De idiomate hebraico*, das die Bedeutung der biblischen Sprachen für das Theologiestudium unterstreicht. Heinrich selbst hatte bei getauften Juden in Paris und Wien Hebräisch gelernt. In seiner Theologie bringt Heinrich die *via moderna* in einer eklektischen, vor allem aus Gregor von Rimini gespeisten Variante zur Geltung und vermeidet ebenso wie Heinrich Totting anstößige oder radikale Thesen.[88]

Am meisten Verbreitung finden aber die pastoralen und aszetischen Schriften Heinrichs.[89] Für die katechetische Unterweisung der Pfarrkinder seiner Pfründe Großrußbach gibt er den dortigen Leutpriestern genaue Instruktionen. Sie sollen ihnen vor allem den richtigen Wortlaut und das

---

87 Zum Leben vgl. G. Kreuzer, Heinrich von Langenstein. Studien zur Biographie und zu den Schismatraktaten unter besonderer Berücksichtigung der Epistola pacis und der Epistola concilii pacis. (Quellen und Forschungen aus dem Gebiet der Geschichte NF 6). Paderborn 1987. - Heinrich von Langenstein, Der Sentenzenkommentar. Hg. R. Damerau. (Studien zu den Grundlagen der Reformation 15-18). Marburg 1979/80.

88 Vgl. J. Lang. Die Christologie bei Heinrich von Langenstein. Eine dogmenhistorische Untersuchung. (FThSt 85). Freiburg 1966.

89 Heinrich von Langenstein, Erchantnuzz der sund, hg. R. Rudolf. (Texte des späten Mittelalters und der frühen Neuzeit 22). Berlin 1969. - Echtheit aus Gründen des Wortschatzes bestritten von P. Wiesinger, Zur Autorschaft und Entstehung des Heinrich von Langenstein zugeschriebenen Traktats 'Erkenntnis der Sünde'. In: Zeitschrift für deutsche Philologie 97 (1978) 42-60.

Verständnis des Vaterunser, Ave Maria und des Glaubensbekenntnisses (im deutschen Text) beibringen.[90] Langenstein selbst hat bereits in Paris um 1380 eine *Lectura super Pater noster* gehalten.[91] Ins Deutsche übersetzt wurde auch Heinrichs im Lateinischen verlorener Traktat *von der Unterscheidung der Geister* sowie eine *Quaestio über Anfechtungen des Teufels und Hilfen gegen diese*. Sie weist eine lange Text- und Wirkungstradition auf.[92] Gerade diese Quästio ist geeignet, den Schritt von der Universitätstheologie zur Pastoral und von der lateinischen Vorlage zur deutschen Übersetzung zu verdeutlichen. Die Frage steht zudem im Zusammenhang des spätmittelalterlichen Teufels- und Dämonenglaubens, will dem aber in keiner Weise Vorschub leisten. Die Hauptquelle für die Quästio von den Versuchungen ist *De virtutibus* des Wilhelm von Auvergne, dessen Gliederungsschema noch maßgebend ist. Die Quantifizierung der Anfechtungen und Hilfen ist ein beliebtes Schema der Zeit. So beschreibt Gerson in *De diversis diaboli tentationibus* allein 58 Anfechtungen des Teufels.[93] Die Quästio weist sich aus als universitärer Lehrakt, nicht als pastorale Unterweisung: „Questio magistralis de temptatione diaboli".[94] Die Übersetzung, die vermutlich von einem Kleriker des Hofes für eine Dame des Kaiserhofes geschaffen ist,[95] geht von der lateinischen Quästionenvorlage bereits darin ab, daß sie die genaue Fragestellung und die Hauptargumente nicht übernimmt. Die Fragestellung ist noch rein wissenschaftlich-theologisch: Kann ein Mensch im Pilgerstand vom Teufel durch Trug und Verschlagenheit verführt werden? Auch die generellen Unterscheidungen der Versuchungen (*temptatio probativa/pulsativa* zum Handeln oder Unterlassen einer Handlung) und deren Unterteilungen bleiben weg. Die Übersetzung bringt allerdings Texterweiterungen, z. T. durch Augustinuszitate, aber auch durch recht bildhafte Vergleiche, die in der scholastischen Quästio keinen Platz finden.[96] Die Übersetzung beginnt sogleich mit den vier Zielen der Versuchungen des Teufels: Todsünde, Schisma und Häresie,

---

90 Clm 17645, fol.125va-126r; vgl. Kreuzer, Heinrich von Langenstein 146.

91 Vgl. Kreuzer, Heinrich von Langenstein 105.

92 Synoptische Edition: Hohmann, Langenstein.

93 Ed. Glorieux VII,343-360.

94 Wien, Schottenstift Cod. 128 fol. 204va; Cod. 326, 300v; zur Verfasserfrage vgl. Hohmann, Langenstein 151-157.

95 Vgl. ebd. 157f; erschlossen aus ebd. III,4-7 (181/183): dye ich hye durich dye sunder lieb, dye ich hab zu ewrem ewigen hayll, wirdigew fraw, vmb dye lieb, dy ir mir habt erczaigt, yn dewczsch hab geschriben, das ir euch dester pas chündt halten gegen dem selbem.

96 Z. B. ebd. III, 45-85 (185-187): Wie der Fischer die Fische vom Laichplatz weglockt, um sie in sein Netz zu bringen, so der Teufel die Menschen von ihrem Stand (Laien - Priester - Bischöfe).

Irrtum in menschlichen Wissenschaften, Aberglauben. Die Quantifizierung setzt sich fort: Der Teufel, vorgestellt als Magister der Antitheologie, will gegen uns Konklusionen beweisen, und zwar setzt er gegen die 10 Gebote die 7 Hauptsünden und gegen die 12 (bzw. 14) Glaubensartikel seine Thesen, so daß sich 19 bzw. 21 Konklusionen ergeben.[97] Grundgerüst der Quästio aber werden die 7 Versuchungen des Teufels nach Wilhelm von Auvergne:

1. Lange Ermüdung oder Plage mit einer Sünde,
2. Ungewöhnlichkeit und wundersame Besonderheit des Objektes,
3. Versuchung zur Veränderung des Standes,
4. Rat zu für menschliche Schwachheit unerreichbaren Gütern,
5. Rat zu einer Gefahr um eines angeblichen Gutes willen,
6. Empfehlung eines Lasters unter dem Bild der Tugend,
7. Vollkommener Friede und Aufhören der Versuchungen (1) bis (6).[98]

Neben dem dreifachen Hilfsmittel, das jede Tugend gegen die Anfechtungen bietet, nämlich in der Betrachtung ihres eigenen Wertes (proprio gladio), in der Gegenüberstellung des Lasters (gladio alieno) und in der Flucht vor den Geschoßen des Bösen, werden schließlich 16 Hilfsmittel nach Wilhelm von Auvergne angeführt.[99] Dies ergibt eine eindrucksvolle und leicht merkbare Topik des Guten und Bösen für die Umsetzung scholastischer Lehre in die Bedürfnisse praktischer Seelenführung.

4.1.6 Scholastikkritik der Devotio moderna und Reformtheologie

Eine Kraft innerkirchlicher Erneuerung mit Auswirkungen auch auf den Betrieb der akademischen Theologie stellt im 15. Jh. die *devotio moderna* dar.[100] In der Person und ursprünglichen Zielsetzung ihres Gründers Geert Groote (1340-1384), der selbst in Paris studiert hat (1358 Mag. art.), muß man sie allerdings als antischolastisch bezeichnen.[101] Ihm geht es vor allem um eine am Ideal der Urkirche orientierte Reform des christlichen Lebens. Die Universitätstheologie und ihre Gebräuche werden in schärfsten Worten gegeißelt. Diese Ablehnung universitärer Wissenschaft geht auch noch in die *Conclusa et proposita non vota* unter Grootes Namen ein, die nicht nur das Studium der *Artes* und profanen Wissenschaften ablehnen,

---

97 Hohmann, Langenstein 178,17-20.

98 Ebd. 180-194.

99 Ebd. 198-214.

100 Textsammlung: Geert Groote, Thomas von Kempen und die Devotio moderna. Hg. H.N. Janowski. Olten-Freiburg 1978.

101 Vgl. H.M. Klinkenberg, Die Devotio moderna unter dem Thema „Antiqui-Moderni“ betrachtet. In: Zimmermann (Hg.), Antiqui und Moderni 394-419, bes. 402-405 anhand der Ep. 9 von 1381.

sondern ebenso den Lebensnerv spätscholastischer Theologie, die Disputation, verwerfen:

„Item jede öffentliche Disputation meiden und verabscheuen, die streitsüchtig ist zum Triumphieren oder zum Glänzen, wie es alle Disputationen der Theologen und Artisten in Paris sind, ja nicht einmal des Lernens halber hingehen, weil sie offensichtlich gegen die Stille sind, Händel und Unstimmigkeiten entstehen lassen und unnütz wie allezeit fürwitzig sind und meistens abergläubisch, tierisch, teuflisch und irdisch, so daß die Lehre oft schädlich und immer unnütz ist. Unnütz ist auch der Zeitverbrauch. [...] Item sollst du nimmer studieren, um die Doktorwürde in der Theologie zu erlangen. [...] Item gemeinhin ist es fleischlich, und sie denken fleischlich. Item würdest du in vielem vom Heil deines Nächsten abgezogen. Item vom Gebet, von der Reinheit des Gemüts und der Abgeschiedenheit. Item mußt du (dann) vielen eitlen Lektionen beiwohnen und einer Menge Leute, unter denen der Mensch befleckt und zersplittert wird.“[102]

Diese in vielem an die Gregorianische Reform des 12. Jhs. erinnernde Einstellung wird aber in der Bewegung der *devotio moderna* im 15. Jh. einer gemäßigten Haltung Platz machen, die - zunächst über die religiöse Betreuung von Schülern und Studenten - schließlich auch eine universitäre Tätigkeit ihrer Mitglieder nicht mehr ausschließt. Greifbar wird diese Spätphase vor allem in der *via moderna* der neuen Universität Tübingen mit Gabriel Biel, Wendelin Steinbach (+ 1519) und Peter Braun (+ 1553), die alle drei den Brüdern vom gemeinsamen Leben in Form der Windesheimer Kongregation („Fraterherren“ oder „Gugelherren“) angehören. Der antischolastische Impuls der Frühzeit wirkt weiter im Versuch, Schulgrenzen zu überwinden, ohne die eigene Schulzugehörigkeit aufzugeben, und in der Orientierung an den Kirchenvätern (vor allem Hieronymus) und an Johannes Gerson.[103] So werden hier, zentral in der Gestalt Gabriel Biels, Universitätstheologie, klerikale Lebensform und seelsorgliches Engagement (nicht zufällig in augustinischer Ausrichtung) nochmals zu einer Lebensform vereinigt. Aufgenommen wird in diese Synthese bewußt die Begeisterung der italienischen Humanisten für die Antike und die Wiederbelebung ihrer Literatur und Philosophie. Neue Formen theologischer Darstellung, wie Biels Kanonerklärung oder Johannes Altenstaigs (um 1480 - nach 1525) *Vocabularius theologiae* (1517) konnten in dieser Geistigkeit entstehen.

Aber auch außerhalb der Bewegung der *Devotio moderna*, doch stark von ihr beeinflußt, setzen sich Theologen von den überkommenen Formen akademischer Theologie ab, und fordern eine Reform der Kirche und des Studiums in klarer Ausrichtung auf die Hl. Schrift. Zu nennen sind hier vor allem Johann Pupper von Goch (+ 1475), Johann Ruchrath von Wesel (um

102 Beschlüsse und Vorsätze, Nr. 14.16 (Hg. Janowski, Geert Grote 50).

103 Vgl. Oberman, Werden 56-71.

1425-1481) und Wessel Gansfort (um 1419-1489).[104] Johannes von Goch stellt in seiner *Epistola de scripture sacre dignitate* die fundamentale Autorität der „Canonica scriptura" den „aliorum scripta, presertim Scholasticorum et Philosophorum" gegenüber.[105] „Scholastici" sind hier bereits die Anhänger der herrschenden theologischen Schulen, für die z. B. die Autorität des Thomas von Aquin mehr gilt als die Hl. Schrift. Auf so schwache Autoritäten zu bauen, die ja von anderen gleich bekämpft und gestürzt werden, folglich nur Streit erzeugen, ist ein Zeichen äußersten Unverstandes und widerspricht zudem der Einmütigkeit der Urkirche. Bibel contra scholastische Theologie, urkirchliche Einheit contra Schulgezänk, so heißt jetzt die Frontstellung. Die Schriften der Zeitgenossen, vor allem der Mendikanten, erzeugen durch die Aneinanderreihung der vielen *Opiniones* nur noch mehr Zweifel. Ihre Argumente sind philosophischen Ursprungs, entstammen der Finsternis des Aristoteles, der vom Licht der Hl. Schrift nichts wußte. Der Heide Aristoteles wird somit zum Ahnherrn und Stammvater der gesamten „scholastischen" Theologie. Philosophische Erkenntnis erweist sich vor der Heilserkenntnis der Hl. Schrift als ungenügend und falsch, als „Weisheit der Welt", der in Christus die Torheit des Kreuzes entgegengestellt wird. Wo sich die Theologen deshalb auf Aristoteles stützen statt auf die Hl. Schrift, sind sie grundsätzlich im Irrtum: Schriftprinzip statt Philosophie als Begründung von Theologie ist gefordert.[106]

Außerhalb der Hl. Schrift, die allein Glauben ohne Zweifel und unfehlbare Autorität beanspruchen kann, gibt es eine gestufte Hierarchie von Autoritäten. Der Schrift noch am nächsten stehen die Kirchenväter, sofern sie mit ihr übereinstimmen. Ihre Lehre ist „fideli devotione" anzunehmen. Die Lehren der „doctores moderni", vor allem der Mendikanten, aber sind bloße Meinungen. Sie stützen sich auf philosophische Argumente und haben deshalb kein festes Fundament, vernebeln den Geist eher, statt ihn zu erhellen und dienen mehr der Eitelkeit als der Wahrheit. Im Streit der Meinungen aber hat man nach dem Grad der Wahrscheinlichkeit zu entscheiden. Überall, wo ein Schriftbeweis fehlt, ist es völlig beliebig, ob etwas Thomas, Albertus Magnus oder Duns Scotus gesagt hat. Dem Usus der Zeitgenossen wird das Vorbild der Kirchenväter (Hieronymus und Augustinus) entgegengestellt, die ihre Lehren grundsätzlich nur als Meinungen darlegten und ihnen niemals die Autorität der „libri canonici" zuerkennen wollten. Angesichts der Vielzahl der theologischen Meinungen und Schulen

104 Textsammlung: G.A. Benrath (Hg.), Reformtheologen des 15. Jahrhunderts. (Texte zur Kirchen- und Theologiegeschichte 7). Gütersloh 1968.

105 Text: Ebd. 10-19.

106 Vgl. H. Schüssler, Der Primat der Heiligen Schrift als theologisches und kanonistisches Problem im Spätmittelalter. (VIEG 86). Wiesbaden 1977.

mußte ja die Frage nach der theologischen Wahrheit und deren Feststellbarkeit neu auftreten. Die scholastische Theologie des späten Mittelalters ist also ein reformbedürftiger Irrweg. Kein Wunder, daß Luther in seiner *Epistula gratulatoria* dem Vorgehen Johannes von Gochs gegen den „Geißbock" Aristoteles Beifall zollt und der Hoffnung Ausdruck gibt, daß es auf dem Erdboden bald keinen Thomisten, Albertisten, Skotisten und Ockhamisten mehr geben werde, sondern nur noch einfache Kinder Gottes und rechte Christenmenschen.[107]

4.2 Theologische Gewissheit in unsicherer Zeit ?

Ein Grundproblem der Theologie des späten Mittelalters, an dem in wechselnden Schattierungen auch ihre Entwicklung deutlich wird, ist die Suche nach Gewißheit. Innertheologisch stellt sich die Frage nach dem Status und der Wahrheit theologischer Aussagen und ihrer Begründbarkeit, existentiell die Frage nach der Erkenntnis Gottes und seines Heilswillens für den konkreten, sündigen Menschen angesichts der grundsätzlichen Freiheit Gottes und der Unverfügbarkeit der Gnade.[108]

4.2.1 Menschliches Handeln im Wissen um Gott: Duns Scotus

Den mächtigsten Impuls für die Ausgestaltung des Gewißheitsproblems in der Theologie des 14./15. Jhs. verdanken wir dem kurzen Leben und den wohl wenigen authentischen Werken des „Doctor subtilis" Johannes Duns Scotus (ca. 1265/66-1308). Diese müssen zudem z. T. erst als einheitlicher Text aus den Überlagerungen durch die Schüler rekonstruiert werden.[109] In der franziskanischen, vor allem durch Wilhelm de la Mare geprägten Tradition sieht Scotus die Theologie insgesamt auf das menschliche Handeln bezogen. Handeln aber geschieht um eines Zieles willen, das der Handelnde kennen muß und anstrebt. Notwendige Bedingung dafür ist die bestimmte, sichere Erkenntnis sowohl des Zieles als auch der Mittel zu diesem Ziel. Unsicherheit bezüglich des letzten Zieles und der Mittel macht sicheres Handeln unmöglich. Der Handelnde muß also wissen:

1. wie das Ziel zu erreichen ist;
2. welche Mittel zu diesem Ziel nötig sind;
3. ob diese Mittel zur Erreichung des Zieles genügen.

107 Text: Benrath (Hg.), Reformtheologen 9f.

108 Vgl. allgemein: D. Perler, Der propositionale Wahrheitsbegriff im 14. Jahrhundert. (Quellen und Studien zur Philosophie 33). Berlin-New York 1992; Lang, Glaubensbegründung; Dettloff, Entwicklung.

109 Vgl. vor allem Richter, Studien 11-16.

Theologie ist über die Philosophie hinaus deshalb notwendig als Lehre vom übernatürlichen Ziel des menschlichen Handelns, der ewigen Seligkeit, die Gott in freier Gnadenwahl, kontingent, nicht mit Notwendigkeit, sondern aus freier Akzeptation von Verdiensten verleiht. Darüber gibt es kein Wissen aus natürlicher Erkenntnis. Theologie verdankt sich dem offenbarenden Handeln Gottes, das in uns eine - allerdings nur dunkle - Erkenntnis übernatürlicher Wahrheiten (z. B. 'Deus est trinus') erzeugt.[110] Diese muß aber hinreichen, Gewißheit über das übernatürliche Ziel menschlichen Handelns und die Mittel zur Erreichung dieses Zieles zu erhalten, gerade angesichts der Freiheit Gottes. Einer (aristotelisch-arabischen) Philosophie, die meint, Gottes Handeln mit Notwendigkeit berechnen und menschliches Handeln daraufhin kalkulieren zu können, ist somit schon in der ersten Quästio des *Liber Ioannis* oder *Liber Duns* (Sentenzenlesung 1300/01 in Oxford) der Abschied gegeben.

Grundlegend für das Verständnis von Theologie bei Duns Scotus ist deshalb nicht eine theoretische Einsicht in den Gegenstand Gott, sondern das Handeln (praxis) des Menschen, das Scotus mit Aristoteles vom Intellekt klar unterscheidet, was ihm das Etikett des „Voluntarismus" gegenüber dem „Intellektualismus" des Thomas eingetragen hat. Theologie ist praktische Erkenntnis (cognitio practica), die im Unterschied zum Intellekt auf etwas außerhalb ihrer selbst gerichtet ist: das Tun, das Wirken. Durch diesen (möglichen) Objektbezug ist sie als praktische Erkenntnis bestimmt. Menschliches Handeln im präzisen Sinne setzt aber logisch und ontologisch den Intellekt voraus und unterscheidet sich dadurch von vegetativen und sensitiven Vorgängen (Verhalten). Handeln beruht auf einem freien Willensakt, einer Wahl (electio). Diese steht unter der Norm der Richtigkeit, d.h. der Konformität mit der „ratio recta", ist also ethisch beurteilbar. Dazu bedarf das Handeln aber einer Richtschnur, einer „directio", zumindest hinsichtlich der moralischen Qualität der Umstände der Handlung. Theologie hat deshalb als Handlungs- und Zieltheorie drei Inhalte zu lehren und so die nötige „directio" zu geben:

1. unter welchen Bedingungen ist das übernatürliche Ziel menschlichen Handelns erstrebbar,
2. welche Bedingungen müssen die Handlungen zum Ziel erfüllen,
3. welchen Bedingungen müssen die Mittel zum Ziel genügen.

Theologie ist deshalb weder, wie Heinrich von Gent will, eine theoretische, noch mit Thomas von Aquin eine theoretisch-praktische Wissenschaft, sondern durchgängig auf Praxis bezogen. Denn das Ziel des Menschen, die

110 Duns Scotus, Liber Ioannis, prol. q.1; ed. V. Richter, Textstudien zum Prolog des Oxforder Sentenzenkommentars von Johannes Duns Scotus. In: ZKTh 111 (1989) 439-445.

Seligkeit (fruitio Dei), ist eben Ziel des Handelns, nicht der theoretischen Erkenntnis.[111]

Unsere theologische Erkenntnis steht deshalb unter einer doppelten Bestimmung, deren Teilelemente in der Folgezeit nicht selten gegeneinander ausgespielt werden sollten:

1. Sie ist Teilerkenntnis, nicht umfassend, dunkel, nicht klar, entsprechend der freien, kontingenten Offenbarung Gottes.
2. Sie ist jedoch ausreichend zum praktischen Handeln im Hinblick auf das übernatürliche Ziel des Menschen.

Die Frage theologischer Gewißheit und Wahrheit ist deshalb, mit Duns Scotus gedacht, eine unmittelbar praktisch-existentielle: Wie kann die Theologie jene Gewißheit geben, die ich für die Sinnhaftigkeit meines Lebens im Hinblick auf dessen endgültiges Gelingen oder Scheitern voraussetzen muß? Duns Scotus gelingt es noch, beide Teilaspekte zusammenzudenken. Dies zeigt sich vor allem in der Frage des Gegenstandes (subiectum) der Theologie. Zentraler Gegenstand einer Wissenschaft ist das, was nicht auf anderes rückführbar ist und von dem virtuell alle Sätze dieser Wissenschaft aussagbar sind. Vollkommene theologische Erkenntnis besitzt von Natur aus nur Gott; denn nur Gott kennt sich selbst vollkommen. In dieser Erkenntnis Gottes sind alle theologischen Wahrheiten virtuell enthalten und verifiziert. Theologische Erkenntnis hat deshalb zum zentralen Gegenstand Gott, nicht in irgendeinem seiner Bezüge zu seinem Werk (z. B. als Schöpfer oder Erlöser), aber auch nicht in seiner philosophisch-metaphysischen Bestimmung als *ens* oder *ens infinitum*, sondern in seinem Wesen, in dem all diese Bezüge (als theologische Wahrheiten) eingeschlossen sind.[112]

Soll theologische Erkenntnis die zum Handeln erforderliche Gewißheit erreichen und zugleich wahrheitsgetreu das uns Mögliche über Gott aussagen, so ist vor allem ein eindeutiges Sprechen über Gott als möglich nachzuweisen. Gottes Existenz und Handeln müssen für uns erkennbar und in präziser Sprache aussagbar sein. Dies ist der wissenschaftstheoretische Hintergrund der mit Scotus' Namen in der Geschichte der Philosophie und Theologie untrennbar verbundenen Lehre von der Univozität des Seienden.[113] Sie richtet sich vor allem gegen Heinrich von Gent, dessen Meinung Scotus in drei Konklusionen wiedergibt:

1. Gott ist nicht „per se“, sondern nur „per accidens“ erkennbar, d.h. es sind nur seine Attribute erkennbar.

---

111 Liber Ioannis, prol. q.3; ed. V. Richter, Duns Scotus' Text zur Theologie als praktischer Theologie. In: CFr 60 (1990) 459-475 (Druck fehlerhaft!).

112 Liber Ioannis, prol. q.2; ed. Richter, Textstudien 445-449.

113 Vgl. Richter, Univozität; zum Problem des Gottesbeweises: Ders., Studien 30-78.

2. Gott ist „in universali“, d.h. in einem gemeinsam über mehreres aussagbaren Begriff erkennbar, aber nur in einem analogen Begriff, nicht in strenger, univoker Prädikation.
3. Gott ist nicht „in particulari“, in seiner individuellen Eigenart, erkennbar, weil die Kreatur nur eine „peregrina similitudo“ Gottes ist und nur auf einige Eigenschaften Gottes schließen läßt.

Duns Scotus sieht darin eine Aufhebung jeder präzisen theologischen Erkenntnis und ihres Wahrheitsanspruchs. Seine Kritik geht aus von der Sprache, vom Satz. Attribute (z. B. 'sapiens') werden von einem Subjekt ausgesagt, setzen also auch eine Erkenntnis, was das Subjekt (quidditative) ist, voraus. Dies gilt auch für die Erkenntnis Gottes, wenn theologisches Reden den Regeln der Grammatik gehorchen soll. Unsere Erkenntnis kommt, wie Heinrich von Gent richtig sieht, nicht zur naturgemäßen Erfassung Gottes, wie er in sich selbst ist, allerdings aus anderen Gründen als Heinrich meint. In dieser Weise ist Gott nur für ihn selbst erkennbar, allen anderen nur als frei gewähltes Objekt der Erkenntnistätigkeit. Die Ähnlichkeit der Kreatur mit Gott ist hier jedenfalls kein Grund, eine besonders gute oder schlechte Erkenntnis anzunehmen.

Dazu ist vielmehr erforderlich, daß ein Begriff so gebildet wird, daß mit ihm eindeutig prädiziert werden kann, so daß wahrheitsfunktionale Sätze und korrekte Syllogismen (ohne *quaternio terminorum*) möglich werden.[114] Dies ist aber nicht bei einem bloß analogen Begriff der Fall, sondern nur bei einem univoken. Zur Bildung eines solchen Begriffes über Gott genügt es, daß die Prädikation eindeutig ist und ein präziser Begriffsinhalt angebbar wird, ohne daß damit bereits alle weiteren Fragen gelöst sind. Die Prädikation als solche (und somit der Begriff) kann ja nicht zugleich sicher und zweifelhaft sein. Es genügt also, Gott als *ens* anzusprechen, ohne schon entschieden zu haben, ob dieses *ens* endlich oder unendlich ist. Erst auf dieser Grundlage wird auch eine philosophische Diskussion über Gott sinnvoll, weil ein gemeinsamer Gegenstand der Rede gegeben ist, während die Analogie der Begriffe bei Heinrich von Gent präzises gemeinsames Reden und Theologie als Wissenschaft aufhebt. Mit gleichem Recht könnte nämlich jemand behaupten, 'Mensch' sei nicht in gleicher Weise über Sokrates und Platon aussagbar, sondern es bestünden hier zwei Begriffe, die aufgrund großer Ähnlichkeit als einer erscheinen. Damit hebt sich jedoch die eindeutige Prädikation als Grundlage wissenschaftlicher Rede auf. Nicht irgendeine diffuse (ontologische) Ähnlichkeit ist als Er-

114 Ebd. 907,40-44: Conceptum univocum dico qui ita est unus quod eius unitas sufficit ad contradictionem, affirmando et negando ipsum de eodem. Sufficit etiam pro medio syllogistico ut extrema unita in medio sic uno sine fallacia aequivocationis concludantur inter se uniri.

kenntnisquelle der Theologie zu veranschlagen, sondern das für menschliches Sprachhandeln vorausgesetzte Gelingen der Prädikation. Sie sichert unsere partielle, aber zur letzten Sinnhaftigkeit unseres Handelns hinreichende Theologie.

4.2.2 Sicherung menschlicher Aussagen über Gott: Franziskus de Meyronnes

Der Impuls, den Duns Scotus der Theologie des 14. Jhs. gegeben hat, wird in den verschiedensten Gebieten der Theologie durch seine Schüler weiter ausgestaltet. Exemplarisch hierfür mag das Werk des Franziskus de Meyronnes OFM (1288-1328) als Repräsentant der franziskanischen Theologie der nachfolgenden Generation stehen. Er liest in Paris 1320/21 als Baccalaureus die Sentenzen und wird 1323 Magister, 1324 bereits als Provinzialminister der Provence an die päpstliche Kurie nach Avignon berufen, wo er u.a. im Armutsstreit und im Prozeß gegen Ockham als Gutachter tätig wird.[115] Wir haben es auch hier mit einer relativ kurzen Lehrtätigkeit und einer mehrfachen Redaktion seines Sentenzenkommentars zu tun, dessen abschließende, der sog. *Conflatus*, relativ früh gedruckt vorliegt. Gerade hier sind aber offensichtlich auch Texte eingebaut worden, die nicht aus der ursprünglichen Sentenzenvorlesung stammen.[116]

Franziskus zeigt auch schon klar den Streit der Schulen in Paris: Dominikanische Thomisten gegen franziskanische Skotisten neben Eklektikern und einigen eigenständigen Theologen wie Petrus Aureoli (um 1280-1322). Dieser Streit wird literarisch greifbar in der *Disputatio collativa* des Petrus Rogerii OSB (1292-1352, später Clemens VI.), die er 1320/21 als Baccalaureus in Paris mit Franziskus de Meyronnes führte.[117] Die Streitpunkte mögen dem heutigen Leser als „typisch scholastisch" erscheinen: Ob das Widerspruchsprinzip in der Theologie aufgestellt werden kann; ob die

115 Vgl. vor allem: B. Roth, Franz von Mayronis O.F.M. Sein Leben, seine Werke, seine Lehre vom Formalunterschied in Gott. (FrFor 3). Werl/Westf. 1936; teilweise korrigiert durch: H. Roßmann, Die Hierarchie der Welt. Gestalt und System des Franz von Meyronnes OFM mit besonderer Berücksichtigung seiner Schöpfungslehre. (FrFor 23). Werl/Westf. 1972.

116 Benutzt: Franciscus de Mayronis, In Libros Sententiarum, Quodlibeta, Tractatus Formalitatum, De Primo Principio, Terminorum Theologicalium Declarationes, De Univocatione. Venedig 1520, ND Frankfurt 1966. Zu den literarkritischen Problemen: H. Roßmann, Die Sentenzenkommentare des Franz von Meyronnes OFM. In: FS 53 (1971) 129-227.

117 Cod. Vat. Borghese 39; Ed. J. Barbet, François de Meyronnes - Pierre Roger, Disputatio (1320-1321). (Textes philosophiques du moyen-âge 9). Paris 1961; vgl. Roßmann, Sentenzenkommentare 140-165.

göttliche Essenz *de potentia dei absoluta* ohne die Personen geschaut werden könne; ob das Geschaffensein, durch welches das Geschöpf von Gott abhängt, vom Geschöpf real verschieden sei; ob in der Ordnung des Ursprungs der Engel früher vom Vater geschaffen werde als vom Sohn; ob es in Gott nur ein „signum a quo" (Petrus Rogerii) oder ein „signum in quo" gebe (Franziskus de Meyronnes), usw. Auch Sprache und Stil der Disputationen ergeben vor allem durch die z. T. rigoros durchgeführte Vierteilung aller Unterscheidungen und Konklusionen den Eindruck einer sterilen „Scholastik".[118]

Das eigentliche Anliegen und die theologische Bedeutung solcher Streitigkeiten wird erst deutlich, wenn man den „linguistic turn" der Theologie seit Duns Scotus bedenkt. Nicht zufällig beginnt der *Conflatus* mit einer langen Erörterung des Widerspruchsprinzips in der Theologie.[119] Mit ihm hatte Scotus die univoke Prädikation über Gott begründet. Jede Prädikation ist wahr oder falsch, keine zugleich beides. Damit ist als Grundlage der gesamten Theologie eindeutige Prädikation und zweiwertige Logik herausgestellt. Theologische Sätze sind wahrheitsdefinit, auch unsere Aussagen über Gott; denn das Widerspruchsprinzip gilt gleichermaßen für Gott und Geschöpf. Unsere theologischen Aussagen können nur gesichert werden, wenn auch in Gott Widersprüche unzulässig sind. Eindeutige Prädikation und Geltung des Widerspruchsprinzips in Aussagen über Gott setzen aber nach der zugrundeliegenden realistischen Semantik „etwas" (ontologisch) voraus, worüber widersprechende Aussagen (mit Referenz) möglich sind. Widersprechende Aussagen setzen Unterscheidungen voraus: Eines/Anderes, Selbiges/Verschiedenes, Beispiel/Gegenbeispiel. Unseren Unterscheidungen in Aussagen über Gott müssen deshalb tatsächliche Unterschiede in der Natur Gottes entsprechen, soll theologische Rede semantisch (und damit ontologisch) gesichert werden. Besonders vordringlich wird dies bei der Trinitätslehre: Vielheit der Personen - Einzigkeit des Wesens; Mitteilung des Wesens - Nichtmitteilung der Personen usw. Eine reale Unterscheidung scheidet aus, da sie eine Trennung in Gott besagen würde; eine bloße Unterscheidung von seiten des Menschen sichert die Prädikation im Sinne einer „realistischen" Semantik nicht. Folglich muß eine weitere Art der Unterscheidung angenommen werden („ex natura rei"), die zwar keine reale Trennung besagt, aber doch eine semantisch-ontologische Entsprechung unserer Unterscheidungen und damit eine eindeutige Referenz unseres theologischen Sprechens garantiert. Dies ist, wie schon bei Duns Scotus, der Ursprung der sog. „Formaldistinktion", die zum Markenzeichen der

118 Vgl. Roßmann, Sentenzenkommentare 220-227.

119 Franciscus de Meyronnes, Conflatus, prol. q.1 (2r-4r); vgl. Roth, Franz von Mayronis 297-369.

Skotistenschule und zum Streitpunkt gegen die Thomisten und Nominalisten wird. Die Anwendung dieser Lösungsmöglichkeit ist bei Franziskus de Meyronnes zunächst auf das Verhältnis zwischen Relationsaussagen (über Proprietäten bzw. Personen) und absoluten Aussagen (über das Wesen), sowie zwischen Wesensattributen und Wesenheit Gottes selbst beschränkt. Sie besagen verschiedene „formalitates", nicht verschiedene Dinge, aber auch nicht nur gedankliche Gliederungsmomente. Über solche „formalitates" sind nun allerdings weitere Aussagen möglich. Die ihnen zugeschriebenen Attribute können nicht wieder reale Eigenschaften oder Unterscheidungen bezeichnen, sondern nur entsprechende (paarweise disjunkte) Modifikationen der Formalitäten; sie sind deshalb nur „modi intrinseci", die das Wesen der Formalitäten nicht verändern: Endlichkeit - Unendlichkeit, Wirklichkeit - Möglichkeit, Notwendigkeit - Kontingenz, Existenz, Realität und *Haecceitas* (Individuell-Sein).[120]

Die Bedeutung des Widerspruchsprinzips in der Theologie zeigt sich aber noch auf einer anderen Ebene: angesichts der Freiheit und Souveränität Gottes, an der Franziskus gut skotistisch festhält, am deutlichsten in einer wohl als Gutachten im Ockhamprozeß in Avignon vorgelegten Quästio des Cod. Vat. lat. 901.[121] Die Souveränität Gottes steht in ausdrücklicher Analogie zur universalen Souveränität des Papstes, für die Franziskus an der Kurie in Avignon nachdrücklich eingetreten ist, trotz divergierender Auffassungen im Armutsstreit.[122] Beiden spricht er eine *potentia absoluta* zu, die nicht an bestehende (auch eigene) Gesetze gebunden, sondern selbst Ursache ihrer frei gewollten Gesetze ist.[123] Angesichts dieser absoluten Souveränität Gottes entsteht die Frage nach der Gültigkeit menschlich-theologischer Aussagen, aber ebenso nach der Werthaftigkeit menschlich-kontingenten Handelns im Hinblick auf das letzte Ziel. Die faktische Schöpfungs- und Erlösungsordnung ist kontingent; sie entspringt einem souveränen Willensentschluß Gottes; dieser hält sich in der Folge zwar daran in seiner *potentia ordinata*, müßte dies aber an sich nicht tun. Welche Aussagen können dann letztlich nicht nur von Gottes Wesen, sondern auch von seinem Schöpfungs- und Erlösungshandeln, unabhängig von Gottes Anordnung Bestand haben? So hätte Gott die Menschheit z. B. auch ohne den Tod Christi retten können.[124] Können wir uns deshalb *in theologicis* auf jene Argumente verlassen, die in unserer gesetzmäßig geordneten

120 Franciscus de Meyronnes, Conflatus 1.1 d.33 q.3 (101rv); ebd. q.5 (103rv); vgl. Roth, Franz von Mayronis 319-325.

121 Text: Roßmann, Hierarchie 251-257.

122 Vgl. ebd. 106-131.

123 Franciscus de Meyronnes, IV Sent. d.25 q.4 (213r); vgl. Roßmann, Hierarchie 245.

124 Ebd. 252.

Wirklichkeit gelten: z. B. daß Schuld Strafe, Verdienst Belohnung nach sich zieht? Franziskus diskutiert diese Frage ausdrücklich in dreifacher Rücksicht: hinsichtlich der Prinzipien der Natur, des moralischen Handelns und des übernatürlichen Wertes. Rein kausal besteht zwischen dem Gnadenstand des Menschen und der Akzeptation durch Gott kein notwendiger Zusammenhang derart, daß das Nichteintreten der Folge ein Widerspruch wäre. In moralischer Hinsicht kann der absolute Souverän völlig frei den Preis einer Sache bestimmen; so bestimmt Gott an sich frei, was zur Erlangung der ewigen Seligkeit nötig ist. Er kann den Preis deshalb auch jederzeit ändern, vermehren oder vermindern: So muß die ewige Seligkeit nicht an das Vorhandensein übernatürlicher Gnadengaben gebunden sein, noch weniger an Verdienste. Gott kann sie an sich auch ohne diese Voraussetzungen verleihen oder bei deren Vorhandensein verweigern. Bemerkenswert ist allerdings, daß die Frage nach dem Angenommen- oder Verworfensein des Menschen vor Gott nach den Regeln des Kaufvertrags abgehandelt wird, wenn auch dazu, die Barmherzigkeit Gottes herauszustellen, der die ewige Seligkeit auch unter dem festgelegten „Kaufpreis" geben kann.[125] Der *Conflatus* nimmt als mögliche „Gegenleistung" des Menschen sogar einen moralisch schlechten Akt (actus vitiosus) an, der dann natürlich nicht nur moralisch gut, sondern auch verdienstlich wäre. So kann Gott an sich (de potentia absoluta) festsetzen, daß jeder, der Gott lästert, zum ewigen Leben akzeptiert, und jeder, der Gott lobt, verdammt ist; ebenso könnte er alle Gerechten verdammen und alle Sünder retten.[126]

Als einzig tragendes Prinzip dieser Diskussion erweist sich das Widerspruchsprinzip, rigoros ausgelegt auf den alles Positive aufhebenden, gleichzeitigen Widerspruch. Was einen solchen einschließt, kann auch Gott nicht tun.[127] Dagegen ist alles andere seinem Willen unterstellt und damit kontingent. Erste Regel alles Kontingenten aber ist mit Duns Scotus der göttliche Wille. Er normiert frei, wie es geschieht.[128] Das ist ausdrücklich die Rücknahme aller „rationes necessariae" Anselms von Canterbury in der Theologie. Einzig angebbarer Grund für alles kontingente (Heils-)Handeln Gottes ist sein Wille; weiter zu fragen, ist sinnlos, zumal alle theologischen Gründe nur Gründe *quoad nos* sind, auch im Rekurs auf die Klugheit Gottes, dessen Wollen durchaus als vom Intellekt geleitet angesehen wird. An sich (de potentia absoluta) könnte Gott ganz anders handeln. Theologische Gründe für das Handeln Gottes sind also bloße Konvenienzgründe. Ein-

125 Roßmann, Hierarchie 253f.

126 Vgl. Conflatus I d.17 (73rv); vgl. Dettloff, Entwicklung 173.

127 Vgl. Conflatus I d.43/44 q.4 (125r): Utrum deus possit facere quicquid non includit contradictionem.

128 Ebd. I d.45 q.1 (129v-130r).

deutigen Aussagen über das Wesen Gottes stehen also letztlich ungesicherte über sein Handeln gegenüber.[129]

4.2.3 Axiomatische Metaphysik als Grundlage der Theologie: Meister Eckhart

Mehr durch seine deutschen Traktate und Predigten als durch seine scholastischen lateinischen Werke in den Perioden seiner Pariser Lehrtätigkeit (1293/94, 1302/03, 1311-1313) ist das Bild des Dominikaners Meister Eckhart (ca. 1260-1328) geprägt und belastet.[130] 1293/94 liest er die Sentenzen.[131] Wie stark Eckhart in der thomistisch-neuplatonischen Schultradition seines Ordens steht, zeigen die in die Lehrtätigkeit als Magister fallenden Quästionen.[132] Die erste ist zugleich maßgebend für Eckharts frühes Gottesbild.[133] Sie fragt nach der Identität von Sein und Erkennen in Gott, was nun unmittelbar auch in die Kontroversen um die Distinktionslehre zwischen Thomisten und Skotisten führt, andererseits auch die thomistische Ausrichtung am Erkennen, statt am Handeln Gottes unterstreicht. Für seine These, daß hier reale und möglicherweise auch verstandesmäßige Ununterscheidbarkeit vorliegt, führt Eckhart als erstes Argument sogleich zwei Thomas-Stellen an.[134] Mit dem *Liber de causis* wird sogar das *Intelligere* Gottes als Fundament seines Seins dargestellt: Gott erkennt nicht, weil er ist, sondern er ist, weil er erkennt, wobei 'esse' grundsätzlich für geschöpfliches Sein verwendet wird. Bestätigt wird dies durch Joh 1,1, wo es nicht heißt: 'In principio erat esse' (bzw. 'ens'), sondern: 'In principio erat verbum'. 'Verbum' aber konnotiert Wahrheit und damit Erkenntnis. In dieser neuplatonischen Auffassung von Sein und Erkennen wird im dialektischen Umgang mit den Begriffen dann allerdings alles, was zum Intellekt gehört zum *non-ens*, weil dadurch über das Verwirklichtsein außerhalb des Intellekts nichts gesagt ist. Ist aber Gott nur Intellekt und als solcher Ursa-

129 Vgl. Roßmann, Hierarchie 259-263.

130 Einführung zu Leben und Werk: K. Ruh, Meister Eckhart. Theologe, Prediger, Mystiker. 2. überarb. Aufl. München 1989.

131 Ediert ist bisher nur die *Collatio in libros Sententiarum*: Meister Eckhart, Die lateinischen Werke. Bd. 5 (Stuttgart 1936),1-26. - Datierung auf 1293 nach Ruh gegen J. Koch, der sie noch 1297-1300 datiert, als Eckhart schon Prior in Erfurt und Vikar von Thüringen ist.

132 Meister Eckhart, Quaestiones Parisienses. Lateinische Werke V,27-83.

133 Vgl. R. Imbach, Deus est intelligere. Das Verhältnis von Sein und Denken in seiner Bedeutung für das Gottesverständnis bei Thomas von Aquin und in den Pariser Quaestionen Meister Eckharts. (Studia Friburgensia NF 53). Freiburg/Schweiz 1976.

134 Meister Eckhart, Quaes. Paris. q.1 n.1 (37,4-7): S. Th. I q.26 a.2; ScG I,45.

che alles Seins, dann ist in Gott weder Seiendes noch Sein (als geschaffenes und bestimmtes).[135] Das Spiel von Affirmation und Negation, das Eckhart hier treibt, soll die radikale Andersartigkeit Gottes auch im Rahmen thomistischer Analogie dartun und kann somit gerade als Gegenthese zur skotistischen Univozität gelesen werden. Gott ist *formaliter* nicht *ens*, sondern etwas Höheres, von anderer Art, nämlich Ursache alles Seins und die „puritas essendi", Sein von ganz anderer Art als das geschöpfliche.[136] Verglichen mit den sprachlich-logischen Voraussetzungen und Mitteln eines Duns Scotus nehmen sich die Quästionen Eckharts recht bescheiden aus. Ihre Bedeutung liegt eher in der neuplatonisch-dialektischen Weiterentwicklung thomistischer Metaphysik und des Analogiedenkens.

Das *Opus tripartitum*, das lateinische Hauptwerk, zumindest teilweise aus Eckharts zweiter Pariser Magisterzeit, ist uns im wesentlichen nur im Gesamtplan und im *Opus Expositionum* (Schriftauslegungen) erhalten. Verloren ist die metaphysische Axiomatik und damit die Grundlegung des ganzen Werkes, das *Opus propositionum*, und die scholastische Ausgestaltung im *Opus quaestionum*. Seine unmittelbare Wirkung bleibt relativ gering; von größerer Bedeutung ist nur der Einfluß auf Nikolaus Cusanus (1401-1464). Die akademische Welt, vor allem in Paris, ist in den Jahren 1311-1313 und danach mit anderen Tendenzen beschäftigt, so daß die eigenwillige *Summa* des thüringischen Magisters keinen großen Einfluß hatte. Das Ziel des Werkes und seine Methode verdeutlicht der Meister im Prolog zur Auslegung des Johannesevangeliums:

> „Wie in allen seinen Werken hat der Verfasser bei der Auslegung dieses Wortes [Joh 1,1] und der folgenden die Absicht, die Lehren des heiligen christlichen Glaubens und der Schrift beider Testamente *mit Hilfe der natürlichen Gründe der Philosophen* auszulegen. [...] Ferner beabsichtigt das Werk zu zeigen, wie die Wahrheit der Prinzipien, Folgerungen und Eigentümlichkeiten in der Natur für den, 'der Ohren hat zu hören' (Mt 13,43), gerade in den Worten der Hl. Schrift, welche mit Hilfe dieser natürlichen Wahrheiten ausgelegt werden, klar angedeutet sind."[137]

Eckharts Auslegung ist deshalb kein üblicher Schriftkommentar, sondern eine Demonstration der genauen Übereinstimmung von biblischer Offenbarung und natürlicher, metaphysischer Vernunft. Sie erfolgt offenbar noch unbeeindruckt vom Auseinandertreten von Philosophie und Theologie, Glauben und Vernunfteinsicht seit 1277 und knüpft an die albertinisch-thomistische Tradition seines Ordens an. Das gesamte *Opus tripartitum* will damit den Bedürfnissen von „fratres studiosi" nachkommen, in einer Art Summa alles das festzuhalten, was an Lehrsätzen, Quästionen und

135 Ebd. n.4 (40,5-41,14); n.8 (44,10-45,5).

136 Ebd. n.12 (47,14-48,8).

137 Meister Eckhart, Expositio Sancti Evangelii secundum Iohannem, prooem. n.2f. (Lat. Werke III,4,4-6.14-17); Übers. ebd.

Schriftauslegung bemerkenswert erscheint.[138] Als Vorbild des *Opus quaestionum* dient die *Summa Theologiae* des Thomas von Aquin, doch strebt Eckhart hier eher Kürze als Vollständigkeit an.[139] Eckhart ist sich der Neuartigkeit und Gewagtheit seiner metaphysischen Theologie und Begriffsdialektik durchaus bewußt. Er rechnet damit, daß hier so manches „beim ersten Anblick ungeheuerlich, zweifelhaft oder falsch erscheinen wird"; doch soll das nur zur genaueren Durchdringung anleiten, um die Übereinstimmung von Schrift, Autorität und Vernunftgrund schließlich einzusehen.[140] Den genauen Zusammenhang von metaphysischer Axiomatik, Quästio und Schriftauslegung expliziert Eckhart am jeweils ersten Artikel: Im *Opus propositionum* ist es der Satz 'Esse est Deus'; im *Opus quaestionum* die Frage *Utrum Deus sit*, und im Bereich der Schriftauslegung Gen 1,1. Das metaphysische Fundament der Schriftauslegung ist damit deutlich unterstrichen. Die Fundamentalsätze der Metaphysik bleiben die Norm der Schriftauslegung.[141]

Auf dem Hintergrund der ersten Pariser Quästio muß es zunächst wie ein Bruch in der Lehre des Meisters erscheinen, wenn er bereits im Prolog zum *Opus tripartitum* mehrmals dezidiert am Fundamentalsatz festhält, 'Esse est Deus'.[142] In der ersten Quästio hatte er 'ens' und 'esse' noch primär für Geschöpfliches gebraucht und dem *intelligere* den Vorrang zugesprochen. Doch auch hier spricht er von Gott bereits als der „puritas essendi". Jetzt wird dies - im Rahmen der christlich-neuplatonischen Metaphysik - zum beherrschenden Gesichtspunkt, ohne den sich weder die Existenz Gottes bewahrheiten noch Eckharts Programm einer metaphysischen Schrifterklärung ausführen läßt. Methodisch hat sich seit den ersten Quästionen wenig geändert. Wir haben nicht mehr Disputationen Pro und Contra vor uns, sondern Thesen, die argumentativ vielfältig (mit Zählung der kurzen Argumente) bewiesen werden. In neuplatonischer Begriffsdialektik wird jeweils zuerst der (abstrakte) Fundamentalbegriff gesucht, davon das Konkretum abgeleitet und dazu der negative Gegenbegriff gebildet: Sein/Seiendes/Nichts, Einheit/Eines/Vieles, Wahrheit/Wahres/Falsches, Gutheit/Gutes/Schlechtes, was aber nicht vollständig durchgehalten ist.[143] Die „Lauterkeit des Seins" ist jetzt zum „esse" selbst als der fundamentalen Bestimmung des biblischen, christlichen und metaphysischen Gottes geworden, der für Eckhart identisch ist. „Esse" bzw. „ens" im absoluten Sinne

138 Meister Eckhart, Prologus generalis in Opus Tripartitum n.2 (Lat. Werke I,148,5-149,2).
139 Ebd. n.5 (I,151,2-6).
140 Ebd. n.7 (I,152,3-7).
141 Ebd. n.11 (I,156,11-14).
142 Ebd. n. 12 (I,156,15); vgl. Tabula Prologorum n.1 (I,11f).
143 Ebd. n.4 (I,150,1-151,1).

und das „ens hoc et hoc" sind zu unterscheiden: Gottes logische Andersheit ist damit nur unter einem anderen Prädikat festgehalten, ebenso wie Eckhart es dann an den übrigen Transzendentalien zeigen wird.[144] Durch die negativen Gegenbegriffe erscheint dann alles, was nicht im eigentlichen Sinne *ens* ist, als Nichts: „praeter esse et sine esse omnia sunt nihil, etiam facta."[145] Dem Reichtum des Ursprungs steht schon im neuplatonischen *Liber de causis* die Dürftigkeit bzw. „das Nichts" des Anderen gegenüber. Die metaphysische Grundlage der mystischen Gottessehnsucht, aber auch der persönlichen „Entwerdung" im Leerwerden, Erkennen des eigenen Nicht-Seins im Vergleich zum Sein Gottes ist damit gefunden.[146] Die Kosten solcher metaphysisch-theologischer Spekulation folgen allerdings auf dem Fuße: Natürliche Verursachung und metaphysische Seins-Partizipation treten auseinander, damit aber auch Naturerklärung und metaphysisch-theologische Spekulation. Die Erklärung durch natürliche Ursachen ist theologisch verzichtbar geworden, da Sein, Einheit, Wahrheit und Gutheit der Dinge grundsätzlich nicht von natürlichen Ursachen abhängen, sondern unmittelbar von Gott.[147]

Auf diesem Fundament errichtet Eckhart eine Theologie und Mystik, die auch in ihrer Zeit Anstoß erregte durch dialektische und (vor allem in den deutschen Werken) mißverständliche Formulierungen. Sie betont einerseits den absoluten Vorrang Gottes, aber nicht wie Scotus und seine Schule im Wollen und Können, sondern im Sein, andererseits aber durch die unmittelbare Seins-Teilhabe am Sein Gottes die enge Verbundenheit und Überwindung der Kluft zwischen dem „Nichts" des Geschaffenen und dem „Sein" Gottes in dem nicht mehr analogen, sondern univoken Seinsverhältnis von Gott, dem Sohn Gottes als Bild (imago) und dem „Göttlichen in der Seele".[148] Unmittelbarkeit zu Gott und intellektuelle Gewißheit sind auf diesem Weg zu gewinnen, der sich allerdings als gefahrvoll erweist, wie nicht zuletzt der Prozeß und die posthume Verurteilung Eckharts in der Bulle „In agro dominico" vom 27. März 1329 zeigen.[149]

4.2.4 Was können wir wissen?: Wilhelm von Ockham

Ähnlich wie Duns Scotus hat auch Wilhelm von Ockham (1285-1347) in einer relativ kurzen Lehrtätigkeit (Oxford ca. 1317-1324) entscheidende

144 Ders., Prologus in Opus propositionum n.1-15 (I,166-176).

145 Ebd. n. 22 (I,178,16f).

146 Ebd. n.21 (I,178, 10-15).

147 Ebd. n. 24 (I,180,6-181,2); n.25 (I,182,3-6).

148 Ders., In Joh n.23f (III,19f); vgl. Ruh, Meister Eckhart 78-86.

149 Vgl. Ruh, Meister Eckhart 168-187, mit neuerer Literatur zum Eckhart-Prozeß: ebd. 204f.

Impulse für die Entwicklung der Theologie des 14./15. Jhs. gesetzt, vor allem in der konsequenten Anwendung logischer Sprachkritik auf die Aussagen der Theologie.[150] Das in der Logik und Physik erarbeitete wissenschaftstheoretische Instrumentarium wird sogleich im Prolog des *Scriptum in I Sent.* auf die Theologie übertragen und bereits in der ersten Quästio nach der Evidenz theologischer Wahrheiten gefragt.[151] Theologische Wahrheiten sind grundsätzlich Aussagen, Sätze; denn wir wissen nicht Dinge (außer in intuitiver Erfassung), sondern eigentlich immer nur Sätze. 'Wissen' ist propositional gebraucht. Theologische Wahrheiten im strengen Sinne sind die zur Erreichung der ewigen Seligkeit notwendigen Wahrheiten, womit sich Ockham sogleich auch in die praktische Ausrichtung der franziskanischen Theologieauffassung einreiht. Zu diesen theologischen Wahrheiten gehören solche, die auch mit der natürlichen Vernunft erkannt werden können (Gott existiert, Gott ist weise, gut usw.), aber auch rein übernatürliche Wahrheiten (Dreifaltigkeit, Inkarnation). Die Frage nach der Evidenz theologischer Wahrheiten überhaupt ist weitreichender als die im 13. Jh. erörterte Frage der Wissenschaftlichkeit: Wie kommen wir von der Kenntnis der Termini eines Satzes (in ihrer Referenz) zur Einsicht in die Wahrheit dieses Satzes? Diese Frage stellt sich nicht nur bei notwendigen, wissenschaftlichen Aussagen, sondern auch bei kontingenten Sätzen aufgrund unmittelbarer intuitiver Erkenntnis, z. B. 'Socrates est albus'. Habe ich Sokrates nicht unmittelbar vor mir, hat dieser Satz für mich nicht die nötige Evidenz. Ockham fragt also nach der erkenntnistheoretischen Stellung übernatürlicher theologischer Aussagen für den Menschen, der keine intuitive Einsicht in die Wahrheit Gottes hat: Was können wir dann in der Theologie überhaupt wissen?[152] Ockham löst die Frage in einer für ihn typischen mehrgliedrigen Erörterung mit jeweiliger Diskussion der Einwände und Opiniones, so daß die q.1 auf 72 Seiten der kritischen Ausgabe anwächst:

1. Theologischen Aussagen gegenüber setzt der Mensch einen Akt der Wahrnehmung (apprehensio) und des Urteils bzw. der Zustimmung (iudicium), daß das wahr ist. Das Urteil ist teilweise abhängig von der Geübtheit in diesen Dingen (habitus).
2. Der Urteilsakt setzt die Kenntnis der Termini des Satzes (in ihrer Bedeutung) voraus.

---

150 Zu den gesicherten Daten und echten Werken vgl. vor allem Richter, Unterwegs.

151 Vgl. zum ganzen: R. Guelluy, Philosophie et théologie chez Guillaume d'Ockham. Louvain-Paris 1947; G. Leff, William of Ockham. The Metamorphosis of Scholastic Discourse. Manchester 1975, 320-398.

152 Wilhelm von Ockham, I Sent. prol. q.1 (Guillelmi de Ockham, Opera theologica I, ed. G. Gál/St. Brown. St. Bonaventure, N.Y. 1967, 5-7).

3. Sinnliche Wahrnehmung allein verursacht nicht den Urteilsakt (Zustimmung zur Wahrheit); Verstandeserkenntnis (propositional) muß dazukommen.
4. Hinsichtlich desselben Objektes ist für den Menschen intuitive und abstraktive Erkenntnis möglich. Beide sind voneinander zu trennen, auch beim Objekt Gott.
5. Der Mensch im Pilgerstand kann eine abstraktive Erkenntnis Gottes haben. Abstraktive Erkenntnis vermittelt aber bei kontingenten Sachverhalten keine volle Gewißheit über Existenz oder Nichtexistenz, da sie diese nicht unmittelbar voraussetzt. Letztes Fundament der Gewißheit bleibt die umittelbare, intuitive Erkenntnis der Termini in ihrer Referenz.
6. Normalerweise haben wir Menschen im Pilgerstand keine intuitive Erkenntnis Gottes, doch ist eine solche *de potentia dei absoluta* möglich. Sie ist von der abstraktiven Erkenntnis unabhängig. Auf diesem Weg kann der *homo viator* zu einer distinkten Erkenntnis Gottes kommen, die aber nicht alle Zweifel beseitigt.
7. Gott kann *de potentia absoluta* dem Menschen im Pilgerstand eine evidente Kenntnis mancher theologischer Wahrheiten verleihen, anderer aber nicht, vor allem nicht kontingenter und futurischer Aussagen: 'Gott hat Fleisch angenommen', 'Es wird eine Auferstehung der Toten geben', 'Die selige Seele wird der ewigen Seligkeit teilhaftig werden'. Eine evidente Kenntnis heilsgeschichtlicher und aus solchen abgeleiteter Aussagen ist also ausgeschlossen.[153]

Die Gewißheit einer heilsgeschichtlichen Theologie in ihren fundamentalen Aussagen beruht also maximal auf einer abstraktiven Erkenntnis (und Zustimmung), die gerade den entscheidenden Zweifel, ob dem wirklich so ist, nicht beseitigen kann. Der Rekurs auf eine Glaubensgewißheit aber ist für die Gewißheit der Theologie ohne Bedeutung, da Ockham Theologie und Glauben ausdrücklich trennt. Der Theologe kann ein gläubiger Mensch sein, muß es aber nicht: Die Figur des nicht persönlich glaubenden oder häretischen Theologen tritt auf.[154] Die Frage stellt sich dann: Welches Plus an Erkenntnis gewinnt der Mensch durch die Kenntnis theologischer Wahrheiten? Kann die Theologie seine Erkenntnis erweitern? Handelt es sich um einen Gläubigen, so wird dadurch sicher sein Glaube (fides adquisita) vertieft. Bei einem Ungläubigen oder Häretiker aber trägt das theologische Wissen gar nichts zu seinem Glauben bei. Wohl aber erwirbt sich jeder Theologiestudent ein Wissen um viele Inhalte, die nicht in die Naturwissenschaften gehören. Zumindest lernt er diese einfach in der Weise des Erfassens (*actus apprehensivus*, z. B. des Hörens und Auswendiglernens),

153 Ebd. q.1 (I,15-51).
154 Ebd. q.7 (I,196-199).

gleich ob es Termini, Glaubenssätze oder wissenschaftlich bewiesene Konklusionen sind. Mit diesem Schatz ausgerüstet, kann der Theologe alles tun, was in der Theologie zu tun ist: predigen, lehren, bekräftigen usw., ausgenommen allein den Glauben. Mehr als das Lernen der theologischen Wahrheiten und die Beherrschung der Technik (Logik) ist für die Theologie nicht erforderlich. Dennoch kann sie insgesamt weder als strenges Wissen, noch als Wissenschaft im aristotelischen Sinne angesprochen werden, weil die Zustimmung zu Glaubenswahrheiten nur im Glauben möglich ist. Glaube und evidente Erkenntnis aber sind nicht vereinbar. Dennoch kann die Theologie Aussagen enthalten, die streng bewiesen und damit als wissenschaftlich angesehen werden; denn Wissenschaft im strengen Sinne richtet sich auf die einzelne bewiesene Konklusion; nur im Sinne einer Ordnungseinheit kann z. B. die Physik insgesamt als Wissenschaft betrachtet werden.[155] Noch weniger kann die Theologie insgesamt den Ehrentitel der Weisheit beanspruchen, da hierfür Evidenz unumgänglich ist. Wenn allerdings ein Theologe ein Wissen hätte, das ihn mit Evidenz den Glauben verteidigen und stärken ließe, besäße er Weisheit. Das ist aber nach dem natürlichen Lauf der Dinge unmöglich. Wissenschaftliche Technik kann nicht über die fundamentale Unsicherheit der Theologie aufgrund mangelnder Evidenz und die Unsicherheit des Theologen hinsichtlich seiner Glaubensvoraussetzungen hinwegtäuschen. Erfordert ist deshalb eine genaue Prüfung des Evidenzgrades der einzelnen theologischen Aussage.

Diese Prüfung wird vordringlich bei Aussagen, die die Existenz des Menschen in ihrem letzten Ziel betreffen, zumal angesichts der Freiheit Gottes und der Kontingenz seines Heilshandelns, das in seiner absoluten Macht auch anders sein könnte, als es *de potentia ordinata* angeordnet ist.[156] Wann ist etwa mein Handeln vor Gott gerechtfertigt, wann bin ich (als Sünder) von Gott akzeptiert?[157] Ockham stellt in für seine Zeitgenossen, namentlich den Oxforder Kanzler John Lutterell (+ 1335), der seinen Prozeß in Avignon (1324) initiiert[158], hart klingenden Thesen die Nichtnotwendigkeit aller geschaffenen Ursachen (bzw. Formen) für die Akzeptation durch Gott heraus: Gott ist an sich frei, wem und aus welchem Grund er das ewige Leben schenken will; sein Wollen (Liebe, Haß) allein entscheidet, nicht irgendwelche notwendigen Dispositionen (forma, habitus, caritas) auf seiten des Menschen. Das Vorhandensein der Gnade und ver-

155 Vgl. U.G. Leinsle, Die Einheit der Wissenschaft nach Wilhelm von Ockham. In: WiWei 43 (1980) 107-129.

156 Vgl. Bannach, Macht Gottes.

157 Wilhelm von Ockham, I Sent. d.17 q.1 (Op. theol. III, 440-466); vgl. Dettloff, Entwicklung 253-290.

158 Vgl. F. Hoffmann, Die Schriften des Oxforder Kanzlers Iohannes Lutterell. Texte zur Theologie des vierzehnten Jahrhunderts. (EThS 6). Leipzig 1959.

dienstlicher Akte sagt also an sich noch nichts darüber aus, ob der Mensch von Gott akzeptiert und zum ewigen Leben bestimmt ist. An ihrer Notwendigkeit *de potentia ordinata*, ebenso wie an der faktischen Notwendigkeit der Sakramente (Taufe), hält aber Ockham durchaus fest.[159] Faktische Notwendigkeit in der kontingenten Heilsordnung und absolut freier Wille Gottes treten deutlich auseinander. Entscheidbar und für uns wißbar aber ist eine solche Frage aufgrund des Widerspruchsprinzips. So ist es kein formaler Widerspruch, zu sagen 'der Akt x ist verdienstlich' und 'der Akt x ist nicht von einem übernatürlichen Habitus geformt'; denn der Grund der ersten Aussage ist nicht irgendein natürlicher oder übernatürlicher Habitus (z.B. Tugend, Gnade, Glaube). Die Verdienstlichkeit unserer Handlungen beruht also nicht auf unseren guten Eigenschaften oder sonst einer geschaffenen Ursache (z. B. habituelle Gnade), sondern allein auf dem aktuellen, willentlichen und freien Gnadenerweis Gottes: der Annahme meines Handelns als Verdienst im Hinblick auf das ewige Leben. In seinem Handeln ist Gott an sich frei und nicht von geschaffenen Ursachen abhängig. Deshalb kann er einen gnadenhaften Akt an sich auch ablehnen und einen rein natürlichen als verdienstlich annehmen. Verdienstliches Handeln übersteigt also nicht grundsätzlich das Menschenmögliche.[160] Als Akte sind beide im Bereich menschlichen Vermögens, hinsichtlich der Verdienstlichkeit, somit ihres Wertes vor Gott aber sind beide in die Willkür Gottes gelegt. Zwei divergierende praktische Konsequenzen ergeben sich aus dieser Lehre:

1. die Anstrengung, für sein Heil etwas tun zu müssen: spätmittelalterliche Werkfrömmigkeit und Vermehrung der Frömmigkeitsübungen;
2. die grundlegende Unsicherheit, ob all das, was ich tue, zu meinem Heil vor Gott ausreicht oder überhaupt etwas beiträgt, und somit die existentielle Unsicherheit: „Was muß ich tun, um das ewige Leben zu gewinnen?" (Mk 10,17).

Theologie als unsicheres Wissen ohne letzte Evidenz kann angesichts der Kontingenz der Heilsordnung und der Freiheit Gottes darauf keine eindeutige Antwort geben, die alle Zweifel beseitigen könnte. Wissenschaftstheoretisch und existentiell ist ein theologischer Optimismus nicht gerechtfertigt.

4.2.5 Aussagenlogik des Glaubens: Robert Holcot

Der von Ockham ausgehende Impuls theologischer Sprachkritik sprengt bald die festgefügten Schulrichtungen über Ordensgrenzen hinweg. Schon vorher wendet sich der Dominikaner Durandus a S. Porciano (ca. 1275-

159 Ockham, I Sent. d. 17 q.1 (III,452,6-13); vgl. Dettloff, Entwicklung 263.
160 Ockham, I Sent. d.17 q.2 (III,471f).

1334) vom Thomismus seines Ordens ab.[161] Im Dominikanerorden finden wir ockhamistisches Gedankengut vor allem bei Robert Holcot (+ 1349), der 1330-1332 in Oxford die Sentenzen liest und 1334 Magister der Theologie wird. Holcot verbindet akademische Tätigkeit und Seelsorge (Predigt), was sich vor allem in seinen Schriftkommentaren niederschlägt.[162]

Für Holcot stellt sich, wie schon für Franziskus de Meyronnes, und Ockham die Frage, welcher Logik die Aussagen des Glaubens und der Theologie genügen, wenn sicheres Wissen in der Theologie zumeist nicht zu haben ist. Holcot trennt deshalb klar zwischen der wissenschaftlich-aristotelischen Logik und einer „logica fidei“, die jedoch nicht als „Irrationalismus“ oder „Fideismus“ abzutun ist; denn Holcot will damit gerade die Glaubenszustimmung zu einer unbewiesenen Wahrheit in ihrer Vernünftigkeit sichern und dem Bereich reiner Willensentscheidung im Hinblick auf das ewige Leben entheben.[163] Dazu ist zuerst zu unterscheiden zwischen dem natürlichen und dem übernatürlichen, aus dem Gnadenhabitus des Glaubens hervorgegangenen Glaubensakt. Der natürliche Glaubensakt ist nicht reine Willenssache, sondern hängt ab vom Grad der Einsicht in die unbewiesene Aussage, die geglaubt werden soll; denn strenge Glaubenswahrheiten sind für Holcot nicht „supra rationem“, sondern „contra rationem“: Sie sperren sich gegen die herkömmliche aristotelische Logik.[164] Das entbindet die Glaubenszustimmung aber nicht der intellektuellen Begründung und Erforschung des Glaubensgegenstandes.[165] Ausdrücklich stellt Holcot sein Verständnis des Glaubensaktes nochmals in den *Conferentiae* gegen die Meinung Crathorns und des Franziskaners Walter Chatton (+ um 1344) dar.[166] Wenn mir von zwei kontradiktorischen Sätzen beide gleichermaßen zweifelhaft sind, bedarf ich neuer Erkenntnis, die mir über einen von beiden hinreichende Gewißheit zur Zustimmung verschafft. Wenn andererseits die Wahrheit einer Aussage feststeht, ist für den „Intellektualisten“ Holcot die Zustimmung nicht mehr Sache des Wollens, sondern eine Notwendigkeit der Vernunft. Niemals aber wird durch einen Willensakt ein zweifelhafter Satz wahr oder gewiß.[167]

161 Vgl. Dettloff, Entwicklung 107-128.

162 Vgl. vor allem Hoffmann, Methode; zu den Schriftkommentaren: B. Smalley, Robert Holcot. In: AFP 26 (1956) 5-97.

163 Robert Holcot, I Sent. q.1 (Opus quaestionum ac determinationum super libros Sententiarum. Lyon 1497, a II rb 19-34); vgl. Hoffmann, Methode 33.

164 Vgl. Lang, Glaubensbegründung 159-165; korrigiert durch Hoffmann, Methode 175-177.

165 Holcot I Sent. q.1 a.6 (f. a V rb 47-va 11); vgl. Hoffmann, Methode 179-182; zit. ebd. 179 Anm. 36.

166 Holcot, Conferentiae a.2 (Ed. Hoffmann, Conferentiae 82-104).

167 Ebd. a.2 (91,2-18).

Gegenstand des Glaubens aber sind grundsätzlich Sätze, Aussagen, nicht die durch die Sätze bezeichneten (ontologischen) Sachverhalte (res significata).[168] Glaube ist also ebenso propositional wie Wissen:

> „Unter dem Objekt des Glaubensaktes verstehe ich allein das, was als geglaubt bezeichnet wird, und unter dem Objekt des Erkenntnisaktes verstehe ich allein das, was als gewußt bezeichnet wird. Und weil keine extramental existierende Sache im eigentlichen Sinne als gewußt bezeichnet wird - ich weiß nämlich nicht den Stein, sondern daß der Stein schwer ist; so wird von mir gewußt, daß der Stein schwer ist; und das Verbum: 'es wird gewußt', wie auch das Partizipium 'gewußt' oder 'geglaubt', werden nicht von etwas Einfachem, sondern von einem Complexum ausgesagt, das auf mannigfaltige Weise formuliert wird - darum sagt man, daß allein das Complexum Gegenstand des Glaubensaktes ist."[169]

Der Akt der Glaubenszustimmung wird nicht bezüglich einer extramentalen *res* gegeben, sondern allein einem Satz, dessen Termini aber signifikativ (in personaler Supposition) stehen, also für die Sache, nicht nur in rein grammatikalischer oder logischer Bedeutung. Die Wahrheit des Satzes ist für Holcot die „res significata", nicht ein intensionaler oder mentaler Gehalt (complexum significatum), wie Crathorn und Gregor von Rimini wollen.[170] Die materiale Wahrheit von Glaubensaussagen und Sätzen der Theologie ist somit extensional zu sichern. Sie ist abhängig vom signifikativen Gebrauch der Termini im Satz, d.h. sie sind wahr, wenn die Termini wirklich das bezeichnen, was sie bedeuten, und somit eine entsprechende extramentale *res* aufgewiesen werden kann, für die sie stehen. Dies ist z. B. nicht der Fall bei Anselms Gottesbeweis, wo zuerst einmal nachzuweisen wäre, daß 'istud quo maius cogitari nequit' signifikativ gebraucht werden kann.[171] Die Verifikation theologischer Aussagen wird nun zum entscheidenden Problem. Diese kann nicht mittels eines Beweises erfolgen, der unmittelbar Wissen nach sich zieht, sondern ist Sache des Glaubens und seiner eigenen Logik. Deshalb ist 'Deus est' als Ergebnis eines philosophischen Beweises etwas anderes als eine Glaubensaussage; der philosophische Beweis trifft nicht den Inhalt des katholischen Glaubens, da der Begriff 'Gott' beim Philosophen oder Heiden ein anderer ist als beim Katholiken. Es handelt sich also um eine Äquivokation, die jeden Beweis ausschließt, und eben eine eigene „Logik des Glaubens" zur Sicherung theologischer Aussagen erfordert.[172]

---

168 Vgl. Hoffmann, Methode 211-216 (mit literarkritischer Korrektur des Inkunabeltextes); vgl. Perler, Wahrheitsbegriff.

169 Übers. Hoffmann, Methode 216; vgl. ders., Satz 300.

170 Vgl. Crathorn, I Sent. q.2 (Ed. Hoffmann, Cathorn 152-205; Holcot, Conferentiae a.1 (67-82).

171 Holcot, Quodlibet; zit. Hoffmann, Satz 302 Anm. 23f.

172 Holcot, I Sent. q.4 (f. d VII vb 7-14); vgl. Hoffmann, Satz 302f.

Diese Logik wird gerade dort erforderlich, wo Aussagen über Gott seine Freiheit oder die des Menschen veranschlagen müssen, also bei (futurischen) kontingenten Aussagen: ebenfalls ein Streitpunkt zwischen Holcot und Crathorn.[173] Futurische Aussagen sind nicht wahrheitsdefinit, kontingente nicht beweisbar. Bei Wahrung der Freiheit Gottes und seiner Allwissenheit sind Aussagen über futurische kontingente Sachverhalte zwar als Aussagen notwendigerweise entweder wahr oder falsch, aber weder zugleich, noch sukzessive. Folglich muß es angesichts der Freiheit Gottes und des Menschen Aussagen geben, die wahr und doch in anderer Hinsicht falsch sind, z. B. 'Sokrates (bzw. dieser Mensch) wird selig sein'. Denn dies hängt sowohl von der Freiheit Gottes als auch der des Menschen ab. Was aber heute wahr ist, kann nicht morgen falsch sein, außer bei Voraussagen kontingenter Ereignisse, deren Eintreten falsifizierende Wirkung für die futurische Aussage hat, z. B. 'Die Seele des Antichrist wird erschaffen werden' oder 'Der Tag des Gerichtes wird stattfinden'. Ist das Ereignis eingetreten, ist die Aussage als futurische nicht mehr zu machen und damit falsch. Da nun solche kontingenten futurischen Aussagen Offenbarungsgegenstand sein können, nimmt Holcot rein logisch eine Falsifikationsmöglichkeit solcher Aussagen auch für den Fall an, daß sie in der Bibel stehen, und deshalb auch einen Glauben an möglicherweise falsche Aussagen, auch bei der „anima Christi". Die Folge sind „anstößige" theologische Formulierungen: „Gott kann täuschen. Die Seele Christi konnte getäuscht werden. Die Heilige Schrift kann falsch sein. Ein falscher Glaube kann verdienstlich sein."[174]

Mindestens in gleicher Intensität wie die Freiheit Gottes wahrt Holcot in seiner Theologie die Freiheit des Menschen, bereits in der Frage der Freiheit des Glaubensaktes. Wie die Theologie einzelne Sätze zum Gegenstand hat, so ist das Handeln des Menschen in einzelnen Akten zu betrachten und zu beurteilen. Die Ausdrucksweise trägt dem Rechnung: Nicht mehr vom Willen (voluntas) wird vornehmlich gesprochen, sondern vom einzelnen Wollen (velle) und dessen (propositionalem) Inhalt. Auffallend stark werden die natürlichen Kräfte und Vernunftgründe des Menschen betont, weshalb Thomas Bradwardine Holcot unter die „Pelagiani moderni" rechnet.[175] Diese Vernunftgründe richten sich aber nach einem Mehr oder Weniger, z. B. in der Annahme einer natürlichen Gottesliebe:

> „Alles, was der menschliche Intellekt für höchst liebenswert zu halten vermag, das vermag er auch über alles zu lieben, und dies aus natürlichen Kräften, weil er ganz und gar Herr seiner Willensentschlüsse ist. [...] Gott ist über alles zu lieben. Gott ist

173 Vgl. Hoffmann, Methode 36-40.279-379.

174 Holcot, II Sent. a.2 a.9 (f. h VI vb 22-39; h VI vb 55- VII ra 10); vgl. Hoffmann, Methode 37.392.

175 Vgl. Leff, Bradwardine.

mehr zu lieben als Platon, als Sokrates usw., weil er besser (und damit liebenswerter) ist als Platon, als Sokrates usw."[176]

Der Mensch kann zudem aus seinen natürlichen Kräften wollen, daß Gott Gott sei und nichts anderes Gott sei.[177] Damit setzt er aber einen Akt höchsten Wohlwollens Gott gegenüber. Mit Bradwardine ist sich aber Holcot rein logisch darüber einig, daß Gott auch Wirkursache der sündigen Akte des Menschen sein kann, ebenso wie des Glaubensaktes, der dann allerdings kein Akt der Zustimmung mehr wäre. Holcot schränkt diese Ursächlichkeit allerdings auf die „voluntas beneplaciti" ein und lehnt damit eine unmittelbare Anordnung der Sünde durch Gott (voluntas signi) ab.[178] Das Instrumentarium der Erörterung ist hier wie immer die Aussagenlogik mit allen Möglichkeiten der Analyse von Fehlschlüssen, vor allem mit der dauernden Unterscheidung zwischen eigentlichem und uneigentlichem Sprachgebrauch (*Modus loquendi* bzw. *forma loquendi*), um so die theologischen Aussagen auch in ihrem Wahrheitsgehalt zu sichern.[179] Diese bleiben an die Schrift gebunden, aber ebenso an den logischen Ausweis ihrer Wahrheit oder Glaubwürdigkeit.

4.2.6 Was können wir tun?: Gregor von Rimini

Die u.a. von Duns Scotus, Ockham und deren Schülern gestellte Frage nach der Verdienstlichkeit unseres Handelns *ex puris naturalibus* beantwortet der Augustinereremit Gregor von Rimini (+ 1358) in der Erneuerung der antipelagianischen Gnadenlehre Augustinus'. Vorausgegangen ist ihm in der *via antiqua* Thomas Bradwardine (+ 1349). Gregor aber steht in der *via moderna.* Er liest die Sentenzen in Paris 1343-1344 und wird gegen die Bestimmungen seines Ordens bereits 1345 zum Magister promoviert.[180] Die für die Auseinandersetzung entscheidenden Quästionen zu II Sent. d.26-29 sind in einem sonst unüblichen Maße mit Augustinuszitaten überhäuft, zu denen Texte des Pelagius kommen. Dadurch will Gregor seine Lehre auch historisch absichern. Die Gegner, die „Pelagiani moderni", sind namentlich Duns Scotus, Ockham und Adam Woodham. Diesen kann historisch schlimmstenfalls ein Semipelagianismus zugeschrieben werden, -

---

176 Holcot I Sent. q.4 (fol. d III ra48-rb28); vgl. Hoffmann, Methode 58f.

177 Luther wird genau die gegenteilige These vertreten.

178 Holcot, II Sent. q.1 (fol. f VIII ra1-b18); vgl. Hoffmann, Methode 40-44.

179 Vgl. Hoffmann, Methode 71-77 (auch am Beispiel der Eucharistielehre: Transsubstantiation oder Annihilation).

180 Vgl. Ch.P. Burger, Der Augustinschüler gegen die modernen Pelagianer: Das 'auxilium speciale dei' in der Gnadenlehre Gregors von Rimini. In: Oberman (Hg.), Gregor von Rimini 195-240; V. Marcolino, Der Augustinertheologe an der Universität Paris. In: Ebd. 127-194.

ein Ausdruck, den das 14. Jh. allerdings nicht kennt. Bei Gregor aber erscheinen sie als „Superpelagianer" und irren schlimmer als Pelagius selbst, indem sie unseren Kräften zu viel und Gottes Gnade zu wenig zuschreiben.[181]

Damit ist der Kern der Auseinandersetzung genannt: Was kann der Mensch angesichts des allmächtigen und freien Gottes aus eigenem Vermögen tun? Kann er Gottes Willen überhaupt erfüllen? Wie steht es um die Selbständigkeit und Selbstbehauptung (Freiheit) des Menschen diesem Gott gegenüber? Die Auseinandersetzung mit den Gegnern wird von Gregor mit Augustinuszitaten geführt[182], betrifft aber im Grunde die Problematik des „modernen" spätmittelalterlichen Menschen, der in seiner Subjektivität sich dem Handeln Gottes gegenübergestellt weiß. Mit Ockham eins ist sich Gregor weitgehend in den nominalistischen Voraussetzungen seiner Handlungs- und Gnadenlehre, und gerade daher rührt auch ihre Schärfe: Nicht der Mensch in seiner habituellen Verfassung kann hier betrachtet werden, sondern das einzelne aktuelle Handeln. Ebenso ist Gottes aktuelles „auxilium speciale" zu diesen einzelnen Akten nötig; die „influentia generalis" Gottes zum Leben des Menschen nützt hier ebensowenig wie eine habituelle Gnade.[183]

Die ausführlichen und vielfach gegliederten Quästionen Gregors[184] fallen bereits durch ihre präzise Fragestellung auf. Vorausgesetzt ist die Zustandsbeschreibung des Menschen (vor oder nach dem Sündenfall); in Frage steht die Art der Einflußnahme Gottes auf das Handeln des Menschen:

> d.26-28 q.1: „Ob der Mensch in seinem gegenwärtigen Zustand - unter der Voraussetzung von Gottes allgemeinem Einfluß - durch seinen freien Willen und seine natürliche Ausstattung ohne besondere Gnadenhilfe Gottes irgendeinen moralisch guten Akt vollbringen kann."
>
> d.26-28 q.2: „Ob der Mensch in seinem gegenwärtigen Zustand aus seinen natürlichen Kräften heraus ohne spezielle Gnadenhilfe Gottes jede beliebige Sünde vermeiden kann."
>
> d.29 q. un.: „Ob der Mensch vor dem Begehen der Sünde allein durch den freien Willen und die Kräfte seiner Natur ohne eine weitere Hilfe Gottes in der Lage gewesen ist, irgendeinen moralisch guten oder wirklich rechten oder tugendhaften Akt auszuführen."

---

181 Gregor v. Rimini, II Sent. d.26-28 q.1 a.2 (Gregorii Ariminensis OESA Lectura super Primum et Secundum Sententiarum. Ed. A.D. Trapp/V. Marcolino. [Spätmittelalter und Reformation 6-12]. VI. Berlin-New York 1980,59,34f). Vgl. Vorwort: Ebd. VI,VIf.

182 Auflistung der Zitate aus antipelagianischen Schriften zu II Sent d.26-29: Burger, Auxilium speciale 225.

183 Gregor von Rimini, II Sent. d.26-28 a.1 a.3 (VI,77,7-12); vgl. Burger, Auxilium speciale 220-222.

184 Vgl. Burger, Auxilium speciale 201-205.

Man darf auf präzise Fragen ebensolche Antworten erwarten, die Gregor in seinen Konklusionen auch gibt und in einzelnen Schritten beweist:

1. Kein Mensch kann in seinem Zustand nach dem Sündenfall - unter der Wirksamkeit von Gottes allgemeinem Einfluß - ohne die spezielle Hilfe Gottes irgendeinen moralisch guten Akt vollbringen.
2. Kein Mensch kann in seinem Zustand nach dem Sündenfall - unter der Wirksamkeit von Gottes allgemeinem Einfluß - ohne Gottes spezielle Hilfe in Angelegenheiten des moralischen Lebens genügend erkennen, was zu wollen oder nicht zu wollen, was zu tun oder zu meiden ist.
3. Kein Mensch kann in seinem Zustand nach dem Sündenfall - unter der Wirksamkeit von Gottes allgemeinem Einfluß - ohne Gottes spezielle Hilfe entsprechend wollen oder handeln, nicht einmal dann, wenn er die in (2) umschriebene genügende Kenntnis hätte.[185]
4. Kein sündlicher und freier Mensch kann im gegenwärtigen Zustand ohne Gottes spezielle Hilfe jede beliebige aktuelle Sünde vermeiden.
5. Kein sündlicher und freier Mensch kann oder konnte im gegenwärtigen Zustand ohne Gottes spezielle Hilfe auch nur irgendeine seiner Sünden vermeiden.[186]
6. Kein Mensch, der die habituelle *gratia gratum faciens* besitzt (also ein *iustus* im fachlichen Sinne), kann ohne Gottes spezielle Hilfe jede beliebige aktuelle Sünde vermeiden.
7. Kein Mensch, der die habituelle *gratia gratum faciens* besitzt, kann ohne Gottes spezielle Hilfe auch nur irgendeine seiner Sünden vermeiden.[187]
8. Adam konnte vor dem Sündenfall aus eigenen Kräften ohne die Hilfe des allgemeinen Einflusses Gottes keinen einzigen guten Akt ausführen.
9. Allein aus seinen natürlichen Kräften und unterstützt von Gottes allgemeinem Einfluß war Adam vor dem Fall nicht in der Lage, irgendeinen moralisch guten oder wirklich tugendhaften Akt auszuführen; vielmehr war für ihn über die genannten Bedingungen hinaus eine andere besondere Hilfe Gottes notwendig.
10. Adam konnte vor dem Begehen der Sünde durch den freien Willen und die natürlichen Kräfte sowie die noch hinzugegebene Gnadenhilfe (zusätzlich zum allgemeinen Einfluß Gottes) ohne weitere spezielle Hilfe Gottes einen moralisch guten Akt ausführen.[188]

Das Bild, das Gregor vom Können, Wollen und Tun des Menschen nach dem Sündenfall zeichnet, steht durchgängig unter der Voraussetzung der Notwendigkeit aktueller gnadenhafter Einflußnahme Gottes im speziellen

185 Gregor v. Rimini, II Sent. d.26-29 q.1 a.1 (VI,24,10-19).
186 Ebd. q.2 a.1 (VI,88,25-89,10).
187 Ebd. a.2 (102,3-5; 104,8f).
188 II Sent. d.29 q. un. a.1 (116,18-20; 117,18-21; 130,12-15).

Fall. Der Mensch ist nach dem Sündenfall grundsätzlich unfähig, ohne Gottes spezielle Gnadenhilfe, einer Versuchung zu widerstehen, aber auch, das Gebot Gottes zu erfüllen, ja er ist grundsätzlich nicht fähiger als der Teufel, das Gute zu wollen.[189] Denn bereits zum moralisch guten Akt ist erforderlich, daß die Gebote Gottes um Gottes willen, nicht zu einem anderen Ziel, erfüllt werden. Voraussetzung dazu ist die Liebe Gottes um seiner selbst willen; diese ist nach dem Sündenfall nicht mehr möglich; es sei denn, daß Gott selbst dem Menschen diese Fähigkeit erneut schenkt. Jeder Akt aber, der nicht in dieser Weise aus der Gottesliebe um seiner selbst willen stammt, ist nach Augustinus moralisch schlecht. Deshalb gibt es auch bei Heiden kein moralisch gutes Handeln aus natürlichen Kräften.[190]

Die moralische Qualität eines Aktes ist streng zu unterscheiden von dessen Verdienstlichkeit und Akzeptation für das ewige Leben, die I Sent. d.17 q.1 erörtert wird.[191] Verdienstlich wird ein moralisch guter Akt nur durch die Annahme durch Gott für das ewige Leben; diese ist aber grundsätzlich frei, vor allem *de potentia dei absoluta*, wie Gregor in drei Konklusionen festhält:

1. *De potentia dei absoluta* kann jemand in Gottes Gnade stehen und akzeptiert sein ohne den Habitus der eingegossenen Gottesliebe (caritas).
2. Andererseits kann jemand, der im Besitz dieses Habitus ist, von Gott nicht zum ewigen Leben akzeptiert werden.
3. Jemand kann Gott verdienstlich lieben ohne diesen Gnadenhabitus; denn Grund der Verdienstlichkeit ist allein die Akzeptation durch Gott.[192]

Damit ist *an sich* ein Schluß vom moralisch guten Akt, der seinerseits erst durch eine spezielle Gnadenhilfe Gottes gut wird, auf seine Verdienstlichkeit (Wert im Hinblick auf das ewige Heil) ungültig. Die Schärfe der logischen Argumentation Gregors zeigt sich gerade in der Begründung der zweiten These: habituelle Gottesliebe (caritas) und ewige Seligkeit sind zwei geschaffene Entitäten, die *an sich* nicht so notwendig zusammenhängen, daß eine nicht ohne die andere existieren könnte. Deshalb ist es logisch denkbar, mithin *de potentia absoluta* möglich, daß Gott einen Menschen, der die habituelle Gottesliebe besitzt, nicht zum ewigen Leben akzeptiert, oder ihm nach einiger Zeit der Seligkeit diese wegnimmt und die *caritas* allein beläßt.[193] Gott ist grundsätzlich frei, das eine Geschenk ohne das andere zu geben; und beides ist Geschenk, nicht Verdienst des Men-

189 II Sent. d.26-28 q.1 a.1 (25,1f; 26,8-12; 28,13f).

190 Vgl. Burger, Auxilium speciale 207-211.

191 Gregor v. Rimini, I Sent. d.17 q.1 (II, 215-249); vgl. Dettloff, Entwicklung 313-321.

192 I Sent. d.17 q.1 a.2 (II,222,5-10); vgl. Dettloff, Entwicklung 317.

193 I Sent. d.17 q.1 a.1 (II,234,23-235,21).

schen. Denn kein Handeln des Menschen, gleich ob aus der Gottesliebe oder ohne sie getan, ist an sich verdienstlich, so daß Gott es als wertvoll für das ewige Leben annehmen müßte. Es ist vielmehr eine „gratuita ordinatio divina", die in seinem freien Willen begründet ist.[194] An diese aber dürfen wir uns im Vertrauen halten, daß Gott seine freie Verfügung nicht ändert. Was können wir also? Aus natürlichen Kräften nur sündigen, mit Gottes spezieller Gnadenhilfe gut handeln, durch seine freie Akzeptation verdienstlich handeln und das ewige Leben erreichen. Gregors Lösung, am antipelagianischen Augustinus gebildet, wird maßgebend für Luther, der Gregor als den rühmt, der es gewagt hat, in Paris „Augustinum producere et Sophistis opponere in hac materia."[195]

4.2.7 Göttliches Wissen und menschliche Freiheit: Marsilius von Inghen

Ist menschliches Wissen angesichts der göttlichen Freiheit verunsichert, so stellt sich andererseits die Frage, wie es mit einem absoluten Wissen Gottes angesichts der menschlichen Freiheit bestellt ist: Was wissen wir theologisch vom Wissen Gottes über die freien, kontingenten zukünftigen Handlungen des Menschen? Die im 14./15. Jh. lebhaft diskutierte und bis in schwere universitäre Auseinandersetzungen hinein durchgestrittene Frage der *futura contingentia*[196] ist im modernen Gewand die Frage nach einer absoluten Wissenschaft auch des Künftigen und Kontingenten: Wie wird der Weltverlauf weitergehen? Exemplarisch für die mittelalterliche Diskussion, die nicht nur an Universitäten, sondern von jeder „muliercula vel etiam laica persona" geführt wurde[197], soll hier der Pariser und Heidelberger Professor Marsilius von Inghen (um 1330-1396) stehen, der zusammen mit Geert Groote, dem Begründer der *devotio moderna*, in Paris studiert (Theologie ab 1366) und Verbindungen zu Heinrich Totting von Oyta unterhält. Ab 1386 lehrt er die *artes* an der jungen Universität Heidelberg, deren Rektorat er 1386-1392 und 1396 bekleidet. Erst 1396 wird er in Heidel-

194 Ebd. (245,24-31).

195 WA Briefwechsel 12,387,16-20.

196 Vgl. zu den Auseinandersetzungen an der Universität Löwen: L. Baudry, La querelle des futurs contingents (Louvain 1465-1475). (Études de Philosophie Médiévale 38). Paris 1950; zur Problemgeschichte: W.L. Craig, The Probleme of Divine Foreknowing and Future Contingents from Aristotle to Suarez. (Brill's Studies in Intellectual History 7). Leiden 1988; H. Schwamm, Das göttliche Vorherwissen bei Duns Scotus und seinen ersten Anhängern. (Philosophie und Grenzwissenschaften 5). Innsbruck 1934.

197 Marsilius von Inghen, I Sent. q. 40 (ed. M.J.F.M. Hoenen, Marsilius van Inghen (+ 1396) over het goddelijke weten. Zijn plaats in de ontwickkeling van de opvattingen over hat goddelijke weten ca. 1255-1396. Diss. Nijmegen 1989, II,71).

berg zum Doktor der Theologie promoviert, stirbt aber noch im selben Jahr.[198] Seine von Ockham, Adam Woodham und Gregor von Rimini beeinflußten *Quaestiones super Quatuor libros Sententiarum* stammen aus den Jahren 1392-1394 in Heidelberg und setzen sich in logisch exakter Weise mit dem Problem auseinander. Jede Quästio wird nach ihren Prämissen (suppositiones) und Konklusionen gegliedert, die im einzelnen wieder mit vielen Argumenten bewiesen werden.[199]

Schon die Fragestellung ist orientiert an der propositionalen Wahrheitsauffassung: Können die folgenden Sätze zugleich bestehen, oder widersprechen sie einander?

I. Das göttliche Vorherwissen weiß unfehlbar alles vorher.

II. Es gibt Wirkungen, die kontingent und frei hervorgebracht werden.[200]

Beide Voraussetzungen hält Marsilius im Glauben fest, sowohl das umfassende Vorherwissen Gottes, als auch die Kontingenz künftiger, frei gewollter Ereignisse. Sehr kurz wird demnach im 1. Artikel der erste Satz bewiesen[201]:

1. Gott weiß alles Zukünftige voraus.
2. Das Vorwissen Gottes ist hinsichtlich künftiger Ereignisse schlechthin unfehlbar.
3. Obwohl die meisten kontingenten künftigen Ereignisse von einem geschaffenen und freien Willen abhängen, sind sie von Gott unfehlbar vorgewußt.

Wie stehen nun aber zu diesem umfassenden Vorwissen Gottes die von Ockham durchgängig betonte Kontingenz des Geschaffenen und die Freiheit des menschlichen Wollens?[202] Gottes Wissen ist als Wissen propositional. Es bezieht sich auf Sachverhalte als Referenzobjekte von Sätzen (complexe enuntiabile), nicht auf Dinge.[203] Kontingente zukünftige Sachverhalte muß es geben, wenn die theologische Rede von Sünde ihren Sinn behalten soll; denn Sünde ist grundsätzlich ein freies Handeln des Menschen. Musterbeispiel ist der Antichrist (als künftige Gestalt) nach Dan

198 Vgl. Hoenen, Marsilius van Inghen I,13-20.

199 Vgl. ebd. 306. - Gesamtdruck: Questiones Marsilii super quattor libros sententiarum. Straßburg 1501. ND Frankfurt 1966.

200 Marsilius von Inghen, I Sent. q. 40 (Hoenen II,61-113).

201 Ebd. a.1 (ebd. 73f).

202 Vgl. D. Perler, Notwendigkeit und Kontingenz. Das Problem der „futura contingentia“ bei Wilhelm von Ockham. In: O. Pluta (Hg.), Die Philosophie im 14 und 15. Jahrhundert. In memoriam Konstanty Michalski (1879-1949). Amsterdam 1988, 39-65; J.P. Beckmann, Weltkontingenz und menschliche Vernunft bei Wilhelm von Ockham. In: L'homme et son univers au moyen âge. Hg. C. Wenin, Louvain-la-Neuve 1986, 445-457.

203 Vgl. Hoenen, Marsilius van Inghen I, 375f.

11,36f und 2 Thess 2,4. Wenn dieser nun verlangen wird, als Gott verehrt zu werden, gibt es dafür grundsätzlich drei Erklärungsmöglicheiten:

1. Der Antichrist handelt frei, und dieses Handeln ist Sünde.
2. Der Antichrist handelt nach Notwendigkeit und sündigt deshalb nicht. - Wenn Gott ihn aber dann mit ewiger Verdammnis bestraft, handelt er ungerecht.
3. Der Antichrist handelt nach Notwendigkeit und sündigt notwendig; er wird „ex natura rerum" gerechtermaßen verdammt. Diese Antwort macht aber (mit Robert Holcot) Gott zum „principalis actor" der Sünde und ist deshalb ebenso unannehmbar wie (2).

Da also nur die Möglichkeit (1) theologisch haltbar ist, ergibt sich also als typische Formulierung kontingenter futurischer Aussagen und des göttlichen Wissens darum:

(a) Der Antichrist wird zur Zeit *a* sündigen, und

(b) Der Antichrist kann zur selben Zeit *a* auch nicht sündigen. - Vereinigt zu:

(a-b')Der Antichrist wird zur Zeit *a kontingent* sündigen.

(c) Gott weiß unfehlbar, daß der Antichrist zur Zeit *a* sündigen wird.[204]

Göttliches Vorwissen und kontingente Zukunft sind also kein Widerspruch, wie man annehmen möchte. Gottes Wissen impliziert auch den Modus des Eintretens von Sachverhalten, also auch die Kontingenz zukünftiger Sachverhalte. Doch geht Marsilius darüber hinaus, indem er dieses Wissen Gottes selbst zu einem kontingenten Wissen macht, also den Modus des Gewußten zu einem Modus des Wissens erklärt: Gott weiß nicht notwendig, sondern selbst nur kontingent, was ich in Zukunft tun werde, wenn aber kontingent, dann auch zeitlich. Er konnte es also zu einem Zeitpunkt a_0 einmal nicht wissen. Gottes Wissen ist also kein Wissen um ewige, unveränderliche Ideen und deren notwendige Auswirkungen in der Welt, wie Marsilius mit deutlicher Kritik an der *via antiqua* (Thomas Bradwardine) festhält. Der Raum der Freiheit des Menschen wird so erweitert, daß auch Gottes Wissen dadurch wenigstens in seinem Modus eingeschränkt wird. Wahrheit impliziert rein logisch nicht Notwendigkeit, sondern Faktizität: Der Satz 'Gott weiß (von Ewigkeit), daß *p* zur Zeit *t* der Fall sein wird' hat nicht das notwendige Eintreten von *p* zu *t* zur Folge. Folglich kann *p* auch nicht eintreten. Dieses aber, daß *p* zu *t* nicht eintreten wird, kann Gott auch niemals gewußt haben. Ähnlich versucht Marsilius zwischen der Unveränderlichkeit des Vorwissens Gottes und der Veränderbarkeit der Zukunft einen Ausweg zu finden, wieder allerdings mit einer Übertragung des Modus des Erkannten auf den Modus des Erkennens. Deutlich kritisiert er unsere zeitlichen Vorstellungen vom Vor-Wissen Gottes als einem bereits abge-

204 Marsilius von Inghen, I Sent. q.40 a.2 (Hoenen II,75-82).

schlossenen, vergangenen Vorgang. Vielmehr muß man präsentisch darüber sprechen: Gott weiß (gleichzeitig), daß *p*; dies verträgt sich aber mit dem Satz: Gott hat nicht vorhergewußt, daß *p*, da in seinem Wissen nicht festgelegt ist, in welcher Weise sich Gott selbst oder der Mensch frei entscheiden wird. Die Wahrheit der Zukunft ist also nicht nach dem Modell der geschichtlichen Wahrheit zu denken. Aussagen über Vergangenes sind *determinate* wahr oder falsch. Aussagen, deren Wahrheitswert noch vom Einfluß anderer Potenzen abhängt, sind nur *indeterminate* wahr.[205] Nicht alle Wahrheit ist also nach dem Modell der Tatsachenwahrheit zu deuten.

Näherhin bezieht sich das Nicht-Wissen Gottes hinsichtlich der *futura contingentia* nur auf die *scientia visionis*, die unmittelbare intuitive Erkenntnis des Wirklichen, nicht auf die „notitia simplicis notitiae vel apprehensionis", in der Gott alle möglichen Sachverhalte weiß. So weiß er selbstverständlich, daß ein kontingenter künftiger Sachverhalt *möglich* ist. Also bestehen in Gott zugleich notwendige Kenntnis alles Möglichen und kontingente Erkenntnis einzelner kontingenter Ereignisse, abhängig von der freien Entscheidung des Geschöpfs.[206] Gänzlich verneint wird aber ein ursächlicher Zusammenhang zwischen Vorwissen und Freiheit. Wissen übt keinen kausalen Einfluß auf das Eintreten oder Nicht-Eintreten des gewußten Sachverhaltes aus. Ensprechend dieser Grundentscheidung werden dann im Sinne theologischer Sprachkritik einzelne Formulierungen zum Problemkreis auf ihre Wahrheit bzw. Zulassung *in theologicis* semantisch diskutiert.[207]

Den letzten Teil der Quästio determiniert Marsilius nur unter ausdrücklichem Vorbehalt: Die Kompossibilität des unfehlbaren und allumfassenden Vorwissens Gottes und einer kontingenter Zukunft ist für ihn unbegreiflich und gar nicht auszulegen. Dennoch will er es stotternd (balbutiendo) versuchen.[208] Als Vereinbarkeitsgrund erscheint die quantitative Unermeßlichkeit (immensitas) Gottes. Entscheidend ist ferner das realistische und zugleich voluntaristische Verständnis der göttlichen Ideen als Erkenntnisform, Urbild und Wahlmöglichkeiten des Künstlers in der Ausführung.[209] Gottes Wissen umfaßt alles Mögliche, sein verwirklichender Wille aber wählt aus. Grundlage dieses Wollens ist nicht das Wissen um bloße Möglichkeit, sondern eine positive Disposition Gottes (scientia dispositionis, beneplaciti). Diese kann sich aber grundsätzlich nur auf Gutes erstrecken. Das Theodizeeproblem kann also nur auf Kosten des Menschen gelöst wer-

205 Vgl. Hoenen, Marsilius van Inghen I,386-388.
206 Marsilius von Inghen, I Sent. q.40 a.2 (Hoenen II,82f).
207 Ebd. (ebd. 84-92).
208 Ebd. (ebd. 92).
209 I Sent. q.1 a.1 (ed. Straßburg f.3vb); vgl. Hoenen, Marsilius van Inghen I,366f.

den, den Gott in der Fülle seines Könnens als freien geschaffen hat. Der „immensitas" der Macht Gottes entspricht ein ebensolches Wissen, in dem Gott unbeschadet der menschlichen Freiheit ewig auch die Umstände der freien Willensentscheidung des Geschöpfs kennt. Diese Erkenntnis gegenwärtiger und künftiger Sachverhalte ist selbst kontingent.

Der Verstand muß sich schließlich dem Glauben beugen, die unzureichenden zeitlichen Vorstellungen durchschauen und auf jeden Fall eine zeitliche Veränderung Gottes in seinem Wissen ausschließen.[210] Angesichts der Unermeßlichkeit Gottes und der Selbständigkeit und zukunftsgestaltenden Kraft der Freiheit bleibt dem durch Sprach- und Erkenntniskritik klug gewordenen menschlichen Theoretisieren über göttliches Wissen als adäquater Ausdruck nur ein Stottern.

4.2.8 Wie finde ich einen gnädigen Gott?: Gabriel Biel

Antipelagianische Gnadenlehre bei Gregor von Rimini, Ockhams Relativierung freier Anordnungen Gottes und der Zweitursachen gegenüber der Erstursache, Marsilius' bescheiden gewordenes Wissen und Sprechen von göttlichen Dingen zusammen genommen, ergeben den Hintergrund der spätmittelalterlichen Suche nach theologischer Gewißheit über das eigene Heil. Als wichtigste Verbindungsgestalt von Ockham zu Luther ist neben Gregor von Rimini Gabriel Biel (um 1410-1495)[211] zu nennen, in dem wir zugleich die Verbindung von *devotio moderna* und Universitätstheologie in Tübingen vor uns haben. Die Frage, „Was muß ich tun, um das ewige Leben zu gewinnen?" (Mk 10,17) bzw. „Wie finde ich einen gnädigen Gott?", ist für Biel aus der Sicht des gefallenen, aber seiner Freiheit nicht beraubten Menschen zunächst - *de potentia ordinata* - eine Frage der richtigen Disposition, also durchaus eine praktisch-moralische. Dabei ist der grundsätzliche Wissensstand über Gott und sein Wollen zu berücksichtigen.[212] Entscheidend ist, daß der Mensch zunächst einmal das Seine tut (*facere quod in se est*), um zur Gnade disponiert zu erscheinen.[213] Diese Formel gibt aber weder das Maß noch den konkreten Inhalt dessen an, was der

---

210 Marsilius von Inghen, I Sent. q.40 a.2 (Hoenen 98f).

211 Vgl. vor allem Oberman, Herbst passim; L. Grane, Contra Gabrielem. Luthers Auseinandersetzung mit Gabriel Biel in der Disputatio Contra Scholasticam Theologiam 1517. (Acta Theologica Danica 4). Gyldendal 1962.

212 Zur Vorgeschichte in der Hochscholastik vgl. B. Hamm, Promissio, Pactum, Ordinatio. Freiheit und Selbstbindung Gottes in der scholastischen Gnadenlehre. (BHTh 54). Tübingen 1977.

213 Gabriel Biel, II Sent. d.27 q.un. concl.4 (Collectorium circa quattuor libros Sententiarum. Ed. W. Werbeck/U. Hofmann. II, Tübingen 1984, 517f). - Vgl. Grane, Contra Gabrielem 214-222.

Mensch zu tun hat. Die Disposition ist also nicht einfach gleichzusetzen mit einer natürlichen Moral; d.h. nicht jeder moralisch handelnde Mensch ist dadurch bereits zur Gnade disponiert, vielmehr hat er nach seinem Wissen sein Bestes zu geben. Dies tut er in negativer Hinsicht durch Beseitigung jedes Hindernisses gegenüber der Gnade, positiv in einem Streben (bonus motus) nach Gott als seinem Ursprung und Ziel. Einen solchen Doppelakt akzeptiert Gott *de potentia ordinata* in seiner Freigebigkeit als Vorbedingung der Gnade.[214]

Der Heide oder Ungläubige erreicht seine Disposition, indem er seiner Vernunft folgt und von ganzem Herzen nach größerer Erleuchtung in der Erkenntnis der Wahrheit, Gerechtigkeit und des Guten verlangt. Der Gläubige dagegen weiß mehr über Gott und hat die *regula fidei*, an die er sich primär halten muß. Er weiß, auch wenn er im Zustand der Todsünde nur eine *fides informis* besitzt, daß Gott die Sünder in seiner Gerechtigkeit bestraft und die Erwählten in seiner Barmherzigkeit zum Heil führt. Deshalb sind die Gläubigen zu Abscheu gegenüber der Sünde und Gehorsam gegenüber Gott und seinen Geboten verpflichtet. Die moralische Verpflichtung ist *Vorbedingung* der Gnade: Ich muß u. U. Schwieriges tun, um erst einmal die Gnade zu erreichen, die mich zum verdienstlichen Handeln als Christ befähigt. Andererseits hat auch Gott sich in seiner *ordinatio* daran gebunden, das Seine zu tun: Er hat sich verpflichtet, jedem, der sein Bestes getan hat, seine Gnade zu geben.[215] Der Mensch kann sich also - *de potentia ordinata* - darauf verlassen und in gewissen Grenzen auch mit seinem Gott rechnen und rechten, aber er kann eben doch niemals sicher sein, daß er selbst bereits sein Bestes getan hat. Denn er hat Gott rein um Gottes willen und über alles zu lieben. Eine solche Liebe hält Gabriel Biel *ex puris naturalibus*, also ohne Gnade, für möglich. Allerdings wissen wir niemals genau, ob das Maß unserer Gottesliebe bereits die Norm „super omnia“ erfüllt und so als Disposition, nach der Gott in seiner Gerechtigkeit uns die Gnade geben *muß*, schon ausreicht. Die exakte Höhe des „Kaufpreises“ der Gnade ist eben nur Gott bekannt. Wir wissen nur, daß im Falle der genügenden Disposition, Gott „certissime“ die Gnade verleiht, aber letztlich nie, ob unser Tun wirklich ausreicht.[216]

Es bleibt uns allerdings eine Vermutung (cognitio coniecturalis) aus fehlbaren Zeichen. Als solche Anzeichen, daß wir die Gnade besitzen, führt Biel nach Alexander von Hales an: Licht, Freude und Friede (vgl. Ps 4,6f.9). Hinzu kommen weitere Symptome nach Johannes Gerson und anderen. Symptome aber sind nicht eindeutig und besitzen nicht die nötige

214 Biel, II Sent. d. 27 q.un. concl.4 (II,517,3-10).

215 Ebd. (II,518,29-55).

216 Ebd. a.3 dub.5 (II,524-526).

Evidenz, um ein sicheres Wissen (außerhalb einer speziellen Offenbarung) zu gewährleisten. Sie können ebenso auf teuflischen Trug zurückgehen. Ähnliches gilt auch vom Wissen darum, daß man der Gnade nicht durch eine Todsünde widerstehen und das Bußsakrament empfangen will. Die Absolution des Priesters aber ist für Biel nur Zeichen (Verkündigung) der in der vollkommenen Reue schon geschehenen Vergebung durch Gott. Zu dieser genügt aber die von Duns Scotus angenommene Minimalbedingung des Ausräumens der Hindernisse (Todsünden) nicht; es muß vielmehr die Gottesliebe „propter deum, super omnia" hinzukommen.[217]

Wie aber kann der Mensch Gott in dieser Weise lieben, ohne dazu durch die Gnade allererst befähigt zu sein? Biel erklärt dieses Vermögen *ex puris naturalibus* in ausdrücklichem Anschluß an Duns Scotus, Ockham und Pierre d'Ailly aus der Freiheit und Abhängigkeit des Wollens von der *recta ratio*. Gott über alles zu lieben, ist eine Vorschrift praktischer Vernunft.[218] Jeder Grad des von der Vernunft vorgestellten *bonum* muß dem Willen erreichbar sein; andernfalls wäre der Wille nicht wirklich frei. Zudem ist eine Liebe im höchsten Grad auch gegenüber Geschöpfen möglich; dann ebenso gegenüber dem Schöpfer. Andernfalls könnte sich der Wille nur einem irrigen, nicht aber einem richtigen Spruch der praktischen Vernunft beugen. *De potentia ordinata* besteht ein solcher Akt der Gottesliebe dann nur zusammen mit der Gnade und der eingegossenen *caritas*. Denn die Liebe zu Gott um seiner selbst willen und über alles ist die letzte Disposition zur Gnade, die im gleichen Augenblick gegeben wird.[219] Gleichzeitigkeit besagt jedoch keine kausale Abhängigkeit: Die Gnade ist nicht Ursache der Disposition zu ihr; diese muß vielmehr aus einer anderen Ursache, also *ex puris naturalibus* erfolgen.

Anders verhält es sich dagegen mit der Verdienstlichkeit einer solchen Handlung, also ihrer Heilsbedeutung im Hinblick auf das ewige Leben.[220] Verdienstlich vor Gott ist nur eine Handlung, die unter der Mitwirkung der Gnade geschieht. Alles andere wäre der von Gregor von Rimini bekämpfte Pelagianismus. Gnade und Akt sind aber zwei verschiedene Entitäten. Gott ist deshalb *de potentia absoluta*[221] nicht gezwungen, jemandem, der in allem zur Gnade disponiert ist, diese zu geben und somit diesen Akt als verdienstlich anzuerkennen. Es könnte deshalb ein moralisch in jeder Hinsicht

217 Ebd. - Vgl. Oberman, Herbst 139-149.

218 Biel, III Sent. d.27 q.un a.3 dub.2 (III, 503-507).

219 Ebd. (III,505,61-506,3).

220 Vgl. Dettloff, Entwicklung 353-361.

221 Zur Lehre von der *potentia absoluta* bei Biel vgl. M. Schrama, Gabriel Biel an zijn leer over de allerheiligste Drievuldigheid volgens het eerste boek van zijn Collectorium. (Bay. Akad. d. Wiss. Veröffentl. d. Kommission für die Herausgabe ungedruckter Texte aus der mittelalterlichen Geisteswelt 9). München 1981, 53-55.

vollkommenes Handeln geben, das dennoch nicht verdienstlich wäre. Der Schluß von der moralischen Vollkommenheit der Handlungen auf deren Wert für das ewige Heil ist also zumindest *de potentia absoluta* unmöglich. Verdienstlich ist ferner nicht das erste Wählen eines moralisch vollkommenen Aktes; denn dieses geschieht zeitlich noch vor der Gnade als Disposition zu ihr. Verdienstlich kann erst die weitere Ausführung des Aktes sein, da erst sie unter dem Einfluß der Gnade steht.[222]

Der Mensch kann sich aber an die Logik von Gnade und Sünde halten: Hat jemand einen solchen Akt der Gottesliebe aus natürlichem Vermögen gesetzt, so kann er keine Todsünde begangen haben, solange der Akt weiterhin Gegenstand des Wollens bleibt. Die fast naturgesetzliche Bindung von Gnade und Handeln wird hier deutlich: Akt der Gottesliebe als Disposition und Verleihung der Gnade sind aneinander gebunden. Gnade und Todsünde können nicht zusammen gegeben sein; also auch nicht die letzte Disposition zur Gnade und die Todsünde. Alles übrige Handeln aber ist mit dem Wollen einer alles überragenden Liebe zu Gott um seiner selbst willen logisch vereinbar.[223]

Diese gewisse Sicherheit hat jedoch nur der Mensch, der selbst in der Heilsordnung der Gnade steht. Der Mensch *sub lege* (in Sünde, außerhalb der Erlösungsordnung) dagegen kann - mit Pierre d'Ailly, wieder in Abwehr des „Pelagianismus" - *de potentia ordinata* niemals das Gebot der Gottesliebe mit seinen natürlichen Kräften richtig erfüllen und somit niemals verdienstlich handeln. Er kann zwar genau denselben Akt hervorbringen wie ein Mensch unter der Gnade, doch nicht so wie es der Intention des Gesetzgebers entspricht. Damit hat er aber weder das Gesetz der Gottesliebe erfüllt, noch etwas Verdienstliches getan. Er hat vielmehr nicht einmal im präzisen Sinne richtig gehandelt, wenn man 'richtig handeln' mit Pierre d'Ailly als 'handeln nach dem Gesetz Gottes' definiert. Wohl aber kann er moralisch handeln. Natürliche Moralität, moraltheologische Rechtheit und Wert einer Handlung vor Gott sind also streng auseinanderzuhalten.[224]

Gabriel Biel vermeidet aber in seiner gemilderten Sicht auch einen Gnadenrigorismus, nach der jede Handlung, die nicht unter der Mitwirkung der Gnade geschieht, (Tod-)Sünde ist. Das göttliche Gesetz, der Dekalog, verpflichtet nicht zu dauerndem Handeln aus der Intention der überragenden Gottesliebe, sondern entspricht der *recta ratio*. Dieser zu folgen, kann nicht Sünde sein. Andernfalls führte das Gesetz Gottes den Menschen ins Verderben und wäre nicht der Weg zum Reich Gottes. Zudem überträte der

222 Biel, III Sent. d.27 q.un. a.3 dub.2 (506,5-21).
223 Ebd. (506,23-507,39).
224 Ebd. (507,41-62).

Mensch in jedem Moment, in dem er die *caritas* nicht hat, das Gesetz, auch wenn er nach den Geboten handelte. Es gibt also ein Handeln, das zwar das Gesetz *ad litteram* erfüllt, aber, weil nicht aus der Gottesliebe motiviert, nicht verdienstlich und somit wertlos ist für das ewige Leben.[225] Der Schluß von der moralischen Qualität des eigenen Handelns auf das ewige Heil ist also unerlaubt. Für unseren Gnadenstand aber haben wir nur trügerische Zeichen. Was bleibt, ist eine „certitudo coniecturalis" (Vermutungsgewißheit) und die moralische Anstrengung, wenigstens das *de potentia ordinata* zu erfüllende Soll des *facere quod in se est* zu erreichen. Denn daraus können wir auf die Gegengabe Gottes aufgrund seiner Gerechtigkeit schließen.

225 III Sent. d. 37 q.un. a.3 dub.1 (III,639-641).

5. HUMANISTISCHE UND REFORMATORISCHE THEOLOGIEREFORM

Humanismus und Reformation gelten gemeinhin als Gegner bzw. Überwindung der spätscholastischen Theologie.[1] Ihre Wurzeln und ihre Entfaltung liegen aber doch auch teilweise in der universitären Theologie.[2] Sie führen zu einer Reform des theologischen Studiums, die nicht nur für den protestantischen, sondern auch für den katholischen Lehrbetrieb der Frühen Neuzeit entscheidende Konsequenzen hat. Im Rahmen unserer Einführung soll deshalb unter Ausblendung der dogmatischen und kontroverstheologischen Probleme[3] vornehmlich die Theologiekonzeption der Reformatoren und ihrer katholischen Gesprächspartner im Hinblick auf einen „Paradigmenwechsel" der Theologie beleuchtet werden.

5.1 Universität, Humanismus und Reformation

Die reformatorische Umgestaltung der Theologie kann nicht isoliert von der bereits in der sog. Reformtheologie seit Johannes Gerson geforderten Reform von Kirche, Universität und Theologie gesehen werden.[4] Hinzu kommt in Überwindung des Wegestreites die humanistische Zuwendung zu den *bonae litterae*, auch an den Universitäten.

5.1.1 Reformatio Studii: Wunsch und Realität

Die humanistische Bewegung ist in all ihrer Vielschichtigkeit zunächst mehrheitlich eine außeruniversitäre Erscheinung, die in bewußten Gegensatz zum spätscholastischen Universitätsbetrieb mit seinen insbesondere durch den Wegestreit des 15. Jhs. festgelegten Strukturen tritt. Eine Ausnahme bilden allenfalls die italienischen Universitäten, allen voran Padua, das zum befruchtenden Zentrum für die philosophische Entwicklung auch im deutschen Sprachraum wird.[5]

---

1 Eine erste Überwindung dieser Einschätzung für den Humanismus leistete bereits G. Ritter, Die geschichtliche Bedeutung des deutschen Humanismus. In: HZ 127 (1923) 393-453.

2 Vgl. vor allem Oberman, Werden passim; zum Humanismusbegriff: H. Oppermann (Hg.), Humanismus. (WdF 17). Darmstadt 1970; P.O. Kristeller, Humanismus und Renaissance, in dt. Übers. hg. v. E. Keßler. 2 Bde. München 1974/76.

3 Vgl. dazu durchgängig HDThG Bd.2 und HDG.

4 Vgl. oben 4.1.4 - 4.1.6.

5 Vgl. vor allem P.O. Kristeller, Humanism and Scholasticism in the Italian Renaissance. In: Ders., Studies in Renaissance Thought and Letters. Rom 1956, 553-583;

Die Abhebung der humanistischen Bewegung von der herrschenden Scholastik kann in folgenden Punkten zusammengefaßt werden:

1. *Abwendung von der scholastischen Methode* der Disputation und deren Grundlegung in der spätscholastischen Logik. Diese fuße weniger auf den logischen Schriften des Aristoteles als vielmehr in der *logica modernorum* mit ihren *Sophismata* und *Insolubilia.*[6]
2. *Zuwendung zu neuen Quellen.* „Ad fontes!", heißt jetzt nicht mehr, nur zu den scholastischen Autoritäten, vor allem zu Aristoteles zu gehen, sondern zu Platon, den Stoikern, zu Cicero und den Dichtern, in der Theologie zu den Kirchenvätern, besonders zu Augustinus und Hieronymus. Diese werden nicht mehr nur in einzelnen Sentenzen erfaßt, sondern durch den Buchdruck im gesamten Kontext in vorbildlichen Editionen zugänglich gemacht.[7]
3. *Forderung des Sprachstudiums.* Der „vir trilinguis" als Ideal des Gebildeten (eruditus) hat Latein, Griechisch und Hebräisch zu beherrschen. Die sprachliche Eleganz der antiken Schriftsteller und humanistischen Autoren wird gegenübergestellt dem „barbarischen" Latein der Scholastiker mit ihren schlechten Termini technici. An die Stelle der Disputation tritt nicht selten die rhetorische Deklamation.

Die Ablehnung der Scholastik ist also (vor allem bei Lorenzo Valla [1405/07-1457]) großenteils literarisch-methodisch begründet, während andere italienische Humanisten, allen voran Giovanni Pico della Mirandola (1463-1494), inhaltlich viel mittelalterliches Gedankengut übernehmen.[8]

Die Rezeption dieser humanistischen Forderungen in die Universitäten stößt nördlich der Alpen auf sachliche und organisatorische Schwierigkeiten. Oft entsteht ein Konflikt mit den alten Rechten der Artisten, die einzig verbindliche Propädeutik zu den höheren Fakultäten zu geben, somit auch die einzig verbindliche Methodologie zu lehren. An den Universitäten finden demnach die *studia humanitatis* zunächst keinen rechten Platz; sie werden meist außerhalb der Fakultätsverfassung situiert: so das 1502 in Wien vom Kaiser errichtete kurzlebige *Collegium poetarum et mathematicorum*, aber auch das dauerhaftere *Collegium trilingue* in Löwen (1519), verschiedene humanistische Lekturen in Tübingen und Ingolstadt. Nur in Wittenberg gelang schon vor Melanchthons Universitätsreform die Einbin-

---

Ch. B. Schmitt, The Aristotelian Tradition and Renaissance Universities. London 1984.

6 Vgl. vor allem Lawn, Rise and Decline 107-126.

7 Vgl. F. Baron, Der erste Druck einer Schrift Augustins: Ein Beitrag zur Geschichte des frühen Buchdrucks und des Humanismus. In: HJ 91 (1971) 108-118.

8 Vgl. W. Kölmel, „Scholasticus literator": Die Humanisten und ihr Verhältnis zur Scholastik. In: HJ 93 (1973) 301-335.

dung der humanistischen Fächer in die Artistenfakultät.[9] Die weitgereisten humanistischen Lektoren oder Poeten konnten sich zudem meist nicht durch den entsprechenden universitären Bildungsgang ausweisen. Korporations- und besoldungsrechtliche Schwierigkeiten ergaben sich daraus.

Eine Universitätsreform im Geist des Humanismus, wie sie in Erfurt und Leipzig 1519, in Rostock 1520, Greifswald 1521, Heidelberg 1522 und Tübingen 1525 durchgeführt wurde, betrifft naturgemäß zunächst die Artistenfakultät.[10] Sie hat aber gerade durch die veränderte Propädeutik erhebliche Auswirkungen auf die Theologie. Dies zeigt die noch weniger von reformatorischen als von humanistischen Grundsätzen getragene Antrittsrede des 21-jährigen Melanchthon an der Universität Wittenberg *De corrigendis adolescentiae studiis* vom 29. August 1518.[11] Die humanistische Propädeutik als Ausbildung zum Reden und Urteilen besteht neben den humanistischen Fächern (Sprachen, Dichter, Rhetoren, Historie) in einer auf Naturwissenschaft und Ethik beschränkten Philosophie. Das humanistische „Ad fontes!" aber gilt auch für die Theologie: Griechische und hebräische Sprache öffnen dazu den Zugang. Statt so vieler „kalter" (= scholastischer) Glossen, Konkordanzen und Diskordanzen, soll am Text die *res* selbst klar werden, so daß man „Christus schmecken" (Christum sapere) kann.[12] Der humanistische Student soll in der einen Hand Homer, in der anderen Paulus haben, vor allem aber den Mut, an den alten Texten selbst die Sache zu verkosten: „Sapere audete!"[13] In der Reduktion des Theologiestudiums auf Bibel und Väter und der Eliminierung der Sentenzenvorlesung[14] weiß sich Melanchthon mit Luther einig, nicht dagegen in manchen Fragen bezüglich des propädeutischen Studiums.[15]

9 Vgl. L. Boehm, Humanistische Bildungsbewegung und mittelalterliche Universitätsverfassung: Aspekte zur frühneuzeitlichen Reformgeschichte der deutschen Universitäten. In: Paquet/Ijsenwijn (Hg.), Universités 315-346.

10 Vgl. G.A. Benrath, Die deutsche evangelische Universität der Reformationszeit. In: H. Rössler/G. Franz (Hg.), Universität und Gelehrtenstand 1400-1800. Büdinger Vorträge. (Deutsche Führungsschichten in der Neuzeit 4). Limburg/Lahn 1970, 63-83.

11 CR 11,15-25; vgl. H.A. Stempel, Melanchthons pädagogisches Wirken. (UKG 11). Bielefeld 1979.

12 CR 11,23.

13 CR 11,25.

14 Zur protestantischen Kritik an den Sentenzen vgl. E. Valentini, Il primo commentario protestante al „Liber Sententiarum" di Pier Lombardo. In: Miscellanea Lombardiana. Novara 1957, 327-336. - Es handelt sich um Lambert Danaeus (1530-1595), In Petri Lombardi librum primum Sententiarum Commentarius triplex, Genf 1580.

15 Vgl. WA Briefwechsel I,170 (9. Mai 1518): ut rursum Bibliae et S. Patrum purissima studia revocentur.

Die reformatorischen Wirren, Unruhen und Kriege waren einer fruchtbaren Entwicklung der Universitätsstudien keineswegs förderlich. Ein deutlicher Rückgang der Hörerzahlen ist die Folge.[16] „Evangelici non student", klagt der alternde Erasmus über den Mangel an Hörern.[17] Die Situation konsolidiert sich erst langsam, auch im Sinne einer konfessionellen Abgrenzung. 1527 wird in Marburg die erste protestantische Universität neu gegründet. Bemerkenswerterweise sind für die Theologische Fakultät ausschließlich zwei biblische Professuren vorgesehen, während die Artistenfakultät mit zehn Professoren (u.a. für Hebräisch, Griechisch, Rhetorik und Historie) ausgestattet ist.[18] Melanchthons Universitäts- und Lehrplan, einschließlich einer Wiederzuwendung zu Aristoteles (seit 1537), die Wiedereinführung der Disputationen und Doktorpromotionen (1533) führen zwar nicht zu einer Rescholastisierung der protestantischen Theologie, nehmen aber doch gewisse Elemente des „scholastischen" akademischen Lebens wieder auf, geformt allerdings von humanistischem Geist. Die Reformation der übrigen Universitäten protestantischer Landesherren erfolgte meist nach Melanchthons Plänen: Basel (1532), Tübingen (1536), Leipzig (1539-1543), Greifswald und Kopenhagen (1539), Frankfurt a. d. Oder (1540), Königsberg (Neugründung 1544), Jena (Neugründung 1548), Heidelberg (1557/58), Rostock (1564), Helmstedt (Neugründung 1576). Die neuen Universitäten waren „von Anfang an für die Heranbildung von Beamten, Pfarrern und Lehrern des Territoriums bestimmt".[19]

In den katholisch gebliebenen Territorien steht die humanistische Reform der Universitäten meist schon im Zusammenhang mit der teilweisen oder gesamten Übernahme derselben durch die Jesuiten, so in Ingolstadt, am 1549 gegründeten Collegium S. Hieronymi in Dillingen (ab 1552 Universität, ab 1563 jesuitisch) und in Würzburg (1575/82). Nach der *Ratio studiorum* der Jesuiten (1599) gehören die „humaniora" an das Gymnasium, nicht eigentlich an die Artistenfakultät, die vielmehr einem philosophischen Cursus vorbehalten ist.[20]

16 Vgl. die Statistik der Hörerzahlen bei Oberman, Werden 432f.

17 Opus epistolarum Desiderii Erasmi Roterodami, ed. P.S. Allen. Oxford 1906-1958, VII, ep. 2006,16f; IX, ep. 2446,53f; - vgl. K.H. Oelrich, Der späte Erasmus und die Reformation. (RGST 86). Münster 1961, 105-117.

18 Vgl. Benrath, Universität 70.

19 Ebd.; vgl. ebd.73f.

20 Vgl. E. Schubert, Zur Typologie gegenreformatorischer Universitätsgründungen: Jesuiten in Fulda, Würzburg und Dillingen. In: Rössler/Franz (Hg.), Universität 85-99; Boehm, Bildungsbewegung 342-345.

5.1.2 Biblisch-humanistische Reform der Theologie: Erasmus von Rotterdam

Die Theologie der Reformatoren, besonders Melanchthons und Calvins, ist in ihrer humanistisch-antischolastischen Eigenart tief beeinflußt von der durch Erasmus von Rotterdam (1466-1536) angestrebten Reform der Theologie. Niedergelegt sind Erasmus' Vorstellungen vor allem in seinen „Einleitungsschriften" zur Neuausgabe des Neuen Testamentes von 1516 (*Paraclesis*, *Methodus* und *Apologia*) und der aus der *Methodus* breiter entwickelten *Ratio seu Compendium verae Theologiae* von 1518. [21] Die Abkehr von der scholastischen Theologie hin zur biblisch-praktischen „philosophia Christi" ist für Erasmus eine grundlegende Option, ohne jedoch in eine pauschale Verdammung zu münden:

> „Ich meine, es soll sich keiner als Christ vorkommen, wenn er mit dornigen und beschwerlich verworrenen Worten über 'Instanzen', 'Relationen', 'Quidditäten' und 'Formalitäten' disputiert, sondern wenn er hält und bekennt, was Christus gelehrt und gezeigt hat. Nicht daß ich die Bemühungen jener verdammte, die in Scharfsinnigkeiten dieser Art die Kräfte ihres Talentes nicht ohne Ruhm geübt haben, auch nicht, daß ich jemanden verletzen möchte, aber ich würde glauben - und wahrlich, ich hoffe mich nicht zu täuschen -, daß jene reine und unverfälschte Philosophie Christi nicht von anderswoher mit Erfolg geschöpft werden kann als aus den Büchern der Evangelien, als aus den Apostelbriefen, in denen einer, der fromm philosophiert, eher betend als argumentierend, eher auf Lebensänderung bedacht als auf Bewappnung, gar wohl findet, daß es nichts gibt, was für das Glück der Menschen oder für irgendeine Aufgabe dieses Lebens Belang hätte, was nicht darin überliefert, behandelt und abgeschlossen wäre."[22]

In dieser humanistischen Einladungsrede zur Theologie als „philosophia Christi" sind bereits alle Elemente der erasmischen Theologiereform genannt:

1. Theologie ist nicht Schulwissenschaft, sondern für alle Christen zugänglich: „Nulli non licet esse theologum."[23]
2. Die „philosophia Christi" besteht zuvörderst in der Befolgung dessen, was Christus gelehrt hat; sie ist eine „illiterata philosophia" des einfachen Menschen, die aber die Welt verändern kann.[24]

---

21 Zusammen in lat.-dt. Ausgabe durch G. Winkler: Erasmus von Rotterdam, Ausgewählte Schriften, hg. v. W. Welzig. Bd. 3. Darmstadt 1967; vgl. G. Winkler, Erasmus von Rotterdam und die Einleitungsschriften zum Neuen Testament. Formale Strukturen und theologischer Sinn. (RGST 108). Münster 1974; M. Hoffmann, Erkenntnis und Verwirklichung der wahren Theologie nach Erasmus von Rotterdam. (BHTh 44). Tübingen 1972.

22 Erasmus, Paraclesis (ed. Winkler 27).

23 Ebd. (ed. Winkler 22).

24 Ebd. (ed. Winkler 18).

3. Die christliche Philosophie bringt gegenüber der heidnischen entscheidend Neues; Spuren ihrer Wahrheit sind jedoch auch bei den antiken Autoren zu finden, die folglich gelesen werden sollen.[25]
4. Theologie als „christliche Philosophie" ist durchgängig bezogen auf den Menschen in seinem konkreten gesellschaftlichen Status und seinem Streben nach Glückseligkeit, die erreicht werden soll durch praktische Verwirklichung der Weisungen Christi („pie philosophari").[26]
5. Zentraler Gegenstand der Theologie ist Christus, wie er in den Schriften des NT entgegentritt. Das Studium der Hl. Schrift ist deshalb der eigentliche Inhalt der „alten und wahren Theologie".
6. Die wesentliche Vorbildung zur wissenschaftlichen Theologie ist deshalb eine philologisch-humanistische, nicht eine dialektisch-scholastische. Doch setzt die Exegese eine Kenntnis der systematischen Theologie (Dogmatik) voraus, die nicht induktiv aus der Schrift gewonnen wird.[27]

Keineswegs will Erasmus in seiner konziliaten Haltung die scholastische Theologie und ihre großen Meister in Bausch und Bogen verdammen. Als ihr Grundproblem aber erscheint die Überbetonung menschlicher Autoritäten, besonders der einzelnen Schulrichtungen, gegenüber der Autorität der Schrift. Nur bei dieser will Erasmus anbeten, was er nicht versteht.[28] Einen weiteren Übelstand scholastischer Theologie sieht Erasmus in der Überwucherung der Dogmatik durch unnütze Fragen und der Moraltheologie durch Kasuistik, die seinem Ideal der einfachen *pietas* widerspricht.[29] Schuld daran ist nicht die Theologie als solche, sondern ihre Überfrachtung mit aristotelischer Philosophie und Logik. Scholastischen Quästionen gegenüber empfiehlt Erasmus ggf. die akademische *Epoché*, die Verweigerung eines positiven oder negativen Urteils, und zählt paradigmatisch einige solcher spätscholastischer Quästionen auf:

> „Welchen Sinn soll es haben, wenn ich mich abquäle, ob Gott den Menschen 'anamárteton', das ist sündenunfähig, erschaffen könnte? Ob Gott eins und ungeteilt wäre, wenn ein anderer, von ihm selbst unterschieden, existierte? [...] Oder ob der Satz: Gott ist ein Käfer! in gleicher Weise möglich ist wie: Gott ist Mensch? Ob die Fähigkeit zu zeugen im Vater etwas Absolutes oder eine Eigenschaft, eine Proprietät des Vaters ist. [...] Ob der Seele Christi die Fülle der Gnade zuteil wurde, die einer Kreatur zuteil werden kann. Ob die Seele Christi alles im Logos erkennt, was der

25 Ebd. (ed. Winkler 22-24).

26 Breiter ausgestaltet in der *Ratio* in Form der drei *Circuli* der christlichen Gesellschaft: vgl. Winkler, Erasmus 149-159.

27 Vgl. Hoffmann, Erkenntnis 73-100; F. Krüger, Humanistische Evangelienauslegung. Desiderius Erasmus von Rotterdam als Ausleger der Evangelien in seinen Paraphrasen. (BHTh 68). Tübingen 1968.

28 Erasmus, Paraclesis (ed. Winkler 32-34).

29 Erasmus, Ratio (ed. Winkler 204-208).

Logos selbst erkennt. Ob die Seele Christi im Augenblick der Empfängnis trauerte. Ob das Feuer bei den Verdammten von derselben Art sei wie bei uns.“[30]

Humanistische Theologie stützt sich dagegen auf Schrift und Väter; sie stellt der scholastischen Zunftgelehrsamkeit Nutzen und Übung in der Lebenspraxis entgegen, der Disputation den schlichten Glauben, der Neugierde (*curiositas*) die Frömmigkeit (*pietas*).[31] Sie zu lehren ist der wesentliche Inhalt der zweiten Einleitungsschrift *Methodus*, die sich sogleich als Fortsetzung dessen legitimiert, was Augustinus in *De doctrina christiana* gewollt hat.[32] Gut augustinisch legt Erasmus denn auch großen Wert auf die sittlichen Qualitäten dessen, der sich mit Theologie beschäftigt. Die Propädeutik besteht in den *artes* und in der Kenntnis der biblischen Sprachen: Griechisch und Hebräisch. Mit der *devotio moderna* plädiert Erasmus für eine affektive Theologie: „professio theologica magis constat affectibus quam argutiis“.[33] „Affectus“ bezeichnet dabei „nicht nur das Gefühl, sondern die wertende Reaktion des ganzen Menschen auf die erstrebenswerte *philosophia Christi*, die ihm in den Bildern und Figuren der Schrift begegnet.“[34] Dazu ist eine literarische und rhetorische Ausbildung erfordert, die Beschäftigung mit den Musen, zu denen schon der junge Licentius von Augustinus angehalten wird.[35] Nicht nötig dagegen ist die gesamte aristotelisch-scholastische Philosophie, die kein Fundament in der Schrift hat. Mit Augustinus einig weiß sich Erasmus allerdings in der neuplatonischen Grundrichtung seines systematischen Denkens.[36] Die antike Philosophie aber ist durch die „philosophia Christi“ zu ersetzen. Angesichts der elitären und subtilen Universitätstheologie muß diese „einfache“ humanistische Laien-Theologie als neues Paradigma tatsächlich plebejisch wirken: „nos plebeium instituimus theologum“[37]; andererseits ermöglicht sie es dem nicht akademisch gebildeten Menschen, Theologe zu sein.

Keineswegs ist diese Theologie aber eine „ungebildete“ Theologie, wie sie der späte Erasmus gerade auf Seiten der Protestanten beklagen wird.[38] Vielmehr ist dazu eine neue „enzyklopädische“ Bildung an der Hl. Schrift

30 Erasmus, Ratio (ed. Winkler 470-473).

31 Vgl. ebd. (ed. Winkler 474-483).

32 Erasmus, Methodus (ed. Winkler 38); vgl. Winkler, Erasmus 65-91.

33 Ebd. (ed. Winkler 50).

34 Winkler, Erasmus 86.

35 Erasmus, Methodus (ed. Winkler 50f); - vgl. U.G. Leinsle, Augustinus Magister? Augustinus und seine „Schüler“ in Cassiciacum. In: Der hl. Augustinus als Seelsorger. Augustinus-Colloquium 20.-24. Mai 1991. Hg. Th. Handgrätinger. St. Ottilien 1992, 25f.

36 Vgl. vor allem Krüger, Evangelienauslegung 29-46.

37 Erasmus, Methodus (ed. Winkler 54f).

38 Vgl. Oelrich, Erasmus 105-117.

nötig, die Erasmus als „circulus et orbis Christi" dem bisherigen „circulus et orbis doctrinae" effektvoll kontrastiert.[39] Vorab soll dem „tirunculus" eine *Summa* vermittelt werden, aber nicht der scholastischen Theologie, sondern die „dogmata Christi in summam redacta", wie sie in den Evangelien und Apostelbriefen als Grundpfeiler aller weiteren Unterweisung zu finden sind. Diese *Summa* ist vor allem in der Lehre von dem von Christus eingesetzten neuen Volk Gottes und dessen moralischen Eigenschaften gegeben.[40] Erst dann kann man das Leben Christi im einzelnen studieren, und zwar wieder im Hinblick auf die „pietatis doctrina", auch unter Einbeziehung eines mehrfachen Schriftsinns, den Erasmus als gut patristisch beibehält.[41]

Ausgehend vom Prinzip, daß die Schrift in sich klar und leicht verständlich ist, sind die Kommentare der Kirchenväter, allen voran des Origenes, als Arbeitsersparnis gedacht; die Schrift aber ist - entgegen der scholastischen Methode - in ihrem eigenen Kontext zu studieren, nicht aus den *summulae*, Predigten und Sammelbänden der Scholastiker.[42] Das humanistische „Ad fontes!" wird zum persönlichen Rückgang zur „philosophia Christi" in der Schrift. Die Bibliothek der Scholastiker ist durch eine neue Bibliothek ersetzt: „Warum machst du nicht deine Brust zur Bibliothek Christi, aus der du wie aus einer Vorratskammer Neues und Altes entnehmen kannst, wie sich gerade der Bedarf ergibt?"[43] Nicht der scholastisch gepanzerte, unbesiegte Disputator, der seinen Scotus auswendig kann, ist jetzt gefragt, sondern der am Wort Gottes orientierte fromme, d.h. im Leben als Christ bewährte und zugleich gebildete Theologe, „qui pure Christum docet".[44]

5.1.3 Universitätstheologie und Reformation: Disputatio

Die Wittenberger Reformation hat im Unterschied zur oberdeutschen und Schweizer Reformation ihren Ausgangspunkt an einer Universität und artikuliert sich in ihrer ersten Phase in den Methoden universitärer Auseinandersetzung: in Thesen, *assertiones* bzw. *disputationes*. Als Marksteine sind vor allem die Heidelberger (1518) und Leipziger (1519) Disputation zu

39 Vgl. zur Bestimmung der enzyklopädischen Bildung J. Henningsen, „Enzyclopädie". Zur Sprach- und Deutungsgeschichte eines pädagogischen Begriffs. In: ABG 10 (1966) 271-363; Ders., Orbis Doctrinae: Encyclopaedia. In: ABG 11 (1967) 241-245.

40 Erasmus, Methodus (ed. Winkler 58-60).

41 Ebd. (ed. Winkler 60); vgl. Krüger, Evangelienauslegung 80-50.

42 Ersasmus, Methodus (ed. Winkler 62-70).

43 Ebd. (ed. Winkler 69).

44 Ebd. (ed. Winkler 74-76).

nennen. Die Disputationsmethode hat sich jedoch im 15. Jh. geändert. Es werden nun einzelne Thesen (*propositiones*) vorgelegt, die dann zu beweisen oder zu widerlegen sind (*probatio*), wobei natürlich der Frage der zulässigen Beweisinstanzen (*auctoritas*, *ratio*) besonderes Augenmerk geschenkt werden muß.[45] In der Überlieferung der Disputationen kennen wir im Prinzip drei Typen: Von manchen Disputationen sind nur die Thesen (bzw. *Conclusiones*) überliefert[46], von manchen haben wir auch die Beweisschritte (*probationes, resolutiones*), von anderen mehr oder weniger ausführliche Protokolle oder Nachschriften.[47] Wenn eine These zur akademischen Disputation gestellt wird, wird sie zunächst als grundsätzlich beweisbar, aber nicht schon als bewiesene Wahrheit unterstellt (disputabilia, non asserta).[48] Solange disputiert wird, steht die Wahrheit der Thesen immer noch zur Debatte, ist eine Einigung mit dem Gegner ebenso möglich wie eine Widerlegung der Thesen. Zur *assertio* mit dem Anspruch der Wahrheit und persönlicher Überzeugung wird die These erst durch die *probatio*: „Rechte Assertion ist die Verbindung eines durch gute Probation qualifizierten Sachinhaltes mit einem kräftig setzenden Anspruch, wobei die Sache den Anspruch constituiert (sic!), der Anspruch aber die Sache statuiert."[49]

Die Probationsinstanzen sind in jedem Einzelfall kritisch gegeneinander abzuwägen.[50] Als solche werden bei Luther ursprünglich zugelassen:

1. Hl. Schrift,
2. Tradition,
   a) *traditio theologiae* (Kirchenväter nur bedingt; denn hier finden sich oft nur *opiniones*),
   b) *traditio ecclesiae* (Dekrete und Festlegungen der Gesamtkirche),
3. Kirche (*doctores, opinio communis*, Papst, Konzil in jeweils bedingtem und eingeschränktem Sinne),
4. Erfahrung und Vernunfturteil (nur zu hypothetischen Aussagen).

---

45 Vgl. vor allem D. Kerlen, Assertio. Die Entwicklung von Luthers theologischem Anspruch und der Streit mit Erasmus von Rotterdam. (VIEG 78). Wiesbaden 1976.

46 So Luthers *Disputatio contra scholasticam theologiam* von 1517 in 97 Thesen (WA I,224-228).

47 So die *Disputatio pro declaratione virtutis indulgentiarum* in den 95 Ablaßthesen (WA I,233-238) und den *Resolutiones* (WA I, 530-628); die Heidelberger Disputation (1518) mit Thesen und *Probationes* (WA I,353-374); die Leipziger Disputation (1519) in ausführlichem Protokoll (WA II, 254-383) und getrennten *Resolutiones* Luthers (WA II, 391-435).

48 Vgl. WA Briefwechsel 1,140,70-72.

49 Kerlen, Assertio 22.

50 Vgl. ebd. 22-33.

Luther wirft seinen Gegnern gerade mangelnden Beweis ihrer Thesen, falsche Wertung der Autoritäten, bzw. bloße Schulgebundenheit und Verstöße gegen die Regeln der Disputation vor: In einer *petitio principii* werden zum angeblichen „Beweis" der bereits als wahr unterstellten These nur die positiven Probationsinstanzen zugelassen.[51]

Die Disputation ist zwar zunächst eine Universitätsangelegenheit unter Gelehrten (coram universitate), wie sie Luther auch bei den Ablaßthesen ursprünglich vorschwebt; doch wird bereits hier der Schritt zum Forum der Öffentlichkeit bzw. der Kirche (coram publico, coram ecclesia) vollzogen, vor der die weiteren Auseinandersetzungen sich zumeist vollziehen werden.[52] Die Entwicklung der reformatorischen Bewegung und das Eingreifen des Papstes läßt aber ab 1520 die Grundsätze (*assertiones*) Luthers nicht mehr als nur disputabel erscheinen: Sie sind im Glauben anzunehmen, während über Details weiter disputiert werden kann.[53] Als Beweisinstanz wird nun die Schrift zentral: Wo kein Schriftbeweis, dort ist keine Probation der Thesen gegeben, sondern nur eine Meinung vertreten.[54] Die Disputation hatte sich für Luther selbst, angesichts höchst divergierender Beweismittel, Fragen und Methoden, aber auch der Disputationsverweigerung seitens der Kölner und Löwener Theologen nicht mehr als Mittel der Auseinandersetzung mit den Gegnern empfohlen; lediglich mit seinen Gesinnungsgenossen kann er weiter disputieren, da hier ein grundsätzlicher Konsens über Prinzipien und Methoden besteht. Das über den Disputanten angenommene unparteiische Richtergremium zur Entscheidung von Sieg oder Niederlage war zudem illusorisch geworden.[55] Die Reformation hat damit allerdings auch aufgehört, eine universitäre Auseinandersetzung im Modell akademischer Wahrheitsfindung zu sein.

Auch die oberdeutsche und Schweizer Reformation kennt Disputationen, die aber anderen Charakter haben als die akademischen Veranstaltungen der Wittenberger. Dies wird deutlich an der sog. „ersten Zürcher Disputation" vom 29. Januar 1523.[56] Hier sollte es zwar nach den Vorstellungen Huldrych Zwinglis (1484-1531) um eine „paraakademische" Disputation von Thesen unter seinem Vorsitz gehen, wie sie im selben Jahr auch an der Universität Basel und in Solothurn stattfand. Der initiative Kleine Rat plante aber offenbar ein Verhör der beiden Religionsparteien.[57] Für den

51 Vgl. ebd. 34-44.

52 Vgl. ebd. 79-82.

53 WA 6,598,17-20.23; 609,10-15.

54 WA 6,508,19f: Nam quod sine scripturis assertitur aut revelatione probata, opinari licet, credi non est necesse.

55 Vgl. Kerlen, Assertio 128-181.

56 Vgl. Oberman, Werden 241-266.

57 Vgl. ebd. 246.

Rat stehen stadtpolitische Überlegungen (Sicherung des Friedens) im Vordergrund. Theologen der Universität Tübingen sind als Vertreter des Konstanzer Bischofs zugelassen: „Da werden wir mit einer Anzahl Gelehrter, wie wir es für gut halten, aufmerksam zuhören, und wir werden, je nachdem es sich aus der heiligen Schrift und nach der Wahrheit ergibt, einen Jeden wieder heimziehen lassen, die Einen mit dem Befehl, von ihrer Verkündigung abzulassen, damit nicht ein Jeder für und für Alles, was ihm gut dünkt, ohne Begründung aus der rechten heiligen Schrift auf der Kanzel predige."[58] Der Rat sieht sich deutlich als Richter in einer Disputation, die der schriftgemäßen *probatio* fragwürdiger theologischer Lehren dienen soll. Doch die Konstanzer Delegation kommt nicht zur Disputation, sondern zur Visitation; der Verlauf der Sitzung des Großen Rates ist demnach auch keine Disputation, sondern ein Verhör, in dem aber die Anklage der Häresie gegen Zwingli nicht erhoben wird. Johannes Fabri (1478-1541) als Vertreter des Bischofs will seinerseits eine akademische Disputation, keine Ratsdisputation, da er dazu kein Mandat hat und ungebildete Laien als Richter ablehnen muß.

Was sich in Zürich bereits zeigt, wird in der Ablösung der Disputationen durch Religionsgespräche deutlicher: eine neue Rolle für die Theologen in der Entwicklung der Reformation.[59] Hinzu kommt das Scheitern des Planes eines Nationalkonzils, wie er in Nürnberg vorgelegt wurde. Bereits hier taucht als Alternative die Idee einer Theologenversammlung als richterliche Instanz über die Wittenberger Lehren auf. Der Nürnberger Ratsschreiber Lazarus Spengler (1479-1534) regt am 27. März 1524 an, „etlich fromm, christlich, gelehrt und verstendig männer im reich oder der christenheit" sollten beauftragt werden, „uber die hauptpuncten diser sachen zu sitzen, die durch die göttlichen schrift zu berathschlagen und zu entschaiden".[60] Noch immer wirkt also Luthers Disputationsmodell (*assertio* und *probatio* aus der Schrift) nach. Günstigerweise sollen die Theologen zur Vorbereitung des Nationalkonzils in der Nähe einer Universität zusammenkommen, um ein Kompendium der Glaubenslehre, aller „in der schrift bestendig" Artikel zu erarbeiten, nach denen „sich der gemein man zu richten hette".[61] Auch die altgläubigen Vertreter unterbreiten ihrerseits einen Plan für eine Theologenkommission.[62] Nicht im Nationalkonzil, sondern in den

58 CR 88,467,11-17.

59 Vgl. E. Honnée, Die Religionsverhandlungen der Reichstage von Nürnberg (1524), Speyer (1526) und Augsburg (1530) und die Entstehung der Idee eines Religionsgesprächs. In: Nederlands archief voor kerkgeschiedenis 73 (1993) 1-30.

60 RTA VI,492. Nr. 107. - Zu Spengler vgl. H.J. Grimm, Lazarus Spengler, a Lay Leader of the Reformation. Columbus, Ohio 1978.

61 RTA IV,202f.

62 ARCEG I, Nr. 50.

Reichstagen, allerdings von Speyer aus als „nacional versamlung“ unter Einbeziehung von theologischen Fachleuten geplant, fallen nun aber die wichtigen Entscheidungen.[63] In Speyer (1526) wird schließlich ein paritätisch besetztes Gremium von je sechs oder acht Theologen vorgesehen, die nun aber nicht mehr nur die schriftgemäße Probation der Thesen, also eine Disputation im akademischen Sinne, veranstalten, sondern einen Konsens in Religionssachen auf dem Boden der Schrift herbeiführen sollen:

> „uf das in obgenannten concilio desto weniger zeit verloren, auch vergebbene groes uncosten verhut pliben, so wirdet fur notze und gut bedacht, des mitler zeit sechs oder acht treffelicher, gelerter frommer und dapferer mannen von beiden teilen darzu gegebben, uf gemeine underhaltung des reichs an ein gelegene malstat, der man sich allie vertragen magh, nidergesetzt wurden, die alle zweitragtich materi und artickel fur sich nemen und mit hochstem fleis understeen sullen sich derselben nach dem ewangelj warer schrift und gottes wort zu vergleichen, und wes sie also einmuetig wurden, das sollen si in zeit den obgenannten concilj mit sambt den artikkeln, dero sie sich nit vereinigen hetten mogen, und darauf ire gutbedunken den christlichen stenden furter uberantworten und zu erkennen geben, alsdann ferrer nach notturft zu handeln.“[64]

Als durchgängiges Element aus der universitären Praxis der Theologie erweist sich somit im Reformationsgeschehen nicht mehr eigentlich die Disputation, sondern die Prüfung der Schriftgemäßheit theologischer Lehren, die *probatio.* Als einzige Probationsinstanz, auf die sich beide Religionsparteien faktisch einigen können, wird - statt der vielen scholastischen Autoritäten und Wege - die Schrift anerkannt.

5.2 Reformatorisches Theologieverständnis

Selbstbewußtsein und Abgrenzung reformatorischer Theologie von den Schulen der Spätscholastik zeigen sich in einem neuen methodischen und inhaltlichen Konzept systematischer Theologie. Diese wird uns greifbar in den neuen Gesamtdarstellungen, die nun an die Stelle der Sentenzenvorlesung treten.

5.2.1 „Contra scholasticam theologiam“: Martin Luther

Martin Luthers (1483-1546) erste öffentliche thematische Auseinandersetzung mit der scholastischen Theologie ist die *Disputatio contra scholasticam theologiam* vom 4. September 1517. In der gedruckten Fassung sind

63 RTA VII, 1142,14-17; vgl. Honnée, Religionsverhandlungen 25-27.

64 W. Friedensburg, Der Reichstag zu Speyer 1526 im Zusammenhang der politischen und kirchlichen Entwicklung Deutschlands im Reformationszeitalter. (Historische Untersuchungen 5). Berlin 1887, ND Nieuwskoop 1970, 557.

die „Scholastiker", gegen die hier vorgegangen wird, teilweise genannt: Neben allgemeinen Meinungen (contra dictum commune, contra scholasticos) und Philosophen (contra philosophos) sind es Duns Scotus, Wilhelm von Ockham, Pierre d'Ailly und Gabriel Biel.[65] Sie repräsentieren also für Luther im wesentlichen die „scholastische" Theologie. Eine Auseinandersetzung mit dem Thomismus finden wir hier im Unterschied zu Karlstadts (um 1480-1541) Thesen vom 26. April 1517, die sich u.a. gegen Capreolus wenden, nicht.[66]

Luthers Kritik ist inhaltlich bestimmt durch die Unvereinbarkeit seines paulinischen Gottes- und Menschenbildes, genährt aus dem antipelagianischen Augustinus, mit der herrschenden aristotelischen Scholastik. So werden die Thesen eröffnet mit der augustinischen Auffassung, daß der Mensch ohne die Gnade das Gute weder erkennen noch wollen könne (Th. 1-4), was sogleich in Gegensatz gestellt wird zur Lehre der Scholastiker, vor allem Biels, vom natürlichen Vermögen des Menschen (Th. 5-36). Den Grund dieser falschen Lehre findet Luther in der Ethik des Aristoteles und einer rein philosophischen Sicht des Menschen, die diesen zum freien Herrn seiner Handlungen macht und Gerechtigkeit durch sittliches Handeln gewinnen will (Th. 37-40, Contra philosophos). Fast die gesamte Ethik des Aristoteles wird deshalb als Feindin der Gnade abgetan, insbesondere seine Glückseligkeitslehre, die der katholischen Lehre widerspricht (Th. 41-42, Contra Scholasticos, Contra Morales). Deshalb muß die Theologie von Aristoteles befreit werden, wie in den bekannten Thesen 42 und 43 festgehalten wird:

> „43. Es ist ein Irrtum, zu sagen: ohne Aristoteles wird man nicht Theologe. Gegen die allgemeine Sentenz.
> 44. Vielmehr wird man nur Theologe, wenn man es ohne Aristoteles wird."[67]

Die Ablehnung des Aristoteles ist jedoch nicht auf die Ethik beschränkt, sondern erstreckt sich auch auf die Logik, wo insbesondere die „logica fidei" des Pierre d'Ailly abgelehnt wird (Th. 45-49), ja auf den ganzen Aristoteles, der als Finsternis durch das Licht der Theologie ausgetrieben wird, einschließlich der Universalienlehre in der *Isagoge* des Porphyrius (Th. 50-53). Ist somit die Philosophie des Aristoteles und damit das Herzstück der

---

65 WA I, 224-228; vgl. vor allem L. Grane, Contra Gabrielem. Luthers Auseinandersetzung mit Gabriel Biel in der Disputatio Contra Scholasticam Theologiam 1517. (Acta Theologica Danica 6). Gyldendal 1962; ders., Modus loquendi theologicus. Luthers Kampf um die Erneuerung der Theologie (1515-1518). (Acta Theologica Danica 12). Leiden 1975, 130-138.

66 Vgl. Karlstadt und Augustin. Der Kommentar des Andreas Bodenstein von Karlstadt zu Augustins Schrift De spiritu et litera. Einführung und Text v. E. Kähler. (Hallische Monographien 19). Halle 1952, 8*-37*.

67 WA 1,226,14-16.

Artistenfakultät als Propädeutik zur Theologie außer Kurs gesetzt, kann erst das genuine Verhältnis von Gnade, Gesetz und menschlichem Willen nach Paulus und Augustinus gegen Biel und Pierre d'Ailly entfaltet werden (Th. 54-98).

Die formale und inhaltliche Ablehnung scholastischer Theologie wird vertieft in der Heidelberger Disputation (26.4.1518). Bereits in den *Resolutiones* zu den Ablaßthesen (1518) kontrastiert Luther (Th. 58) den *theologus crucis* dem *theologus gloriae* und sieht in letzterem den scholastischen Theologen, der aufgrund natürlicher, aristotelischer Ethik um das Ziel seines Strebens, also um Gut und Böse, weiß, dagegen nicht den gekreuzigten und verborgenen Gott kennt, sondern nur den verherrlichten, allgegenwärtigen, der aus den sichtbaren Dingen erkannt werden soll (vgl. Röm 1,19f).[68] Die Ablehnung scholastischer Theologie ist also nicht mehr nur gnadentheologisch und ethisch, sondern auch hinsichtlich der Gotteserkenntnis überhaupt artikuliert. In Heidelberg geht Luther sogleich von seiner Sicht des Verhältnisses von Gesetz und Gnade aus, um von da aus die bisherige Theologie eben als „theologia gloriae" zu kritisieren.[69] Insbesondere wendet sich Luther gegen die u. a. bei Gerson und Biel greifbare Lehre des „facere quod in se est" als Voraussetzung der Gnade. Vielmehr muß der Mensch an sich selber verzweifeln, seine Nichtigkeit erkennen, um nach der Gnade zu verlangen (Th. 18). Eine natürliche, metaphysische Gotteserkenntnis, die Gottes Eigenschaften aus den Geschöpfen ableiten will, führt nicht zur Weisheit, sondern wird nach Röm 1,20 als Torheit abgetan (Th. 19). Der einzige Zugang zur Erkenntnis Gottes ist vielmehr das Kreuz. Auf diesem Weg werden aber nicht die metaphysischen Attribute Gottes (Macht, Gottheit, Weisheit, Gerechtigkeit, Gutheit), sondern die „posteriora et visibilia Dei" erkannt, nämlich Menschheit, Schwachheit, Torheit (Th. 20). Die scholastische *theologia gloriae* ist deshalb eine falsche, verlogene Theologie, die das eigentlich Gute (bonum crucis) nur als schlecht, das eigentlich Schlechte (malum operis) als gut ansieht (Th. 21). Der scholastische Theologe erscheint deshalb als „Feind des Kreuzes Christi" (Phil 3,18). Nur in der vorgängigen Erkenntnis der eigenen Nichtigkeit gelangt man zur rechten Theologie. Diese lernt man aber nicht in der Philosophie des Aristoteles, die Luther hier auch philosophisch kritisiert (Th. 29-40). Die moralischen Folgen der scholastischen Theologie sind vielmehr Aufgeblähtheit, Blindheit und Verhärtung (Th. 22). Das Heilmittel dagegen ist radikal: Auslöschung und Hinwendung zur Torheit des Kreuzes. Was Luther in dieser „Humilitas-Theologie"[70] bewußt paradox formuliert, muß

68 WA 1,613f.

69 WA 1,353-356.

70 Vgl. Grane, Modus 146-151.

als die klarste Absage an die herrschende Schultheologie erscheinen: „Die Theologie, die Luther bekämpft, besteht nicht nur in einer falschen Lehre, sondern in einem von Grund auf falschen Zugang, der nicht zur Theologie, sondern nur zu einer Pseudotheologie führen kann."[71]

Wie soll dann die wahre, rechte, lautere Theologie, wie sie Luther vorschwebt, aussehen, im Unterschied zu jener der „Sautheologen", die da schlafen und bestenfalls eine „theologia diabolica" produzieren, vor der sich der Teufel nicht zu fürchten braucht?[72] Luther verwendet - im Unterschied zu den Humanisten Erasmus und Melanchthon - ausdrücklich und häufig die Wörter „theologia" und „theologus", um darin seinen eigenen Anspruch deutlich zu machen: „Theologia ist so viel wie Gottes Wort. Theologus ist, der Gottes Worte redet."[73] In der Frage des zentralen Gegenstandes (Wissenschaftssubjektes) dieser Theologie wendet sich Luther deutlich von allen scholastischen Bestimmungen ab. Gegenstand ist nicht Gott oder Christus, sondern der gefallene und verlorene Mensch und der gerechtmachende und heilschaffende Gott.[74] Alles, was außerhalb dieser Bestimmung in der Theologie de facto gelehrt wird, gehört nicht zu ihr, sondern ist Irrtum und „vanitas". Menschen- und Gotteserkenntnis gehören in der Theologie zusammen, aber nur in der Relation zueinander, die nun entscheidend wird: der *gefallene* Mensch und der *rechtfertigende* Gott. Diese Relation wird zum Proprium der Theologie, die durchgängig praktisch bestimmt ist. Erst die Theologie, nicht die Philosophie bestimmt deshalb den Menschen richtig und voll.[75] Die gesamte spekulative Theologie will Luther in seinen Tischreden (1531) im strengen Sinne zum Teufel schicken.[76]

Die Frage nach der Wissenschaftlichkeit der Theologie im Sinne aristotelisch-scholastischer Wissenschaftstheorie ist nach der Eliminierung des Aristoteles aus der Theologie gänzlich überflüssig geworden. Luthers Theologie wird es denn auch schwer haben, ihren wissenschaftlichen, akademischen Status zu behaupten, wie die Reaktionen Karlstadts und Jodok Trutfetters (+ 1519) zeigen.[77] Luther setzt auf den einfachen und klaren Schriftsinn, den Erfahrungsbezug der Schrift und die alle theologische

71 Ebd. 151.

72 Vgl. WA 56, 274,14; WA 39,1, 19,17; WA 7, 218,18-21; vgl. G. Ebeling, Lutherstudien. Bd. II,3. Tübingen 1989, 18f.

73 WA 41,11,10.

74 WA 40,2, 327,11-328,3: ut proprie sit subiectum Theologiae homo reus et perditus et deus iustificans vel salvator.

75 So Th.20 der Disputatio de homine (1536): Ebeling, Lutherstudien II,1,19: Theologia vero de plenitudine sapientiae suae hominem totum et perfectum definit.

76 WA Tischreden 1,72,16-24.

77 Vgl. Ebeling, Lutherstudien II,3,59.

Auslegung prägenden Unterscheidungen zwischen Buchstaben und Geist[78], Gesetz und Evangelium. Theologie wird zumeist als *sapientia* gedeutet, die im Gegensatz steht zur „Menschenweisheit" der Philosophie, wie sie Luther in Th. 1 der *Disputatio de homine* vom 14. Januar 1635 charakterisiert.[79] Im Unterschied zur Philosophie ist die theologische Weisheit vom Hl. Geist gewirkt, in der Offenbarung verborgen und grundsätzlich unendlich angesichts des Lebens.[80] Als praktische Theologie ist sie zudem auf Erfahrung gegründet, nicht auf abstrakte metaphysische Spekulation: „Sola [...] experientia facit theologum."[81]

Die Vernunft hat in dieser schrift- und erfahrungsbezogenen Theologie naturgemäß eine andere Stellung als in der spätscholastischen Universitätstheologie. Die *ratio*, soll sie für die Theologie fruchtbar werden, ist eine durch den Glauben und den Hl. Geist erleuchtete, nicht die überhebliche natürliche Vernunft.[82] Dennoch bleibt Luther ihr gegenüber nicht ohne Vorbehalt; sie bleibt „ein gefährlich Ding, vor allem wenn sie in geistliche Dinge fällt".[83] Denn sie steht immer in der Gefahr, selbstherrlich mit Gottes Wort umzugehen, philosophische Lehre und theologische Wahrheit zu vermischen oder ihre Kräfte zu überschätzen.[84]

Wie sollte diese neue Theologie an der Universität realisiert werden? Luther sieht sehr klar, daß sein Konzept auf eine Abschaffung der bisherigen Lehrgebräuche hinausläuft. So schreibt er am 9. Mai 1518 an Trutfetter:

> „Ich glaube einfach, daß die Kirche unmöglich reformiert werden kann, wenn nicht Kirchenrecht, Dekretalien, scholastische Theologie, Philosophie und Logik, so wie sie jetzt betrieben werden, ganz und gar ausgerottet und andere Studien an ihre Stelle gesetzt werden; und in dieser festen Überzeugung bin ich bisher vorgegangen, so daß ich täglich darum bitte, daß die reinen Studien der Bibel und der heiligen Väter so schnell wie möglich wieder zum Leben erweckt werden."[85]

Weiß sich Luther hier auch mit der humanistischen Bildungsreform in Übereinstimmung, so ist doch der dahinterstehende Impuls und das Theologiekonzept anders als etwa bei Erasmus oder dem jungen Melanchthon.

---

78 So schon in der ersten Psalmenvorlesung (1513/15): In Scripturis sanctis optimum est Spiritum a litera discernere, hoc enim facit vero theologum. (WA 55,1,1; 4, 25f).

79 Ed. Ebeling, Lutherstudien II,1,15.

80 Vgl. ebd. II,3.

81 WA Tischreden 1,16,13 Nr. 46 (1531).

82 WA 40,1,457,6f; WA Tischreden 191,25f Nr. 439.

83 WA 9,187,5-7.

84 Vgl. grundsätzlich: B. Lohse, Ratio und Fides. Eine Untersuchung über die ratio in der Theologie Luthers. (FKDG 8). Göttingen 1957, bes. 113-119.

85 WA Briefwechsel 1, 170,33-37; Übers.: Grane, Modus 129.

Am 11. März 1518 bereits hatte Luther einen Vorschlag zur Studienreform unterbreitet, dessen Inhalt allerdings nur rekonstruiert werden kann. Humanistische Sprachstudien (Griechisch und Hebräisch), Plinius, Quintilian und Mathematik werden empfohlen, Aristoteles und die bisherigen Lehrbücher der Logik abgeschafft.[86] Die Abschaffung der aristotelischen Ethik, die sich nach Luther zur Theologie verhält wie der Wolf zum Lamm[87], sie also aufzufressen droht, und der thomistischen Physik und Logik erwies sich jedoch als wesentlich schwieriger. Die Reform der Theologie sollte also wieder durch eine Reform des propädeutischen Studiums ermöglicht werden.[88] In der Sendschrift *An den christlichen Adel* (1520) äußert sich Luther dann im 25. Artikel umfassend zur Reform der Universitäten und des Theologiestudiums.[89] Wieder ist es „der blind heydnischer meyster Aristoteles“, der abzuschaffen ist, und zwar Physik, Metaphysik, *De anima* und Ethik. Dagegen können Logik, Rhetorik und Poetik bleiben oder in kurzen Kompendien zusammengefaßt werden; auf jeden Fall sind alle Kommentare der verschiedenen Schulrichtungen auszuschalten. In der Juristischen Fakultät ist das Kirchenrecht gänzlich abzuschaffen; in der Theologie ist die Sentenzenlesung durch Schriftlesung zu ersetzen. Das Übergewicht, das die Sentenzenlesung, mithin die spekulative Theologie, über die Exegese gewonnen hat, ist rückgängig zu machen. Luther erinnert an den ursprünglichen Brauch, die Sentenzen nur als Einleitungswerk zu den biblischen Büchern zu lesen und an den Titel des Theologieprofessors als „lerer der heyligen schrifft“. Theologische Bücher sollen nur sparsam herangezogen werden, vor allem die Kirchenväter, soweit sie in die Schrift einführen: „Die liebenn vetter haben uns wollen in die schrifft fuhren mit yhrem schreyben, szo fuhren wir uns damit erausz, szo doch allein die schrifft unszer weyngart ist, darynnen wir all solten uns uben und erbeyttenn.“[90] Die organisatorische Reform der Universitätstheologie sollte aber nicht Luther schaffen, sondern in einer Synthese reformatorischer und humanistischer Tendenzen Melanchthon.

5.2.2 Die neue „Summa“: Melanchthons „Loci theologici“

Als erstes systematisch-theologisches Werk der Reformation veröffentlicht Philipp Melanchthon (1497-1560) 1521 seine *Loci communes rerum theologicarum seu Hypotyposes theologicae.* 1535 erscheinen sie in einer Neu-

86 Vgl. Grane, Modus 143.
87 WA Briefwechsel 1,196,27f.
88 Vgl. Grane, Modus 138-146.
89 WA 6,457-462.
90 WA 6,461,8-10; 462,8-10.

bearbeitung, der 1543/44 eine dritte Fassung folgt, die bis zu Melanchthons Tod 1560 maßgeblich bleibt und wie schon die früheren Fassungen in zahlreichen Nachdrucken verbreitet wird.[91] Die ursprüngliche Absicht, wie sie Melanchthon in der Widmungsepistel darlegt, ist zugleich pädagogisch und antischolastisch: Die Hauptpunkte (loci) der christlichen Lehre sollen der studierenden Jugend vermittelt werden, damit sie sehe, „wonach sie in der Schrift hauptsächlich fragen muß und wie abscheulich die überall in der Theologie faselten, die uns anstelle der Lehre Christi aristotelische Spitzfindigkeiten dargeboten haben".[92] Formal ersetzen somit die *Loci* von Anfang an die Sentenzen des Lombarden, die ja auch als systematische Einleitung zur Exegese der Hl. Schrift konzipiert waren. Ausgeschaltet bleibt hier - ebenso humanistisch wie reformatorisch - Aristoteles' Philosophie, wie denn Melanchthon den beiden methodischen Vorgängern, Johannes Damascenus und Petrus Lombardus, ein Zuviel an Philosophie bzw. das Sammeln von bloßen Meinungen vorhält.[93] Im Gegensatz zu den „dunklen und schwierigen Disputationen" und Kommentaren der Scholastiker, die mit der Schrift nichts mehr zu tun haben, wollen die *Loci* nur eine Liste (nomenclatura) jener Hauptgesichtspunkte bieten, nach denen der Leser der Schrift systematisch vorgehen kann, bzw. jene Gesichtspunkte, von denen die „summa doctrinae christianae" abhängt.[94] Diese sind 1521 in einer von Melanchthon selbst nicht als erschöpfend angesehenen Liste:

> „Gott, der Eine, der Dreifaltige, die Schöpfung, der Mensch, die Kräfte des Menschen, die Sünde, die Frucht der Sünde, die Laster, die Strafen, das Gesetz, die Verheißungen, die Erneuerung durch Christus, die Gnade, die Früchte der Gnade, der Glaube, die Hoffnung, die Liebe, die Vorherbestimmung, die sakramentalen Zeichen, die Stände des Menschen, die Obrigkeit, die Bischöfe, die Verdammnis, die Glückseligkeit."[95]

Sieht diese Liste noch nach einer Zusammenfassung der gängigen Traktate der systematischen Theologie aus, so werden aus einer deutlichen Hinwendung von der „theologia gloriae" zur reformatorischen „theologia crucis" die in der scholastischen Theologie weit entfalteten Teile der Gottes- und Trinitäts-, Schöpfungs- und Inkarnationslehre sogleich außer Kurs gesetzt:

91 Gut benutzbar: Philipp Melanchthon, Loci communes 1521. Lateinisch-Deutsch. Übersetzt und mit kommentierenden Anmerkungen versehen von H. G. Pöhlmann, Gütersloh 1993; zur Textgeschichte vgl. E. Bindseil in CR 21,59-82.230-251.562-602. - Synopse des Aufbaus: S. Wiedenhofer, Formalstrukturen humanistischer und reformatorischer Theologie bei Philipp Melanchthon. (Regensburger Studien zur Theologie 2), Bern-Frankfurt-München 1976, I, 397f.

92 Widmung n. 4 (Pöhlmann 12/13); vgl. Wiedenhofer, Formalstrukturen 315-326.

93 Einleitung n. 2 (Pöhlmann 16-19).

94 Widmung n. 5-6 (Pöhlmann 14f).

95 Einleitung n. 4 (nach Pöhlmann 18f).

„Die Geheimnisse der Gottheit sollten wir lieber anbeten als sie erforschen.[...] Gott, der Höchste und Größte, hat den Sohn in Fleisch gehüllt, damit er uns von der Betrachtung seiner Majestät zur Betrachtung des Fleisches und so unserer menschlichen Hinfälligkeit hinleite. [...] Daher besteht kein Grund, warum wir viel Mühe auf jene höchsten Hauptthemen: Gott, die Einheit, die Dreieinigkeit, das Geheimnis der Schöpfung, die Art und Weise der Menschwerdung verwenden.“[96]

Dagegen beginnt die theologische Erörterung mit der Lehre vom Menschen, seinen Kräften, seinem Willen, um danach ausführlich über Sünde und Gesetz zu handeln. Denn nur, wenn man die Macht der Sünde, das Gesetz und die Gnade kennt, kann man Christus eigentlich erkennen, nicht aber wenn man über seine beiden Naturen und den Modus der Inkarnation spekuliert.[97] Erst in der Fassung von 1535 werden Gottes-, Trinitäts- und Schöpfungslehre tatsächlich ausgeführt und ab 1543 auch mit philosophischen Gedankengängen breiter ausgestaltet, wobei allerdings der biblische Bezug noch eindeutig dominiert.[98] Erkenntnisprinzip zur Gotteslehre bleibt auch jetzt noch Christus, in dem der Vater erkannt wird. Die „sapientia Christianorum“ ist in allem eine praktische Gotteserkenntnis, die Gott im Ergreifen seiner Barmherzigkeit erkennt, nicht in theoretischer Einsicht in seine „arcana natura“.[99]

Melanchthon vermeidet zwar in den *Loci* für seine Darstellung den Namen ‘theologia’, will aber die „doctrina“ durchaus in der Universität verankert wissen.[100] Ihre methodische Darstellung ist deshalb die allgemein in den *artes* übliche: die wichtigsten *loci* kurz zusammenzufassen und so eine *summa* zu schaffen, die zugleich das angibt, was in dieser Wissenschaft zu suchen ist.[101] Das Ordnungsschema ist im Unterschied zur scholastischen Theologie ein topisches: Ordnung der Hauptgesichtspunkte, um so Prinzipien, Fortschreiten und Ziel der *ars* feststellen zu können.[102] Ziel ist die knappe, methodische Darstellung des Hauptinhaltes der betreffenden *ars*. Die Theologie ist also durch ihre gemeinwissenschaftliche Methode als echte *ars* ausgewiesen. ‘Methodus’ bezeichnet dabei einerseits die Anordnung der *loci*, andererseits deren Ergebnis, die *summa*, die geordnete, methodische Darstellung der betreffenden Kunst.[103] Diese Bestimmungen

---

96 Ebd. n.6-8 (Pöhlmann 18-21).

97 Ebd. n.12f (Pöhlmann 22f).

98 CR 21,255-274.607-643.

99 Ebd. 255f.

100 Vgl. J. Wallmann, Der Theologiebegriff bei Johann Gerhard und Georg Calixt. (BHTh 30). Tübingen 1961.

101 Schon 1521 Einleitung n.1 (Pöhlmann 16f).

102 CR 21, 253.

103 Vgl. U.G. Leinsle, Das Ding und die Methode. Methodische Konstitution und Gegenstand der frühen protestantischen Metaphysik. Augsburg 1985, bes. 11-20.

werden für die Philosophie und Theologie der Protestanten bis ins 17. Jh. hinein bestimmend bleiben.

Melanchthons *Loci* sollen, wie er in der Einleitung von 1521 zu erkennen gibt, die alten Summen der Scholastiker ersetzen.[104] Die Systematik verdankt sich aber der *methodus,* wobei 'methodus' wie 'summa' auch das Werk selbst als kurze Zusammenfassung bezeichnet. So ist im Rahmen der Hl. Schrift der Römerbrief und der Galaterbrief jeweils die *methodus* der gesamten Schrift bzw. Theologie.[105] Denn hier wird all das behandelt, was den Kern oder die „summa" des Christentums ausmacht: Gesetz und Evangelium, Sünde, Rechtfertigung und Gnade. Die *Loci*, ursprünglich 1521 aus der Römerbriefvorlesung hervorgegangen, sind nun als systematisches Werk für die Theologie das, was der Römerbrief im Rahmen der Hl. Schrift ist: „mea methodus", was schließlich wahlweise mit 'summa' gebraucht wird.[106] Denn in ihnen soll das zentrale Anliegen (summa) des Christentums dargestellt werden, das Melanchthon immer wieder in Kurzformeln zu fassen versucht, um es pädagogisch einsichtig darzulegen: Der Mensch, der nicht selbst sein Heil finden kann, sondern es der Gerechtmachung durch Christus verdankt.[107]

Die Methode übernimmt die Theologie aus allgemeinen philosophisch-wissenschaftstheoretischen Überlegungen, die Melanchthon ab 1536 in einer deutlichen Rückwendung wieder von Aristoteles bezieht. In der Fassung der *Dialectica* von 1538 wünscht er ausdrücklich Aristoteles in der Hand der Studenten; denn er ist der „unus ac solus methodi artifex".[108] Ohne Aristoteles gibt es keine Wissenschaft, sondern nur eine große Konfusion von Lehren.[109] Melanchthon liest seinen Aristoteles allerdings nicht in der Weise der Scholastiker, sondern als Humanist, der zugleich Cicero und die Stoiker kennt; zudem eliminiert er die Metaphysik, behält dagegen im Gegensatz zu Luther die Ethik bei.[110] Diese neue Propädeutik, die in der Dialektik zudem noch metaphysische Elemente (Kategorien, Ursachenlehre) enthält, bedingt eine neue Akademisierung, wenn auch keine Rescholastisierung auch des theologischen Unterrichtes. Deutlich wird diese Tendenz auch in der Wiedereinführung der Disputationen neben den humanistischen Deklamationen in Wittenberg ab 1533. Melanchthons Sicht von

104 Einleitung n.3 (Pöhlmann 18f).

105 CR 1,638. 1044; 11,37f; vgl. Wiedenhofer, Formalstrukturen I, 391-394.

106 Vgl. CR I,285.366.451.487.567; III,1112: summa quaedam seu methodus est informanda.

107 Vgl die 17 „Summa"-Formeln, aufgelistet bei Wiedenhofer, Formalstrukturen I, 392-394.

108 Ph. Melanchthon, De dialectica libri quattuor. Straßburg 1538, Widmung.

109 CR 11,349, in der Oratio de vita Aristotelis von 1537.

110 Vgl. Leinsle, Ding 11-13.

Philosophie und Theologie kommt besonders zum Ausdruck in der Rede *De philosophia* von 1536. Philosophie besteht humanistisch in verschiedenen *artes*, deren propädeutische und methodische Bedeutung für die Theologie unterstrichen wird. Denn das Grundübel besteht für den Humanisten Melanchthon in einer „inerudita theologia", wie er sie wohl in ersten reformatorischen Auseinandersetzungen, aber auch bei den Scholastikern oftmals orten konnte.[111] Ungebildet ist sie, weil ihr die richtige Methode fehlt. Sie ist eine „confusanea doctrina", in der die wichtigen Dinge nicht genau ausgelegt werden, in der vermischt wird, was zu trennen, auseinandergezerrt wird, was in Verbindung miteinander darzulegen ist. Oft wird da Widersprüchliches behauptet; was nur ähnlich klingt, wird gleich für das Wahre und Eigentliche genommen. Es entsteht eine „doctrina monstrosa", in der nichts methodisch zusammenhängt, die nur endlose Irrtümer und Streitigkeiten erzeugen kann. Zur Behebung dieses Übelstandes genügen die herkömmlichen Kenntnisse in Grammatik und Logik nicht; vielmehr ist eine „erudita philosophia" nötig, die in erster Linie Methodologie und Rhetorik, aber auch Naturwissenschaft und Ethik beinhaltet.[112] Dazu reicht es nicht aus, nur vereinzelte Kenntnisse in die Theologie zu übernehmen, sondern die jeweilige Wissenschaft muß ganz studiert werden. Die Kirche braucht den ganzen „orbis doctrinae", also eine neue enzyklopädische Bildung, um wirklich Theologie treiben zu können.[113] Alles andere ist Barbarei, wie sie bei den ungebildeten Täufern, aber auch bei humanistischen Verächtern der Realwissenschaften anzutreffen ist.[114] Theologie braucht also Methode; diese findet sie aber nur bei Aristoteles.

5.2.3 Summe der Selbst- und Gotteserkenntnis im Leben: Calvin

Ähnlich wie die Entwicklung der *Loci* Melanchthons verläuft die der reformierten „Summa pietatis", der *Christianae Religionis Institutio* Johannes Calvins (1509-1564). Sie wird in der ersten Auflage 1536 als schmales Bändchen von 6 Kapiteln in deutlichem Anschluß an Luthers kleinen Katechismus vorgelegt. Hier folgt auf die Darlegung des Dekalogs, des Apostolischen Glaubensbekenntnisses und des Vaterunser lediglich eine Sakramentenlehre in Auseinandersetzung mit der römischen und die Lehre von der christlichen Freiheit, der Kirchengewalt und politischen Regierung.[115]

111 CR 11, 278-280.

112 Ebd. 280.

113 Zur Bestimmung der enzyklopädischen Bildung vgl. Henningsen, Enzyclopädie; ders., Orbis Doctrinae.

114 CR 11, 281-238.

115 Joannis Calvini Opera selecta, ed. P. Barth (= OS), Bd. I, München 1926. ND. 1963, 19-238.

In der letzten authentischen Ausgabe von 1559 ist das Werk auf 80 Kapitel angewachsen, nunmehr in einem systematischen Aufbau:
1. Buch: „Über die Erkenntnis Gottes des Schöpfers"
2. Buch: „Über die Erkenntnis Gottes des Erlösers"
3.-4. Buch: „Auf welche Weise wir die Gnade Christi empfangen, was für Früchte uns daraus erwachsen und was für Wirkungen sich daraus ergeben".[116]

Das Grundanliegen dieser einflußreichsten reformierten Gesamtschau der Theologie bleibt jedoch in allen Stufen dasselbe. Sie will, wie bereits der Titel von 1536 deutlich macht, „totam fere pietatis summam et quidquid est in doctrina salutis cognitu necessarium" zusammenfassen, um so den „pietatis studiosi" eine Handreichung zu geben.[117] Für den humanistisch geschulten, von Erasmus tief beeinflußten, aber am Collège de Montaigu nach Johannes Maior (um 1469-1550) auch in scholastischer Logik geübten Calvin[118], der im strengen Sinne nicht in der Universitätstheologie, sondern der Jurisprudenz ausgebildet wurde, ist Theologie grundsätzlich im Rahmen praktischer Gottesverehrung (pietas) anzusiedeln. Die scholastisch-spekulative Theologie, mit der er sich zumal in der Sakramentenlehre auseinandersetzt, ist damit bereits a limine abgetan.[119]

Die „summa sacrae doctrinae" (nochmals der Titel der Theologie wie bei Thomas von Aquin!) aber besteht mit Augustinus in Gottes- und Selbsterkenntnis.[120] Nominell steht die Gotteserkenntnis wie beim frühen Melanchthon im Spannungsfeld von Gesetz und Gnade; sie wird 1536 zu Beginn des 1. Kapitels *De Lege* sehr kurz und rein biblisch entfaltet, jedoch nicht aus der Erfahrung des sündigen und gerechtfertigten Menschen gewonnen, während die genauere Darstellung der Behandlung des Glaubensbekenntnisses im 2. Kapitel vorbehalten bleibt.[121] Die Gotteserkenntnis steht vor der Selbsterkenntnis. Sie umfaßt hier als Voraussetzung zur Erkenntnis des Gesetzes:

---

116 OS Bd. 3-5, München 1927. ND 1963. - vgl. zur Entwicklung: W. Neuser in HDThG II,241f.

117 OS I,19.

118 Vgl. A. Ganoczy, Le jeune Calvin. Genèse et évolution de sa vocation réformatrice. (VIEG 40). Wiesbaden 1966; K. Reuter, Vom Scholaren bis zum jungen Reformator. Studien zum Werdegang Johannes Calvins. Neukirchen-Vluyn 1981; Ch. Partee, Calvin and Classical Philosophy. (Studies in the History of Christian Thought 14). Leiden 1977.

119 Vgl. Ganoczy, Calvin 179-192.

120 OS I,37: Summa fere sacrae doctrinae duabus his partibus constat: Dei cognitione et nostri. - Vgl. Augustinus, soliloq. I,2,7 (CSEL 89,11,15-17); zum Einfluß Bernhards v. Clairvaux: Reuter, Vom Scholaren 63-65.

121 OS I,69-76.

1. die grundlegenden Eigenschaften Gottes (hypostasiert): Gott ist unendliche Weisheit, Gerechtigkeit, Gutheit, Barmherzigkeit, Wahrheit, Macht und Leben;
2. Gott als Schöpfer des Alls und die daraus entspringende Dienst- und Gehorsamspflicht der Geschöpfe;
3. Gott als gerechter Richter;
4. Gott als der barmherzige und gnädige, der bereit ist, den anzunehmen, der in Glauben und Vertrauen zu ihm kommt.

Die Selbsterkenntnis kontrastiert zur Gotteserkenntnis. Sie zeigt die Menschen als nach Gottes Bild und Gleichnis geschaffen, aber durch den Sündenfall zu „Söhnen des Zornes" geworden, so daß wir unsere Pflicht weder tun wollen noch können. Das Gesetz deckt diesen unseren Zustand nur auf, und zwar sowohl das innere (Gewissen) als auch das geschriebene: „Diese Lehre der Gerechtigkeit zeigt uns deutlich, wie weit wir vom rechten Weg entfernt sind."[122] Das Gesetz aber bringt auch die richtige Selbsteinschätzung vor Gott, die ihrerseits den Schritten der Gotteserkenntnis entspricht:

1. Gott ist der Schöpfer, unser Herr und Vater; ihm schulden wir Verherrlichung, Ehrerbietung und Liebe.
2. Niemand kann aus eigener Kraft dies erfüllen; deshalb sind wir alle dem Gericht und dem ewigen Tod verfallen.
3. Es ist folglich ein anderer Weg zum Heil zu suchen, als der durch eigene Gerechtigkeit. An uns selbst bleibt uns nur Verzweiflung.
4. Dieser Weg wird uns eröffnet in der Vergebung der Sünden in Christus.
5. Mit seinem Geist und einem neuen Herzen ausgestattet, vermögen wir seine Gebote zu erfüllen.[123]

Diese Gotteserkenntnis ist deshalb zunächst eine durchgängig praktische und persönliche. Calvins Theologie weiß sich hier getragen von seinem Ideal der „pietas", als deren „summa" ja die *Institutiones* gelten sollen.[124] So unterstreicht er bereits in der (in allen Auflagen beibehaltenen) Widmungsepistel an König Franz I. seine Bemühungen in diesem Werk, die Menschen „ad veram pietatem" und somit zur Erkenntnis Christi zu führen.[125] Theologische Erkenntnis ist also lebenspraktisch vermittelt; sie führt nicht zur Erkenntnis einer überweltlichen Substanz, sondern des *lebendigen* Gottes und Christi.[126] Die *pietas* ist einerseits bereits schöpfungsmäßig begründet in der rechten Erkenntnis der Pflichten dem Schöp-

122 OS I,39.
123 OS I,40.
124 Vgl. Ganoczy, Calvin 220-232.
125 OS I,21.
126 OS I,23: non nostra est, sed Dei viventis et Christi eius.

fer gegenüber, stärker aber noch aus der Annahme an Kindes Statt dem Vater gegenüber.[127] Der gelernte Jurist Calvin denkt hier durchaus auch in Begriffen des Römischen Rechtes. Zusammengefaßt wird der Inhalt der *pietas* in der rechten Weise, Gott zu fürchten und zu lieben.[128] Die „pietatis studiosi", für die Calvin ursprünglich sein Werk bestimmt, sind deshalb nicht nur die Studenten der Theologie. Dies unterscheidet seine Intention grundsätzlich von der der *Loci* Melanchtons: Er will keine akademische Einführung für das Theologiestudium schreiben; denn zur *pietas* sind wie bei Erasmus alle Christen ihr Leben lang aufgerufen: „Tota Christianorum vita quaedam pietatis meditatio esse debet, quoniam in sanctificationem vocati sunt."[129] Die falsche Gottesverehrung, wie sie Calvin in Götzendienst, Aberglauben und römischen Gebräuchen sieht, wird dem als „impietas" kontrastiert.[130]

Aus dem reformatorischen Ansatz Calvins ergibt sich die Forderung einer neuen theologischen Unterweisung, wie er sie selbst in den *Institutiones* geben will. Die Scholastiker erscheinen sogleich als „impii", denen es zu verdanken sei, daß die Wahrheit Christi, wenn nicht schon ganz verschwunden, so doch begraben und verschüttet ist, nämlich unter einem unentwirrbaren Knäuel komplizierter Thesen, die nicht in der Schrift gegründet sind.[131] Auszugehen ist von der „scripturae simplicitas", abzugehen ist von allem Beiwerk der Scholastiker, das Calvin - gut augustinisch - aus der *curiositas* erwachsen sieht.[132] Die Scholastiker stehen entweder diesseits oder jenseits der Schrift; in keinem Fall ist ihre Lehre schriftgemäß, sondern ihr eigenes Gedankengebäude.[133] Neben der Schrift zählen für den jungen Reformator - gut humanistisch - nur die Väter. Sie haben es übereinstimmend abgelehnt, Gottes Wort mit sophistischen Spitzfindigkeiten zu vermengen und es zum Gegenstand logischer Streitigkeiten zu machen. Würden die Väter heute wiederkommen und eine Disputation der sog. spekulativen (= scholastischen) Theologie hören, könnten sie nicht entdecken, daß hier von Gott gehandelt wird.[134]

Calvin stellt der scholastischen Theologie sein Ideal des echten, einfachen und reinen Wortes Gottes gegenüber. Die an sich klare Schrift als

127 OS I,76.

128 OS I,52.

129 OS I,224; „meditatio" als Übung, praktisches Bemühen um etwas.

130 Vgl. Ganoczy, Calvin 224-226; bes. OS I,289-328: Epistola de fugiendis *impiorum* illicitis sacris.

131 Vgl. auch A. Ganoczy/St. Scheld, Die Hermeneutik Calvins. Geistesgeschichtliche Voraussetzungen und Grundzüge. (VIEG 114). Wiesbaden 1983.

132 OS I,139.

133 OS I,144.

134 OS I,29.

„Anrufung, Ermahnung und Belehrung des Menschen“ soll schlicht für den einfachen Menschen ausgelegt werden. Deshalb will er sich trotz humanistischer und philologischer Schulung auch in seiner Schriftauslegung an eine einfache und unakademische Lehrweise halten, ohne jedoch eine gründliche Schulung in Sprachen und Kirchenvätern als irrelevant abzutun.[135] Durchsichtigkeit und Kürze gelten als methodische Normen ebenso für die Schriftauslegung wie für die davon getrennte systematische Darstellung des Glaubens in den *Institutiones*. Exegese und systematische Theologie sind methodisch getrennt, dienen aber demselben Ideal und ergänzen einander.[136] Sie passen sich der „Pädagogik Gottes“ in der Schrift an, anstatt eine willkürliche oder spekulative Auslegung der Schrift zu geben, als ob das Wort Gottes ein Spielzeug oder eine wächserne Nase sei, die man in jede Richtung drehen kann.[137] Partielle Unklarheiten sollen durch Analogien erhellt werden; sonst aber ist vom einfachen und klaren Schriftsinn auch als Norm für die Theologie auszugehen: „Die Regel des Denkens und Sprechens ist aus der Schrift zu beziehen; nach ihr sind genauestens alle Gedanken und Worte auszurichten.“[138]

5.3 Katholisches Theologieverständnis

Auch das katholische Theologieverständnis der Reformationszeit steht in der Spannung zwischen Scholastik und Humanismus, dazu aber in deutlicher Frontstellung gegen wesentliche Inhalte reformatorischer Theologie. Deutlich wird dies an den beiden wichtigsten Gesprächspartnern der Reformatoren: Dr. Johannes Eck und Kardinal Cajetan.

5.3.1 Humanistische Theologiereform und Kontroverse: Johannes Eck

Der wichtigste deutsche Gegner Luthers, Dr. Johannes Eck (Johannes Maier von Egg a. d. Günz, 1486-1543), ist keineswegs ein Scholastiker alter Schule. Bereits als gefeierter Lehrer in Tübingen gehört er zwar zur *via moderna*, sucht aber die ockhamistische Logik durch Öffnung für huma-

135 OS I,21: Hanc mihi fuisse propositam rationem liber ipse loquitur, ad *simplicem scilicet rudemque docendi formam* appositus. - vgl. Ganoczy/Scheld, Hermeneutik 182-187.

136 Z. B. OS III,6.24-28 (Einleitung zu Inst. 1539); vgl. Ganoczy/Scheld, Hermeneutik 122f.

137 Johannis Calvini Opera quae supersunt omnia. Hg. G. Baum, E. Cunitz, E. Reuss, 59 Bd., Braunschweig 1863-1900. VI, 268; IX,533 u. öfter; vgl. Ganoczy/Scheld, Hermeneutik 114f.

138 OS I,73.

nistische Auslegungsmethoden und eine neue Sprachkultur zu verbessern.[139] Mit Luther und den Humanisten zunächst gleichermaßen befreundet, weist er - seit 1510 Professor in Ingolstadt - in seinem theologischen Erstlingswerk *Chrysopassus praedestinationis* (1514) zumindest eine deutliche Nähe zur reformatorischen Gnaden- und Rechtfertigungslehre auf.[140]

Im Unterschied zu Erasmus und den Reformatoren geht es Eck auch in der Theologie um eine Reinigung und Vereinfachung der Scholastik. So liest er noch 1542 in den Hundstagen eine kurze Erklärung zum 1. Sentenzenbuch, in der er die wissenschaftstheoretischen Einleitungsfragen auf wenigen Seiten abhandelt.[141] Gegenüber dem existentiell-anthropologischen Ansatz reformatorischer Theologie nimmt die Theologiedefinition Ecks kompendienartig die scholastische Tradition wieder auf: „Theologie ist die Wissenschaft, die von Gott, seinen Vollkommenheiten, Attributen und Relationen handelt, bzw. auch von den Geschöpfen, insofern sie in Beziehung zu Gott gesetzt werden."[142] Nach der *methodus definitiva et divisiva* werden dann die einzelnen Ausdrücke erklärt bzw. exemplifiziert.[143] Der Bezug der Geschöpfe zu Gott ist konstitutiv ein doppelter: Schöpfung und Beseligung. Das *subiectum theologiae* im ersten und vollkommenen Sinne ist deshalb Gott, in zweiter Linie auch das Geschöpf, besonders der Mensch, da er Gnade und Rechtfertigung erlangen kann. Klar und kurz unterschieden werden natürliche und übernatürliche Theologie auf der Grundlage der inspirierten Schrift, erworbene und eingegossene Theologie. Deutlich auseinandergehalten werden die Theologie Gottes, der „theologotatos" ist, die Theologie „in se" ohne Rücksicht auf den heilsgeschichtlichen Status des Menschen und die „theologia in nobis" nach dem jeweiligen Status als geglaubte Theologie im Unterschied zur gewußten

---

139 Vgl. E. Iserloh, Johannes Eck (1486-1543). Scholastiker, Humanist, Kontroverstheologe. (Katholisches Leben und Kirchenreform im Zeitalter der Glaubensspaltung 41). Münster 1981; A. Seifert, Logik zwischen Scholastik und Humanismus. Das Kommentarwerk Johann Ecks. (Humanistische Bibliothek I,31). München 1978.

140 Vgl. J. Greving, Johann Eck als junger Gelehrter. Eine literar- und dogmengeschichtliche Untersuchung über seinen Chrysopassus praedestinationis aus dem Jahre 1514. (RGST 1). Münster 1906.

141 In Primum Librum Sententiarum Annotatiunculae D. Johanne Eckio Praelectore Anno ab Christo nato 1542, per dies caniculares, quos alioqui a studiis gravioribus feriari solebat. Ed. W.L. More, jr. (SMRT 13). Leiden 1976, 15-17.

142 Ebd. In Prol. (15,7-10): Theologia est scientia quae de Deo, eius perfectionibus, attributis et relationibus tractat, aut etiam de creaturis secundum quod in Deum referentur.

143 Als eigentliche Lehrmethode auch beim Melanchthonschüler Owenus Gunther (1532-1615) dargestellt und angewendet: Vgl. Leinsle, Ding 60-62.

„theologia in se". Als Kriterium des Wissenschaftssubjekts übernimmt Eck „more philosophorum loquendo" die skotistische Bestimmung, daß es virtuell die Wahrheiten dieser Wissenschaft in sich enthält. Objekt der Theologie sind die Hl. Schrift und die daraus logisch gültig abgeleiteten Konklusionen. Die Theologie ist - gemäß der *via moderna* - teils theoretisch, teils praktisch, teils affektiv, je nach den Sätzen, die sie enthält. So ist 'pater genuit filium' ein theoretischer Satz, auch wenn daraus etwas über die richtige Gottesverehrung erschlossen wird.[144]

Ist die Lehrmethode Ecks in der Sentenzenvorlesung durchwegs die der Definition und Einteilung, so greift er auch in seinem *Enchiridion locorum communium adversus Lutherum et alios hostes ecclesiae* (Erstdruck 1525, erweitert bis 1543) auf das gemeinsame Repertoire humanistisch geläuterter Scholastik zurück.[145] Anders als die *Loci* Melanchthons will Eck keine Gesamtdarstellung der Theologie geben, sondern eine Zusammenfassung der Hauptstreitpunkte zwischen den Religionsparteien, die im Schema von *propositio* (z.T. auch *axioma* genannt) und deren *probatio* aus anerkannten Stellen der Schrift und Väter abgehandelt werden. Das Grundschema ist oft noch ein disputatorisches: *propositio - probatio - obiectiones - solutiones*.[146] Bereits methodisch sind Ecks *Loci* also - gegen Zwinglis einflußreiches Dictum - keine katholische Imitation Melanchthons[147]; vielmehr stellt sich Eck die Frage der Ordnung, Gewichtung und des autoritativen Beweises der theologischen Thesen, die kontrovers zu diskutieren sind. Es sind dies an der Spitze die *loci*: Kirche - Konzil - Primat - Schrift. Dann erst folgen: Glaube und Werke, Sakramente und Kirchengebräuche. Die *probatio* der zentralen Sätze folgt bei breiter ausgestalteten Kapiteln (z. B. der Heiligenverehrung c. 15) dem Schema: Schrift - *Ratio - Auctoritates sanctorum* (Väter) - *ecclesiae consuetudo*. Der praktische Zweck dieser kontroverstheologischen Darstellung wird unterstrichen durch den Verweis auf thematisch bezogene Predigten Ecks.[148] Noch deutlicher wird die praktische Bedeutung der *Loci* in der Vorrede zur kürzeren deutschen Ausgabe von 1530 herausgestellt: Im Anschluß an die „einfache" humanistische Theologie sollen sie als Abbreviation der scholastischen Theolo-

144 Eck, I Sent prol. (15-17).

145 Johannes Eck, Enchiridion locorum communium adversus Lutherum et alios hostes ecclesiae (1525-1543). Hg. P. Fraenkel. (CCath 34). Münster 1979. - Zur Entstehungsgeschichte: N.H. Minnich, On the Origins of Eck's „Enchiridion". In: Jo hannes Eck (1486-1543) im Streit der Jahrhunderte. Hg. E. Iserloh. (RGST 127). Münster 1988, 37-73.

146 Z. B. Enchiridion c. 1 prop. 4 (24-34).

147 Vgl. Fraenkel, Einleitung zu Eck, Enchiridion 1*-16*; Zwingli an Vadian 22.4.1526: CR 95,574.

148 Z. B. Enchiridion c.5 prop.2 (92,3).

gie dienen.[149] Eck hat hier „den grund und kurtzen begriff, vorausz die notwendigsten sprüch der hayligen götlichen geschrift, kürzlich verfaszt unnd zusamenn zogen in disz handbüchlin, darmit ein yeder - auch ains geringen verstand - in yeder fürfallenden materi behend möchte sehen und zu hannd fünden die fürnehmlichen stell der geschrifft, auch zuweyl die autoritet der hayligen göttlichen lerern, wie sie dann von der christlichen kirchen angenommen sind."[150] Die rein topische Anordnung des Stoffes wird hier also bereits durch den Charakter des kleinen Nachschlagewerks nahegelegt. Allerdings ist durch die Abzweckung des Werkes für den „einfachen" Christen auch eine Vergröberung der Ausdrucksweise festzustellen, vor allem in den Zusätzen gegenüber dem lateinischen Werk.[151]

Die kontroverstheologisch-topische Auseinandersetzung tritt damit an die Stelle disputatorischer Wahrheitsfindung. Dies wird ausdrücklich gerechtfertigt im letzten Kapitel der ursprünglichen Fassung: „Non disputandum cum haereticis".[152] Schon c. 26 „De haereticis comburendis" wird als Einwand der Häretiker (Luthers) angeführt, daß man mit ihnen disputieren und sie mit dem Schwert des Geistes, d. h. mit dem Wort Gottes, nicht mit Feuer besiegen müsse.[153] Der Nachweis der Häresie im Fall Luthers (in der deutschen Fassung auch Zwinglis) wird in bewährtem Vorgehen in Anlehnung an die päpstlichen Verurteilungen dadurch erbracht, daß bei ihnen die Lehren der alten verurteilten Häretiker nachgewiesen werden: „dann sie wider erwecken die alten verdambten ketzereyen/ Arij/ Manichei/ Heluidij/ Vigilantij/ Joviniani/ Aetij/ Eutycetis/ Felicis/ Wickleff/ Huß/ vnd ander ketzer/ darumb ist mit jn nit zu disputieren."[154] Der Vorwurf der Verderbtheit der Disputation, den Luther gegen die Scholastik und seine katholischen Gegner erhoben hatte, wird nun gegen die Häretiker vorgebracht: Es fehlt an der grundsätzlichen Gelehrigkeit, vielmehr wollen sie nur ihre Artikel bis in den Tod verteidigen. Zudem wollen sie nicht disputieren vor gelehrten, gebildeten und in der Theologie bewanderten Leuten,

149 Johannes Eck, Enchiridion. Handbüchlin gemainer stell unnd Artickel der jetzt schwebenden Neuwen leeren. Faksimile-Druck der Ausgabe Augsburg 1533. Hg. v. E. Iserloh. (CCath 35). Münster 1980.

150 Eck, Enchiridion 13.

151 So Handbüchlin c.12 (38); Enchiridion 149 Anm. 35: „in allen fleischlichenn wollust, wie Zwingli, Luter: betten nit, fasten nit, lesen nit mesz, hörend kaiene, kommen weder in vesper noch metten, ist jn Freytag, Quotember, Fasztag, Fasztnacht als gleich, nemmen weiber jrs gefallens und fressen der kirchen und clöster güeter. Das ist gut evangelisch. Ja, in der hell!"

152 Enchiridion c. 27 (280-285); zum biographischen Hintergrund vgl. Minnich, Origins.

153 Ebd. c.26 (277).

154 Eck, Handbüchlin c.27 (75).

sondern wie z. B. in Zürich „coram indoctis, vulgaribus laicis", die in keiner Weise fähig sind, derartig schwierige Glaubensfragen zu entscheiden. Rekurriert wird zudem auf die universitären Verurteilungen der neuen Lehre (Paris, Spanien, Oxford, Cambridge, Löwen und Köln). Die Disputation als Form akademischer Wahrheitsfindung mit den Neugläubigen ist also nicht mehr angebracht, zumal die Lutheraner damit angeblich nur Leute zu ihrer Lehre hinüberziehen wollen. Zudem werde dadurch die christliche Lehre dem Spott der Heiden, Türken und Juden ausgeliefert, den einfachen Christen aber großes Ärgernis gegeben, wenn uralte Satzungen der Kirche und der Väter in Zweifel gezogen werden. Deshalb sind solche Dinge nicht zu disputieren „coram frigidis et male sentientibus laicis."[155] Als Kern des ganzen Problems sieht Eck genau die Frage der Probationsinstanzen: Die Anhänger der Reformation nehmen nur die Schrift an, allerdings in ihrer eigenen Auslegung, die wieder für den scholastisch und humanistisch gebildeten Eck nicht akzeptabel ist:

> „Darzu ist bewißt jr hartnäcke und verstopffte weys/ das sie kain richter leiden wöllen/ dann die geschrifft/ die zerreissen sie/ verwerffens und taddeln die mit falschen außlegungen und glossen/ darumb S. Paulus mit söllichen verbotten hat zu disputieren."[156]

Nur wenn geeignete Richter da wären, hätte eine Disputation noch Sinn; ansonsten bleibt das topische Armarium der *Loci communes* die erforderliche Rüstung des beginnenden gegenreformatorischen Kampfes.

5.3.2 Cajetan und der neue Thomismus

Wo die Reformation unmittelbar auf lebendige scholastische Tradition stößt, ist dies weniger die *via moderna*, aus der Luther und Eck kommen, sondern der seit der Mitte des 15. Jhs. im Gefolge des Wegestreites neu erstarkte Thomismus[157], vertreten insbesondere durch den Professor von Padua, Pavia und Rom, Ordensgeneral und Kardinal Thomas de Vio OP (1469-1534), genannt Cajetan.[158] Aus Cajetans umfangreichem Werk (philosophische Kommentare zu Aristoteles und Thomas, Schriftkommen-

155 Eck, Enchiridion c.28 (282).

156 Eck, Handbüchlin c.27 (145/75).

157 Vgl. Grane, Modus 161-191.

158 Zur Biographie und Auseinandersetzung mit Luther vgl. J. Wicks, Cajetan und die Anfänge der Reformation. (Katholisches Leben und Kirchenreform im Zeitalter der Glaubensspaltung 43). Münster 1983. Der Kommentar zur S. Th. ist beigedruckt der Editio Leonina der Summa, Bd.IV-XII; separat: Thomae de Vio Caietani Commentaria in Summam Theologiam. Ed. H. Prosper. Bd. 1, Lyrae 1892; Werkverzeichnis ebd. X-XIII. Sentenzenkommentar von Padua ungedruckt: Paris, Bibliothèque Nationale Cod. lat. 3076.

tare, Traktate) verdient hier vor allem der Kommentar zur *Summa theologiae* des Thomas von Aquin Beachtung (zur *Prima* 1507/08). Im Unterschied zu den einflußreichen *Defensiones theologiae Divi Thomae Aquinatis* des Johannes Capreolus OP (+ 1444)[159] ist der Kommentar Cajetans nicht so sehr von innerscholastischen Auseinandersetzungen mit den Skotisten und Nominalisten geprägt, als vielmehr von der Begegnung mit dem neuen philologischen Aristotelismus und der Averroes-Renaissance in Padua (Pietro Pomponazzi [+ 1524]). Auch die Sprachgestalt weist durchaus mehr humanistische Eleganz als scholastische „Barbarei" auf.[160] Durchgängig ist allerdings auch die Auseinandersetzung mit dem in Padua ebenfalls vertretenen Skotismus der Franziskaner. Bemerkenswert - auch für die Auseinandersetzung mit der im allgemeinen metaphysikfeindlichen Reformation - ist die weitreichende Einbeziehung metaphysischer Fragestellungen in die Theologie, wobei Cajetan allerdings in manchen Punkten von Thomas im Sinne „modernerer" Lösungen abweicht.[161]

Methodisch bemüht sich Cajetan um die von den Humanisten so geschätzte „perspicuitas" und stellt sich sogleich die Frage, ob es nicht verkehrt sei, ein als Anfängerlehrbuch konzipiertes Werk (die *Summa*) mit den Subtilitäten der Schulen anzufüllen.[162] Pädagogisch geschickt wird der „novitius" in der Theologie auch direkt angesprochen und auf die Bedeutung begrifflicher Unterscheidungen für die Disputation aufmerksam gemacht, z. B. zwischen der *theologia in se* und der *theologia in nobis*.[163] Cajetans Schulung im humanistischen Lehrbetrieb zeigt sich in der philologisch genauen Unterscheidung der Bedeutungen einzelner Termini. Die erste umfassende Kommentierung der gesamten Summa erfolgt zu jedem Artikel nach dem Schema:

1. *expositio formalis*: Erklärung der einzelnen Termini der Fragestellung bzw. der Konklusionen nach ihren verschiedenen Bedeutungen;
2. *expositio et divisio textus*: Methodisch geordnete Inhaltsangabe;

159 Johannes Capreolus, Defensiones theologiae Divi Thomae Aquinatis. Ed. C. Paban et Th. Pègues. 7 Bde., Tours 1900-1908; vgl. M. Grabmann, Johannes Capreolus O.P., der „Princeps Thomistarum" (+ 1444) und seine Stellung in der Geschichte der Thomistenschule. In: Grabmann MGL III, 370-410.

160 Vgl. Wicks, Cajetan 10-19; M. Grabmann, Die Stellung des Kardinals Cajetan in der Geschichte des Thomismus und der Thomistenschule. In: Grabmann MGL II, 602-613.

161 Vgl. M.D. Koster, Zur Metaphysik Cajetans. Ergebnisse jüngster Forschung. In: Schol 35 (1960) 537-551; J. Hegyj, Die Bedeutung des Seins bei den klassischen Kommentatoren des heiligen Thomas von Aquin, Capreolus - Silvester von Ferrara - Cajetan. (Pullacher philosophische Forschungen 4). Pullach 1959.

162 Cajetan, In I S.th. Prol. (1a).

163 Ebd. q.1 a.1 G (7a).

3. *expositio magistralis*: Auseinandersetzung mit der in den Konklusionen zusammengefaßten Lehre des Thomas in Form von Einwänden oder Dubien und deren Lösung in einzelnen Argumentationsschritten nach dem Muster einer *quaestio disputata*.[164]

Das Theologieverständnis des Aquinaten bleibt in den Grundzügen auch für den Kommentator verpflichtend. Doch wird wesentlich genauer als bei Thomas unterschieden zwischen der *theologia dei*, der ihr subalternierten *theologia in se* als einer wirklichen Wissenschaft, und der *theologia in nobis* - je nach dem heilsgeschichtlichen Status - als Theologie der Seligen oder *in via*, wo sie nur in unvollkommener Weise Wissenschaft und zudem schlechthin dem Wissen Gottes subalterniert ist. Das diskursive Verfahren unserer Theologie wird als aufzuhebende Unvollkommenheit, nicht als konstitutiv für das intuitive und notwendige theologische Wissen Gottes betrachtet.[165] Dementsprechend kann die erste Einteilung der Wissenschaften nicht die in theoretische und praktische sein, sondern in ein unendliches und endliches Wissen. Nur das endliche Wissen ist theoretisch oder praktisch. Die Theologie, grundsätzlich zunächst als Theologie Gottes betrachtet, kann deshalb theoretisches und praktisches Wissen vereinigen. Was Thomas von Aquin wissenschaftstheoretisch zu lösen versuchte, wird jetzt metaphysisch aus dem Wissen Gottes demonstriert.[166] Unsere Theologie aber ist nichts anderes als „impressio et sigillum proprium scientiae divinae"; denn beide handeln von Gott, insofern er Gott ist (de Deo inquantum Deus), unsere aber in derivater Weise und durch zwar geringe, aber echte Teilhabe am Licht des Wissens Gottes.[167] Der metaphysische Ausweis der von Luther bestrittenen spekulativen „theologia gloriae" ist damit geleistet, allerdings die Grenze von erworbener und eingegossener Theologie weniger klar betont. Unsere Theologie erfaßt auch ihr Formalobjekt (sub ratione Dei) nur in einem gegenüber dem göttlichen verminderten Erkenntnislicht und führt deshalb nicht zur umfassenden Erkenntnis aller Wahrheiten über Gott.[168] Für den zweiten Beweis für Gott als *subiectum theologiae* verwendet Cajetan bemerkenswerterweise ein - mit Thomas verträglich gemachtes - skotistisches Argument: Das Wissenschaftssubjekt enthält virtuell die gesamte Wissenschaft in sich. Gott aber ist das Subjekt der Glaubensartikel als Prinzipien der Theologie.[169] In der Frage des argumentativen Charakters der Theologie (I q.1 a.8) stellt sich Cajetan ausdrücklich

164 Vgl. Grabmann, Cajetan 607f.

165 Cajetan, In I S. th. q.1 a.1 F-G (6b-7b).

166 Ebd. q.1 a.4 C (12b-13a).

167 Ebd. E (12a).

168 Ebd q.1 a.7 E (18ab).

169 Ebd. G (18b-20b); vgl. U.G. Leinsle, Die Einheit der Wissenschaft nach Johannes Duns Scotus. In: WiWei 43 (1979) 157-176.

dem Vorwurf, die scholastische spekulative Theologie halte sich zuviel mit theologiefremden, philosophischen Argumenten auf. Cajetan anerkennt den an sich theologiefremden Charakter philosophischer Argumente. Doch darf sich der Theologe ihrer „ut ministrae theologiae" bedienen, und insofern er das tut, werden sie zu eigentlich theologischen Argumenten, wenn auch nur „ministerialiter". Insbesondere bedarf es metaphysischer und naturphilosophischer Argumente zur Widerlegung gegnerischer Positionen, zur Auflösung von Einwänden und zur Behauptung jener Wahrheiten, von denen die Theologie nur sekundär handelt, z. B. Existenz und metaphysische Eigenschaften Gottes. Eine Lösung philosophischer Objektionen rein aus dem Glauben aber macht die Theologie zum Gespött für die Philosophen.[170]

Das Zusammentreffen Luthers mit dem päpstlichen Legaten Cajetan in Augsburg im Oktober 1518[171] ist somit auch das Zusammentreffen zweier sehr verschiedener Denkformen und Theologien. Cajetans Augsburger Traktate in Quästionenform, „das erste größere Werk der Kontroverstheologie gegen die Lehren und Forderungen der lutherischen Reformation", zeigen dies überdeutlich.[172] Das Vorgehen Cajetans gegen Luthers Lehren ist im Grunde das in seinem Summenkommentar vorgesehene: Rationale Analyse im Rahmen natürlicher Vernunft, terminologische Präzisierung und Prüfung der These an den zugelassenen Probationsinstanzen. Diese sind aber für Cajetan gegenüber Luthers Rückzug auf das „sola scriptura" verschiedenartig:

1. die *recta ratio* als Grundlage philosophisch-theologischer Argumentation;
2. der *Konsens der Theologen*; dagegen zu verstoßen ist leichtfertig, besonders, wenn es „sine ratione et sine auctoritate et contra communem sententiam" geschieht;[173]
3. der *sensus ecclesiae* als geistgewirkte, unfehlbare Richtschnur in der Weitergabe der Offenbarung, in Glaubensfragen und als Element der Einheit der Kirche;[174]
4. die *offizielle Lehre der Kirche*, vor allem in päpstlichen Entscheidungen und Bullen.

Luthers antithomistische Haltung, schon aus der Auseinandersetzung mit Tetzel (ca. 1465-1519) und Prierias (1456-1523), ist auch zu sehen als Konfrontation des neuen theologischen Anspruchs seiner *assertiones* ge-

170 Cajetan, In I S.th. q.1 a.8 F (21b-22a).

171 Vgl.; Wicks, Cajetan 43-112; G. Hennig, Cajetan und Luther. Ein historischer Beitrag zur Begegnung von Thomismus und Reformation. (Arbeiten zur Theologie II,7). Stuttgart 1966.

172 Wicks, Cajetan 80f; Cajetan, Opuscula omnia. Lyon 1581, 91a-118b.

173 Cajetan, Opuscula 108a,60-108b,2; vgl. Wicks, Cajetan 86-93.

174 Cajetan, Opuscula 103a,8; vgl. Ders., In II/II S.th. q.1 a.1 (Ed. Leonina VII,8-10).

genüber der Scholastik, die sich durch Berufung auf menschliche Autorität grundsätzlich nur im Rahmen von Meinungen (*opiniones*) bewegt.[175] Wenn sich Tetzel auf Thomas und dessen Anerkennung durch den Papst beruft, so macht dies Luther nicht mehr Eindruck als Cajetans Insistieren auf dem Theologenkonsens. Der Konsens kommt meist dadurch zustande, daß die Späteren nur „jaherrn und folger" der Meinungen der „lieben vetter" (Thomas, Bonaventura, Alexander v. Hales) seien.[176] Thomas hat dort nicht als Autorität zu gelten, wo er ohne die entscheidenden Probationsinstanzen redet: Schrift, Väter, Canones, *rationes*.[177] Die entscheidende Auseinandersetzung zwischen Luther und Cajetan in Augsburg betrifft aus dem jeweiligen Theologieverständnis heraus die Lehre von der Kirche und ihre Rolle hinsichtlich der Schrift: Schriftbegründete Thesen (in der Sicht Luthers) verstoßen gegen die von Cajetan reklamierten Normen der Schriftauslegung, kirchlichen Konsenses und kirchlicher Entscheidungen.[178] Cajetans Insistieren, daß in diesem Fall die verbindliche Schriftauslegung durch den Papst den Vorrang habe, konnte Luther von seinem Schrift- und Theologieverständnis aus nicht mehr annehmen.[179] Die Diskrepanz zweier theologischer Fundamentaloptionen ist damit offenkundig.

175 WA 1,647f.

176 WA 1,384.

177 Vgl. Luthers Streitschrift gegen Prierias: WA 1, 647-672.

178 Besonders zur Bulle *Unigenitus* und den Dekretalen: WA Briefwechsel 1,238f.

179 Vgl. auch WA 2,9-16.

6. DIE SCHOLASTISCHE THEOLOGIE DER FRÜHEN NEUZEIT

„Barockscholastik" oder „Zweite Scholastik" nennt man meist die Epoche katholischer (bedingt auch protestantischer) Theologie und Philosophie zwischen Humanismus und Reformation einerseits und Aufklärung andererseits.[1] Die „zweite" Scholastik entwickelt sich aber aus der „ersten" des späten Mittelalters. So veranlassen die Streitigkeiten zwischen Nominalisten und Realisten in Paris Petrus Crockaert OP (+ 1514) und seinen Schüler Francisco de Vitoria OP (1483/93-1546) zu einer Neubegründung des Thomismus, der uns bereits in Cajetan begegnet ist. In Methode und Fragestellung nimmt die Scholastik der Frühen Neuzeit jedoch die Fragen und Lösungen ihrer Zeit kritisch auf.

6.1 Entfaltung und Darstellungsformen scholastischer Theologie

Heimstatt der scholastischen Theologie der Frühen Neuzeit sind die Lehranstalten und Universitäten, die im Zeitalter des konfessionellen Absolutismus immer mehr zu „konfessionellen Erziehungsanstalten für den Nachwuchs eines Territoriums" werden.[2] Hinzu kommen katholischerseits die Ordens- und Klosterstudien, an denen oft nur wenige Professoren die Kleriker des eigenen Klosters ausbilden.[3] In der Literatur, von den großen Meistern und Streitpunkten abgesehen, kaum erforscht, harrt hier noch eine Vielzahl von Handbüchern, Kompendien, *Systemata*, Lexika, Axiomensammlungen, Hörernachschriften und Thesenschriften der verschiedenen Hohen Schulen und Klosterstudien auf ihre Auswertung.

6.1.1 Die Universität als territoriale und konfessionelle Bildungsanstalt

Die mittelalterlichen Universitäten sind nach Nationen gegliederte, im Prinzip aber internationale Gemeinschaften *utriusque iuris*. In nachreformatorischer Zeit setzt sich wie schon in den Universitätsgründungen des 15. Jhs. das Territorialprinzip auch an den Universitäten des Hl. Römischen Reiches durch. Zum Territorialgedanken kommt weiters die konfessionelle Trennung: Die Universität wird zur territorialstaatlichen Bildungsanstalt unter dem unmittelbaren Einfluß des Landesherrn und zugleich zum Garan-

---

1 Vgl. Leinsle, Scholastik; Giacon, Scholastica.

2 H. Dreitzel, Protestantischer Aristotelismus und absoluter Staat. Die „Politica" des Henning Arnisaeus (ca. 1575-1636). (VIEG 55). Wiesbaden 1970, 28.

3 So sehen z. B. die Statuten des Prämonstratenserordens von 1630 grundsätzlich *einen* Professor in jeder Kanonie vor: Statuta Candidi et Canonici Ordinis Praemonstratensis renovata. Paris 1632, 21.24.

ten des Bekenntnisses, dem der Landesherr anhängt. Als solche ist sie unmittelbar für die Ausbildung der Geistlichen, Beamten und Lehrer des Territoriums zuständig.[4] Katholische, lutherische und reformierte Hohe Schulen liegen in Rivalität miteinander. Konfessionswechsel des Landesherrn bzw. territoriale Veränderungen bedingen oft auch eine Änderung der Universitätslandschaft. So wird nach dem Übergang der reformierten Universität Marburg an Hessen-Darmstadt (1625) die 1607 gegründete lutherische Universität Gießen nach Marburg übertragen; die vertriebenen Marburger Calvinisten übernehmen das *Gymnasium illustre* in Kassel. Nach dem Rückfall Marburgs an Hessen-Kassel (1645) wird 1653 wieder eine Universität reformierten Bekenntnisses gegründet.[5]

Stärker international geprägt sind die Universitäten in Frankreich und Italien, die ihre alten Strukturen beibehalten. Vor allem Bologna, Padua und Perugia verzeichnen eine bedeutende deutsche Nation. Neben den Annehmlichkeiten eines Studiums südlich der Alpen dürften z. T. auch die geringeren finanziellen und doktrinellen Anforderungen einen Anreiz geboten haben. Innerhalb der konfessionellen Grenzen stellen wir jedoch z. T. eine bedeutende Internationalität der Studenten und Professoren fest. Ungarische Calvinisten und Böhmische bzw. Mährische Brüder studieren traditionell in Herborn, Heidelberg und an den holländischen Universitäten, u.a. auch Johann Amos Comenius (1592-1670). Herborner Professoren werden von Gabriel Bethlen an seine Hohe Schule nach Weißenburg (Alba Julia) in Siebenbürgen geholt.[6] Die katholischen Universitäten des Reichsgebietes werden ebenso von „Ausländern" besucht, nicht nur aus nahegelegenen Territorien, was z. B. im zersplitterten Schwaben oft nur die nächste Stadt bedeuten konnte; vielmehr treffen wir in Dillingen Studenten vom Rhein, aus Norddeutschland, Böhmen, Mähren, Polen, Litauen, Italien, Frankreich, den Niederlanden und Schottland.[7] Die Gefahr eines gewissen Provinzialismus der Universitäten war sicher gegeben; sie wurde jedoch durch die reichlich gepflegten Verbindungen zu den Kollegen anderer Universitäten ebenso gemindert wie durch die *peregrinatio academica* der Stu-

---

4 Vgl. N. Hammerstein, Universitäten des Heiligen Römischen Reiches Deutscher Nation als Ort der Philosophie des Barock. In: Studia Leibnitiana 13 (1981) 248.

5 Vgl. Benrath, Universität 71f.

6 Vgl. K. Wolf, Niederländischer Einfluß auf Nassau um 1600. In: NassA 58 (1938) 87-109; H. Schöffler, Deutsches Geistesleben zwischen Reformation und Aufklärung. Frankfurt [2]1956 (zu Jena); Leinsle, Ding 369f (zu Joh. Heinrich Alsted [1588-1638]); ders., Reformversuche 27f (Joh. Heinrich Bisterfeld [um 1605-1655]); 40-42 (Joh. Amos Comenius [1592-1670]).

7 Th. Specht, Geschichte der ehemaligen Universität Dillingen (1549-1804) und der mit ihr verbundenen Lehr- und Erziehungsanstalten. ND d. Ausg. Freiburg i. Br. 1902. Aalen 1987, 392.

denten und die konfessionellen Beziehungen der Landesherren.[8] Hinzu kommt im katholischen Bereich die übernationale Organisation des Jesuitenordens, der bis zu seiner Aufhebung (1773) die meisten Lehrstühle der Theologie innehat. Andererseits bildete die ritualisierte akademische Lebensweise von Gelehrten und Studenten in der „europäischen Gelehrtenrepublik" den lebensweltlichen Hintergrund, auf dem sich auch die Theologie als Universitätsdisziplin in ihrer neuzeitlichen Form institutionalisieren konnte.[9] Die Aufsicht über die Universitäten lag protestantischerseits beim Landesherrn bzw. dessen Konsistorium. Doch wird die Theologische Fakultät hier selbst zu einem Instrument der Kirchenaufsicht in Lehrfragen, in Wittenberg schon durch die Statuten von 1533.[10] Bei den katholischen Universitäten kommt es in Sachen der Universitätsaufsicht nicht selten zu Konflikten zwischen dem Landesherrn (Herzog, Fürstbischof) und den Ordensoberen der Gesellschaft Jesu.[11]

Die Hohen Schulen der drei relevanten Konfessionen haben nicht nur institutionelle und strukturelle Gemeinsamkeiten; an ihnen entwickeln sich auch die „scholastischen" Lehrmethoden weiter: *lectio* und *disputatio*. Von nicht zu unterschätzender Bedeutung ist diesbezüglich die Ausrichtung der *Ratio Studiorum* der Jesuiten am „modus Parisiensis", der im Unterschied zum „modus Italicus" mehr Gewicht auf die Disputation legt.[12] Die *lectio* ist immer noch Lesen eines Textbuches, d. h. der Schrift, der *Loci communes*, oder des Katechismus Luthers, bzw. katholischerseits der Sentenzen des Lombarden oder der *Summa Theologiae* des Aquinaten. Entscheidend wird aber nun zumeist das Diktat des Professors, obwohl - nicht nur bei den Jesuiten - das Diktieren an sich verpönt war.[13] Zur Vorlesung tritt als „nervus des Unterrichts" die Repetition, z. T. am Ende der Vorlesung, zu Beginn der nächsten, oder zuhause im Kolleg mit eigens dafür angestellten Repetitoren.[14]

8 Vgl. E. Trunz, Der deutsche Späthumanismus um 1600 als Standeskultur. In: Zeitschrift für die Geschichte der Erziehung und des Unterrichtes 21 (1931) 17-53.

9 A. Schindling, Straßburg und Altdorf - Zwei humanistische Universitätsgründungen von evangelischen Freien Reichsstädten. In: Baumgart/Hammerstein, Beiträge 156.

10 Vgl. Paulsen, Geschichte, I,219.

11 Z. B. der Streit um die „Fundationskerze", die dem Bischof durch den Rektor von Dillingen überreicht werden mußte: Specht, Geschichte 140-143 - Zu den verschiedenen Modellen der Beteiligung bzw. Leitung der Universitäten durch Jesuiten vgl. Hengst, Jesuiten.

12 Vgl. Gabriel Codina Mir, Aux Sources de la pédagogie des Jésuites. Le „Modus Parisiensis". (Bibliotheca Instituti Historici SI 28). Rom 1968.

13 Vgl. Tholuck, Leben 88-95.

14 Ebd. 95; vgl. Specht, Geschichte 207.

Großes Gewicht wird in allen Konfessionen auf die Disputation gelegt, trotz wiederholter Einwände humanistischer und reformatorischer Provenienz auch an lutherischen Universitäten. Auch in griechischer und hebräischer Sprache wird disputiert.[15] Gerade in den Disputationen konnten aktuelle inner- und interkonfessionelle Fragen erörtert werden. Über die täglichen Repetitionen hinaus sind zu unterscheiden:

1. *wöchentliche* Disputationen im kleineren Kreis (*disputationes cirulares*), bei denen die Schüler unter Vorsitz eines Professors öffentlich disputieren,[16]
2. *monatliche* Disputationen (*disputationes menstruae*), z. T. verringert auf vier pro Jahr. Sie dauerten z. B. in Dillingen vor- und nachmittags je zwei Stunden und sollten nicht mehr als 12 bis 15 Thesen umfassen. 7 Argumentatoren (Opponenten) lagen mit 5 Defendenten im Wettstreit.
3. feierliche Disputationen (*disputationes solemnes*) *pro gradu* (Bakkalaureat, Licentiat, Magisterium bzw. Doktorat), zum Abschluß eines Kurses (*disputatio finalis*) oder aus anderen bedeutenden Anlässen.[17] An Hohen Schulen ohne Graduierungsrecht (Gymnasium illustre, Lyceum) und Klosterstudien entfallen die Gradus-Disputationen; die Abschluß- und Gelegenheitsdisputationen werden mit illustren Gästen und bedeutendem Aufwand gefeiert.[18]

6.1.2 Katholische Theologie nach dem Tridentinum

Das Konzil von Trient (1546-1563) stellt für die katholische Theologie der Folgezeit die maßgebliche institutionelle und inhaltliche Vorgabe dar.[19] Inhaltlich wurden vor allem die Entscheidungen in den Fragen der Offenbarungsquellen, der Rechtfertigung, der Sakramentenlehre und Ekklesiologie bestimmend.[20] Sie legten der Theologie gewissermaßen ein Forschungsprogramm vor, ließen ihr andererseits aber auch Raum, die Festlegungen

---

15 Vgl. Tholuck, Leben 241-246.

16 Vgl. E. Horn, Die Disputationen und Promotionen an den Deutschen Universitäten vornehmlich seit dem 16. Jahrhundert. (Zentralblatt für Bibliothekswesen, Beih. 11). Leipzig 1893. ND Wiesbaden 1968, 30-38.

17 Vgl. ebd.13-30; Specht, Geschichte 208-215.

18 Eine solche fand z. B. 1697 im Prämonstratenserstift Schlägl statt, als der Passauer Fürstbischof Johann Philipp Graf von Lamberg (1651-1712) auf der Rückfahrt von seiner Mission als Kaiserlicher Gesandter bei der Wahl August d. Starken zum König von Polen dort Station machte. Ähnlich 1749 in Speinshart zur „Einweihung" des neuen Refektoriums.

19 Akten: CT; Vgl. Jedin.

20 Vgl. die entsprechenden Teile des HDG; zusammenfassend aus ev. Sicht: W. Dantine, Das Dogma im tridentinischen Katholizismus. In: HDThG II,411-498.

spekulativ aufzufüllen und in nicht entschiedenen Fragen selbständig Theorien zu entwickeln. Institutionell von Bedeutung werden insbesondere das Dekret *De Reformatione* (sess. V, 17.6.1546) und das Seminardekret (sess. XXIII, 15.7.1563). Ersteres sieht in entsprechend ausgestatteten Teilkirchen die Errichtung von Lehrstühlen der Hl. Schrift oder wenigstens einen Lehrer der Grammatik für den unentgeltlichen Unterricht an armen Schülern vor. Die „lectio sacrae scripturae" wird nach Möglichkeit ebenso den selbständigen Mönchsklöstern und den Konventen der übrigen Orden verordnet. Das Seminardekret institutionalisiert die Ausbildung des Diözesanklerus und gibt zugleich die grundlegenden Inhalte an: Grammatik, Gesang, kirchliche Zeitrechnung und andere „bonae artes"; dann Hl. Schrift, kirchliche Bücher, Homilien der Väter und alles, was zur Sakramentenspendung (vor allem zur Beichte) und zur Feier der Liturgie gehört.[21] Deutlich wird in diesen Minimalforderungen das Ausbildungsprogramm des Mittelalters wieder aufgenommen, aber auch praktisch-pastoral abgezweckt.

In der Folgezeit entstehen langsam Ausbildungsstätten nach diesem Muster. Die Theologie wird hier deutlich in Beschäftigung mit der Hl. Schrift und Moraltheologie im Hinblick auf die Beichtpraxis unterschieden. Eine Umsetzung finden wir in den ersten Lektionsplänen des 1549 von Kardinal Otto Truchseß von Waldburg (1514-1573, selbst Konzilsvater in Trient) gegründeten Collegium S. Hieronymi in Dillingen von 1550/51. Für die Theologie sind zwei Professoren vorgesehen, von denen der eine zunächst die Pastoralbriefe, dann die „Evangelica historia", 1551/52 aber die ersten Kapitel der Genesis und Daniel erklärt, der andere die Sentenzen liest und im zweiten Jahr auch die Paulusbriefe. Für die praktisch-pastorale Ausbildung jener, die wegen ihres Alters oder „per ingenium" nicht so lange studieren können, wird „seorsim quam brevissime" ein Unterricht in allem geboten, was zur Seelsorge und Sakramentenspendung nötig und hinreichend ist. Ausdrücklich wird dem Sententiarer die Unterlassung aller unnützen, nicht zur Erbauung dienlichen Quästionen aufgetragen. Als Probationsinstanzen der Sentenzenauslegung werden in diesem im Grunde noch humanistischen Lehrprogramm angegeben: Hl. Schrift und Väter. Für die 1550 auf jeden 15. des Monats angesetzten theologischen Disputationen wird eindringlich vor Streit, Geschrei und unnützen Quästionen gewarnt. Vielmehr ist die „veritas Catholicae et sanae doctrinae" bescheiden zu er-

21 Die auf dem Tridentinum deponierten Forderungen v. P. Jakob Lainez (1512-1565) für die Beichtpraxis beinhalten: Lateinkenntnisse, theol. Wissen (schwere, läßliche Sünden, Umstände), juristisches Wissen (Reservationen, kirchl. Zensuren): vgl. H. Grisar, Iacobi Lainez secundi praepositi generalis Societatis Iesu Disputationes Tridentinae, II, Innsbruck 1886, 440f.

fragen und mit Liebe anzunehmen.[22] In den ersten Statuten von 1557 wird die Sentenzenlesung ausdrücklich auf die beiden Summen des Thomas von Aquin erweitert; desgleichen werden Bonaventura und Alexander von Hales empfohlen. Das Bekenntnis zur scholastischen Theologie fällt jedoch noch kritisch aus: Sie ist nicht abzulehnen; aber alles, was in ihr nicht „ad rem" gehört, d. h. zur Erbauung in Glaube, Hoffnung und Liebe, soll nicht gelehrt werden.[23]

Von weitreichender Bedeutung für die institutionelle Theologie der nachtridentinischen Ära wird ihre Stellung in der *Ratio Studiorum* des Jesuitenordens. Seit der Übernahme der Universität Coimbra (1542), der 1547 Gandia, 1548 die Neugründung von Messina und 1549 das Collegium Romanum folgten, bestimmen die Jesuiten zunehmend das theologische Leben der Frühen Neuzeit.[24] Bereits die Konstitutionen (ab 1540) sprechen von *scholastischer* Theologie als der Ausbildungsform der Mitglieder in Abhebung von der *positiven* Theologie.[25] Letztere umfaßt „Konzilsbeschlüsse, Werke kirchlicher Schriftsteller, Teile des Kirchenrechts - ausgenommen das Prozeßrecht - und Schriften oder Themen sittlichen Inhalts".[26] Die Theologie wird somit in drei Teilen vermittelt:

1. Hl. Schrift,
2. Scholastische Theologie,
3. Positive Theologie.

Die Scholastische Theologie ist gebunden an die „doctrina Scholastica Divi Thomae"; doch sind auch die Sentenzen weiter zu lesen, bis etwa einmal ein ordenseigenes Lehrbuch oder eine Summa der Scholastischen Theologie mit Approbation des Generals als Vorlesungsgrundlage eingeführt wird.[27] Zudem bekommt 'Scholasticus' im Jesuitenorden eine zusätzliche, spezielle Bedeutung: Es bezeichnet den in philosophisch-theologischer Ausbildung stehenden Jesuiten. Als Ziel der gesamten Ausbildung wird sogleich der Nutzen für das eigene und fremde Seelenheil bestimmt.[28]

Der neue Orden bringt im Unterschied zu den bestehenden Traditionen der Franziskaner (Skotisten) und Dominikaner (Thomisten) keine eigene Theologie mit. Die Auswahl der theologischen Opinionen und Richtungen aus der Tradition stellt deshalb ein nicht geringes Problem dar. Die Auswahl erfolgt grundsätzlich nach ihrer Probabilität. Der Anschluß an Tho-

22 Specht, Geschichte 606f.
23 Ebd. 630.
24 Für den deutschen Sprachraum vgl. Duhr I; 237-294; II,1, 494-606.
25 Const. S.I. IV,6 (Pachtler I, 28f).
26 Vgl. Theiner, 106f.
27 Const. SJ IV,14 (Pachtler I,58f).
28 Ebd. IV,5 (Pachtler I,25).

mas von Aquin ist kein sklavischer: Weder ist alles zu übernehmen, was er gelehrt hat, noch sind alle anderen Meinungen abzulehnen: „neque omnia, neque sola", definieren die Kölner Jesuiten 1578 ihre Stellung zu Thomas.[29] Zudem hat jede Zeit ihre aktuellen Probleme, die die Theologie nicht nur erweitern, sondern ihr gleichsam eine neue Gestalt verleihen. Das Methodenbewußtsein der Neuzeit veranlaßt deshalb zu einer Straffung und Systematisierung der Scholastischen Theologie: Die Kölner stellen das Gesamtmaterial des Thomas nach dem Muster der *Loci theologici* in acht Klassen zusammen:

1. Prinzipienlehre der Theologie,
2. Gotteslehre,
3. De homine (Schöpfungslehre und Anthropologie),
4. De justitia (Moral),
5. Christologie,
6. Sakramentenlehre,
7. De Caeremoniis,
8. De consummatione (Eschatologie).

In den Entwürfen und Vorlagen bis zur *Ratio Studiorum* von 1599 werden in z. T. langen Verzeichnissen jene Quästionen der S.Th. aufgelistet, die nicht oder anderorts zu behandeln sind.[30] Hinsichtlich der Auswahl der *Opiniones* finden wir ähnliche Listen mit verpflichtenden und nicht verpflichtenden Sentenzen des Thomas.[31] Die endgültige *Ratio Studiorum* von 1599 unterstreicht in den *Regulae Professoris Scholasticae Theologiae* sogleich die Erfordernisse eines Theologieprofessors: „orthodoxa fides" und „pietas", wobei aber die Rechtgläubigkeit im Dienst der Frömmigkeit gesehen wird. Als „Doctor proprius" der scholastischen Theologie ist Thomas von Aquin anzusehen und ihm zu folgen, jedoch nicht in der Weise der Thomisten oder noch sklavischer, sondern in freiem und überlegtem Anschluß, der auch Abweichungen zu Gunsten der „sententia magis communis" oder „magis recepta" zuläßt, wie ausdrücklich für die Frage der Unbefleckten Empfängnis verordnet wird. In von Thomas nicht entschiedenen oder behandelten kontroversen Fragen ist freie Parteinahme erlaubt. Grundsätzlich ist die Lehre aber auch hier am Glauben der Kirche und den „receptae traditiones" auszurichten und alles zu meiden, was der echten Frömmigkeit hinderlich ist. Ausdrücklich wird vor der Verwerfung traditioneller Konvenienzgründe und dem Ausdenken neuer „Beweise" gewarnt, wenn diese nicht auf festen und sicheren Prinzipien beruhen. Anpassung an lokale Lehrtraditionen auch im Verzicht auf manche Opinionen wird als

29 Synopsis locorum theologicorum in certas classes distributa (Pachtler I, 244-247).
30 Vgl. z. B. Rat. Stud. 1586 (Pachtler II, 85-98); Rat. Stud. 1599 (ebd. II, 310-319).
31 Pachtler II, 204-217.

Forderung kluger Nächstenliebe betont. Für die Scholastische Theologie sind zwei oder drei Professoren vorgesehen. Das Studium dauert nach einem dreijährigen propädeutischen Studium der (aristotelischen) Philosophie noch vier Jahre. Ausgenommen aus der dadurch rein scholastisch-spekulativen Theologie werden nun alle Fragen der Exegese, der Kontroverstheologie, der Philosophie und der Kasuistik (Casus conscientiae). Das Geschäft des Scholastischen Theologen ist also nach 1599 eindeutig die Kommentierung des Thomas. Die Methode folgt den Sentenzenkommentaren des 13. Jhs.: Texterklärung mit Angabe der *ratio* und nach jedem Artikel, falls erforderlich, genauere Erläuterung der Sache durch Quästionen. Keinesfalls soll man nur verschiedene Sentenzen anführen, sondern, wo es angeht, die Lehre des Aquinaten verteidigen.[32] Die dadurch gewährte Meinungsfreiheit führt im Jesuitenorden selbst zu verschiedenen Strömungen, so daß bereits General Claudius Acquaviva (1543-1615) 1611 und 1613 nachdrücklich auf die Solidität und Gleichförmigkeit der Lehre in zentralen Punkten dringen muß.[33] Nach der 9. Generalkongregation von 1649/50 legt General Francesco Piccolomini (1582-1651) zur Orientierung der Theologieprofessoren nochmals eine ausführliche Liste gebotener Fragen „juxta ordinem Summae Angelici Doctoris" vor, ebenso eine Reihe verbotener Sentenzen.[34]

Die Neuregelung des theologischen Studiums durch das Konzil von Trient wird nach ihren Möglichkeiten auch von den anderen Orden rezipiert. Hatten die Bettelorden bereits ihre General- und Provinzialstudien, so waren nun auch die Prälatenorden aufgerufen, in ihren Klöstern Studien einzurichten. Teilweise wählte man die Form eines *Studium commune* einer monastischen Kongregation (auch mit wechselndem Sitz), z. B. in der Bayerischen Benediktinerkongregation (1687-1769). In Universitätsstädten wurden Ordenskollegien gegründet (so 1628 das *Collegium Norbertinum* der Prämonstratenser in Prag, wo die Theologie aber am Erzbischöflichen Seminar gehört wurde).[35] Die wichtigste nicht-jesuitische Hohe Schule in den katholischen Ländern des Hl. Römischen Reiches wird die von den Benediktinern getragene Universität Salzburg (1622).[36] Meist wurden nur jene Mitglieder auf Universitäten und zentrale Kollegien geschickt, die an-

32 Pachtler II, 300-308.

33 Vgl. Pachtler III,12-46.

34 Pachtler III,77-98.

35 Vgl. J. Klitzner, Hieronymus Hirnhaim. Prag 1943, 13-21; J. Hemmerle, Die Prager Universität in der neueren Zeit. In: F. Seibt (Hg.), Bohemia Sacra. Düsseldorf 1974, 414-417.

36 Vgl. R. Mittermüller, Beiträge zu einer Geschichte der ehemaligen Benedictiner-Universität in Salzburg. Salzburg 1889; M. Sattler, Collectaneen-Blätter zur Geschichte der ehemaligen Benedictiner-Universität Salzburg. Kempten 1890.

schließend für Leitungsaufgaben oder als Professoren am eigenen Hausstudium vorgesehen waren. Sie brachten im allgemeinen die an der Universität studierte philosophische oder theologische Richtung in das eigene Kloster mit.[37] Auch im Klosterstudium lassen sich deutlich Kurse in Scholastischer Theologie (meist 3 Jahre) von solchen der Positiven Theologie (Moraltheologie, Kasuistik, meist 2 Jahre) unterscheiden. Die Positive Theologie diente, oft unter Einbeziehung des ganzen Konventes, auch der Fortbildung der in der Seelsorge stehenden Priester, während die Scholastische Theologie in den großen Disputationen einen Einfluß auf den Klerus der Umgebung ausübte.[38] Grundlage der Vorlesungen, die meist auch hier diktiert wurden, waren jedoch weniger unmittelbar die Werke des Aquinaten, sondern gängige Lehrbücher bzw. *Cursus*, wie sie auch an den Universitäten immer mehr in Gebrauch kamen. Zwar kommt es mit der Verkürzung oft auch zu einer gewissen Vergröberung oder Vereinfachung der Lehrinhalte; andererseits ist durch das Aufeinandertreffen der verschiedenen Ordens- und Lehrtraditionen in einer Gegend die lebendige Auseinandersetzung der Schulen bewahrt. Gerade die verbreiteten Klosterstudien mit ihrem eigenen Lokal- und Standesbewußtsein lassen die Scholastische Theologie - mehr als im Mittelalter - nicht nur als akademische Angelegenheit erscheinen, sondern als ein tragendes Bildungselement der katholischen Kultur der Frühen Neuzeit.

6.1.3 Scholastische und Positive Theologie

Die Studienordnung der Jesuiten institutionalisiert für die Folgezeit die bereits in den Entwürfen und Eingaben deutliche Auseinanderentwicklung von spekulativer (= Scholastischer) und Positiver Theologie. Hinzu kommt die Trennung in *Cursus maior* (academicus) und *Cursus minor* (seminaristicus). Nur der erste, der wesentlich in Scholastischer Theologie besteht,

37 Vgl. z.B. P. Rummel, Die Beziehungen der Abtei Marchtal und der anderen oberschwäbischen Prämonstratenserstifte zur Universität Dillingen. In: Marchtal. Prämonstratenserabtei, Fürstliches Schloß, Kirchliche Akademie. Hg. v. M. Müller, R. Reinhardt, W. Schöntag. Festgabe zum 300jährigen Bestehen der Stiftskirche St. Peter und Paul (1692 bis 1992). Ulm 1992, 179-203; R. Reinhardt, Restauration, Visitation, Inspiration. Die Reformbestrebungen in der Benediktinerabtei Weingarten von 1567 bis 1627. (Veröffentlichungen der Kommission für geschichtliche Landeskunde in Baden-Württemberg, Reihe B, 11). Stuttgart 1960.

38 So verordnet der Schlägler Abt Michael Felder (reg. 1687-1701) am 2.8.1698 seinem Konvent zwei- bis dreimal wöchentlich moraltheologische Disputationen. An den feierlich Disputationen des 18. Jhs. in Speinshart nehmen fast immer Ordens- und Weltgeistliche der Umgebung teil. Scheglmann III,2, 356 Anm.2: „Welch eine Wolthat für die Weltpriester, solche Anregungen von Klöstern zu empfangen!"

berechtigt zu akademischen Graden; der zweite dient der praktischen Ausbildung der künftigen Seelsorger.[39] Er verzichtet auf die Scholastische Theologie und lehrt stattdessen die *Casus Conscientiae*. Die Hörer des *Cursus minor* werden deshalb als „Casisten" (auch Casuisten) oder „Positivisten" bezeichnet. Während im *Cursus maior* die Moraltheologie spekulativ nach der *Secunda pars* der *Summa* des Thomas v. Aquin entfaltet wird, geht es im praktischen Kurs um die Lösung von Gewissensfällen aufgrund allgemeiner Prinzipien als deren Anwendung auf den Einzelfall. Auch im Jesuitenorden werden die *Casus* zunächst außerhalb des akademischen Studiums gelesen. Ihre Hörer sind Kleriker, z. T. auch Laien, so daß man in Barcelona 1557 wegen des großen Andrangs in die Hauptkirche übersiedeln muß.[40] Zu den Vorlesungen werden auch hier praktische Übungen im Lösen oft schwieriger konstruierter „Fälle" geboten. Der *Cursus minor* wird schließlich im Entwurf der Studienordnung von 1586 komplettiert durch Kontroverstheologie (für die „Ultramontanen" von Rom aus gesehen) und Hl. Schrift, die auch von den Hörern des *Cursus maior* zu frequentieren waren. Zudem wird an manchen Tagen der *Catechismus Romanus* erklärt. Die gesamte Ausbildung des *Cursus minor* wird in Dillingen ab 1609 unter der Bezeichnung geführt: „Institutio sacerdotum ex Divinis et Ecclesiasticis Canonibus deprompta", was bereits die enge Verbindung von moraltheologischer und kanonistischer Kasuistik anzeigt.[41] Die Kontroverstheologie versteht sich als Auseinandersetzung mit den Häretikern (meist Protestanten) in den von ihnen angegriffenen Lehrpunkten der katholischen Kirche. Die Methode ist auch hier nicht mehr die der scholastischen Kommentierung, sondern der positiven Darlegung und apologetischen Abwehr falscher Lehren, oft in Verbindung mit der Darlegung des Katechismus.[42] Nicht selten werden die Kontroversen auch durch den Professor der Hl. Schrift oder einen Professor der Scholastischen Theologie mitbetreut.[43]

Die Entscheidung, welchen der beiden Kurse ein Student zu besuchen hatte, war gebunden an das Ergebnis der philosophischen Prüfungen. Zeigte der Student nicht eine überdurchschnittliche spekulative Begabung, so konnte er nicht zum *Cursus maior* zugelassen werden. Die nur durchschnittliche Begabung wird umschrieben durch Verständnis des Gehörten und Studierten, Befähigung zur Antwort, ohne sonderliche Auszeichnung in

39 Vgl. Theiner, Entwicklung 57-250; wenig Berücksichtigung findet die Entwicklung der Frühen Neuzeit bei Tshibanghu, Théologie (nur Melchior Cano: 186-210).

40 Theiner, Entwicklung 121.

41 Vgl. Leites (Hg.), Conscience.

42 Zur Geschichte der Kontroverstheologie immer noch unentbehrlich: Werner, Geschichte.

43 So in Dillingen: Specht, Geschichte 203.

der Disputation.[44] Dadurch konnte leicht der Eindruck entstehen, als seien die minder begabten Studenten eben für die Seelsorge geeignet (oder gut genug), während die Scholastischen Theologen nicht das praktische Rüstzeug mitbrächten. Um diesem Übel zu wehren, sieht die Studienordnung von 1591 die Errichtung eines moraltheologischen Lehrstuhls auch im *Cursus maior* vor, 1599 allerdings nach dem Brauch der einzelnen Provinzen modifiziert.

Die *Regulae Professoris Casuum Conscientiae* von 1599 zwecken die Ausbildung sogleich auf „tüchtige Pfarrer oder Verwalter der Sakramente" ab. Lehrgegenstände sind deshalb: Sakramente, kirchliche Zensuren, Standespflichten, der Dekalog, wobei beim 7. Gebot auch über Verträge zu handeln ist. Weniger Wichtiges ist nur kurz zu behandeln: Absetzung, Degradierung, Magie u.ä. Theologische Materien, die nicht mit Casus zu tun haben, sind gänzlich wegzulassen; solche, die eine gewisse Grundlage der moraltheologischen Fälle bieten, sind ganz kurz und definitorisch anzugeben: z. B. was ein sakramentaler Charakter ist, der Unterschied zwischen Todsünde und läßlicher Sünde, Zustimmung etc. Ausdrücklich verboten wird der „apparatus scholasticus", also die übliche Disputationsmethode unter Heranziehung möglichst aller Opiniones und Argumente. Die Moraltheologie arbeitet vielmehr mit *dubitationes* und *conclusiones*. Mit Autoritäten ist sparsam umzugehen; allgemeine Gesetze oder Regeln sind an einigen (ca. drei) Einzelfällen zu exemplifizieren. Kasuskonferenzen als praktische Übungen und scholastische Disputationen sind klar unterschieden. Der „Beweis" der eigenen Lösung erfolgt nach dem Probabilitätsprinzip: Auch der abgelehnten Sentenz ist je nach ihren Gründen und Autoritäten eine gewisse Probabilität zuzuerkennen.[45]

Aus diesem Probabilitätsprinzip entwickelt sich „das jesuitischste der Moralsysteme", der *Probabilismus*.[46] Dieser besagt präzise: Es ist erlaubt, der weniger sicheren Meinung zu folgen, auch wenn sie die weniger probable ist. Sicherer (tutior) ist die Meinung, bei deren Befolgung die Verletzung eines Gesetzes sicherer vermieden wird. Der Probabilitätsgrad einer Meinung hängt dagegen ab von inneren Gründen und von der Autorität der Sachverständigen. Sicherheit und Probabilität einer Meinung können also differieren. Der Probabilismus mit seinen Unterarten, oft als „Laxismus" bekämpft und z. T. verurteilt, beherrscht die Moraltheologie nicht nur der Jesuiten und die Entscheidungspraxis gegen den Widerstand des *Tutioris-*

44 Vgl. Theiner, Entwicklung 212. 417.

45 Pachtler II,322-329.

46 Vgl. Ph. Schmitz, Probabilismus - das jesuitischste der Moralsysteme. In: Ignatianisch. Eigenart und Methode der Gesellschaft Jesu. Hg. v. M. Sievernich u. G. Swietek. Freiburg 1990, 355-368.

mus (der sichereren Meinung ist auch bei größerer Probabilität einer weniger sicheren zu folgen) und des *Probabiliorismus* (der weniger sicheren Meinung darf man nur folgen, wenn sie probabler ist als die entgegengesetze).[47] Den Vorwurf des Laxismus beantworten die Probabilisten z. T. mit der Diffamierung des Probabiliorismus als Jansenismus. Die politischen Auswirkungen des Moralsystems zeigen sich nicht zuletzt in der Rechtfertigung des Bündnisses zwischen Frankreich und den Türken. Im Jesuitenorden selbst geht der General Thyrsus Gonzalez (1624-1705) gegen den radikalen und vulgarisierten Probabilismus vor, was eine Reaktion hervorruft, die bis zum Plan seiner Absetzung reicht.[48] Da die Studenten der Kasuistik ohnedies bereits weniger begabt erscheinen mußten als die „Scholastiker", konnte sich ein praktischer Probabilismus oder Laxismus ausbreiten. So wurde von manchen alles für probabel gehalten, was in einem Buch mit kirchlicher Druckerlaubnis zu finden ist.

Die Moraltheologie hat in den Systemen des Tutiorismus, Probabiliorismus, Äquiprobabilismus (bei gleicher Probabilität darf man der weniger sicheren Meinung folgen) und Probabilismus ihre eigenen Subtilitäten und heftige Kontroversen erzeugt. Ihre Systembildung in den Lehrbüchern weist meist die von der *Ratio studiorum* bzw. ihren Vorläufern vorgegebenen Elemente in wechselnder Anordnung auf.[49] Durch die Ausschaltung der spekulativen Teile der Theologie bleibt nur eine Prinzipienlehre des menschlichen Handelns als Grundlegung der praktischen Behandlung der Tugenden, Gebote, Sünden, Sakramente und Kirchenstrafen übrig. Während die großen Lehrbücher eines Enrique Henríquez (1536-1608; *Summa theologiae moralis*, Salamanca 1591), Johannes Azor (1536-1603; *Institutiones morales*, Rom 1600-1611), Thomas Sanchez (1550-1610), oder Paul Laymann (1574-1635; *Theologia moralis*, München 1625) durchaus theologischen Tiefgang zeigen, verkümmert das theologische Denken z. B. in der verbreiteten *Medulla theologiae moralis* des Hermann Busenbaum (1600-1668) zu einer als pastorales Nachschlagewerk benutzbaren Gebotsmoral und Beichtkasuistik in einzelnen *dubia*. Gerade dieses Werk wird aber die Standardausstattung der oft ausschließlich moraltheologisch gebildeten Seelsorgskleriker.[50] Busenbaum behandelt in 7 Büchern:

1. Prinzipienlehre (Regeln des menschlichen Handelns: Gewissen und Gesetz),
2. Gebote der theologischen Tugenden (Glaube, Hoffnung, Liebe),

47 Vgl. zum Probabilismusstreit: Döllinger-Reusch.

48 Vgl. ebd.28-60.120-272.

49 Vgl. Theiner, Entwicklung 130-139. 251-325.

50 Es ist beispielsweise in der Stiftsbibliothek Schlägl in nicht weniger als 23 teilweise sehr zerlesenen Exemplaren vorhanden.

3. Dekalog und Kirchengebote,
4. Standespflichten,
5. Sünde,
6. Sakramente,
7. Kirchenstrafen und Irregularitäten.

Innerhalb und außerhalb des Jesuitenordens aber gab es auch Versuche einer spekulativen Vertiefung der Moraltheologie und damit der Überwindung der starren Trennung von Scholastischer und Positiver Theologie. In beiden Bereichen beheimatet ist z. B. der Jesuitenkardinal Johannes de Lugo (1583-1660).[51] Auf thomistischer Seite ist vor allem die *Ethica Supernaturalis Salisburgensis* (1718) des Ettaler Benediktiners und Salzburger Professors P. Ludwig Babenstuber (1660-1727) zu nennen.[52] Wie im Titel bereits festgehalten, will Babenstuber der an der Universität Salzburg üblichen Ordung und Methode folgen. Er entfaltet die Moraltheologie in 8 Traktaten: Gewissen, menschliche Handlungen, Gesetze, Kirchenstrafen und Irregularitäten, Dekalog, Kirchengebote (Fasten und Zehnten), Recht und Gerechtigkeit (Eigentum, Restitution und Verträge), Sakramente. Eine tatsächliche Verbindung von Scholastischer und Positiver Theologie, wie sie dann Eusebius Amort (1692-1775) mit seiner *Theologia eclectica moralis et scholastica* (Augsburg-Würzburg 1752) schaffen wird, scheint um diese Zeit noch nicht als Desiderat empfunden worden zu sein.

6.1.4 Schulenbildung der katholischen Theologie

Ein Kennzeichen auch der „Zweiten Scholastik" in der katholischen Theologie ist das Weiterbestehen bzw. Neuentstehen philosophisch-theologischer Richtungen im Anschluß an bedeutende Theologen des Mittelalters.[53] Die Scheidung der „Wege" fällt nur noch teilweise wie in der Spätscholastik in der Philosophie, jedoch weniger zwischen *Reales* und *Nominales*, sondern vor allem zwischen Thomisten und Skotisten, die sich als die lebensfähigsten mittelalterlichen Schulen erweisen.[54] Deutlich stärker werden nun einzelne philosophisch-theologische Lehrinhalte als „Markenzeichen" der einzelnen Schulen herausgearbeitet und kontrovers disputiert.

---

51 Vgl. E. Olivares, Juan de Lugo (1583-1660). Datos biográficos, sus escritos, estudios sobre su doctrina y bibliografía. In: ATG 47 (1984) 5-129; vgl. weitere Beiträge in diesem Jg.

52 L. Babenstuber, Ethica Supernaturalis Salisburgensis sive Cursus Theologiae Moralis. Augsburg 1718. - Babenstuber bezeichnet sich ausdrücklich als „Theologiae, tum moralis, tum scholasticae, necnon Sacrae Scripturae Professor".

53 Generell: Grabmann G 147-205; Werner.

54 Vgl. B. Jansen, Die scholastische Philosophie des 17. Jahrhunderts. In: PhJ 50 (1937) 401-444.

Geschlossene Ordensverbände und Haus- bzw. Schultraditionen von Klöstern und Fakultäten verstärken den Eindruck von starren theologischen Schulen mit oft unverkennbarem Lokalkolorit. Die Stellung der mittelalterlichen Ahnherrn nimmt bisweilen Züge barocker Verehrung der Hausheiligen eines Klosters, einer Stadt oder Landschaft an.

Von den mittelalterlichen Schulen erstarkt zunächst der *Thomismus* zu neuem Leben.[55] Die Erklärung des Thomas von Aquin zum „Doctor Ecclesiae" durch den Dominikanerpapst Pius V. (1566-1572) im Jahr 1567 und die beherrschende Rolle thomistischen Denkens auf dem Tridentinum taten ein Übriges, ihm die Anerkennung der Theologen zu sichern. Neben dem traditionell an Thomas orientierten Dominikanerorden werden vor allem die Unbeschuhten Karmeliten (OCD) eifrige Verfechter der Lehren des „Angelicus Doctor", auf den sie durch die Ordensstatuten verpflichtet werden.[56] Zentrum des Thomismus in Spanien werden die Universitäten Salamanca und Alcalá de Henares, greifbar im großen philosophischen Kommentarwerk (zu Aristoteles) der *Complutenses* (Alcalá) und im *Cursus theologicus Salmanticensis* (1631-1704). Nach Salamanca hatte bereits Francisco de Vitoria OP (+ 1546) den erneuerten Thomismus aus Paris gebracht. Von hier geht er durch seine Schüler, den Trienter Konzilstheologen Domingo de Soto OP (+ 1560), den Professor von Oxford und Dillingen Pedro de Soto (1495/1500-1563) und Melchior Cano (+ 1560, 1552 Bischof auf den Kanarischen Inseln) in die alte und neue Welt. Der Ordensgeneral Philippus a SS. Trinitate OCD (1603-1671), Verfasser einer einflußreichen *Summa theologiae thomisticae* (5 Bde. 1653) und *Summa theologiae mysticae* (1656), ist zeitweilig Professor am Ordensstudium in Goa. Besonderes Gewicht erhält der Thomismus der Salmanticenser im Streit um die Gnadenhilfen in den Gestalten des Dominicus Báñez (+ 1604) und Bartholomäus von Medina (+ 1581). Von geradezu kanonischer Bedeutung wird der *Cursus theologicus* des Portugiesen Johannes a S. Thoma (+ 1644). Der Thomismus (zunächst italienischer, später spanischer Prägung) bekommt nördlich der Alpen in der Benediktineruniversität Salzburg eine feste Heimstatt, die ihrerseits nach Prag und in die Klöster und Studien der Benediktiner, Zisterzienser, Augustinerchorherren und Prämonstratenser ausstrahlt.[57]

55 Vgl. Ders., Zur Phänomenologie der Philosophie der Thomisten des 17. und 18. Jahrhunderts. In: Schol 13 (1938) 49-71.

56 Vgl. O. Merl, Theologia Salmanticensis. Untersuchung über Entstehung, Lehrrichtung und Quellen des theologischen Kurses der spanischen Karmeliten. Regensburg 1947, 23-25.

57 Vgl. E. J. Bauer, Die oberschwäbischen Benediktiner und die alte Universität Salzburg (1617/1622-1810). In: Rottenburger Jahrbuch für Kirchengeschichte 9

Eine zweite Blüte erreicht in den verschiedenen Zweigen der franziskanischen Ordensfamilie die Theologie der *Skotisten*.[58] Auch hier zeigt sich eine Tendenz zur gemeinsamen Ordensdisziplin. Das Generalkapitel der Minoriten von 1633 in Toledo verordnet gegenüber der früheren Wahlmöglichkeit zwischen den großen Ordenstheologen den Skotismus und veranlaßt die Neuausgabe der Werke des Doctor subtilis. Diese wird durch den Ordenshistoriker Lukas Wadding (+ 1657) am irischen Franziskanerkolleg S. Isidoro in Rom veranstaltet (1639). Sogleich setzt auch die Kommentierung und Ausarbeitung von philosophischen und theologischen Kursen „ad mentem Doctoris subtilis" durch die verschiedenen Zweige der Franziskaner (vor allem Observanten und Konventualen) ein, während sich die Kapuziner enger an Bonaventura anschließen. Von besonderem Einfluß werden der philosophische und theologische Kurs des Iren Johannes Poncius (+ 1660), Waddings Mitarbeiter in S. Isidoro, und die theologischen Werke des Bartholomäus Mastrius (+ 1678), der zusammen mit Bonaventura Belluti (+ 1676) auch den z. T. zu Poncius kontrastierenden philosophischen Standardkurs „ad mentem Scoti" besorgt. In Frankreich, wo sich Thomisten (z. B. Jean Bapt. Gonet [1616-1681]) und Skotisten (z. B. Bartholomäus Durandus [+ 1720]) im gegenseitigen Kampf mit theologischen Schutzschilden (*Clypeus theologiae thomisticae* bzw. *scotisticae*) abdecken, ist der Konventuale Sebastian Dupasquier mit seiner *Summa theologiae scotisticae* (1698) zu nennen, der er eine ebensolche der Philosophie vorausschickt (1692). Ein bedeutendes Zentrum skotistischer Theologie wird Prag mit drei Lehrstätten der „subtilen Lehre": dem Collegium Ferdinandeum (1621) im alten Minoritenkloster St. Jakob in der Altstadt, dem Studium generale der Observanten bei Maria Schnee auf der Kleinseite (1627) und dem Kolleg der irischen Observanten (Hiberner) (1629). Hiberner und Observanten unterrichten überdies am Erzbischöflichen Seminar (1635).[59] Theologisch bedeutsamstes Werk des Prager Skotismus ist die vierteilige *Schola theologica Scotistarum seu Cursus theologiae completus ad mentem J. D. Scoti* (Prag 1675-1681) des Observanten Bernhard Sannig (1634-1704), dem wir auch *Scholae Philosophiae Scotistarum* (Prag 1684/85) verdanken.[60] Der Minorit Blasius Antonius de Comitibus a Mediolano (1634-1685) läßt 1686/88 einen skotistischen Kommentar zum er-

---

(1990) 85-117; S. Bredl, Cistercienser-Professoren im erzbischöflichen Seminare zu Prag. In: SMGB15 (1894) 297-306.

58 Zur Philosophie vgl. B. Jansen, Zur Philosophie der Skotisten des 17. Jahrunderts. In: FS 23 (1936) 28-58.150-175.

59 Vgl. St. Sousedík, Der Scotismus in den böhmischen Ländern, in: CFr 60 (1990) 494-503.

60 Vgl. Jansen, Scotisten 152-154.

sten Sentenzenbuch erscheinen.[61] Wohl den letzten in böhmischen Ländern entstandenen Sentenzenkommentar gibt der konservative Skotist Narcissus Lang 1740 in Prag heraus.[62]

Neben die großen Schulen treten jedoch - ähnlich den Territorialverhältnissen - kleinere Ordensschulen. Ägidius Romanus ist weiterhin über Augustinus hinaus die Leitfigur der Schulen der Augustiner-Eremiten, während die italienischen Serviten Heinrich von Gent mit seinem Augustinismus für sich entdecken und die Beschuhten Karmeliten sich teilweise an Johannes Baconthorp (+ 1346) anschließen.[63]

Der Vorteil der neuen Orden und Gesellschaften war ihre Ungebundenheit gegenüber den scholastischen Traditionen. Dies wußten insbesondere die Jesuiten in ihrem freien, eklektischen und kritischen Anschluß an Thomas zu nutzen.[64] Der Gegensatz zum strengen Thomismus der Spanier wird nicht zuletzt durch den Streit um die Gnadenhilfen (Molinas *scientia media* bzw. thomistische *praedeterminatio physica*) zu einer fast unüberbrückbaren ideologischen Barriere. Dabei hatte eine Reihe bedeutender Jesuitentheologen der Frühzeit (Franciscus Toletus [+ 1555], Gregor von Valencia [+ 1603], Francisco Suárez [1548-1617], Gabriel Vázquez [1549-1607] und Didacus Ruiz de Montoya [1562-1632]) in Salamanca studiert. Von einer eigenen „Jesuitenschule" kann man jedoch nur im Hinblick auf gewisse Standardlehren sprechen, in anderen sind die Ordensmitglieder trotz des Einflusses des „Doctor Eximius" Francisco Suárez sehr different, so daß wiederholte Verordnungen und Verbote zur Herstellung einer einheitlichen Ordensdoktrin erforderlich werden.[65] Wie weit hier die „sententiae D. Thomae" und die Wahrheit in eins gesetzt werden, zeigt deutlich das Schreiben des Provinzials der Rheinischen Provinz vom 13. Dezember 1615 (als Ausführungsbestimmung zur Anordnung des Generals Acquaviva von 1613): Die explizite Sentenz des Thomas ist anzunehmen; es kann allerdings sein, daß ein Beweis nicht ganz zutrifft. Eine von Thomas abweichende Auslegung der Schrift und Canones ist jedenfalls falsch; denn „die Gesellschaft hat in Vergangenheit und Gegenwart gelehrt, daß keine klare und ausdrückliche Sentenz des hl. Thomas irgendeiner Schriftstelle oder einem Kanon widerspreche; denn wahres steht zu wahrem nicht im Wider-

61 Blasius Antonius de Comitibus a Mediolano, Theologiae scholasticae in primum librum Sententiarum ad mentem J. D. Scoti pars prima. Vetero-Pragae 1686; pars secunda, ibid. 1688.

62 Narcissus Lang, Liber primus Sententiarum ... per quaestiones proponi solitas ad mentem J. D. Scoti. Prag 1740.

63 Vgl. Jansen, Scholastische Philosophie; Leinsle, Scholastik 55.

64 Vgl. Grabmann G 170-172.

65 Vgl. vor allem die bei Pachtler III gesammelten *Ordinationes*.

spruch."[66] Im Jesuitenorden bemerken wir auch noch teilweise nominalistisches Gedankengut, z. B. bei Pedro Hurtado de Mendoza (1592-1651) und Francisco de Oviedo (1602-1651), vor allem aber in den Werken des Prager Professors Rodrigo de Arriaga (1592-1667), während die Autoritäten der übrigen Schulen der *via antiqua* zuzurechnen sind.[67] Für die deutschen Jesuitenschulen bedeutendste Scholastiker sind Gregor von Valencia, Professor in Ingolstadt und Dillingen, mit seinen *Theologicorum Commentariorum libri IV* (Dillingen 1602/03) und sein Schüler Adam Tanner (1571-1632) mit seiner *Theologia scholastica* in vier Bänden. Mehr für die Moraltheologie als für die Scholastische (spekulative) Theologie wirken Christoph Haunold (1610-1689) und Paul Laymann.

Der Gegensatz und die Rivalität der Schulen bedingen einerseits die Lebendigkeit katholischer Theologie in der Frühen Neuzeit, andererseits führen sie auch zu einer „scholastischen" Selbstgenügsamkeit, in der die großen Gestalten der Vergangenheit fast mit dem Nimbus der Unfehlbarkeit ausgestattet werden, und nicht selten zu einer fruchtlosen Polemik, in der man oft über hundert Jahre dieselben Argumente findet. Die Frage, welcher Autorität man in der Lehre, vor allem aber im praktischen Leben zu folgen habe, führt unmittelbar in den Probabilismusstreit, aber auch in eine theologisch begründete Skepsis, wie sie der Strahover Prämonstratenserabt Hieronymus Hirnhaim (1637-1679) in seinem indizierten Werk *De typho generis humani* (Prag 1676) vertritt.[68]

6.1.5 Darstellungsformen

Entsprechend dem gegenüber dem Mittelalter engeren Begriff der scholastischen Theologie im katholischen Bereich sind hier nur jene Darstellungsformen zu behandeln, die unmittelbar aus Lehre und Disputation erwachsen. Die *Sentenzenlesung* setzt sich (meist in Form eines Quästionenkommentars) in der Frühen Neuzeit vor allem an den nicht-thomistischen Schulen fort, während die Jesuiten sehr bald (in Dillingen 1571) zur Kommentierung der *Summa Theologiae* des Thomas übergehen.[69] Wir unterscheiden Gesamtkommentare zu allen Teilen der *Summa* von den häufigeren Werken zu einzelnen Teilen, besonders (grundlegend für die spekulative Moraltheologie) zur *Secunda*.[70]

---

66 Pachtler III, 50f.

67 Vgl. S. Sousedík, La obra filosófica de Rodrigo de Arriaga. In: Ibero-Americana Pragensia 15 (1981) 103-146.

68 Vgl. U.G. Leinsle, Abt Hieronymus Hirnhaim. Zur Wissenschaftskritik des 17. Jahrhunderts. In: APraem 55 (1979) 171-195.

69 Lektionskatalog Dillingen 1571: Studienbibliothek Dillingen XV γ 134.

70 Verzeichnis: Mitschelich, Kommentatoren.

Nach den Anweisungen des Ordens für die Lehrmethode sind die meist umfangreichen jesuitischen Summenkommentare oft gemischter Natur. So bringt Suárez einen recht kurzen Kommentar zu den einzelnen Artikeln des Aquinaten, um dann im Anschluß an die Quästio die strittigen Materien in breitester Weise in Form der *Disputatio* zu erörtern. Diese wird in mehrere *sectiones* gegliedert. Kommentar und 25 Disputationen zu den ersten neun Fragen der *Tertia* machen z. B. einen ganzen Band der Ausgabe von Vivès aus.[71] Die Konvenienz und Notwendigkeit der Inkarnation (disp. 4) wird allein in 12 Sektionen auf 145 Seiten in jeweils präziserer Terminologie nach dem eingeschränkten *status quaestionis* erörtert:

s.1 Ob es notwendig oder angemessen war, daß Gott den gefallenen Menschen wiederherstellte.

s.2 Ob es zur Wiederherstellung des Menschengeschlechts notwendig oder angemessen war, daß Gott Mensch wurde.

s.3 Ob die Werke Christi hinreichenden Wert und Wirksamkeit hatten zur Genugtuung *de condigno* für die Sünden der Menschen.

s.4 Ob die Werke Christi unendlichen Wert und unendliche Wirksamkeit zur Genugtuung hatten.

s.5 Ob die Genugtuung Christi eine Sache der Gerechtigkeit im wahren und eigentlichen Sinne war.

s.6 Ob bei der Genugtuung Christi alle Gesetze vollkommener Gerechtigkeit eingehalten wurden.

s.7 Ob der Mensch rein aus eigenen Kräften nach den Begriffen vollkommener Gerechtigkeit zur Erlösung anderer Menschen hinreichen kann.

s.8 Ob der Mensch rein aus eigenen Kräften so für seine eigene Todsünde Genugtuung leisten kann, daß er sich durch sein Tun heiligt und von der Sünde befreit.

s.9 Ob der Mensch rein aus eigenen Kräften für seine eigene Todsünde die vollkommene Genugtuung bis zum Ausgleich leisten kann, so daß er nach den Gesetzen wahrer Gerechtigkeit die Vergebung der Sünden und göttliche Zuwendung erlangt.

s.10 Ob der Mensch für seine eigene Todsünde wenigstens in unvollkommener Weise Genugtuung leisten kann.

s.11 Ob der Mensch rein aus seinen eigenen Kräften wenigstens für läßliche Sünden Gott Genugtuung leisten kann.

s.12 Ob der Mensch rein aus seinen eigenen Kräften wenigstens als Glied Christi Gott nach den Regeln vollkommener Gerechtigkeit für seine Sünde Genugtuung leisten kann.

Die systematische Ausgestaltung der Sentenzen bzw. Summenkommentare führt zur systematischen Darstellung in den nach Traktaten geglieder-

71 F. Suárez, Opera omnia. Bd. 17. Paris 1877 (675 S.).

ten *Cursus theologici*, die z. T. Gemeinschaftswerke einer lokalen Schule darstellen und die Theologie einer Schule auch bereits im Titel kodifizieren. Ihnen gehen als Propädeutik meist ebensolche philosophische Kurse voraus.[72] Zu nennen sind etwa die *Theologia Universitatis Coloniensis* (1638), die thomistische *Theologia scholastica Salisburgensis* (1695) von P. Paulus Mezger (1637-1702), der *Cursus Theologicus S. Galli* (1670), bis hin zur *Theologia Wirceburgensis* (1766-1771).

Bedeutendster theologischer Gemeinschaftskurs wird ohne Zweifel der *Cursus Theologicus Salmanticensis* der Unbeschuhten Karmeliten von San Elia in Salamanca, an dem fast 100 Jahre gearbeitet wurde. Er faßt in der Pariser Ausgabe von 1879/80 allein 20 Bände. Der Druck (ohne Angabe der Autoren) wurde 1616/17 beschlossen; der erste Band erschien 1631, der letzte des wie die Summa des Thomas unvollständigen Kurses 1712.[73] Der theologische Kurs ist von Anfang an bezogen auf den philosophischen Kurs der *Complutenses*. Solche Monumentalwerke sind selbstverständlich primär für den Lehrenden an weiteren Ordensschulen gedacht, wie der ursprüngliche Plan des P. Antonius a Matre Dei (1583-1637) deutlich macht. Das zunächst auf sechs Bände geplante Werk sollte einen klaren Aufbau haben, der unter Auslassung mancher Fragen jene Quästionen der Summa heraushebt, die im theologischen Unterricht auch tatsächlich behandelt wurden:

1. De Deo Uno,
2. De Deo Trino et Creatore,
3. De ultimo fine et mediis perveniendi ad eum,
4. De Virtutibus,
5. De Incarnatione,
6. De Sacramentis.[74]

In der Ausführung herrscht dagegen eine Tendenz zur Verselbständigung der einzelnen 24 Traktate. So arbeitet P. Antonius a Matre Dei allein 20 Jahre an der Gottes- und Engellehre. Zudem macht sich in der Moraltheologie und Sakramentenlehre die Zweigleisigkeit von *Theologia scholastica* und *Theologia positiva* bemerkbar. P. Johannes ab Annuntiatione (1633-1701) fragt sich, ob es denn überhaupt noch sinnvoll sei, die Sakramente „scholastice" zu disputieren, da sie ohnedies im *Cursus Moralis* so behandelt würden, wie dies für die praktische Ausbildung der Mitbrüder nötig sei.[75] Die ordensspezifische Abzweckung wird deutlich in der Einführung

72 Vgl. P. R. Blum, Der Standardkurs der katholischen Schulphilosophie im 17. Jahrhundert. In: Aristotelismus und Renaissance. Hg. v. E. Keßler, Ch. H. Lohr, W. Sparn. (Wolfenbütteler Forschungen 40). Wiesbaden 1988, 127-148.

73 Vgl. Merl, Theologia Salmanticensis.

74 Ebd. 47f.

75 Cursus Theologicus Salmanticensis. Ed. V. Palmé. Paris 1879, I,56; vgl. Merl, Theologia Salmanticensis 49.

eines eigenen Traktats *de Statu Religioso*, wo Thomas nur eine Quaestio hat (II/II q. 184).

Während die großen *Cursus* primär für Lehrerhand bestimmt sind, finden wir daneben eine Vielzahl kleiner Kompendien (oft in Oktav) und einzelner dogmatischer Traktate, die nicht selten unmittelbar Gegenstand von Disputationen waren. Sie haben durchwegs als Werk des Professors (Präses), nicht der Defendenten, zu gelten.[76] Wurden mehrmals im Jahr oder in mehreren Jahren einzelne Traktate eines Professors defendiert, so konnte daraus auch ein mehr oder weniger vollständiger *Cursus* erwachsen. So haben wir z. B. von dem mehr durch seine Dramen als durch seine Philosophie und Theologie bekannten Jakob Bidermann SJ (1578-1639) aus der Blütezeit der Dillinger Universität eine Reihe kleiner Traktate moraltheologischer und dogmatischer Art, die zur Disputation vorgelegt wurden[77] : Mai 1620: *Theses theologicae* (24 S.); Mai 1621: *Sponsalia* (51 S.); Juni 1621: *Matrimonii impedimenta* (60 S.); Juni 1621: *Poenitentiae sacramentum* (84 S.); April 1622: *Censurae* (91 S.); Juni 1622: *Irregularitas* (54 S.); Jan.1623: *Suffragia* (62 S.); April 1623: *Praedestinatio* (38 S.) Juni 1623: *Iesu Christi status triplex, mortalis, immortalis, sacramentalis* (40 S.; für Doktorat); Juni 1624: *Conscientia* (78 S.); Nov. 1624: *Prolusiones theologicae* (227 S.; einmal für Doktorat, ein zweites Mal mit anderem Defendenten für Lizentiat); Feb. 1625: *Eleemosyna* (43 S.); Mai 1625: *Gratia* (63 S.).[78]

Öfters wurde ein Traktat auch mehreren Defendenten gegeben, die ihn auf Kosten ihres Widmungträgers mit je verschiedenem Titelblatt zu publizieren hatten.[79] Durch die Auswirkungen des 30jährigen Krieges (Kriegswirren, Pest, Hörerschwund, Verarmung) kommt es meist zu einem deutlichen Rückgang solcher Disputationen. Finden wir z. B. in Dillingen 1622 noch acht, 1623 gar neun theologische Disputationen mit eigenen Thesenschriften, so zählen wir 1641 eine einzige; 1645, 1647 und 1649-1555 tritt überhaupt eine Unterbrechung in diesem literarischen und akademischen Genus ein. Deutlich verringert sich hier die Zahl eigener umfangreicherer Thesenschriften zu Beginn des 18. Jhs., während z. B. in Salzburg und in den Klöstern noch eifrig disputiert wird, bis hin etwa zu der schon von der Aufklärung geprägten *Ordinata series Propositionum* des

76 Vgl. Horn, Disputationen 51-72.

77 Wenn nichts anderes angegeben, handelt es sich um Bakkalaureatsthesen.

78 Vgl. Sommervogel I,1148-1150.

79 So wird die *Praedestinatio* Bidermanns 1623 einmal mit dem Defendenten Christoph Peutmiller, ein zweites Mal mit dem Defendenten Georg Weilbach gedruckt. Die *Controversiae Scholasticae* des Salzburger Professors Augustin Reding (1657) einmal mit den Prämonstratensern Franz Trost und Ignatius Feurstein von Schlägl, ein zweites Mal mit dem Defendenten Gabriel Feurstein.

nachmaligen Professors in Ingolstadt Heribert von Grafenstein (1757-1793), die 1778 im Kloster Speinshart disputiert wurde[80].

Für die Erlangung des Lizentiates der Theologie war eine Disputation *ex universa theologia* Voraussetzung, deren ausgewählten Thesen oft einen Überblick über die gesamte Lehre des Professors geben, so die *Controversiae Scholasticae ex universa Theologia selecta* (1657) des Salzburger Professors und späteren Abtes von Einsiedeln Augustinus Reding (1625-1692).[81] In 51 Kontroversen aus allen drei Teilen der *Summa* des Aquinaten werden hier vor allem gegen die Jesuiten die Hauptthemen des Salzburger Thomismus dargelegt, wobei z. B. die Trinitätslehre, da sie wenig Anlaß zu aktuellen Auseinandersetzungen bot, sehr kurz behandelt wird. In der Sakramentenlehre macht sich andererseits der Einfluß der moraltheologischen Behandlung bemerkbar: Der Quästionenstil wird großenteils verlassen. Es erfolgt eine positive Darlegung der thomistischen Lehre.

Besonders für die Thesen *ex universa Theologia* zum Lizentiat entwikkelt sich im katholischen Bereich eine literarische Sonderform: das graphisch gestaltete *Thesenblatt*, das zumeist nur kunstgeschichtliches Interesse gefunden hat.[82] Ursprünglich wurden nur die vom Defendenten (oft aus früheren Blättern) gesammelten Thesen für die *vesperies* (am Nachmittag vor der Graduierung) auf einem Plakat angeschlagen.[83] Besonders bei hochmögenden Widmungsträgern (Mäzenaten), bei Promotionen in Anwesenheit des Fürstbischofs, Herzogs oder „sub auspiciis Imperatoris" werden die Thesenblätter in der Ausübung barocker Repräsentation zunehmend aufwendiger mit (oft emblematischen) Kupfern „cum emblemate" gestaltet. In Augsburg entsteht ein blühendes Verlagswesen für Thesenblätter. Diese fungierten zunächst als Plakat zur Ankündigung der Disputation, für besondere Gäste als Einladungsformular, sodann als „Programm" für die an-

80 H. v. Grafenstein, Ordinata series Propositionum. Regensburg 1778.

81 Zu Reding: Mittermüller, Beiträge 19-21.

82 Vgl. vor allem: S. Appuhn-Radtke, Das Thesenblatt im Hochbarock. Studien zu einer graphischen Gattung am Beispiel der Werke Bartholomäus Kilians. Weißenhorn 1988; Ausstellungskatalog: Stift Göttweig. Das barocke Thesenblatt. Entstehung - Verbreitung - Wirkung. Der Göttweiger Bestand. Text und Gestaltung G.M. Lechner. Göttweig 1985.

83 Ein Vergleich der philosophischen Lizentiatsthesen von Dillingen (Studienbibliothek Dillingen XV γ 133 und 134) von 1555 bis 1602 bestätigt den Eindruck des Sammelns aus früheren Blättern. Die theologischen Thesen sind in dieser Zeit noch seltener und daher abwechslungsreicher. In der Widmung der am 27. Sept. 1575 verteidigten Thesen (XV γ 134, f.71) an Fürstbischof Marquard von Berg (1575-1591) gibt der Defendent Johannes Briechlin den Modus der Entstehung an: „Cum itaque a Doctore meo iussus fuissem id facere, feci, themata collegi, eaque Amplit. tuae Marquard. Illustriss. inscripsi."

wesenden Besucher, schließlich als „Trophäen für die Defendenten und als Widmungsblätter für die Patrone"; schon im 17. Jahrhundert aber werden sie auch Sammelobjekte von Liebhabern.[84] Thesenblätter wurden, ähnlich den Frontispizien von Thesenschriften, auch mit anderem Inhalt wiederverwendet. Der ohnehin schon geringe Textteil wird ggf. durch Überkleben zum Verschwinden gebracht. [85] Der philosophische bzw. theologische Inhalt der Thesen, die beim Widmungsexemplar auch völlig fehlen können, verkümmert dabei nicht selten zu einer Liste von Sätzen, die in einer Kartusche oder am unteren Rand des manchmal auch aus mehreren Bogen zusammengesetzten Blattes in oft winziger Schrift angeführt werden.[86] Die Geschenkexemplare für die Widmungsträger mußten teilweise auf Seide gedruckt sein.[87] Wo dem barocken Repräsentationsbedürfnis das graphisch gestaltete Thesenblatt zu gering war, ließ man große *Thesenbilder* malen.[88] Erst die beginnende Aufklärung sollte sich - auch aus Kostengründen - an dem Mißverhältnis von barocker Darstellungform und dürftigem Inhalt der Thesenblätter stören.[89]

6.2 Die „Scholastik" der protestantischen Orthodoxie

Auch die protestantischen Hohen Schulen sind im ausgehenden 16. und beginnenden 17. Jh. geprägt von einer schulmäßigen, „scholastischen" Ausgestaltung der inzwischen bekenntnismäßig festgelegten reformatorischen Lehre. In der Zeit der sog. protestantischen Orthodoxie zwischen Melanchthons bzw. Calvins Tod (1560 bzw. 1564) und der „Neologie" im Zeichen der Aufklärung entfaltet sich die Theologie als methodische, didaktisch zu vermittelnde, bekenntnisgebundene systematische Lehre, die nicht selten als protestantische „Scholastik" bezeichnet wird.

---

84 Vgl. Appuhn-Radtke, Thesenblatt 28f.

85 Vgl. Lechner, Ausstellungskatalog Thesenblatt 11.

86 So bei der Disputation der *Philanthropia* in Schlägl 1697 in Anwesenheit des Passauer Fürstbischofs Johann Philipp Graf Lamberg: vgl. U.G. Leinsle, Dr. Adalbert Landgraf. Die Philanthropia von 1697. In: Schlägl intern 20 (1994) 61-64.

87 Auflage meist 100 - 300 Stück. Kosten, z. B. für die 100 Thesenblätter des Schlägler Chorherren Andreas Isinger (1696-1764) 1625: 70 fl. zzgl. 20 fl. für Transport. Von den 100 Exemplaren verbleiben 70 beim Präses. 1627 für das Lizentiat: 4 Thesen in Seide, 200 normale und 50 extra: Summa 198 fl. 30 kr. (Stiftsarchiv Schlägl PB 309/1b).

88 Solche haben sich z. B. im ehemaligen Reichsstift Roggenburg erhalten.

89 Vgl. Specht, Geschichte 197f: Fürstbischöfliches Dekret f. Dillingen 1745; ähnlich wendet sich auch Fürstbischof Friedrich Karl von Schönborn (1729-1746) in Würzburg gegen die „Augsburger Bilder". In Bamberg werden sie 1780 aus Kostengründen verboten: Vgl. Appuhn-Radtke, Thesenblatt 18.

6.2.1 Vom Bekenntnis zum theologischen System

Die Ausbildung systematischer Theologien im Protestantismus erfolgt auch im Zusammenhang der innerprotestantischen Lehrstreitigkeiten.[90] Deren Überwindung ist jedoch nicht unmittelbar in einem theologischen System zu sehen, sondern in Bekenntnisformeln mit Geltungsanspruch (und deren territorialer Durchsetzung). Im Bereich der Lutherischen Reformation kommt diese Stellung der *Konkordienformel* von 1577 zu, die einerseits als Ausgleich der verschiedenen Richtungen schwäbischer und sächsischer Theologie, andererseits als Abgrenzung von calvinistischen und kryptocalvinistischen Lehren zu sehen ist.[91] Hier werden die regionalen „Corpora doctrinae" und Bekenntnisschriften vereinigt zu einem „summarischen, einhelligen Begriff und Form, darin die allgemeine summarische Lehre, darzu die Kirchen, so der wahrhaftigen christlichen Religion sind, sich bekennen".[92] Der weltlich-kirchlichen Obrigkeit aber obliegt die Durchsetzung der Konkordienformel mittels Schulaufsicht und Druckzensur, und zwar im Hinblick auf das Seelenheil der Untertanen.[93] Hinter der Konkordienformel tritt allerdings nun die Autorität der Reformatoren und ihrer Theologie (besonders Luthers) in den zentralen Fragen von Erbsünde, Willensfreiheit, Rechtfertigung, Werken, Gesetz und Evangelium, Abendmahl, Christologie, Prädestination und Kirchengebräuchen zurück.

Der angestrebten Einheitlichkeit der Konkordienformel, deren Annahme allerdings keineswegs durchgängig war[94], konnten die regionalen Bekenntnisse der helvetischen und calvinistischen Reformation (z. B. die *Confessio Helvetica posterior* Heinrich Bullingers [1504-1575]) kein entsprechendes Äquivalent bieten.[95] Ursprünglich meist der *Confessio Augustana* und Melanchthons Theologie verbunden, durch den zweiten Abendmahlsstreit und regionale Konfessionsbildungen aber in offenen Gegensatz zum Luthertum geraten, weist die reformierte Theologie stärker regionales

90 Vgl. HDThG II,102-138. 272-285. 306-352; III, 71-96; Ritschl IV; Althaus, Prinzipien; E. Bizer, Einl. zu: H. Heppe, Die Dogmatik der evangelisch-reformierten Kirche. Neukirchen 1958.

91 Ausgabe: BSLK 735-1110; vgl. HDThG III,138-164.

92 BSLK 833,9-16.

93 Ebd. 743,42-49: „[...] damit in unseren Landen und Gebieten denselben darin eingeführten und je länger je mehr einschleichenden falschen verführerischen Lehren gesteuret und unsere Untertanen auf rechter Bahn der einmal erkannten und bekannten göttlichen Wahrheit erhalten und nicht davon abgeführet werden möchten."

94 In Dänemark war ihre Verbreitung bei Todesstrafe verboten; von England und wichtigen deutschen Territorien wurde sie abgelehnt.

95 Vgl. BSRK.

Gepräge in den einzelnen Schulen auf (Bern, Genf, Herborn, Heidelberg, Samur, Sedan, Leiden, Groningen, Franeker u.a.).[96]

Bereits die Konkordienformel und die jüngeren Bekenntnisschriften der Reformierten (auch der Heidelberger Katechismus Zacharias Ursinus' [1534-1583]) zeigen stark systematische Tendenzen. Sie bedürfen jedoch immer noch der systematisch-theologischen Auslegung. Diese ist nicht möglich ohne eine entsprechende Methode und Philosophie. Im Unterschied zur katholischen Scholastik kann die protestantische nicht auf eine gängige Methode zurückgreifen, sondern muß diese - mehr oder weniger reflektiert - aus dem zeitgenössischen Philosophieren, wo die Traktate *de methodo* Konjunktur haben, beziehen.[97] Als solche bieten sich an:

1. Die relativ einfache Topik *Melanchthons* und seiner Schule, die sich mit einem auf Logik, Ethik und Physik restringierten Philosophieverständnis leicht der Theologie assimilieren läßt. Das Ergebnis sind nach Melanchthons Vorbild mehr oder weniger systematisch geordnete *Loci*- oder *Propositiones*-Sammlungen (Axiomatik).
2. Die besonders bei den Reformierten rezipierte Dialektik des *Petrus Ramus* (1515-1572), zwischen 1581 und 1610 allein im Reichsgebiet in 103 Auflagen nachweisbar.[98] Ursprünglich streng antimetaphysisch, stellt Ramus in der Auflage von 1572 die Methodologie in den Mittelpunkt und entwirft eine universale Definitions- und Dispositionsmethode begriffslogischer Natur. Das Ergebnis sind oft tabellarische Darstellungen der Theologie bzw. der Wissenschaften (z. B. Johann Heinrich Alsted [1588-1638], Johannes Scharf [1595-1660]). Durch die Rezeption des Ramismus in der Melanchthonschule entsteht der für die deutschen Schulen vor 1600 typische Philippo-Ramismus, mit aristotelischen Elementen verbunden dann in der *methodus definitiva* eines Johannes Hülsemann (1602-1661) und Johann Adam Scherzer (1628-1683).
3. Die *aristotelische* Methodologie und Wissenschaftstheorie der II. Analytik, wiederbelebt vor allem durch den Aristotelismus von Padua (Jacopo Zabarella [1533-1589], Francesco Piccolomini [1520-1604]). Im Unterschied zur ramistischen Disposition ist *methodus* hier wesentlich Schluß-

96 Zur reformierten Lehrentwicklung: HDThG II, 165-306; vgl. auch Leube, Kalvinismus.

97 Vgl. E.J. Ashworth, Language and Logic in the Post-Medieval Period. Dordrecht-Boston 1960; W. Risse, Die Logik der Neuzeit. Bd.1. Stuttgart-Bad Cannstatt 1964; U.G. Leinsle, Methodologie und Metaphysik bei den deutschen Lutheranern um 1600. In: Aristotelismus und Renaissance 150-152.

98 Vgl. W. Ong, Ramus, Method and the Decay of Dialogue. Cambridge/Mass. 1958, 298; N. Bruyère, Méthode et Dialectique dans l'œuvre de La Ramée. (De Pétrarque à Descartes 45). Paris 1984. W. Schmidt-Biggemann, Topica universalis. (Paradeigmata 1). Hamburg 1983, 47f.

folgerung, Argumentation und syllogistisches Beweisverfahren nach den Regeln der II. Analytik. Alle theoretischen Wissenschaften sind an die synthetisch-deduktive, alle praktischen an die analytische Methode (Ziel - Mittel zur Erreichung) gebunden.[99]

Grundsätzlich läßt sich mit allen drei Methoden Philosophie und Theologie treiben. Die Option für eine Methode ist deshalb oft gebunden an die lokale Schultradition (philosophia recepta). Der Anschluß an die katholische Scholastik, aber auch die Auseinandersetzung mit ihr, ist natürlich mit aristotelischer Methodologie und Philosophie am leichtesten zu erreichen. Zudem stellen Melanchthon und der spätere Ramus ihre Methodologien als aristotelisch dar. Nimmt man aber Aristoteles wenigstens propädeutisch für die Theologie in den Lehrplan auf, so kann man bald einen Lehrgegenstand nicht mehr ausschließen: die Metaphysik.[100] So kommt es aus verschiedenen Gründen (innerkonfessionelle Streitigkeiten, Auseinandersetzung mit den Katholiken, humanistischer Rückgang auf den ganzen Aristoteles, methodologische Forderung einer Ersten Philosophie) um 1600 zur Wiedereinführung der Metaphysik in die protestantischen Hohen Schulen.[101] Zumindest humanistisch-philologisch beschäftigt man sich mit ihr, auch wenn - wie in Altdorf - die Rezeption der scholastisch-jesuitischen Metaphysik eines Suárez und Benedictus Pereira (1535-1610) abgelehnt wird. Entscheidend für die Orthodoxie wird jedoch die methodische Ausgestaltung der Metaphysik, wie sie lutherischerseits Cornelius Martini (1567/68-1621) in Helmstedt, Jakob Martini (1570-1649) in Wittenberg und Christoph Scheibler (1589-1655) in Gießen, refomierterseits der umstrittene Clemens Timpler (1563/4-1626) in Burgsteinfurt und Johann Heinrich Alsted (1588-1638) in Herborn begründen.[102] Die Wiederkehr der Metaphysik vollzieht sich unter heftiger Polemik der an Luthers Ablehnung orientierten Theologen[103] , am deutlichsten im Streit Cornelius Mar-

99 Vgl. J.H. Randall, The School of Padua and the Emergence of Modern Science. Padua 1961; A. Poppi, La dottrina della scienza in Giacomo Zabarella. Padua 1972.

100 Vgl. Leinsle, Methodologie 152-161; W. Sparn, Wiederkehr der Metaphysik. Die ontologische Frage in der lutherischen Theologie des frühen 17. Jahrhunderts (Calwer Theologische Monographien Reihe B,4). Stuttgart 1976.

101 Vgl. Leinsle, Ding passim.

102 Vgl. J.S. Freedman, European Academic Philosophy in the Late Sixteenth and Early Seventeenth Centuries. The Life, Significance and Philosophy of Clemens Timpler (1563/4-1624). (Studien und Materialien zur Geschichte der Philosophie 27). 2 Bde. Hildesheim-Zürich-New York 1988.

103 Vgl. E. Schlee, Der Streit des Daniel Hofmann über das Verhältnis der Philosophie zur Theologie. Marburg 1862; P. Petersen, Geschichte der aristotelischen Philosophie im protestantischen Deutschland. Leipzig 1921, 259-338.

tinis mit Daniel Hofmann (1538-1621). Die modifizierte und theologisch korrigierte Aufnahme metaphysischer Theorien in der Theologie zeigt sich vor allem in der Gotteslehre, Christologie und Abendmahlslehre.[104]

Die methodisch-metaphysische Denkweise der Orthodoxie artikuliert sich in einer Theologie, die durch die Abkehr von der mittelalterlichen Scholastik und den reformatorischen Neubeginn gezwungen ist, die eigene systematische Darstellungsform erst zu finden. 'Methodus', 'Syntagma' oder 'Systema' sind deshalb die häufig gewählten Titel für die schulmäßige Darstellung der Theologie in den für die Hörer bestimmten Kompendien (teilweise mit praktisch-erbaulicher Nutzanwendung).[105] Methode erst macht Wissenschaft. Ungleich stärker als in den *Cursus* und Kommentaren der katholischen Scholastik kommt deshalb - auch dank der über ein halbes Jahrhundert statt der Metaphysik herrschenden philippistischen oder ramistischen Logik - bei den Protestanten das Methodenbewußtsein auch in der Theologie zum Tragen. Die Wahl der Methode aber entscheidet sich - aristotelisch gesehen - am theoretischen oder praktischen Charakter der Theologie. Über die konfessionellen Grenzen zwischen Lutheranern und Reformierten hinweg lassen sich *synthetische* und *analytische* Darstellungsweisen - oft auch in Mischformen, die dem theoretisch-praktischen Charakter der Theologie entsprechen, - feststellen.

6.2.2 Theologiebegriff der lutherischen Frühorthodoxie: Johann Gerhard

Der Schritt von der Reformation zum reflektierten theologischen System wird besonders deutlich am ebenso einflußreichen wie monumentalen Hauptwerk des Jenenser Professors Johann Gerhard (1582-1637), den *Loci theologici* (1610-1625). Die wissenschaftstheoretische Besinnung auf das Geschäft der Theologie liefert Gerhard allerdings erst nach Beendigung des Werkes im *Prooemium de Natura Theologiae* der *Exegesis* von 1625 nach.[106] Angesichts der Vermeidung des Wortes 'theologia' in den *Loci*

---

104 Vgl. vor allem Sparn, Wiederkehr; Althaus, Prinzipien; E. Bizer, Frühorthodoxie und Rationalismus. (Theologische Studien 71). Zürich 1963; C.H. Ratschow, Lutherische Dogmatik zwischen Reformation und Aufklärung. Teil 2. Gütersloh 1966.

105 Zum Systembegriff: O. Ritschl, System und systematische Methode in der Geschichte des wissenschaftlichen Sprachgebrauchs und der philosophischen Methodologie. Bonn 1905; Beispiele: Bizer, Einl. zu Heppe, Dogmatik XLI-LXIII.

106 Johannes Gerhard, Loci theologici. Ed. E. Preuss, Bd. I, Berlin 1863; vgl. vor allem: Wallmann, Theologiebegriff; R. Schröder, Johann Gerhards lutherische Christologie und die aristotelische Metaphysik. (BHTh 67). Tübingen 1983; R. Kirste, Das Zeugnis des Geistes und das Zeugnis der Schrift. Das testimonium spiritus sancti internum als hermeneutisch-polemischer Zentralbegriff bei Johann

Melanchthons[107] um so bedeutender, wird hier erstmals im Luthertum eine umfassende Reflexion auf die Theologie als solche geleistet.

Der Aufbau des Werkes folgt dem üblichen *Loci*-Schema.[108] Die Methode entnimmt Gerhard mit Berufung auf Julius Caesar Scaliger (1484-1558) dem humanistischen Aristotelismus.[109] Sie verbindet Philologie und synthetisches Verfahren mit einem stark topischen Einschlag, indem zuerst in der *Ontomatologia* eine Nominaldefinition gesucht, die Realdefinition aber erst am Schluß der gesamten Sacherörterung des *locus*, der *Pragmatologia*, gegeben wird. Die Ontomatologie wird stereotyp nach Etymologie, Homonymie und Synonymie abgehandelt; die Pragmatologie nach topischen Fragemustern: *an sit, quid sit, principia, causae, adiuncta, opposita*. Einteilungen werden oft zu Unterrichtszwecken gegeben; dazwischen findet sich aber auch syllogistisches Verfahren, vor allem in der Auseinandersetzung mit Gegnern und Häretikern.

Auch für die Bestimmung des Theologiebegriffes findet diese Methode Anwendung. In der *Ontomatologie* wird zunächst die Etymologie des Wortes 'theologia' auch unter direkter Bezugnahme auf Thomas von Aquin und Albertus Magnus erörtert und das Fehlen des Ausdrucks in der Schrift festgehalten, wo nur dessen Konkreta und Bestandteile gegeben sind.[110] Die *Homonymia* stellt dann die Weite des Sprachgebrauchs (bei profanen Schriftstellern, in der philosophischen Theologie und Metaphysik) fest und schränkt ihn ein. Vor allem drei Anwendungsbereiche des Wortes werden erörtert:

1. für christlichen Glauben und Religion insgesamt. In diesem Sinne sind auch die einfachen Gläubigen aufgrund ihrer Glaubenserkenntnis *Theologi*.
2. für den Dienst der kirchlichen Verkündigung. So sind alle „Diener des Wortes" *Theologi*.
3. für die genauere Erkenntnis der göttlichen Geheimnisse zur Befestigung der göttlichen Wahrheit und machtvollen Destruktion entsprechender falscher Aussagen. Dies ist die eigentlich wissenschaftliche Theologie, die hier als systematisch und polemisch akzentuiert ist.[111]

Die *Synonymia* wird anhand der Rabbinen, der Schrift und Väter entwikkelt, denen auch die wichtigsten Zeugnisse für Rang und Bedeutung der

Gerhard in der Auseinandersetzung mit Robert Bellarmins Schriftverständnis. (Göttinger theologische Arbeiten 6). Göttingen 1976.

107 Melanchthon setzt dafür in Abhebung von der scholastischen Theologie zumeist 'doctrina' bzw. 'Ecclesiastica doctrina': z. B. CR 1,399f.

108 Vgl. Schema bei Schröder, Christologie 45.

109 Zu Scaliger: Leinsle, Ding 78-87.

110 Gerhard, Loci, prooem. §§1-3 (I,1); vgl. Wallmann, Theologiebegriff 30-33.

111 Gerhard, Loci, prooem. §4 (I,1f); vgl. Wallmann, Theologiebegriff 33-45.

Theologie entnommen sind.[112] Die *Pragmatologia* wird mit der für die lutherische Tradition angesichts des Schweigens Melanchthons und der Ablehnung der scholastischen Theologie durch Luther nicht unbedeutsamen Frage nach der Existenz der Theologie (*an sit*) eröffnet. Das Gegebensein von Theologie wird in einer typischen Mischung aus Schrift und philosophischen (vor allem stoischen) Ansichten bewiesen

1. aus der Offenbarung als Wirkursache und Prinzip der Theologie,
2. aus dem Wesen Gottes als „summum bonum communicativum et diffusivum", das somit Offenbarung erst ermöglicht,
3. aus dem Ziel der Schöpfung: der Gotteserkenntnis,
4. aus der (stoisch-neuplatonischen) Naturausstattung des Menschen, den naturhaft-allgemeinen Ansichten des Menschen (κοιναὶ ἔννοιαι), mit der Verpflichtung zur Gottesverehrung,
5. folglich aus dem (wieder stoischen) *consensus gentium*.[113]

Die definitorische Frage nach dem Wesen der Theologie wird synthetisch in der Sichtung der scholastischen und zeitgenössischen Meinungen beantwortet.[114] Als *genus proximum* stehen die aristotelischen Habitus der Wissenschaft (nach Thomas mit dessen Argumenten) und Weisheit zur Auswahl. Will man die Theologie in diesen Rahmen pressen, so kann man sie am ehesten als Weisheit bestimmen, besser aber als *habitus* θεόςδοτος, d. h. ein von Gott verliehener, nicht (nur) durch Lernen und Übung erworbener Habitus.[115] Gerhard sieht deutlich, daß die Theologie mit den fünf aristotelischen Habitus nur inadäquat zu fassen ist und eine andere Quelle hat als die natürlichen Wissenschaften. Mit der franziskanischen Tradition hält er am wenigstens mittelbar praktischen Charakter der Theologie fest.

Die „Einteilung" der Theologie geschieht nach verschiedenen Gesichtspunkten möglichst dichotomisch, was die späteren tabellarischen Darstellungen geradezu herausfordert.[116] Luthers Unterscheidung von wahrer und falscher Theologie ist jedoch keine Einteilung, sondern äquivoker Sprachgebrauch, da die falsche (unterschieden in *vulgaris* und *philosophica*) eben nicht als Theologie im eigentlichen Sinne anzusprechen ist. Die wahre Theologie kann betrachtet werden in Gott (ἀρχέτυπος), in Christus als dem Haupt der Kirche (ἔκτυπος, theologia unionis) und in den rationalen Geschöpfen als deren Gliedern. Hier ist nach dem heilsgeschichtlichen Status zu unterscheiden zwischen der Theologie der bereits zur vollkommenen

112 Gerhard, Loci, prooem. §§5-6 (I,2).

113 Ebd. §7 (I,2).

114 Ebd. §§8-31 (I,2-8).

115 Aus Aristoteles, Eth. Nik. A 10, 1099 b 12; vgl. Wallmann, Theologiebegriff 71-75.

116 Vgl. z. B. die Einteilung J. Fr. Königs: Ratschow, Dogmatik I, 32f.

Gottschau gelangten Seligen (Engel bzw. Menschen, *theologia comprehensorum*) und der noch im Pilgerstand befindlichen Gläubigen (*theologia viatorum*). Letztere (theologia revelationis et viae) ist entweder natürliche oder übernatürliche. Die natürliche Theologie, die Gerhard bereits im Beweis des Daß vorausgesetzt hat, ist entweder angeboren in Form der κοιναὶ ἔννοιαι, der allgemein-menschlichen Prinzipien, oder erworben. Diese Prinzipien sind einerseits theoretischer Natur, insofern sie den Menschen von der Existenz, Güte und Gerechtigkeit Gottes überzeugen, andererseits praktischer Natur, insofern sie zur Gottesverehrung verpflichten. Die erworbene natürliche Theologie stammt aus der Betrachtung der Geschöpfe; sie ist im Gegensatz zur angeborenen nach ihrem heilsgeschichtlichen Status zu unterscheiden. Vor dem Sündenfall ist sie wesentlich vollkommener als jetzt, wo nach lutherischer Auffassung nur noch schwache Reste der Gottebenbildlichkeit des Menschen erhalten sind. Die übernatürliche Theologie ist in außerordentlicher Weise gegeben in den Offenbarungsträgern (Propheten, Aposteln), auf ordentlichem Weg aber wird sie erworben durch die lutherische Trias von Gebet, sorgfältiger Meditation im Lesen und Hören der Schrift und Bewährung gegenüber der Anfechtung (oratio, meditatio, tentatio).[117] Sie kann trotz der insgesamt praktischen Ausrichtung unterschieden werden in theoretische und praktische Theologie.

Die übernatürliche Theologie ist durchgängig Offenbarungstheologie, gründend im sich offenbarenden Gott als Hauptwirkursache und im (inneren und äußeren) Wort Gottes als Instrumentalursache. Ihr adäquates Erkenntnisprinzip ist deshalb die Offenbarung, die definitiv in der Hl. Schrift gegeben ist. Dagegen sind - gegen Thomas und Capreolus - die Glaubensartikel nicht Prinzipien der Theologie, sondern selbst in der Schrift begründet, was im einzelnen aus den Eigenschaften der Prinzipien nach der II. Analytik bewiesen wird.[118] Die menschliche Vernunft ist in keinem Fall ein zweites Prinzip neben der Offenbarung. Erkenntnis oder Übernahme natürlicher Wahrheiten erfolgt in der Theologie rein aus offenbarungstheologischen Prinzipien, also aus der Schrift. Deshalb sind theologische Konklusionen nicht mit philosophischen Gründen angreifbar. Die theologischen Wahrheiten als die eigentliche Materie des Lehrbetriebs sind folglich die aus dem geoffenbarten Wort als ihrem eigentlichen Erkenntnisprinzip abgeleiteten Prinzipien und Konklusionen. Da die Theologie dem Ziel der Verherrlichung Gottes und dem Heil des Menschen zu dienen hat und nächst der Verherrlichung Gottes ihr Gegenstand der zu heilende Mensch ist, ist die ihr angemessene Methode eigentlich die der praktischen Wissenschaften nach dem Vorbild der Medizin: Zuerst ist von der ursprünglichen Aus-

117 Nach WA 50, 658,29-659,4; vgl. Wallmann, Theologiebegriff 74f.

118 Gerhard, Loci §§18-21 (I,4f).

stattung und dem Fall des Menschen zu handeln, dann von den Mitteln zur Erlangung des Zieles. In der abschließenden Definition wird der Theologiebegriff zusammengefaßt: „Theologie, systematisch und abstrakt betrachtet, ist eine aus dem Wort Gottes erbaute Lehre, durch die die Menschen im wahren Glauben und einem frommen Leben zum ewigen Leben unterwiesen werden. Als Habitus und konkret betrachtet, ist die Theologie ein von Gott gegebener, durch das Wort dem Menschen vom Hl. Geist verliehener Habitus, der ihn befähigt, durch die Erleuchtung des Geistes unterwiesen, bei der Erkenntnis der göttlichen Geheimnisse das mit dem Verstand Erfaßte affektiv mit dem Herzen zu bejahen und im Werk zu seinem Heil auszuführen, aber auch andere über diese göttlichen Geheimnisse und den Weg zum Heil zu unterrichten und die himmlische Wahrheit gegen Verderbnisse und Leugner zu verteidigen, damit die Menschen durch den wahren Glauben und gute Werke zum Himmelreich geführt werden.“[119]

6.2.3 Antischolastische „Scholastik“: Abraham Calov

Selbstbewußtsein der lutherischen Orthodoxie „in Alma Cathedra Lutheri“, Kampf gegen alle abweichenden Lehren, insbesondere den Helmstädter Synkretismus Georg Calixts (1586-1656)[120], und gründliche systematische Bearbeitung der enzyklopädisch verstandenen Philosophie verbindet in sich der „lutherischen Papst“, der Wittenberger Professor Abraham Calov (1612-1686).[121] Bereits die Widmung seines *Systema Locorum Theologicorum* (1655) an Kurfürst Johann Georg von Sachsen (1634-1686) zeigt das volle Selbstbewußtsein der Theologie Wittenbergs als „Zion Saxonica“: Die Theologie gründet in den „sacrae institutiones“ der Schrift und ist deshalb in biblischen Begriffen „typus doctrinae, forma sanorum verborum, depositum sacrum“, der Schatz des Himmelreiches, die wertvollste Perle, der Baum der Erkenntnis des Guten und Bösen, ja der Baum des Lebens, heilbringende Quelle, geistlicher Lustgarten und göttliches Bienenhaus.[122] Calov stellt sein theologisches Schaffen in die Tradition der Kirchenväter und der humanistischen Theologie (mit Verweis auf Jakob Faber Stapulensis [um 1450-1536] und Jodok Clichtovaeus [um 1472-1543]) und hebt sich

119 Ebd. § 31 (I,8).

120 Vgl. E.L.Th. Henke, Georg Calixtus und seine Zeit. 2 Bde. Halle 1853/60.

121 Vgl. Leinsle, Ding 411-433; vgl. A. Tholuck, Der Geist der lutherischen Theologen Wittenbergs im Verlaufe des 17. Jahrhunderts. Hamburg-Gotha 1852, 185-211; Leube, Kalvinismus 232-330.

122 A. Calov, Systema Locorum Theologicorum e Sacra potissimum Scriptura et antiquitate, nec non adversariorum confessione, Doctrinam, Praxin et Controversiarum fidei cum veterum tum imprimis recentiorum pertractationem luculentam exhibens. Wittenberg 1655, Widmung (I, Wid. 4-7).

ab von der mittelalterlichen Scholastik, die mit ihren Sentenzenkommentaren und Summen vorgestellt wird. Luther erscheint nach dieser Dunkelheit als Lichtbringer, nach dem durch Melanchthon, Ägidius Hunnius (1550-1603) und Leonhard Hutter (1563-1616) die Theologie wieder zu ihrem echten und alten „modus tractandi" reformiert wurde. Durch den Einfluß dieser Theologiereform sei auch bei den Katholiken, sogar bei den frühen Jesuiten, manches reformiert worden; doch herrsche weithin noch die alte Scholastik mit ihrer mangelnden Kenntnis der Sprachen und ihren unnützen Quästionen. Gegen die bloße Schulgebundenheit an die *Summa Angelica, Seraphica* oder *Subtilis* steht das reformatorische Schriftprinzip: „Nobis Summa plusquam Seraphica est Scriptura sacra, et Doctor unicus Christus".[123] Calov verwirft aber die scholastische Theologie der katholischen Tradition nicht pauschal, sondern empfiehlt im Hinblick auf die Kontroversen ein „moderatum Scholasticorum Theologorum studium". Zur Bestimmung der scholastischen Theologie im Sinne einer theologischen Systematik nach Petrus Lombardus und Melchior Cano kann er sich wohl verstehen.[124] Nicht zu teilen ist dagegen das Lob Canos auf die Sententiarier, Summulisten und Quodlibetarier. Abzulehnen ist mit den humanistischen Kritikern, auf die Calov im einzelnen verweist, besonders die Methode der Scholastiker. Die „Theologia Patristica et Scholastica" in diesem Sinne bildet als historische Disziplin nur ein Anhängsel an die *Theologia acroamatica* (wissenschaftliche Theologie).[125]

In einem anderen Sinne bekennt sich Calov selbst zu einer *Theologia scholastica*, nämlich als Teil der insgesamt deutlich nach Johann Gerhard gegliederten Theologie. Diese wird definiert als praktischer Erkenntnishabitus, geschöpft aus der göttlichen Offenbarung; sie handelt von der wahren Religion, durch die der gefallene Mensch durch den Glauben zum ewigen Heil geführt werden soll.[126] Sie ist zu unterscheiden in *Theologia catechetica* (katechetische Unterweisung) und *acroamatica* (wissenschaftliche Theologie). Letztere wird gegliedert in *Scholastica* und *Ecclesiastica*, wobei die Schul-Theologie ihrerseits in *Exegetica* und *Didactica*, diese wieder in polemische (Kontroversen) und systematische (Loci communes) zerfällt. Die kirchliche oder im speziellen Sinne praktische Theologie dagegen besteht aus Aszetik, Homiletik und Kasuistik. Theologie ist also zumindest teilweise Schuldisziplin und bedarf deshalb gerade in ihrem sy-

123 Ebd. (I, Wid. 7-23).

124 Ebd. Proleg. c.1 s.2 q.15 (I,75-81): Utrum Theologiae scholasticae auctoritas sine fidei discrimine contemni, eiusque cognitione accuratiori Theologia carere non possit? - Nach Cano ist „scholasticus theologus, qui de deo, rebus divinis, apte prudenter, docte literis institutisque sacris ratiocinetur".

125 Ebd. s.1 (I,12-14).

126 Ebd. (I,1).

stematischen Teil einer schulmäßigen Methode, um so zu ihrem Ziel der σωματοποίησις, der Bildung eines „unum corpus fidei“ zu gelangen.[127] Calov schafft ein solches im Wechsel von *Theoremata Didactica*, Lehrsätzen, die dann im einzelnen erklärt werden (s.1), und Quästionen (meist aktuellen Kontroversen, s.2) mit jeweils sehr klarem Aufbau (Leugner bzw. Gegner - Beweise der These unter genauer Angabe der Probationsinstanzen).

Überblickt man nur die in der 267 Seiten umfassenden Theorie der Theologie gegebenen Quästionen (17 im 1., 21 im 2. Kapitel), so kann man allerdings von einer gewissen Rescholastisierung lutherischer Theologie sprechen. So wird z. B. gegen alle Anhänger der absoluten Prädestination Christi erörtert, ob die *Theologia Paradisiaca* rein auf das Gesetz oder bereits auf das Evangelium gegründet war und in welchen Kapiteln sie bestand. In den 17 *Loci communes* der Paradiesestheologie findet sich nach Calov vom Evangelium keine Spur.[128] Besonderes Augenmerk widmet der profilierte Philosoph Calov natürlich dem Verhältnis von Philosophie und Theologie.[129] Luthers Lehre von der doppelten Wahrheit, erneuert von Daniel Hofmann, betrifft nach Calov nur Sätze, die der reinen Philosophie absurd erscheinen müssen, wie 'verbum caro factum est', und den Mißbrauch der Philosophie. Die Philosophie kann in keinem Fall als Widerspruch zur Theologie, als viehisch, irdisch, unrein und teuflisch (so die Schwärmer und *Theosophi*) abgelehnt werden. Dies wird bewiesen aus Röm 1,19f, Röm 2,14 und aus dem gemeinsamen Ursprung von Philosophie und Theologie in Gott, dessen Gaben sie sind, wie auch Melanchthon lehrt. Zudem führt uns die Philosophie zur Gotteserkenntnis; sie wird in ihren einzelnen Disziplinen (Physik, Astronomie, Musik, Arithmetik, Geometrie, Architektonik und praktische Philosophie) in der Schrift gerühmt. Ihr Nutzen für die Theologie besonders in der Logik, Methodologie, Physik und Ethik wird nach Augustinus unterstrichen und von den Kirchenvätern empfohlen. Wenn aber, wie die „Novelli Prophetae“ wollen, die Philosophie aus der Hl. Schrift gelernt werden soll, wie kann sie dann fleischlich und teuflisch sein? Abzulehnen ist nur der Mißbrauch der Philosophie, keinesfalls aber die auch in der Sünde noch gegebene „notitia natu-

---

127 Ebd. (I,11-13).

128 Ebd. s.2 q.3 (I,22-26). Die *loci* sind: de Deo, de creatione, de imagine Dei, de angelis, de providentia divina, de revelationibus Dei, de lege, de cultu et invocatione Dei, de sabbati sanctificatione, de peccato et poena peccati, de Ecclesia et omnium hominum sanctorum cognitione, de Ministerio Ecclesiastico (Adam übertragen mit Ehe- und Zeugungsauftrag), de Magisterio Politico (Herrschaft über Geschöpfe, Vorrang des Mannes vor der Frau), de Conjugio, de Morte tum corporali, tum aeterna, de Fine huius vitae, de vita aeterna.

129 Ebd. q.14 (I,67-75).

ralis" als kleiner Überrest der Gottebenbildlichkeit. Scheinbare Widersprüche sind durch Unterscheidungen leicht zu beheben. Die Philosophie soll jedoch grundsätzlich in ihren Grenzen bleiben. Eine materiale Vermischung von Philosophie und Theologie lehnt Calov strikt ab.

Systematisches Denken kennzeichnet den ausgebildeten Mathematiker Calov. Die topische Gliederung der *loci* genügt jetzt nicht mehr, vielmehr soll ein *System* der *loci* erstellt werden. Dies wird deutlicher noch als im *Systema* von 1655 greifbar in der für seinen Sohn Abraham (+ 1684) geschaffenen *Theologia positiva*.[130] 'Theologia positiva' als Übersetzung von 'theologia θετική' bezeichnet in der protestantischen Tradition im Unterschied zur katholischen die bloße Darlegung der Theologie in Thesenform mit kurzen Beweisen unter Verzicht auf Quästionen und Kontroversen.[131] Sie dient vor allem als Leitfaden der Schriftauslegung und erfüllt somit die ursprüngliche Aufgabe systematischer Theologie (z. B. bei Petrus Lombardus). So wird hier ein Abriß des *Systema* in 1135 Paragraphen auf 610 Oktavseiten geboten. Der Aufbau folgt an sich der für praktische Wissenschaften verpflichtenden analytischen Methode: Ziel und Mittel zu deren Erreichung. Tatsächlich mischt sich dieses Schema aber mit einem wissenschaftstheoretischen Muster, das den ganzen Aufbau der Theologie aus deren Bestimmung explizieren will (Ziel - Subjekt - Mittel). Nach den Prolegomena über die Theologie, Religion, Offenbarung, Hl. Schrift und Glaubensartikel wird (p.1) das Ziel der Theologie vorgestellt: Gott und sein seliger Genuß (dieser wird freilich nicht behandelt, dagegen aber Schöpfung und Vorsehung). Das Subjekt der Theologie (p.2) wird unterschieden in indirektes (Engel) und direktes (Mensch), so daß nun *Angelognosia* und *Anthropologia* (einschließlich Sünde, Werke, Gesetz und Evangelium) folgen. Im 3. Teil wird dann von den Ursachen und Mitteln des Heiles gehandelt, und zwar (s.1) von der göttlichen Heilsökonomie (Christologie, Soteriologie), der Kirche (*Ecclesiometria*, s.2), den Heilsmitteln von seiten Gottes (Wort und Sakrament, s.3) und des Menschen (*Soteriopoiia*, s.4 in oft sehr kurzen Kapiteln: Berufung zur Kirche, Erleuchtung, Wiedergeburt, Bekehrung, Rechtfertigung, rechtfertigender Glaube, Buße, mystische Vereinigung mit den Gläubigen und Christus, Salbung durch den Geist, Heiligung, Verherrlichung, Sünde wider den Hl. Geist, Erwählung, Verwerfung, Kreuz als Ausweis der Erwählten), der göttlichen Gesetzgebung (*divina Nomothesia* im Dekalog, s.5) und der Eschatologie (s.6).

---

130 A. Calov, Theologia positiva, per definitiones, causas, affectiones, et distinctiones, locos Theologicos universos, succincte, justoque ordine proponens: Ceu Compendium Systematis Theologici. Wittenberg 1682.

131 Ebd. Widmung: Theologia positiva, qua thesin et dicta probantia, sibi familiarem reddiderit, solidum fundamentum iacturum universae Theologiae.

Dieser Aufbau zeigt deutlich den Willen zu reflektierter Methode und zum System, der sich aber an der theologischen Materie stößt. Das Übergewicht des 3. Teiles „de causis et mediis salutis" erklärt sich zwar aus dem analytischen Aufbau, die Einbindung des einzelnen Lehrstücks ließe jedoch auch in dieser Anordnung Alternativen zu, z. B. bei Gesetz und Evangelium (*Nomothesia*) und Eschatologie. Die Anordnung der *Soteriopoiia* verrät noch deutlich die topische Herkunft der einzelnen *loci*. Die *Theologia positiva* zeigt aber auch den Trend der nun wieder schulmäßigen, „scholastischen" protestantischen Theologie zu immer kleineren, mnemotechnisch angelegten Lehrbüchern zum Auswendiglernen und Nachschlagen im Schulgebrauch.[132]

6.2.4 Theologie in einem Satz: Johann Adam Scherzer

Die Tendenz zum schulmäßigen Lehrbuch hat sich beim Leipziger Philosophen und Theologen Johann Adam Scherzer (1628-1683) der Theologie voll bemächtigt.[133] Scherzer ist wie sein Lehrer Johannes Hülsemann Anhänger der sog. *methodus definitiva*, nach der von einer Definition auszugehen und diese dann in all ihren Bestandteilen in der *Exegesis* zu erläutern ist. Da es sich um eine Realdefinition handelt, hofft man damit auch die Sacherklärung vollständig gegeben zu haben. In seinem *Systema Theologiae*[134] gibt der „Leipziger Calov" in 29 Definitionen die gesamte Theologie zwar noch in der Anordnung der *loci*, aber nach der einzig möglichen, weil auch von Gott in der katechetischen Unterweisung der Juden und Heiden angewendeten systematischen Ordnung. Die Definitionsmethode gibt Sacherkenntnis, führt zur Auffindung der Wahrheit und ist zudem dem Gedächtnis eine große Hilfe; sie läßt gewissermaßen die Linien vom Mittelpunkt aus nach allen Seiten synthetisch ausgreifen und analytisch wieder zurücklaufen. Die *Exegesis* soll möglichst aus der Schrift die orthodoxe Lehre, um deren Reinheit Scherzer ebenso bemüht ist wie Calov, gegen alle Irrtümer zwingend beweisen. Die Ausführung ist denn auch stereotyp: Die einzelnen Phrasen der (bis zu 3 Quartseiten langen) Definitionen[135] werden in Paragraphen erläutert und die *Errores* angeführt, wobei Scherzer Irrtum weiter faßt als Häresie. Die Theologie wird dadurch zugleich zur polemischen Abwehr aller abweichenden Lehren: „Sententiam orthodoxam plane proponimus, adversam reprobamus." Die Aufgabe der Theologie be-

132 Zu ähnlichen Tendenzen in der Wittenberger Philosophie: Leinsle, Ding 288-292 (C. Bartholinus [1585-1629]), 337-351 (J. Scharf).

133 Vgl. Leinsle, Reformversuche 20-26.

134 J.A. Scherzer, Systema Theologiae, XXIX Definitionibus absolutum. (^{1}1680) Benutzt: Leipzig-Frankfurt ^{3}1691. 872 S. in 4°.

135 Z. B. die Definition Christi loc.8 (ebd. 172-175).

steht denn auch in einem Dreischritt: „tradere Thesin et Dialysin atque Elenchum", was aus 1 Kor 3,11 und 2 Tim 3,16 bewiesen wird.[136] Die Theologie teilt sich demnach ein in die *Theologia positiva seu didactica* (diese werden hier identifziert, da die wissenschaftliche Form die der Thesen ist), die *Hermeneutica seu Exegetica* und die *Polemica seu Elenchtica.*[137] Der nun volle Einbau der Metaphysik in die Theologie zeigt sich vor allem in der Christologie, auch in der Behandlung des *status exinanitionis*, wo ausführlich die Art der Präsenz des Logos und die Art der Herrschaft über das All erörtert werden.[138]

An polemischer Kraft steht Scherzer seinem Wittenberger Vorbild nicht nach, wie seine Streitschriften aus Anlaß der Konversion Johannes Schefflers (Angelus Silesius [1624-1677]) 1664/65[139], seine *Bibliotheca Pontificia* (1677), das *Collegium Anti-Socinianum* (1672), der *Anti-Bellarminus* (1681) und die *Disputationes Anti-Calvinianae* (1681) beweisen. Bevorzugt setzt er sich mit den Jesuiten (besonders der Universität Dillingen) auseinander, während er andererseits in sein vielbenutztes *Vade mecum sive Manuale Philosophicum* (1654), nach dem auch Gottfried Wilhelm Leibniz (1646-1716) und Christian Wolff (1679-1754) studieren, einfach die *Distinctiones philosophicae* des Dillinger Jesuiten Georg Reeb (1594-1662) aufnimmt.[140] Im letzten *locus* des *Systema* weist er aus den Eigenschaften des Antichrist gegen Adam Tanner und Lorenz Forer (+ 1659) im einzelnen nach, daß der Antichrist allein im Römischen Papst zu sehen ist.[141]

Den Höhepunkt schulmäßiger Verengung der Orthodoxie nach definitiver Methode legt Scherzer aber in seinem *Breviculus theologicus* vor, in dem er die gesamte Theologie in *einem* Satz von 11 Duodezseiten (mit zahlreichen Parenthesen und griechischen Einsprengseln) zusammenfaßt. Dieser wird zuvor in 158 Paragraphen auf 245 Seiten erläutert.[142] Dieses Verfahren stellt Scherzer selbst in die Tradition der frühscholastischen Summen, die ein „Verbum abbreviatum" als Kern der Hl. Schrift bieten und zugleich eine Summe der Theologie geben wollen. Alle 43 *loci* der Theologie sollen in diesem Satz, der als umfassende Definition von 'Theologia' stilisiert ist,

---

136 Ebd. Praefatio.

137 Ebd. Proleg. §16 (4).

138 Ebd. loc.8 §25 (221-239).

139 Vgl. E.O. Reichert, Johannes Scheffler als Streittheologe. (Studien zu Religion, Geschichte und Geisteswissenschaft 4). Gütersloh 1967.

140 Vgl. Leinsle, Reformversuche 21f.

141 Scherzer, Systema Theologiae loc. 28 (843-872).

142 Ders., Breviculus theologicus, Unica Positione generali, Systema Theologiae exhibens. ([1]1675). Benutzt: Leipzig [5]1687. - Deutsch: Kurzer Weg und Handgriff durch einen Hauptsatz den Kern Heil. Schrifft zu fassen. Leipzig [1]1677; noch 1732 neu aufgelegt!

enthalten sein. In den Erläuterungen werden hier die vorab aufgelisteten Gegner nur abgekürzt am Rand vermerkt.[143]

Die geoffenbarte Theologie der Menschen im Pilgerstand (nur diese wird hier behandelt) ist demnach die Weisheit, die die wahre Religion zur Ehre Gottes und zum Heil der Menschen überliefert, auslegt und verteidigt (loc. 1 *de theologia*), und zwar aufgrund der Hl. Schrift. Diese besteht aus Gesetz und Evangelium, verdient sowohl im Hinblick auf Gottes Wahrhaftigkeit als auch aus ihr selbst Glauben, ist eine, wahr, gut und somit *catholica*. (loc. 2 *de Scriptura*). Sie wird geoffenbart von Gott. Dieser ist undefinierbar, einfacher Geist, unvergänglich, unsterblich, unermeßlich, allgegenwärtig, allein ewig, ohne zeitliche Dauer, allwissend, allmächtig, höchst gut; er teilt sich aus seinem ebenso strengen wie barmherzigen Willen allen mit, straft aber mit notwendiger Strenge. Er allein ist deshalb in der Religion zu verehren (loc. 3 *de deo*). Er ist der Natur nach einer in drei Personen (loc. 4 *de Trinitate*). Der Vater zeugt den Sohn, der wahrhaft Gott ist, gleichen Wesens mit dem Vater; aus der immerwährenden Jungfrau Maria wird er Gott-Mensch, bestehend aus vollkommener Gottheit und vollkommener Menschheit in hypostatischer Union (und ist folglich auch seiner menschlichen Natur nach Sohn Gottes) mit Idiomenkommunikation. Er übt ein dreifaches Amt aus; denn er ist vom Hl. Geist mit unermeßlichen Gütern gesalbt zum Propheten des Evangeliums, zum einzigen und somit unsündlichen Priester des Neuen Testamentes und zum König. So ist er Mittler zwischen beiden Naturen, leistet durch den Gehorsam seines Lebens und Sterbens Genugtuung und ist dadurch für uns der einzige universale Heiland und Erlöser. Er entäußert sich bis in den Tod. In den drei Tagen seines Todes ist zwar die natürliche Verbindung seiner Seele mit dem Leib zerbrochen, dieser jedoch kein Kadaver, noch hörte Christus in dieser Zeit zu existieren auf. Nach der Wiederbelebung seiner Menschheit aus eigener Kraft und seiner Erhöhung ist er der zukünftige Richter der Lebendigen und Toten (loc. 5 *de Christo*). Der Hl. Geist geht als dritte Person aus Vater und Sohn hervor (loc. 6 *de Spiritu S.*). Die gesamte Trinität aber ist der Schöpfer des Alls, d. h. des Himmels und der Erde (loc. 7 *de creatione*), der Engel (von denen die einen in der ursprünglichen Gutheit nach dem freiwilligen Fall der anderen bestärkt werden; loc. 8 *de Angelis*) und Menschen, deren erster Adam war (loc. 9 *de homine*). Die Menschen waren im Urstand vollkommen, unsterblich und in höchstem Glück (loc. 10 *de imagine Dei*); sie sind aber aus eigener Schuld gefallen, jetzt von der Zeugung an mit Sünde behaftet und ohne Ausnahme (auch nicht Mariens; loc. 11 *de lapsu et peccato*) zum Geistlichen vollkommen tot (loc. 12 *de servo arbitrio*). Sie können deshalb nur von außen wiedergeboren (loc. 13 *de regeneratione*)

143 Scherzer, Breviculus L3v-L8v.

und wiederhergestellt werden durch das Wort und die zwei heilschaffenden Sakramente (deren Wirkung allein von der Anordnung Gottes, nicht der Intention oder Heiligkeit des Spenders abhängt; loc. 14 *de sacramentis in genere*), nämlich Wassertaufe (loc. 15 *de Baptismo)* und Eucharistie (loc. 16 *de Eucharistia*), in der Kirche unter dem alleinigen Haupt Christus, der keinen Stellvertreter haben kann (loc. 17 *de Ecclesia*). Zur Kirche beruft Gott nach vorausgehender Anwendung der Pädagogik des natürlichen Verstandeslichtes durch das Wort (d. h. durch die - allerdings nicht unwiderstehliche - *gratia sufficiens* bzw. *efficax*) alle Menschen (loc. 18 *de vocatione*) als Büßer (loc. 19 *de poenitentia*) durch Vergebung der Sünden (loc. 20 *de absolutione*). In deren Nicht-Anrechnung und der Zurechnung der aktiven und passiven Gerechtigkeit Christi werden die Menschen allein durch den Glauben ohne Werke gerecht gemacht (loc. 21 *de iustificatione)*; heilig aber werden sie dadurch, daß sie im Hinblick auf Gott, den Nächsten und sich selbst (loc. 22 *de bonis operibus*) leben, ohne Ärgernis zu geben (loc. 23 *de scandalo)*, am Ende im Glauben erfunden werden, den allein die Prädestination im Menschen betrifft (loc. 25 *de praedestinatione*) und dem die Vorsehung dient (loc. 26 *de providentia*), nach diesem Leben (loc. 26 *de termino vitae*) sterben (loc. 27 *de morte*). Die Verworfenen werden wegen des Unglaubens an ihrem Ende in der Hölle, der Gottschau und der Glorie der Seligen beraubt, mit den Teufeln in Ewigkeit gepeinigt (loc. 28 *de damnatis et inferno*); wer jedoch im wahren Vertrauen auf Christus abscheidet, kommt sogleich in den Himmel vor Gott und wird mit den Seligen frohlocken (loc. 29 *de statu piorum post mortem*). Nach der Auferstehung der zahlenmäßig identischen Leiber, ohne Ansehen von Stand und Geschlecht (loc. 30 *de resurrectione*), dem Jüngsten Gericht über die Verdammten (ohne tausendjähriges Reich der Chiliasten, loc. 31 *de extremo iudicio*), und der Vollendung des Alls (loc. 32 *de consummatione saeculi*) werden sie die früheren Leiber verklärt wiedererhalten und in ihnen Gott in vollendeter, unaussprechlicher, ewiger Seligkeit schauen (loc. 33 *de glorificatione et vita aeterna*). Nach göttlichem Recht sind die Menschen gleich, unbeschadet ihrer hierarchischen Stellung (loc. 34 *de tribus Hierarchiis*) als legitim berufene und ordinierte Diener der Kirche oder deren Hörer (loc. 35 *de ministerio ecclesiastico*), von Gott eingesetzte politische Obrigkeit oder deren Untertanen (loc. 36 *de magistratu politico*), Gewerbetreibende (loc. 37 *de statu oeconomico*), Ledige oder Verheiratete, d.h. durch ein menschlicherseits unauflösliches Band miteinander Verbundene, deren Kinder, Knechte oder Mägde (loc. 38 *de coelibatu et coniugio*), oder schließlich auch der gemeinsame Feind, der Antichrist (loc. 39 *de Antichristo*), alle Häretiker (loc. 40 *de Haeresi*), Schismatiker (loc. 41 *de Schismate*), Apostaten (loc. 42 *de Apostasia*), solche, die sich zu keiner Religionspartei bekennen wollen (*Neutrales*) oder wie die Synkretisten die Unterschiede zwischen den Bekenntnissen aufheben wollen (loc. 43 *de Syncretismo*).

Damit ist einerseits für Scherzer die Theologie vollständig beschrieben, aber auch die Welt von Gottes Schöpfung bis zum Jüngsten Tag und die Menschheit in allen möglichen kirchlichen und weltlichen Erscheinungsformen. Die Theologie erhebt somit einen enzyklopädischen Anspruch, der an den *Orbis pictus* Johann Amos Comenius' erinnert. Andererseits ist aber die Theologie selbst zum Gerippe einer ontologisierten Bibel geworden, gepreßt in die *loci* der Orthodoxie, die es nur mehr zu verteidigen, kaum noch zu erweitern gilt.

6.2.5 Theologie im Rahmen der Enzyklopädie: Johann Heinrich Alsted

Ausdrücklich zu einer „theologia scholastica" bekennt sich auf Seiten der Reformierten Johann Heinrich Alsted (1588-1638), Philosoph und Theologe in Herborn und Weißenburg (Alba Julia, Siebenbürgen).[144] Die „methodus scholastica" ist jedoch auch in seinen Werken, die u.a. in England und Harvard geschätzt wurden, nicht mehr die des Mittelalters, sondern die schulmäßige didaktische Darstellung einer Disziplin nach *Praecepta* (Lehrsätze) und *Regulae* mit jeweils kurzen Erläuterungen. In dieser Gestalt nimmt der stark von Ramismus und Lullismus geprägte Alsted die Theologie auch in seine Enzyklopädie aller Wissenschaften von 1630 auf.[145]

Alsted sieht als Reformierter in der Hl. Schrift die Basis der gesamten Enzyklopädie in seiner „biblischen Enzyklopädie" *Triumphus Bibliorum Sacrorum* (1625). Hier will er einerseits - in der Tradition der *philosophia sacra* - die gesamte Philosophie (auch in ihren grundlegenden Disziplinen) aus der Schrift begründen, andererseits die Schrift selbst in die gehörige Ordnung der *loci communes* bringen und so ein „systema methodicum" schaffen.[146] Bereits dieses Programm zeigt den Willen zu Methode und System auch gegenüber der in ihrer Bedeutung anerkannten Hl. Schrift. Denn die Schrift liefert für die einzelnen Wissenschaften der Enzyklopädie Sachwissen, Methode oder zumindest Beispiele.[147] In diesen enzyklopädi-

---

144 J.H. Alsted, Theologia scholastica didactica exhibens locos communes theologicos Methodo scholastica. Hanau 1618; Ders., Methodus sacrosanctae theologiae. Hanau 1623; Ders., Compendium theologiae. Hanau 1624; - vgl. Leinsle, Ding 369-393; Schmidt-Biggemann, Topica 100-139.

145 J.H. Alsted, Encyclopaedia, Herborn 1630, Bd.5 (ND Stuttgart-Bad Cannstatt 1992, Bd.3).

146 Ders., Triumphus Bibliorum Sacrorum Seu Encyclopaedia Biblica. Frankfurt 1625, Mens authoris in hoc opere ((:)2r).

147 Ebd. Praef. ((:)5v).

schen Rahmen wird auch die Theologie gestellt; denn die Enzyklopädie wird hier verstanden als Zusammenfassung der - aus der Schrift begründeten - vier Fakultäten.[148] Die Theologie selbst wird definiert als „facultas ad summum bonum perveniendi". Ihre Teile sind: positive („biblische" Theologie in unerläuterter Thesenform), natürliche, katechetische, didaktische, polemische Theologie, Kasuistik, prophetische Theologie (= Pastoraltheologie) und akroamatische Theologie (= Moraltheologie).[149]

Dieser Gesamtbereich der Theologie ist enzyklopädische Wissenschaft und wird deshalb nach stereotyper enzyklopädischer (= wissenschaftlicher) Methode abgehandelt. Eine eigene *theologia scholastica* im Sinne der Katholiken kennt Alsted nicht, wohl aber eine enzyklopädische Disziplin *Scholastica* als letzten Teil der praktischen Philosophie (nach der Politik) „de felicitate scholastica obtinenda", d. h. über die glückliche Einrichtung und Administration der Schulen.[150] Die für alle Wissenschaften geltenden methodischen Regeln der schulmäßigen Vermittlung und (möglichst tabellarischen) Darstellung aber liefert die ramistisch-topische Methodologie der Logik.[151] Die tabellarisch-dichotomische Anordnung des Stoffes setzt aber eine Reflexion über den inneren Zusammenhang der Teile der Theologie und der *Loci* untereinander voraus.

In der Enzyklopädie von 1630 greift Alsted auch die Bestimmung der Theologie als *prudentia* (praktischer Habitus) durch Bartholomäus Keckermann auf und definiert sie als „summa huius vitae sapientia et prudentia, perveniendi ad vitam aeternam."[152] Wie alle Disziplinen (bis zur *Tabacologia*) ist sie zunächst in allgemeine und spezielle einzuteilen. Die allgemeine lehrt das, was der Mensch notwendig wissen, glauben und tun muß, um das in der Definition genannte Ziel zu erreichen. Nach dem Erkenntnisprinzip ist die Theologie entweder natürliche oder übernatürliche. Die natürliche beruht auf dem natürlichen Licht des Verstandes (mit angeborenen Prinzipien), andererseits auf dem Buch der Natur (Welt und Mensch). Ihr Ziel ist die notwendige Erkenntnis der Existenz und des Vorrangs Gottes sowie der Verpflichtung zur Gottesverehrung und Menschenliebe. All das ist nun also bereits unabhängig von Offenbarung aus der Natur des Verstandes, des Menschen und der Welt erkennbar. Die natürliche Theologie bleibt deshalb für Alsted auch die Basis der Offenbarungstheologie.[153]

148 Ebd. Technologia sacra n.3 (10); verwiesen wird auf 1 Kg 4,29-33; 2 Tim 3,16; Ex 21; Gen 50,2; Kol 4,14; Esra 3,2f; Sir 43,3-6.

149 Ebd. n.7 (13); ausgeführt S. 286-413.

150 Alsted, Encyclopaedia IV, 1505-1549.

151 Vgl. Leinsle, Ding 382f.

152 Alsted, Encyclopaedia, Theol. s.1 c.1 (V,1555).

153 Ebd. (V,1555-1565).

Diese wird zunächst katechetisch vermittelt in der *Theologia catechetica* als Kompendium der christlichen Religion, das nach dem Vorbild des Hessischen Katechismus von 1607[154] aus 5 Kapiteln besteht: Symbolum, Dekalog, Vater unser, Taufe und Abendmahl. Auch für diese Theologie wird neben dem *modus domesticus* und *ecclesiasticus* ein eigener *modus docendi scholasticus* mit drei Katechismusklassen vorgesehen.[155] Der Katechetik entspricht im Aufbau genau die Kasuistik, die sich ja mit den aus der Katechese entstehenden Gewissensfällen und Zweifeln befaßt.[156] Neben der katechetischen Vermittlung steht die kirchliche in Predigt und kirchlichen Einrichtungen. Diese ist Gegenstand der *Theologia prophetica* als Lehre vom Propheten-, d. h. Hirtenamt in der Kirche. Sie besteht aus der Predigtlehre (*rhetorica ecclesiastica*) und der *Politia ecclesiastica,* der Lehre von der Kirchenordnung bzgl. Personen und Sachen.[157] Die (nicht kasuistische) Moraltheologie hat schließlich als Ziel die Ausbildung von Sitten, die eines Christenmenschen würdig sind. Sie ist nach dem Vorbild der praktischen Philosophie in Individualethik, Ökonomik und Politik gegliedert und bringt eine in leicht memorierbare Regeln gefaßte Pflichtenlehre aller Stände (einschließlich des *status scholasticus* mit den Pflichten der Pädagogen, Professoren und Schüler).[158]

Die eigentlich systematische Theologie aber ist die *Theologia didactica.* Sie ist das nunmehr dichotomisch gegliederte System der 46 *loci theologici.*[159] Alsted verzichtet nun auf die noch 1625 aufgenommene *Theologia positiva,* die unmittelbar die aus der Schrift entnommenen Prinzipien enthält. Vielmehr baut er die positive Theologie in die didaktische ein, unterscheidet aber genau zwischen *regulae positivae,* die einfache Zustimmung erheischen, und *regulae didacticae,* die der Erläuterung, Bestätigung oder aber der Zurückweisung falscher Lehren dienen.[160] So sind in loc.1 (*de sacra scriptura*) die positiven Regeln:

1. Die Schrift ist von Gott inspiriert.
2. Sie ist eine Leuchte, d.h. klar, und Richtschnur des Glaubens und Lebens.
3. Sie ist vollkommen.
4. Sie ist von allen Christen zu lesen.
5. Sie wird von Frommen und Gottlosen mit verschiedenem Erfolg gelesen.

154 BSRK 822-833.

155 Alsted, Encyclopaedia, Theol. s.2 c.1 (V,1565f). Theologia Catechetica: V, 1565-1574.

156 Ders., Encyclopaedia, Theol. s.5 (V,1662-1674).

157 Ebd. s.6 (V,1674-1684).

158 Ebd. s.7 (V,1684-1690).

159 Ebd. s.3 (V, 1575-1638).

160 Ebd. s.3 loc.1 (V, 1575f).

Die gesamte didaktische Theologie läßt sich auch bei Alsted in einer umfassenden Bestimmung dichotomisch zusammenfassen[161] : Sie handelt von der Hl. Schrift als dem Prinzip aller Glaubenssätze (loc. 1) und von den darin enthaltenen Glaubenssätzen, nämlich von Gott (loc. 2) und seinen Werken bzw. Handlungen (loc. 3). Letztere sind entweder ewig: die Dekrete allgemein (loc. 4), speziell aber Vorsehung (loc. 5) und Prädestination (loc. 6), oder zeitlich als deren Ausführung. Die Ausführung der Vorsehung besteht in Schöpfung (loc. 7) und Lenkung des Alls (loc. 8), und zwar speziell der nicht-vernunftbegabten (loc. 9) und der vernunftbegabten Natur (loc. 10), d. h. der Engel (loc. 11) und Menschen. Sie betrifft vor dem Fall die Gottebenbildlichkeit (loc. 12) und den natürlichen Bund (loc. 13), nach dem Sündenfall aber den freien Willen (loc. 14), die Sünde (loc. 15) und deren Eindämmung durch das Gesetz im allgemeinen (loc. 16), speziell aber durch Ehe (loc. 17), Obrigkeit (loc. 18) und Schule (loc. 19). Die Prädestination wird in diesem Leben ausgeübt hinsichtlich der Engel (loc. 20) und der Menschen unter dem Gnadenbund, der nach seiner Form (loc. 21) und seinem Fundament, dem Mittler Christus (loc. 22), zu betrachten ist. Die Anwendung des Gnadenbundes wird verkündet durch das Evangelium (loc. 23) in der Kirche als Versammlung (loc. 24) unter einer Leitung, die hauptsächlich und zuinnerst in der Ausspendung der Gnadengaben Gottes besteht, deren wichtigste die Berufung (loc. 25) mit der Wirkung von Buße (loc. 26), Glaube (loc. 27) und Heiligkeit (loc. 28), die Rechtfertigung (loc. 29) und die Heiligung im allgemeinen (loc. 30) und im einzelnen (loc. 31) sind. Daraus entspringen weitere Gnadengaben, nämlich Annahme an Kindes Statt (loc. 32), christliche Freiheit (loc. 33) und Beharrlichkeit (loc. 34). Die dichotomisch ausgegliederten loc. 35-37 behandeln die weiteren Gnadengaben für dieses Leben, die äußere Hierarchie und die Feinde der Kirche. Der Gnadenbund wird besiegelt durch die Sakramente (loc. 38) des AT (loc. 39) und NT, nämlich Taufe (loc. 40) und Abendmahl (loc. 41). Die Ausübung der Prädestination nach diesem Leben besteht allgemein in der Wiederkunft Christi (loc. 42), der Auferstehung des Fleisches (loc. 43) und dem Jüngsten Gericht (loc. 44), im einzelnen aber im ewigen Leben (loc. 45) bzw. im ewigen Tod (loc. 46). In der polemischen Theologie (Kontroverstheologie), die von ihrem Ziel, der Einheit der Kirchen, eigentlich *irenische* Theologie zu nennen wäre, ist dieses einprägsame, aber doch recht trockene System in den relevanten Punkten, die nach Johannes Haller (1523-1575) angeführt werden, gegen Katholiken und Lutheraner zu verteidigen.[162]

161 Vgl. ebd. Tabelle (V, 1636).
162 Ebd. s.4 (V, 1639-1662).

6.2.6 Reformierte „Cartesianische Scholastik“: Christoph Wittich

Die Abkehr von der Bindung der protestantischen Orthodoxie an die aristotelische Philosophie und die Hinwendung zum Cartesianismus vollzieht sich am deutlichsten an den reformierten Hohen Schulen der Niederlande. Hier entsteht auch jene Form von Schultheologie, die man als „cartesianische Scholastik“ bezeichnet.[163] Einer ihrer profiliertesten Vertreter ist der ebenso von der Föderaltheologie Johann Coccejus' (1603-1669) wie vom Cartesianismus beeinflußte Christoph Wittich (1625-1687), Professor in Nijmegen und Leiden.[164] Von seinem Lehrer in Groningen Samuel Maresius (1599-1673), dessen Lehrbuch er in seinen Vorlesungen kommentiert, und von Gisbert Voetius (1589-1676) heftig bekämpft[165], rechtfertigt er in seiner *Theologia pacifica* ausführlich die Anwendung der cartesianischen Philosophie in der Theologie.[166] Der Cartesianismus Wittichs ist ein umfassendes System der Philosophie, das die Grundlagen der Erkenntnis im Wahrheitskriterium der klaren und deutlichen Perzeption bzw. Idee, aber auch die Kosmologie der *Principia philosophiae* und die dualistische Metaphysik und Psychologie der *Meditationes* Descartes' umfaßt. Andererseits handelt es sich bereits um einen stark ontologisierten Cartesianismus, wie ihn Wittichs kurzzeitiger Kollege in Herborn Johannes Clauberg (1622-1665) ausgebildet hatte.[167]

Gegen Maresius' Vorwurf der Vermischung von Philosophie und Theologie argumentiert Wittich bereits vom Boden der neuen Philosophie aus. Keineswegs sollen geschöpfliche Kategorien in die Theologie, etwa in die Gotteslehre, eingetragen werden, was gerade die Gefahr der aristotelischen Philosophie war. Für das grundsätzliche Verhältnis von Philosophie und Theologie bedeutet deshalb die Wendung zum Cartesianismus „zunächst keine Revolution“.[168] Die z. T. noch herrschende aristotelisch-ramistische

163 Vgl. P.A.G. Dibon, L'enseignement philosophique dans les Universités Néerlandaises à l'époque pré-cartesienne. Diss. Leiden 1954; C.L. Thijssen-Schoute, Nederlands Cartesianisme. (Verhandelingen der K. Ned. Akademie van Wetenschappen, Afd. Letterkunde, Nieuwe Reeks 60). Amsterdam 1954; J. Bohatec, Die cartesianische Scholastik in der Philosophie und reformierten Dogmatik des 17. Jahrhunderts. Leipzig 1912 (ND Hildesheim 1966).

164 Vgl. ADB 43, 631-635; Althaus, Prinzipien 108-125.

165 Vgl. Bizer, Einl. zu: Heppe, Dogmatik LXI-LXIII.

166 J. Wittich, Theologia pacifica in qua varia problemata Theologica inter Reformatos Theologos agitari solita ventilantur, simul Usus Philosophiae Cartesianae in diversis Theologiae partibus demonstratur, et ad Dissertationem Celeberrimi Viri, Samuelis Maresii, De abusu Philosophiae Cartesianae in rebus Theologicis et fidei, modeste respondetur. Leiden 1671; benutzt: Leiden ^{2}1675.

167 Vgl. Leinsle, Reformversuche 88-105.

168 Althaus, Prinzipien 111; vgl. ebd. 111-120.

Philosophie aber sei unbrauchbar, da sie nur logische Begriffe zur Verfügung stelle, keine Sachkenntnis bringe, vielmehr den Vorurteilen aufgrund der Sinneserfahrung Vorschub leiste.[169] Demgegenüber muß das cartesianische Wahrheitskriterium der Klarheit und Deutlichkeit auch in der Theologie Anwendung finden, und zwar hinsichtlich ihrer Grundlage, der Offenbarung. Was nicht klar und deutlich als von Gott geoffenbart erkannt wird, kann nicht als solches angenommen werden. Wie Descartes letztlich auf die Wahrhaftigkeit Gottes rekurrieren muß, so hier auch Wittich.[170] Allerdings entscheidet damit ein philosophisches Kriterium darüber, was als geoffenbart anzunehmen ist. Dieses - theologisch begründete - Offenbarungskriterium ist jedoch nicht eine autonome Vernunft, die nur annimmt, was sie selbst einsieht. Vielmehr betont Wittich ausdrücklich, daß auch das im Glauben anzunehmen ist, was unser begrenzter Verstand nicht einsieht, wenn es als geoffenbarte Wahrheit feststeht. Die Annahme im Glauben erfolgt dann - ggf. gegen das cartesianische Wahrheitskriterium der klaren und deutlichen Wahrnehmung - aufgrund der göttlichen Autorität, die mehr Glauben verdient als unser Intellekt.[171] Zur äußeren Offenbarung der Schrift kommt aber die innere Offenbarung durch die *recta ratio*. Der Gewißheitsgrad ist in beiden Fällen derselbe. Gewißheit über den eigenen heilschaffenden Glauben haben wir nicht nur in indirekter, sondern auch in direkter Erkenntnis.[172] Geprüfte Offenbarungsgläubigkeit verbindet sich bei Wittich mit einer starken Betonung des freien Offenbarungs- und Gnadenwillens Gottes. Dadurch ergibt sich eine theologische Kritik menschlicher Vorurteile, zumal unsere Irrtümer vom Willen abhängig sind; denn Bejahung und Verneinung sind Willensakte. Der Voluntarismus in der Heils- und Gnadenlehre läßt Wittich auch hier im Rahmen seines reformierten Bekenntnisses bleiben und den Vorwurf des Pelagianismus oder Semipelagianismus abwehren.[173]

Klar wirkt sich Wittichs cartesianische Prinzipienlehre in der Kosmologie aus, die er nach den *Principia* Descartes' darlegt; denn die Hl. Schrift bietet uns zu einer stimmigen Kosmologie keine ausreichende Handhabe. Wo aber die Offenbarung nicht eindeutig ist, kann und muß die Philosophie zu Hilfe genommen werden.[174] Die cartesianische Kosmologie folgt freilich natürlichen Gesetzen; diese werden aber zumindest hypothetisch als durch Gottes Willen angeordnet unterstellt. Spekulationen über Mondbe-

169 Wittich, Theol. pacif. c.1 (1-13).
170 Ebd. c.3 (20-28).
171 Ebd. c.4 (28-31).
172 Ebd. c.11 (93f).
173 Ebd. c.5 (31-41).
174 Ebd. c.2 (13-20); vgl. Althaus, Prinzipien 120-122.

wohner sind aus der Schrift ebenso unentscheidbar wie die Frage, ob alle Werke eines Schöpfungstages in einem einzigen Moment oder sukzessive entstanden. Philosophisch läßt sich dagegen zeigen, daß eine instantane Entstehung aller Werke eines Tages widersprüchlich ist.[175] Eine indefinite Ausdehnung der Welt nach cartesianischen Prinzipien widerspricht weder der Vernunft noch der Offenbarung; doch auch eine unendliche Welt läge - gegen Maresius' Einwände - in Gottes unendlicher Macht.[176] Die cartesianische Mechanik unter Verzicht auf Finalursachen wird im Rahmen eines Offenbarungsglaubens gefallener menschlicher Vernunft theologisch gedeutet: Ziele und Ratschlüsse, die Gott uns nicht geoffenbart hat, dürfen wir nicht erforschen. Röm 9,20 und Röm 11,33-36 werden wir ausdrücklich davor gewarnt. Zwischen Nutzen (Funktion) der Sache und Zielsetzung Gottes ist aber klar zu unterscheiden.[177]

Die dualistische Metaphysik und Pychologie wird für die Gotteslehre und Anthropologie (einschließlich der Lehre von den *passiones animae*[178]) in breitester Darstellung herangezogen. Vor allem aber entnimmt der Theologe der Philosophie die wahre Natur des Geistes, den Vorrang des Willens vor der Vernunft und das genaue Verhältnis von Erkennen und Wollen im Begehren. In der Mißachtung der klaren Unterscheidung von *res cogitans* und *res extensa* sieht Wittich geradezu die Wurzel zahlreicher Häresien und Irrtümer. Ohne diese Unterscheidung kann auch die Unsterblichkeit der Seele nicht rational verteidigt werden.[179] Im Unterschied zur traditionellen Scholastik kann der Cartesianismus aber keine realdifferente Subsistenz anerkennen. Dies ist nach Wittich jedoch nur ein Vorteil, um die Subsistenz der *anima separata* zu demonstrieren. Schwieriger ist die Unräumlichkeit der Seele damit zu harmonisieren: Ein Wo kann ihr nur als operativem Prinzip (im Körper oder außerhalb desselben) zugesprochen werden, nicht aber an sich, ebenso den Engeln als reinen Geistern, die rein durch ihren Willen handeln und wesentlich *res cogitans* sind.[180]

Die cartesianische Philosophie kann zudem jedem Empirismus wehren; denn keineswegs ist nur das im Intellekt, was vorher in der sinnlichen Wahrnehmung war, wie allein die Gotteserkenntnis zeigt.[181] Diese ist angeboren, was sich gut mit der philipporamistischen Tradition der κοιναὶ ἔννοιαι verbinden läßt. Gott ist jedenfalls Substanz, zumal diese nach Descartes nicht mit Akzidentien, sondern nur mit Modi verbunden ist. Die

---

175 Wittich, Theol. pacif. c.7 (47-59).
176 Ebd. c.8 (59-74).
177 Ebd. c.9 (75-83).
178 Ebd. c.6 (41-47).
179 Ebd. c.10 (83-93).
180 Ebd. c.12f (113-163). Ausführlich wird die Art ihrer Bewegung dargelegt.
181 Ebd. c.11 (93-113).

Attribute Gottes müssen folglich auf ihre Verträglichkeit mit der cartesianischen Philosophie neu durchdacht werden. Wie im Menschen, so ist auch in Gott der Wille das beherrschende Vermögen. Gottes Wille ist deshalb Ursache alles Wahren und Guten und aller Realität, auch der ungeschaffenen Möglichkeiten. So ist Gott die erste Wahrheit und Ursache aller Wahrheit in der Welt. Andererseits ist Gottes Macht unbegrenzt; was daher für unser Erkennen widersprüchlich ist und wir zurecht als absurd ablehnen, muß es noch nicht für Gott sein. Eine strenge Ubiquität lehnt Wittich folgerichtig ab, da sie räumliche Vorstellungen beinhaltet (auch bzgl. imaginärer Räume) und vor der Schöpfung nicht aussagbar ist; besser ist von einer Allgegenwart Gottes (omnipraesentia) im Hinblick auf sein Wirken, seine Macht und sein Wesen zu sprechen.[182] In der Dekretenlehre herrscht durchgängig das Prinzip des Besten: „Deus semper facit id quod est optimum".[183]

In der Christologie und Soteriologie schließlich wird die cartesianische Verneinung absoluter Akzidentien, der Realdistinktion zwischen Essenz und Potenzen, sowie zwischen Essenz und Subsistenz zum Problem. Die hypostatische Union wird deshalb nach dem Schema der menschlichen Leib-Seele-Einheit gedacht. Die Inkarnation geschieht im Augenblick der Vereinigung von Leib und Seele Christi.[184] Auffallend stark wendet Wittich in den christologischen und soteriologischen Fragen ein sprachkritisch-exegetisches Verfahren an, das auch die Auslegung strittiger Stellen in den letzten Kapiteln seines Werkes beherrscht.[185] Die „scholastischen" Fragestellungen der reformierten Orthodoxie werden hier auf der Grundlage einer neuen Philosophie durchdacht, die gewiß nicht alle Fragen in gewohnter Weise löst, andererseits durch ihre Eigenart als dualistische und voluntaristische Metaphysik den grundsätzlichen Rahmen des Selbstverständnisses der „scholastischen" protestantischen Theologie nicht sprengt.

6.3 Gott und der neuzeitliche Mensch: Der Gnadenstreit

Keine innerkatholische Auseinandersetzung hat die scholastische Theologie der Frühen Neuzeit so lange und so stark beschäftigt wie der sog. Gnadenstreit (richtiger: um die Gnadenhilfen) zwischen den an Luis de Molina (1535-1600) orientierten Jesuiten auf der einen und den vor allem in den

182 Ebd. c.14f (163-194).

183 Ebd. c.16 (194f); vgl. S.K. Knebel, Necessitas moralis ad optimum. Zum historischen Hintergrund der Wahl der besten aller möglichen Welten. In: Studia Leibnitiana 23 (1991) 3-24.

184 Wittich, Theol. pac. c.16 (194-216).

185 Vgl. ebd. c.17-21 (217ff).

Reihen der Dominikaner (Domingo Báñez), Unbeschuhten Karmeliten und Benediktiner zu findenden strengen Thomisten auf der anderen Seite.[186] Wissenschaftstheoretisch betrachtet, liegt hier der Fall konkurrierender Theoriebildungen vor, die durch die päpstliche Entscheidung vom 28. August 1607 beide zumindest „Gastrecht, Bewegungsfreiheit und Werbefreiheit" in der Kirche erhielten.[187] Inhaltlich geht es um nichts weniger als die Stellung und Wirksamkeit Gottes gegenüber dem neuzeitlichen Freiheitsbewußtsein des Menschen. Kirchenpolitisch stand zeitweise eine Spaltung zu befürchten, weshalb auch die wichtigsten europäischen Höfe in den Streit involviert waren. Interkonfessionelle Bedeutung erlangt der Streit dadurch, daß sich die calvinistische Orthodoxie der thomistischen, die lutherische der molinistischen Position anschließt.[188] Die entscheidenden Theorieentwürfe sollen hier nicht genetisch, sondern exemplarisch auf der Höhe scholastischer Diskussion vorgestellt werden.

6.3.1 Der Mensch als freies Werkzeug Gottes: Francisco Suárez

Die Wirksamkeit Gottes gegenüber dem in seiner Natur und Freiheit - in Ablehnung der lutherischen These des „servum arbitrium" - anerkannten Menschen zu bestimmen, heißt eine Theorie finden, die übernatürliches Wirken und natürliche Freiheit zu erklären oder wenigstens zu wahren vermag. Eine solche liefert der „Doctor Eximius" Francisco Suárez (1548-1617) in seiner erstmals im Kommentar zur *Tertia* des Thomas (1590) veröffentlichten Annahme einer *potentia oboedientialis activa.*[189] Diskutiert wird die weitgehend metaphysische Theorie im Rahmen des Inkarnationstraktats unter der präzisen Fragestellung, aufgrund welcher eigenen Kraft oder Potenz die Menschheit Christi in wunderbarer Weise als Instrument des göttlichen Logos wirkt (s.5), generalisiert in s.6: Ob und wie in den geschaffenen Dingen irgendeine „vis activa oboedientialis" gegeben sei, die sie befähigt, zu Werkzeugen Gottes erhoben zu werden. Die von Augustinus über Thomas bis zu Karl Rahner wirksame Annahme einer „potentia oboedientialis" besagt nichts anderes, als daß die Kreaturen so geschaffen sind, daß sie über ihre natürlichen Wirkungen und deren Vermögen hinaus

---

186 Vgl. HDG III,5b, 93-108; Stegmüller M; K. Werner, Die Scholastik des späteren Mittelalters. IV,2. Wien 1887, 70-94.

187 Stegmüller M 63*. Die Jesuiten von Salamanca feierten die Entscheidung denn auch mit einem Stierkampf: HDG III,5b, 104.

188 Vgl. W. Hübener, Praedeterminatio physica. In: HWP VII, 1216-1225.

189 F. Suárez, De Incarnatione disp. 31 s.5-6 (Opera omnia. Bd. 18. Paris 1877, 103-152); zur Entwicklung Suárez' in der Gnadenlehre: F. Stegmüller, Zur Gnadenlehre des jungen Suarez. Freiburg 1933; zur Auslegung und Wertung der Theorie: M. Limbourg, Über die potentia obedientialis. In: ZKTh 16 (1892) 231-272.

befähigt sind, dem Willen Gottes auch in übernatürlichen Wirkungen zu gehorchen.[190] Allgemein anerkannt ist dieses Vermögen unter den Theologen als passives Gehorsamsvermögen, doch dies kann Suárez gerade bei frei handelnden Menschen nicht genügen. Da jeder Wirkung ein ebensolches Vermögen entsprechen muß, die übernatürlichen Tätigkeiten (z. B. glauben) aber wirkliche Tätigkeiten des Menschen sind, ist nicht nur ein rein passives Vermögen, sondern eine *potentia oboedientialis activa* in den Dingen anzunehmen, durch die sie übernatürliche Wirkungen erzielen können, allerdings nicht aus eigener Kraft (dies wäre grober Pelagianismus), sondern nur als Werkzeuge Gottes. Die Instrumentalität frei handelnder Geschöpfe wird jedoch auch insofern ernst genommen, als dem Effekt auf seiten des Werkzeugs eine angemessene Mitwirkung entsprechen muß, die über die allgemeine Verfaßtheit der Geschöpfe als Werkzeuge Gottes zu natürlichen Wirkungen hinausgeht.[191] Grundsätzlich erstreckt sich dieses aktive Gehorsamsvermögen auf alle möglichen übernatürlichen Wirkungen Gottes, d. h. auf alles, was in sich keinen Widerspruch besagt und somit für Gott möglich ist.

Suárez ist sich bewußt, damit eine neue Theorie einzuführen, die deshalb nach allen Kriterien theologischer Theoriebildung zu diskutieren ist:

1. Sie ist widerspruchsfrei. Es ist kein Widerspruch, daß Gott die Kreaturen so eingerichtet hat.
2. Sie hat einen bestimmten Grad von Wahrscheinlichkeit und Glaubwürdigkeit aufgrund von Vernunftargumenten und Autoritäten.
3. Sie löst die Sachfragen ohne allzugroße Schwierigkeiten.

Die aktive Instrumentalität der Geschöpfe sieht Suárez als echter Metaphysiker bereits im vollständigen Begriff des geschaffenen Seienden gegeben. Sie wird jedoch nicht aktiv ohne das *agens principale*, wie das Werkzeug aus sich selbst nicht wirken kann.[192] Sie besagt zudem nicht ein unmittelbar aktives Vermögen, selbst etwas zu tun, sondern nur eine entferntere Bedingung, die das Geschöpf *capax*, nicht *potens* macht, von Gott zu einem übernatürlichen Wirkmodus erhoben zu werden.[193] Wie jede neue Theorie sieht sich auch diese gewaltigen Einwänden gegenüber, die Suárez genau auflistet und am Ende entkräftet. Schwerwiegend wirkt vor allem der Vorwurf eines subtilen Pelagianismus und einer Vermischung von natürlicher und übernatürlicher Ordnung, da hier eine natürliche Ausstattung des Menschen zum Übernatürlichen angenommen und somit die

190 Vgl. O. Wanke in HWP VII, 1166, wo allerdings auf die *potentia oboedientialis activa* bei Suárez nicht eingegangen wird.

191 Suárez, De Incarn. disp.31 s.5 n.7 (18, 105-106b).

192 Ebd. s.5 n.8 (106b-107a).

193 Ebd. s.5 n.9 (107a).

absolute Notwendigkeit der Gnade zu jedem guten Werk geleugnet werde.[194] Den positiven Beweis der neuen Theorie führt Suárez zunächst von den auch von den Gegnern anerkannten metaphysischen Prinzipien aus:

1. Die Handlung setzt in ihrer Ursache eine Kraft zum Handeln voraus.
2. Die Kraft, als Werkzeug tätig zu sein, ist bei den Instrumenten Gottes nicht eine zu ihrer seinsmäßigen Ausstattung hinzugefügte eigene Qualität.
3. Die Kraft, als Werkzeug Gottes tätig zu sein, ist nicht eine auf das Werkzeug übertragene Bewegung.[195]

Aus diesen Vorgaben wird bestimmt, worin die „Erhebung" der Kreatur zum Instrument Gottes eigentlich besteht. Sie ist weder eine bloße Sache der Benennung noch eine bloße Subordination unter den Willen Gottes, sondern besagt die Weiterführung einer bereits schöpfungsmäßigen Ausstattung zu einem höheren oder besseren Status. Sie setzt also etwas voraus, das erhoben wird, und ein „agens superius", das mit höherer physischer Wirksamkeit diese Erhebung bewirkt. Hierfür gibt es wieder drei Möglichkeiten:

1. Die gesamte Wirkkraft wird dem Ding durch Zufügung einer inneren Form mitgeteilt: z. B. Erwärmung von Wasser.
2. Durch Zufügung einer inneren Form wird eine an sich unzureichende Potenz instand gesetzt zu wirken (z. B. Verstand und Wille durch die Gnade zu übernatürlichen Wirkungen).
3. Durch Verbindung mit einer äußeren Ursache wird die Wirkkraft vervollständigt und so befähigt zu einer Wirkung, zu der das Ding aus sich selbst unfähig und ungeeignet ist. Dies ist genau bei der Erhebung zum Instrument Gottes der Fall; sie setzt aber auf Seiten des Erhobenen eine „vis activa et intrinseca" voraus.[196]

Scharf verwehrt sich Suárez gegen den Verdacht des Pelagianismus, gibt aber zugleich zu, daß damit doch ein ursächliches Teilmoment übernatürlicher Wirkungen in der schöpfungsmäßigen Ausstattung des Menschen angenommen ist. Aus sich selbst können aber die Geschöpfe solche Wirkungen (als Instrumente) nicht hervorbringen, sondern nur mit einer übernatürlichen Hilfe, deren nähere Beschaffenheit hier offen gelassen wird.[197] Die Art genau dieser übernatürlichen Hilfe ist ja Gegenstand des Streites „de auxiliis". Das Fundament der Zusammenarbeit mit Gott (fundamentum cooperationis) muß aber in der Natur gegeben sein. Dies ist für Suárez ge-

194 Ebd. s.6 n.4 (108a).

195 Ebd. s.6 n.10-17 (110b-114b).

196 Ebd. s.6 n.31f (121b).

197 Ebd. s.6 n.43 (124a): ita etiam de fide certum, cum supernaturali auxilio (quicquid illud sit) posse illos efficere.

rade kein Pelagianismus, sondern die Wahrung der Freiheit des Menschen gegenüber Luther.[198] Damit also eine geschaffene Entität von Gott als Werkzeug im Vollsinne angenommen werden kann, muß in ihr selbst kraft ihrer seinsmäßigen Ausstattung eine Aktivität in Hinordnung auf diese instrumentelle Wirkung angenommen werden. Diese ist jedoch vor der Erhebung zum Werkzeug nur eine fundamentale, entferntere Anlage zum „Gehorsam" gegenüber dem Wirken Gottes.[199] Das Geschöpf steht dieser Erhebung zum Instrument keineswegs rein passiv gegenüber; diese geschieht vielmehr in einem Zusammenwirken über- und untergeordneter Ursachen, in der auch die Kausalität der Instrumentalursache voll gewahrt ist. Auch aus der Bezeichnung dieser Potenz als „Gehorsamsvermögen" kann nicht auf eine reine Passivität geschlossen werden, vielmehr machen wir selbst die Erfahrung (veluti experimento) der Fähigkeit (capaces) zu übernatürlichen Akten (z. B. glauben, lieben etc.).[200]

Zu diesen übernatürlichen Akten sind die natürlichen Seelenvermögen in keiner Weise hinreichend; dennoch können sie aufgrund ihrer aktiven Gehorsamskraft als Instrumente Gottes dazu befähigt werden. Da lebendiges und instrumentelles Handeln ebenso vereinbar sind wie instrumentelles und freies Handeln - denn Freiheit besagt nur Unterlassungsfreiheit bzw. Wahlfreiheit zum gegenteiligen Akt -, sieht Suárez die beste theologische Bestimmung des Menschen in seiner Rolle als lebendiges, freies Werkzeug (instrumentum liberum, vitale) Gottes. Diese Bestimmung aber wird - als Absicherung der eigenen Theorie - bestmöglich erklärt durch die Annahme eines an sich freien Vermögens, das einerseits die zur Instrumentalität erhobene Kraft aufnehmen und so einen entsprechenden übernatürlichen Akt (z. B. des Glaubens) hervorbringen, andererseits aber auch einen solchen aus eigener Kraft ablehnen oder einen gegenteiligen Akt (z. B. des Unglaubens) setzen kann.[201]

6.3.2 Natürliche Sittlichkeit oder Gnadenwirkung?: Gabriel Vázquez

Die Spannung zwischen Augustinismus und neuzeitlichem Freiheitsbewußtsein zeigt sich exemplarisch in der Gnadenlehre des Nachfolgers Suárez' am Collegium Romanum, Gabriel Vázquez SJ (1549-1607).[202] In seinen sehr klaren und in bestem Latein gehaltenen Kommentaren und Dis-

198 Ebd. s.6 n.44 (124a-125a).

199 Ebd. s.6 n.45 (125ab).

200 Ebd. s.6 n.55 (129ab).

201 Ebd. s.6 n.98f (146b-147b).

202 Vgl. HDG III,5b,101; zu Vázquez ingesamt: Werner, Scholastik 95-160; F. Stegmüller, Zur Prädestinationslehre des jungen Vasquez. In: Aus der Geisteswelt des Mittelalters (BGPhMA Suppl. III,2). Münster 1935, 1287-1311.

putationen zur *Summa* des Aquinaten stellt er als q.190 zur *Prima Secundae* (Erstdruck 1605) die Frage, ob wir zu den einzelnen moralisch guten Werken der Hilfe durch die Gnade Gottes, vermittelt durch Christus, bedürfen.[203] Kann es also für den Menschen in Christus eine natürliche Sittlichkeit geben? Diese Frage gilt es *ad utramque partem* zu disputieren.

Nicht nur durch den spätmittelalterlichen Augustinismus und Luther wird die Möglichkeit eines eigenständigen natürlich-sittlichen Handelns bestritten. Auch unter den *Scholastici* ist die Frage umstritten, wie Vázquez in einer ausführlichen Entwicklung des *status quaestionis* in langer Auflistung der Autoritäten deutlich macht. Außer Diskussion steht dabei die allgemeine Mitwirkung Gottes (*concursus generalis*) am Werk seiner Geschöpfe. Für manche (von Bonaventura bis Cajetan und Johannes Maior) genügt dieser bereits, damit der Mensch zumindest in kleineren Dingen sittlich handeln kann, d. h. im Hinblick auf den ethisch-natürlichen Wert der Handlung, z. B. den Armen zu helfen, weil es aus natürlich-ethischen Gründen gut ist.[204] Andererseits verneint eine noch längere Liste von Scholastikern (von Abertus Magnus bis Pedro de Soto) die Möglichkeit einer natürlicherweise vollkommenen sittlichen Handlung ohne Gnadenhilfe. Dieser Meinung ist auch Thomas v. Aquin, dessen Lehre der Interpretation des Capreolus, nicht aber Cajetans entspricht. Erhärtet wird diese Auffassung durch Schrift, Konzilien und päpstliche Lehrentscheidungen, das Zeugnis der Väter vor Augustinus und die ganze „Augustini schola".[205] Schließlich werden vier Auslegungen der Argumente der zweiten Sentenz abgelehnt: 'Gratia' ist hier nach Vázquez nicht nur im Sinne der Schöpfungsgnade (pelagianisch) oder der allgemeinen Mitwirkung Gottes (*auxilium generale*) gemeint; die Notwendigkeit besonderer, durch Christus vermittelter Gnadenhilfen ist nicht nur auf Werke der Gottesliebe oder solche mit Bedeutung für das ewige Leben restringiert. Vielmehr wollen die Väter zeigen, daß wir ohne Gnadenhilfe nichts denken, wollen oder vollbringen können, was von Bedeutung ist für die wahre Gerechtigkeit und Frömmigkeit bzw. in Beziehung steht zu Gott und dem ewigen Leben.[206]

Den Beweis für die Notwendigkeit spezieller Gnadenhilfen zum einzelnen sittlich guten Werk erbringt Vázquez aus jenen Gründen, denen er bereits in seiner Lehre gefolgt ist, daß auch die kleinste Versuchung nicht ohne solche spezielle Gnadenhilfe überwunden werden kann:

---

203 Benutzt: G. Vázquez, Commentariorum ac Disputationum in Primam Secundae Sancti Thomae Tomus secundus. Lyon 1631, 321b-356b.

204 Ebd. c.1 (321b-323a).

205 Ebd. c.2-6 (323b-328b) mit ausführlicher Diskussion von Thomas- (c.3) und vier (nicht genuin antipelagianischen) Augustinus-Stellen (c.6). Die Entscheidung des Concilium Palaestinum wird im Anhang (S. 661) im Wortlaut abgedruckt.

206 Ebd. c.7-9 (330b-337a).

1. Wir *bitten* nützlicherweise (wiederholt) um die Hilfe der Gnade Gottes für einzelne gute Werke.
2. Wir *danken* Gott für jedes gute Werk, das er uns in seiner Vorsehung gelingen ließ.
3. *Per impossibile*: Könnte der Mensch aus eigener Kraft sittlich handeln, könnte er zumindest anfanghaft Werke der Barmherzigkeit tun und dadurch Gott zu Sündenvergebung und Gnade veranlassen. Dies ist zumindest semipelagianisch.
4. *A simili*: Da der Mensch aus natürlicher Sittlichkeit keine Versuchung gegen das Sittengesetz überwinden kann, kann er aus ihr ebensowenig sittlich handeln.[207]

Dennoch will Vázquez bei aller Sympathie für den Augustinismus keine radikale Position einnehmen. Er löst die Kontroverse im Sinne der Probabilität und Versöhnung beider Positionen. Ein natürlich-sittliches Handeln im Einzelfall ist möglich ohne spezielle, durch Christus vermittelte, übernatürliche Gnadenhilfen. Ein solches Handeln gelangt aber nicht zu umfassender, vollkommener Gutheit ohne eine spezielle, durch Christus vermittelte Gnadenhilfe. Diese ist allerdings in diesem Fall nicht übernatürlicher, sondern natürlicher Ordnung; sie besteht im Schutz Gottes und der Leitung der Dinge durch natürliche Ursachen. Vázquez sichert seine Lehre auch historisch ab: Sie wurde von ihm schon 1580 in Alcalá im Traktat *de gratia* vorgetragen, ebenso 1586 am Collegium Romanum im Traktat *de praedestinatione* und schließlich von Kardinal Robert Bellarmin approbiert. Zu zeigen ist folglich ein Dreifaches:

1. In jedem guten Werk finden wir eine Gnadenhilfe, verschieden von der schöpfungsmäßigen Ausstattung und der generellen Einflußnahme, mit der Gott als Erstursache am Wirken der Zweitursachen mitwirkt.
2. Diese Hilfe ist irgendwie notwendig, damit das Werk ein „opus studiosum“ von moralischem Wert ist.
3. Diese Gnadenhilfe ist durch Christus vermittelt.[208]

Worin besteht bzw. was wirkt also diese Gnadenhilfe natürlicher Ordnung, die aber die menschliche Freiheit nicht aufheben darf? Wieder geht Vázquez von allgemein anerkannten Tatsachen der Handlungstheorie aus, um daraus seine Sentenz zu beweisen:

1. Wir sind frei (Entscheidungsfreiheit).
2. Unser Wille kann sich frei nach beiden Seiten entscheiden.
3. Die Willensbewegung setzt in jedem Fall Denken voraus.
4. Nur durch Einflußnahme von außen ist zu erklären, daß der Wille eher zu diesem als zu jenem ersten Gedanken angeleitet wird. Ebenso ist nur

207 Ebd. c.10f (339b-343a).

208 Ebd. c.12 (343b).

durch äußeren Einfluß zu erklären, daß der Wille konkret eher einem guten ersten Gedanken als einem bösen folgt.

5. So oft also der Wille durch das Denken frei zum Guten veranlaßt wird, empfängt er eine besondere Gnadenhilfe von Gott, verschieden von der Schöpfungsgnade.

Schöpfungsmäßig sind wir nämlich nicht mehr zum Denken des Guten als des Bösen angelegt. Die Applikation der Gnade kann entweder unmittelbar durch Gott oder durch Zweitursachen erfolgen; doch auch in diesem Fall ist sie auf Gott zurückzuführen. Die Applikation der Gnade im Einzelfall hebt somit den natürlichen Weltverlauf nicht notwendig auf; vielmehr ist die kausale Weltordnung von Gott so angelegt, daß dadurch ggf. ein den Willen zum guten Werk veranlassender Denkakt erfolgen kann. Doch auch in diesem Fall ist Gott als Ursache der *bona cogitatio* anzuerkennen.[209]

Die Gnadenhilfe besteht also präzise in der Bewirkung eines guten Gedankens als angemessenem Anlaß zur Willensentscheidung zum Guten. Das Theorem des Vázquez läuft denn in der weiteren Diskussion auch unter dem Schlagwort *'cogitatio congrua'*. Diese *cogitatio congrua*, die zum guten Handeln notwendig ist, hebt die Freiheit des Menschen nicht auf. Denn der Wille folgt dem Denken nicht mit Notwendigkeit, wie jeder aus Erfahrung weiß; das Denken ist nur eine *conditio sine qua non* des Wollens. Was Gott durch seine Gnadenhilfe bewirkt und von unserer Seite zum umfassenden moralisch guten Handeln benötigt wird, ist folglich gerade jene *cogitatio congrua*, von der Gott je schon weiß, ob unser Wille ihr folgen wird. Diese Verknüpfung von Gedanke und Willensentschluß ist dann zwar notwendig, jedoch nicht im Sinne kausal-determinierter Abhängigkeit (*necessitas antecedens*), sondern in Anbetracht des Wissens Gottes um den schon erfolgten freien Willensentschluß des Menschen (*necessitas consequens*).[210] Die weiteren Probleme dieses Wissens Gottes um unsere freien Entscheidungen werden in der Jesuitenscholastik unter dem Titel der *scientia media* erörtert werden.[211] Die Gnadenhilfe der *cogitatio congrua* wirkt zudem, an sich betrachtet, nicht unfehlbar, da sie von vielen anderen Einflüssen behindert werden kann. Genau diese *cogitatio congrua* erbitten wir von Gott, wenn wir um die Gnade zum guten Handeln beten; für sie danken wir.

Den Nachweis, daß diese spezielle Gnadenhilfe durch Christus vermittelt ist, führt Vázquez aus Augustinus und den afrikanischen Vätern. In der Herleitung aus Christus ist auch die Verdienstlichkeit des moralisch guten

---

209 Ebd. (344a).

210 Ebd. (344b).

211 Vgl. S.K. Knebel, Scientia media. Ein diskursarchäologischer Leitfaden durch das 17. Jahrhundert. In: ABG 34 (1991) 262-294. - Siehe unten 6.3.4!

Handelns im Hinblick auf das ewige Leben (beim Christen) begründet. Denn verdienstlich sind nicht nur die aus eingegossenen Tugenden formierten Handlungen, sondern auch Handlungen aus erworbenen Tugenden. Eine *cogitatio congrua* findet sich aber nach Augustinus auch bei Heiden und Ungläubigen und im Stand der Sünde; denn sie besteht präzise darin, daß durch sie das natürliche Verstandeslicht veranlaßt wird, den Gedanken an jene moralisch gute Handlung zu fassen, die der Wille in freiem Entschluß dann herbeiführen will. Daß die Hilfe im Stand der Gnade größer ist, beruht auf neuen Umständen, nicht auf einer größeren Gnadenhilfe an sich. Gut augustinisch und fernab von jedem Verdacht des Pelagianismus ist schließlich wieder die letzte *Conclusio*: Alles sittlich gute Handeln in uns stammt aus der Gnade Christi; d. h. mit Rücksicht auf die Verdienstlichkeit: Christus hat in seinem Leiden uns all jene guten Werke verdient, die wir haben.[212]

Vázquez bietet hier über die Sachlösung hinaus ein gutes Beispiel theologischer Theoriebildung über religiös-lebensweltliche Vollzüge. Die Lösung wird handlungstheoretisch, nicht metaphysisch, gefunden in der Voraussetzung des entsprechenden Denkens für den Willensakt. Die Klärung des Wissens Gottes um die freien Willensentscheidungen des Menschen aber ist dadurch unverzichtbar geworden.

6.3.3 Entscheidung Gottes und Freiheit des Menschen: Bartholomäus Mastrius

Die Frage nach der Vereinbarkeit der freien Entscheidung (*decretum*) Gottes und des Menschen beschäftigt die Anhänger aller Schulrichtungen. Für die Skotisten, die zumeist den Neuerungen der Jesuiten ablehnend gegenüberstehen, stehe hier der Sentenzenkommentar des Konventualen Bartholomäus Mastrius (+ 1678).[213] Mastrius diskutiert nur einzelne kontroverse Fragen und zeigt darin deutliches Schulbewußtsein.[214]

Wie kann der Mensch frei sein, wenn Gott immer schon um seine Entscheidung weiß und den Ausgang selbst bestimmt? Diese Frage berührt einerseits das bereits in der Spätscholastik so ausführlich diskutierte Wissen Gottes über *futura contingentia*, andererseits die Stellung der Entscheide Gottes zu denen des Menschen. Disputiert wird sie von Mastrius vornehm-

212 Vázquez, Comm. II/II q.190 c.12 (344b-347a).

213 Benutzt: B. Mastrius, Disputationes theologicae in Librum Primum Sententiarum. Venedig 1698. - Zur Philosophie vgl. Jansen, Scotisten 48-51.

214 Buch I: disp.1 de nativitate theologiae; disp.2 de divinis attributis; disp.3 de divino intellectu; disp.4 de divina voluntate; disp.5 de divina praedestinatione et reprobatione; disp.6 de visione beatifica; disp.7 de Sanctissima Trinitate.

lich bei der Behandlung des göttlichen Verstandes, wobei die Auseinandersetzung mit allen *opiniones* der anderen Schulen breiten Raum einnimmt.[215] So werden bereits für die Erkenntnis der *futura contingentia absoluta* folgende Meinungen abgelehnt:

1. Cajetan: Gott erkennt sie durch die reale Gegenwart in der Ewigkeit.
2. Báñez: Gott erkennt sie in der Disposition ihrer unmittelbaren Ursache, d. h. des geschaffenen freien Willens, der unter den entsprechenden Umständen unfehlbar einen entsprechenden Effekt hervorbringen wird.
3. Capreolus: Gott erkennt sie in seinen Ideen.
4. Miguel de Palacios: Gott erkennt sie in der Wirksamkeit seines Vorwissens als Universalursache.[216]
5. Jesuitisch (schola libera): Er erkennt sie in ihnen selbst, unter Voraussetzung der unendlichen Vollkommenheit des göttlichen Intellekts.
6. Arriaga: Gott erkennt sie durch die *scientia media*. Diese Neuerung der „Neutrales“ (= Jesuiten, die weder Thomisten noch Skotisten sind) wird als der Meinung des Scotus widersprechend abgelehnt, obwohl sie von anderen Skotisten (Philippus Faber [+ 1630], Johannes Poncius [+ 1660]) angenommen wird.
7. Thomistisch: Gott erkennt sie durch seine zur freien Entscheidung des Menschen vorgängige Entscheidung (*decretum antecedens*).[217]

Wie ernst auf skotistischer Seite die Freiheit des Menschen genommen wird, zeigt die Ablehnung der thomistischen These des vorgängigen Dekrets Gottes und der physischen Vorherbestimmung (*praedeterminatio physica*) des menschlichen Willensaktes. Vorgängig könnte die Entscheidung Gottes bestenfalls im Sinne einer *prioritas a quo* genannt werden, insofern das Dekret Gottes die freie Entscheidung des Menschen wenigstens virtuell einschließt; diese hängt aber nicht kausal von jenem ab; vielmehr entscheidet Gott nicht vor, sondern mit dem geschaffenen freien Willen, und zwar so, daß Gott von sich aus entscheidet, daß gerade das eintreten wird, was der freie Wille des Menschen von sich aus tun will. Deshalb ist skotistisch nicht von einem vorgängigen, sondern von einem begleitenden Dekret (*decretum concomitans*) Gottes zu sprechen.[218] Das Verhältnis beider Entscheidungen ist keine kausale Abhängigkeit, sondern ein bloßes Miteinander. Mit seiner unmittelbar aus Duns Scotus beglaubigten Sentenz will Mastrius die Mitte halten zwischen Thomisten und „Neutrales“, die in der *scientia media* das Wissen Gottes in Abhängigkeit von der freien Entscheidung des Menschen sehen und deshalb eher ein *decretum sequens* als

215 Mastrius, I Sent. disp.3 q.3f (126b-187a).
216 Zu Palacios (Palatius): Hurter III, 143.
217 Mastrius I Sent. disp.3 q.3 a.1-7 (126b-152b).
218 Ebd. q.3 a.8 (153ab).

ein *decretum concomitans* vertreten. Die logische Differenz von zeitlicher menschlicher und ewiger göttlicher Entscheidung ist auch sprachlich zum Ausdruck zu bringen. Deshalb ist zu sagen: Gott hat von Ewigkeit her in seiner Entscheidung *begleitend* (also gleichzeitig) die künftigen freien Entscheidungen des geschaffenen Willens bestimmt. Dieses begleitende Dekret Gottes ist zugleich das geeignete Medium des Wissens Gottes um unsere künftigen freien Entscheidungen.[219]

Der Beweis der skotistischen Doktrin erfolgt zunächst *a posteriori* aus der Übertragung menschlicher Vollkommenheiten (Gleichzeitigkeit identischer Entscheidungen in zwei Subjekten) auf Gott, dann *a priori* aus dem (typisch skotistischen) virtuellen Enthaltensein der Dinge in Gott: Gott als Erstursache enthält virtuell die Kräfte aller Zweitursachen in sich und kann alle Wirkungen der Zweitursachen mit oder ohne diese verursachen; ebenso enthält er als „primum intelligens et intelligibile" alle möglichen Verstandesinhalte virtuell in sich; ebenso als *primum liberum* alle möglichen freien Entscheidungen der Geschöpfe. Deshalb kann er nicht nur alle eigenen Entscheidungen im voraus bestimmen, sondern auch all jene, die er in einer bestimmten Zukunft durch die Tätigkeit von Zweitursachen eintreten lassen will, und zwar so, daß sie genau mit der ewigen Bestimmung übereinstimmen. Die Freiheit ist in diesem Fall nicht aufgehoben, da die Selbstbestimmung des geschaffenen Willens zum entsprechenden Effekt bestehen bleibt.[220]

Das Vorherwissen Gottes ist nicht die Ursache der künftigen Existenz geschöpflicher Willensentscheidungen. Es ist deshalb auch nicht vorgängig, sondern logisch gleichzeitig (concomitans) oder sogar logisch später (so die Jesuiten) als die freie Entscheidung des Menschen. Von einer äußeren Notwendigkeit kann deshalb nicht gesprochen werden, sondern nur von einer Folgerungsnotwendigkeit, vergleichbar dem Schluß vom (natürlichen) Zeichen (Rauch) auf die Sache (Feuer): Aus der Kenntnis des Vorherwissens Gottes könnte mit solcher Notwendigkeit auf das künftige Eintreten eines Ereignisses geschlossen werden.[221] Diese Grundposition vertritt Mastrius (gemeinsam mit den Thomisten gegen die Jesuiten) auch hinsichtlich künftiger freier bedingter Entscheidungen (*futura contingentia conditionata*). Aussagen darüber erhalten ihre bestimmte Wahrheit nur durch entsprechende bedingte Dekrete Gottes.[222]

219 Ebd. (153b): Dicemus itaque in hoc sensu Deum ab aeterno concomitanter determinasse eventus liberos a creata voluntate futuros, et tale decretum esse sufficiens, ac idoneum medium ad eos certo cognoscendos, etiam quatenus libere eventuros.

220 Ebd. (155b).

221 Ebd. a.10 (162a-164a).

222 Ebd. q.4 a.3 (170b-171b).

Der Skotist Mastrius bekennt schließlich seine Schulgebundenheit ausdrücklich ein: Dieser Sprachgebrauch ist „in schola nostra“ anzunehmen, weil er vernunftgemäß ist (Beweis) und zugleich der Lehre des Duns Scotus entspricht (Autorität).[223]

6.3.4 Gottes Wissen in Abhängigkeit vom freien Menschen: Rodrigo de Arriaga

Die bloße Dekretenlehre löst nach Ansicht der Jesuiten das Problem des Wissens Gottes um künftige bedingte Weltverläufe nicht umfassend.[224] Zudem wahrt sie die Freiheit des Menschen gegenüber dem göttlichen Wissen nicht im gewünschten Ausmaß. Das „Totem der Jesuitenscholastik“ wird deshalb seit Molina die Lehre von der *scientia media*, d. h. die Annahme, „daß Gott den ‘Gebrauch', der unter jeder erdenklichen Hypothese vom freien Willen gemacht werden würde, vorherweiß“.[225] *Media* heißt dieses Wissen ursprünglich, weil es sich als notwendiges Wissen um konditionale kontingente Sachverhalte in der Mitte hält zwischen der *scientia simplicis intelligentiae*, mit der Gott sich selbst erkennt, und der *scientia visionis*, mit der Gott die möglichen und wirklichen Dinge, nach Meinung mancher Jesuiten auch die *futura contingentia absoluta,* erkennt.[226] Diese Theorie versucht drei theologische Vorgaben in Einklang zu bringen:

1. die Unfehlbarkeit des göttlichen Vorherwissens;
2. die Unfrustrierbarkeit des göttlichen Prädestinationswillens;
3. die Freiheit des menschlichen Willens.[227]

Ein entschiedener und scharfsinniger Vertreter eines umfassenden *scientia-media*-Diskurses ist der Prager Professor Rodrido de Arriaga SJ (1592-1667). Er macht sogleich deutlich, daß an dieser Frage praktisch die gesamte Prädestinations- und Gnadenlehre hängt.[228] Die *scientia media* ist im

223 Ebd. q.3 a.8 (157b).

224 Vgl. Knebel, Necessitas moralis.

225 Knebel, Scientia media 281. 264; zur Geschichte vgl. auch K. Reinhardt, Pedro Luis SJ (1538-1602) und sein Verständnis der Kontingenz, Praescienz und Praedestination. Münster 1965; W. Lurz, Adam Tanner und die Gnadenstreitigkeiten des 17. Jahrhunderts. Ein Beitrag zur Geschichte des Molinismus. (Breslauer Studien zur historischen Theologie 21). Breslau 1932.

226 Vgl. z. B. Georg Hermann, De Deo sciente. Ingolstadt 1737; die Geschichte der *scientia media* wurde bereits früh aufgearbeitet von G. de Henao SJ, Scientia media historice propugnata. Salamanca 1665 (auch: Dillingen 1687).

227 Knebel, Scientia media 291.

228 R. de Arriaga, Disputationes theologicae in Primam Partem D. Thomae, l.1 disp.21: De scientia media, seu conditionata. (Antwerpen 1643, 215-224); 215a: Vix ulla praesenti saeculo celebrior quaestio in scholis agitur; quam sit haec, utpo-

nominalistischen Denken Arriagas das Medium, wie Gott die Wahrheit futurischer Konditionalsätze weiß. Arriaga unterscheidet dazu vier Arten von Konditionalsätzen:

1. notwendige Implikation: Wenn Feuer an Werg herangebracht wird, brennt dieses.
2. nicht notwendige Folge: Wenn ein Armer um Almosen bitten wird, werde ich es ihm geben.
3. disparate: Wenn der Türke schlafen wird, werde ich gelehrt sein.
4. unmögliche : Wenn die Chimäre vernunftbegabt wäre und ein Armer sie um Almosen bäte, würde es ihm gegeben.[229]

Objekt der *scientia media* ist nun genau der Fall (2) mit freier Bedingung und nicht notwendiger Folge: Wie weiß Gott, ob je ein Armer mich darum bitten wird, und wie ich dann reagieren werde? Als „Schriftbeweis" für ein Wissen Gottes um solche Sachverhalte werden normalerweise u.a. 2 Sam 23,10-12 und Mt 11,21-23 angeführt. Arriaga verweist aber auch auf den allgemeinen Sprachgebrauch, der auf „Was wäre, wenn"-Fragen antwortet: „Gott weiß es."[230]

Theologisch relevant wird die *scientia media* tatsächlich in der Frage der Gnadenhilfen: Wie weiß Gott, ob ich einer zu einem künftigen Zeitpunkt gegebenen Gnadenhilfe entsprechen werde? Die thomistischen und skotistischen Lösungen befriedigen Arriaga nicht, zumal er das skotistische Dekret (*volitio efficax*) als vorgängig und somit die Freiheit aufhebend, nicht als begleitend, interpretiert. Zudem müßte Gott auch um diese seine bedingten Willensentschlüsse wieder wissen. Als unglaublich erscheint Arriaga aber auch die am Collegium Romanum, in Saragossa und Ingolstadt favorisierte Theorie eines „Totaldekrets" Gottes, daß Gott alle möglichen unendlich kombinierbaren (kontrafaktischen) Weltverläufe in Abhängigkeit von seinem Willen, mit dem er sie ein für alle Mal schon entschieden hat, immer schon in seinem Wissen hat: „Wenn ich eine andere Welt hätte erschaffen wollen, will ich zugleich, daß in ihr diese genaue Anzahl an Blättern, Flöhen, Wassertropfen existierte; wäre jedoch der Weltverlauf anders, dann will ich, daß eine andere genaue Anzahl von diesen Dingen existierte".[231] Die Kombination aller hypothetisch möglichen Weltverläufe ergibt nach Arriaga einen Widerspruch. Zudem hätten dann die Bewohner von Betsaida (Mt 11,21) sagen können: „Warum hast du nicht den wirksamen Willensentschluß (*volitio efficax*) zu unserem Heil; dann hätten wir uns bekehrt."

---

te a qua pendet tota fere materia de praedestinatione et gratia Dei. - Zu Arriaga vgl. Sousedík, Obra filosófica.

229 Arriaga, Disp. theol. l.1 disp. 21 s.1 (215a-216a).

230 Ebd. s.2 (216a- 217a).

231 Ebd. s.3 (217a-218b); vgl. Knebel, Necessitas 16-19.

Dagegen ist der Einwand gegen die *scientia media* bzw. *cogitatio congrua* nicht haltbar, Gott habe ihnen eben keine entsprechende Gnadenhilfe gegeben. Arriaga läßt Christus selbst darauf erwidern: „Ich gebe euch wie allen. Die Berufung zu einer *congrua* zu machen, ist in eurer Macht.“ Deshalb erkennt Gott auch die *futura conditionata* nicht in Abhängigkeit von seinen Willensentscheidungen, sondern rein logisch in ihnen selbst.[232]

Von dieser *scientia media directa*, mit der Gott unsere konditionalen freien Entscheidungen weiß, ist zu unterscheiden die *scientia media reflexa*, mit der Gott vorausweiß, wie er selbst sich verhalten würde, wenn er wüßte, daß der freie Wille (z. B. auf eine konkrete Gnadenhilfe) so und so reagiert. Dabei ist noch zu unterscheiden zwischen affirmativer und negativer *scientia media reflexa*:

a) affirmativ: Wenn ich sähe, daß Judas der Gnadenhilfe A nicht zustimmen wird (= *scientia media directa* des faktisch eingetretenen Dissenses), gäbe ich sie ihm trotzdem.

b) negativ: Wenn ich sähe, daß Petrus der Gnadenhilfe A nicht zustimmen wird (= *scientia media directa* des Konsenses), gäbe ich sie ihm nicht.[233]

Daß dieses Wissen Gottes um seine eigenen hypothetisch-möglichen Akte, Gottes Freiheit nicht aufhebt, demonstriert Arriaga durch ein Gedankenexperiment, zu dem er den Leser einlädt: Das Wissen im Zeitpunkt A hebt meine Freiheit zum Zeitpunkt B nicht auf; denn ich kann in B vergessen haben, was ich in A wußte. Ich handle also so zu einem beliebigen späteren Zeitpunkt so, *als ob* ich vergessen hätte, daß ich zu einem früheren bereits wußte, wie ich handeln würde. Dadurch bin ich noch frei. In der nachträglichen Betrachtung kann ich dann sagen: Ich habe genau entsprechend meinem Vorherwissen gehandelt.[234]

Auch die Freiheit des Menschen wird durch dieses Wissen um futurische Kondititonalsätze nicht behindert. Denn die tatsächliche Herstellung des Sachverhalts (z. B. der Bekehrung des Petrus) bleibt in der Freiheit des Menschen. Das Wissen Gottes ist dadurch eindeutig der Freiheit des Menschen nachgeordnet und kann von seinem Verhalten behindert werden. So ist die *scientia media* der Bekehrung eines konkreten Menschen (Petrus) nicht gegeben,

a) wenn es diesen Menschen nicht gibt,

b) wenn er der Gnadenhilfe nicht zustimmt.

---

232 Arriaga, Disp. theol. l.1 disp. 21 s.4 (218a).

233 Vgl. Knebel, Scientia media 288; ausführlich diskutiert z. B. bei Hermann, De Deo sciente q.7 (283-359).

234 Arriaga, Disp. theol. l.1 disp. 21 s.4 (219ab); daß die Lehre von der *scientia media* auch zu „florida ingeniorum exercitamenta, seu lusus“ diente, konstatiert bereits Henao, Scientia media 396b.

Der Mensch kann also nach Arriaga zu sich selbst sagen: Ich kann bewirken, daß Gott keine *scientia media* meiner Bekehrung hat. Wenn ich der gegebenen Gnadenhilfe nicht entspreche, bewirke ich, daß Gott von Ewigkeit her kein Wissen um meine Zustimmung hatte. Also steht Gottes Wissen in dieser Hinsicht in meiner Gewalt.[235] Die entscheidende Stellung des Menschen in seiner Freiheit, das „Idolum Liberi Arbitrii", ist also gewahrt.[236]

Dennoch bleibt auch Gott in der Verleihung der Gnadenhilfen und in seinem Prädestinationswillen frei. Vor der Prädestination sind Petrus und Judas grundsätzlich gleich. Weiß Gott z. B. durch seine *scientia media*, daß Petrus und Judas vier Gnadenhilfen zustimmen, vier andere dagegen ablehnen werden, so wird er entsprechend seinem Prädestinationsbeschluß dem Petrus eine der vier geben, denen er zustimmt, dem Judas aber eine, die er ablehnt. Dem Einwand, daß es dann einen Menschen geben könne, der alle annehme bzw. ablehne, der also gerettet bzw. verdammt werden müßte, begegnet Arriaga mit einer einfachen Distinktion: Das ist zwar metaphysisch (logisch) möglich, aber nicht moralisch. Außerdem könnte Gott dann immer noch nur den erschaffen, der alle Gnadenhilfen annimmt, den anderen aber nicht. Der Mensch bleibt gegenüber der Gnadenhilfe insofern frei, als er durch sein Handeln jene Hilfe wirksam macht, ohne die er nicht gerettet werden kann (*auxilium efficax*). Die Gnadenhilfe wirkt also nicht unabhängig oder vorgängig zur aktuellen Handlung des Menschen.[237]

Auch die Wahrheit bzw. Falschheit disparater Konditionalsätze ohne Kausalverknüpfung ist von Gott erkannt. Dagegen ist Arriaga (gegen Pedro de Arrúbal [1559-1608]) vorsichtig bei unmöglichen Konditionalsätzen: 'Wenn die Chimäre frei wäre und durch eine Gnadenhilfe dieser Art berufen würde, entspräche sie ihr'. Solches Wissen hat keinen ersichtlichen Zweck; das Wissen um einzelne Sätze könnte auf diese Weise unnütz vermehrt werden: 'Wenn dieses Wasseratom ein Engel wäre, wäre er dann Michael oder Gabriel oder ein anderer unter allen möglichen Engeln?'. Solche Spekulationen zeigen zwar die logischen Möglichkeiten des Kalküls und die letzten Verästelungen einer fruchtbaren Theorie, bringen aber das berechtigte Anliegen der *scientia media* in der Schöpfungs-, Prädestinations- und Gnadenlehre in Verruf.[238]

235 Arriaga, Disp. theol. l.1 disp. 21 s.5 (221a).

236 So der Calvinist F. Turretini, Institutio Theologiae Elencticae. Genf 1688, I,235; zit. Knebel, Scientia media 288 Anm. 174.

237 Arriaga, Disp. theol. l.1 disp. 21 s.6 a.2 (222ab).

238 Ebd. s.7 (223a-224a).

6.3.5 Thomistische Abwehr der scientia media: Jean Baptiste Gonet

Eine bis in die Neuscholastik des 19. Jhs. wirkungsvolle thomistische Abwehr vor allem jesuitischer Neuerungen ist der *Clypeus theologiae Thomisticae* (1659-1669) des Dominikaners Jean Baptiste Gonet (1616-1681).[239] In teilweise militärischer Diktion wird hier die *scientia media* als Hauptdifferenzpunkt herausgestellt und von Grund auf zu vernichten versucht.[240] Seit nunmehr 60 Jahren tobe der Streit, ob die unfehlbare Erkenntnis der *futura conditionata* in Gott vor und unabhängig vom Dekret, mit dem Gott konditional-futurische Ereignisse prädeterminiert (so die Jesuiten), oder nach diesem und in ihm begründet sei. Die Unterschiede werden klar herausgearbeitet:

1. Die *scientia media* ist unabhängig von und vor dem aktuell gesetzten Dekret Gottes; die von den Thomisten angenommene *scientia conditionatorum* dagegen später als das Dekret und in ihm fundiert.
2. Die *scientia media* ist eine natürliche und notwendige Erkenntnis, was das Erkenntnissubjekt (Gott) betrifft, dagegen frei, was das Erkenntnisobjekt (freier Wille) betrifft, während die thomistische *scientia conditionatorum* auch subjektiv frei ist, da abhängig von der freien Entscheidung Gottes.
3. Die *scientia media* ist spekulativ und objektbestimmt; die thomistische *scientia conditionatorum* ist „eminenter speculativa et practica" zugleich und als solche selbst Maß und Richtschnur für das Objekt.[241]

Die Neuerung der Jesuiten wird zunächst nach bewährtem Schema aus einem dreifachen Autoritätsbeweis abgelehnt: Sie ist keine neue Theorie, sondern im Prinzip ein alter Irrtum, der bereits von den Pelagianern und Semipelagianern vertreten wurde. Sie widerspricht der Lehre des Thomas von Aquin und ist zudem von Augustinus verworfen worden.[242] In einzelnen *Vernunftargumenten* (jeweils mit Angabe des Fundamentes) soll dann die neue Lehre bekämpft werden:

1. Gott erkennt die Geschöpfe nur in seinem Wesen und seiner Allmacht, folglich nur in Abhängigkeit vom Dekret.
2. Das göttliche Wissen ist niemals objektbestimmt wie die *scientia media*, sondern selbst Maß und Richtschnur der Dinge.

---

239 Benutzt: J.B. Gonet, Clypeus theologiae Thomisticae contra novos eius impugnatores. Köln 1671.

240 Ebd. p.1 tr.3 disp.6 (I,285b-362a); militärisch z. B. a.5 Variis argumentis [...] expungitur scientia media (296b); a.5 § 5 Praecluditur aditus solitae evasioni Adversariorum (300b); a.6 Absurdis et inconvenientibus exploditur scientia media (309a); a.7 Convelluntur fundamenta scientiae mediae (318a).

241 Ebd. a.1 n.5 (286b-287a).

242 Ebd. a.2-4 (287a-296a).

3. Der *scientia media* fehlt das zu jeder Erkenntnis nötige Erkenntnismedium.
4. Die Definition der *scientia media* ist widersprüchlich, da es vor dem Willensentschluß Gottes, die Dinge aus ihrer Möglichkeit in die Wirklichkeit zu überführen, auch für den göttlichen Intellekt keine hypothetisch-zukünftigen Ereignisse zu erkennen gibt.
5. Die *scientia media* bietet Gott keine Leitung in seinen Entscheidungen; für die unfehlbare Erkenntnis der *futura absoluta* ist sie nutzlos. Sie widerspricht zudem der Absolutheit Gottes in seinen Willensentschlüssen. Außerdem ergibt sich aus ihr die metaphysische Möglichkeit des *de potentia absoluta* unrettbaren und nicht zum Heil prädestinierbaren Menschen (vgl. Arriaga).
6. Die *scientia media* ist, wie die Entscheidungen der Universitäten von Salamanca, Alcalá, Douai und Löwen zeigen, nicht geeignet, menschliche Freiheit, göttliche Prädestination und wirksame Gnade zu harmonisieren. Augustinus hat dies ohne die Hypothese der *scientia media* besser getan. Die neue Hypothese entspricht vielmehr der semipelagianischen Lehre des Faustus von Milève.
7. Weitere Argumente werden aus P. Vinzenz Baron OP (1604-1674) herangezogen: Die Wahrheit der *futura conditionata* hängt ab vom Übergang von der reinen Möglichkeit in den Status der Zukünftigkeit. Dieser ist nur vom Dekret Gottes als äußerer Ursache abhängig. Den Anhängern der *scientia media* wird Vermischung von hypothetischen und absoluten Urteilen vorgeworfen. Es ist absurd, bei Sonnenschein zu sagen: „Wenn die Sonne schiene, sähe ich sie", bzw. beim Brevierbeten: „Wenn ich ein Brevier hätte, betete ich es". Schließlich zerstören die Anhänger der neuen Theorie diese selbst, weil sie entweder die Wahrheit hypothetisch-futurischer Aussagen bestreiten oder Freiheit und Kontingenz der menschlichen Entscheidung aufheben müssen.[243]

In seinem nächsten Angriff will Gonet zeigen, daß die neue Theorie zu absurden und für den Theologen unannehmbaren *Konsequenzen* führt, wobei er sich zumindest formal an die päpstliche Entscheidung von 1607 hält, nach der der Molinismus nicht als Pelagianismus verunglimpft werden darf. In der Sache dagegen urteilt er um so härter über die neue Theorie:

1. Die Theorie der *scientia media* scheint die Lehre des Semipelagianismus zu begünstigen, daß es in uns einen Anfang des Glaubens (*initia fidei*) und guten Willens aus natürlichen Kräften, nicht aus Gnade, gibt. Da die Jesuiten im Gegensatz zu den Thomisten nur eine moralische, keine physische Wirksamkeit der Gnade (*gratia excitans*) annehmen, kann die Verursachung der übernatürlichen Willensbestimmung als Anfang des

243 Ebd. a.5 (296b-309a).

Glaubens und der Rechtfertigung nicht vorhergewußt werden. Die moralische Wirkung besteht nur im Aufzeigen der moralischen Gutheit, die den Willen anlockt und zum Konsens einlädt. Dieser erfolgt dann aber aus eigener Kraft.

2. Ebenso scheint die *scientia media* der semipelagianischen Lehre von der Prädestination *post praevisa merita* Vorschub zu leisten, da die *scientia media* vor dem Dekret Gottes um die Verdienste des Menschen weiß.
3. Die *scientia media* hebt die Erstursächlichkeit Gottes auf. Diese kann für *futura conditionata* nur gewahrt werden unter der Annahme eines von Gott her absoluten, vom Objekt her bedingten Dekrets des Willens Gottes, den Futuribilien bei Eintreten der entsprechenden Bedingung Existenz zu verleihen. Die *scientia media* schließt aber nach Gonet gerade solche absolute Dekrete aus.
4. Die *scientia media* hebt zudem Gottes Stellung als *freie* Erstursache auf. Der geschaffene freie Wille ist - in den Bahnen thomistischer Metaphysik gedacht - frei nur durch Teilhabe an der freien Erstursache (*primum liberum*). Dies ist in der Theorie *scientia media* nicht mehr der Fall, da hier letztlich der Wille des Menschen das unbestimmte Dekret Gottes erst determiniert. Gott ist also auch nicht mehr das „primum eligens et primum determinans".
5. Die *scientia media* hebt Gottes Herrschaft (supremum dominium) über unseren Willen auf. Die Herrschaft wird dabei verstanden als das Recht zu Gebrauch und Anwendung nach eigenem Entschluß. Wenn also Gott vor seiner Entscheidung die mögliche freie Entscheidung des geschaffenen Willens kennen muß, ist er nicht mehr Herr über unser Wollen wie ein König, sondern nur Herr von unseren Gnaden wie ein Bürgermeister oder der Mann gegenüber der Frau.
6. Die *scientia media* tut somit Gottes Allmacht Abbruch und zerstört die Wirksamkeit der Gnade.
7. Sie anerkennt nur eine blinde und unwissende, vage und unbestimmte Mitwirkung Gottes mit freien Ursachen, wie wenn Fischer einfach das Netz auswerfen, ohne zu wissen, welche Fische sie überhaupt wollen.
8. Sie dichtet Gott eine konfuse und unbestimmte Erkenntnisweise unserer hypothetisch-zukünftigen Willensakte an.
9. Nur scheinbar wahrt sie die Freiheit; tatsächlich aber hebt sie diese vollständig auf. Die Vertreter der neuen Theorie nehmen ja eine determinierte Wahrheit der *futura conditionata* an. Da sie Gott die Freiheit hinsichtlich des Dekrets nehmen, heben sie - immer im Rahmen metaphysischer Teilhabe gedacht - auch die geschöpfliche Freiheit auf; indem sie das *primum liberum* vernichten, vernichten sie auch ihre eigene Freiheit. Zudem nehmen sie eine hypothetische zukünftige Existenz (*futuritio*) von Dingen unabhängig vom göttlichen Dekret an.

10. Sie macht Gott zum Urheber der Sünde, verdunkelt den Ruhm der Heiligkeit Gottes und scheint eine Gefahr für das Heil der Menschen darzustellen. Die an sich indifferente Mitwirkung Gottes bei der freien Entscheidung des Menschen erstreckt sich ja - kausal betrachtet - gleichermaßen über das gute wie das böse Werk. So wäre der Verrat des Judas ebenso ein „opus Dei" wie die Bekehrung des Paulus.[244]

In diesen Thesen, denen noch die Vernichtung der Fundamente der *scientia media* in Schrift und Vätern folgt[245], wird deutlich, daß der Kampf hier nicht um Schlagworte, sondern zwischen einer mittelalterlich-metaphysischen Sicht der Welt und des Menschen und einer erkenntnis- und handlungstheoretischen Lösung der Frage ausgetragen wird: Ist Gott noch die metaphysische freie Erstursache, der alles bestimmende Herr der ganzen Schöpfung, oder gibt es im freien Menschen einen Bereich, der seinem unmittelbaren Zugriff wenigstens bedingungsweise entzogen ist?

6.3.6 Kausal-metaphysische Vorherbestimmung des Willens: Ludwig Babenstuber

Die thomistisch-metaphysische Sicht des Zusammenwirkens von freiem Willen und göttlicher Erstursache wird mit dem nach D. Báñez und Francisco Zumel angeblich von den Jesuiten erfundenen Schlagwort „*praedeterminatio physica*" etikettiert.[246] Ihre Heimstatt ist zunächst die Dominikanerschule von Salamanca; sie wird aber auch im Thomismus der Unbeschuhten Karmeliten und der Benediktiner eifrig verteidigt.[247] Ein Zentrum nördlich der Alpen ist die Universität Salzburg.[248] Daß die Theorie der *praedeterminatio* bzw. (bei nicht-freien Zweitursachen) *praemotio physica* als metaphysische, aber auch als theologische Theorie betrachtet wird, zeigt die Tatsache, daß sie P. Ludwig Babenstuber (1660-1727) sowohl im Rahmen seiner *Philosophia thomistica Salisburgensis* dargelegt, als auch in den *Vindiciae praedeterminationis physicae,* theologischen Disputationen, teilweise als Dialog zwischen Thomisten und Molinisten stili-

---

244 Ebd. a.6 (309a-318a).

245 Ebd. a.7 (318a-330b).

246 Vgl. Hübener, Praedeterminatio physica.

247 Vgl. F. Stegmüller, Francisco de Vitoria y la doctrina de la gracia en la escuela Salmantina. (Biblioteca histórica de la Biblioteca Balmes II,10). Barcelona 1934; Emmerich Stiglmayr, Verstoßung und Gnade. Die Universalität der hinreichenden Gnade und die strengen Thomisten des 16. und 17. Jahrhunderts. Rom 1964.

248 Vgl. Mittermüller, Beiträge 37-56; - L. Babenstuber, Vindiciae praedeterminationis physicae recenter impugnatae. P.1. Salzburg 1707, Praef. (1): antiquissima sententia, quam nostra Universitas hactenus constantissime tenuit et quam iudico verissimam.

siert, gegen jesuitische Gegner (P. Ludwig Simonzin [1662-1742] in Dillingen u.a.) verteidigt.[249]

Babenstuber analysiert Übereinstimmung und Dissens mit den „Neueren" (Recentiores), zu deren Partei in diesem Fall auch die Skotisten gehören, sehr genau. Übereinstimmung besteht darin, daß jedes Handeln eines Geschöpfs irgendwie von der Erstursache abhängen muß, daß eine Mitwirkung Gottes gleichzeitig erfolgt, daß für das sittlich gute Handeln zumindest eine vorgängige moralische Mitwirkung Gottes (*concursus moralis*) erforderlich ist und die Selbstbestimmung des freien Willens zum Handeln gewahrt bleiben muß. Darüber hinaus fordern aber die Thomisten in ihrer von den Jesuiten bestrittenen Maximaltheorie:

1. Die aktuelle Mitwirkung Gottes besteht nicht nur in einem unmittelbaren Einfluß mittels der Zweitursache auf die Wirkung, sondern in einer unmittelbaren Einflußnahme auf die Zweitursache selbst. Diese Einflußnahme (im Sinne der Physik) wird von der Zweitursache wirklich physisch aufgenommen.
2. Dieser Einfluß ist eine wirkliche Bewegung im Sinne der aristotelischen Physik; sie bewirkt aus sich selbst und mit metaphysischer Unfehlbarkeit erst die notwendige oder freie Handlung der Zweitursache und besitzt deshalb natürliche Priorität gegenüber dieser Handlung.
3. Beim bloß moralischen Mitwirken Gottes, wie es die Jesuiten annehmen, legt Gott seine Allmacht gewissermaßen in die Hand des Geschöpfes.[250]

Während die *praedeterminatio moralis* der Jesuiten nur das Bereitstellen des Objektes, der Gelegenheiten oder Motive als Einladung zum Handeln besagt, ist die *praemotio* bzw. *praedeterminatio physica* definitionsgemäß

(1) eine wirkliche physische Bewegung, die
(2) von Gott allein ausgeht,
(3) auf die geschöpfliche Ursache übergeht,
(4) natürliche Priorität vor dem Wirken der Zweitursache besitzt,
(5) die Zweitursache erst zum wirklichen Handlungsprinzip konstituiert und sie
(6) zu einem ihrer Natur entsprechenden Wirken wirksam appliziert.[251]

---

249 L. Babenstuber, Philosophia thomistica Salisburgensis. l.2 Phys. disp.5 (Augsburg 1706, 234-274); ders., Vindiciae praed.; ders., Vindiciae vindiciarum physicae praedeterminationis. Salzburg 1712; vgl. L. Simonzin, Libertas creata. Dillingen 1711. - A. Altermatt, Zum Problem der physischen Prämotion. Die Prämotionslehre nach dem Salzburger Philosophen P. Ludwig Babenstuber OSB. Diss. Freiburg/Schw. 1931.

250 Babenstuber, Philosophia l.2 Phys. disp.5 a.2 §1 n.1 (243a).

251 Ebd. n.2 (243a): physica et realis motio a solo deo procedens, causae creatae transeunter impressa, prioritate naturae praecedens ipsius operationem, eandemque

In dieser metaphysischen Theorie soll also die aktuelle (physische) Einflußnahme Gottes als universale Erstursache gewahrt werden, durch die er mit den ihm untergeordneten Zweitursachen wirkt und zugleich deren Freiheit wahrt.[252] Neben der Autorität des Aristoteles und Thomas kommen hier die Vernunftargumente besonders zum Tragen. Babenstuber führt fünf in der thomistischen Lehrtradition immer wiederkehrende Argumente an, die z. T. an die Argumentation der *quinque viae* anknüpfen und damit die zentrale Stellung der Theorie der physischen Prädetermination für die thomistische Sicht von Gott und Schöpfung unterstreichen:

1. Die aristotelische Unterodnung der Zweitursachen unter die Erstursache (vgl. *via II*) ist ohne *praemotio physica* nicht denkbar.[253]
2. Jeder zweite Beweger wird von einem ersten Beweger bewegt (vgl. *via I*). Die Bewegung des zweiten durch den ersten ist genau die *praemotio physica*.[254]
3. Die Leugnung der *praemotio physica* macht die Zweitursache zum ersten Beweger: eine für den Metaphysiker ersichtlich falsche und absurde Konsequenz.[255]
4. Der geschaffene freie Wille ist indifferent, sich so oder so zu entscheiden; denn Freiheit (*libertas a necessitate*) ist geradezu definiert als Indifferenz bzw. Entscheidungsfreiheit zu gegensätzlichen Handlungen.[256] Er bedarf also einer Bestimmung von außen durch die Erstursache, die allein den geschaffenen Willen innerlich bewegen kann. Diese der freien Handlung kausal vorgängige Bestimmung ist die *praedeterminatio physica*.[257]
5. Die Kreatur muß zum Handeln zunächst vom *actus primus* (seinsmäßige Verfaßtheit) zum *actus secundus* (aktuales Handlungsprinzip) konstituiert werden. Das Konstitutiv dazu ist die *praemotio physica*. Folglich muß es sie geben. (Existenz gemäß einer Theorie). Die *praemotio physica* ist näherhin das kausale Handlungsprinzip (*actus secundus causalis*), das die Zweitursache zum wirklichen Handeln (*actus secundus formalis*) unmittelbar befähigt.[258]

---

causam constituens in ratione principii actualis et efficaciter applicans ad operandum conformiter naturae ipsius.

252 Ebd. n.5 (243b).

253 Ebd. §2 n.10 (246b).

254 Ebd. §2 n.17 (249b).

255 Ebd. §2 n.19 (250b).

256 Ebd. §4 n.35 (257b): libertas a necessitate, quae sola huc pertinet, definitur a Thomistis, quod sit dominium sui actus ad opposita; vel, facultas voluntatis et rationis ad utrumlibet.

257 Ebd. §2 n.22 (252a).

258 Ebd. §2 n.26f (253a-254a).

Gegenüber den Einwänden der Jesuiten und Skotisten, die vorgängige Bestimmung durch Gott hebe die Freiheit des Menschen auf, sieht Babenstuber in ihr mit Thomas geradezu die Ermöglichung von Freiheit. [259] Das entscheidende Argument lautet:

> „Jede freie Handlung eines geschaffenen Willens hängt hinsichtlich all ihrer Vollkommenheit, formalen Konstitution und ihres Handlungsmodus unmittelbar von Gott ab. Folglich verursacht Gott jede freie Handlung eines geschaffenen Willens hinsichtlich all ihrer Vollkommenheit, formalen Konstitution und ihres Handlungsmodus. Er kann diese aber nicht anders verursachen als durch physische Vorbestimmung des geschaffenen Willens zu dieser freien Handlung; denn nur in der physischen Vorbestimmung können [...] der Einfluß der Erstursache und die Applikation auch der freien Zweitursache zum Handeln zugleich mit der wesensmäßigen Unterordnung und Abhängigkeit von der Erstursache gewahrt werden."[260]

Die *praedeterminatio* ist nicht nur konstitutiv für das Können, sondern auch für die Handlung selbst. Der Mensch besitzt ohne sie nicht die vollständige Fähigkeit, einen Akt zu setzen; denn sie ist es gerade, die ihn zum Handeln erst ermächtigt und damit zur Freiheit befreit. Das bloße Vermögen (*potentia proxima expedita*) zum gegenteiligen Akt wird aber durch die physische Vorbestimmung nicht aufgehoben, z. B. zu Gottesliebe oder Haß. Gott gibt aber zum gegenteiligen Akt nur die seinsmäßige Fähigkeit im Bereich des *actus primus* (bloßes Können), zum prädeterminierten dagegen mit dem Können zugleich das wirkliche Handeln (*actus secundus).*[261] Die in der *praedeterminatio physica* verliehene Freiheit ist wirkliche positive Befreiung zum Handeln, nicht zu vergleichen mit dem einfachen Heranbringen von Feuer an brennbares Material (physische *applicatio)* oder dem bloßen Fehlen von Ketten als Freiheit zum Gehen.[262] Geschöpfliche Freiheit ist in diesem thomistischen Sinne immer geschenkte, verursachte Freiheit, nicht die bloße Selbstbestimmung des Menschen in seinem Handeln. Eine Selbstbestimmung des Menschen (als Zweitursache) setzt vielmehr die Fremdbestimmung als Ermöglichung dazu durch die Erstursache voraus. Die Notwendigkeit, mit der die *praedeterminatio physica* wirkt, ist nur eine nachträglich festgestellte konditionale Notwendigkeit der Folge; diese ist allerdings unfehlbar. Die grundsätzliche seinsmäßige Freiheit anders zu handeln, bleibt ja bestehen; der gegenteilige Akt ist allerdings mit den durch die *praemotio physica* geschaffenen Umständen des Handelnden nicht vereinbar.[263] Für den gegenteiligen Akt wäre somit wieder eine ent-

259 Ebd. §4 n.40 (259b) mit Berufung auf S.th. I q.38 a1 ad3 und I/II q.10 a.4. i.c.

260 Ebd. §4 n.40 (259b).

261 Babenstuber, Vindiciae praed. p.1 §2 n.20 (14ab).

262 Ebd. §3 n.38 (28b-29a).

263 Ebd. §4 n.64 (45a): a quo determinetur, ut determinet etiam se ipsum. Ebd. §5 (73b).

sprechende *praemotio* erforderlich. Diese Theorie macht auch nicht, wie ihr verschiedentlich vorgeworfen wurde, Gott zum Urheber der Sünde, da Gott nur die materiale Handlung, nicht aber die formale Bosheit verursacht.[264]

Die thomistische Theorie der *praedeterminatio physica* ist - in Abwehr des neuzeitlichen Deismus und einer autonomen Selbstbestimmung des Menschen - der in sich stimmige Versuch, Gott und Geschöpf nochmals durch die metaphysische Klammer von Teilhabe, Abhängigkeit und essentieller Ursachenordnung aneinander zu binden. Sie kann aber nur so lange überzeugen, wie die Weltsicht der aristotelisch-thomistischen Metaphysik lebendig bleibt.

6.4 Die schwierige Assimilation des Neuen

Die scholastische Theologie der Frühen Neuzeit ist keineswegs unbeeinflußt von den Umbrüchen und neuen Theorien der Naturwissenschaften und der Philosophie. Die Verarbeitung des Neuen geschieht jedoch in der ihr eigenen Methode. Andererseits wird den meist außeruniversitären Erfindungen und Entdeckungen der Frühen Neuzeit gerade durch die Rezeption oder Ablehnung im Rahmen der schulmäßigen Ausbildung eine entsprechende Breitenwirkung zuteil.[265] An wenigen Einzelbeispielen sollen Rezeption und Ablehnung neuer Erkenntnisse verdeutlicht werden.

6.4.1 Caramuel und der Fall Galilei

Zu den eigenwilligsten Theologen und Philosophen am Rande der Scholastik gehört der Zisterzienser, Abt von Emmaus und Generalvikar von Prag, Kommandant der kaiserlichen Festungen in Böhmen und spätere Bischof von Vigevano, Johannes Caramuel Lobkowicz (1606-1682). Neben seinen logischen und philosophischen Werken ist hier vor allem seine *Theologia moralis fundamentalis* zu nennen.[266] Buch 1 bringt im Sinne einer Axiomatik die universellen Prinzipien der Moraltheologie, und zwar spekulativer und praktischer Art. Die spekulativen Fundamente sind jene, die sich auf den menschlichen Geist beziehen und ihm Gewißheit verleihen sollen

264 Babenstuber, Philosophia 1.2 Phys. disp.5 a.2 §5 (272a-273a).

265 Vgl. Leinsle, Ding 2-4.

266 Caramuel, Theologia moralis fundamentalis. Frankfurt [1]1651; benutzt die verbesserte 4. Aufl. Lyon 1675/6 in 4 Bänden. - Ders., Theologia rationalis. Frankfurt 1654, mit dem 1. Teil: *Grammatica audax;* Ders., Leptotatos Latine Subtilissimus. Vigevano 1682. - Vgl. S. Sousedík, Leibniz und Caramuels *Leptotatos*. In: Leibniz' Auseinandersetzung mit Vorgängern und Zeitgenossen. Hg. I. Marchlewitz u. A. Heinekamp. Stuttgart 1990, 191-199.

(c.1): Gnade und Freiheit, wobei Caramuel sowohl die *scientia media* als auch die *praedeterminatio physica* ablehnt[267]; erste Wahrheit und erste Wahrhaftigkeit, d. h. Gott und seine Offenbarung; Sicherheit und Unfehlbarkeit der römischen Kirche; Wahrhaftigkeit des Papstes; Kardinalskongregationen und Rota; Definitionen der Universitäten[268]; angebliche und tatsächliche Autorität der Gelehrten[269]; Meinungen der Zeitgenossen; Autorität der Dämonen (mit Verweis auf die *Daemonis Logica* seines philosophischen Kurses), Sinneserfahrung und probable Meinungen. Die praktischen Fundamente werden in der göttlichen bzw. menschlichen Autorität und Gesetzgebung gelegt, die Gesetze nach dem aristotelischen Kategorienschema behandelt. Nicht zuletzt in den terminologischen Kapiteln zeigt sich die starke lullistisch-topische Beeinflussung des „Princeps Laxistarum".[270] Buch 2 bietet dann den Dekalog, Buch 3 die Sakramentenlehre, fundiert in einer sakramentalen Grammatik (mit eigenem Kapitel *De Orthographia divina*), Mathematik, Dialektik und Physik. Buch 4 bringt schließlich eine *Dialexis de non certitudine.*

Das Ringen um Gewißheit und die Verbindlichkeit kirchlich-theologischer Entscheidungen wird gerade angesichts des kopernikanischen Weltbildes von unmittelbarer Brisanz. Caramuel diskutiert die Frage im Zusammenhang mit der Autorität der Kardinalskongregationen; denn nur diese haben bislang das kopernikanisch-galileische Weltbild verworfen. Ihre Entscheidung ist nur von praktischer Bedeutung; sie können keine formale Häresie deklarieren, wenn sie nicht vorher als solche festgestellt wurde.[271] Die Lehre von der Bewegung der Erde war vor der Verurteilung eine probable Opinion, jetzt dagegen nicht mehr. Tatsächlich geht es dabei aber nach Caramuel nicht um astronomische Fragen, sondern um die Zulässigkeit einer metaphorischen Schriftauslegung. Ist diese einmal im Fall der

267 Caramuel, Theol. mor. l.1 c.1 fund.1 (I,55f).

268 Als berühmteste gelten ihm Salamanca, Alcalá, Paris, Löwen, Douai, Köln, Ingolstadt, Mainz, Würzburg und Prag. Was sie lehren und nicht verurteilt ist, kann Probabilität beanspruchen.

269 Mit scharfer Polemik gegen billige oder gekaufte akademische Grade nach dem Sprichwort: „Maneat eius argentum apud nos, asinusque Laureatus revertatur ad patriam" (I,120a).

270 Z. B. Prologus De mente Authoris, Moralium Opinionum nexu et Theologicorum nominum significatione (I,1-5) mit Erläuterung von: 'Deus', 'Trinitas', 'homoousios', 'Ens secundum dici', 'Ens morale', 'Ens virtuale', 'Libertas', 'dubium negativum', 'Probabilitas'. - Vgl. S. Sousedík, Jan Caramuel, opat emauzský. In: Acta Universitatis Carolinae Pragensis. Series: Historia Universitatis Carolinae Pragensis 9 (1968) 115-138; D. Patine, Juan Caramuel. Probabilismo ed Enciclopedia. Firenze 1976.

271 Ebd. l.1 c.1 fund.5 (I,104b).

Astronomie zugelassen, kann sie (wie von den Häretikern beansprucht) auch in der Sakramentenlehre Platz greifen. Wir müssen deshalb, so Caramuel, den Kardinälen dankbar sein, daß sie durch ihre Verurteilung des Copernicus diesem möglichen Mißbrauch der Schrift gewehrt haben. Denn in der Schriftauslegung gilt die generelle Bindung an den Literalsinn, solange dieser nicht widersprüchlich ist und uns zu metaphorischer oder moralischer Auslegung zwingt.[272] Die neue Theorie ist jedoch nicht formal häretisch, da sie nicht vom Papst als solche verurteilt wurde.[273] Daran hat sich auch durch Galilei nichts geändert: Es gibt keine Erlaubnis, das heliozentrische System zu verteidigen.[274] Rein rational ist das kopernikanische System zumindest möglich, da man nicht zeigen kann, daß Gott nicht eine Welt hätte schaffen können, in der dieses System gilt. Caramuel selbst will sich schlicht an die Entscheidung der Kirche halten, zumal beide Systeme ihre Schwierigkeiten haben, und so bejaht er die Ruhe der Erde und verwirft die gegenteilige Meinung als häretisch und durch die Hl. Schrift verurteilt.[275]

Mit der Verurteilung Galileis sind zudem für Caramuel auch die Systeme des David Origanus (1558-1628; Prof. in Frankurt a. d. Oder) und Christian Longomontanus (1562-1647; Prof. in Kopenhagen) verworfen.[276] Ein physikalischer Beweis der Heliozentrik ist unmöglich. Alles Bemühen der Mathematiker darum ist deshalb vergebliche Liebesmüh und unnötige Plage der Leser. Doch selbst wenn - *per impossibile* - einmal ein Beweis gefunden würde, könnte Caramuel diesen nur als unmögliche und absurde Konsequenz einer unmöglichen Prämisse verwerfen, zumal die Ruhe der Erde und Bewegung der Sonne durch die Entdeckung der Sonnenflecken durch den Jesuiten Christoph Scheiner (1573-1650) bewiesen seien. Ein Gegenbeweis gegen einen gültigen Beweis aber ist rein logisch für Caramuel nicht möglich.[277] Die Treue zur positiven kirchlichen Entscheidung wird somit theologisch, naturwissenschaftlich und logisch legitimiert.

6.4.2 Cartesianische Eucharistielehre: Robert Desgabets

Die Grenzen herkömmlicher theologischer Theoriebildung werden manchen Autoren des 17./18. Jhs. im Fall der thomistischen Transsubstantiati-

272 Ebd. (109b).

273 Ebd. (105b-106a).

274 Ebd. (ebd.): Caramuel hat diesbezüglich eine Anfrage nach Rom gerichtet und von Kardinal Chigi (= Alexander VII.) die Antwort erhalten: „Imo hac de causa, et ob hunc librum Galilaeus carceratus fuit, et coactus retractare suam sententiam."

275 Ebd. (107a).

276 Ebd. (108ab).

277 Ebd. (110a).

onslehre deutlich. Bereits in einer konsequenten Anwendung aristotelischer Physik ergeben sich Schwierigkeiten, wie Akzidentien ohne ihre Substanz existieren sollen. Kein Wunder, wenn Caramuel einen befreundeten Theologen zitiert, der seine Schwierigkeiten mit dem alten Weltbild denen der Eucharistielehre vergleicht.[278] Von Descartes bis Leibniz kennen wir verschiedene Versuche, ein neues naturwissenschaftliches Paradigma auf die Eucharistie anzuwenden.[279] So versuchen es Emmanuel Maignan (1601-1676) und der Salzburger Professor P. Fructuosus Scheidsach (+ 1749) in einer Anwendung der Atomistik bzw. der Korpuskulartheorie Gassendis.[280] Relativ konsequenter Cartesianer und zugleich Theologe ist der Benediktiner der Kongregation von Saint-Vanne Dom Robert Desgabets (1610-1678), dessen theologische Werke allerdings mit Publikationsverbot belegt wurden.[281]

Grundanliegen Desgabets' ist eine neue „Harmonie der göttlichen und menschlichen Wissenschaften“ auf der Basis der cartesianischen Philosophie.[282] Sie baut sich auf aus einigen „vérités plus simples qui sont comme les fondements de notre harmonie“.[283] Diese betreffen zum einen die göttlichen Vollkommenheiten, zum anderen die drei geschaffenen einfachen Substanzen: Körper (= Materie), Engel und Geistseele. Diese einfachen Substanzen sind unvergänglich.[284] Alles andere außer den einfachen Substanzen ist nur Modifikation dieser einfachen Substanzen (êtres modaux). Die Welt ist ihrer Ausdehnung nach unendlich; ein im strengen Sinne leerer Raum (vide philosophique) wäre ein Widerspruch.[285]

---

278 Ebd. (106b).

279 Vgl. J.-R. Armogathe, Theologia Cartesiana. L'explication physique de l'Eucharistie chez Descartes et Desgabets. (Archives internationales d'histoire des idées 84). Den Haag 1977.

280 Vgl. Leinsle, Scholastik 60; Scheidsach veröffentlicht pseudonym als Carpophorus del Giudice, Tractatus de accidentibus absolutis sive Sacro-Sanctum Eucharistiae Sacramentum in principiis Philosophiae Peripateticae impugnatum, et ex placitis Philosophiae Corpusculariae propugnatum. Paderborn 1718.

281 Die philosophischen Werke wurden ediert von G. Rodis-Lewis und J. Beaude: R. Desgabets, Œuvres philosophiques inédits. (Analecta Cartesiana), Amsterdam 1983ff. - Vgl. J. Beaude, Desgabets et son œuvre. In: Revue de synthèse 35 (1974) 7-17; ders., Cartésianisme et anticartésianisme de Desgabets. In. Studia Cartesiana 1 (1979) 1-24; zum Einfluß auf die protestantische deutsche Schulphilosophie über seinen ehemaligen Mitbruder Johannes Sperlette (1661-1740): Leinsle, Reformversuche 113-126.

282 Desgabets, Préface particulière (Œuvres phil. I,1-14).

283 Ebd. (I,1,26f).

284 Ebd. (I,6,14-23); vgl. G. Rodis-Lewis, Quelques échos de la thèse de Desgabets sur l'indefectibilité des substances. In: Studia Cartesiana 1 (1979) 124-128.

285 Desgabets, Préface particulière (I,7,37-8,32; 9,22-50).

Die Anwendung dieser cartesianischen Grundsätze auf die Eucharistielehre, ursprünglich nur als Ergänzung zur thomistischen bzw. nominalistischen Auffassung gedacht, erfolgt im Zug einer langen, lebhaften Auseinandersetzung mit den Zeitgenossen, vor allem Claude Clerselier (1614-1684), aber auch Antoine Arnauld (1612-1694) und Pierre Nicole (1625-1695) von Port Royal, wodurch Desgabets auch in den Streit um den Jansenismus von Port Royal hineingezogen wird.[286] Die thomistische Transsubstantiationstheorie läßt sich für Desgabets mit den Satz von der Unvergänglichkeit der Substanzen nicht vereinbaren; die Existenz eines Körpers an zwei Orten (natürliche und sakramentale Existenz) als „Erfindungen der Scholastiker" bereiten der natürlichen Vernunft erhebliche Schwierigkeiten. Geht man cartesianisch davon aus, daß Gott uns weder in der Offenbarung noch im Bereich der Vernunft täuschen will, so muß eine andere Lösung gefunden werden.[287] Diese sieht Desgabets in der cartesianischen Physik, nach der jeder Körper ausgedehnt, folglich undurchdringlich ist. Derselbe Materieteil kann zudem zu einem bestimmten Zeitpunkt nur an einem Ort sein.

In der Eucharistie erfolgt nach dieser Theorie keine Substanzumwandlung, sondern eine neue Verbindung von Substanzen. Da Geistseele und Körper auch im Menschen, somit auch in Christus getrennte einfache Substanzen sind, kann die Eucharistie in einem ersten Versuch erklärt werden durch eine „conjunction substantielle perfective" zwischen dem, was an der Brotsubstanz wirklich substantiell ist, und der Seele Christi. Die Brotsubstanz verschwindet; aber das Substantielle an ihr informiert die Substanz des Leibes Christi durch Vereinigung mit dessen Seele. Hinzu kommt als zweite Vereinigungslinie die hypostatische Union zwischen der Menschheit Christi (mit Leib und Seele) und der zweiten Person der Trinität. Wie die Vereinigung von Embryo und Geistseele aus dem „animal merum" erst den Menschen macht, so die Vereinigung der Substantialität von Brot mit der Seele Christi erst den sakramentalen Leib Christi.[288] Desgabets erhärtet seinen ersten Versuch durch die Lektüre des Johannes Damascenus und Durandus von Troarn (1005/20-1088) und bezeichnet seine Theorie als „transélémentation" bzw. genauer als „transsubsistentiation"[289] und definiert sie als „un changement substantiel perfectif par lequel le pain en tant qu'une telle chose étendue est fait le corps d'un homme-Dieu ensuite de son

286 Vgl. Paul Lemaire, Le Cartésianisme chez les Bénédictins. Dom Robert Desgabets. Son Système, son influence et son école. Diss. Grenoble. Paris 1901, 99-133.

287 Vgl. Armogathe, Theologia Cartesiana 91f.

288 Ebd.94-96 mit neu edierten Belegen.

289 Desgabets, Explication familière, MS Epinal 43, 69; zit. Arbogathe, Theologia Cartesiana 98.

union miraculeuse à l'âme et à la divinité, conformément à la maxime fondamentale et générale: *forma dat esse rei.*" Er ist sich bewußt, daß er damit das Geheimnis der Eucharistie hinsichtlich der Wirksamkeit des Sakramentes gewahrt, daß er aber die Schwierigkeit losgelöster absoluter Akzidentien mit der neuen Theorie beseitigt hat. Die klassische Frage, ob in der Zeit zwischen Tod und Auferstehung Christi im Fall der Konsekration eine Transsubstantiation erfolgt wäre, verneint Desgabets folgerichtig mit dem Anspruch von Wahrscheinlichkeit, weil in dieser Zeit die Seele Christi keinen Leib informierte. Das Blut Christi andererseits wird nicht unmittelbar durch die Seele informiert, sondern durch eine innere Bewegung.[290] Desgabets unterwirft sich ausdrücklich der Lehre des Tridentinums, das hinsichtlich des Auslegungsmodells offen bleibt. Dennoch war seine Theorie als der „Respublica Scholastica" schädliche Lehre heftigen Angriffen von Theologen und Anzeigen beim König und beim Erzbischof von Paris ausgesetzt.[291]

6.4.3 Eklektische Theologie: Eusebius Amort

Bereits der Titel der 1752 vom Pollinger Chorherren Eusebius Amort (1692-1775)[292] für das neue Priesterseminar der Diözese Augsburg in Pfaffenhausen veröffentlichten Gesamtdarstellung der Theologie bringt eine markante Neuerung: *Theologia eclectica, moralis et scholastica.*[293] Hier werden nicht nur kasuistische Moraltheologie und spekulative (= Scholastische) Theologie vereinigt, es wird zudem bereits im Titel (allerdings mit ca. 40-60 Jahren Verspätung) Bezug genommen auf die Eklektik der Aufklärungsphilosophie, die sich in Abgrenzung von der „philosophia sectaria" der Scholastik als die „wahre Philosophie" verstand.[294] Die Rückbesinnung über die Scholastiker zurück auf die Kirchenväter läßt Amort die Verbindung zur humanistischen Theologie wieder aufnehmen.[295]

290 Vgl. Arbogathe, Theologia Cartesiana 100-103.

291 Vgl. Lemaire, Cartésiansme 99f.127-133.

292 Zum Leben und Werk vgl. O. Schaffner, Eusebius Amort (1692-1775) als Moraltheologe. (Abhandlungen zur Moraltheologie). Paderborn 1963, 9-67; G. Rükkert, Eusebius Amort und das bayerische Geistesleben im 18. Jahrhundert. (Beiträge zur altbayerischen Kirchengeschichte 20,2). München 1956.

293 E. Amort, Theologia eclectica, moralis et scholastica, Sub Auspiciis SS. D. N. Benedicti XIV. ad mentem SS. Patrum et Theologorum insignium, praesertim veterum conscripta. Augsburg-Würzburg 1752. Benutzt: Ausgabe in 8°.

294 Vgl. H. Holzhey, Philosophie als Eklektik. In: Studia Leibnitiana 15 (1983) 19-29; Leinsle, Reformversuche 107f. 167f.

295 Zu den Quellen Amorts ausführlich: Schaffner, Amort 178-186.

In seiner Widmung an Papst Benedikt XIV. (1740-1758), dem er das Werk zur Korrektur unterbreitet[296], macht Amort sein Anliegen deutlich: Die spekulative Theologie ist mit der praktischen in dauerndem Konnex zu lehren. Überflüssige Kontroversen und Quästionen sind zu entfernen und nur jene Fragen beizubehalten, die zur Erläuterung der Glaubenswahrheiten und zur Neubegründung der Moraltheologie angesichts des herrschenden Laxismus nötig sind.[297] In der *Praefatio* bestimmt er die *Theologia eclectica* als eine Theologie nach der Vorurteilskritik der Aufklärung, frei von der überkommenen Bindung an die *Opiniones* der einzelnen Theologen- oder Ordensschulen, in der Mitte zwischen (jansenistischem) Rigorismus und (probabilistischem) Laxismus, gereinigt von unnützen Quästionen, mit durchgängig praktischer (moraltheologischer) Ausrichtung, abgesehen von einigen spekulativ-dogmatischen Traktaten.[298] Die historische Legitimation bezieht Amort aus der „goldenen Regel", die Kardinal Otto Truchseß von Waldburg 1557 in den ersten Statuten der Dillinger Universität in humanistischem Geist aufgestellt hatte.[299] Die mittelalterliche und frühneuzeitliche Theologie erhält ihre Legitimation im wesentlichen als Vermittlung der Prinzipien der Kirchenväter.

Methodisch bekennt sich Amort wie schon in seiner *Philosophia Pollingana* zu einer geläuterten „methodus scholastica".[300] Ihr Vorteil liegt wesentlich in präziser Terminologie und Kürze der Darstellung. Sie kann die einzelnen Kontroversen durch Definition, Division, Axiomata, Postulate, Konklusionen und Beweise klar und distinkt einprägen und bietet dem Leser möglichste Sicherheit, da sie unmittelbar aus wenigen Prämissen die einzelnen Konklusionen ableitet. Dagegen verwahrt sich Amort deutlich gegen die geometrische Methode, aber auch gegen die langen Beweisgänge der Wolffschen Schule.[301] Die einzelnen Quästionen haben denn auch einen sehr klaren Aufbau: *notanda* (Voraussetzungen) - *dico* (Konklusion) - *probatur* (Beweis durch Autorität und Vernunft) - *solvuntur obiectiones* (Einwände und deren Auflösung).

---

296 Die Korrekturen werden dem Werk vorangestellt; der Text aber nicht verbessert. Sie betreffen zumeist nur Erweiterungen im Sinne der scholastischen Terminologie zum präziseren Verständnis.

297 Amort, Theol. ecl., Widmung (I,a4v-a5r).

298 Ebd. Praef. (I,b2r): Theologiam Eclecticam, a praejudicatis Scholarum particularium opinationibus liberam, inter rigores et laxitatem mediam; ab inutilibus quaestionibus emundatam, et si paucos Tractatus Speculativos vel Dogmaticos, ad explananda mysteria fidei necessarios, excipias, per omnia Moralem ac Practicam.

299 Ebd.; vgl. Specht, Geschichte 630.

300 Amort, Philosophia Pollingana. Augsburg 1730, 8-10; vgl. Schaffner 168-177.

301 Amort, Theol. ecl., Praef. (I,b2r).

Im ihrem Plan zeigt die *Theologia eclectica* zwar das Bemühen, Positive und Scholastische Theologie zu verbinden, aber doch auch gewisse Brüche.[302] Nach der Gottes- und Engellehre folgen die moraltheologischen Traktate über das menschliche Handeln, die Tugenden, Recht und Gerechtigkeit, Sünden, dann erst Erbsünden- und Gnadenlehre, Inkarnation, und Sakramente, sodann im Anschluß an das Bußsakrament die Lehre von den Gesetzen (Dekalog und Kirchengebote), Verträgen und den sieben Hauptsünden. Im Anhang bringt Amort Konstitutionen und Erklärungen Benedikts XIV. und eine systematisierte Liste von verurteilten Sätzen. Aus der Scholastischen Theologie bleiben in diesem Werk somit im wesentlichen die dogmatischen Traktate über Gott, Engel, Erbsünde, Gnade und Inkarnation, während die Sakramentenlehre ja zur spekulativen wie zur Positiven Theologie gehört.

Wirft man z. B. einen Blick auf die Lehre vom Wissen und Willen Gottes, so zeigt sich deutlich Amorts Eklektik zwischen der jesuitischen Theorie der *scientia media*, die ihm von seinen Studien in Ingolstadt her vertraut ist, und der *praedeterminatio physica* der Thomisten.[303] Ein die freie zukünftige Handlung physisch vorherbestimmendes Dekret wird ebenso abgelehnt wie das skotistische *decretum condeterminans*. Dagegen wird der *praedeterminatio physica* in der Auslegung der Salmanticenses und Gonets ein guter Sinn zuerkannt, nach der sich eine gegenseitige Priorität von Dekret und freier Handlung ergibt. Andererseits anerkennt Amort auch die *scientia media*, falls sie richtig ausgelegt wird: „Datur scientia media, si recte explicetur."[304] Die Existenz einer theologischen Entität wird also an die richtige Theorie gebunden. Bemerkenswert ist auch die ausführliche Behandlung der Dämonologie im Rahmen der Engellehre.[305] Ein eigenes Reich der Dämonen wird ebenso abgelehnt wie die Wirksamkeit von Steinen, Pflanzen u.ä. gegen Dämonen. Deren Reich hat bestenfalls demokratische Struktur, wo die Macht des Übergeordneten nur im Überreden besteht. Der Einfluß der Dämonen auf Menschen hängt immer von einer speziellen Erlaubnis Gottes ab. Der aufgeklärte und gegen barocken Aberglauben und Wundersucht kämpfende Pollinger Chorherr und Hoftheologe des Augsburger Fürstbischofs versucht offenbar auch hier einen theologischen Mittelweg zwischen Aufklärung und Volksglauben einzuhalten.

302 Vgl. Schaffner, Amort 186-207.

303 Amort, Theol. ecl., Tr. de Deo, disp.5 De scientia Dei (I,341-445).

304 Ebd. disp.5 q.3-4 (I,368-425).

305 Theol. ecl., De Angelis, disp.4: De imperio, potestate et operationibus Daemonum (II,357-414).

7. AUSBLICK: AUFKLÄRUNG UND NEUSCHOLASTIK

Viele Faktoren haben zur Abkehr vom Forschungs- und Lehrprogramm der scholastischen Theologie im 18. Jh. beigetragen. Theologiegeschichtlich bedeutsam werden vor allem folgende:

1. Bereits im 17. Jh. konstatieren wir eine *innerkirchliche Kritik* der scholastischen Theologie, vornehmlich im Protestantismus, wo sie sich ja neu etablieren muß. Die Kritik wendet sich im Namen von Praxis und Frömmigkeit gegen einen auf scholastische Fragen, Verteidigung der Orthodoxie und interkonfessionelle Polemik reduzierten Theologiebetrieb, der dann ebenso in die Predigt übertragen wird. Diese Kritik wird weitergeführt im *Pietismus*.[1] Hinzu kommen die irenische Theologie des Synkretismus und die Unionsbestrebungen, in denen die in scholastischer Tradition festgeschriebenen Lehrunterschiede in den Hintergrund treten. Katholischerseits entfaltet sich vor allem in Frankreich neben der scholastischen Tradition eine eigenständige existentiell-spirituelle Theologie innerhalb und außerhalb des *Jansenismus*, die sich in Traktaten, Predigten und aszetischen Schriften artikuliert (Franz v. Sales [1572-1622], Port Royal, Jean B. Bossuet [1664-1743], Fénelon [1651-1715]).
2. Ebenfalls auf das 17. Jh. geht die *historische Kritik* scholastischer Philosophie und Theologie zurück (Christian Dreier [1610-1688], Jakob Thomasius [1622-1684]).[2] Theologisch relevant wird besonders die Anwendung historisch-philologischer Methoden auf Schrift und Dogma in Bibelkritik (Hermann Samuel Reimarus [1694-1768], Johann Salomo Semler [1725-1791]), Kirchen- und Dogmengeschichte. Demgegenüber ist das Programm scholastischer Theologie wesentlich ahistorisch und metaphysisch orientiert. Aufgenommen wird die historische Forschung in der protestantischen *Neologie* und katholischerseits in der Quellenforschung der Mauriner und Bollandisten, ohne jedoch hier das scholastische Paradigma der Theologie zu verdrängen.
3. Ein weiterer entscheidender Faktor ist die *philosophische Kritik*[3] durch die säkulare, meist antimetaphysische, teilweise empiristische oder materialistische Aufklärungsphilosophie, zumal in Frankreich verbunden mit offener Verachtung der Scholastik. Relativ einfach ließ sich, wenn auch mit Ab-

---

1 Vgl. A. Schleiff, Selbstkritik der lutherischen Kirchen im 17. Jahrhundert. (Neue Deutsche Forschungen, Abt. Religions- und Kirchengeschichte 6). Berlin 1937, 12-44.

2 Vgl. Leinsle, Reformversuche 127-149.

3 Vgl. G. Winkler, Geschichtliche Bedingtheit westlich-neuzeitlicher Philosophie: Vom Humanismus der mediterranen Renaissance zum Zeitalter der Vernunft und der Säkularisation (1492-1789). In: ChP I,46-59.

strichen, (z.B. durch Benedikt Stattler [1728-1797]) Christian Wolffs methodisch neues, in der metaphysischen Ausrichtung aber traditionelles Schulsystem für die Theologie brauchbar machen.[4] Institutionell wird - endgültig nach der Aufhebung des Jesuitenordens 1773 - der bisherige philosophische *Cursus* durch Lehrbücher der Aufklärungsphilosophie abgelöst.[5] Die Philosophie Kants, des Deutschen Idealismus und der beginnenden Romantik ergeben bei theologischer Adaptierung eine andere Art von Theologie, wie sie dann im 19. Jh. auftreten wird (Anton Günther [1783-1863], Tübinger Schule).[6] Die Berechtigung solcher Theologie wird kirchlicherseits in der sog. Modernismuskrise radikal in Frage gestellt werden.
Die Ablösung des alten Programms vollzieht sich aber nicht abrupt. Es fehlt auch nicht an Verteidigern des Alten und Reformvorschlägen, wie sie in den Universitätsreformen des 18. Jhs. greifbar werden.[7] So verteidigt der Wiener Professor Petrus Gazzaniga OP (1723-1799), dessen Werke für den Bereich der habsburgischen Erblande im Josephinismus z. T. verpflichtend waren, einen maßvollen Gebrauch der scholastischen Methode in der systematischen Theologie.[8] Sie muß aber ergänzt werden durch philologische und historische Studien. Er zeigt sich darin als Anhänger des für die maria-theresianische und josephinische Reform des Theologiestudiums maßgeblichen Abtes Stephan Rautenstrauch (1734-1785).[9] Beide fußen auf dem kleinen, aber gründlichen Traktat *De recto et perverso usu Theologiae scholasticae* des späteren Fürstabtes von St. Blasien, Martin Gerbert (1720-1793).

Im Rückgriff auf die Scholastikkritik eines Johannes Gerson und der Humanisten, aber auch in Rezeption der Methodologie Francis Bacons (1561-1626), will Gerbert im Anschluß an Jean Mabillon (1620-1707) nochmals Reformtheologie und monastische Lebensform miteinander ver-

4 Vgl. Ph. Schäfer, Der Dillinger und Landshuter Kreis. Ebd. I, 62-85.

5 Z. B. in Ingolstadt die Werke des (protestantischen) Göttinger Professors Johann Heinrich Georg Feder (1740-1821).

6 Vgl. die Beiträge in ChP I, 86-419.

7 Vgl. z. B. K.J. Lesch, Neuorientierung der Theologie im 18. Jahrhundert in Würzburg und Bamberg. (Forschungen zur Fränkischen Kirchen- und Theologiegeschichte 1). Würzburg 1978.

8 Vgl. Th. M. Wehofer, Der Dominikaner und Wiener Universitätsprofessor Petrus Gazzaniga über den pädagogischen Wert der scholastischen Methode des achtzehnten Jahrhunderts. In: Mitteilungen der Gesellschaft für deutsche Erziehungs- und Schulgeschichte 8 (1898) 191-197.

9 Vgl. B.F. Menzel, Abt Stephan Rautenstrauch von Břevnov-Braunau. Herkunft, Umwelt und Wirkungskreis. (Veröffentlichungen des Königsteiner Instituts für Kirchen- und Geistesgeschichte der Sudetenländer 5). Königstein/Taunus 1969.

binden.[10] Wenn P. François Vavasseur SJ (1605-1681) als Vorzüge der scholastischen Methode ihre Ordnung, Kürze und Durchsichtigkeit, die kirchliche Zuverlässigkeit und Sicherheit ihrer Meinungen und Sentenzen, sowie die Durchschlagskraft ihrer Argumente anführt, so lassen sich diese nach Gerbert nur teilweise verifizieren.[11] Ihnen stehen mehr Nachteile gegenüber: Abstoßende, künstliche Terminologie (als Musterbeispiel wird auf Caramuels *Leptotatos* verwiesen), unnötige Streitereien um bloße Worte, bei denen wir doch nichts wissen (z. B. über die selige Gottschau und die Natur des Glorienlichtes), Vermehrung nutzloser Fragen, hypertropher Vernunftgebrauch bei Vernachlässigung des Quellenstudiums, zu viel Philosophie und Logik bei Vernachlässigung der Hilfswissenschaften, vor allem aber das bloße Insistieren auf dem diktierten Text des Lehrers. Die unnützen scholastischen Fragen behindern nach dem spanischen Thomisten und Benediktinerkardinal Joseph Saënz d'Aguirre (1630-1699) das monastische Leben. Sie beziehen sich entweder auf Dinge, die ohnehin klar oder völlig unbegreiflich sind; sie verstoßen nicht selten gegen Frömmigkeit und gute Sitten. Sie behandeln die Dinge am falschen Ort (z. B. die wissenschaftstheoretischen Einleitungsfragen) oder sind für uns überhaupt unentscheidbar.[12] Die Dunkelheit scholastischer Begrifflichkeit bringt es mit sich, daß die meisten Geheimnisse des Glaubens den Gläubigen nicht richtig erklärt werden können. Diese kommen dadurch um die Früchte des Glaubens und der Erkenntnis. Die besten Begabungen aber werden vom Theologiestudium abgeschreckt; andererseits kommen hier nur die zum Zug, die am besten streiten und am lautesten schreien können. Durch die falsche Studienordnung haben zudem die Theologen, Priester und Ordensleute nach Beendigung des Studiums keinerlei Interesse mehr an einer Weiterbildung in der Theologie, da nur „immer dasselbe" traktiert wird.

Zur Reform der Theologie, die Gerbert ganz biblisch als Wiederherstellung des Weinberges des Herrn sieht, ist nun aber nicht die scholastische Theologie insgesamt zu verwerfen, sondern ihre angeblichen Vorzüge sind als Merkmale einer systematischen Theologie nutzbar zu machen. Statt der Wortstreitigkeiten und Einleitungsfragen soll ein entsprechendes Lexikon zur Hand gegeben werden. Nach Mabillon und Johannes Maldonat SJ (1534-1583) sind alle Fragen zu eliminieren, die keinen Bezug zum Fortschritt im geistlich-sittlichen Leben bringen, die bloßer Neugier und dem Bestreben entspringen, auch die letzten Winkel der Theologie noch zu er-

10 M. Gerbert, De recto et perverso usu Theologiae scholasticae. St. Blasien 1758; vgl. A. Deissler, Fürstabt Martin Gerbert von St. Blasien und die theologische Methode. (SMGB Erg.H. 15). München 1940.

11 Gerbert, de usu c.2 §1 (12).

12 Ebd. c.3-14 (24-122).

gründen, oder die grundsätzlich überflüssig sind. Dennoch sind solche Fragen - unter Berufung auf Augustinus - gelegentlich zu Übungszwecken zuzulassen.[13] Gegenüber dem scholastischen, aber auch rationalistischen Vernunftoptimismus will Gerbert eine theologische Selbstbescheidung menschlicher, gefallener Vernunft. Maßvolle Einbeziehung der Logik ist durchaus gefordert, doch nicht die durchgängige syllogistische Ausgestaltung der Theologie (etwa nach Wolffscher Methode). Vor allem soll man nicht gleich zu Anfang des Studiums disputieren und dabei meinen, alles entscheiden zu können. Ebenso vorsichtig ist mit der Philosophie insgesamt umzugehen, ohne deren Begriffe Theologie nicht zu treiben ist. Nötig sind nach Mabillon Logik, Teile der Physik und die Metaphysik; doch kommt der Glaube des einfachen Menschen (fides popularis) ohne Metaphysik aus und ist deswegen nicht weniger rein. Gegenüber der Restriktion auf einen einzigen Autor in den meisten Schulen ist „polymathia" gefordert; ggf. darf man sich auch des eigenen Urteils enthalten. Theologie ist zudem mit monastischer Kultur zu verbinden und nicht „proletarie" zu traktieren.[14]

Innertheologisch ist vor allem die Trennung von Scholastischer und Positiver Theologie (im katholischen Sinne) aufzuheben. Denn hier ortet Gerbert eine zunehmende Arbeitslosigkeit der Scholastischen Theologie, da alle wichtigen Materien bereits in der einfacheren Positiven abgehandelt werden: Loci, Kontroversen, Dogmen und Schrift. Zudem ist die Moraltheologie, aus der bloßen Kasuistik befreit, mit spiritueller Theologie (Mystica) zu verbinden. Letztere hat aber auch eine Beziehung zur Dogmatik: Die „officia pietatis" sind nicht von der kirchlichen Lehre zu trennen, wie dies im Pietismus teilweise geschehen ist. Die systematische Vorlesung muß ferner mit historischer Quellenkunde einhergehen, ist jedoch nicht in diese aufzulösen (Dieser Gefahr scheint Gerbert in seinen eigenen Lehrbüchern z. T. erlegen zu sein). Vielmehr bedarf es einer soliden systematischen Theologie, zu der die besten Teile der scholastischen Methode nutzbar zu machen sind. Unabdingbar dazu ist das propädeutische Studium der Sprachen, der Philosophie und der historisch-kritischen Fächer. Am besten ist dies nach Gerbert in Klosterstudien zu verwirklichen, da an den Universitäten immer noch der Streit um Besitzrechte zwischen Systematischer und Positiver Theologie fortbestehe.[15]

Die Reaktion gegen die Bestrebungen der Aufklärung führt jedoch auch zu einer Verhärtung der noch bestehenden Scholastik und zu einem neuen Rückgriff auf deren Autoren. So ist es kein Zufall, daß die beginnende „Neuscholastik" in Italien in Salvatore Roselli (1722-1784) und Vincenzo

13 Ebd. c.15-17 (123-144).

14 Ebd. c.18-21 (144-176).

15 Ebd. c.22f (176-204).

Buzzetti (1777-1824) auf die in ihrer Tendenz bereits apologetisch-konservative *Philosophia iuxta inconcussa tutissimaque D. Thomae dogmata* des Dominikaners Antoine Goudin (1639-1695) und die theologischen Werke Gonets zurückgreift.[16] Der Schritt von der nachtridentinischen Scholastik zur „Neuscholastik" vollzieht sich somit gerade in der thomistischen Tradition Italiens bruchloser als nördlich der Alpen.

In Deutschland dagegen stand man der aus Italien und Frankreich eindringenden „neuen" oder „repristinierten" Scholastik zumeist ablehnend gegenüber. Bezeichnend dafür ist die Untersuchung des Tübinger Professors Johann Baptist Hirscher (1788-1865) *Über das Verhältniß des Evangeliums zu der theologischen Scholastik der neuesten Zeit im katholischen Deutschland* (1823). Aus der Sicht der Katechetik, in Auseinandersetzung mit einem scholastischen Geist atmenden katechetischen Werk aus Frankreich, entwickelt Hirscher eine grundsätzliche Diskussion um die theologische Berechtigung der „Scholastik im weiteren Sinne".[17] Dieser wird vorgeworfen, die christliche Lehre nicht in einem organisch geordneten Ganzen vorzutragen, sondern „statt die Ökonomie der Anstalten Gottes zur Bildung seines Reiches als ein großes zusammenhänges, weises und Gnadevolles Werk anschaulich zu machen, ein Aggregat von Dogmen, ohne sie zum Ganzen einer Heilsordnung zu verbinden, in langer Reihe neben einander auf(zu)stellen". Sie ist also - angesichts der Gleichsetzung von scholastischer und systematischer Theologie an sich ein Widerspruch - ohne gehöriges System. Doch das von Hirscher vorausgesetzte System ist eben das der Heilsökonomie, nicht das einer metaphysischen Verbindung der Aussagen. Ebenso wird dem Scholastiker vorgehalten, unter Mißachtung der Heilsökonomie „seine Vorträge mit unnützen Fragen, mit menschlichen Grübeleien, mit eigenmächtigen Spekulationen, und fremdartigen und ungegründeten Behauptungen" zu überladen und zu verunstalten. In katechetischer Hinsicht werde dadurch das Christentum auf ein bloßes Aggregat von Dogmen, Ge- und Verboten restringiert. Zugleich versucht aber diese „neue Scholastik", „die einige Zeit lang ziemlich verlassene Stelle aufs Neue im katholischen Deutschland mit Nachdruck in Besitz (zu) nehmen". Deshalb sei es „eine unbestreitbare und heilige Pflicht, ihr allen Ernstes entgegen zu treten"; denn sie behaupte, „den katholischen Lehrbegriff, wenn nicht ausschließend, doch vozugsweise darzustellen", und verlange

---

16 Das Werk Goudins wird zwischen 1851 und 1886 allein viermal neu aufgelegt.- vgl. H.M. Schmidinger, Überblick zur Neuscholastik in Frankreich und Belgien. In: ChP II, 196; ders., Der Streit um die Anfänge der italienischen Neuscholastik. Ebd. II, 72-82.

17 J.B. Hirscher, Über das Verhältniß des Evangeliums zu der theologischen Scholastik der neuesten Zeit im katholischen Deutschland. Tübingen 1823 (ND Frankfurt/M. 1967), 2.

deshalb, „daß man sich ihrer bey der Unterweisung der katholischen Jugend im Christentum bedienen soll."[18]

Die hier deutlich gewordene Frontstellung verhärtet sich durch die kirchenpolitische Akzentuierung des Begriffs „Neuscholastik" im Umfeld des Ultramontanismus und der päpstlichen Interessen in Deutschland und in Frankreichs „dritter Scholastik".[19] Charakteristisch für das Selbstverständnis der frühen Neuscholastik ist im Unterschied zur lebendigen Scholastik der Frühen Neuzeit weniger der Schulbetrieb als vielmehr der idealisierte oder ideologische Rückgriff auf das Mittelalter, speziell auf die thomistische Tradition, in betonter Kirchlichkeit und in deutlicher Ablehnung der neuzeitlichen Philosophie:

1. Die „wahre" katholische Theologie kann nur im Rückgriff auf die als klassisch erachtete Gestalt der Theologie vor allem des 13. Jhs. entfaltet werden. Die Deutung der „Frühscholastik" als Vorbereitung und der „Spätscholastik" als Aufhebung der „hochscholastischen" Synthese von Glauben und Wissen, Theologie und Philosophie in Thomas von Aquin ist dadurch bedingt.
2. Nicht nur die Theologie, auch die Philosophie als deren bloße Magd ist dem kirchlichen Lehramt in allem untergeordnet. Die mit diesem übereinstimmende Philosophie wird als „philosophia perennis" ungeschichtliche Norm der Philosophie und einzig erlaubtes Hilfsmittel der Theologie.
3. Die säkulare oder protestantische neuzeitliche Philosophie entspricht dieser Forderung nicht und wird deshalb als „antichristliche Revolution" (J. Maritain) abgelehnt.
4. Theologisch herrscht ein Mißtrauen gegen die Natur (einschließlich der Naturwissenschaft). Natur und Übernatur (Gnade) sind streng getrennt.[20]

Durch die Ausrichtung am Dogma der päpstlichen Unfehlbarkeit und die Enzyklika *Aeterni Patris* Leos XIII. (1878-1903) vom 4. August 1879 wird die Neuscholastik zur entschieden kirchlichen Lehre.[21] Abweichungen davon werden unter dem Verdacht des „Modernismus" verurteilt.[22] Der katholische Lehrbetrieb in Philosophie und Theologie koppelt sich oft von der allgemeinen wissenschaftlichen Entwicklung ab oder nimmt die Ergebnisse der Wissenschaften nur als abzulehnende Neuerungen wahr. An der Verengung des Scholastikverständnisses in der Neuscholastik leiden die Beurteilung und die Beschäftigung mit scholastischer Philosophie und Theolo-

18 Ebd. 5.

19 Vgl. P. Gilbert, Die dritte Scholastik in Frankreich. In: ChP II, 412-436.

20 Vgl. Schmidinger, Scholastik 48-50.

21 Vgl. R. Aubert, Die Enzyklika „Aeterni Patris" und die weiteren päpstlichen Stellungnahmen zur christlichen Philosophie. In: ChP II, 310-332.

22 Vgl. F. Padinger, Die Enzyklika „Pascendi" und der Antimodernismus. Ebd. II, 349-361.

gie bis ins 20. Jh. Andererseits sind die Verdienste der neuscholastisch inspirierten Quellenkunde der Philosophie und Theologie des Mittelalters, greifbar in den begonnenen, wenn auch revisionsbedürftigen Standardausgaben eines Thomas von Aquin, Bonaventura und Duns Scotus, nicht zu übersehen.[23] Im Unterschied zur weitgehend ungeschichtlich denkenden scholastischen und neuscholastischen Theologie sieht die historische Erforschung der scholastischen Theologie in ihr ein sich in vielen Brüchen und Auseinandersetzungen durchsetzendes Programm schulmäßig vermittelter systematischer Theologie in enger Verbindung mit der Philosophie; sie sieht ihre Vorzüge und Nachteile, ihre zeitbedingten Ausformungen, aber auch ihr ernstzunehmendes Angebot an Methoden und Fragestellungen.

23 Vgl. W. Kluxen, Die geschichtliche Erforschung der mittelalterlichen Philosophie und die Neuscholastik. Ebd. II, 362-389.

WEITERFÜHRENDE LITERATUR IN AUSWAHL

Literatur zu einzelnen Autoren, Schulen und Problemen ist in den Anmerkungen angegeben. Abkürzungen nach LThK³, sonst sinngemäß; Zitation in Kurztiteln.

ALTHAUS, P., Die *Prinzipien* der deutschen reformierten Dogmatik im Zeitalter der aristotelischen Scholastik. Leipzig 1914.

BENSON, R.L./CONSTABLE, G., *Renaissance* and Renewal in the Twelfth Century. Oxford 1982.

BERG, D., *Armut* und Wissenschaft. Beiträge zur Geschichte des Studienwesens der Bettelorden im 13. Jahrhundert (Geschichte und Gesellschaft 15). Düsseldorf 1977.

BOHATEC, J., Die cartesianische *Scholastik* in der Philosophie und reformierten Dogmatik des 17. Jahrhunderts. Leipzig 1912 (ND Hildesheim 1966).

CHARLAND, Th.-M., Artes Praedicandi. Contribution à l'histoire de la rhétorique au moyen âge. (Publications de l'Institut d'Études Médiévales d'Ottawa 7). Paris-Ottawa 1936 (= Charland).

CHENU, M.-D., La théologie au douzième siècle. Paris 1957 (= Chenu).

CHENU, M.-D., La *théologie* comme science au XIIe siècle. (Bibliothèque Thomiste 33). 3. éd. revue et augmentée. Paris 1957.

CLOES, H., La *systématisation* théologique pendant la première moitié du XIIe siècle. In: EThL 34 (1958) 277-329.

DETTLOFF, W., Die *Entwicklung* der Akzeptations- und Verdienstlehre von Duns Scotus bis Luther. (BGPhMA 40,2). Münster 1963.

DÖLLINGER, I. v. / REUSCH, Fr. H., Geschichte der Moralstreitigkeiten in der römisch-katholischen Kirche seit dem sechzehnten Jahrhundert. 2 Bde. Nördlingen 1889 (= Döllinger-Reusch).

DOUCET, V., Commentaires sur les Sentences. Quaracchi 1954 (= Doucet).

EVANS, G.R., Old *Arts* and New Theology. The Beginning of Theology as an Academic Discipline. Oxford 1980.

EVANS, G.R., *Philosophie* und Theologie II. Mittelalter. (ThW14,5). Stuttgart-Berlin-Köln 1994.

FICHTENAU, H., *Ketzer* und Professoren. Häresie und Vernunftglaube im Hochmittelalter. München 1992.

GIACON, C., La seconda *scolastica*. 3 Bde. Milano 1944-1950.

GLORIEUX, P., La littérature quodlibétique de 1260 à 1320. (Bibliothèque Thomiste 5). Le Saulchoir 1925; Bd. 2 Paris 1935 (= Glorieux Q).

GLORIEUX, P., Répertoire des maîtres en théologie de Paris au XIIIe siècle. 2 Bde. Paris 1933/34 (= Glorieux R).

GÖSSMANN, E., *Antiqui* und Moderni im Mittelalter. Eine geschichtliche Standortbestimmung. (Veröffentl. d. Grabmann-Institutes NF 23). Paderborn 1974.

GRABMANN, M., Geschichte der katholischen Theologie seit dem Ausgang der Väterzeit. Freiburg/Br. 1933 (= Grabmann G).

GRABMANN, M., Geschichte der scholastischen Methode. 2 Bde. Freiburg/Br. 1909/11 (ND Graz 1957) (= Grabmann SM).

GRILLMEIER, A., Vom *Symbolum* zur Summa. In: Kirche und Überlieferung. Festschrift Geiselmann. Freiburg/Br. 1950, 156-164.

GRUNDMANN, H., Religiöse *Bewegungen* im Mittelalter. (HS 267). Berlin 1935 (ND Hildesheim 1977).

HEPPE, H. Die *Dogmatik* der evangelisch-reformierten Kirche. Neu durchgesehen u. hg. v. E. BIZER. Neukirchen ²1958.

HORN, E., Die *Disputationen* und Promotionen an den Deutschen Universitäten vornehmlich seit dem 16. Jahrhundert. (Zentralblatt für Bibliothekswesen, Beih. 11). Leipzig 1893 (ND Wiesbaden 1968).

HURTER, H., Nomenclator literarius theologiae catholicae. 6 Bde. Innsbruck ³1903-1913 (= Hurter).

KÖPF, U., Die *Anfänge* der theologischen Wissenschaftstheorie im 13. Jahrhundert. (BHTh 49). Tübingen 1974.

KRAML, H., Die *Rede von Gott*, sprachkritisch rekonstruiert aus Sentenzenkommentaren. (Innsbrucker theologische Studien 13). Innsbruck 1984.

LANDGRAF, A.M., Dogmengeschichte der Frühscholastik. 4 Bde. Regensburg 1952-1956 (= Landgraf D).

LANDGRAF, A.M., Einführung in die Geschichte der theologischen Literatur der Frühscholastik unter dem Gesichtspunkt der Schulenbildung. Regensburg 1948 (= Landgraf G).

LANG, A., Die theologische *Prinzipienlehre* der mittelalterlichen Scholastik. Freiburg/Br. 1964.

LANG, A., Die Wege der *Glaubensbegründung* bei den Scholastikern des 14. Jahrhunderts. (BGPhMA 30,1-2). Münster 1930.

LECLERCQ, J., *Wissenschaft* und Gottverlangen. Zur Mönchstheologie des Mittelalters, Düsseldorf 1963.

LEFF, G., *Heresy* in the Later Middle Ages. The Relation of Herterodoxy to Dissent c.1250-c.1450. 2 Bde. Manchester-New York 1967.

LEFF, G., *Paris* and Oxford Universities in the Tirtheenth and Fourteenth Centuries. An Institutional and Intellectual History. New York-London-Sydney 1968.

LEINSLE, U.G., Das *Ding* und die Methode. Methodische Konstitution und Gegenstand der frühen protestantischen Metaphysik. (Reihe wissenschaftlicher Texte 36). Augsburg 1985.

LEINSLE, U.G., Die *Scholastik* der Neuzeit bis zur Aufklärung. In: ChP II, 54-69.

LEITES, E. (Hg.), *Conscience* and Casuistry in Early Modern Europe. Cambridge-Paris 1988.

LEUBE, H., *Kalvinismus* und Luthertum im Zeitalter der Orthodoxie. Leipzig 1928 (ND Aalen 1966).

LOTTIN, O., Psychologie et Morale aux XIIe et XIIIe siècles. 6 Bde. Louvain 1942-1960 (= Lottin).

LOURDEAUX, W. / VERHELST, D. (Hg.), The *Concept* of Hersesy in the Middle Ages (11th-13th C.). Proceedings of the International Conference, Louvain May 13-16, 1973. (Mediaevalia Lovaniensia I,4). Leuven-Den Haag 1976.

LUBAC, H. de, *Exégèse* médiévale. Les quatre sens de l'écriture. 4 Bde. (Théologie 41.42.59). Paris 1959-1964.

MAREBON, J., From the Circle of *Alcuin* to the School of Auxerre. Logic, Theology and Philosophy in the Early Middle Ages. Cambridge 1981.

MITSCHELICH, A., *Kommentatoren* zur Summa Theologiae des hl. Thomas von Aquin. Graz-Wien 1924 (ND Hildesheim 1981).

OBERMAN, H.A., Der *Herbst* der mittelalterlichen Theologie. Zürich 1965.

OBERMAN, H.A., *Werden* und Wertung der Reformation. Vom Wegestreit zum Glaubenskampf. Tübingen 1977.

OTT L., Untersuchungen zur theologischen Briefliteratur der Frühscholastik unter besonderer Berücksichtigung des Viktorinerkreises. (BGPhMA 34). Münster 1937 (= Ott).

PACHTLER, G.M. (Hg.), Ratio Studiorum et Institutiones Scholasticae Societatis Jesu per Germaniam olim vigentes. 4 Bde. Berlin 1887-1894 (ND Osnabrück 1968) (= Pachtler).

PAQUET, J. / IJSEWIJN, J., Les *Universités* à la fin du moyen âge. Actes du Congrès international de Louvain 26-30 mai 1975. Louvain 1978.

PAULSEN, F., *Geschichte* des gelehrten Unterrichts auf den deutschen Schulen und Universitäten vom Ausgang des Mittelalters bis zur Gegenwart. Leipzig ³1919.

PETERSEN, P., *Geschichte* der aristotelischen Philosophie im protestantischen Deutschland. Leipzig 1921.

RASHDALL, H., The *Universities* of Europe in the Middle Ages. 3 Bde. Oxford 1937 (ND Oxford 1987).

SCHMIDINGER, H., „*Scholastik*" und „Neuscholastik" - Geschichte zweier Begriffe. In: ChP II,23-53.

SCHMITT, Ch. B., The *Aristotelian Tradition* and Renaissance Universities. London 1984.

SCHNEYER, J.B., *Repertorium* der lateinischen Sermones des Mittelalters. 11 Bde. (BGPhMA 43,1-11). Münster 1969-1990.

SCHÖNBERGER, R., Was ist *Scholastik*? (Philosophie und Religion 2). Hildesheim 1991.

SCHRIMPF, G., Die *Axiomenschrift* des Boethius (De hebdomadibus) als philosophisches Lehrbuch des Mittelalters. (Studien zur Problemgeschichte der antiken und mittelalterlichen Philosophie 2). Leiden 1966.

SMALLEY, B., The Study of the Bible in the Middle Ages. Oxford ³1983 (= Smalley).

STEGMÜLLER, F., Geschichte des Molinismus. (BGPhMA 32). Münster 1935 (= Stegmüller M).

STEGMÜLLER, F., Repertorium Biblicum Medii Aevi. 11 Bde. Madrid 1950-1980 (= Stegmüller RB).

STEGMÜLLER, F., Repertorium commentariorum in Sententias Petri Lombardi. 2 Bde. Würzburg 1947 (= Stegmüller RS).

STURLESE, L., Die deutsche *Philosophie* im Mittelalter. Von Bonifatius bis zu Albert dem Großen (748-1280). München 1993.

SWANSON, R.N., *Universities*, Academics and the Great Schism. Cambridge 1979.

THEINER, J., Die *Entwicklung* der Moraltheologie zur eigenständigen Disziplin. (Studien zur Geschichte der katholischen Moraltheologie 17). Regensburg 1970.

THOLUCK, A., Das akademische *Leben* des siebzehnten Jahrhunderts mit besonderer Beziehung auf die protestantisch-theologischen Fakultäten Deutschlands (Vorgeschichte des Rationalismus 1. Teil). Halle 1853.

TSHIBANGU, Th., *Théologie* positive et théologie speculative. Position traditionelle et nouvelle problématique. (Publications de l'Université Lovanium de Léopoldville 14). Louvain-Paris 1965.

VAN STEENBERGHEN, F., Die *Philosophie* im 13. Jahrhundert. München-Paderborn-Wien 1977.

WERNER, K., Die *Scholastik* des späteren Mittelalters. Wien 1887 (ND New York 1971).

WERNER, K., *Geschichte* der apologetischen und polemischen Literatur der christlichen Theologie. 5 Bde. Schaffhausen 1861-1887.

WERNER, K., Geschichte der katholischen Theologie. Seit dem Trienter Concil bis zur Gegenwart. München 1866 (ND New York-Hildesheim 1966) (= Werner).

ZIMMERMANN, A. (Hg.), Der Begriff der *Repraesentatio* im Mittelalter. (MM 8). Berlin-New York 1971.

ZIMMERMANN, A. (Hg.), *Antiqui* und Moderni. Traditionsbewußtsein und Fortschrittsbewußtsein im späten Mittelalter. (MM 9). Berlin-New York 1974.

ZIMMERMANN A. (Hg.), Die *Auseinandersetzungen* an der Pariser Universität im XIII. Jahrhundert. (MM 10). Berlin-New York 1976.

PERSONENREGISTER